河北人民广播电台五百集本土文化系列节目

长城文化

上

王智 ◎ 主编

河北出版传媒集团
河北教育出版社

图书在版编目（CIP）数据

燕赵传奇：长城文化：全2册/王智主编．— 石家庄：河北教育出版社，2016.4

ISBN 978-7-5545-2096-3

Ⅰ.①燕… Ⅱ.①王… Ⅲ.①长城—文化史—河北省 Ⅳ.①K292.2

中国版本图书馆 CIP 数据核字（2015）第 314489 号

燕赵传奇之长城文化（上、下）

选题策划：	王 智　杨 才　郝建国
主　　编：	王 智
副 主 编：	郭西昌　王广文　孙文洁　梁 勇
编　　辑：	严红霞　韩 伟　张 甜　范岩炎
	梁 爽　马茜楠　卢慧兰　张梦婕
主　　讲：	董耀会　梁 勇　王 律
责任编辑：	郝建国　王艳荣　姬璐璐　杨 乐
装帧设计：	梁羽佳
出版发行：	河北出版传媒集团　河北教育出版社
	http://www.hbep.com
	（石家庄市联盟路705号，050061）
印　　刷：	山东临沂新华印刷物流集团有限责任公司
开　　本：	787毫米×1092毫米　1/16
印　　张：	36.75
字　　数：	609千字
版　　次：	2016年4月第1版
	2016年4月第1次印刷
书　　号：	ISBN 978-7-5545-2096-3
定　　价：	80.00元

梳理燕赵历史
增强文化底气

河北人民广播电台台长　王智

"穿行历史长河、讲述河北往事",以当代视角呈现河北历史,以大众传媒弘扬燕赵文化,这是创作大型系列文化节目《燕赵传奇》的初衷。这档五百集节目播出后在听众中引发强烈共鸣,现在文字版又结集与大家见面了。

"燕赵自古多慷慨悲歌之士"语传天下,这只是燕赵文化大树的一条枝干。大河之北,燕山之南,幽幽燕赵,浩浩东方,漫长的历史岁月,积淀起河北文化的深厚底蕴,书写了中华优秀传统文化的重要篇章:东方人类在这里孕育,中华文明在这里开启,新中国从这里走来……

文化是我们的血脉,是我们的精神家园。挖掘、弘扬燕赵历史文化,传承优秀文化基因,增强民众的文化认同感和文化凝聚力,是主流媒体肩负的历史责任。正是基于这种文化担当,河北电台从2013年初春开始谋划如何发挥广播特长,以喜闻乐见的形式向广大听众展现燕赵文化的独特魅力。在与中国纪录片学会学术委员会副秘书长、央视著名导演郭西昌,我省著名社科专家梁勇等专家学者几番观点碰撞之后,节目理念逐渐清晰:立足本土根基、站位民族高度、创新节目形态、整合优质资源、展现燕赵精华。以此为指导,我们组织台内外文化学者与媒体人一起,认真研读以往有关河北地域文化的著述和资料，经反复切磋商讨、论证修改，《燕赵传奇》之"根脉文化"系列于2013年4月20日率先成型并正式播出，与此同时，这一大型本土文化广播节目的整体框架也基本形成。

《燕赵传奇》由"根脉文化"、"皇家文化"、"民俗文化"、"诚义文化"、"长城文化"五个系列组成，每个系列一百集，每集二十五分钟，选取燕赵历史上的典型事例，运用搜集来的权威史料，采取独家视角、通俗语言、故事化表达和动听的配乐，讲述发生在燕赵大地上的传奇故事。从开播到2014年9月19日播出第五百集，在近一年半的时间里，每天都陪伴着听众，系统梳理了河北五千多年的历史文化，展示了燕赵儿女生生不息的丰厚滋养和精神风骨。

让我们感到欣慰的是，在娱乐风行、"快餐"当道的当下，颇具阳春白雪品味的《燕赵传奇》一播出即惊喜不断。无论是大学教授、知性白领，还是出租司机、路边摊主，节目聚集了各阶层各职业的大批忠实听众。地域上已突破河北扩至京津。还有很多听众朋友热情参与、主动提供采访线索和史料。在河北电台一百多档节目中，它的收听率始终处于靠前位次。河北档案馆预约收藏节目讲稿及光盘，中国人民大学、河北师范大学等高校希望合作开展相关学科建设，河北教育出版社主动寻求合作。该节目先后获得2013年河北省文艺振兴奖和中广协会"全国广播电视节目创新创优奖",其优良品质和不俗影响得到专家领导肯定。之所以有如此反响,关键还是契合了广大听众的精神文化需求,实现了声声入耳。

在广播播出的同时,《燕赵传奇》还通过网络播出并可以点播回放。应听众强烈要求,此次以图书形式结集出版,就是要通过全媒体方式进一步扩大传播效果,更好地实现传承燕赵文化的目的。我们期待广大读者像对这档节目一样给予更多的支持和关注。

《燕赵传奇》虽然记述的是昨天的故事,但对共筑"中国梦"的今人来说,具有重要意义。我们将肩负大家期望,不懈不辍,孜孜以求,像习近平总书记要求的那样,"让收藏在禁宫里的文物、陈列在广阔大地上的遗产、书写在古籍里的文字都活起来",讲好燕赵故事、传承历史文脉,为行进在中华民族伟大复兴征程中的民众带去富有营养的文化食粮,为增强国人的骨气和底气提供能量超强的精神力量。

目 录

001 第 1 回 携手话文明　倾听古长城

008 第 2 回 战国雄与霸　争相起蛟龙

013 第 3 回 避锐防强邻　燕城展威风

018 第 4 回 胡服学游牧　骑射强军容

024 第 5 回 中山留长城　太行寻遗踪

030 第 6 回 天下成一统　万里聚长城

035 第 7 回 姜女哭庙祠　千里诉冤情

041 第 8 回 汉武展雄才　拓疆筑垒重

047 第 9 回 魏齐筑长城　金朝戍边岭

052 第 10 回 顺帝逃草原　洪武擎边墙

057 第 11 回 蓟镇征战地　京城烧连营

064 第 12 回 京师北屏障　草原南边靖

071 第 13 回 太行内长城　京师竖西屏

076 第 14 回 清军起塞外　六次入关城

083 第 15 回 血战石河畔　兵败榆关冲

089 第 16 回 茫茫百年路　天涯闯关东

095 第 17 回 耸立第一关　腾起老龙头

101 第 18 回 险峻板厂峪　南兵征战勇

105 第 19 回 攀登背牛顶　漫步媳妇楼

110 第 20 回 古道卢龙塞　水中喜峰口

115 第 21 回 烽火流杯亭　汤泉大练兵

120 第 22 回 烽火桃林口　忠义三屯营

125 第 23 回 金色黄崖关　辉映报国诚

130 第 24 回 温泉司马台　望京楼高耸

134 第 25 回 巨龙腾飞处　感受气如虹

140 第 26 回 千年古北口　风流竞英雄

146	第 27 回	通贡互市难	庚戌围京城	221	第 40 回	大美张家口	商道行悠悠
153	第 28 回	翠绿慕田峪	称奇牛角声	227	第 41 回	繁华马市口	大义震天吼
158	第 29 回	绝险居庸关	幽谷美画屏	233	第 42 回	鼎立京津冀	亘古保定城
165	第 30 回	雄关八达岭	回望都城景	240	第 43 回	井陉古关道	太行松柏青
171	第 31 回	要塞古宣化	屏翰北京城	245	第 44 回	兵家必争地	倒马关隘胜
178	第 32 回	烽烟独石口	冰山出奇秀	250	第 45 回	紫荆关塞古	千年烽烟升
183	第 33 回	宦官乱擅权	皇帝遭猎狩	256	第 46 回	重关口白石	奇险沟乌龙
189	第 34 回	塞外鸡鸣驿	传奇贯神州	261	第 47 回	摩崖石刻奇	大龙门堡惊
194	第 35 回	张北长城古	中都竟回眸	267	第 48 回	深山峡谷幽	马水口穿行
199	第 36 回	坝上野狐岭	历代风云骤	272	第 49 回	美景永定河	古老沿河城
204	第 37 回	万全都司府	强兵路多谋	276	第 50 回	古朴镇边地	过往沧桑情
210	第 38 回	公主断肠路	飞狐古峪口	283	第 51 回	中山筑长城	国相有司马
216	第 39 回	九朝古城美	蔚州山水秀	289	第 52 回	李牧戍长城	匈奴慑震名

295	第 53 回	燕国一名将　秦开出力挺
300	第 54 回	万里秦长城　蒙恬悲壮颂
305	第 55 回	周勃战长城　连胜有卫青
311	第 56 回	武帝扩北疆　李广写传奇
317	第 57 回	建武三名将　威武戍边境
322	第 58 回	赵苞戍城堞　老母显忠义
327	第 59 回	高叡守长城　悲壮一英雄
333	第 60 回	朔州斛律羡　燕赵历程新
339	第 61 回	李崇阵前死　周摇心长定
345	第 62 回	智慧长孙晟　瓦解突厥兵
351	第 63 回	大智狄仁杰　忠义保祖庭
357	第 64 回	薛讷戍城久　安边盖世功
362	第 65 回	大唐张守珪　城上留伟名
368	第 66 回	神勇郭子仪　仗义李光弼
374	第 67 回	潘美功盖世　蒙冤成奸佞
380	第 68 回	慷慨杨家将　抱憾心倾城
386	第 69 回	能臣何承矩　水中造石城
391	第 70 回	包拯巡北域　沈括拓新貌
397	第 71 回	苏轼知定州　开拓水城建
404	第 72 回	徐达大将军　烽火伴狼烟
410	第 73 回	冯胜傅友德　饮马长城畔
416	第 74 回	张信筑城固　谭广戍张宣
421	第 75 回	忠诚罗亨信　杨洪守城关
428	第 76 回	洪钟缮长城　功高逐长天
434	第 77 回	奴隶到将军　马芳威名传
440	第 78 回	谭纶戍卫边　大计谋百年

003

页码	回次	标题
446	第79回	勇武戚继光　蓟辽戍城垣
452	第80回	神勇王一鹗　朱梅尤继先
458	第81回	蒙冤熊廷弼　悲壮袁崇焕
465	第82回	长城四英烈　殉国献忠勇
471	第83回	女将秦良玉　千里御清兵
477	第84回	抗清巾帼奋　慷慨女英雄
483	第85回	英雄刘光才　长城抵洋兵
489	第86回	烽火山海关　城上警钟鸣
495	第87回	奇袭九门口　壮哉显义勇
501	第88回	血战喜峰口　大刀袭敌营
506	第89回	歼敌罗文峪　壮士扬军威
511	第90回	激战古北口　拒敌威界岭
517	第91回	冷口歼日寇　攻战誓不停
523	第92回	怀柔阻击战　饮恨诸将星
529	第93回	血肉筑新城　颂歌融魂灵
535	第94回	抗日同盟军　浴血国土红
541	第95回	孙永勤起义　民众齐唤醒
547	第96回	阜平龙泉关　晋冀马嘶鸣
553	第97回	世界遗产地　中国梦振兴
559	第98回	长城留大义　精忠报国情
565	第99回	长城理家底　文物保长青
571	第100回	壮我长城业　爱我中华情
577	后记	

第一回　携手话文明　倾听古长城

万里长城，千古沧桑，长城两边的春花开了又落，秋风吹了又过，长城脚下的人们生息繁衍，一步步地走到今天。一脉长龙经历了几番风雪，青砖城墙见证了几度春秋？如今，镌刻着历史的长城已经成为历史奇迹，侧耳倾听，它在默默地诉说着几多谜题？

长城是中国的象征，是中华民族的图腾。长城之所以伟大，之所以了不起，我们给它概括出两个"长"——第一个长就是长城体量的长，万里长城。假如说中国的长城不是万里，中国只有十里长城、只有一百里长城，那它就不是今天这样一个伟大的文化遗产的地位；第二个长就是长城历史的长。长城悠久的历史，伴随着我们国家我们民族多元一体格局形成的全过程，所以，历史长也是它的一个重要的特点。从春秋战国到现在，长城已经有 2600 多年的历史了。

"都说长城两边是故乡，你知道长城有多长？"歌曲《长城长》被多少人唱了多少遍？这个问题估计谁也答不上来。对于歌里提到的那个问题，又有多少人知道真正的答案？长城到底有多长？确切的数字究竟是多少呢？

说起长城的长度，以往都只是根据历史文献的记载。国家文物局和国家测绘局从 2004 年开始已经做了全国长城的调查，调查结果正式公布了长城准确的长度。明代长城东起辽宁丹东的虎山，西至甘肃的嘉峪关，总长度是 8851.8 公里，其中 1300 公里是在河北境内。河北省秦皇岛、唐山、承德、张家口、廊坊、保定、邢台、石家庄、邯郸这九个城市当中都有长城，而且这些地方的长城在中国整个长城历史当中占有十分重要的地位。2012 年 6 月，国家文物局和国家测绘局正式公布：中国历代长城的总长度是

金山岭长城

21196.18公里。按照中国古代的算法，现在有遗址的长城就有20000多公里。实际上当时修建长城的长度比这个还要长。

中国历代的长城不在一条线上。很多人误以为长城就是秦始皇在这里修，一直到明代还在这条线上修。实际上不是。秦始皇的长城、汉代汉武帝的长城和明长城都不在一条线上。秦长城和汉长城互相利用的还比较多。明代的长城完全与秦汉的长城不在一条线上。辽金时期的金长城与秦汉长城、明长城也不在一条线上。所以说，历朝历代的长城累积起来的长度要远远大于现存的20000多公里。

朋友们都知道万里长城，但中国有几条万里长城呢？

第一条万里长城，就是秦始皇修建的万里长城。

第二条万里长城是汉代时修建的万里长城。汉代的长城很大的一部分利用了秦长城，但是汉代的长城也有自己开拓的一部分，特别是西部打通了丝绸之路之后，保护丝绸之路畅通的这道长城完全是由汉代新修建的。汉代长城是中国历史上修建最长的一道长城，单线长度接近10000公里。

第三条长度超过万里的长城是金长城。金长城与秦汉长城、明长城不太一样。金长城呈网状，有好几道线。从呼伦贝尔、大兴安岭到太行山山脉、阴山山脉都有金长城的踪影。

第四条万里长城是明代修建的，东起鸭绿江畔、西到嘉峪关的这道长城。山海关也好，八达岭也好，嘉峪关也好，都是明代的万里长城。

我们了解了不同历史时期修建的长城体量的长，现在再讲一讲长城历史的长。

史书上记载，中国长城从公元前656年就开始发挥作用，这是春秋时期的楚国修建的长城。从春秋战国开始，一直到明朝，前前后后有20多个诸侯国和王朝修建过长城。

在中国长城历史上，河北省有十分特殊的地位，从战国时期到明代，基本上各个朝代的长城在河北都有遗址，这种情况在其他的省份很少见。长城拥抱大海，穿越燕山，在燕赵大地见证了中国2000多年的历史。在这样的一个历史过程当中，发生了很多很多的事件，也有很多非常感人的历史故事。

中国的长城很了不起，河北的长城也很神奇。有人把河北的长城归纳了几个"最"：第一，建筑类型最多，可以说中国长城所有的建筑类型在河北都有。第二，质量最好。第三，造型最美。燕山山脉、滦河水系纵向切割燕山，形成了特殊的地貌。由于山体支离破碎，关口特别多，所有能走水的地方都能走人走马。所以长城的修建一会儿上来，一会儿下去，显得特别险峻雄伟。最后就是建筑材料应用也最丰富。中国历史上的长城所用过的任何建筑材料、任何建筑形式，河北全都有。可以说，河北是中国长城最有代表性的一个地区，河北的长城是中国历代长城的一个大的博物馆。

安居乐业，万里长城如何构筑防御屏障？

横亘北方，一脉长龙如何见证千古沧桑？

毛泽东有一句非常著名的诗句——不到长城非好汉！现在已经成为国内外去长城参观的人的一种共识。攀爬长城、参观长城的好汉并不好当，去过长城的朋友一定深有体会。我们在长城上仅仅是参观，仅仅空着手走都会感觉到这么累，那我们的先人，把修建长城的建筑材料从山底下运到山上来，再垒砌起这样雄伟的长城，那他们得付出多大的艰辛。

为什么要修建长城呢？这么艰苦、这么困难的一件事情，为什么要去做它？

这个问题很简单。修建长城要解决的最基本的问题，是生存的问题。对于每一个人、对于每一个国家、对于每一个民族都一样，如果生存问题不能得到解决的话，其他的事情就谈不上了。

为什么在长城地区农耕民族需要解决生存的保障问题？这样的危机是怎么来的？要想了解这个问题，首先要知道，长城地区是一个农牧交错地区，既可以种地，又可以放牧。我们知道，游牧经济和农耕经济是完全不同的两种生产和生活的方式。游牧经济的特点是逐水草而居，哪里水草丰美就赶到哪里去放牧。而农耕经济的特点是春种秋收，春天种下庄稼之后，到秋天才能有收获。这期间农民不能离开这块土地，还要浇水、施肥、除草。如果他离开了这块土地，或者是这块土地上的庄稼被放牧的践踏了，那农民第二年就没法活了，连基本的生活都没有保证了，更别说给国家交税赋了。

在这样一个生产和生活方式完全不同的族群之间，在农耕和游牧两种经济类型既冲突又共存的地区，统治者修建长城构建起和平的秩序。牧民在长城外头放牧，农民在长城里头种地，通过长城的关口进行贸易交流。如果没有长城的保障，这种正常的贸易交流秩序就构建不起来。草原地区对农业地区的依赖非常强。牧民穿皮袄，但是不可能一年四季全穿皮袄。他要用布匹、棉花，可是草原地区不生产这些物资，就需要从农耕地区来获取。牧民喜欢吃肉，也不能一年365天天天吃肉、顿顿吃肉，他需要粮食，而粮食需要从长城里面去获取。即便是吃肉，也不可能每顿都烤着吃，如果需要煮着吃的话就需要铁器、需要锅，也需要从长城里面获取。

游牧地区、草原地区获取这些生产生活用品，只有两种方式：一种方式是贸易，通过畜产品和农产品的交换。另一种就是抢掠，这是最简单、成本最低的一种方式。几十个人可以骑着马到村子来抢一通，把他们需要的东西抢走，不给，他们就杀了你。如果抢掠成为一种常态的话，就不会有大批的人赶着牲畜来进行贸易交换了。出现这种情况，农民也就不会再在这个地方种地了。因为他连最基本的生命保障都没有，物资的保障、财产的保障也没有的时候，他就会逃离这个地区。所以说，修建长城，就是为了调整游牧民族和农耕民族谁也离不开谁、但是又有矛盾和冲突的关系。

不知道大家注意没有，中国的长城全都坐落在北方，这其中是什么原因呢？

我们看一下世界地图，就会发现中国处在一个相对独立和封闭的地理空间。我们说中国相对独立的空间，就是东边和南边的大海与西面和西南的高山构成了一个自然的屏障，只有北方没有在当时条件下不可逾越的天然的屏障。虽然有荒漠，但是荒漠地区又与草原相连接，而草原上生活着的强大的游牧民族就构成了对南边农耕民族的威胁。农民与牧民从个体的战斗力来说，农民都是弱者。农民在一片土地上种庄稼之后，不能离开这片土地，要等第二年有了收成他才能有收获，不能像牧民一样来去如风。河北的北部地区就属于这种农牧交错地区，宜耕宜牧。在这片土地上从前饱受战争之苦，有了长城之后就为这个地区农耕经济的发展提供了基本的安全保障。

河北长城沿线有很多古城堡，古城堡里头驻扎着守卫长城的部队。当然有些城堡也是民堡，是民间修建的防御体系。由这些大大小小的城堡和坚固的长城构建起了一条农耕地区基本生活安定的保障。

登长城，看长城，这里面也有不少的门道，懂行的朋友都知道，燕山山脉上的长城蜿蜒数百里，最雄伟、最壮观的就要数秦皇岛、唐山那两段。如果要问上一个为什么，这个问题该作何解呢？

有两个原因。首先，河北这一带的长城承担着保卫京城的任务，特别是明长城。明代把首都设在北京之后，整个河北境内的长城都是环绕着北京修建的。其次，就是燕山山脉山青水绿的自然风貌也衬托得长城更加雄伟。与其他的山脉不一样，燕山山脉没有一条主脉，之所以形成这样的一个局面，就是因为滦河水系纵向切割燕山，使得燕山山脉支离破碎，形成了很多关口。能走水就能走人，所以长城就修建得很雄伟。

走在历尽沧桑的城墙上，不少外国的朋友都会提出这样的问题——长城是不是中国古代的边界线？

长城根本就不是一条边界线，而是用于军事防御的设施。从远古到今天，在中国的历史上，长城内外活动着很多的民族。为了生存和发展，他们从南走到北，从西走到东。在这种情况下，数千年来，在长城地区各民族间既有交流又有碰撞，才最后形成了今天我们中华民族多元一体的局面。长城并不代表国界，只是真实地记录了中国古代农耕政权和游牧政权在不同的控制区域之间交流的过程。

神游万里，故人旧说是否符合事实真相？
名扬海外，青砖石墙如何铸就千古传奇？

从前有这样一个说法——人类在太空中遥望地球的时候，可以用肉眼看到的唯一人工建筑就是中国的万里长城。小学的课本当中都有这样的记载。这句话究竟出自哪儿呢？要刨根问底细细追究，这句话出自荷兰裔的美籍作家房龙1937年的著作《地球的故事》。在这本书当中，作者做出了一个猜想——"如果哪天人类登上太空的话，中国的长城会是在太空能看到的唯一的人工建筑物。"这本书出版20多年之后，1961年的4月12日，人类才梦想成真进入了太空。这时我们才知道，从太空看地球，能看到长城这个说法并不是真的。

对于这个问题，最有发言权的应该是航天员杨利伟。他返回地面接受媒体采访的时候，很多记者问他这个问题。杨利伟给出的答案也是否定的。这不仅仅是他个人的经历，任何一位宇航员到了太空之后，单凭肉眼是绝对不可能看到长城的。因为，长城虽然是万里长，可它最宽的地方也就十几米，很多很窄的地方甚至一米都不到，很容易跟周围的地理背景混在一起。科学家也在实验室做过一个实验——在距离20公里的时候，人的眼睛就已经很难辨别出长城的位置；到了60公里垂直高度的时候，地球上任何的建筑物都看不见了。现在的载人航天器在太空当中距离地球平均400公里的轨道上运行，这样的距离远远超出了人类视力的可见范围。科学家给出的结论是：如果在月球上能看到长城的话，那就相当于我们在地面上能看到2688米以外的一根头发丝。大家想想，这显而易见是看不到的。

长城之所以会给大家留下这样一个小小的误会，说到底，还是因为长城实在太了不起了，人们宁愿相信长城是在太空当中唯一能看到的人类构筑物。这一点不单单是中国人，很多外国朋友也在说。长城绵延万里，穿越中国，横亘河北，连缀京津，河北境内2000多公里的长城有很多地方是青砖条石垒砌的，精华地段有20多处，大小关隘有数百座。作为一个河北人，我们可以骄傲地说：燕赵之地的雄伟长城凝聚了万里长城的精华。

这正是：

万里长城万里长，长城两边是故乡。
雄伟长城四万里，历史悠久万古扬。

第二回 战国雄与霸 争相起蛟龙

上一回说到长城一脉起东方，千古传奇铸辉煌。回望当年，战国烽烟四起，诸侯争霸四方，各路豪杰建功立业开疆辟壤，拔地而起一道道青砖城墙。最初的最初，长城从何而起，故事从何而生？

中国有句古话——名不正则言不顺。我们要想把长城的历史捋顺，就得先说说"长城"这个名词的来历。几年前，大家还普遍认为长城这两个字最早是出现在一件青铜器上的。这个青铜器叫骉羌钟，上面有一段青铜的铭文，记载着周威烈王二十二年，也就是公元前403年，韩国将领骉羌在征伐齐国的战争中率领部队攻打进了长城。他因为在这次战争中作战英勇受到嘉奖，特意把这段历史铭铸在青铜器上留作纪念。近几年，文物界又发现了新的证据。清华大学最近公布了对最新战国简牍文字的解读成果，当中三次提到了齐长城。如此一来，又把有长城的记载向前推进了几十年。

这么说来，长城的历史至少得有2000多年。千年之后的世界奇迹如何诞生在千年之前？那个年头里的老祖先究竟出于什么目的，建造了这项伟大的工程？

春秋战国，诸侯并起，经过长期的你争我斗，几个强大的诸侯国开始有了称霸天下的愿望。因为只有完成霸业，他的国家才能有更大的发展，才能更加国富民强。春秋战国时期，一个诸侯国是否强大两个指标很重要：一个就是它有多少人口，第二就是它有多少土地。你的人口越多，你的土地越大，你的力量才越强大。在那个靠实力打天下的时代，大国的发展速度要远远超过那些小国。称霸之后那些在他的保护伞下的小国，每年都要给他输送很多的经济利益。称霸就有反称霸，兼并就有反兼并。在争斗过程当中，就有了修建长城保护自己的需求。春秋战国时期修建的长城总共有三大类：第一类就是大国争霸战争中相互防御的长城，比如说齐国的长城和楚国的长城；第二类是小国防御兼并战争构筑的长城，中山国的长城就是这种代表；第三类就是中原诸侯国与北边的游牧民族相交界的地区，构筑防御游牧势力的长城，比如河北的燕北长城和赵北长城。

这么说来，修筑长城是春秋战国时期流行的做法。那么，究竟是哪一个诸侯国引领了这场时代风尚呢？

兵来将挡，诸侯纷战如何催生长城？
此消彼长，齐楚争霸谁人能占上风？

话说当年，齐国的齐桓公是春秋五霸的第一霸。有的历史文献中记载，齐桓公修建的长城是中国最早的长城。其实事实不是这样的。那个时候齐国力量最强大，正处于想打谁就可以打谁的时候，没有修建长城防御别人的需求。春秋时期修建长城的另一个国家是楚国，楚国发展起来之后，不断地向北推进，才与中原的这些诸侯国有了冲突。以齐国为代表的中原诸侯国要抑制住楚国向北发展的势头，就采取一系列的军事行动打击楚国，楚国就有了修建长城防御齐国的需要。

历史文献记载，公元前656年，齐桓公带着几个诸侯联军去攻打楚国，打到方城脚下的时候，楚国派了一个叫屈完的将军去和齐国谈判。屈完对齐桓公说："齐国如果要是以德服人的话，没有人会不服；如果只想使用暴力来攻打我们的话，我们有方城以为城，汉水以为池，你们有多少部队也打不进来。"在这种情况下，双方通过谈判化解了一场战争。

齐桓公死后，齐国势力不断地衰退，也就有了防御楚国和晋国进攻的需要，也修建了长城。从长城的修建我们可以看到春秋时期诸侯国之间势力此消彼长的这种关系。

从发兵攻打别的国家到修建长城防御别的国家，齐国这种转变与齐桓公有着很大的关系。齐桓公凭借着胸襟胆识和大智慧，再加上那么一点点的好运气，称霸天下几十年。可惜的是，做了多半辈子英雄的他，临了却办了一连串的糊涂事。齐桓公岁数大了之后，也不再是当年那个意气风发的英明君主了，手下贤臣管仲过世之后，厨子出身的易牙搅乱了齐国。要说这个事，管仲早有先见之明。他临终的时候特意提醒过齐桓公，千万不要让易牙上位来主持齐国政务。理由很简单，因为那个家伙"杀子以适君，根本不通人性"。

管仲的话讲的是这么个事——从前，易牙只是齐桓公身边的一个厨子，一次他听到齐桓公说，吃遍了山珍海味，唯一没有尝过的就是一道叫"烹婴"的菜，就是用烹煮婴儿肉做的菜。没过多长时间，齐桓公的饭桌上就摆上了一道他没吃过的菜，非常香。吃完了他才知道，这是易牙把自己的亲生儿子杀了之后给齐桓公做的一道菜。从这往后，齐桓公把易牙当成了自己人，而管仲却从这件事里看出易牙的心狠手辣。

正如管仲所料，齐桓公年老病重之后，几个儿子争夺王位，根本就没人关心他老爸的死活。从前那个俯首帖耳的易牙也露出了蛇蝎心肠，命人把齐桓公住的屋子门和窗户完全封堵起来，只留一个很小的口，每天给送进去点儿食物。到后来，就连那少得可怜的食物也没人送了，齐桓公就这样活活饿死了。

齐桓公没了之后，齐国就开始走下坡路。原来是楚国修筑长城防御齐国，现在掉了个个儿，齐国开始修建长城防御楚国。

齐国这边日落西山，楚国那边却如日中天。楚国向北发展受到阻碍之后，就修建长城，隔断中原的军事威胁，改为向东和向南发展，很快就成为一个非常强大的诸侯国。楚庄王是春秋五霸的最后一霸，大家都知道"问鼎中原"的故事，就发生在楚庄王称霸时期。春秋战国时期，楚国灭掉的中小诸侯国多达40多个。楚长城所保卫的南阳盆地是一个米粮仓。今天河南省是中国产粮较大的省，南阳是河南省产粮最大的市，可见楚长城当时的修建对保证这个地区的重要性。南阳盆地又四通八达，是去往关中、汉中、中原和湖北四个大平原的交通要道。

楚长城在春秋时期修建主要是防御齐国，到战国时期主要防御的是秦国。因为秦国不仅仅要称霸天下，更是要一统天下，把其他诸侯国都灭掉。在这样的态势下，楚国修建长城来防御秦国的入侵。

中原之地，群雄逐鹿。各个诸侯国的一把手都忙得不可开交，忙着跟自己人斗心眼，跟邻国拼武力。尤其是坐镇北方的几位君主，还得操心东北边上的游牧民族。这其中的难处，一句两句那可说不完。

我们回头再来讲一讲北方诸侯国与游牧民族矛盾冲突下修建长城的情况。其实，北方的几个诸侯国与周边的游牧民族的矛盾和冲突由来已久。就说地处河北的燕国吧，不断地跟东边和北边的山戎摩擦出战火。

山戎算得上是中国古代北方最古老的民族，先秦时期就活跃在燕山以北、七老图山、潮白河、滦河一带。20世纪70年代，河北承德的丰宁、滦平、兴隆、平泉等地方发现山戎墓群500多座，出土了山戎文物上万件。其中，滦平县出土的蛙面人身石像、蛙形铜饰件和直刃匕首、青铜短剑等都带有浓郁的民族特色，现在成为我们国家研究山戎文化的标志物。这一系列的考古发现之后，我们就可以认识清楚燕山以北山戎文化的基本面貌。

山戎和燕国之间有说不完的故事，其中最有名的故事是公元前679年，齐国当老大的时候，称霸天下。齐国为了帮助燕国，就派兵攻打燕国北边的山戎。强大的齐国军队再加上燕国的军队，山戎早吓得溜走了。

是继续向北追剿呢，还是把山戎打跑了就撤回来？管仲说："别看它今天走了，很快还会回来，所以说必须猛追狠打，要彻底地教训山戎，才能实现燕国北部的长治久安。"于是，齐国和燕国的部队就一路向北追着去打山戎。山戎不像农耕地区的诸侯国，有城池、有驻地，可以作为固定的战场。齐国和燕国的部队始终找不到山戎的主力与它决战，这种征讨也很难取得有效的成果。

有一天，齐国抓住了一个山戎的残兵败卒，连吓唬带问。这个山戎小卒就老老实实交代："他们的首领跑到孤竹国借兵去了。"齐国和燕国的部队决定继续向北、向东去攻打孤竹，彻底解决山戎的问题，也顺带灭掉孤竹国。

前路漫漫，吉凶未卜，这一仗究竟会打出什么样的结果？

前途未卜，齐燕联军能否逢凶化吉？
战事升级，万里长城如何抵御外敌？

话说这山戎的首领到了孤竹国，把来意一讲，孤竹国君就派出一位大将带着人马去帮他。其实孤竹国的部队加上山戎的力量也不是强大的齐国和燕国联军的对手，双方刚一交战，齐燕联军就占了上风。这个时候，孤竹国的军队中有人出主意,说孤竹国北边有一大片的"旱海",也就是当地人说的"迷谷"。那个地方到处都是弯弯绕,军队进去就好像进了迷宫一样。如果把对手引到那里去,不用一兵一卒就可以把他们困在山里冻死饿死。这一招可够毒的,联军被孤竹国的小分队牵着鼻子领进了这样一个"迷谷"地带。天一擦黑,孤竹人就不见了。人生地不熟的齐国燕国部队完全摸不着头脑,根本就不知道该往哪儿去。好不容易等到天亮,齐燕联军已经七零八落。

齐燕联军在山里绕了很长时间之后,既找不着村庄,也没有办法打听路在哪里。正当大部队愁得没办法的时候,突然看见一条山沟里有一匹马在悠闲地溜达。这匹马是不久前作战时刚缴获的一匹本地马。这时候,有人灵感大发,说马是最有灵性的动物,尤其是经验丰富的老马,肯定能记住路。我们把这匹马放开,跟它走就没错。果不其然,齐国和燕国的大军跟着这匹识途的老马,一路走出了"迷谷"。这就是"老马识途"的故事。

山戎人虽然对燕国构成了一定的威胁,但是还不足以使燕国下决心修建长城来防御山戎。再加上这个时期,燕国也没有那么大的力量去修建长城。后来,燕国的北部有了更加强大的游牧民族东胡,山戎融为东胡的一部分。这时候,燕国通过燕昭王的变法强大起来,北击匈奴开疆扩土,才有了修建长城防御东胡的需要。

战国时期,不管是诸侯国之间相互的战争,还是北方诸侯国与游牧势力的战争,都越打越大,战争也越来越频繁,长城越建越多,驻守长城的军队也就越来越多。为了防患于未然,站得更高,看得更远,及时掌握敌方的军事动态,各国戍守长城的军队都在临近长城的一些边塞的制高点上建起了烽火台传递军情。彼此相望的烽火台、驻守军队的城堡还有长城防御的墙体,共同构建成了一道完整的防御线。这种利用城墙、烽火台、城堡、河谷、山崖、壕堑、道路连接起来的全方位的防御体系,为后来产生万里长城奠定了基础。

这正是:

争霸天下战事多,诸侯互防建长城。

农耕游牧大发展,碰撞融合刮战风。

第三回 避锐防强邻 燕城展威风

上一回说到中原诸侯纵横兼并，争相修筑万里长城。齐、楚两国在这场军备升级赛中占据先手，打造了自家的坚固城墙。其他诸侯国瞧着人家大兴土木建长城，它们又会有什么样的大动作呢？

秦皇岛是燕国的故地。大家都知道秦皇岛这个名字是因为秦始皇而起的，很多人也以为这里的长城是秦始皇修筑的。这种认识能不能经得住历史事实的考量呢？

话得从头儿说。想当年，周武王灭商之后分封了71个诸侯国，其中姬姓的王族子弟占53个，燕国就是其中的一个。到了战国时期，燕国就成为齐、楚、燕、韩、赵、魏、秦这七雄之中唯一一个具有周天子血统的老牌贵族诸侯国。燕昭王在位的时候，通过变法，燕国经济有了很大的发展。国库里有了余粮，国家有了人力、财力，开始对北边的东胡进行征伐，并在取得胜利之后，大张旗鼓地修建了燕国的北长城。

这么说来，刚才的问题也就有了答案。秦皇岛的古长城并不是秦始皇的工程，而是燕国的杰作。那些年，究竟发生了哪些事让燕国打定主意修筑了这道长长的城墙？

《史记》中虽然对齐、楚、燕、韩、赵、魏、秦这七个诸侯国都有记录，但是对燕国的记录少之又少，有关燕长城的记录就只有一句话。相比之下，涉及楚国、赵国的文字就要多得多。司马迁无意中忽略的历史究竟是怎么样的，历经风雨的燕长城又是由何而起呢？

春秋之际，周天子分封的诸侯国国君大多丢了权柄，新的士族纷纷取而代之，齐国的田氏代齐，晋国也被韩、赵、魏三家瓜分。君主没权没势，士族大权在握，就成了那段历史的一个潮流。

公元前316年，燕王哙在不得已之中顺势而为，打算把王位拱手让给相国子之。燕王想，这事自己做得很仁义，他是效仿着先贤尧舜让贤的旧事，彻底高风亮节一回。实际上，事情并不像他想得那么简单，燕王上了相国子之一伙人的当，被人家当猴耍了。燕国的王权一变动，把整个诸侯国管理体系搞乱了套。冷眼旁观的齐宣王趁机会钻了空子，发兵攻打燕国，结果燕王哙和相国子之都在这场血雨腥风中丢了性命。从此之后，燕国和齐国就结下了梁子，成了不共戴天的死对头。

烽烟过境，诸侯国你争我夺引发几番战乱？
风云过眼，旧城墙历经千载见证几度春秋？

公元前285年，燕昭王接手燕国的大权，给赵国名将乐毅发了一封聘书，请乐毅来做将军，参与到诸侯国联军攻打齐国的战役当中去。在这场战役当中，乐毅率部队一下子就攻占下了齐国几十座城池，大大提升了燕国的综合实力和影响力，也报了齐国攻打燕国的一箭之仇。在战场形势一片大好的情况下，燕国的军队本来应该乘胜追击，可是，乐毅却见好就收，停止继续征伐齐国的军事行动。

燕昭王过世后，燕惠王继承了燕国的王位。燕惠王早在当太子的时候就看着乐毅不顺眼。如今，他刚刚上位做了燕国的一把手，就有人告乐毅的状。其实，这是齐国的田单使的一计，他派人到燕国散布说乐毅是以攻打齐国为名，想借着燕国的军队在齐国称王。燕惠王听到这样的消息之后，气得吹胡子瞪眼，下令乐毅交出兵权，打道回府。乐毅心里非常明白，燕惠王是要借这个机会灭掉他，自己在燕国没什么未来可言了，干脆回了故乡赵国。

虽然乐毅在临走之前把燕国的军队和他们已经占领的齐国地盘都完整地交给了燕惠王派来的将军，但是，乐毅走了不久，燕国的军队就被齐国打败了。燕国的军队被赶回了老家之后，燕国人非常害怕齐国报复，在南边修建了燕南长城防御齐国。

战国历史进入尾声的时候，秦国一统天下的势头越来越强，秦军接连攻打魏国、赵国，最后又把手伸到燕国。此时，燕国势力早已经大不如从前，燕国在战国七雄的综合实力排行榜上已经位居老末。在这种情况下，燕国人为了自保，只能再次加强燕南长城的防御构筑。

这条身担重任的燕南长城西起河北西部的太行山下，经易县、徐水、安新，东边到文安。看看历史地图就能明白燕国人不惜工本修筑长城的用心。想当年，南边有强大的齐国，西边有赵国，还有气势汹汹的秦国，燕国的国都就在易水北岸。如果没有长城的保卫，随时都有可能面对来自这些国家的军事威胁。

如果大家想去燕南长城看看，可以到保定市的徐水和易县去一趟。易县境内还存有燕南长城19公里，整个遗址保存得非常完整。徐水遂城镇的张华村也有一段保存很好的燕长城遗址，完全是黄土夯筑的城墙。沿着古老的城墙慢慢行走，脚下是历经沧桑的土路。我们可以想一想在2300多年前修建长城的人、戍守长城的人，他们的生活和他们在长城边上的那些经历。我们还可能会捡到战国时期留下来的瓦片和老城砖，运气好的也许能捡到战国时期的铜箭头等器物。

除了南长城，燕国还修筑了威风凛凛的北长城。如果说燕南长城是抵御强敌的防御工程，燕北长城就是开疆扩土的进取成果。这连绵不断的燕北长城又见证了什么样的历史故事呢？

司马迁《史记》中有这样一段记载，说的是在战国前期，燕国北边，东胡越来越强大之后，形成了对燕国很大的威胁。山戎时期还没有形成一个强大的政权管理体系，大多处于各个部落不相同属的阶段。到东胡时期就不一样了，东胡时期已经有了比较强大的政权，对燕国北部的威胁也越来越大。东胡虽然对燕国的威胁越来越大，但燕国的实力到燕昭王时期也发展得越来越强了，所以面对东胡的威胁，燕国采取了一种积极的战略。今天我们对东胡这个名称可能感到有些陌生，其实2000多年的历史延绵至今，我们熟知的很多文化中，都保留了东胡的文化特点。就说咱们生活当中最熟悉的吃：很多朋友热衷的烤肉就是东胡文化的遗留；北方人喜欢的烧饼，也是由东胡传统的"胡饼"演变而来的。

对于中原之北的燕国来说，东胡隔三岔五的骚扰的确是个大麻烦，不把它彻底解决，燕国人的日子总得提心吊胆地过。这事怎么办呢？那就得双管齐下，出兵打仗和修建长城两手抓。在保家卫国的大事上，有一个名字不得不提，这就是燕国名将秦开。

第三回　避锐防强邻　燕城展威风

说起秦开,在历史上他还真不如他孙子秦舞阳有名;可是,要论胆识,秦舞阳跟爷爷秦开就没法比了。当年,秦舞阳跟随荆轲去刺秦王的时候,小伙子进了大堂吓得脸色煞白,哆哆嗦嗦,还没动手就差点儿露馅。秦舞阳虽然在历史上留了名,可惜只有这么一段丢人的事迹。要讲到秦开的故事,就真是一段可歌可泣的传奇了。

当年,秦开为了燕国和北边的东胡能实现和平,舍身为国到东胡去做了人质。一般来说,在异国他乡当人质,日子不好过,但是,秦开凭着不同一般的人格魅力,赢得了东胡人的信任。他在东胡做人质这段时间,燕国和东胡双方的关系基本上还是比较和睦的。期间秦开也将东胡各方面情况了解得清清楚楚。秦开回到燕国之后,燕昭王决定北征东胡,就派秦开为将,率领燕国大军将东胡人赶出了千里之外。

秦开率领燕军完成了北征匈奴的任务之后,又领衔办成了另一件大事,这又是怎样一段故事呢?

建功立业,大将秦开如何谱写历史?
保家卫国,千里城墙如何镌刻沧桑?

燕国完成了开疆扩土的任务,占领了东胡人大片的地方之后,不断地向这个地方移民,去发展和开垦新的农业耕地。如何保障新建起来的耕地的生产安全?燕国决定在农牧交错的地区修建长城来加强防御。这道长城,也是由秦开负责组织力量修建的,这就是我们今天所说的燕北长城。燕北长城东西1000多里,西起造阳,位置大约就在今天的张家口市境内;东至襄平,也就是现在辽宁的襄平所管辖的地区而不是辽阳。日后,秦始皇修建的万里长城和汉长城,基本上都是沿着这道燕北长城的路线修建的。

在修建长城的同时,燕国还在长城地区设置了上谷、渔阳、辽西、右北平、辽东五个边郡。这样的一个行政区划的设置为后来的历史定下了格局。多年之后,秦始皇和汉武帝都沿用了这五个郡的行政区划,用以控制和管理边疆地区。时至今日,沧海桑田,燕国当时设置的这五个郡,今天分别属于河北和辽宁。

以今人的眼光来看古人的事，不得不敬佩燕昭王和秦开的眼光和远见。如果没有燕国这样的政治蓝图，河北和东北这一带不知要到何年何月才会出现像样的城市，落后的生产方式和制度也不知道会在这片土地上延续到哪个年头。

历史上，燕北长城地区生活着很多的民族。各族人民艰苦奋斗，把日子过得越来越好，把家乡建设得有模有样。众多的民族凑在一块，有和平安定的好时候，也免不了发生大大小小的摩擦。他们在同一片土地上碰撞、交汇，相互融合，生活方式和民间习俗也就越来越像。比如燕国的一些民风民俗就有很强的东胡文化的色彩。

在现代，有些学者从燕、赵两国和北方游牧民族对待女性的态度上进行分析，发现燕国的女性地位不高。这一点跟游牧民族非常相似。何以为证呢？《汉书》上就有这样的说法：战国时代，燕国人常常让自家的女人陪着客人过夜。女性出嫁之前，生活作风上也有些随随便便，而且谁也不拿这个当什么丢人的事。这样的做法跟中原之地的传统不太吻合。在位置靠南的赵国，女性生活上要严谨得多。总体上来看，地理位置上越是靠北，女性地位越低；越是靠南，女性地位越高。

燕国的长城隔不开民族的融合，也没有保住燕国的长久治安。要说这些政治上的事，归根到底还是要靠人的智慧。燕昭王变法的历程中，开始就没有做好任何理论准备，只是就事论事地进行吏治整顿，采取了一些强军富国的短期措施。虽然在当时取得了很好的成绩，但是这种治标不治本的政治改革，自然得不到可持续发展。燕国到晚期已经非常衰败，秦灭燕国的战争表面上看，是因为燕太子丹派出荆轲刺杀秦王，导致燕国的覆灭；实际上，历史绝对没有这么简单。齐、楚、韩、赵、魏五个国家并没有干出刺杀秦王这码事，最终不也是灭在秦国手下吗？在秦国一统天下的进程之中，燕国日落西山，燕文化却没有就此消亡。那忧国忧民的担当，刚直不阿的正气，历经千年百代，一直流淌在中国传统文化的血脉之中，成为燕赵之地慷慨悲歌的绕梁余音。

这正是：

燕国延续八百年，昭王图强筑边关。

燕山长城御东胡，开疆扩土保民安。

第四回 胡服学游牧 骑射强军容

上一回说到燕国筑长城，伟业存千古。眼看着燕国大兴土木修筑起了连绵千里的战略工程，做邻居的赵国怎么会甘居人后？在战国时代的军事竞赛中，赵国开创了怎样的历史，铸就了怎样的辉煌？

战国时期，赵国在七雄当中的实力比前几个强大的诸侯国差得还很多。赵国历代国君都盘算着如何发愤图强求上进，可是，这事说来容易做起来难。要发展，首先就得保障安全。为了达到这个目的，赵国修筑了三道长城，其中包括赵肃侯时期修筑的南长城和北长城两道，赵武灵王时期修筑的一道赵北长城。北边的两道长城都是为了防御游牧民族，南边这一道是为了防御中原的诸侯国。这三道赵长城都在河北境内留有大量的遗址，如今，在曾经的赵国都城邯郸就能看到古老的赵南长城。

巍巍长城，见证了怎样的风起云涌？沧桑燕赵，历经怎样的前世今生？从前，赵国的都城并不是邯郸，国都的位置也并不在河北，前人几番努力，才拿下了名城邯郸？多少回拼死的征战，才打下了这一片社稷江山？

起初，赵国的都城在晋阳。当时，赵国的君主想要向南向东发展，找一个更适合这样发展战略的地方安家。终于在公元前386年，赵国人瞧准了魏文侯过世的时机，占了魏国一块土地，把国都迁到了邯郸。

赵国刚刚搬家，脚跟还没站稳，又卷入了中原诸侯国地盘的争夺战。赵国历经敬侯、成侯、肃侯三代君主，几十年的努力，交了不少学费。可是，实力并没有多大的增长，还是三天两头受魏、齐等强国的窝囊气，最严重的一次甚至被魏国攻占了都城。后来，多亏齐国"围魏救赵"，邯郸才重新回到赵国的手中。

赵国国君回到了邯郸，日子过得也还是提心吊胆。东边的齐国，人口多、粮食足，财大气粗。西边魏国军事实力要比赵国强得多，就连势力也和赵国差不太多，甚至有的时候比赵国还弱一些的燕国也经常对赵国发动军事行动。到了战国晚期，来自秦国的军事压力就更大了。赵国除了防御周边比他强大的诸侯国，在北边还要面对力量越来越强大的林胡、匈奴等的威胁。所以当年的赵国被称为"战之地"，四面八方随时都有可能发生战争。身处这样的危险境地，赵国又要如何在夹缝之中谋求发展呢？

一世威武，赵肃侯如何驰骋天下叱咤风云？
一路北上，武灵王如何继承父业开疆扩土？

公元前346年，赵肃侯成了赵国的一把手。他有勇有谋，领着赵国人走向富强，他那份勇气和担当为自己儿子赵武灵王树立了榜样，也为赵国的发展赢得了宝贵的时间和空间。

细说起来，先要讲到齐宣王和魏襄王在徐州盟会上互尊为王，这事让赵肃侯很不高兴——因为齐国和魏国联合起来对赵国的威胁就更大了。赵肃侯时期，经济已经有了一定的发展，国力和军力已经有所加强。在这种情况下，赵肃侯决定先下手为强。他没等敌人动手，先派军队攻打了魏国，这场战争赵国没占到任何便宜。赵国退回来之后非常担心齐、魏两国联手对赵国进行报复，赵肃侯决定在南部边疆上修建一道长城，这就是后世所说的赵南长城。

事情果然如赵肃侯所料，隔过年去，齐、魏大军就打了过来。不过，这场战争中，赵南长城并没有起到什么实质性的作用，最后还是赵国军队掘黄河之水冲淹了敌军，逼退了齐、魏两国的军队。

赵肃侯在赵国的历史上是一个非常了不起的人物，以一个并不是很强大的国家力量，与魏、楚、秦、燕、齐这么多的国家轮番过招，从来没有很大输人输阵的丢人事。那段日子里，赵国差不多成了雄踞北方的新霸主。赵肃侯过世的时候，他从前的对手都景仰他的威名，派出了军队到邯郸城来为他送葬。

赵肃侯走了，刚满12岁的赵武灵王接管了大权。这孩子年纪虽小，心眼儿可不少。他看懂了眼前的世界，却无法驾驭复杂的局势。好在赵武灵王身边还有不少忠心耿耿的老臣，一心一意辅佐少主，尽心尽力发展国家。

一个未成年的小君主，一群上了岁数的老臣子，他们小心翼翼地挨过了十好几年，眼看着自己的国家就跟豆芽菜一样蔫头蔫脑没什么生气，大臣们很急，赵武灵王心里头也挺上火。此时，他已经不再是当年那个毛头小子，已经过了而立之年，日日夜夜盼着赵国强大起来，腰板硬起来。不过，这事不急在一时半会儿。赵武灵王在邯郸的赵王城里冥思苦想，思考着赵国的未来。终于，赵武灵王有了动作。他传旨下去，要召集文武群臣，共商天下大事。这场头脑风暴又将鼓起怎样一阵新风呢？

赵武灵王和大臣们聚在一起，在赵国第二政治中心陪都信宫召开会议。信宫，就在邯郸的永年，离赵国的都城没多远。当年，这里来的全是政坛精英，他们谈的都是家国大计。会议一开就是五天，大伙你一言我一语，为赵国发展献计献策。其实，在赵武灵王的心里，早对国家发展的总方针有了大致的主意。

这些年来，赵武灵王韬光养晦，一心洞察政治风云，琢磨周边局势。他注意赵国要想开疆扩土，寻求更大的发展，只有一个方向，就是向赵肃侯修筑的赵北长城之北寻求机会。那里是农牧交错地带，是可以发展农业又可以蓄养的好地方，也是培养部队的好去处。发展经济，增强军力，就该从那里开始。赵武灵王遥望着北方，对大臣们讲出了这样一番话："如今，东有燕国北有胡，西边也有魏国，秦国跟韩国也联起手来把我们当成了假想敌，又有中山国横插在赵国的正当中。我们的出路在哪里？"赵武灵王给出的答案就是，出路在地广人稀的北方。他要继承先王的做法，一路向北开疆扩土，学习外族胡服骑射，一手抓经济，一手抓军事，争取用最小的力量获取最大的成功。

信宫会议为赵国的未来定下了基调，从这往后，赵国的发展方向从南边调到了北方，来了个180度的大转弯。朝着北方拓展领地，这事大伙都没意见；学着外人胡服骑射，有些人可是一百个不同意。面对这场没完没了的争议，赵武灵王又该怎么应付呢？

胡服骑射，这项前无古人的政策一出台，就像石头砸进了水面，引发好一场波澜。不过，赵武灵王不理会那一套，头一个穿上短衣短裤的胡服上了朝。他一亮相，满朝的大臣全都惊呆了，有人揉着眼睛生怕自己看错了，有人掐着大腿怀疑自己在做梦。只有赵武灵王的脑子特别清醒，他知道，必须干净利索，彻彻底底地把大臣们保守的思想扭转过来，赵国才能有出路。

赵武灵王端端正正坐在王位之上，亮开嗓子大声说："我身上穿的就是来自长城以北的胡服。穿上这样短小精干的衣裳，才能舒展腿脚，方便行动，发展骑射。只有这样，赵国才会有未来，百姓才会有好日子。现在，摆在你们面前的只有两个选择，一是穿胡服，二是掉脑袋。"赵武灵王的话音一落，大臣们一个激灵，全都提起神来，反对的话再也没有人说了。

赵国的军队穿着胡服，学会了骑射，用全面武装的新式部队很快就打败了楼烦、林胡两个部落，在新占领的地盘上设立了雁门、云中两个郡。为了保护已经取得的胜利果实，赵武灵王下令建造东起代郡、中经阴山、西至高阙的长城。经过这一番努力，赵国的版图几乎比以前扩大了一倍。

赵武灵王的功绩举世瞩目，他自己也觉得很满意。他想着：本王忙活了大半辈子，从一个十多岁的毛头小伙子变成了老头，这会儿总该享享清福了。他把王位传给了小儿子，自己退位做了太上皇，对外号称为"主父"。其实赵武灵王并没有真想歇一歇，他退位之后仍然继续操心着国内的政事。同时，他更关心的是如何通过向北发展向西发展，继续发展赵国的实力。赵武灵王穿着胡服经常到长城边上去，计划着赵国的军队如何通过北长城向西去攻打秦国。

还没等赵武灵王的计划实施，他自家的院里先起了一场大火。因为他违反惯例把王位传给了小儿子，却把长子晾在了一边。两个儿子存在着疙瘩，很快，两拨人就动刀动枪斗了起来。在这样相互残杀的过程当中，赵武灵王被困在了沙丘行宫当中，活活地饿死在里面。英雄一世的赵武灵王却落了这样一个悲惨的结局。

磨刀霍霍，外敌如何兴兵作乱进犯边关？
忠心耿耿，李牧如何保家卫国镇守长城？

赵武灵王死后，赵国再没有什么有魄力的君王了，倒是有一位名叫李牧的将军算是当时的英雄人物。李牧的老家在邢台的隆尧，是战国时代数得着的军事家，跟秦国的白起、王翦，赵国的廉颇并称为"战国四大名将"。

话说在赵悼襄王时期，赵武灵王已经去世30多年。此时的赵国在下坡路上越滑越远，长城一带经常遭受匈奴的骚扰。李牧临危受命，带着军队到长城前线守戍长城，他把军事指挥中心设置在雁门郡北边的长城之下，每天操练将士练习骑射，还在暗中派出探子紧盯着敌人的动向。因为情报工作完成得出色，每当有匈奴前来捣乱时，李牧都会提早通知军民，把粮食和钱物还有牲畜都收到长城里边来。匈奴大老远地跑来一趟，却是竹篮子打水一场空。虽说没有打掉匈奴的气焰，赵国方面也没有什么损失。

邯郸城里有些大臣们站着说话不腰疼，都认为李牧胆小怕事，不敢跟敌人硬碰硬，就连赵王也对李牧提出了批评。可是，李牧为了顾全大局，还是要把不战的原则坚持到底。这可让赵王动了肝火，他派出纸上谈兵的赵括取代李牧，把李牧召回了邯郸。

新官上任的赵括到了长城边上，把李牧路数全部变了。一见到匈奴的影子，立马出兵开战，结果每次都是损兵折将。一年的时间过去了，赵军的锐气让敌人给打了下去，再没有军队敢于出兵迎战匈奴，也没有老百姓敢到长城外面去放牧了。

赵王想着，老这样下去也不是办法，想来想去，只好再请李牧出马。李牧再次接到赵王的指令，心里也没了当年那股子横刀立马的精神，不敢轻易答应下来，只好以有病相托。但是，赵王的命令是不能更改的，李牧去也得去，不去也得去。李牧无奈之下，跟赵王提出了自己的要求："如果一定要让我去，我就还要用从前的战略。"等到赵王点了头，李牧才回到长城防线。

这一回，李牧依然是按着老法子办事，你一来，我就躲，不浪费一兵一卒。李牧这样做是为了达到两个目的：第一是要使敌人放松警惕；第二是要使自己的部队积攒士气。李牧的军队在长期受到匈奴军队压制的情况下，求战之心越来越迫切。匈奴的警惕性却越来越放松，越来越懈怠。在这种情况下，李牧认为反击的时机已经成熟了。他安排了一大批人到长城以北去放牧，把鱼饵放得长长的，只等敌人来咬钩。果不其然，匈奴一看有牛有羊，就带着人马跑来抢劫。李牧假装招架不住，一路退回长城。几次这样的攻攻退退，匈奴认为李牧的军队不堪一战，结果在一次匈奴继续进攻的时候，中了李牧事先设下的埋伏，这场战争一次就歼灭了匈奴骑兵几万人。此后的十多年，匈奴再不敢靠近赵国的长城。

千百年后，赵国的长城只剩下残垣断壁，零落在河北和内蒙古，从前的故事却历久弥新，回荡在燕赵大地。

这正是：

胡服骑射带好头，开疆拓土美名留。
修建长城山河壮，纸上谈兵家国忧。

第五回 中山留长城 太行寻遗踪

上一回说到赵国开疆扩土谋求发展，保家卫国修筑长城。这一回出场的中山国是战国时期的小角色，在风起云涌的大历史中，它是怎样在大国的夹缝中求生存，如何为自己的百姓保平安的呢？

中国历代修建的长城都是国家行为，修建长城费钱又费力，绝对不是个小事，尤其是在生产力水平还很落后的春秋战国时期更是如此。那个时候修建长城的诸侯国基本上都是不差钱的大国。可是，凡事总有个例外，小不点的中山国也修建了长城。

要说中山国的故事，先得讲讲它的来历。中山，最早的名字叫鲜虞，是从北方游牧民族白狄中独立出来的后代。公元前506年的时候，鲜虞人占下了地势险要的中人城。中人城的位置就在保定唐县西北边的粟山，他们在这里建立起国家，因为城中有高高的青山，鲜虞人就把自己的国家定名为"中山"。

看看历史地图册，战国时代的中山国东北连着燕国，西南接着赵国，可怜巴巴的一小块地方就像是石头缝里的小草，生活得实在不容易。这其中的辛酸和艰难，一句两句可说不完。

今天，中山国的名字也许并不那么响亮了。不过，《红楼梦》中那句"子系中山狼，得志便猖狂"差不多家喻户晓。"中山狼"这个典故出自于东郭先生的故事，说的是晋国大夫赵简子在中山打猎的时候射中了一只狼，这狼利用东郭先生的好心眼儿逃过了一劫，事后居然要恩将仇报，差点儿把东郭先生给吃掉。

想当年，中山国的处境并不像张牙舞爪的狼，反而像一只随时会落入狼爪的小绵羊。瞧瞧身边的几大强国，个

第五回 中山留长城 太行寻遗踪

胡服俑铜器

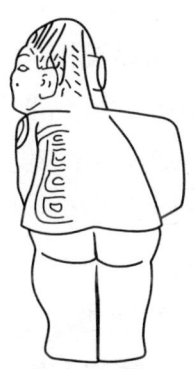

胡服俑铜器足线描图

个如狼似虎，紧盯着中山国身上这点儿为数不多的肥肉。中山国在各大巨头的眼皮底下想谋一席之地，在强手如云的战国时代历经了几起几落，其中的故事堪称一部凄凄惨惨的血泪史，这又是怎么一段往事呢？

战火纷飞，诸侯国排兵布阵如何争夺地盘？

烽烟不断，中山人痛定思痛如何抵御外敌？

话说中山武公当政的时候，为了避开虎视眈眈的魏国，也想着到平原地区找一个条件比较好的出路，决定离开太行山脉，把国都搬到东边的顾。顾是什么地方呢？大致相当于今天的定州。要说这中山武公的初衷绝对是好的，定州这一方水土也挺不错，至今还是河北省重点的产粮区。但是，在2000多年前，迁都于顾对当年的中山国来说却是一个致命的错误。这话又怎么讲呢？

从前，中山国在太行山间利用险要的地势扛住了赵国、魏国的多次进攻；迁都平原之后，中山国没有山地做屏障，军事防守就跟窗户纸似的。公元前406年，中山国的防线被魏国捅破，直接导致中山国第一次灭国。

按当时的形式来看，中山国的亡国是早早晚晚的事。可是，谁也没想到，第一个下手的是大老远跑来的魏国。当年，魏国的东西两边都有发展空间，为什么要兜个大圈子去打不相接壤的中山国呢？

当时，魏国攻占中山的目的有两个：一个是要解决扩张的需要，二是要占据一条穿越太行山的通道。那个时候，沟通太行山南北的轵关陉掌握在韩国人手中，壶关和滏口陉在赵国人手里，想从虎口里抢肉吃，根本就不可能。最终，魏国选择了中山国这个软柿子，要从它这儿打开缺口。虽说中山国人少地也小，可是它控制着两条太行山的主要通道——一个是飞狐陉，一个是井陉。魏国大举出兵，关键目标之一就是夺取井陉。

魏国打定主意，部队也准备好了，但是要想进攻中山国就必须找人借道。因为魏国和中山国并不挨边，魏国必须取道赵国才能够得着中山国的边境线。其实，魏国和赵国当时冲突也很大。按说，魏国伸手过来想占领中山，这对赵国来说也不是好事，可是，赵国的做法挺古怪，它偏偏就同意了借道给魏国。且不说赵国心里打的是什么算盘，它这一答应借道可就要了中山国的命。

魏国一出兵，很快就如愿以偿地占了中山国的太行通道，但是这样一来魏国战线就拉得太长了。在这条穿越太行山的通道上，没有足够的军队保障就缺乏稳定性，随时都可能被赵国一刀切断。战败了的中山人也并没有因此屈服，他们躲在了太行山区，随时都准备着重返故乡，日日夜夜都想着复兴故国。

20多年之后，魏国的报应来了，赵国和齐国轮番上阵，把魏国打得没有了还手之力。中山人瞧准这个机会奋起反击，拿下了从前的根据地，终于实现了复国大计。

中山人复国之后，痛定思痛，好好总结了经验和教训。这一回，他们把都城设在了灵寿，也就是现在石家庄市平山县的三汲乡，这里有大山做依靠，还有滹沱河提供了又一重安全保障。现如今，中山国都城景区已经成为国家重点文物保护单位，那里留存着宫殿区、居民区、陶器场、冶炼场、古佛堂等遗址，还出土了好多稀世珍宝，这些响当当的考古证据显示着中山国曾经的辉煌。

定都灵寿之后，中山国迎来了一段前所未有的好日子，经济有了很大的发展，军事也有很大的进步，早先被赵国抢走的房子城也重新归了中山国。中山国腰板硬了，脾气也涨了。一些做法可让赵国看不惯了，赵国接连对中山国发动了两次大规模战争。中山国也采取了积极的防御措施，不但加固了滹沱河沿岸的防守，还在与赵国交界的地方修起了长城。

据《史记》记载，中山国修长城的事发生在赵成侯六年，相关的文字只此一处，再没有什么细致的说明。这寥寥几个字的背后究竟隐藏着什么样的故事呢？

这个时期，正是赵国刚刚经历过"胡服骑射"的改革，国力有很大增长的时候，灭掉中山国已经是赵国的一个战略思考。赵武灵王趁着中山王去世的机会发兵打到了房子城。对于中山国来说，这正是屋漏偏逢连阴雨，要多倒霉有多倒霉，一边忙着白事，还要一边应付着战争。赵国的进攻还没有消停，燕国也趁火打劫，兵临中山城下。中山国在遭到两面夹击的情况下，硬是咬牙扛了下来，在以小敌大的战争中没有遭受太大的损失。

中山国好不容易打跑了外敌，还没过上几天安生日子，自己家里又闹了起来，大臣们钩心斗角，新上任的中山王也跟亲兄弟们动起了刀枪。上梁不正下梁歪，当头儿的都这么不着调，中山国的部队又怎么会有战斗力？

俗话说了：好事不出门，坏事传千里。中山国内部的混乱很快就像长了翅膀传到了赵国。赵国一位谋士跟赵武灵王建言："这个时候正是咱们讨伐中山的大好时机，大王如果再不决断，齐、燕两国没准就要先下手抢占先机了。"赵武灵王听了人劝，立马发兵攻打中山国，当时的战场就在今天衡水深州市的下博东。

第二年，赵武灵王又派大军进攻中山。中山王心里知道大事不好，没有力量与赵军相抗衡，赶紧举起了白旗要求讲和，还提出要献给赵国四座城池表示诚意。赵武灵王表面上是见好就收，拿了中山国地方收兵回国了。

没过两年，赵国的军队卷土重来，这次要一心拿下中山国。中山国的军队被打得落花流水，连都城灵寿也给丢掉了。中山王灰溜溜地逃亡到齐国。中山国虽然没有立即宣告亡国，可是也只剩下了一个空架子。赵国在中山国内又扶植了一个傀儡国君，马马虎虎地又撑了一小段时间。

公元前296年，赵惠文王一声令下，彻底废掉了中山国的傀儡国君，把中山王赶出了今天的河北。从此之后，中山国就彻底成为历史。

沧桑过尽，后世学者如何抽丝剥茧探寻真相？
旧事如烟，中山长城如何历经风雨诉说过往？

中山国没了，可是它在历史上留下的很多谜团却依然吸引着后人的关注。其中就包括中山国修建的长城究竟在哪里。

从前，专家们猜测中山长城的位置应该在今天的河北、山西交界的地方，因为中山国的头号敌人是赵国，所以好钢必须用在刀刃上，长城修建肯定是在靠近赵国的地方。

这样的判断只是一种分析，事实上是不是这样？还得靠证据。近年来，大量的考古研究成果证明：公元前369年，中山桓公趁着韩、赵、魏三国大战的机会在南部的房子、扶柳两地之间沿着槐水北岸建起了一道长城。房子城就在如今的石家庄高邑县西南；扶柳，在衡水冀州西北滏阳河的东岸。槐水，就是现在的槐沙河及其支流。

1988年，河北省的考古工作者终于在河北境内发现了中山长城的遗址，这段历经沧桑的石头垒砌的城墙就在保定的唐县、曲阳、顺平、涞源等地。从这些重要的考古发现上，我们可以看出这样几个特点：中山长城基本上是采用了"因地制宜、就地取材"的建筑原则，在山区石料多的地方，就用石头垒砌。在石头少的地方，就用土石混筑。从现在遗址保存情况来看，由石头垒砌的城墙遗址保存得比较清晰。很多石头城墙虽然倒塌了，但是远远地看着还成为一条石头梁。个别地段城墙没有倒塌，可以看到墙的基础是用比较大块头的石头铺垫的，上面是用毛石垒砌的，没有使用任何黏合物。城墙也是下宽上窄，逐渐往上收分。这样垒砌的墙体更坚固，在一些山体比较险峻的地方，就利用山险作为屏障，山崖两侧有城墙相连。中山长城比较典型的地段在保定涞源的黄土岭至固家堡和顺平县神北、神南一带。

千百年的风风雨雨把巨石磨成了细砂，中山长城也在历史变幻中坍塌倒地，从高高的城墙变成一堆石头梁。当地老乡不管这道长城叫长城，称为"龙脊"、"土龙"。其实这种对长城的称呼不仅仅在中山长城上有，在燕北长城、在齐长城都有。因为不理解为什么这么长的一道山脊上会有这么一条蜿蜒曲折随山就势的遗址，大家就认为这是一条老天造就的"土龙"。中山长城见证过战争的残酷，也见证过生存的艰难，如今，依然诉说着尘封多年的如烟往事。

这正是：

勇猛顽强中山人，大国之中求生存。

太行山下小诸侯，修建长城防强邻。

第六回 天下成一统 万里聚长城

上一回说到中山国人御强敌，太行山下修长城。群雄逐鹿的战国时代最终被一位叱咤风云的人物终结，他就是中国封建一统的开创人秦始皇。提起秦始皇，人们自然想到万里长城。秦始皇不是修筑长城的第一人，也不是最后一人，可是在大多数人看来，他和长城密不可分。千古一帝和万里长城究竟有着怎样的渊源，历史的本来应该怎样还原？

提起万里长城，人们首先就会想到秦始皇。在中国历史上，很多的政治家都把秦始皇修建长城当作暴政的一个标志。但不管怎么说，秦始皇修建万里长城是一件重大的历史事件。秦始皇一辈子办了很多大事，最大的事不是修建长城，应该是统一全国。

自古英雄多磨难，秦始皇正是在磨难之中成长为一代枭雄的。想当初，他的父亲异人作为人质生活在赵国，与吕不韦的宠姬相遇，生下他起名政。为了避人耳目、逃过杀身之祸，这个孩子不能跟着父亲姓嬴，而是姓赵。可以说，从秦始皇出生那一天起，生活就给他好好地上了一课，让他看明白什么叫人情世故，什么叫世态炎凉。小小年纪的赵政明白，只有自己强大，才不会任人宰割。

后来，异人在吕不韦的帮助下，当上秦国国君。他死后，13岁的嬴政继承了王位。当时天下七雄争霸，杀得你死我活，嬴政靠着自己的智慧和胆识，在这场争霸战争中运筹帷幄、左右厮杀，终于在公元前221年，统一了六国，建立起中国封建社会第一个中央集权的统一王朝。

秦始皇横扫六合、睥睨天下，从此以后，千古霸业由他成就，万里江山任他指点。放眼望去，中原地区再也没有了旗鼓相当的对手。按理说，秦始皇从此可以高枕无忧，可他为什么还要修建万里长城？修建长城又是为了防御谁呢？

这事还要从秦始皇统一中国前说起。当时，中国北方的草原地区出现了强大的少数民族政权——匈奴。南到阴山、北到贝加尔湖之间的广阔地区，都是他们的地盘。匈奴各部落都是在马背上成长起来的，他们在大漠草原的厮杀，练就了善于骑射的本领，养成了野性十足的狂放性格。

匈奴的势力范围所控制的地区和中原诸侯国所控制的地区，是农牧交错地带，谁的势力强一点谁就前进，谁的势力弱就只能后撤。像赵国、燕国、秦国力量强大的时候就开疆扩土向北拓展，挤压匈奴等游牧民族的生存空间，所以修建长城防御北边的游牧民族南下。在秦始皇统一全国的战争当中，原来的燕国、赵国把全部的力量都调回来，抵御秦国的统一战争，长城地区力量已经非常薄弱了，没有力量来对抗游牧民族。长城外面的游牧民族在这个时期大规模南下，重新占据了赵国、燕国已经开拓起来的长城地区。

秦始皇统一中国后，同样面对着北方匈奴的问题。而这个时期的北方匈奴比赵国和燕国时期面对的还要强大。在这种情况下，秦始皇新建立起来的统一王朝就有了整体防御北边游牧民族的需求。

秦始皇统一全国之后，有五次大规模的出巡。这几次出巡并不是简单的游山玩水，第一，为了彰显皇威、安宁天下；第二，就是制定整体的北部防御战略。秦始皇的出巡有两条精心设计的路线：

第一条就是从东到西的边疆地区，从今天的河北到内蒙古，凡是重要的边塞地区都留有他的足迹。

第二条是从西往东去往泰山的路。一统天下之后，秦始皇也想寻找长生不死的灵丹妙药，逃离人间的生死轮回。他向往神秘莫测的泰山、烟波浩渺的大海，沿途立碑、歌功颂德，拜祭大海和泰山，并且命人带童男童女下海求仙。秦皇岛市就是秦始皇求仙的地方，山海关的孟姜女坟附近，就有秦始皇东巡时留下的行宫遗址。

就在秦始皇第四次出巡到达上郡的时候，听说燕人卢生在海上遇到仙人，大喜过望，急忙召见。没想到，卢生没有带来海上寻访神仙的好消息，却带来一个让秦始皇胆战心惊的坏消息。

暗藏玄机，卢生一语所谓何事？

刻不容缓，重担千斤交付何人？

卢生献给秦始皇一本《录图书》，书中有这样一句话，让秦始皇瞬间变了脸色。什么话呢？"亡秦者胡也。"

胡，就是北方的匈奴。北方的匈奴本来就是秦始皇心底绕不开的一个结、拔不掉的一根刺，现如今卢生又来了这样的一通言论，秦始皇的心里能不腻歪吗？秦始皇称自己为始皇帝，他是要开万代基业。他也深知匈奴勇猛无比，如果不解决匈奴的问题，他的万代基业是不牢固的。

为了杜绝后患，秦始皇决定先发制人。公元前218年，他调集30万精锐之师，以蒙恬为将，向匈奴发起了大举进攻。蒙恬是一员猛将，骁勇善战。他率军北上，用了三年时间，就将匈奴逐出河南地。第四年，又率军强渡黄河，占据今内蒙古河套以北、阴山以南的全部地区。

北逐匈奴之后，秦始皇命令蒙恬在今天的内蒙古地区，阴山大衢山一代，黄河以北修建长城，加强防御。同时建立起行政机构，从内地迁徙大量的移民到这个地区开垦农业，也将受到惩处的罪人发配到这个地方去充边。公元前211年，就有内地的30000户迁徙到现在的内蒙古河套地区，垦田拓边。

有了移民，有了农业生产的安排，如何保障这个地区的稳定，不受到游牧民族的侵扰呢？秦始皇想到了燕国、赵国和秦国的北部长城。他决定将这些长城修修补补，同时新建一部分长城将它们连接起来，构成一条严密的防御线。修建长城有想法容易，下决心也容易，但真干起来就不是一件简单的事了。秦始皇首先考虑要派谁去承担这个任务。当时蒙恬已经率30万部队在长城地区了，自然就要利用这支力量去修建长城。

从秦始皇的长城开始，利用军队作为修建长城的主力就成了一个传统。历代的长城，包括后来的明长城，修建长城的主体也都是军队。但修建长城是一个非常浩大的工程，仅仅靠部队是不够的，除了施工的人员还要有很强大的后勤保障，材料的运输，还有粮食的保障，特别是施工还需要很多的工匠。

这些力量从哪儿来呢？从哪儿招募的呢？两个方面。一个就是征调民夫，第二个就是一些犯罪的人发配到长城沿线来充军。秦始皇时期，有一种刑罚叫"城旦"，就是罚这些人去修建各种城池和长城。这种刑罚非常残酷：一般的刑期是四年，如果被罚去修长城的话，基本上就属于有去无回了。因为从很远的地方到了长城边关地区再去施工，刑满之后如果工程没有完成，他们也不能被释放回去。秦朝当时全国的人口有2000多万，被派去修长城、戍守边疆的将士加上民夫就有60多万。

这么多的人集中在长城区域，他们的口粮是怎么解决的呢？有两个途径，一个是从外地调运，一个就是从当地征粮。从外地调运是一件十分困难的事情，因为运粮的人一路上也要吃粮食，如果路途太远的话，运送粮食的人就把所运送的粮食消耗掉多一半了，甚至于全部消耗掉了。那这种情况就等于白费功夫，所以，只能是缩短运粮的行期，减少自耗。

在秦朝百姓的血汗中，在千家万户的悲剧里，绵延数万里的长城终于拔地而起，它像一条巨龙在崇山峻岭间蜿蜒起伏。时光荏苒，岁月流逝，现如今，我们还能寻觅到当年秦长城的踪迹吗？

秦始皇所筑的长城，途经甘肃、宁夏、内蒙古、河北、辽宁几个省，因为年代久远，大部分地方已经难觅踪迹了。今天只能在一些高山、高原和绵延起伏的丘陵地区看到一些秦长城遗址。在内蒙古的阴山，大兴山地区，特别是包头，巴音淖尔地区还有保存很好的长城遗址。今天在河北省承德市也有很多的秦长城遗址。围场还有一座清代所立的石碑，今天我们称这座碑为古长城说碑。这块碑是乾隆十七年（1752年）的时候，乾隆到围场狩猎，发现了一道古长城遗迹，经过询问才知道是秦长城。乾隆皇帝有感而发，写下了《古长城说》，还在围场县岱尹梁长城外侧20米的山坡处立了石碑。

这块石碑在1966年被砸成了几段，1978年重新修缮又立了起来。碑面有数条纵向断裂纹路，但大部分字迹还清晰可辨。虽说古长城已经失去了当年的威风，可是站在这里，还能想象得到2000多年前长城的雄壮和辉煌。

一世辉煌，秦始皇何以背负千古骂名？

一日蜉蝣，秦二世为何成为亡国之君？

秦始皇修筑万里长城，本来是想让秦朝的江山万世永存，可没想到，这项浩浩荡荡的大工程，几乎耗尽了秦朝的国力，也让成千上万的家庭骨肉分离，更让秦始皇背上了千古骂名。

不过，评论秦始皇的是非功过，要根据当时的历史情况来分析。秦始皇刚统一六国，建立秦朝，百废待兴，还要应对被颠覆的危险。作为国家最高统治者，秦始皇若是手软怕事，犹犹豫豫，秦朝可能再次陷入动荡和战火之中。

秦始皇采取果断措施，对外驱逐匈奴，构筑长城加强边防；对内实行焚书坑儒，推出新的度量衡标准、货币、文字等等。他之所以这样做，是为实现统一大业之后巩固他的大秦江山。否则，秦国经过几代人的努力，付出巨大代价所实现的一统江山就会毁于一旦。

只可惜，万里长城也没有永葆"子孙帝王万世之伟业"。建成没几年，秦始皇就病死在又一次出巡路中，随行的秦始皇少子胡亥串通宦官赵高和丞相李斯修改了诏书，杀害太子扶苏和将军蒙恬，篡位成为秦二世。

秦二世是个坑爹的主，只知道寻欢作乐、胡作非为，不顾秦朝财力枯竭，继续营造阿房宫，大享宫廷之乐，还征调50000人到咸阳服役，为自己训练射猎用的犬、马和禽兽。可悲的是，他还以阴谋手段滥杀忠臣良将，就连丞相李斯也没能逃过他的魔掌。赵高借机把持朝政大权，搬弄是非，那个传遍天下的大笑话"指鹿为马"，就出在专权的赵高和昏庸的秦二世身上。

这样一个无能的皇帝，又怎么能赢得民心呢？公元前207年，陈胜、吴广揭竿而起，反对暴政，项羽、刘邦领导的起义军也发展壮大起来。最后，刘邦攻下秦都咸阳，秦朝灭亡。

这正是：

统一中国难又难，修建长城暑与寒。

二世而亡虽坑爹，万里长城万世传。

第七回 姜女哭庙祠 千里诉冤情

上一回说到，万里长城拔地起，长城脚下万骨枯。这项浩浩荡荡的大工程，见证了千万家庭离散，掩埋了无数壮士白骨。万里长城今犹在，不见当年秦始皇。说起万里长城，人们总会想到秦始皇，说到秦始皇，人们总会提及一位女子，哭倒长城400公里的孟姜女。历史上真有孟姜女这个人吗？万里长城、秦始皇和孟姜女，三者之间究竟有怎样的关联和纠葛？

"孟姜女，杞梁妻，一去燕山更不归……"提到长城，大家都会想到孟姜女哭长城的故事。这一首民间小曲，已经唱了近千年。孟姜女的故事之所以在中国家喻户晓，就是因为她的生死和万里长城挂上了钩。在这个故事里，长城让孟姜女的命运发生了怎样的变化，演绎出怎样的一段凄婉的爱情？

秦朝的时候，有个村子里有一对和和睦睦的好邻居孟老汉家和姜老汉家。有一天，孟家屋檐下的小燕子衔来一颗葫芦籽。孟老汉捡起葫芦籽，高高兴兴种到了菜园里。葫芦苗长出来后，顺着墙就爬到了姜家院子里。

到了秋天，葫芦秧结了一个很大的大葫芦，两位老汉说："既然葫芦长在了咱们两家，这个葫芦就是我们两家的了。"葫芦摘下来刚放在案子上，葫芦突然自己裂开了，里面竟然坐着一个白白胖胖的女娃娃。

两位老汉喜出望外，给孩子取名孟姜女。女大十八变，越变越好看，孟姜女生下来就是个美人胚子，长大以后更是倾国倾城。

这个时候，秦始皇到处抓人修长城，那些王公大臣、军队里的军官们，只挥动着皮鞭监工，累死累活的差事只能落在老百姓头上。一个叫范喜良的小伙子知道被抓去修长城凶多吉少，就找了个机会逃了出来。

官兵一路追赶，范喜良一路逃跑。情急之下跑进了孟家的菜园子，撞见了孟姜女。孟姜女非常同情范喜良的遭遇，就把他藏了起来，并说服父亲把他暂时留在了家中。孟老汉见这个小伙子是一个好孩子，两个年轻人又情投意合，就把如花似玉的女儿许配给他。

新婚之夜，官兵强行把范喜良抓走了。孟姜女哭成了一个泪人，拉着官军苦苦地哀求，却被官军狠狠地踹倒在地上。丈夫被抓走了，孟姜女日夜思念，每天站在门口望着丈夫离去的方向，望穿秋水。天寒地冻的世界，外面滴水成冰，孟姜女担心丈夫受苦挨冻，连夜赶制寒衣，要千里迢迢到边关给丈夫送去。当她历尽了千辛万苦赶到了长城脚下时，才知道丈夫早在半年前就已经死了，尸骨被埋在长城的墙基下。

当初一别，竟然天人永隔。听到这个消息，孟姜女昏了过去。苏醒过来之后悲伤至极的孟姜女哭了整整三天三夜。只听一声巨响，400公里长城轰然倒塌，露出累累白骨。孟姜女用滴血的方式找到了丈夫的尸骨。人们认定山海关就是孟姜女哭长城的地方，为了纪念这位万里寻夫、忠于爱情、反抗暴政的孟姜女，在山海关建了孟姜女庙。

那么，孟姜女在历史上真有其人吗？

层层追溯，孟姜女源自哪般历史记载？
代代相传，哭长城经过几多民间演绎？

其实，历史上并没有孟姜女这个人，孟姜女哭长城的故事，也只是一个民间传说。这个故事从何而起呢？源自一个跟万里长城八竿子打不着的典故。

《左传》中记载，春秋齐国大将杞梁被派去攻打莒国，战死在疆场上。遗体被运回来之后，齐庄公派人到城门外吊唁，可杞梁的妻一口拒绝了。她说，杞梁既然是为国捐躯，就应该到我的家中去祭奠。齐庄公的这种做法，不但仓促草率，更是对丈夫的不尊重。齐庄公听了感到很惭愧，亲自到杞梁家中去吊唁，并且把杞梁将军安葬在齐都郊外。

这个真人真事，主要展现了杞梁妻大义凛然的刚烈性格，根本就没有涉及长城，也没有哭的事。到战国的时候，故事中开始融进了浓厚的感情色彩：杞梁妻到路边迎接丈夫灵柩的时候痛哭不止。到了汉代，故事中又增加了哭倒城墙的内容。直到唐代，这个故事才和秦始皇修筑万里长城联系起来。

唐代末年，民不聊生。人们想骂当政者，又不敢骂当时的皇上，只好远远地骂秦始皇，就把杞梁妻这个故事演绎成了孟姜女哭长城。到了清初康熙年间，孟姜女哭长城的故事又增加了秦始皇逼婚、孟姜女殉夫的情节。说的是，秦始皇发现了孟姜女的美貌，想要纳她为妾。面对荒淫无道的秦朝天子，孟姜女居然答应了，不过她提出一个条件，要到长城脚下去祭奠死去的丈夫。秦始皇贪恋孟姜女的美色，痛痛快快地答应下来。孟姜女来到长城脚下，祭奠亡夫，直哭得昏天黑地，山摇地动，原本坚固的长城轰然倒塌了400公里……就在秦始皇大惊失色的时候，孟姜女一头扎进了大海。秦始皇很是后悔，下令厚葬，还建了姜女庙来供奉这位贞节烈妇。

孟姜女的行动感动了天地，在她跳海的地方升起了两块巨石，这就是山海关的孟姜女坟。高大的是孟姜女坟，低矮的是坟前的墓碑。孟姜女千里寻夫、最终又殉情而死，她对爱情的忠贞、智慧、勇气和大义在人们口口相传的故事里不断升华。一位长城劳工的妻子，一个离散家庭的故事，千百年来为什么一直被演绎呢？

建筑长城的工地一般都远在边塞，那里荒凉偏远，渺无人烟。在这样艰苦的条件下，还要开山凿石，砌砖垒墙。有工期，又有质量要求，皇帝追求的是速度和效益，需要用千百万生命来捍卫他的统治，在这样浩大的工程中，民夫的性命基本没有保障。城墙白骨砌，灰泥血泪粘。无数男儿的性命就这样葬送在长城脚下。

每个大规模修筑长城的朝代，都曾大规模征调民夫。每一个民夫的背后，都晃动着一个或几个女子的背影，也许是母亲，也许是姐妹，也许是妻子和女儿。每一块城砖之中，都凝结着女人的眼泪，但是在我们浩如烟海的文献当中，并没有关于这些长城修建者的记载，所以有了孟姜女的传说之后，老百姓更愿意相信这样的故事是真实的。大家通过孟姜女的眼泪看到了历史的残酷和无情，看到了万里长城下埋藏的血泪，每块青砖、每座墩石，都砌进了无数家庭的悲欢离合。

孟姜女的故事为什么能长久流传？第一，它反映的是一个爱情悲剧，中国的四大传说全都是爱情悲剧。第二，它反映了一个弱者对强权的反抗，女人应该说是最软弱无力的一个群体，她在最悲惨最无助的时候，唯一能做的就是哭。把哭的力量放大，让哭的力量惊天动地，哭得墙倒屋塌，是赋予那些最无力的女人反抗的力量。这种反抗精神在黑暗的年代是民间特别需要、特别向往的。

孟姜女的故事虽然只是传说，可故事里有一点还是符合历史真实的，当初秦始皇抓去修长城的很多犯人，都和范喜良身份一样，是上门女婿。这又是为什么呢？

秦始皇焚书坑儒时就明确规定，朝廷下令之后，30 天内不烧掉规定要烧的书，就在脸上刻字，被罚为"城旦"。对"城旦"的惩罚刑期是四年，主要是派他们去修筑城池或长城。在秦始皇时期被罚为"城旦"的人中最大的一部分不是儒生，而是"赘婿"，就是上门女婿。

秦始皇为什么要抓这么多"上门女婿"去修长城呢？

其实，打击赘婿并不是从秦始皇开的头儿，早在战国时期，魏国就已经有了打击赘婿的行动。打击赘婿表面上看是一个生活问题，背后是一个经济问题。因为在战国时期，很多国家都是按男丁收税。这一家有五个儿子，在没有分家的时候只收一户的丁税。那么五个儿子长到一定年龄，分门立户之后，每一户都要上税。可是有些人由于家里贫穷或其他的原因，就找一个女人家里头去入赘，这样就可以不立门户了，从而逃避掉税赋。因为常年的战争，青壮年大量死亡，留下了很多孤儿寡母，家里也需要这样的劳力，所以招赘女婿也就有了需求。但是入赘的人越多，逃税的人就越多，逃避兵役的人就越多。这样的行为肯定不符合当权者的利益要求，魏国就首先开始打击赘婿。

战国时期的秦国一直推行的是重农抑商的耕战政策，鼓励男子自立门户从事农耕生产，基本上没有赘婿的问题。秦始皇统一全国之后，其他国家赘婿的遗风还非常严重，于是秦始皇制订了打击赘婿的政策。秦始皇惩罚用今天的话说吃软饭的男人，押着他们去修建长城。孟姜女的故事虽然是一个传说，但是故事当中孟姜女与丈夫新婚之夜就被抓走这样一个情节还是有历史真实的背景的。为什么抓他呢？就是因为范喜良是孟姜女家的上门女婿，所以新婚之夜被人举报，被抓去修长城，最后惨死在长城的建筑工地，这才有了孟姜女千里寻夫、哭倒长城400公里的故事。

默默不语，古老石阶倾吐哪般艰辛？
寂寂无声，青石匾额诉说何种沧桑？

孟姜女的故事在全国各地都有传播，在广西、云南都有，也有很多的地方建有孟姜女庙。不过在长城脚下，影响最大的就是坐落于山海关望夫石村北边凤凰山上的孟姜女庙，也是迄今保存最为完整的孟姜女庙。山海关孟姜女庙修建的年代没有准确的记载，相传创造于宋代以前。现代的建筑是明万历二十二年（1594年）山海关兵部分司主事张栋重建的。

山海关的孟姜女庙是一处红墙灰瓦的小院落，从入口处到山门，有一条长长的石台阶，共108级，象征着孟姜女千里寻夫的艰难。站在长阶下抬头仰望高高的庙门，上面挂着写有"贞女祠"的巨大的匾额，增添了几分庄严。

走进庙门，左侧有两座三开间的殿堂，前面的一座是孟姜女殿。正殿门口挂着一副楹联，相传是明朝才子徐渭所撰。上联是："海水"两个字后面有七个"朝阳"的"朝"，最后是以一个"落下来"的"落"字结尾；下联是："浮云"两个字后面有七个"长城"的"长"字，最后以一个"消灭"的"消"字结尾。这副对联有好几种读法，最广为流传的读法是：海水潮，朝朝潮，朝潮朝落；浮云涨，长长涨，长涨长消。

进入正殿，正中那座身着素衣、面带愁容的彩色泥塑像就是孟姜女，两边站立着童男童女。两旁柱子上有一副对联："秦皇安在哉，万里长城筑怨；姜女未亡也，千秋片石铭贞。"据说这副对联大有来头，是南宋爱国将领文天祥所题，他抨击秦始皇的统治，讴歌了孟姜女的忠贞刚烈。

明、清以来，到这里进香的人络绎不绝。就连清朝康熙、乾隆、嘉庆、道光四位皇帝也多次登临，庙内两侧墙壁上的卧碑，就有他们的御笔题字。

民国时期，东北军的张学良也曾到过这里。1924年，第二次直奉战争爆发，山海关是双方激战的主战场。奉军前敌总指挥张学良将指挥部设在了孟姜女庙内。当时张学良给孟姜女烧香许愿说，只要这场战争能够取胜，一定重修孟姜女庙。

果然奉军大获全胜。1928年，张学良到孟姜女庙还愿，重修庙宇，还请人照着山海关城楼上"天下第一关"匾额拓下来字，刻在了青石上。现在这个青石匾就镶嵌在孟姜女庙的墙壁上。

这正是：

民间传说孟姜女，一座古庙燃孤灯。
千里寻夫送寒衣，忠贞爱情留美名。

第八回 汉武展雄才 拓疆筑垒重

上一回说到孟姜女万里寻夫送寒衣，哭倒长城400公里，秦长城砌进了万千百姓的血泪，成就了万里长城的品牌。到了汉代，长城变得更长了。汉代长城到底有多长？它为谁所建，为什么要修建呢？

汉代是我国历史上一个"黄金时代"，一方面继承了秦朝开创的各种先进社会制度，另一方面，吸收秦朝的教训，改变了秦朝残酷的暴政，力求在稳定中求发展。

经过一段时间的励精图治、休养生息，在汉文帝、汉景帝时期，社会安定、百姓富裕，呈现出一派"盛世"局面，历史上称这个历史时期为"文景之治"。到了汉武帝刘彻时期，社会经济更是发展到了鼎盛时期，汉王朝由弱变强，汉代的长城也是在这个历史时期修建的。

我们都知道秦始皇万里长城规模已经很大了，但汉代长城的长度是秦始皇万里长城的将近两倍，在历代长城当中它的长度最长。东起今天朝鲜的清川江经过辽东半岛，穿过河北北部，翻越内蒙古境内的阴山山脉、腾格里沙漠，沿河西走廊，一直进入到新疆罗布泊至库尔勒，全长将近10000公里。宏伟巨大的汉长城经过2000多年的岁月风蚀，现在只是在这些省份很多地方有断断续续的遗址。有些地方的汉长城历经2000多年保存得比较好，像内蒙古自治区的巴音淖尔、大青山北部的汉长城。由于戈壁滩上的黄土没有黏性，所以甘肃敦煌的汉长城就用一层红柳或者芦苇、一层沙土来垒砌，遗址今天看上去还十分的高大，有的地方还有两米多高。

秦始皇耗费大量人力、物力建造了万里长城，也留下残暴的千古恶名，可谓成也长城，败也长城。修长城是件劳民伤财、不得民心的事情，新的统治者——汉代的皇帝们显然明白这个道理，那他们为什么还要步秦始皇的后尘，大做长城这篇文章呢？

汉王朝修建长城同样是防御蒙古。秦朝濒于灭亡的最后那几年，中原灭秦的战争风起云涌。这个时候秦朝已经无力再戍防他修建的长城了。把长城地区的部队完全抽调回来，来镇压各地方的农民起义。匈奴也趁这个时机南下，重新夺回了河套地区。

就在刘邦和项羽忙着楚汉之争的时候，北方匈奴也在励精图治，壮大自己。而这个时候，他们内部发生了一场权力之争。公元前209年，也就是秦始皇死后的第二年，匈奴头曼单于的儿子冒顿杀害了父亲，自立为单于。之所以发生这样的变故，是因为头曼单于喜欢自己的小儿子，一心想把单于位传给小儿子。为了实现传位给小儿子的目的，头曼单于就把大儿子冒顿派到了月氏国做人质。这里所说的人质就是古代国与国之间，为了向对方表示友好将最高统治者的儿子派驻到对方国家。当年，齐桓公和秦始皇的父亲都做过人质。两个国家友好的时候，人质的日子还算好过。但是当两个国家发生冲突甚至战争的时候，人质的性命也就岌岌可危了。

冒顿刚刚到月氏国不久，头曼就发动了攻打月氏的战争，他的目的就是想让月氏人因为仇恨而杀了冒顿，要说这当爹的心也真是够狠的。不过，勇敢的冒顿并没有坐以待毙，他偷了月氏的宝马，逃回了匈奴。头曼单于一看这个儿子还真不简单，人都回来了，又表现得这么英勇，不奖赏也说不过去，于是就让他做了"万骑"长。虽然冒顿手里有了兵权，但他心里明白，在继承单于之位的问题上，他与弟弟会有一场生死之战，所以表面上表现出对父亲言听计从，心里头却种下了仇恨的种子。

冒顿暗地里训练了一支几十人的亲兵，还制作了一种叫鸣镝的箭。所谓鸣镝，就是箭射出去之后会带着哨音。他规定他的箭射向哪里，所有人都要按照他的目标射出自己的箭，不服从这个命令的一律斩杀。有一次，冒顿将他的鸣镝射向了自己深爱的宝马，有些人迟疑了，没敢及时出手，冒顿立即斩杀了这几个人。接下来，冒顿把他的鸣镝射向了他自己的爱妻，又有人犹豫了，这些犹豫的人又被杀掉。

打这以后，这些亲兵再也没人敢违背他的命令，这种强化训练终于见到了成效。有一天，冒顿把他的鸣镝射向了他的父亲头曼单于，他的部下紧随其后，万箭齐发，头曼单于就这样死在了亲儿子手里。

冒顿即位后，凭借着自己的智慧、勇敢，很快得到了匈奴贵族的支持和信任。他先后向东击败了强大的东胡，向西击败了月氏，占领了河西走廊，建立起了比较稳定的匈奴政权。冒顿单于在位时，匈奴进入历史上最辉煌的时期。

这时的汉朝刚刚从战乱中走出来，战争的创伤还没有抚平，国力很薄弱。面对这些内忧外患，汉朝的皇帝又将如何应对呢？

势单力薄，高祖刘邦如何成功脱险？
握手言和，和亲政策能否换来安宁？

公元前202年，刚刚建立政权的汉高祖刘邦正准备集中兵力收拾那些残余的分离势力，冒顿又趁机南侵，带兵进攻太原，打到了晋阳城下。刘邦觉得自己的力量已经非常强大了，可以去对匈奴决战，决定亲率大军前往晋阳地区围剿匈奴的部队，给匈奴以毁灭性打击。但刘邦没想到，汉朝的军队在山西阳高县的白登山被匈奴军队围困了七天七夜，生死关头，刘邦听取谋士陈平的计策，派人送厚礼贿赂冒顿单于的妻子，才得以脱险。这就是历史上有名的"白登之围"。

这次死里逃生的经历让刘邦彻底想明白了：与匈奴斗，现在还不是时候。从此以后，他选择了休养生息，还把公主嫁给了冒顿，通过和亲换和平。每年还送给匈奴丝绸、粮食、美酒等大批物资，一个又一个友好的信号，让匈奴放松了警惕，北部边境暂时归于平静。之后，汉朝的各位皇帝也都延续了和亲政策，与匈奴单于主动交好。这样的政治交易，汉朝和匈奴就能世代友好下去吗？

汉王朝的和亲政策，是一种无奈的选择，因为没有足够的力量与强大的匈奴相抗衡，只能选择这样一个权宜之计。事实上，在实行和亲政策的100多年时间里，汉王朝的边疆地区，依然经常受到匈奴的军事侵扰。

公元前177年，匈奴左贤王入居"河南地"，侵犯上郡。公元前174年，匈奴老上单于即位，汉王室虽然与老上单于和亲，但刚刚过了八年，老上单于就率领14万骑兵打到了萧关，也就是今天的宁夏固原，一直向南打到了甘泉，危及汉都长安。

面对匈奴的侵扰，汉文帝和汉景帝曾多次予以回击，并修缮了秦始皇所筑的长城。从长安到长城沿线，还设置了许多的烽火台，加强了这个区域的防御。公元前141年，汉景帝驾崩，他的儿子刘彻继承了皇位，也就是汉武帝。

汉武帝是一位具有雄才大略的皇帝，他的文治武功使西汉王朝成为当时世界上最强大的国家。汉武帝对匈奴又是怎样的态度呢？

汉武帝初期的时候延续执行了前朝的核心政策，等他站稳脚跟之后，就一改以往先帝的做法。正所谓，君子报仇十年不晚。通过长期的休养生息，汉武帝时期国家的实力非常强大。有了国富民强做背景，汉武帝决定对匈奴进行大规模的征战。

公元前127年，汉武帝派卫青等率兵出云中，首先收复了河南地，也就是今天内蒙古自治区的河套地区，解除了匈奴对汉都长安的威胁。

公元前121年，汉武帝又派霍去病出陇西，越焉支山西进，深入到匈奴境内500多公里，大获全胜，缴获了休屠王的祭天金人。这次战役沉重地打击了匈奴右部，造成了匈奴内部分裂。

公元前119年，汉武帝又派大将卫青、骠骑将军霍去病率大军十万，分别从定襄和代郡深入到匈奴境内进行征伐，匈奴的军事主力受到了沉重的打击。

三次大规模征伐匈奴，展现了汉王朝鼎盛时期的军事力量，此后汉武帝开始大规模修筑汉长城。为什么不继续向北推进给匈奴以毁灭性的打击，彻底解决来自北方的威胁呢？

这是因为，匈奴退居到漠北之后，中原王朝已经没有办法再继续去追击他们了。因为到荒漠地区去作战，后勤的保障补养等等都跟不上。再有，那些地区根本就没有办法耕种，即便是占领了那些地区，中原王朝也没有办法驻守。因为没有办法向那儿移民去发展生产，就选择了阴山、大青山这道农牧交错线停下了继续向北的脚步，修建长城以保障长城里面农耕地区的稳定。

汉代的长城除了构筑这一条墙体之外，还在长城区域建了很多的障城。2009年，在张家口市的张北县野狐岭，文物考古工作者发现了汉代的长城遗址，其中就有一座这样的障城，城址内建筑格局的痕迹还非常清晰。在城门南边还发现一座建在高地上的烽燧。障城和烽燧这样的建筑模式，在战争中又有什么样的作用呢？

烽火连天，边塞小城如何成为战略要塞？
一路向西，万里长城如何守护丝绸之路？

障城是边塞的小城，一般建在比较险要的地方，既可以自我保护，又可以随时观察敌人和出击。而烽燧是古代战争报警通信的一种军事设施，在长城沿线每隔一段就有一座烽燧。相邻烽燧之间的距离要根据不同的地理环境来设置，有的两里三里，有的十里八里，主要是烽燧之间要能接收到传达过来的信息。每座烽燧都有士兵把守，遇到有敌情的时候，他们就通过燃放烟火或是悬挂各种标志物，向其他的方向传递这样的军事情报。

说到汉长城就不能不提丝绸之路。西汉时期，张骞两次出使西域，建立起古代中国与中亚、西亚、南亚以至西欧的经济文化联系。汉朝占领了西域之后，为了防御和抵制匈奴的侵袭，先后设立了武威、酒泉、张掖、敦煌四个郡，在这四个郡的北边修筑长城，来加强防御。

汉代在西域的长城可以说是丝绸之路的保护神。没有汉长城，这条商贸大道就不可能畅通。东西贸易往来的骆驼队或马队，如果经常遭遇到匈奴的烧杀抢掠，谁还敢在这条路上做生意？

另外，长城的修筑，对长城沿线游牧民族的经济发展也起到了一定的促进作用。当时，长城以外的游牧民族地区生产比较落后、生活比较艰苦，汉朝修建长城之后，与长城沿线的匈奴部族建立联系，相互交流、相互依存。在汉武帝时期，有人主张把一部分归降了汉朝的匈奴收为奴隶或没收其财产。汉武帝没有采纳，反而把来降的匈奴首领分封为侯爵，安置在了长城地区，给他们提供了生产生活必需品,帮助他们发展生产。

汉武帝后期,修正了对匈奴的强硬政策。应该说,这种政策上的调整还是十分成功的。

这正是:

白登之围和亲路,武帝北征起战火。
打通西北丝绸路,疆域版图更辽阔。

第九回 魏齐筑长城 金朝成边岭

上一回说到汉代长城雄踞千里,沧桑历史流传千年。看过了各形各色的长城,说过了各式各样的故事。关于长城的故事里不仅有土生土长的中原民族,也有来自北方的少数民族。他们修筑起怎样的长城,留下了怎样的传说?

在不太了解长城历史的朋友的印象当中,长城是汉民族修建用来防御少数民族的。实际上,这是一种不正确的认识。在秦始皇统一天下之后,汉族统治者大规模修筑长城的事情只发生在汉、隋、明三个朝代。鲜卑、女真等少数民族进入中原,成为定居民族的统治者之后,他们也有了防御更北方游牧民族的需求,也大规模地修筑了长城。其实我们数一数,由少数民族修建长城的朝代就有北魏、北齐、北周、金代等。这些少数民族修筑的长城在今天的河北、山西、内蒙古和东北境内都有,有些长城还在蒙古国和俄罗斯境内。

早在南北朝时期,鲜卑人就在北方修起了长城。长长一道石头城墙,人力、物力都没少花,建造这项不得了的大工程,为的到底是什么呢?

北魏、北齐修建的长城目的是防御更北边的游牧民族柔然。

柔然又称作蠕蠕。对于已经成为定居政权的鲜卑人来说,游牧的柔然是一群游荡在北方的狼。鲜卑的先人曾经打击过柔然,那个时候的柔然力量还非常小,各个部落也是分散的。等到北魏、北齐的时候,柔然已经成为草原地区的强大政权,对北魏、北齐的北部边疆构成了巨大的威胁。所以北魏首先修建了从今天的张家口赤城到内蒙古五原的长城,还在长城沿线设置了军堡,防御柔然的进攻。

到了北魏太武帝的时候,他改变了从前重视防御而不重视进攻的做法，主动出击，对柔然进行征伐。太武帝亲自率领北魏大军，分兵两路向草原杀过去。这一仗，北魏俘获了柔然30万人口，并缴获了几百万头牲畜，一些草原地区原来臣服于柔然的小部落也都转投北魏。

　　北魏的长城和秦汉的长城不太一样，它并不是一道连绵不断的墙体，而是用几个大的军镇和与之相连的一些戍防构建起来的防御体系，有些地方有防御性墙体，有些地方没有。这些大的军镇从西向东设置的有沃野镇、怀朔镇、抚冥镇、武川镇、柔玄镇和怀荒镇。这六个军镇组成了北魏北部边疆坚固的军事防御线。六个城镇中有五个是在内蒙古地区，唯独怀荒镇在河北张家口的张北县。除了位置更靠南之外，怀荒镇的驻军汉化的程度要大大高于别的地方。这座北方军事重镇生活着不少铁骨铮铮的男子汉，也见证过一段柔情万种的感情戏，这其中又有着怎样的曲曲折折呢？

天高地远，军事重镇见证怎样一段坎坷爱情？
改朝换代，漫漫长城记录怎样一场风云变幻？

　　话说从前，一位北魏公主就要被送到草原去和亲。眼看就要嫁人了，这姑娘整夜整夜地抹眼泪。原来，公主早有了心上人——一个姓崔的公子。不能跟自己爱的人相守到老，却要到草原去跟人和亲，公主越想越不是滋味，干脆一跑了之，逃出了京城。公主临走的时候，把自己的计划告诉了崔公子：因为担心父皇的耳目监视崔公子的行踪，公主特意嘱咐他在京城忍耐，两年之后再相见。

　　公主不见了，皇帝非常生气，已经跟人说好的和亲怎么交代呢？皇上派人把整个京城翻了一遍，也没有找到公主。皇上知道公主与崔公子关系很好，就把崔公子抓来，逼着他说出公主的下落。崔公子也是一条汉子，咬紧牙关愣是没有说出公主的行踪。眼看着崔公子死去活来就是不招，皇帝也没了办法，因为没法证明崔公子与公主的失踪有关系，只好把崔公子派到遥远的怀荒镇去戍守边疆。崔公子生怕连累公主，两年后没有按约定去找公主，他自己孤身一人生活在怀荒镇上，终于在一场战争中以身殉国，跟公主天人永隔。

说过了这段凄凄惨惨的爱情故事，再讲讲北魏的军事布局。多年之后，北魏在北方六镇的东边利用原有的御夷城又增添了一个御夷镇，具体位置就在张家口沽源的东北边。为了加强对北方游牧民族的防御，只设置了重要的军镇还不够，于是，446年，再一次大兴土木，修筑长城。这道长城史称"畿上塞围"，用于保卫北魏京都平城。工程总共调用了司州、幽州、定州、冀州的十万多人，历史文献记载这道"畿上塞围"东起上谷，西至于河。上谷的位置就是今天张家口市怀来县小南辛堡镇大古城村北，长城确实起到了防御北方游牧民族的作用。北魏政权没有被游牧民族攻灭，但是它内部的问题却越来越大，最后分裂为东魏和西魏，又相继被北齐和北周所取代。北齐文宣帝高洋时期，也修建了很多的长城。那么高洋给我们留下了什么样的故事，这段历史又在燕赵之地留下了什么样的印记呢？

北齐文宣帝高洋在历史上留下了很难听的恶名。不过，要论当初，他曾经也是个能文能武、忧国忧民的好青年。北齐初年，北方新兴的游牧民族刚刚发展起来的时候，同样面临着北方柔然民族对于长城的威胁。所以，高洋也学着北魏修起了北部的长城。这是北齐政权第一次建造长城。

这次长城的修建规模并不大，规模大的是几年之后征发了150万人修建的起自幽州北夏口（今北京延庆）到恒州的长城。一年之后，北齐又把长城从今天的山西大同向西修建到黄河边，同时修建了从北夏口向东到秦皇岛山海关的这段长城。北齐长城前前后后加起来，总长度达到了1500多公里。

北齐长城大功告成，文宣帝高洋立马到城墙上视察了一番，还顺道登上了秦皇岛的碣石山。当时，高洋一定没想到，自己到此一游的行踪远不如后来的魏王曹操出名；他更想不到，千百年后，北齐修建长城的事迹居然会以一种另类的方式留名历史，这又是怎么回事呢？

关于北齐修长城，《北史·齐本纪》上记着这么一笔，说是文宣帝高洋为了让工程保质保量保进度，不仅征调了大批壮劳力，还把很多寡妇发配到工地分给修筑长城的将士当作临时家属。这种方法的效果到底如何，史书上并没有记载。第二年，高洋把更多的寡妇送往长城工地，甚至抓了一些有夫之妇充数。

战火纷纷，金朝为何大兴土木修筑长城？

北风呼啸，故国为何日落西山留取慨叹？

北齐之后是北周，北周之后是隋朝，这个历史阶段改朝换代的节奏让人眼花缭乱。各朝各代的军事战略虽然不同，但不管哪个朝代，对北方游牧民族的防御都非常重视，因为北方游牧民族始终是令人头疼的麻烦。北周国君和隋朝皇帝做出了同一个决定——修建长城。北周长城的规模很小，使用的时间也很短，但隋朝的长城工程量却很大。因为这些长城故事都发生在河北之外，所以这里就不多说了，讲一讲金长城。

金长城大部分在内蒙古境内，在河北境内也有不少，像承德的围场、丰宁、张家口的康保县都有金长城的遗址。在中国长城修建史上，金长城是北方少数民族入主中原之后修建的最长一道长城，主要是防御后来兴起的蒙古族骑兵。

金王朝是女真人建立起来的政权，辽兴宗在位的时候，女真族才真正发展起来。在这之前，他们始终是属于辽朝的一个少数民族部族。女真人的领袖完颜阿骨打率领着部族起来反抗辽王朝的压迫，最初几十人的队伍，很快就发展壮大起来，并且在对辽作战当中连连取得胜利，仅仅用了一年的时间，就成为一个席卷辽朝东北的强大政治力量。到1115年，完颜阿骨打很快建立起大金国，自己当上了皇帝，就是史书上说的金太祖。

女真人建立起来的金王朝是中国历史上汉化最彻底的一个王朝，成为农耕地区的统治者之后，对来自草原地区的其他游牧民族也采取了镇压和防御的政策。

在金朝的中后期，草原上出现了一位雄鹰般的人物——成吉思汗，他领导蒙古族人建立了蒙古汗国。在蒙古族强大之前，金王朝对蒙古族始终采取压制的政策，每年除了让他们交很多的税赋之外，还从蒙古部族抽调一些青少年到长城里边来，以此削弱蒙古族的发展。成吉思汗建立起蒙古汗国之后，给金王朝带来巨大的军事压力，所以金王朝不断地修建长城，用于防御蒙古族。

金长城跟其他朝代的长城比起来有一点很特殊，就是它整体采用的是壕、墙相结合的建筑形式，而且很多地方以壕为主。秦汉长城也好，明长城也好，主要建筑在山区和平原地区，有石头、砖、黄土等很好的建筑材料。而金长城建在草原地区，像呼伦贝尔大草原，那一带没有很好的黏黄土，而且沙化非常严重，挖好了壕以后，过几年就可能又被淤平了。所以在有些地方，金长城的建筑是连续的三道到五道的壕。把挖壕产生的土积到壕的内侧，从而提高壕的墙体高度。不过，金长城也有很多地方的墙体是夯筑的，非常坚固。

金长城除了壕和墙之外，也在长城里面修建了很多屯兵的城堡，一般来说十里二十里之间有一座大的城堡，两三里之间有一座小的城堡。小城堡靠近墙体两三里的距离，大城堡靠近墙体十里左右。各城堡和主城之间都有烽火台遥相呼应，传递军事情报。

今天我们在承德丰宁的草原上，还能看到金长城的遗址和烽火台。在中国过去的一些老地图上，特别是民国的地图上，金长城的位置上都标注为成吉思汗长城。很多国外的书和文章中都说蒙古族的成吉思汗也修建了长城，其实这是一个误会。这道长城是金王朝修建用来防御成吉思汗的。但是，腐败的金王朝并没有挡住成吉思汗的蒙古族铁骑。金王朝寄希望于长城守军，希望他们能抵挡蒙古族大军，可实际上成吉思汗的部队早已经跟戍守长城的汪古部达成了协议，进入长城里面跟汪古部的首领们喝酒庆功了。蒙古军队越过长城之后长驱直入，彻底灭掉了金王朝。

这正是：

少数民族定中原，修建长城为戍边。
北魏北齐御柔然，隔绝外敌保安全。

第十回 顺帝逃草原 洪武擎边墙

上一回我们说到，金朝幻想靠长城挡住蒙古铁骑，最终没能逃过灭亡的命运。元朝一统长城内外，长城历经百年沉寂，历史改旗易帜到了明朝，修建长城再度成为统治者的头号工程。明长城见证怎样的风烟过往，在燕赵大地上留下怎样的精彩？

明长城，是中国长城当中距现在时间最近，也是修建质量最高、工程量最大的长城。2000多年前修建的战国长城、秦汉长城以及后来的隋长城、金长城等等，今天只有个别的地段有墙体保存，绝大部分都只剩遗址了。只有明代的长城雄伟地挺立着，在荒漠上，在黄土高原上都有比较完整的连续的长城墙体。所以我们今天旅游参观的这些长城景点都是明代长城。在明代长城中河北的长城是非常有代表性的，也是明代长城中最精华的地段。

朱元璋1352年起兵，四年后攻下南京作为自己的都城，建立政权以后，他又陆续消灭了陈友谅、张士诚、方国珍等势力。路已经铺好，接下来朱元璋准备对元朝发起猛烈的攻势。草头兵对上正规军，双方展开了怎样的较量？从乞丐到皇帝，朱元璋又是怎么实现了华丽的逆袭？

1367年徐达被朱元璋任命为征虏大将军，常遇春为副将，率领25万兵马，开始北伐中原。明军的主力用了四个多月的时间，打败了山东地区的元军。然后，徐达就兵分两路，进军河南。明军一路所向披靡，在不长的时间里，相继攻克了汴梁和洛阳等地，然后渡过了黄河。明军渡过黄河之后，基本上没有受到元军的阻挡，很顺利地到达了北京周边地区。先拿下了通州，然后就直逼元大都。

面对明军的猛攻，元王朝迅速做出了向草原撤退的安排。所以明军在北方基本上没有与元王朝主力部队进行过决战，元王朝的整个王朝政权和他的主力部队就成建制地撤到了草原地区。在中国历史上，蒙古族建立的元王朝是唯一入主中原之后，又能全身而退回到草原地区的政权。不但是从大都整建制地撤回了军队，就是东部的兀良哈三卫，西边的库图帖木儿部队也没有受到打击，整建制地退到了草原。所以说初建的明王朝面对退到草原地区的强大蒙古势力，北元政权随时都有卷土重来的威胁。

明朝从建立之初一直到最后，始终面临着来自北方的军事压力。在明王朝军事压力下退到草原地区的元朝统治者，回到长城之外反而如鱼得水。朱元璋推翻元朝之后，依然心事重重，因为他没有办法在短时间内解决来自北方的威胁，但是如果不解决逃回到草原地区的北元政权问题，给回到草原的蒙古军队以毁灭性的打击，那么明朝的北方边疆地区永远不得安宁。

朱元璋心情很沉重，因为辽阔的草原，不知道能容纳多少兵马。心病不除，朱元璋的皇帝宝座就坐不稳。面对草原地区的威胁，面对随时有可能卷土重来的北元政权，朱元璋又做了什么样的决定呢？

> 出征草原，十万精兵为何铩羽而归？
> 固守封疆，新兴政权如何夯实基础？

明王朝建立之初，朱元璋还是想利用他强大的军事力量彻底征服蒙古军队，彻底消灭北元政权。洪武五年（1372年），朱元璋决定发兵北征。在出兵前朱元璋朝议这次出兵，听取朝臣和将军们的意见。当议论到这次北征所需要的军队数量时，徐达很自信地说，有十万部队就足够了。

身经百战的朱元璋感觉到徐达有些过于轻敌了，只是徐达德高望重，立过赫赫战功，朱元璋也不好在文武百官面前太驳他的面子，就旁敲侧击地说："十万恐怕不够吧，至少要用兵十五万。"徐达没有和朱元璋争辩，心里满怀必胜的信心。

让徐达做梦也没想到的是，朝廷虽然给他派出了15万大军，但是他并没有取得预期的胜利，还遭受了非常惨重的损失。明军分兵三路深入到草原地区之后，有两路没有找到蒙古主力部队决战，其中的一路在与蒙古军队决战的时候又受到了包抄，损失惨重。徐达这次北征损失精兵数万草草收场。

通过这场战争，朱元璋看到单靠明朝现在的军事力量，想彻底地消灭蒙古军队是不可能的，特别是现在国内还百废待兴，如果再继续打仗的话，新建立起来的明王朝实在是力不从心了。

面对来自草原蒙古族军队的军事压力，朱元璋也不敢大意，但是靠军事力量去征讨目前又力不从心。在这样的形势下怎么解决北方的问题呢？最后朱元璋理出了一些头绪：坐镇南京，修筑北方的长城，对蒙古军队持续保持高压的态势。朱元璋的这个决定，能缓解眼前北方复杂的局势吗？

明初朱元璋对北元一面招降，一面打击，一面防御。这种战与和，两手抓两手都硬的做法，还是很奏效的。

朱元璋希望蒙古各部都能承认大明王朝的正统地位，通过朝贡的方式，以和平手段达到巩固政权的目的。为此，明朝对元朝被俘的和投奔明朝的一些文武官员，都给予了优待。

朱元璋用八个字来概括这个时期他制定出来的北方边疆政策——"固边自守、相机外延"。也就是说要严格地防守住长城这条防御线，同时只要有可能、有时机就向外发展。在明初的时候，明朝的这些将领们都忠实地执行了固边自守的战略，但对于"相机外延"却重视不足够。这是因为，朱元璋的指导思想总体上来说，主体还是"固边自守"。明王朝建立之初，朱元璋制定了以守势为主的战略，对明朝以后的发展有很深远的影响。

明朝那时候，打仗已经开始大规模地使用火炮、雷石和火铳了，前朝修建的那些长城，在高科技面前都是不堪一击的。所以明代再筑长城，就得在工艺方面进行改革和创新。那明朝的能工巧匠们研究出了什么结果呢？修筑长城的任务，又落到了谁身上呢？

既然制定了以守为主的战略，就要加强这个区域的防御力量。朱元璋继续派大将军徐达来修建和戍守边疆地区的北方防御。上次打了败仗之后，徐达一直觉得抬不起头来，也总想找机会将功补过。这次戍守北疆特别是修建长城他不敢有一丝的懈怠，今天我们河北的秦皇岛、唐山和北京周边的这些长城关隘，主要都是这个时期徐达主持修建的。

徐达是有功于朱姓皇家的一位大功臣。朱元璋就曾经想把自己做吴王时的府宅赐给徐达，还将自己的女儿嫁给徐达的儿子。这种亲上加亲，使两家的关系亲近到了无以复加的程度。

徐达虽然对明朝北部边疆的防御、长城关隘的修建立下了汗马功劳，但是朱元璋对徐达并不放心。

他要求徐达每年都要回去向朝廷复命，第二年再派徐达回到长城地区来，不让他在这个地区形成有独断的军事权力，也不让他任命这个地区最高的行政长官。但朱元璋对徐达在北部边疆的工作还是很认可的。他曾经在朝堂之上文武百官面前表扬徐达，说徐达就是大明的万里长城！这个评价应该说是非常高的，但如此之高的评价却让徐达感到诚惶诚恐。果然在后来不太长的时间，朱元璋首先是用一个莫须有的罪名把徐达的妻子抓起来并杀害了。然后又利用徐达生病期间的一次契机，巧妙地置徐达于死地。徐达虽然死了，但徐达修建的长城防御体系，从山海关到北京的这些关隘，却一直是北方边疆重要的防御阵地。

明初修建的长城并不是全线铺开的，因为当初元朝退到草原地区之后，蒙古势力受到了很大的削弱。当时蒙古军队主要是防御明朝的军队出征草原地区去征伐它，还没有更多的力量来向南发展，扰掠长城地区。

雄伟的天下第一关——山海关就是明洪武十四年（1381年）徐达主持修建的。在修筑山海关的时候，辽东地区已经归属了大明朝，并且设了定辽卫，后来改称辽东总兵。洪武十四年，朱元璋为什么将辽东大片土地置于关外，在山海关修筑万里长城中最高大雄伟的天下第一关？

退兵千里，明太祖为何修筑长城雄关？
固若金汤，山海关如何保卫帝国安危？

有许多人对明太祖当时在山海关修筑长城的动机，提出过这样的疑问：就是辽东当时已经属于大明朝，为什么还要退回近千里，在山海关修建长城并建这么一座高大气派的关城？

其实，自战国时期燕国修建燕长城以来，辽东地区就已经在长城之内了。秦汉时期，辽东更是早已划入中原王朝的版图。明朝建立之初虽然占有辽东地区，但是辽东地区始终处于不稳定的状态，因为东边的蒙古兀良哈三卫的力量非常强大。在这样的情况下，徐达选择燕山山脉和大海最狭窄的一个地方——山海关修一座关隘，阻隔开东北蒙古向华北平原进犯的通道。从山海关的名字我们就可以看到："山"指的燕山山脉的高山，"海"就是渤海湾的大海。在 7.5 公里宽的狭长的通道中间坐落一座雄关，这样一座雄关和长城，成了华北与东北相隔的一个重要的防线。一旦东北发生战事了，军队可以退守山海关，防止蒙古军队继续西下对华北平原构成威胁。

我们现在说起长城，经常提到明长城东起山海关西到嘉峪关。实际上在山海关之外还有 950 公里的明长城。为什么会有东起山海关西到嘉峪关这样的说法呢？就是因为明初的时候最早修建的是山海关和嘉峪关。山海关是明洪武十四年（1381 年）修建的，嘉峪关是明洪武六年（1373 年）修建的。两座雄关对峙，中间又有很多的关隘和长城相连接，于是就形成了这样的一个传统说法。

山海关以外的长城是在明中期开始修建的，从山海关到北京这段修筑在燕山山脉上的长城是明长城中最精华的地段。这里的长城之所以修建得这么坚固，就是因为如果攻打下了辽东镇的长城，一旦再突破了山海关这道防线，那么大明王朝的京城就无险可守，危在旦夕了。

这正是：

改朝换代明灭元，徐达北伐英名传。
草原深处威胁在，修建长城固边关。

第十一回 蓟镇征战地 京城烧连营

上一回说到明朝灭掉了元朝，长城筑起在边关。明长城是万里长城的精华，是历代古迹之精粹，雄伟壮观的蓟镇、宣府镇和真保镇坐落在河北境内，环绕着明朝的都城。先说蓟镇包含着几多历史，铭刻着几番沧桑？

明代的万里长城是距今时间最近的长城。明代把整个长城防线从鸭绿江边到嘉峪关分成了九个大的军区。在明代叫九镇，也叫九边。这些镇管辖的长城多则一千五六百里，少则一千里；在兵力方面，多的有十五六万的兵力，少的有十万左右的兵力。在这九镇当中，最东边的一镇叫辽东镇，位于山海关往东975公里处；山海关向西就是我们今天要讲的蓟镇。

蓟镇是明长城当中最重要的一个镇，因为蓟镇这条线在燕山山脉，长城之内再没有其他的山脉作为屏障，所以，进攻方不管从蓟镇的哪个关口进来之后，都可以长驱直入到北京城下。明初设置的蓟镇长城，不仅是从山海关到慕田峪这一段，而且还包括八达岭、太行山山脉的紫荆关、倒马关。后来分出了昌镇、真保镇，八达岭属于昌镇，紫荆关、倒马关就属于了真保镇。昌镇外面还有宣府镇，真保镇外面有内长城的外三关，还有张家口一带宣府镇的外长城。

蓟镇长城关乎于明朝的军国大计，一是因为这一带自古就多征战，二是在于蓟镇长城就守在明朝第一城北京的身边，这里但凡生出点风吹草动，硝烟味儿立马就能传到京城。使命重大的蓟镇长城究竟有着什么样的来历呢？

蓟镇长城是明长城修建得比较早的地段之一。在明初洪武年间就开始修建了，但那时候修建的长城并不是我们今天看到的样子，主要还是沿着燕山山脉的一些重要关隘修建的关口和驻兵的城堡。洪武年间,蓟镇长城的修建主要是由大将军徐达负责的,最早修建的是永平、密云等长城沿线的100多座关口。永平就是今天的秦皇岛和唐山一带;密云和蓟州指的就是北京和天津这一带的长城。

明朝初年,蒙古族退到草原地区,还没有力量对明朝边境的防线进行进攻和骚扰。在这样的防御需求下,把这些关隘修建起来,驻兵把守就能起到有效的防御作用。洪武永乐之后,明朝结束了对蒙古部族的军事高压政策,蒙古草原上很多游牧部落逐渐得到恢复,也逐渐产生越过长城关隘来骚扰和抢掠农耕地区的需求了。

洪熙元年(1425年)三月,一小股蒙古游牧民攻入了蓟州的长城来抢掠。其实来的人很少,抢掠的东西也不多,看起来并不是一个很大的事。但是皇帝很生气,蓟镇总兵官陈英为这事挨了批评,罚了俸禄。皇上在诏令中对陈英的指责非常的严厉,说他养尊处优,就知道享受,长城关隘的情况根本就不清楚,对于小股的骚扰,你堵,堵不住;跑,你又追不上。责令他必须严明军纪,必须加强对长城沿线关隘的防御,切实承担起责任,否则军法处置。仁宗皇帝为这件小事生气,看似没有道理,不值得,其实不然。因为明朝早期,这样的事几乎没有发生过。

可是到明朝中期,情况就完全不一样了,这样的抢掠在统治者的眼里已经不是事儿了。长城外头的蒙古族的军事力量越来越强大了之后,也有了大兵团作战,对长城沿线施加军事压力的情况时有发生。特别是蒙古瓦剌部崛起之后,也先自称太师淮王,把相对松散的蒙古各部再次凝结起来,形成强大的军事力量,对长城地区构成强大的军事压力。

明朝修建长城的举措越来越多,长城修建的规模越来越大,修建的城墙也越来越坚固。把墙体由关口向长城两边的山上不断延伸,又连接起来,就是在这个时期完成的。

虽然大兵团作战威胁越来越大,但是在长城沿线发生更多的还是小规模的军事骚扰和抢掠,引不起朝廷的重视。弘治年间发生过一件事情,用后人的眼光看也不是什么大事,却引起了皇上的重视,相关的军官也受到了惩处。这又是怎么回事?

第十一回 蓟镇征战地 京城烧连营

烽烟漫卷,长城线为何兴起战事?
新官上任,戚继光如何改良军事?

这年秋天,蒙古部族一小队人进到了长城的石匣口,杀死了四个巡逻的士兵,还抓走一个边墩上守卫烽燧的墩兵。这样死了人的事件,朝廷还是非常看重的,把当时负责石匣口这一带防御的军事负责人直接抓了起来,总兵官等一连串的高级军事指挥官都被罚了一个月的俸禄。当时守卫这一带长城的是一位把总——明长城沿线最基层的军官,一般是正七品。把总也称百总,一个把总的手下一般管着100人到120人左右的士兵。

这件事情发生后不久,蓟镇长城的马兰峪口也发生了类似的事情。蒙古军队进来之后,打死了九个戍守长城的士兵,抓走了两个人,还有15个在长城脚下耕种的农民也惨死在这次冲突当中。这件事情震惊了朝廷,当时负责的把总也被抓了起来。因为马兰峪属于明长城很重要的一路——马兰路,所以马兰路的右参将也受到了惩处。

该抓的抓了,该罚的也罚了,但是后来这类事情发生得越来越多,甚至抓不胜抓,罚不胜罚,朝廷也就放松了对这类事情的管理。

长城沿线有那么多军队戍守着,又有坚固的关隘和城墙作防御,为什么还会有这么多的骚扰、抢掠事件发生呢?

我们从正德年间一位御史到长城沿线去巡查之后给朝廷的奏折中可以看到,蓟镇军队的逃兵占了总人数的15%,而且都是身体好、战斗力强的。明代在长城沿线实行军屯制度,士兵在长城脚下可以娶妻生子,一边戍守长城,一边从事着农业生产。在这种情况下,凡是逃跑的士兵都是有能力在其他地方生存的,剩下的不是拖家带口的,就是老弱病残,整体战斗力受到了很大的影响。

明代,整个长城沿线关于军队的问题各地都有,但蓟镇长城的守军有他的特殊性。守卫蓟镇长城的军队主要由三部分组成。

第一部分,都司卫所时期实行军屯的军户,明朝实行募兵制之后又有一些招募的军队;第二部分,禁军,因为要加强京师的防御,有一部分就是京师的部队在长城沿线戍守;第三部分,班军。为了加强这个区域的军事防御,每年秋天形势最严峻的时候，就从山东、河南等地调来军队，加强长城区域的防御力量，临时抽调几个月来戍防，然后撤出去。表面上看，这三部分力量组合到一起构成强大的军事力量，其实这里头有很大的问题：

先说禁军，禁军是五军都督府直接管辖的，就是中央直接管辖的军队。一般来说，这些军队不太听从地方军事首长的指挥。打起仗来，协同作战特别不好。这些所谓的中央军倚仗着自己的特殊地位，不但作风骄横，惰性也特别大。

再来说说募兵。军屯制度衰败之后，募兵制度兴起，招募上来的士兵来自民间，训练和管理就成了问题。如果管理得好，军队就能发挥非常好的作用；管理不好就成了乌合之众。明隆庆年间，戚继光刚到蓟镇就讲：在蓟镇长城的守军，有很多的人甚至把兵器都拿到当铺去典当了，要想集合起部队来是一件非常困难的事。没有进行很好的训练和管理的募兵战斗力是非常弱的。所以，戚继光向朝廷奏请，从他原来在南方抗倭时候的部队调3000人来，作为教导团来练兵。这3000南兵调过来，正好赶上瓢泼大雨，在雨中站立，纹丝不动。其他蓟镇的守兵看到这种情况才知道什么叫军队。

再说说由各地方临时抽调上来的这些班军。不管是从山东调来的也好，甚至更远从江浙一带调来的也好，他们到了长城沿线就已经很疲惫了，再加上很多南方士兵不适应北方水土，在这里待的时间又不会很长，没有长期驻扎在这里的精神准备，很难形成强有力的战斗力。

这三种类型的军队各有各的优势，各有各的特点，也各有各的问题。这些问题叠加在一起，对蓟镇长城的军事防御力量是一个很大的削弱。蓟镇长城还有一个十分特殊的问题：离北京太近，很多官员又是朝廷直接派下来的，大事小情都与朝廷有直接的联系，大臣们有一番议论，皇上也会有他的想法。所以在前线指挥的这些将领就会感到左右为难，很容易延误战机。而且，很多由朝廷做的一些决策未必符合长城前线的实际情况，就使得一些军事将领进也不是，退也不是，打也不是，不打也不是。

戚继光来到蓟镇，了解情况以后，给朝廷上了一个折子来形容蓟镇长城当时的情况。有四个字特别有代表性，叫"兵食两乏"，就是既缺兵，又缺粮食。在"兵食两乏"的情况下，让军队有很强的战斗力是不现实的。他提到，蓟镇长城的守兵在敌人来之前缺乏很好的防御谋划，敌人来以后，主要依托长城的建筑进行防御，这种消极防御效果非常差。

戚继光是一个干将，提出这些问题以后，还给出了解决办法。首先要练兵，提升部队的战斗力；其次，就是增加长城防御体系的构建。

当时戚继光到蓟镇任职，是总理练兵事务，不仅蓟镇，还包括辽东镇和保定的练兵事务。可实际上他既没有兵可练，又没有权利和财力的保障。这样一个虚设的职务，让他很难实施练兵计划。在这种情况下，朝廷又给他加任了蓟镇总军官。那么，怎么去调度这些力量，在没有其他经费保障的情况下来加强练兵呢？

戚继光提出一个方案，就是从长城防御线撤下来一些部队，在不打仗的时期重点任务就是练兵。他还提出，挪用一些修建长城的经费来练兵，把那些不着急用的战马购买费也暂时用来练兵，这样就解决了没有人和没有钱的困难。

兵练好了之后，戚继光开始着手长城军事防御体系的构建。一些关隘该加强的加强，一些屯兵的城堡该加固的加固，特别是在蓟镇长城上修建了很多空心敌楼，第一批就修建了1200多座。现如今我们在长城上看到的，习惯上叫烽火台的有窗户、有门的建筑，就是空心敌楼。

在此之前，长城上也有空心敌楼，但是极少。大部分的士兵都戍守在敌台上，一旦打起仗来缺少遮挡，刮风下雨时，士兵们也无法御寒。这样一来，士兵们不能长期在长城上戍守。空心敌楼建成以后就不一样了，它有窗户、有门，士兵们可以在里头生活。明朝的时候，很多的火器，炸药、火种都需要避雨。有了空心敌楼，粮食、兵器的屯放和士兵的避寒问题全解决了，长城防御线上的军事防御力量也就加强了。

戚继光到蓟镇长城之后，还撤换了一些不称职的将领，同时也调整了整个军事兵种的配置，实现了骑兵、步兵和车兵的协同作战。这个时候的车兵与战国时候的车兵完全不一样。战国时候的车兵是冷兵器作战，三四个士兵在车上拿着长矛与下面的敌人作战。明朝时候的车兵完全是火器，把整个车阵布开，就是一个临时的、机动性很强的城池，士兵围在里面，炮口冲着外面，杀伤力非常大，战斗力非常强。车兵、步兵、骑兵三兵的协同作战，构成了强有力的军事布阵。

在蓟镇长城防御体系当中，有一个火器是其他地方没有的，就是石炮。这种石炮取材于燕山山脉的花岗岩，就地取材凿制而成。它并不是摆在墙上或者地面，然后点火发射的，而是埋在地下。十几门或几十门的石炮分成几组，在底下有火药的引信相连接，上面有一个金属做的轮机装置，骑兵的马踏上或者绊上这些绊锁之后，引发装置转动打火，在地下突然间形成几十门石炮齐发的态势，主要是杀伤战马和马上的骑兵。在蓟镇长城沿线有很多地名与石炮有关，像天津蓟县下营镇有个村子就叫石炮沟，北京密云县也有个石炮沟。石炮沟就是曾经有石炮在底下埋着布阵的一条沟，后来演变成村名。

戚继光采取一系列军事整治措施之后，在长城沿线还留下了怎样的事迹呢？

赏罚分明，系列改革如何鼓起战地新风？
运筹帷幄，情报战术如何赢得不战而胜？

戚继光是一个战将，他非常明白先下手为强的道理。他虽然负责守卫长城，但反对仅仅把长城的墙体作为军事阵地的依托来死守，一直主张主动防御。要想做到主动防御，首先要在敌人发起进攻之前准确地掌握敌人的动向。这种侦察在明朝叫哨探。哨探有两种，一种叫远哨，是直接驻扎在蒙古草原地区，和游牧民族住在一起；一种是近哨，也叫夜不收，是在长城外边纵深几十里的地方流动巡哨。

哨探并不是从戚继光的时候才开始有，但是原来的哨探发挥的作用比较小。戚继光发现，哨探发挥作用小的重要原因，就是赏罚不分明，干好干坏都一样。拿到了准确的情报得不到奖赏，由于侦察失误，造成重大损失也并不受惩处。

戚继光彻底改变了这种混乱的局面，如果哨探传递的军事情报在作战中起到了重要作用，就给这些哨探重奖，最丰厚的奖白银百两，提拔两级。在那个年代，100两银子是个什么概念呢？一般来说，过去的钱是用米价来衡量的，

100两银子可不是小钱，拿这笔钱去买米，足够一个五口之家吃上十年八年的。如果哨探传递的情报出了错，或者有谁延误了信息的传递，也要受到惩处，最严重的惩处是要掉脑袋的。对哨探有赏有罚，负责长城防御的将领也要承担连带责任。这样一来，军事情报工作就有了很大的提高。

有了好的军事情报系统之后，很多的战争就得到了规避。有一年，蒙古骑兵在草原地区集结，情报很快传送回来。蒙古骑兵还没有接近长城防御区域，就发现了明朝的军队有了很好的防御准备，只好主动撤兵，这场仗就没打起来。

长城区域的军队通过练兵战斗力强了，长城防御体系修筑得更坚固了，长城军事情报的传递更顺畅了，整个蓟镇长城的防御线就更牢固了。

这正是：

燕山山脉长城坚，兵食两乏难作战。

练兵强军打胜仗，石炮纵横人马翻。

第十二回 京师北屏障 草原南边靖

上一回说到，蓟镇长城戍边塞，烽火台上御强敌。明太祖朱元璋千辛万苦打下大明江山，自然想要千秋万代，他效仿前朝，修建长城，于是就有了明代长城。说到明长城，除了蓟镇长城，在河北境内还有一座宣府镇长城，在这段古老的城墙上，又留下了怎样的故事呢？

明太祖朱元璋死后，燕王朱棣为了争夺皇位，跟建文帝朱允炆展开了一场内战，史称"靖难之役"。仗一打就是三年，中原地区处于一片战火中，没有力量再顾及长城区域的防御问题。退居草原的蒙古部落本来在洪武年间受到了明王朝沉重的打击，他们利用这样的时机得到了喘息，快速地恢复了一些元气。朱棣登上皇位之后，要面临全国很多问题，包括朱允炆时期的一些政策梳理，也包括一些地区的机构调整、官员安排等等，一时半会儿也没有力量再顾得上长城外面的北元蒙古了。

朱棣做燕王的时候，就与蒙古的兀良哈三卫有比较好的联系。他发动"靖难之役"时，蒙古的兀良哈三卫的骑兵也随同他作战立下了功劳。他当上了皇帝，就把北平行都司改为大宁都司，把设在大宁的军事防御后撤，迁到了保定。朱棣这么做一来是奖励随他征战的蒙古部族，表示对他们的信任；一方面也是维持大宁一带的军事防御。

这一招可不高明。他放弃了大宁这个战略要地之后，就等于是把原来处于内线的宣化一带长城完全暴露在蒙古势力控制的范围之内了，宣化就成了最前线，成了京城的西北门户。这对明王朝来说并不是好事，等于把战场又向京城方向拉近了一步。

永乐七年（1409年），朱棣为了加强宣化一带的军事防御，设置了宣化总兵，始称宣府镇。宣化自古就是兵家必争之地，有"南屏京师，后控沙漠"之称，更是防御蒙古族南下的咽喉之地。宣府镇长城东起蓟镇四海冶，西至山西大同镇平远堡，由15万马步军官驻守。宣府镇是明长城九镇中军队人数最多的一镇。而且，在长城关口能通车骑的地方由百总驻守，就连一般仅能通砍柴、放羊的小道，也要安排十几个兵士来把守。

明永乐年间，明朝一直对北方蒙古草原的北原势力采取高压军事政策。在这样的情形下，宣府镇总体上还算平稳，很少受到蒙古军队的扰掠。永乐二十二年（1424年），明成祖朱棣在第五次亲征蒙古的归途中病逝了。明仁宗朱高炽继位后，改变了明成祖对蒙古的高压政策，采取防御为主的战略。

明仁宗知道宣府一带长城的防御不能大意，特意委派战功卓著的谭广将军出任宣府总兵官。这位大将资历老、威望高，他深知责任重大，奏请仁宗将他所统领的5000骑兵一并带到长城去。谭广将军新官上任，三把火如何烧起来呢？

谭广上任伊始，首先对部队进行整顿，命令万全左卫和右卫还有保安右卫以及怀来卫等地方增加兵力严防守备。由于宣府镇很长一段时间没有比较大的战争，所以军队比较松懈。谭广上任以后，对整个军队的训练和防御做了整体的安排。同时，他还命令各卫长官要做出加固长城和增设烟墩等防御设施的计划，保证所有的兵器和火药都处于精良状态。

谭广还迅速处理了一批不称职的官员，有的被革职查办，有的按律治罪。宣府镇原本懒散惯了的官员们，一看这位有大背景的谭大人动了真格的，谁也不敢再像以前那样糊弄事了。军队面貌焕然一新，宣府镇长城整个区域的防御力量得到了加强。

在加强军事防御的同时，谭广坚决执行朝廷对蒙古族的和解政策。有一年，一位蒙古的小首领前来宣府归降。过去遇到这样的事，根本没人重视，好的给一点儿安抚就算了，坏的还可能把来投降的人杀了，提着脑袋去冒功领赏。谭广对这件事高度重视，不仅对投降者以礼相待，还专门安排军队护送他进京，同时快马传书进京报告。

明宣宗非常高兴，很快召见了那位投降者，给予优厚待遇。这件事儿起到很好的示范作用，使得以前对明朝怀有很大敌意的牧民，都愿意放下武器。能达到这样不战而胜的结果，谭广功不可没。明宣宗还专门颁了一道圣旨来褒奖谭广。

远出塞外，明成祖御驾亲征因何故？

土木之变，明英宗丢盔弃甲为哪般？

明朝初期，宣府镇长城防御的主要对象是鞑靼蒙古的阿鲁台。

说起明朝皇帝跟阿鲁台之间的渊源，还得追溯到永乐年间。当时，阿鲁台是鞑靼蒙古的太师。他雄心勃勃，要东征兀良哈蒙古，西面控制着瓦剌蒙古，想重新一统蒙古势力，向南重新夺回失去的全国统治政权。

明成祖朱棣没有想到，发动"靖难之役"这几年，蒙古阿鲁台的势力会发展得这么迅猛，有点儿坐不住了。永乐七年（1409年），他派遣淇国公丘福领兵十万北征阿鲁台。丘福这位大将军可不是等闲之辈，是当年靖难之役的主要战将。他骁勇善战，每次打仗都是冒险往前冲。打胜仗以后别人都争先恐后去邀功，可他却躲得远远的，从来都不去争功。朱棣看在眼里，有一次拍着丘福的肩膀说："丘将军的功劳，我都记在心里。"朱棣登基后，大封功臣，丘福果然被排在了首位。

这次跟阿鲁台作战，朱棣一心求胜，就派丘福去做统帅。没想到丘福过于轻敌，中了敌人的圈套，全军覆没。包括丘福在内的五员大将，无一生还。这是明朝建立以来受到的最大一次军事打击。朱棣勃然大怒，剥夺了丘福的爵位，还把他全家老小发配到了海南。

蒙古军打了胜仗，气焰更加嚣张，全面出兵侵扰明朝长城地区。朱棣决定御驾亲征，决心把阿鲁台的军队打得落花流水。朱棣率领明朝军队出征漠北之后，确实在战争中给阿鲁台的军队比较大的打击。但并没有像他预期的那样，能给阿鲁台的军队毁灭性的打击。如果再继续打，明朝军队的粮草也用得差不多了，这时阿鲁台压力很大，双方有了和解的契机。朱棣决定招降阿鲁台，阿鲁台也借坡下驴，接受了明朝和宁王的称号。

没过几年，阿鲁台缓过劲儿来，又开始入侵明朝长城地区，还在1421年攻下了明朝北方重镇兴和，杀死了明朝的一位都指挥。明成祖朱棣再一次被激怒，决定再次御驾亲征。但这次北征漠北，没有找到阿鲁台的主力。此后朱棣又发动三次北征漠北，都是为了跟阿鲁台的主力决战。可是到了大草原之后，阿鲁台的军队早跑得不见踪影，明朝大军的北征很难找到阿鲁台的主力部队。历史文献记载，成祖这几次北征都取得了很大的胜利，但实际上有的时候打一场仗只歼灭几十个蒙古士兵，没有跟阿鲁台的主力打过仗。明成祖在最后一次北征班师途中病逝。

就这样，阿鲁台与明朝皇帝结下了梁子。可没想到，宣德三年（1433年）八月，和宁王阿鲁台竟然遣使来朝贡，还将朝贡的战马运送至宣府。这事儿非同小可，宣府总兵官谭广丝毫不敢怠慢，他立即奏报给宣宗，宣宗也派中官快马加鞭赶往宣府，慰劳蒙古使者。

都说冤家宜解不宜结。阿鲁台跟明朝修好，这原本是好事，可好景不长，阿鲁台在蒙古族的势力逐渐衰退下去，而瓦剌蒙古却发展了起来。明朝对蒙古一直采取分化的政策，就是哪一方势力弱，明朝与哪一方联系得多，就支持其发展。鞑靼蒙古强大时，明朝支持瓦剌。而瓦剌真正强大起来时，同样是明朝长城地区的重大威胁。明王朝遇到瓦剌这样更为强大的强劲对手，又该如何应对呢？

宣德年间，与蒙古部族和解的同时，对长城区域防御抓得很紧。宣德五年（1435年）七月，都督杨洪带领500人镇守独石口一带的长城，也就是今天河北省赤城县独石口。这年冬天，果然有蒙古军队杀了过来。明军早有防备，打得蒙古军丢盔弃甲。

偷鸡不成反蚀把米。蒙古军队当然不肯善罢甘休，第二年又派兵攻打大石门。杨洪奉命迎战蒙古军，他表面上按兵不动麻痹敌人，暗地里却挑选精兵，绕到蒙古军后方，突然发起进攻。蒙古军顿时大乱。这时候，明朝军队前后夹击。蒙古骑兵想要逃跑，才发现后路被切断，只能乖乖投降。战后，将士们想要杀死投降的蒙古兵，杨洪却制止说："杀死降兵不是勇士所为，不能滥杀无辜。"他还亲自救起蒙古军首领平章脱脱等。蒙古士兵见状，都非常佩服杨洪。杨洪将此次战斗如实上奏朝廷，宣宗对其褒奖有加。由此可见，宣德年间，朝野上下对蒙古采取的防御政策还是很有效的。

战争少了之后，军队就懈怠了。到了正统年间，不但长城毁坏严重，宣府镇长城驻守的军队也非常涣散。正统四年（1439年）四月，都察院左佥都御史郑宁巡视宣府长城，经过两个月的实地考察，向皇上提出了四点建议：

第一，把那些年老的、无能的官员撤掉，提拔年轻有为的人才；第二，宣府镇的军马分为两班轮流操练，以备突发战事时措手不及；第三，万全都司19个卫的骑兵人数缺少了六成还多，应当全部补齐；第四，宣府镇各城缺少战马，请朝廷按照配额如数拨给战马。

从这些建议中可以看出，宣府镇长城这个时期的防御力量非常薄弱，问题很多。他提的这一连串建议，明英宗二话没说全都答应下来，但最终落实的情况就不得而知。

明英宗以为，这个时候的宣府镇长城固若金汤万无一失了，可他做梦也没想到，正统十四年（1449年）八月，他在宣府镇长城里边被蒙古军抓了个正着，成了阶下囚。国不可一日无君，很快，明景帝被推上了皇位。明景帝上台以后，又该如何收拾旧山河呢？

土木之变，让宣府镇边关遭受了严重的破坏。景帝即位后，明军收复了所失边关，并且大规模修建沿边长城关隘。此后的宣府镇，更受到朝廷的重视。景泰元年（1450年）四月，蒙古300骑兵闯进了宣府镇长城的一个关口，烧毁关门，抢掠后又从原路撤退,可宣府镇没有采取有效的防御措施。景帝气急败坏，也有好几位言官请求严厉处罚宣府镇将领朱谦。可眼下正是用人之际，皇上权衡再三，只是下了一道圣旨严厉警告朱谦，还责令他要戴罪立功，奋勇杀敌。

吃一堑长一智，朱谦再也不敢掉以轻心。五月，蒙古军又杀了过来，朱谦亲自带兵追击敌人，又利用火攻的优势击退蒙古军。到了六月，又有2000多名蒙古军进攻宣府镇长城。朱谦又亲自率领4000多名士兵严阵以待。这场战争蒙古军死伤惨重，大败而逃。

虚惊一场，长城守将上演哪般乌龙闹剧？
奏章一本，御史雍泰解决何种士兵疾苦？

由于接二连三的战斗，长城守军将领也高度紧张。景泰元年（1450年）十月，总兵官朱谦向朝廷奏报，有5000多名蒙古军要对长城发动进攻。消息一传到朝廷，大家都非常紧张。5000 骑兵已是较大的部队，如果 5000 骑兵是先头部队的话，很可能后面还有更大规模的军事行动。朝廷赶紧调集其他方面的兵力增防宣府镇长城。很快又有消息传来，原来闹了一个大乌龙，这些蒙古人根本就不是进攻长城的军队，而是蒙古瓦剌首领也先派遣的使臣和他的团队。

满朝文武一片哗然，景帝也非常生气，把朱谦骂了个狗血喷头："为将之道，最难得的就在于，遇到敌人能清楚地了解敌情。如今瓦剌使臣只有 2500 人，你竟然以为是犯边的敌军，并且多说了一倍的人数，实在是太荒唐了。"

朱谦也明白，这个玩笑开得的确是有点大了。连着挨了皇上的两次痛骂，如果再有差错可能就要掉脑袋了。从那以后，他丝毫不敢懈怠，踏踏实实干工作。宣府镇守卫森严，军纪严明，出现了一派好气象。

经过一段相对和平的时期，宣府镇长城的防御又慢慢松懈下来，"土木之变"仅仅过去了 50 年，宣府镇长城的军事力量大不如从前。当时，朝廷派都御使去考察宣府镇长城的时候，一份报告说，宣府镇长城光是战马就死了 7962 匹。明朝有规定，谁养的战马死了是要赔偿的。可那些士兵们根本就没有能力偿还，怎么办呢？只能选择逃跑。仅仅为了赔偿战马这一件事就有 4000 多名士兵亡命天涯。

右副都御史雍泰巡查宣府镇的时候发现了这个问题，赶紧上报朝廷，建议用太仆寺所给的收马价银代偿这批损失。兵部不同意这个建议，理由很简单，太仆寺马价银专为京营及边镇征调收买战马而设，不能移作他用。

面对兵部的这个答复，这位御史大人不肯放弃。他这番下基层巡查，了解前方军士们的疾苦，知道很多穷苦的士兵生活都很困难，没钱娶妻。即使有的人娶了妻子，又常常因为太穷而不得不将妻子典卖给别人。在这种情况下，让他们去赔偿死马，根本就做不到。可朝廷里面的官员身居京城，根本不了解前方军士的疾苦。

这位都御使再次奏报朝廷，建议减免士兵对死亡马匹的赔偿，还请命，让户部下拨银两帮助这些军士解决生活中的疾苦。户部尚书周经被打动了，心疼那些前线军士，特别拨给宣府镇一笔经费，帮助贫困的军士娶妻，还让那些典卖了妻子的军士赎回自己的妻子。

历史文献用了"全军尽欢"四个字,记载了宣府镇实行这项政策之后军队的反映。如果这个时候打仗的话,肯定会士气旺盛,所向披靡。

嘉靖万历年间,宣府镇长城又经过了几次大规模的修筑,特别是隆庆议和之后万历年间,宣府镇长城处于较为和平的时期,没有再发生大规模的战争。

这正是:

京师屏障宣府镇,北邻蒙古多战事。
穷兵娶妻朝廷助,全军尽欢仅一时。

第十三回 太行内长城 京师竖西屏

上一回说到宣府镇长城护卫京师，见证了一场又一场烽火连天的战事。往事落幕，再说从前。那时候，真保镇长城作为北京城西北方向的第二道防线，遥望边关万里，镇守军事防线。真保镇长城在风雨之中见证了怎样的故事？

真保镇设置于景泰元年，也就是 1450 年。镇守真保镇长城的总兵官驻守在保定城里。真保镇原来称为保定镇，防区大体包括明朝的保定府、真定府、顺德府、河间府、广平府和大名府，这些地方都是产粮区，也是蒙古南下抢掠粮食的重要目标。

蒙古军队进攻长城很多都发生在秋天，为什么呢？对草原游牧民族来说，冬天是牲畜饲料最少最差的时候，是人和牲畜熬冬的时间，他们不出来打仗，也没法出来打仗。春天的时候，经过了一冬的马匹最瘦，牧民的粮食储备积累最少，也没法出来打仗。夏天，是牲畜养肥的时期，马匹膘肥体壮，各种力量也强大了。农耕地区到秋天收了庄稼，也有东西可抢了。秋天是游牧军队的主要的进攻时段，主要还是为了抢粮食。

俗话说，不怕贼偷就怕贼惦记。既然让人家惦记上了，咱就少不了要防上一手，于是，就有了这座真保镇。这个名号取的正是真定府、保定府的头一个字，这里面又有着什么样的说道呢？

保定府和真定府在明朝都是大都会，巡抚住在真定府，总兵住在保定府，所以说拿真保两个府名的第一个字作为真保镇长城的名称。到了清末和明末年间，流传这样一句话，叫"花花真定府，锦绣太原城"，就是说真定府那个时候跟今天的山西省省会太原市相提并论，是一个同等重要的地方。

真保镇长城是京西守卫京师的最后一道防线。如果敌人攻破了张家口宣府这一道防线的话，那么只剩下真保镇这道保卫京师的最后防线了。一般来说仗打到这个地区的时候并不是太多，因为一旦战争打到这个地区肯定就威胁京师了。

有研究者做过这样的统计，保定在明朝270多年的时间里，一共发生较大规模的战争578次。在这500多场战争中，只有十次发生在保定，而且其中有四次是燕王朱棣发动的靖难之役，跟长城和蒙古游牧民族没有任何的关系。另外六次当中有两次跟长城无关，真正与长城有关系的战争也就四次。第一次是正统十四年（1449年）土木之变的时候发生的战争，涉及了真保镇的易县紫荆关；第二次是正德九年（1514年）的时候，蒙古骑兵从大同宁武蔚州过来之后到了涞源；第三次是嘉靖三十三年（1554年）的时候，山西发生的矿工起义涉及了真保镇的阜平、定州等地方；第四次是崇祯十五年（1642年）的时候，清兵五次攻进长城当中的一次，直接打到了直隶，涉及了保定的大部分地区。经历过这些战争洗礼的真保镇长城到底有什么样的来历呢？

粮草告急，真保镇将士如何渡过难关？
穷困交加，监察史奏折如何反映实情？

明正统十四年（1449年）的土木之变之后，蒙古瓦剌押着明英宗从紫荆关进来，围攻北京城，然后又从紫荆关退回去。蒙古军队退走之后，明王朝就加强了这一带的防御，设置了真保镇。真保镇成为一座镇之后，不管是长城的修建还是军队的配置，都得到了很大的加强。

俗话说好钢使在刀刃上，明朝的粮食供给和其他的一些保障，重点还是放在宣府镇，就是张家口大同这一带。真保镇的日子过得很难受，甚至于连吃穿都成问题。眼看着真保镇一带的士兵们没吃少穿，京城里的明朝高官做何感想呢？他们又会有什么样的作为呢？

嘉靖元年（1522年）三月，朝廷派出一位监察御史到真保镇长城来巡视。这位来自京城的高官无论如何也想不到，内长城戍守长城的士兵生活会这么艰难。他彻夜难眠，点着油灯给朝廷写折子，反映了他到倒马关一带了解的真实的情况。倒马关是真保镇当中一个非常重要的关口，位于今天唐县。这个官员说，截至他来，朝廷已经半年没有粮食供给了，当地完全要靠自己去解决吃饭的问题。

生活在最底层的士兵手里面既没有钱也没有粮，有些实在过不下去，只能靠卖儿卖女卖老婆糊口。这位御使在折子当中提到，很多军户根本就没有能力娶妻，有些已经娶了妻子的实在过不下去了，也把妻子典当给了别人。连自己的妻子都典当给别人的情况下，如果发生了战争，让这个人再去冲锋陷阵、去拼命是不可能的。除了军粮的问题，还有马匹的马料的问题。人要吃粮食，马也要吃料。他希望朝廷尽快想办法拨粮钱、拨马料来救急。

这样的情况并不是个案，类似的事件贯穿了前后几十年。艰难的日子饿瘦了长城上的官兵，熬干了军队里的士气，甚至有些带着家属的战士也成了光棍儿。19年后，真保镇长城又来了一位新御史，他又写了一封奏折，这回又出了什么样的问题呢？

这位新御史反映的问题跟从前一样，也是催促朝廷运送粮草，救济官兵。历史文献记载，在这段历史的几十年里头，经常地出现这样的奏折，说明这种困境不是一天两天了。这些从京师下来的官员了解下面的真实情况，又反映给朝廷的做法，很让人感动。他们并不是浮在上面去看那些经过粉饰的情况，而是真实地去了解长城沿线的问题和士兵的疾苦，又如实反映给朝廷，真正地承担起了他们应该承担的责任。

在真保镇长城还有一位很有担当的将军周彻，是抚宁人。他后来调到蓟镇去做总兵官，之前驻守在保定，在紫荆关、倒马关等地都负责过防御蒙古军队。嘉靖年间，哪里战争危急，朝廷就把他调到哪里去。蒙古军队从山西大同打进来，过了宁武雁门之后，就有可能顺着太行山东进，那么井陉关就成为最重要的前沿阵地了。在这种情况下，周彻就被调到井陉。蒙古军队从张家口宣府这头打过来之后，周彻被调回到保定。蒙古军队从蓟镇的一些地方打进来之后，直接威胁到京师的时候，周彻又被调到京师去参与京师保卫。在这样一系列的军事行动当中，他被调来调去，就像救火队，而且每一次都不辱使命，立下了很多战功。所以说，周彻在嘉靖二十四年（1545年）就升任了蓟镇的总兵官。

三令五申，明王朝如何围剿矿贼打击盗矿？
一石二鸟，监察史如何出谋划策解决难题？

我们前面讲到，明朝在真保镇长城发生的四次与长城有关的军事战争当中，有一次是嘉靖三十三年的山西矿工起义。为什么说矿工的起义与长城也有关系呢？

在明朝的时候，真保镇长城还承担着防御矿贼的一个重要职责。明朝对各类矿产资源的开采也都是由官府垄断的，朝廷三令五申禁止民间开山采矿，并且划定了很多封禁的山区。真保镇长城在太行山的各个关隘就负责管护这些封禁的山区。那个时候，生活在太行山里边的很多人生活都非常困难。有了这些偷着采矿的矿主，就需要有劳动力，所以就招收生活在太行山的一些农民来从事采矿工作。其实这些矿工们也就是挣点儿小钱养家糊口。但是官府在打击民间采矿这种"盗矿"行为的同时，也把这些矿工作为"矿贼"，列入了剿灭的对象。

在盗矿和反盗矿的矛盾激化过程当中，矿工就被卷入到武装冲突里边来，有时候甚至发生比较大规模的暴力事件。有时候，所谓的矿贼就达上万人，甚至于十几万人。但这些大规模的矿工暴动大部分都发生在山东和河南那些地方，也是太行山脉的一种延续。那些地方离河北的邢台、邯郸这一带长城地区很近。但是真保镇长城地区却没有发生过这种大规模的暴动。这一带为什么相对平稳呢？

在朝廷严令打击盗矿的时候，真保镇上有些将领提出，千里太行山脉，住着上万户的人家，其中也有很多能打能斗的年轻人，这些人构成了盗矿的"矿贼"主体。如果要想解决这个问题，就要把这些人驱逐出太行山，不能让他们生活在太行山里面。这样一来，那些想盗矿的人找不到劳动力，盗矿的行为就很难继续。

这些官员的意见遭到了一位监察御史的反对：这种驱逐祖祖辈辈生活在太行山的人的办法，真能从根本上解决盗矿的问题吗？你把这些人驱逐出他的祖居地，他就成了无业游民，他怎么生活？反而会成为更大的社会不稳定因素。另外，这个盗矿的组织者在山里头就近找不到采矿的人，也会从其他的地方找人来采矿。那些从河南、山西、山东招来的人，没有家庭的羁绊，在与朝廷作对时就更无所顾忌。

所以说，盗矿的问题非但解决不了，反而形成了一个更大的对立面。这位御使提出，现在我们看到的这些老百姓虽然参与了盗矿，但是他们祖祖辈辈住在太行山上，上有老，下有小，大多数人是苦于生活所迫才参与到这样的行为当中来的。所以说，要好好引导他们，把他们引导到利国利民的事情上来。

他提出了一个正面的建议：由官府在这些近山的村落当中组织起来一些武艺高强的农民，组建一支地方武装队伍。这样的组织可以选德高望重或者可以服众的人来当总管，让他们参与到真保镇长城防御的工作当中来，朝廷可以免除他们的一些杂役、杂差和税赋。在农闲的时候可以组织他们进行一些军事操练，一旦有军事需要的时候，朝廷再拨给他们一些粮饷作保障，就使这些力量派上用场。这样就从根本上解决了后顾之忧。朝廷采纳了这个意见，使得真保镇长城地区盗矿与反盗矿的过程当中，始终没有发生特别激烈的大规模武装冲突。

这正是：

真保长城太行山，井陉倒马紫荆关。

长城军士披战甲，强壮山民守家园。

第十四回 清军起塞外 六次入关城

上一回说到京师屏障真保镇，军民团结守太行，只可惜，再坚固的城墙也阻挡不了历史的脚步。万历末年，皇太极带着清兵攻破了长城防线。长城内外又上演了怎样的风云变幻呢？

明朝隆庆议和之后，明长城防御蒙古游牧民族的压力相对来说小得多。到明末的时候，整个长城沿线的军事压力主要来自于新兴起的女真人。

以努尔哈赤为首领的女真向明王朝宣战，对明朝的辽东地区发起了一系列的攻势，首先就把辽东地区的大部分地方都控制了起来。在努尔哈赤这个阶段，除辽东镇以外，还没有对山海关、蓟镇、宣府林这一带的长城构成威胁。

皇太极时期，特别是建立了清之后，才开始用强大的军事力量来对长城进攻。山海关防御体系和山海关外围军事防御体系是非常坚固的，清兵历时很长，打了很多的仗，最后也没有撼动山海关防御体系。如果拿不下山海关，他就很难进入中原。

皇太极登基之后，他开始采取迂回政策，放弃对山海关的正面进攻，派部队从西边，就是蓟镇长城的其他一些关口攻克长城，然后长驱直入长城里边。皇太极对自己的这个战略有一个特别好的形容，他说："你明朝是一棵大树，在我没有办法把你连根拔掉的时候，我先去削你的树枝，左面我砍一片，右面我砍一片，东面我再砍一片，我把你的所有的枝叶全砍掉，你仅剩一个树干，你也没法存活。"所以他采取这样一个战略，才有了清兵对长城的进攻。历史的文献当中就称为"清兵入塞"。

清兵入塞，算上最后一次入山海关坐定江山，一共是六次。一次又一次强有力的进攻，让崇祯皇帝无力招架，最终断送了大明江山。

皇太极的军队第一次进攻长城，是明朝崇祯二年（1629年）。皇太极亲自率领着女真八旗部队，再加上蒙古科尔沁已经归降皇太极的这部分支持力量，一起进攻明长城。

十几万军队绕过热河，也就是今天的承德，直接进攻蓟镇长城龙井关和大安口。这两个关口在长城上都是不太大的关隘，驻兵也不多，清兵很容易就攻取了这两个关口。

龙井关在哪儿？就在今天的河北迁西。关口比较险，除了村子的西边用石头垒砌的一段不到千米的城墙到半山腰之外，山顶往西就利用山险做屏障，没有再建城墙。现在的龙井关村就是当年的龙井关城堡，今天城堡的遗址都没有了，只有在一些村民的老房子上，还能看到当年从长城和关堡拆下来的大块灰城砖。

当年皇太极军队突破龙井关之后，长城沿线的守军见到龙井关烽火传过来的军事讯息，迅速前去增援。他们以为是小股敌军的扰掠，根本就没想到这次是十几万大军压境。在没有很好准备的情况下，明朝的守军在与皇太极的部队突然接触上之后，很快就溃败了。皇太极的部队很快就拿下了像洪山口这样重要的军事据点。因为洪山口的明朝军队已经派出去支援龙井关，在路上就被后金的部队歼灭，所以说洪山口里头已经成为一个空城，拿下洪山口很快就攻下遵化。

皇太极另外的一支军队进攻大安口长城之后，很快就长驱直下，打下马兰峪，此时明朝才知道面临的是大规模的军事入侵。山海关总兵赵率教率部队直接来参战救援，但他们的部队还没有到达前线，就在途中受到了埋伏。赵总兵也在交战当中被流箭击中，坠马而亡。

皇太极的部队全面进入到长城地区之后，对蓟镇的总兵所在地三屯营发起了强大的进攻，仅用了一个时辰，就攻下了三屯，紧接着，皇太极的部队就攻打遵化。遵化在当时是明朝巡抚住的地方，遵化城也非常坚固。但是，在这样强大的军事进攻下，守卫力量还是很薄弱，明朝巡抚王元雅看到城破在即，又不愿意做俘虏，就自杀身亡。

攻下遵化之后，皇太极的军队势如破竹，一连攻取了蓟州、三河、顺义和通州，然后打到北京城下。大军压境，杀到了自己皇城的门口，崇祯皇帝真慌了。在这个紧要关头，他又该如何调动兵马抵御强敌呢？

兵临城下，崇祯帝如何调兵御强敌？
运筹帷幄，皇太极怎样巧设反间计？

皇太极把后金部队布置在北京城的东郊和北郊，并没有对北京城发起进攻。后金军队虽然没有直接进攻北京城，但是北京城里的皇上还是非常紧张，赶快调各路部队来救援，连驻守在山海关外宁远城的督师袁崇焕都被调来参加北京城的救援。

崇祯皇帝这时候对袁崇焕非常倚仗，因为在山海关外所有军事阵地都丢失的时候，只有袁崇焕在阵守宁远坚决不撤，打了胜仗，才保住了山海关外的前沿阵地，使得山海关防线牢不可破。所以崇祯皇帝就下达命令，所有来赴京擒王的部队都要一律听从袁崇焕指挥。

但是谁也没想到，一代战将袁崇焕在这个时候，犯了一个实在不应该犯的错误。皇太极的部队之所以能够很顺利地包围北京城，就是由于袁崇焕的这个错误造成的。他不但没有加强蓟州、三河一线的防御力量，反而把援守蓟州的部队调回了密云，把前来援助通州的部队又调回昌平。这样密云、昌平的防线加强了，但是，那一带并没有发生战争，而真正发生战争的前沿阵地力量非常薄弱。在这种情况下，皇太极的军队很容易就拿下了蓟州和三河，打到了北京城下。等到袁崇焕发现这个问题以后，再带着兵从几个方向来追的时候，实际上保卫北京的这道防线已经被攻破了，后金的部队已经是兵临京城了。

后金部队包围北京城之后，很多将领都提出强攻北京城。这个时候，皇太极却没有同意，他知道明朝这个时候的力量还很强大，还没有到能一举拿下大明江山的时候，皇太极利用自己兵临城下的优势给城中的崇祯皇帝写了一封求和的信，让一位被俘的明朝太监把信送给崇祯皇帝，然后就率部队撤出了长城。

他在结束这场战争的时候，使了一个借刀杀人的计，在一些已经投降皇太极的明朝将军面前以无意流露的方式，谈到了袁崇焕正在和后金谈判。这样的消息很快就传了出去，崇祯皇帝听到这样的情报之后会中计吗？

崇祯皇帝本来就是一个多疑、冲动的人，得到这个情报之后，想到袁崇焕前面那个军事部署的错误，就认为这是袁崇焕和皇太极勾结起来以后设计好的一个计谋。只是由于明朝各路大军及时救援，才没有使攻下北京城这个阴谋得逞，所以，他坚信袁崇焕背叛了明朝，投降了皇太极，崇祯皇帝下令抓袁崇焕，把他押入大牢，很快用酷刑处死。

崇祯皇帝这种自毁长城的做法，帮了皇太极一个大忙。由于临阵换将，明代长城沿线的守军军心涣散，而皇太极的部队士气越来越大。在袁崇焕被下狱的十几天之后，皇太极的军队就在一场战争之中，杀死了两位明朝的总兵，又俘获了两位明朝的总兵。而且，由于崇祯皇帝对袁崇焕这样处理，原来袁崇焕的很多部将心灰意冷，军心思变，都在摇摆之中，甚至在想是不是要真的投降皇太极。

幸亏明朝老将孙承宗再次出山，稳定了局面。孙承宗也在此前被崇祯皇帝以辽东作战不利为由免职、解甲归田。这次孙承宗复出，重新恢复了兵部尚书的官职。老将出马之后，协调各路军队，联合行动，经过数月的作战，取得"遵永大捷"，也就是遵化和永平这一带一场大胜仗。同时由于老将军的德高望重，很多军心思变的部将也积极参与作战，"遵永大捷"应该说是挽救了长城防御。崇祯三年（1630年）五月，彻底把后金部队驱逐到长城之外。

清兵第一次入塞没有攻下北京城，却也没有空手走，他们连人带钱满载而归，给了大明朝当头一棒。几年以后，皇太极卷土重来。这一回，他们又想拿走什么呢？

皇太极的军队第二次攻打长城是崇祯五年（1632年）的六月，首先打下了察哈尔。最初皇太极没有进攻长城，他打下了归化城之后，把部队集结在张家口长城的外面，等待明朝派官员前来讲和。

皇太极对明朝守军说，他在长城外面只等待十天。如果十天之内，明朝不派使臣来谈判，他就将对长城发起全面进攻。这个时期崇祯皇帝既想跟皇太极谈判，稳住皇太极，避免战争，又不愿意直接地公开去做这种谈判，还想撑着他大明王朝的架子。张家口外面宣府镇长城的官员包括巡抚和总兵官，知道皇上有谈判的意思之后，就开始与皇太极做谈判，双方表示愿意缔约，进行和平的交往。这次谈判应该说还是很成功的，皇太极派他的大臣，和明朝的官员一起杀了白马黑牛，并誓告天地双方签订和约，今后就在张家口"互市"，同时，明朝要每年输送给后金一些粮食和物资。

双方的这种握手言和本来是好事，也是在崇祯皇帝默许之下进行的。在宣府镇的这种合约缔结之后，皇太极提出了一个条件。他说，这样一个约定不应该仅仅是在宣府镇，包含辽东地区和蓟镇都应该有效。可是宣府镇的巡抚只能管辖宣化、张家口这一带，管辖不了辽东和蓟镇这些地区。皇太极提出，要把这些意见通告给辽东地区也去参照执行，这宣府镇的巡抚就做不到。而崇祯皇帝又不愿意承认宣府镇巡抚与皇太极的议和是他批准和同意的，不愿意对外公布这一点，想给自己留点儿余地。皇太极认为明朝与他缔结的合约没有诚意，两年后，再次向宣府镇和大同镇长城发起了大举进攻。

这次，皇太极部队分兵四路，第一路进攻独石口，然后要进攻居庸关；第二路进攻得胜堡，然后进攻大同；第三路进攻龙门口，也就是今天的赤城龙门所；皇太极本人率领第四路主力进攻宣化。皇太极对这次军事行动很看重，部署严密。他本来以为这几路同时向明朝长城发起进攻之后，很快就得手，然后几路大军汇集到一起，南下太原。可他万万没想到，这次宣府和大同两镇长城守军，作战非常勇敢，也做了非常充分的战前准备。皇太极的军队既没有如愿攻下龙门、赤城和宣化，也没有攻下大同，更不可能实现四路会师的局面。所以，皇太极看到没有办法继续南下，只有班师撤出了长城。应该说，皇太极军队第二次进攻长城，没有给明朝带来很大的打击和损失。

此后，崇祯九年（1636年）四月，皇太极改国号为清。他称帝两个月后，再次派出军队攻打长城。这次和以后几次对长城的进攻，皇太极都没有像前两次那样亲自率兵进行征战。这次进攻，六月出发，七月份就攻到长城里边，很快就会师于延庆，然后就直接向南打到了宝坻、文安，连续攻取了明朝的12座城池。大小战争打了56次之多，俘获了大量的人口，凯旋。

丢盔弃甲，明将无奈归降空留哪般遗憾？

兵强马壮，清兵节节胜利开创怎样天地？

第三次清兵入塞收获很大，也让清兵士气大涨。两年后，也就是崇祯十一年（1638年）九月，清军发动了第四次进攻长城的战争。

这次战争跟第三次完全是以抢掠为目的不一样，根本就没想向北京方向打。这次战争整个开始就是冲着北京下手的。清军首先从迁安的青山关攻入长城，然后另一路从密云的墙子岭攻入长城，两边很快就会师在通州，很快又打到北京城下。崇祯皇帝看到清军这次来势汹汹，急令京师戒严，命令宣大总督卢象升督师抗敌，同时又命令兵部尚书陈新甲和清兵在私底下进行接触，想用议和赔偿的方式让清兵退出长城。

崇祯皇帝几次这样表面上坚决御敌，又私下里进行赔偿的和解谈判，然后在关键时候又不敢于正面承认谈判的结果，就使得很多的大臣和将士们不得要领。打仗的时候，这些前线的军事指挥官发现皇上想求和，和约谈判的这些官员们看到了皇上的另一面想要打，谁也不知道崇祯皇帝心里到底做了一个什么样的决定。

第四次攻入长城之后，由于打下通州，明朝就认为要进攻京城了，实际上清军根本就没有去包围和进攻长城，而是继续南下，直接在河北和山东地区进行抢掠。第二年三月才又从青山关凯旋。这一次，清军攻破了明朝一府、三州、57个县，掠走了男女人口50多万。清兵向长城发动的第五次攻入长城的战争是崇祯十五年（1642年），这是清兵入关之前最后一次深入到明朝的腹地。这次进攻是从墙子路攻破的长城会师于蓟州，然后分兵两路，一路攻下通州，一路攻陷天津。

凡是来自东边的进攻，攻破了长城之后，很快就可以包围京城。所以说，崇祯皇帝也认为这次清兵要进攻京师，马上就实行北京城的全部戒严。但清军并没有包围和攻打北京城，而是一路向南直接进入山东，很快拿下三府、18州、67个县，俘获人口36万，抢走黄金1.2万两、白银220多万两。清军大获全胜，俘获的人口、抢掠的物资严重地削弱了明朝的经济力量，也动摇了他的统治基础。

我们知道，明朝的灭亡是由于李自成的农民起义军攻占了北京城，逼得崇祯皇帝吊死煤山。但实际上，清兵的五次攻进长城为缓解明朝对于这些农民起义军的围剿起到了重要作用。如果没有清兵在这个时间大规模对长城的进攻和对明朝军队的打击，实际上农民起义军很难再发展壮大起来。

清军五次攻入长城里边，进行抢掠之后又都撤出长城，其中一个很重要的原因就是辽东走廊的山海关防线始终坚如磐石。攻下山海关外明朝的所有城池，打进山海关，一举夺取明朝的江山，是皇太极大战略当中的一个顶级设计。但是，在这样的一个目标没有实现的时候，他只能抢掠之后再继续返回去。清军六入长城，五次是这样的抢掠，只有第六次是吴三桂打开山海关大门迎清兵入关。从此，清朝才成为全国的统治政权。

这正是：

山海关外长城坚，清兵绕道破边关。

五入长城显神威，改朝换代开新篇。

第十五回 血战石河畔 兵败榆关冲

上一回说到清军五入长城，意在中原河山。外有后金政权虎视眈眈，内有农民起义风起浪涌，大明王朝风雨飘摇。李自成攻破京师之后，崇祯皇帝自缢身亡，山海关成了一座孤岛。孤岛之上，山海关总兵吴三桂进退两难，他最终做出怎样的选择，历史将何去何从？

崇祯十七年（1644年）正月，李自成领导的农民军在西安建立了政权，国号大顺。之后，他东渡黄河挥师北上，仅仅在三个月的时间里，就一举攻下北京城，这是连李自成都没有意料到的一个战果。

在紫禁城里，崇祯皇帝苦守江山17年，无奈明王朝气数已尽，无力回天。李自成打进北京城的时候，崇祯皇帝站在朝堂之上，想召大臣们再议议事都已经没有人来了。万念俱灰的崇祯皇帝吊死在煤山，生命定格在34岁，大明王朝也终结在第277个年头。

清朝的八旗大军也看好了这个机会，迅速集结力量准备西进。这个时候，时任山海关总兵的吴三桂处于非常艰难的境地，一面是李自成的农民军，一面是虎视眈眈的清军。这两支力量都曾经是他的作战对象，下一步该怎么走？吴三桂决定向已经占领了北京的李自成投降。

李自成深知山海关的重要性，也知道在关外有强大的清军随时准备对中原发动战争，所以进了北京之后，就请吴三桂的父亲给吴三桂写了一封劝降信，并承诺继续让他掌握军权。

吴三桂收到父亲的信之后，安排好山海关军事部署和防御，就带领自己随身的部队迅速赶往京城。路上有吴家的人从京城跑出来向吴三桂报告，说他的家产已经被李自成的农民军给占领了。吴三桂很自信地说："我到了京城以后这些问题就都解决了。"继续往前走的时候,又有一波从京城跑出来的家丁告诉他,他的父亲已经被农民军抓起来了。吴三桂也非常自信地说:"我到了京城这些就都不成问题了。"再继续往前走,有家里传来的信息说,他的爱妾陈圆圆被李自成的大将刘宗敏给掠走了。吴三桂马上停下了前进的脚步。他十分生气,如果一个男人连自己的女人都不能保护的话,就枉为男儿了。一怒之下,他率军退回山海关。

吴三桂冲冠一怒为红颜,给后人留下了无穷的猜测和感慨。吴三桂所钟情的这个陈圆圆,究竟是怎样一位传奇女子?她和吴三桂之间发生了一场怎样的旷世恋情?这场爱情又引发了怎样的一场轩然大波呢?

陈圆圆本是苏州的名妓,琴棋书画样样精通。崇祯皇帝的岳父田洪禹想用陈圆圆讨好崇祯,可是,在四面楚歌的状态下,崇祯根本就没有心情再用到女人身上了。美人送不出去,田洪禹索性将陈圆圆收入府中做了小老婆。一次,吴三桂在田国丈家做客看见了陈圆圆,对陈圆圆一见钟情,直接提出向田国丈索要陈圆圆。吴三桂这个时候正是兵强马壮,在朝廷也非常有实力。田国丈为了笼络吴三桂,忍痛割爱把陈圆圆拱手送给了他。

当李自成知道吴三桂在进京的途中又改变了主意,重新退回了山海关之后,也感觉到了问题的严重性,所以,决定亲率十万大军赶赴山海关解决吴三

天下第一关——山海关

桂的问题。如果山海关的问题不能得到有效的解决，清兵的威胁就会更大。这个时候，以山海关为中心，坐守山海关的吴三桂军队，长城外面的清军和长城里边李自成的部队，汇集到一起，形成了"山雨欲来风满楼"的局面，一场大战随时开始。

这是一场特别奇特的战争，这样的一场战争究竟要打成什么样呢？

兵刃相见，李自成如何排兵布阵？
出尔反尔，吴三桂为何引敌入关？

李自成的部队到了山海关之后，陈兵在山海关西关外，对山海关南北形成了包围。大家知道，山海关关城是跟长城整体连接的一座关城，长城的主体城墙同时也是山海关的东城墙。在山海关南北各有八华里开阔的平川地区，都有高大的城墙相连接。

被困在山海关城的吴三桂只有死路一条，因为他无处可逃，北面是高山，南面是大海，东面是清军，西面是李自成的大军。在这种情况下，他要想活，只有一种选择，就是在李自成的部队和清军之间投降一方。对李自成，吴三桂是投了又叛，即便是再次投降也不会有好下场，所以在开战之前他就选择了向清军投降。但他并不是以投降的名义降清，而是以恢复大明为死去的崇祯皇帝报仇的名义和清军取得了联系。这时候清兵已经兵临山海关下，在山海关外的欢喜岭威远城屯驻。

四月廿一早晨，李自成的部队开始攻打山海关城。吴三桂相对来说势单力薄，跟李自成军队刚一交战就显示出弱势了，赶快退回城里。吴三桂亲自到了山海关城外与多尔衮见面，双方共同商议如何解决李自成的军队问题。商议的结果，就是吴三桂的部队坚守在山海关城里，继续与李自成的部队作战，清兵绕道九门口从西面包抄到李自成部队的后面，对李自成部队形成夹击。

既然吴三桂已经投降了清军，多尔衮为什么不直接派大军进入山海关城与吴三桂的部队协同作战呢？

实际上，多尔衮担心吴三桂和李自成联合起来诱清军入城而歼之。在李自成的部队与吴三桂的部队激烈作战的时候清军从九门口绕到石门寨，开始向李自成的部队实行包抄。吴三桂的部队得到消息之后，打开城门冲杀出来。李自成决定迅速撤回北京。

李自成跌跌撞撞逃回北京，惊魂未定，北京城外，已经响起了八旗军进攻的号角和马蹄声。饱经战乱的北京城，再一次笼罩在战争的愁云惨雾之中。面对这无法避免的生死一战，李自成将如何应对？

到了北京城里，李自成把吴家全部斩杀，并在紫禁城举行了简单仓促的登基典礼，然后迅速地撤出了北京城。

五月，清军占领北京；九月，清顺帝入关，开始了清王朝200多年的统治。

吴三桂和陈圆圆的故事成为很多戏曲的脚本，"将军一怒为红颜"成为一个人人乐道的故事。一般来说，大家只知道陈圆圆是名妓，实际上她还是一个很有气节的女人。当初她被刘宗敏抢去之后，也还是能比较冷静地面对。可能也是爱美之心人皆有之，刘忠敏并没有杀害她。等到吴三桂回到北京城之后，劫后重逢的两人非常激动。

可吴三桂万万没有想到，陈圆圆会劝他解甲归田，不要继续做官。她的理由是，一个将军投降是一件让人很不齿的事情，清军也不可能真正的信任他，不如解甲归田，颐养天年。吴三桂并没有接受陈圆圆的意见，一路率军追剿李自成的残部，最后官居西南王。

后来，清朝要削藩的时候，吴三桂决定反清。陈圆圆持反对态度。她说，你吴三桂背叛明朝已经是不忠不孝了，如果再背叛清朝就更加不仁不义了。吴三桂封自己为皇上，陈圆圆彻底的心灰意冷，出家做了尼姑。一生都在风口浪尖中的陈圆圆从此远离尘嚣，伴随青灯古佛走完了自己的一生。

发生在山海关的这场战争，直接影响了中国历史的走向，清兵入主中原成为中国古代最后的一个王朝。李自成的农民军夺取北京城后，为什么这么快就丧失了优势，彻底败退呢？

势如破竹，草根英雄为何功亏一篑？

入主中原，清朝政府如何坐稳江山？

李自成兵败山海关，被迫退出北京的原因有两个：

第一个原因，这个胜利来得太快了。大顺政权建立之后，还没有做好成为全国统治者的准备，从组织的准备到执政理念的准备都没有。农民军制定了"先取关中，再向京师"这样一个粗线条的战略，没想到明军如此不堪一击——李自成的部队一路下来，基本上没有受到顽强的抵抗。

第二个原因，李自成没有对山海关外强大的清政权给予足够的重视。李自成军队占领北京后，大部分的兵力用来追剿南明政权，另外一部分兵力去对付那些曾经与他一起与明军作战的农民军，只有一小部分的力量用来解决吴三桂的问题。而对于清兵的直接参战，李自成根本就没有任何精神上和作战安排上的考虑。

清兵直接参战，打了李自成一个措手不及。即便是吴三桂不投降清军，以吴三桂和李自成的力量，去面对十几万清军，依然处于劣势，很难取得对清军作战的成功。对这一点，大顺政权缺乏应有的判断和认识。

人们都说，李自成的部队进到北京城之后，烧杀抢掠，实际上这种说法是缺少依据的，李自成的部队整体上还是表现很好的。

李自成进北京后采取的一些相对偏激的政策，对那些权贵们实行"追赃助饷"。李自成的部队是没有根据地建设的作战部队。他取得了关中地区之后，才将关中作为自己的根据地。采取了三年免征税赋的政策，让这个地区能取得自我良性的发展，同时也稳定自己的军队。可是，没有足够的税赋支撑，就没有供养军队的足够粮饷。在这种情况下，他就一直采取杀大户补充军饷的政策。每占领一个地区之后，就剥夺这个地区最富有的人的财产，成为军队的补给。

进入北京城之后，他继续采取这样的政策。北京城里明王朝的权贵也好，商人也好，凡是有财产的、有职务的，全标出了要交银子的数量，不交就抓起来暴打，个别严重的还要杀掉，以杀一儆百。这样打击官绅仕族的做法，破坏了大顺军在北京城站住脚的基础，把大量有实力的有影响的人完全推到了对立面。

相比较之下，入主中原的清王朝这方面做得就比李自成高明得多。占领北京城之后，首先非常隆重地按照皇帝的礼遇给崇祯发丧，向社会宣布，清军入关是来替崇祯报仇。他们还给当时明朝的文武官员一个定心丸——可以继续在朝廷里为官，原来是什么职务还保留什么职务，最大限度地减少了与明朝遗留政治势力和经济势力的冲突，赢得了民心。

历史就是这样有意思，大顺灭了大明，大清又灭了大顺，最后政权落到了清朝的手里。山海关的这场大战，见证了一场惊心动魄，在中国历史上留下了浓墨重彩的一笔。

这正是：

征战四方李自成，功亏一篑山海关。

红颜一怒吴三桂，反复无常非偶然。

第十六回 茫茫百年路 天涯闯关东

上一回我们说到，清兵六次攻进明长城，前五次都没有拿下，最后吴三桂打开了山海关大门，引清兵入关，大清入主中原，成为中国最后一个封建王朝。明朝灭亡了，但山海关仍然发挥着重要作用。在清代，山海关成了一道门禁，禁止长城以内的汉人出关到满族地区，这项政策直接引发了后来声势浩大的闯关东浪潮。一度开开合合的山海关大门，见证了长城内外怎样的历史变迁呢？

清末和民国时期，有三次持续了至少一个世纪的移民大潮，这就是闯关东、走西口和下南洋。这三次移民大致都是从清朝乾隆年间开始的，其中持续时间最长、涉及人员最多的两次分别是闯关东和走西口。这两次都与长城有直接的关系。走西口是以河北的西部张家口那一带和山西、陕西人为主，目的地是内蒙古地区。闯关东是以山东、河北和河南人为主，目的地是长城外的东三省。

闯关东是民间自发组织的移民活动，清初的时候官方压根不认可，把它定位为非法移民。可是关内人口密度大，又赶上连年灾荒，土地肥沃的关东地区成了灾民的求生之地。按照清朝的律法，长城以内的汉人是不能出关到满族地区的。明知是违法的，为了生计很多人也只能铤而走险了。在官府眼皮子底下偷渡，难度系数得有多大呢？成功闯出条生路的人，又经历了怎样的艰难和坎坷呢？

清朝入主中原之后，对明代长城绝大部分的地方都进行了修缮和利用。清朝修缮和利用明长城并不像明代那样为军事防御体系，而是作为实行满禁和蒙禁政策的一种依托。当然，清朝也有一些用于军事防御的长城，比如在青海、甘肃的一些地方修建防御蒙古族的长城。

满禁和蒙禁是什么意思？清朝利用长城更多的是限制

固若金汤的严密的山海关防御体系

长城里面的人，不能随便出去，也就是不能到山海关外面的满洲地方去，不能到张家口外边、杀虎口外边的蒙古草原地区去。清朝把山海关外面的东北称为"龙兴之地"。因为清朝兴起于东北，要保证东北"龙兴之地"的纯正，就不允许汉民族大量地到这个地区去开垦土地、采木开矿。

可是长城里边的山东、河北，当时叫"直隶"，人口稠密，经常遭遇到各种的灾害。灾害之后，广大老百姓生活十分困难，地广人稀的东北就成了特别有诱惑力的地方，所以，以山东人为主，包括河北、河南的很多人就想方设法地闯一闯山海关，到肥沃的东北大平原去寻找生活的出路。

"闯关东"的"关"，指的就是山海关。"关东"指的是出山海关以东的地区，具体包括今天的吉林、辽宁、黑龙江以及原来属于中国领土后来被沙俄侵占了的部分。"闯关东"的"闯"，说明那个时候向长城外移民是被朝廷禁止的，所以在当时也是一件风险非常大的事情。中国自古就是农业社会高度发达的社会结构，农民最不愿意做的事儿就是背井离乡。俗话说"宁做太平犬，莫做乱离人"，就是说承受流离失所的逃亡之苦对于农民来说是最大的痛苦，所以闯关东，肯定是在原地过不下去了，才选择的一条出路。

现在的山海关人有两个非常明显的文化特征：一个是有闯劲儿，就是不甘于现状，勇于探索；另一个特点是有规矩，有底线。就是他在闯的这个过程当中，他是有底线的，基本上不做那种完全出圈的事。

这样一个地域文化特征，可能与闯关东有关。山海关有很多人是闯关东的后代，他们的祖先踏上这条探求生存之路，实际上是要面对很多未知的困难，所以必须敢于闯，要有勇气、有胆识、能担当。同时，闯关东的人到了山海关之后，有的人就不管不顾朝廷的规定，千方百计地偷渡过长城到关东去了。但是还有很多的人到了这儿之后，看到朝廷有这么严格的把守，就不愿意再突破这条底线，留在了这个地区。留下来的这些人形成的一种文化，就是既有一种探索精神，有一种闯劲儿，不甘心坐以待毙，要去寻找出路，同时还有一种不突破最后底线的对自我的规范。

闯关东的人以山东人为主，河北人也很多，但河北人与山东人还是有一些区别。山东人基本上是难民性质的闯关东，河北人很多是怀着美好的期许，希望到长城外面去寻找一片乐土。在河北人里，这一部分人占的比例比较大。河北闯关东人，有很多到了东北之后，事业发展起来了，就不断地给家里寄钱；有的挣了钱之后，回家盖房子置地；就是差一点儿的，也会托别人往家捎一些东西。这些发了财致了富并且成家立业的人，成为榜样，刺激别人去效仿，去到关外淘金。

人口饱和，封禁政策为何招来领土危机？
禁令废除，关东地区如何引来移民大军？

清朝也不是从一开始就采取对东北封禁的政策。刚开始的时候，清王朝还是想发展东北，让更多的人移民东北。清王朝没有入关的时候，山海关外的满族人大致有100万。可是清王朝入关的时候，有近90万的满族人一起进了北京。这其中还不包括已经编入到汉军旗的汉人，也不包括满族贵族带入关内的一些奴仆。

这么多的人离开关外进入到关里，就使关外的耕地荒废，发展处于停滞阶段。顺治十年（1653年）颁布过《辽东招民开垦例》，鼓励长城里边的农民到东北去种地。

当时朝廷还有个政策：凡是官员能组织 100 位以上农民到关外去的，文职可以提拔成知县，武职人员也可以提拔成守卫；就算招不到 100 人也可以给予相应的奖励和提拔。移民到东北去的人，朝廷还按月给他们口粮，给他们提供种子和牲畜。这项政策的诱惑力非常大，很快形成了规模巨大的移民潮。

这个政策大致实行了十年左右，清王朝在康熙七年（1668 年）关闭了山海关的大门，开始施行满禁政策。因为统治者发现，大量关内的汉人移入到关外之后，既损害了旗人的利益，又破坏了满族的习俗和秩序。如果在满族老家不能保持他们原有的习俗，关里的这些满族就更容易被同化掉。

清王朝施行封禁政策，给东北地区带来的一个最大的恶性影响就是东北的人越来越少，大量的土地无人居住，原来早已开垦的农田被废弃成了荒地，导致沙俄很容易向原来中国的土地上扩张。这种现象也是清朝后来修正封禁令、甚至逐渐放松向长城外移民管理的一个原因。

咸丰十年（1860 年），清王朝首先允许汉人到哈尔滨以北的呼兰河平原去种地，第二年又对汉人开放了吉林西北的平原。清王朝最初开放的禁地的范围很有限，但是禁令放开就再也堵不住了。关内成千上万的农民涌向了长城外边的东北地区，并不完全往朝廷规定的那些地方去，向其他地方跑的也很多。而很多满族贵族也需要有人去为他种地、开荒，从事其他生产，朝廷也就睁一只眼闭一只眼。

闯关东的人大约有两种，一种是没有想到去东北扎根的人。这种人大部分年轻力壮，单身或者兄弟几个一起，从家乡出发到东北去做劳力，到深冬的时候回到老家，过了年，再回到东北去。另外一种就是去了就想永久居住在东北的人。因为在家乡实在没法维持生计了，拉家带口闯关东，选一个地方成为永久性居民。实际上，两种人最后的结果都一样，那种最初没有想在东北扎根的人，去了几年之后，也就在东北扎了根，从季节性的迁移变成了永久性的移民。

东北地广人稀，地租少，税也轻，由于黑土地长期没有耕种，土地非常肥沃，所以打粮又多。人少粮多，生存成本很低，生存压力比长城里边要小。光绪年间，山东的田赋就比今天辽宁地区高两倍甚至四倍，比吉林和黑龙江地区要高四倍以上。这种轻徭薄赋对贫苦的农民有非常大的吸引力。

有位日本人写了一本书，记载了当时清光绪二十五年（1899年）看到的情形：闯关东的道上，丈夫推着独轮车，有妇女坐在车上，小孩子有的哭，有的睡觉；也有的一家子，丈夫在后边推车，弟弟在前面拉车；还有老妇人拄着拐杖，年轻的女孩子相互搀扶着，也有老母亲招呼儿女的。就这样一队一队地涌向通化、怀仁、海龙城还有朝阳这些地方。

闯关东的河北人比山东人数量上要少得多，但是在关东地区发展得比较好的却大部分是河北人。因为河北近代以来并不像山东那么多灾多难，生存的压力也没有山东那么大。很多闯关东的河北人都有一定的经济基础，甚至有很多人本身就是经商、行医或是做买卖的人。他们到东北地区实际上是带着资本，要去开拓工商业或者是农业经营。

冀商中有一个群体事业做得最大，名号打得最响。他们就是乐亭老呔儿。老呔儿这个称呼是怎么由来的呢？他们在东北又留下了怎样的传奇故事呢？

民国时期东北流传着一句话"东北无商不乐亭"，这句话的意思是说，河北乐亭人闯关东经商的人非常多，而且很有影响。

今天，在长春大马路与亚太大街交汇处还有一条街道就叫乐亭街。在民间，人们习惯称乐亭人为"老呔儿"，人们就管这条乐亭街叫"老呔儿街"。其实"老呔儿"泛指河北的昌黎、滦县和乐亭。外边的人在听乐亭人自己介绍的时候，听不准音，误听成"老呔儿"，就用这两个谐音字来称呼。

刚才我们说"乐亭街"这样一个地名，记录着河北闯关东人的这种经历，实际上在山海关也有与闯关东相关的地名。

现在在山海关外山里有一个地名叫"凄惶岭"，就是凄凉的"凄"、惶恐的"惶"，说的就是出关人的感觉。从关里出了山海关之后，翻过这道高岭，再回头就看不见天下第一关的城楼了。站在岭上，最后看一眼山海关，心里非常凄凉、非常惶恐。

同样还是这一个地方，向东一点儿，叫"欢喜岭"，说的是从东北回到长城里边来人的一种心情。一路跋涉从东北向着山海关来，走到这道高岭的时候，远远地看见了高高的山海关城楼，心里情不自禁地产生一种欢喜。因为进了山海关，就等于回到了故土。

民国年间，东北不少名人的祖上都是闯关东过到东北来的。那么，这些闯关东的后代又留下了怎样的故事呢？

举家东迁，老张家如何在关外站稳脚跟？
灾荒连年，直隶人如何在乱世安家立业？

河北闯关东到东北人的后代，还真有一批在近代史上赫赫有名的人，影响最大的就是民国年间的东北王张作霖。张作霖的祖籍是河北大城。清道光初年河北大旱，张作霖的曾祖张永贵就带着家眷逃到了关外谋生。张家跋山涉水、忍饥挨饿走了好几个月才到关东。最初他们落脚在广宁县，后来又搬了几次家，最后定居在了海城县。当时以耕种为业，后来逐渐做点烧碱的生意。到了张作霖祖父张发的时候，张家在关外才真正站稳了脚。

张作霖的夫人中，很受宠爱的四夫人是河北人。小的时候家里遭灾了之后，母亲带着她随着闯关东的乡亲们一起到了东北。六夫人也是河北人，是在天津的时候与张作霖相识之后嫁入张家的。

奉系除了张作霖之外，有几个主要干将也是河北闯关东人的后代。奉系的二把手张作相，祖籍就是河北深州花盆镇太古庄花盆村。还有"赞帅"孙烈臣，祖籍是河北乐亭的孙家庄。东北军中最著名的军师小诸葛杨宇霆也是河北人，他的祖籍是代家岭。

这些河北闯关东人的后代在东北成了最大的军阀势力之后，与直系政权争夺全国的统治权，曾经发生过两次大的战争。这两次直奉战争的主战场基本上都在山海关一带，特别是1924年的第二次直奉战争应该说是中国近代史上非常重要的一次战事。第二次直奉战争，实际上是闯关东到东北的河北人后代与还在河北的河北人在争夺全国统治权。

这正是：

古道雄关西南望，背井离乡痛断肠。
山海难阻求生路，燕赵儿女走四方。

第十七回 耸立第一关 腾起老龙头

上一回说到燕赵儿女背井离乡，为求生路奔走四方，这段历史在山海关外的大平原留下了说不完的故事。这一连串的故事被现代人编成了剧本，搬上了荧屏。前人行走关外，闯荡天下，这个"关"字指的就是万里长城第一关——山海关。历经风雨的山海关铭刻着多少饱含沧桑的往事？

山海关是明长城与大海唯一交汇的地方。如果说万里长城是一首动人的交响乐，山海关就是一段最激昂、最壮丽的乐章；如果说万里长城是一幅风格豪放、色彩壮美的历史画卷，山海关就是重彩特写。历史赋予了山海关浓重的古城特色，特殊的自然地理位置赋予山海关依山傍海的壮阔波澜，长城特有的文化凝聚力、历史的厚重感又给山海关增添了许多神秘的色彩。

山海关是万里长城最重要的一座关隘，因为它建在通往京城的大道上，是华北通往东北的一个要冲，古人称赞它"两京锁钥无双地，万里长城第一关"。山海关是今天河北和辽宁的分界线，关城的南边四公里就是大海，关城的北边四公里就是大山，加上关城只有十几华里的开阔地带可以通行。一座雄关据中间，两边高山和大海作为封堵，"一夫当关，万夫莫开"。

说起秦皇岛的山海关，好多人都把它认定是秦始皇的作品，特别是关外那座孟姜女庙和那段传说，更加强化了这样的看法。可是，要从历史上寻找事实的真相，答案还真不是这样的。秦长城和汉长城都在山海关以北数百里外的内蒙古自治区的赤峰和辽宁的朝阳一带，山海关地区的长城最早应该是修建于北齐时期，距现在有1500多年的历史。

明洪武十四年（1381年），大将、中山王徐达奉命在这里建筑山海关关城。山海关关城的东门就是万里长城城墙上的东门，东门上高大的建筑就是天下第一关城楼。登上城楼，可以俯瞰整个山海关城全貌。天下第一关城楼，三面全是箭窗，便于作战防御。通过箭窗，向东望去，非常开阔。城楼冲西是楼阁。在阁楼之上，悬挂的是巨幅的匾额"天下第一关"。这个匾额有5米多长，每个字都有一人来高，作者是明代著名书法家肖显。这五个楷书大字苍劲浑厚，与威严的城楼浑然一体，堪称古今巨作。

关于这块匾额，在当地还有一段民间传说。巨大的匾额挂上城楼，人们发现天下第一关的"下"字少了一点，肖显从一个小摊的伙计手里拿过一块擦桌子的抹布，沾上墨汁，啪的抛向了这个已经挂好的匾额上，恰好就打到了那一点的位置。这个活灵活现的点，就留在了天下第一关匾额之上，显得气势不凡。

依山傍海，一座雄关历经几多惊涛骇浪？
改朝换代，一脉长城见证几番风雨沧桑？

山海关关城东、西、南、北四个门全都有瓮城。为了加强山海关城的防御，瓮城的外面又建了东罗城和西罗城。敌人在进攻山海关关城的时候，首先它要攻打东罗城。即使打下了东罗城，罗城的四面都有士兵可以射杀攻进城里的敌军。即便攻进了瓮城，城墙上又有守军，可以瓮中捉鳖。

在山海关关城建立起来之前，曾经发生过一些蒙古骑兵到这里抢掠的事件。明洪武二年（1369年），小股蒙古骑兵趁着明军没准备，突然袭击了永平府。明洪武六年（1373年）冬天，也有一支蒙古骑兵在山海关和辽宁绥中一带进行抢掠。洪武七年（1374年），有数千蒙古骑兵从卢龙县北部的桃林口进犯到永平府境内。在这场战斗中，永平卫指挥刘广的战马被射中，刘广也牺牲在战场上。这些军事事件，是明初下决心在这一带加强军事防御的一个原因。洪武十四年（1381年），在山海关建设了山海关城和山海关长城。

山海关城和山海关长城修建之后，明朝就没有受到过较大的军事威胁，也没有发生过战争。只有到明末的时候，后金强大起来，山海关外才成为明和后金军队战争的主战场。即便这样，后金的军队也始终没有打到山海关城门下。

在明朝末期，负责东北战事的最高军事指挥和将领都住在山海关，兵部还在山海关设了兵部分司。

明天启年间，朝廷为了加强山海关防务，特地起用了因受到宦官排挤而辞职多年的熊廷弼，让他担任兵部尚书衔兼副都御史，亲自驻守山海关，管理辽东军务。从这个时候开始，山海关就成了统领辽东军务的兵部尚书和蓟辽总督的常驻之地。

1622年，熊廷弼遭到小人陷害，他精心制定的防务计划没有得到很好的实施，最终导致了广宁之战的惨败。明军一下子丢掉了山海关外40多座城池，战火迅速蔓延到山海关长城防线的前沿阵地。这个时候，东北有大批难民涌进了山海关，朝廷不得不在山海关和天津之间划出很多土地，解决这些难民的生活困难。

面对这样的形势，朝廷新派来的官员非常胆怯，决定让军队全部退守山海关，要把山海关以外的地区全盘放弃，并决定在山海关城东的八里堡一带由北向南再构建一道长城作为前沿阵地。这实际上是一个非常糊涂的办法。如果真的把前面所有的军事阵地全放弃了，山海关根本就守不住。所以，很多有胆略有见识的大臣和军事将领特别是大学士孙承宗，坚决反对这种做法。

朝廷最终重新起用大学士孙承宗，督理山海关和蓟辽、天津等军务。孙承宗到任后，大力开展练兵和屯田，积极收复失地，建城筑堡。同时任命袁崇焕镇守山海关外的军事要地——宁远城，也就是今天辽宁的兴城。他决定采取坚守渐逼的战略，逐渐把山海关外的防线向东推进到大凌河地区，重新夺回丢失的城池，构建起山海关长城之外的宁锦防线。

但此时明朝已经非常腐败，形势刚有一点儿好转之后，孙承宗又受到排挤，被迫离任。接替孙承宗的兵部尚书高第根本就不敢跟后金硬碰硬，又想起了那个退守山海关的办法。孙承宗当时开辟出来的山海关外宁锦防线的这些城池很快地就丢掉了，只剩下宁远一座孤城，当时由袁崇焕率兵守卫。袁崇焕没有听从兵部尚书的指令撤回来，而是决心与宁远共存亡。他要守住宁远城的这个愿望能不能成真？

天启六年（1626年），努尔哈赤亲自领兵十万来攻打宁远城，认为拔掉山海关外这最后一颗"钉子",轻而易举。大敌当前,袁崇焕率领宁远军民顽强抵抗,用红夷大炮打伤了努尔哈赤。不久之后,努尔哈赤因炮伤再加上旧病复发而死,他的四儿子皇太极继位。

坚守宁远城的袁崇焕应该说是立下了赫赫战功,可是,他不但没有受到奖励,反而被朝廷糊里糊涂地撤了职。直到崇祯皇帝登基之后,为了挽救辽东败局,才再次起用袁崇焕坐镇山海关。袁崇焕上任之后,很快就遏制住了后金猛烈的攻势。他打退了敌人,却想不到自己人会在背后下毒手。皇太极对袁崇焕也是恨之入骨,利用已经投降后金的明军将领借刀杀人,借崇祯皇帝之手杀害了袁崇焕。

经历过这几场兵荒马乱,山海关的军事地位在崇祯皇帝的心里面达到了前所未有的高度,关内关外重兵密布,防御设施不断增强。好在这些招数还算管事,因为有山海关顶着,清兵一时半会儿也不敢长驱直入。可是,接下来的事情就要来个大转折,这又是怎么回事呢?

山海关地势险要,易守难攻,清军虽然恨不得一口把它吞下去,可是到最后也没有办法接近山海关关城。崇祯十六年(1643年)冬天,清军试图进攻山海关,也先后拿下了山海关外面和宁远之间的前卫、中前所、中后所三座城堡。军队一直打到山海关欢喜岭上,在欢喜岭有一座威远城和山海关关城遥相呼应,形成掎角之势。清兵犹豫再三,并没有攻打。第二年,李自成攻占了北京,崇祯皇帝吊死煤山,吴三桂打开山海关大门,清兵才得以入关。

山海关,除了山海关城之外,还有两处奇观。一处是老龙头;一处是角山长城。长城离开大海之后,攀上燕山山脉上的第一座高峰,就是角山。人们把蜿蜒于崇山峻岭之上的长城比喻成一条腾飞的巨龙,把长城入海处称作老龙头。这雄风万丈的老龙头又有什么样的来历呢?

回首旧事,断壁残垣默然无语镌刻几许苍茫?

再看今朝,万里长城巍然矗立铭记几多辉煌?

在海水涨潮的时候,入海的那个石城直接延伸到海的深处。这段城墙是明万历七年（1579年）蓟镇总兵官戚继光和参将吴惟忠修建的，主要是防御蒙古骑兵在海水退潮的时候沿着浅海的海滩趟过海水进入到关内。

在老龙头，建有宁海城。宁海城是一个重兵驻守的海防城池，城里建有一座十几米高的澄海楼。明清两代，不但很多的武将到这里，很多文人雅士也来这里。特别是清代，康熙、乾隆等皇帝都多次到澄海楼来宴饮游乐、吟诗作歌。清朝皇帝们要经常回到东北去祭祖，到山海关时都会到海边，到澄海楼来。现在澄海楼上就有孙承宗手书的匾额"雄襟万里"，还有乾隆八年（1743年）的时候乾隆皇帝书写的楹联。清末，八国联军侵华的时候，澄海楼被侵略者焚毁了。现在看到的澄海楼，是20世纪80年代末重新修建的。

清朝末年是中国近代史上灾难深重的时期，特别是在第二次鸦片战争中，英法帝国主义为了向全世界表明已经征服了大清帝国，占据北京之后，烧毁了圆明园等建筑。在全国各地凡是他们到的地方都用这种手段来表示他们的占领，澄海楼就是在这个时候被烧掉的。今天在山海关老龙头一带，还有英法日意德五国的兵营。山海关这些八国联军的营盘在全国来说是保存最大的、也是最完整的。特别是日本营盘，在1933年日本军队攻打山海关，夺取了这个东北通向华北的战略要道。

老龙头是万里长城唯一拥抱大海的地方

今天的宁海城和老龙头城墙都是后来新建的。但是在老龙头上有一座石碑，上面书写着"天开海岳"四个大字，却是文物古迹。这个石碑，经专家鉴定，是唐朝的。老龙头长城和宁海城的修复是1985年完成的。1984年，全国开展的"爱我中华，修我长城"活动，上海60多万人捐款70多万元用于老龙头长城的修缮。山海关老龙头宁海城里面，凡是捐款在100元以上的都在石碑上刻着捐款者的名字。今天我们说100元钱好像不是什么大钱，但在20世纪80年代中期的时候，100元钱相当于一个人两到三个月的工资。上海人民"爱我中华，修我长城"活动当中捐助的义款，为我们今天能感受老龙头、感受宁海城、感受澄海楼这样一个文化古迹，给予了重要的支持。

这正是：

万里长城第一关，巨龙出海入高山。
古时烽火燃不断，今日游客笑开颜。

第十八回 险峻板厂峪 南兵征战勇

上一回说到千顷碧波秦皇岛，万里长城第一关。除了山海关，秦皇岛长城沿线还有个叫板厂峪的地方，原本寂寂无闻，却在一夜之间名扬天下。这里究竟掩藏着哪些神秘的故事呢？

板厂峪长城不是一个特别有名的地方，因为它在历史上不是名关，也不是很险峻的隘口，没有特别大的城池，也没有住很多的军队。

板厂峪成名于2002年，那时候在这里发现了一大批的砖窑。最早的时候这里是一片开阔的农田，别的地方庄稼可以长得很高，可这个地方不管怎么浇水、施肥，庄稼就是长得不好。这事儿一开始并没有引起人们的注意，后来才发现底下是砖窑的遗址。

虽然板厂峪长城并不著名，但是这里的长城实际上非常漂亮，山的走势和长城建筑都非常美。差不多3.5公里的板厂峪长城保存着原生状态，静静地躺在大山里面，两面全都是很高的植被。十几年前，只有板厂峪村的一些村民上山砍柴才会到这里来，现在的板厂峪长城已经开发成旅游景区，游人越来越多了。

板厂峪长城，除了雄伟壮美，还有三点值得注意：第一，板厂峪长城保存着完整的砖窑。第二，板厂峪村子里头有当时修建长城的南方兵后裔。明朝隆庆、万历年间实行募兵制之后，多次从南方招募士兵。生活在长城脚下这些村庄里的人很多都是当年修建和守卫长城的那些士兵的后裔。第三，在板厂峪长城可以看到目前唯一一份记录民间出资修建长城的文献。

三件事，离不开一个人，谁呢？板厂峪村村委会主任许国华。他长城下出生，长城上长大，对长城有着不一般的感情。多年来，他一直坚持寻找有关板厂峪长城的文物和资料。随着时间的流逝，许国华的收藏越来越多，他到底积攒了多少宝贝呢？

板厂峪有一个明长城陈列室，里面是许国华多年来精心收集的数百件与长城直接相关的文物陈列，既有当年戚继光带着义乌兵修建长城和守卫长城的一些记录和一些石碑，也有当时的一些武器和生产生活器具，特别是在修缮长城敌楼时直接发现的象棋、酒壶这些娱乐和生活的器物，活灵活现地展现了当年戍守长城的士兵们的生活情景。通过这些器物，仿佛能感受到当年长城上那些士兵们在敌楼里面围着火盆，一边喝酒，一边聊天，一边下象棋的情景。

明嘉靖年间，戚继光率军在东南沿海一带围剿倭寇，成为一代名将。在他的戚家军中，金华义乌兵数量是最多的。隆庆初年，戚继光奉命北上，到长城沿线任职，总理练兵事务。这个职务在明朝从来没有过，是为他单设的。他想练兵，首先要训练出一支教导队，然后再由这些教导队去训练其他地方的士兵。当时，训练出一支教导队就需要几年的时间，而练兵的任务又不允许占用那么长的时间，他就向朝廷申请从原来的部队当中抽调三千旧部来长城地区做练兵的样本。

这些南方兵来长城，最初还以为要跟着戚继光将军冲锋陷阵，上阵杀敌。可是他们没想到，到了这儿之后，既要修筑长城，又要巡视和守卫长城，还要在蜿蜒曲折的长城所在的大山里定居下来。后来，他们融入了大山之中，成为长城脚下村民。

历史文献记载，从明朝隆庆二年（1568年）到万历五年（1577年），朝廷先后五次从浙江招募南方士兵来戍守长城，总共有1.5万多人，差不多三分之二是金华府的人。而在金华府的人里面大约三分之二是义乌的人。这些千里迢迢从南方到北方的将士们，除了个别人之外，绝大部分都再也没回过自己的家乡。400多年的时间过去了，生活在长城两边的一代一代义乌兵的后裔们对南方故乡的思念从来没有间断过。

许国华虽然没有多少文化，但是对文化的那份热爱，对家乡长城的那份热爱，已经达到了痴迷的程度。

他们村外有一块平地，叫高家地。一次，他在地里头发现了一些半块半块的长城砖。他就想，这地方从来没盖过房子，离长城也很远，为什么地里头会

板厂峪长城砖窑

有长城砖呢?他就在这片地方绕,结果绕了几圈之后发现,很多的草丛里和树窠里也有长城砖,特别是一些雨水冲刷之后留下来的坡地上,还可以看到土里埋着一些半块的长城砖。

他把这个发现告诉了文物部门,文物部门用考古手段调查发现下面是砖窑。2003年,河北省考古队对这里的一处砖窑进行了考古发掘,发现整个砖窑内整整齐齐码放着同等规格的长城砖。

长城沿线发现过很多砖窑,但是绝大部分只剩下砖窑的一部分,或者是灶口,或者是烟台,或者是窑壁。在板厂峪发现的长城砖窑是完整的,里面的长城砖都按着烧制之前码放的情形码放着,没有经过任何扰动。

明代长城砖都是就地烧制的。在山上修长城,就在山下平地有黄土的地方砌个砖窑。那时候只是用树木、树枝烧砖,所以砖窑都很小。尽管不大,可一座砖窑里头也码放着近5000块的长城砖。

当时,一窑砖大约需要烧十天左右的时间。烧完之后,在窑顶浸水,使水通过窑顶上的封土,渗透到砖窑里面去。烧出来的砖原本是红色的,硬度并不是很高,经过浸水后,刚烧完的热砖突然遇到冷水,强化了砖的硬度,就变成了灰砖。

许国华在板厂峪附近修路和搞其他工程的时候，陆续发现了很多的出土文物，其中包括明代的铜铳，就是我们现代说的火器枪。

寻根祭祖，远方来客讲述何种家族过往？
字里行间，高氏系谱记录哪番历史沧桑？

在板厂峪发现了一个家谱，记载了民间集资修建长城的历史。民间出资把那些坍塌的长城修起来，以免后金部队和后来的清兵从这儿进来。这件事的发现也归功于许国华。

2008年板厂峪长城景区来了几位大连游客，要在长城脚下祭祖。许国华非常热情地接待了这些远道而来的客人。这些客人都姓"高"，说板厂峪是他们的祖籍，可是现在的板厂峪却没有一户人家姓高。这是怎么回事？

徐国华就联想到"高家地"。高家地一定是老高家的地，没有姓高的人怎么出来的高家地啊？跟大连的几位客人交流之后，他们拿出了记载有高氏先祖募资修建长城事迹的《高氏系谱》。

这份《高氏系谱》编修于清嘉庆元年（1796年），其上记载：明崇祯七年（1634年），板厂峪乡耆、高氏先人高廷科与山石道参将王守道、钦差参将金斌等人倡议募捐资金修复长城。由高廷科负责筹办建筑材料烧制长城砖，修复了义院口关城及三座城楼，以及义院口至板厂峪一带长城。

后来，当地人在义院口修建三善祠、立三善碑纪念此事。《高氏系谱》记载的内容正是三善碑碑文。通过这份家谱的记录，我们可以知道，从崇祯七年（1634年）到崇祯十年（1637年），高氏先人就一直在组织和募集修建长城，而且他们的行动也受到了当地很多乡绅的响应，因此这一代长城和重要的关城始终保持着比较好的状态。

这正是：

崇山峻岭板厂峪，南兵北调后裔情。
砖窑保存最完好，明代民间建长城。

第十九回 攀登背牛顶 漫步媳妇楼

上一回说到,板厂峪历数烽烟往事,古长城细说岁月沧桑。古长城的每一块墙砖都刻录着几百年前的古老故事,秦皇岛一带的古长城不止板厂峪,还有背牛顶和董家口,这两段古长城上,又留下怎样的传奇往事呢?

现在参加户外运动的人越来越多了,喜欢爬长城的人也越来越多,他们还给那些没有进行旅游开发地段的长城起了一个名字——野长城。原因就是这些长城保留了原生状态,有一种非常感人的沧桑感。

秦皇岛境内的200多公里长城,除了山海关做了旅游开发之外,绝大部分地方都没有进行过修缮。这些傲立于山野之间的长城,经过了400多年的风风雨雨,虽然整体的墙体还矗立着,但是也很残破了,给游人一种穿越历史的触动感。

背牛顶的山势非常险峻陡峭。背牛顶长城并没有穿越它的最高峰,而是在半山腰很险峻的地方蜿蜒而过。站在山顶看远处的长城,就像看一条巨龙腾云驾雾,有时跃入谷底,有时又腾上山顶。

天下名山僧占多,背牛顶也不例外。背牛顶上头既有佛教的建筑,也有道教的建筑。明正统十四年,僧人佛海在这里扩大了庙宇的建设,将背牛顶发展成一处香火非常旺盛的庙。清朝时期,道教又驻在这里。佛道两家共驻一山,香火都很旺盛。

背牛顶最大的庙是宏量寺。宏量寺原名弘亮寺,一直用到清朝的乾隆年间,后来为了避乾隆名讳,才改成了宏量寺。

抚宁长城还流传着王小修长城的传说,这又是怎样的一段故事呢?

字字血泪，苦命娃怎样血染长城砖？

声声悲怆，吴三虎如何魂断烽火台？

故事的主角是一个16岁的山东娃子王小。王小16岁那年，朝廷下令修建长城，指派他父亲出工，可是他父亲重病在身，没有办法去参加长城修建工程。他娘带着王小去求官家，希望免除这份差役。官家却说："要想不去也行，拿100两银子买个夫吧！"王小家里穷得叮当响，吃了上顿没下顿，别说100两银子，一两银子也找不到。总不能让病重的父亲去出工啊！王小是个孝子，就顶着父亲的名被征发到了长城修建工地。

王小非常实在，干活也不惜力，一到工地就甩开膀子干。由于他不会垒墙的手艺，就被派去从山下往上背城砖。王小年纪小，工地上的伙食又非常差，没多久身体就支撑不住了，累得吐了好几次血。监工的差人不管民夫的死活，看见谁不用力就用鞭子抽。别人都等监工走远了就休息一会儿，等监工来了再做出干活的样子。可是王小不懂得偷懒，常常累得昏昏迷迷的，被发现了之后还要被监工抽打。

一天，太阳毒辣辣的，王小汗流浃背地向山顶上背城砖，监工嫌他走得慢，硬是罚他一个人背三个人的砖。一个人背六块城砖，三个人就得背18块，有300多斤重，一个16岁的孩子根本承受不了。王小不敢顶撞，只好咬紧牙关让工友把18块城砖摞在他的背上，一点儿点儿地向山上爬，就这样王小硬是把18块城砖背到了山顶。等卸下城砖他一下子就瘫软在地上了，连吐了三口鲜血，鲜红的血把18块城砖全都染红了。等一旁垒砌城墙的民夫发现后跑过来，王小已经说不出话了，没多久就断了气。

王小鲜血染红的城砖被垒在了城墙上，第二天，那段长城城墙上就浮现出了"王小背砖十八块"七个大字，这是谁刻上去的呢？有人说是王小死得太冤了，魂魄不散，自己刻的；也有的说是同王小一块儿的民夫趁着深夜偷偷刻上去的。王小的故事虽然是个传说，但是我们今天看到的长城每一块城砖，都凝结着古代劳动者悲壮的血汗。

董家口长城，有一座保存很好的空心敌楼，当地老乡叫作媳妇楼。这一带长城脚下流传着一首民歌:"长城年久故事多,块块砖石有传说。老人常话'媳妇楼',山风悲壮唱赞歌。"一座和战争有关的敌楼,为什么有这样一个名字?这其中又有怎样一段故事呢?

说到修建长城,不管是秦始皇修建长城,汉武帝修建长城,还是明代修建长城,主要力量都是军人。提起长城人们想到的一定是身强力壮的男人,可是董家口长城关隘媳妇楼却是一段女人与长城的故事。

传说在明万历年间,继任总兵戚继光招募了一批新兵。其中有一个叫吴三虎的年轻人,自幼父母双亡,被一个走江湖卖艺的师父收留了。三虎人非常聪明,也很能吃苦,跟着师父闯荡江湖,不到三年就练就了一身好功夫,十八般武艺样样精通。师父有一个闺女叫王月英,也是自幼随父练武,有一身好功夫。两个孩子从小在一起摸爬滚打日久生情,发展成了一对恋人。戚继光招募新军的时候,吴三虎一心要出去闯天下就报名参了军。小月英也积极支持三虎去为国立功,临行前师父就做主把女儿许配给了徒弟。

三虎到了长城就被派到董家口的一座敌台做了台头。每天他带领着封管的几位士兵一起巡逻练武,尽职尽责。三虎走后月英还是随着父亲走江湖卖艺。这年,老父亲突发疾病,临终的时候交代闺女说:"爹不行了,你去长城找三虎吧!"父亲死后月英安葬了父亲,千里迢迢来到董家口长城。

小夫妻久别相见,悲喜交加,说不尽的相思之苦。就在他们相逢的这个夜晚,天降大雨,漆黑的夜空电闪雷鸣,这时候敌人偷偷摸摸爬了上来。这对小夫妻的命运又将发生怎样的改变呢?

血洒疆场,大丈夫袒露哪般赤胆忠心?
投军卫国,奇女子展现何等巾帼豪情?

三虎发现了敌情之后,赶快取出引火器就奔烽火台方向去,想去燃放烽火,传出信号。当时风雨太大,三虎还没有点燃烽火,就被偷袭的敌人发现了。敌人乱箭齐发,三虎倒在了血泊之中。月英不放心也随着丈夫出来了,她借着闪电的光亮看见丈夫已经倒在了地上,就连忙扑了上去。她看见三虎这时候还举着手里的引火器示意她快点发信号，于是强忍着悲痛回到了敌楼里，先把衣服和被褥点着了，然后才将烽火台上的柴火点着，传出了敌情的信号。

　　山下的军队看到了烽火，赶来救援，打跑了敌人，只有敌军的一个头目骑着一匹良马拼命地杀出了重围。他正以为自己已经逃了出来的时候，突然前面一声断喝"站住"把他吓了一跳，差点掉下马。敌军头目回头一看，原来是一个年轻美貌的女子手握着长枪挡住了他的去路。他根本不把这个女人放在眼里，挺枪便刺。这位女子不是别人，正是三虎的妻子王月英。武艺高强的月英躲过敌人的长枪，顺势抓住枪杆用力一拉，就把这个敌军的头目从马上拽了下来。

　　王月英烽火报警有功，又生擒了敌人的首领，戚继光下令予以封赏。谁知王月英根本不要任何奖赏，反而向戚将军提出参军，要继承丈夫遗志继续守卫长城。她还把自己的名字改为王学兰，意思就是要学习女英雄花木兰。戚继光被他的精神感动，破例答应了她的请求，随后又招来了一些女兵，由王学兰率领着守卫吴三虎牺牲的那座敌楼，后来人们就一直称这座敌楼为媳妇楼。

长城砖上的铭文

除了董家口长城之外，在长城的沿线还有好几个地方有媳妇楼，传说的内容大致差不太多。以往对长城的研究很少关注到长城背后的女人，其实长城沿线作为一个边疆社会，不但生活着这些军人，军人的背后实际上有母亲、有妻子、有女儿。这些曾经生活在长城区的女人，也用她们的智慧和坚毅，同男人们一起铸就了长城一带的安宁。

这正是：

人迹罕至背牛顶，茂密森林古长城。

石雕砖刻媳妇楼，报效国家女英雄。

第二十回　古道卢龙塞　水中喜峰口

上一回说到戚继光精忠报国留下了一段可歌可泣的历史，王月英巾帼红颜谱写了一曲余韵百年的颂歌。这一回要说的地方是长城线上的喜峰口，那里镌刻着哪些闪闪发光的名字，流传着怎样历久弥新的传说？

喜峰口，位于迁西县的西北部，滦河的主河就从这里穿越。滦河，是燕山山脉的一条大河，燕山山脉的水系都是滦河水系。因为滦河基本横跨了河北东部的燕山山脉整体，喜峰口关就雄踞在滦河河谷和长城的交界处，可以说，自古以来长城沿线的河流都见证过大大小小与长城防御相关的各种事件，滦河自然也不例外。

凡是能走水的地方，肯定就能走人走车，是长城关隘封锁的重要通道。喜峰口左右两边都是高山，地势非常险要。特别是到了明朝，喜峰口作为蒙古兀良哈三部进贡的主要通道，地理情况和军事布防，蒙古各部族都非常清楚，所以在双方关系紧张时，攻打喜峰口长城，就成为首选。

长城沿线的各个关口，真正打过仗的很少，但喜峰口就属于打仗比较多的一个地方。不但蒙古各部族进攻长城时常常选择喜峰口及其附近的关隘，而且明王朝出兵征伐蒙古也常常是由喜峰口出兵。

洪武二十年(1387年)，明朝军队的主帅冯胜北征北元，就是从喜峰口出的兵。燕王朱棣发动靖难之役，也是从喜峰口出兵解决大宁的军事压力。因为只有解决了喜峰口外特别是大宁的军事压力之后，向南征伐才没有后顾之忧。

在中国乃至世界，"巨龙"几乎成了长城的代名词。喜峰口一带最是感受龙腾九天的好去处，蜿蜒曲折的长城在这里穿山入水，翻江倒海，要多壮观有多壮观，要多好看有多好看。不过，在大多数人的印象当中，长城应该是

喜峰口长城,已经被水库淹没

第二十回　古道卢龙塞　水中喜峰口

纵横山间的,喜峰口的长城又怎么会与水结缘呢?

过去喜峰口长城并不是修建在水中的,后来这里建潘家口水库才把长城淹到了水底,成了水底的蛟龙。喜峰口建于洪武初年(1368年),当时大将军徐达在燕山山脉建立了32座关口,喜峰口就是其中一座。

此后的几百年,明代一直不断加强喜峰口长城防御,特别是景泰三年(1452年),重新建了关门,并且在关门上建起了一座13米高的镇远楼。喜峰口关门的结构,与其他的关不太一样,很多地方都有三道关的叫法,喜峰口关是在关门这里直接建起了封闭的三层墙体。有时在水库的枯水季节,喜峰口关的建筑还能露出水面,还能看到完整的喜峰口关门的形制。喜峰口城在长城的南侧大致1公里的位置,现在喜峰口关和喜峰口城都完全淹没在了水库当中。

在没建水库的时候,喜峰口城的西面就是滦河。滦河的水量在明清时期还是很大的,经常泛滥,淹没田地,冲毁房屋,严重的时候,喜峰口一带的长城都有被冲毁的。在《永平府志》当中记载:有一年发大水,连关城的铁皮大门都被洪水冲走了。后来,滦河上游的植被被破坏,滦河的水流量越来越小了,成灾的次数和规模也小了。直到潘家口水库建成,才彻底解决了滦河为患下游地区的问题。

> 久别重逢，乐极生悲留下怎样一段旧事？
> 硝烟散尽，青山绿水映照怎样一片风光？

喜峰口作为燕山山脉东段的重要关口，古时被称为卢龙塞。明代有一本重要文献叫《卢龙塞略》，记录了这一带长城修建和使用发生的很多事情。

喜峰口在东汉末和魏晋南北朝时期就非常重要了，曹操曾经出喜峰口北征乌桓，东晋时期前燕发兵进攻中原，也是穿越的古卢龙塞。

说起喜峰口的名字，还有一段传说：古时候有个年轻人，出长城去挣钱，好长时间没回家，家中的老父亲非常担心儿子，就出去寻找。不知找了多久，也不知走了多少地方，父亲终于找到了儿子，一老一少就在喜峰口这里见了面，后来人们就把他们见面的地方叫"喜逢口"。

为什么一个父子见面就被人们记录下来了呢？其实这是一个悲剧，就在父子见面的时候，老父亲因为太高兴了，竟然乐极生悲突然就死了。儿子含泪把父亲埋在这块儿的青山上，然后就在这儿安了家，守着父亲的亡灵生活在这儿。后来人们渐渐地就把喜逢口的逢叫成了山峰的峰，成了喜峰口。

喜峰口长城非常险峻，也非常好看。由于水库积水之后水位抬高了几十米，喜峰口水库两边山上的长城，特别是东边山上的长城，才显得不是很高，也不是很险了。但是往西边看，顺着山脊长城的走向还是非常险峻非常雄伟的。在明代，整个喜峰口属于蓟镇长城的一路——喜峰路，喜峰路长城管辖着今天迁安市的徐流口村一直到遵化的东林乡西北榅子口，其间有大小关口29座。

今天站在喜峰口附近的高山上，俯瞰整个潘家口水库和喜峰口，两岸的山光湖色非常美。长城顺着山势蜿蜒起伏，一会儿扎进水里，一会儿又从水里出来，看起来非常神奇。

在明清两代，滦河是重要的水运通道，明蓟镇的长城沿线粮草、物资包括一些兵力的调动，都是通过这条水运通道完成的。蓟镇长城的很多粮食都是从山东、河南运过来的，特别是从山东运来的粮食大部分都是通过海运运到滦河口,然后经过滦河逆流而上,运送到长城沿线。

到明朝中期的时候,南粮北调成了国家的大型战略安排:通过南北大运河把粮食运到北京,然后由京城的水运运到滦河,再通过滦河运送到长城沿线的边关卫所。那个时期,整个滦河的水运非常发达,喜峰口就是滦河水运最重要的码头。除了军运物资,还有很多南方的特产和物品要运送到这里。这些物资除了长城脚下的军屯和守军使用,还通过喜峰口关和喜峰口周边的一些关隘与北方草原地区的游牧民族进行交换,再把来自塞外的畜产品运送到南方去。

喜峰口滦河码头最繁华的时候是在康熙和乾隆年间。当时清王朝在承德修建避暑山庄和外八庙,通过宗教来联系其他民族首领和政权,建立起一种全新的管理模式。在修建承德避暑山庄和外八庙的时候,很多的建筑材料,比如从云南、贵州、四川等地运来的金丝楠木、杉木等等,还有粮食等后勤保障,基本上都是通过滦河水运运到承德去的。

光绪十八年(1892年),京奉铁路修到滦州之后,滦河作为水运通道和铁路的中转站再一次达到了高潮。因为有了铁路,把物资运送到滦州之后,物资、布匹、粮食、食盐等都是通过滦河的水运转送到承德等长城之外的重要城市。这些水运的货船在回来的时候,又把长城之外的山货、木材、中药运送到滦州,再上火车运送到南方去。当时的喜峰口已经不是军事防御体系了,而是朝廷进行管理收税的地方,它既是长城内外水陆交通的枢纽,同时也是朝廷进行贸易管理的一个重要口岸。

顽石开口,岭下公婆如何指明大道方向?
英勇抗战,燕赵儿女如何谱写救国篇章?

长城关口作为军事防御工程,首先会选择易守难攻的地方来建筑,喜峰口也不例外。过去,从山下到喜峰口的路非常崎岖。在喜峰口有一处著名的风景,叫"岭下公婆儿"。当年从南往北出长城的人还没有走到喜峰口,就先看到两块巨大的石头,一高一矮,像一对恩恩爱爱的夫妻,高高地站在远方,所以人们看到这两块石头就知道路没走错。

十六国时期，鲜卑人从卢龙塞入关进兵中原之后，成了农耕地区的统治者。他们想修一条从中原通往东北老家的道路，最便捷的路就是出卢龙塞，所以就想把这条路拓宽。

当年在滦河岸边的崇山峻岭之中去加宽一条路，也是件非常不容易的事，前来勘查路线的人到了这里就迷了路。正当这些人不知所措的时候，突然听见前面有一对男女说话的声音。大家抬头一看，发现有两个用手指着西北方向的石头人，那样子就像在给他们引路。勘察队朝着石人指路的方向翻过一道山岭，果然就找到一条非常开阔的山谷，开凿了一条大通道，也就是后来的喜峰口正关的这条路。

人们为什么要把这两块像一对夫妻的石头叫作"岭下公婆儿"呢？公婆在当地就是指夫妻两个，所以说"岭下公婆儿"就说的是岭下的一对夫妻。千百年来就是这两块高大的石头不知给多少人做了指路的善举。

很多的长城地段，都有动人的故事，由民间口口相传。我们提到喜峰口长城都想到悲壮的抗战，想到那首震撼人心的《大刀进行曲》。1933年3月，日本侵略者攻打热河没有受到抵抗，以为很容易就可以穿越长城进到里面，没有想到，竟然在喜峰口长城一带受到了抗日将领宋哲元率领的29军的英勇抵抗。中国军队依托长城与日本侵略军战斗，由于武器落后，伤亡非常大，所以29军将士夜间偷袭敌营，用大刀砍掉了敌人的威风，遏制了日军进攻的势头。著名的《大刀进行曲》歌颂的就是这段历史，是中国军队经过血战取得喜峰口大捷之后创作的，应该说对全国抗日热潮的形成都起到了积极的推动作用。国民政府与日本谈判之后，中国军队撤出了长城，放弃了长城各口的防线。但在长城抗战中，中国军队打出了自己的铁血精神，一曲豪迈悲壮的《大刀进行曲》一直传唱至今。

这正是：

水中巨龙喜峰口，沧桑古道卢龙塞。
炮火连天成往事，抗日英雄精神在。

第二十一回 烽火流杯亭 汤泉大练兵

上一回说到喜峰口长城穿云入水，见证了一幕又一幕的沧桑往事。这一回的故事发生在深山里的马兰峪，故事的主角正是明朝大将戚继光，这一页历史包含着什么样的过往？

河北遵化也是长城经过的一个非常重要的地方，只是一般人不太了解。大家都知道遵化清东陵，清东陵背靠的山叫昌瑞山，昌瑞山上就有长城。很多地方长城虽然拆了，但还能看到和地面平着的地基，以及当时修建长城把山体平出来的整齐的一条线。

清东陵的东边有一个地方叫马兰峪，是明长城一个重要的关口，也是明蓟镇长城中的一路。马兰峪有一个叫汤泉的地方，地下温泉特别丰富。

这里最著名的流杯亭，是长城沿线保存下来的唯一的一座流杯亭。流杯亭听上去很雅致，说起来也很有讲究，对古时候的文人雅士而言，曲水流觞是一种特别流行的宴饮方式。流杯亭就是在一座很雅致的亭子下边用石块刻出水槽，上边高一点的地方有温泉水顺着九曲回肠的曲槽流动。倒满了酒的酒杯，就在水槽当中随水流飘动。人们围在水槽四周，酒杯流到谁的旁边，谁就要拿起来喝一杯。说到曲水流觞，很多人都会想到魏晋时期的风流才子，想到著名的《兰亭集序》。据说王羲之的《兰亭集序》就是在曲水流觞这样一个宴饮娱乐之后一气写就的。

因为有这样源远流长的风雅事，全国各地留下了不少各式各样的流杯亭。北京城里就有好几座流杯亭，比如故宫的契赏亭、潭柘寺的猗玕亭、恭王府的沁秋亭，都是非常著名的流杯亭。在烽火连天的长城沿线能有这样的建筑实属难得。

汤泉流杯亭，戚继光曾经运筹帷幄的地方

马兰峪的流杯亭跟别处可不一样，这脉脉流水是来自地下的温泉，泉水温热的美酒更带着一种醇厚的芳香。这座与众不同的流杯亭里来过哪些风流人物，又发生过什么样的风烟往事呢？

据说，唐朝李世民、辽国萧太后、明武宗皇帝和清康熙皇帝都来过这里，这座流杯亭是戚继光镇守蓟镇时修建的。

戚继光不但是一位军事家，留下了好几部军事著作，还是一位儒将，留下了很多诗词。其中有十几首诗写的是流杯亭和汤泉。汤泉离戚继光的三屯营总兵府非常近，他经常在这里宴请朝廷的各路官员和朋友。

戚继光任职之初，就总理辽东、蓟镇、保定等练兵事务。实际上真正付诸实施的练兵还是在蓟镇。在汤泉举办的这次大的军事演习，是他主持蓟镇练兵五年之后对练兵成果的一次大检验。汤泉举办的这次十万人大规模军事演习，在中国的历史上应该是一次空前的大阅兵。从现在的文献记录上来看，以前还真没有这么大规模的甲乙双方完全进入实战状态的军事演习。戚继光在蓟镇的练兵，除了单兵训练，提高每一个士兵的单兵作战能力之外，更重要的是强调各兵种的协同作战，也就是步兵、骑兵和车兵的协同作战。这次军演，主要是检验协同作战的成果。

战术改革，三兵种配合作战如何打出军威？
火器改良，撒手锏疆场亮相如何赢得辉煌？

长城每个关口的守兵并不是很多：大一点的关口能有几十人上百人，一般的小关口就十个八个人。在这种情况下，每个关口的作战能力都比较弱。如果进攻方有1000人的话，攻打一个小关口很容易就能取胜，攻进到长城里边来。所以仅仅依靠长城作为作战的防御依托，能取得胜利的概率并不高。

这一点不但是单体的关口，整个万里长城也是这样。大家想一下，守长城的一方如果有10000兵力的话，在万里长城上一里只能放一个人，可是如果进攻长城的人有10000个兵力的话，把一万兵力就放在这一里上，就等于10000个人打一个人。

在这种情况下，守方没有办法选择作战时间，没有办法选择作战人数，想完全守住关口是非常困难的。但是敌人进了关口并不代表就取得胜利了。按照戚继光的车兵、步兵、骑兵的布阵方式，敌人进了关口面对的是车兵的拦阻，来自侧翼以及其他方向的步兵、骑兵的围堵。通过这样一个阵法的训练，敌人进入了关口就等于进入了一个大口袋，将面临被彻底歼灭的危险。

这种多兵种配合的阵法，以车兵为主。戚继光的车兵负责抵御敌人冲锋的骑兵，用火炮去有效地杀伤敌人的进攻力量；步兵的任务是保卫车兵，因为车兵的火炮手作为单体作战力量非常弱，步兵的任务就是保护这些车兵。

车兵和骑兵的配合也非常重要，敌人一旦突破了长城防线，骑兵的任务就是迅速扑上去，以最快的速度与敌军的骑兵交锋之后，滞缓敌军的前进速度，最大限度地给车兵布阵赢得时间。特别是在突发的、意料之外的战斗打响之际，骑兵对敌军第一时间的阻拦非常重要。如果没有这样一个阻拦，车兵就没法扎营布阵。

戚继光在蓟镇戍守长城的16年当中，没有打过几次太大的仗。但在几次规模较大的战事中，他使用这种科学有效的阵法，百战百胜，取得了特别好的战绩。

隆庆六年（1572年）十月举行了一场大规模的军事演习，检阅五年来的练兵成果。五年磨一剑，这支饱经磨砺的宝剑究竟会露出怎样的锋芒呢？

这次精心准备的大阅兵，从时间到地点，戚继光都进行了深思熟虑。为什么把这个练兵大演习的场地选在汤泉以南呢？第一，这里距离总兵府不远不近，正合适。第二，这一带地势非常开阔，可以容得下军队布阵实施一个大的演练，也便于朝廷来的官员和他请来的客人观摩演练。

阅兵之前，戚继光带领参加军演的将官们到汤泉的关帝庙前举行了庄严的宣誓仪式。军演定在十月廿二。清早，戚继光带着大小官员齐聚辕门之外，发表了非常重要的讲话。他说："今天十万大军联合演练，这是千古少有的盛事。我只有一个心愿，就是希望每个官兵都把这次演练当作战场，把每件事都做到实处。"他还对前来观摩演练的所有官员说："这个军事活动也请各位大人免去一切虚礼，给蓟镇长城军事演练提出意见。"

戚继光话音一落，真刀真枪的演习正式开场。只见旌旗猎猎，鼓角争鸣，十万大军兵分三种，上演了一场精彩绝伦的沙场之战。

演练一开始，从长城外面的烽火传来敌人已经逼近长城的消息，长城内的守军从起床、起灶、做早饭开始。敌人来了，大家并没有慌慌乱乱，正常起床，只比平常早一点儿；起来后从容地吃了早饭，然后布阵。这次军演，扮演敌兵的部队并没有规划进攻路线，而是随机调整进攻方向和路线，给守军一个出其不意。守军的防御要完全随敌人进攻的调整而调整。

在第一天的实战演练中，进攻方很快地就攻进了长城，夺取了长城，但长城之内的守军和救援的军队又很快地发起了反攻，重新夺回了失去的阵地。

这个方向的守军取得了胜利，另一个方向，敌人又打破一个长城缺口，然后一气向南冲进了几十里。这时候长城上的烽火台再次燃起烽烟，各路守军重新排兵布阵应对另一场战斗。

在战斗正打得激烈的时候，另有一路敌人偷袭，再次潜入到长城里面。如果没有一个很好的统筹安排，各路军队都去围攻一个方向，其他地方又空虚了，再发生战争就不会有很好的应对办法。实际上，在长城守军的防御预案里头都有考虑，所以另一路敌人突入长城后，很快就遭遇守军的堵、围和歼灭。

> 纵横疆场，明朝将士如何捍卫国家尊严？
> 名垂百年，曲水流觞如何记述历史篇章？

整个军演进行的20多天里，战斗不断变化，此起彼伏，非常激烈。戚继光邀请了长城外边蒙古部族的一些军事将领作为贵宾来参观。这样一个举措，既有双方军队进行友好交流的意思，又通过震慑达到不战而屈人之兵的目的。

戚继光在长城驻守16年，基本上没有打过大仗，曾经有人向皇上弹劾，质疑他守卫长城的成绩。首辅张居正说了一句公道话："戚继光在长城10年不打仗就是功。"

戚继光领导的实战演习圆满落幕，为长城守军赢得了满堂喝彩，为朝廷赢得了和平，也为百姓赢得了平安。朝廷上下对这次演练非常满意，重重奖励了戚继光和他的部队。这次演练之后，戚继光在汤泉招待了朝廷的命官和大臣们，招待了蒙古部族的将领。今天在流杯亭遗址前，可以想象这些文臣武将围坐在汤泉流杯亭下，边喝酒边吟诗作对的场景。

这正是：

长城脚下流杯亭，训练忠勇十万兵。
汤泉练兵显神威，烽烟不燃现和平。

第二十二回 烽火桃林口 忠义三屯营

上一回说到蓟镇总兵戚继光想方设法守长城，拔刀亮剑大练兵。一座蓟镇总兵府，走出了多少传奇的人物，见证了多少沧桑的故事？它生于何时，身在何处？这一连串的问题谁人能解？

蓟镇位列明朝的九镇之首，蓟镇总兵府就是蓟镇长城防御军队的总司令部。总兵府初设在就是今天卢龙县的桃林口村，最后才迁移到迁西县的三屯营。桃林口是蓟镇第一个总兵府，三屯营是蓟镇最后一个总兵府。

如今桃林口的关城还保存得比较不错，绝大部分砖砌筑的墙体还都保留着，但三屯营却早已面目全非。看上去是再普通不过的北方小镇，已经没有曾经的威武。三屯营里的总兵府就更破败了，里头的所有建筑都没有了。唯一还能证明这里曾是蓟镇总兵府的就是几块非常高大的石碑。

不起眼的三屯营藏着惊人的历史，当地的老乡都知道这曾经是座了不起的城，这老屋里住过长城线上最大的官，正是他建起了这座总兵府。老乡们提起的人物究竟是谁，他们说到的故事又有怎样的情节呢？

老乡们说到的这位正是明朝的蓟镇总兵戚继光。今天在三屯营还有一座戚继光的塑像立在三屯营最繁华街道的十字路口。这个塑像做得非常好，戚继光精神抖擞地目视前方，左手握着腰中的剑鞘，右手剑指前方，指挥着千军万马，冲锋陷阵。

为什么把蓟镇总兵驻地选择在三屯营？主要和三屯营的位置有关。三屯营往北距离喜峰口、潘家口、铁门关都不过30公里。它虽然靠近长城边关，却没有紧挨着长城，并不是战斗的最前沿。

今天三屯营城完全被毁坏了，我们只能根据戚继光《重建三屯营城纪》的石碑碑文来了解三屯营整个结构的沿革。明代初期，长城沿线实行军屯制度，三屯营是军屯的屯营。军屯就是从内地的很多地方抽调来的军户，到长城脚下戍守长城，同时种田。朝廷给发放农具，提供粮食种子，也给提供一些耕牛等。实行军屯的时候在卫所的军户，差不多3/10的兵力进行长城的守卫，7/10的兵力从事农业生产，三屯营就是那个时期建立起来的。

从明洪武年开始，山海关永平和遵化的长城沿线陆续设置了不少这样的卫所。按照明朝的规定，每个卫的统兵是5600人，长官是指挥使。每个卫下辖五个千户所，每个千户所统兵1120人，长官是千户。每个千户所下辖十个百户所，每个百户所统兵112人，负责的长官是百户，也叫百总。

三屯营这个地方土地非常肥沃，特别适宜耕种。明景泰四年（1453年），高明、程鑫、史陨三位百户长率领300多军户来这里开垦屯种。由于是300个军户驻扎在从事屯田的地方，所以起名三屯营。

三屯营成为蓟镇总兵府是后话，在这之前，蓟镇总兵府的驻地在桃林口，后来一度挪到了狮子峪，然后又搬到了三屯营。搬家是一个非常麻烦的事，总兵府的两次搬家又有什么原因呢？

风云变幻，宗族骨肉钩心斗角谁人笑到最后？
狼烟四起，长城内外战乱纷纷谁人笑傲疆场？

桃林口是长城一个重要关口，始建于北齐天保七年（556年）。今天的桃林口长城和桃林口水库已经成了山清水秀的风景区。游人既可以参观古长城，通过长城来感受历史文化，体验历史的沧桑，还可以乘坐竹筏，泛舟在碧绿见底的清水之上，很有几分身在桃源深处的风情。游人可能想象不到，这里曾经发生过很惨烈的战争。

明洪武十三年（1380年）冬天，北元军队几千人从桃林口打了过来，明军指挥使刘广战死沙场。徐达在明洪武十四年修建了山海、永平、界定这32座重要的关口，为什么要花这么大工夫呢？这是由洪武十三年这场战争引起的。

此前也偶尔发生蒙古部族三五十个、百八十个进来抢掠的事件，但这样比较大规模攻入长城的战斗，从明朝建立以来还没有发生过。这场战争提醒了明朝要加强燕山山脉重要关口的防御，才修建了山海关、桃林口这些关隘。

桃林口作为明长城蓟镇总兵府的首任驻地，前后历 22 年，有三位总兵在这里出任蓟镇长城最高指挥。首任指挥是龙平侯张信，第二任总兵是遂安伯陈志。戚继光在三屯营碑记上说的蓟镇侯伯开府，"侯"指的是龙平侯张信，"伯"指的是遂安伯陈志。由"侯""伯"这样的级别来担任蓟镇总兵，说明蓟镇长城在军事防御上的重要性，说明朝廷对蓟镇长城防御的重视程度。

蓟镇长城的首任总兵官张信，是永乐皇帝朱棣最信任的将领。他是将门虎子，父亲就随朱元璋转战全国各地，立下过赫赫战功。张信成人之后世袭官位，被任命为北平都指挥佥事，官居正三品。洪武皇帝朱元璋去世以后，建文帝即位，上任就想彻底解除手握重兵的藩王的权力，引起了燕王朱棣的反抗。

当时有人向建文帝推荐张信，想由他出面联络一些其他官员解决在北边的朱棣。推荐张信的理由有两个，一个是张信有勇有谋，完全可以胜任这项工作；二是他们父子两代都是朱元璋的亲信，定会效忠皇上。朱允炆也认为张信一旦出面就好办了，于是下诏要求张信跟北平都司的几位官员一起拿下朱棣。

事关重大，是选择站在皇上一边还是选择站在燕王一边？张信犹豫不决。母亲对他说，追随谁，你要看谁能真正成大任，能带领国家有好的发展。张信听从母亲的教导，选择了站在燕王这一边。他想到燕王府向燕王表达他的忠心。但是燕王不敢相信，一再不见，并且托病搪塞。张信把建文帝要他出手解决燕王的密诏拿出来，朱棣才相信张信是真心的。

从此之后，张信一直追随燕王攻打到南京，在靖难之役中立了大功，被封为龙平侯，派往桃林口镇守蓟镇长城。戚继光在驻守长城的 16 年中打的仗并不多，其中一场大仗就是在桃林口打的，被史书上称为"桃林口大捷"。战争发生在万历初年的四月，戚继光接到远哨传来的军事情报——蒙古部族的军队开始集结，要向桃林口防线发起进攻。戚继光马上排兵布阵，在长城外面布好了埋伏，彻底打败了进攻的敌人。

400多年过去了，桃林口烽烟散尽，如今那里生活着怎样一群人，又发生过什么样的事呢?

现在人们来到桃林口，可以看到在高地上特别醒目的地方，立着一块知耻碑。碑上记录过去人们拆毁长城的历史以及人们对此的反省。说到拆长城，20世纪五六十年代到七十年代中期，整个万里长城都遭到了严重破坏。这种破坏不仅仅是老百姓自己拆，更多的时候是地方政府组织去拆。各个地方建知青点、建学校、建大队部，没有更好的建筑材料都去拆长城。农民跟着拆长城盖自己家的房子，全村397户村民中，有300户人家的房子上都有长城砖。

到2006年8月的时候，村民保护长城的意识提高了，对以前的做法感到深深的内疚，立起了一块知耻碑，碑文上写：过去我们错了，因为无知拆长城盖房盘院。国宝未被珍视，取之方便弃之随意。现在我们知错了，因为觉醒，把长城民宅保留下来，刻上心中的痛，铭耻辱，警后世。

桃林口经历过烽烟，经历过磨难，经历过风风雨雨，终归平静，不再是蓟镇战场的指挥中心。这其中又有着怎样的曲曲折折呢?

桃林口是整个蓟镇的军事指挥中心，而北墙就是长城的主墙体，处于作战的最前方，直接面对敌人的进攻。一旦这里被攻破，整个长城的防线就会崩溃。

蓟镇的总兵驻地，明永乐十年（1412年），从桃林口迁到了一个叫狮子峪的地方。狮子峪也叫斯尔古，在今天唐山迁西县的旧营村。旧营村地处偏僻的山谷，没有办法驻重兵，蓟镇的第八任总兵在天顺二年（1458年），下令把蓟镇总兵驻地迁到了三屯营。

三屯营是被大山环抱的一个小平原。在这块平原里，河水静静流淌，地势开阔，土地肥沃。北边是长城的主体——燕山山脉；向南，是矮山丘陵地貌。三屯营的正北喜峰口，是蒙古兀良哈三卫入贡的主要通道。东边有山海关，西边有古北口。

从交通方面来说，三屯营的位置也很不错，南边紧邻由京师到山海关的御道。

在成为蓟镇总兵所在地之前，三屯营就已经是一个军事重镇了。蓟镇协守右参将宗胜正统七年（1442年）就开始领兵驻守在这里了。这里一直是蓟镇的协守或者是游击将军或者是参将驻军的地方。三屯营成为蓟镇总兵驻地100年之后，这里来了一个在中国历史上闪闪发光的人物——戚继光。一座边城，一位名将，二者之间又将擦出什么样的火花呢？

> 大兴土木，边关重镇如何革新城防？
> 朝代更替，忠义将士如何千古流芳？

隆庆三年（1569年）的二月，戚继光就任蓟镇总兵，把驻在遵化的忠义中卫，从遵化迁到了三屯营里来。明朝中期，由于边镇的防御体系加强，卫所制度相对弱化了，但是卫所军屯制度一直到明朝灭亡也没有废弃，很多公文的处理、粮食的调运等，都要通过卫指挥使司的衙门去实施、去签发。把忠义中卫的所属机构挪到三屯营来，减少了蓟镇总兵和卫所之间协调管理的时间和过程，工作起来更便捷了，效率更高了。

万历元年，戚继光开始计划重修三屯营城，万历三年开始实施。经过重修，三屯营城面积扩大了，整个城防体系也更完整了。城池周围构建起了护城河、拦马墙、主城墙三道防御线，总兵府也进行了重建。新建的三屯营城，精美而坚固，有一种非常雄伟的气势。

戚继光还在景忠山上修建了忠烈庙，专门用来供奉长城脚下阵亡将士的灵牌。保家卫国的英灵永垂不朽，烽烟背后的往事流传千年。

这正是：

> 镇府首设桃林口，叱咤风云三屯营。
> 景忠山上忠烈庙，阵亡将士留英名。

第二十三回 金色黄崖关 辉映报国诚

上一回说到蓟镇内外烽烟迭起，总兵府里英才辈出。在长城沿线还有一处别致的风景，那里峰峦叠嶂，草木成林，夕阳斜照显示出雄浑壮阔，山花烂漫掩映着城墙沧桑，这就是燕山深处的黄崖关。这处历经风雨的老建筑见证过怎样的历史？

黄崖关坐落在天津蓟县，也是明代长城重要关隘之一。黄崖关的关名来自于城东的一个山崖。这个山崖非常陡峭，直上直下。夕阳照在东面山崖的时候，黄色的山体加上金灿灿夕阳的光亮，把崖壁照得非常漂亮。在古代，黄崖夕照是天津地区的一个著名的景观。

黄崖关是蓟镇长城的要冲之地，是雄壮险峻的重要关口，一处建筑荟萃了千姿百态的建筑形式，一处风景融合了青山绿水的灵秀之气，这是人人留恋的"晚照黄崖"，是人人称颂的"蓟北雄关"。这片独一无二的好风光里究竟包含着什么样的故事呢？

黄崖关附近蓟县的北部山区还有一些明以前的古长城遗址。在黄崖关长城太平寨，山顶上有一座圆形的烽火台，根据文献记载，是北齐天保年间修建的。算起来，应该有1400多年的历史了。

黄崖关的关城始建于明朝永乐年间，最初修建得比较简单。明嘉靖二十九年（1550年），庚戌之变，蓟镇长城的很多关口都重新修建了，黄崖关也是在这个时期重新修建的。

黄崖关长城的地理位置特别重要。北边是兴隆，境内很多明代烽火台就有朝黄崖关这边传递信息的布置；东边连接着遵化马兰峪马兰关，这里曾经发生过很多战争；西边是将军关，也就是现在的北京平谷。

黄崖关两边的长城虽然并不长，但是敌楼密布。文献记载，明万历十五年，黄崖关进行了最后一次大规模修建，把黄崖关和两侧的长城都用青砖进行了包砌。

黄崖关的关城由正关、水关和东西两个哨城组成。正关的外边有墩台，还有很多风墩。关城修建在洵河西岸的高地上，明代的时候，洵河流水量还是很大的，到黄崖关已经是洵河的中下游了。

黄崖关的关城并不是方方正正的样子，而是一种不规则的刀把型。为什么要建成这种形状呢？主要是黄崖关的地势决定的。关城的周长是890米，现在关城重建之后，可以沿着关城上面的城墙转一圈。关城南北最长的地方不到270米，东西最宽的地方不到200米，在关城的中间砌有一道南北走向的隔墙。关城里面最早的布局是什么样的，现在已经不得而知。

黄崖关的关城叫"八卦城"，据说里面的街道是按照八卦"乾、坎、艮、震、巽、离、坤、兑"这样的方位来布局的。不知底细的人进了城里之后就会晕头转向，敌军攻进了城不知如何出城，就会受到守城将士们来自各方面的攻击。

这个城里的街道不像一般的村庄那样横平竖直、有大的街道。它每一个街道基本上都成丁字状。顺着一条路往前走，就会走到一个丁字路口；拐过再走又是一个丁字路口。比较多的丁字路口就构成了一个迷魂阵，所以，如果不熟悉城里布局，就容易绕来绕去，甚至迷路。

巧夺天工，一座边城如何汇集多种功用？
巾帼盖世，十二红颜如何留下慷慨诗篇？

关于黄崖关长城，当地老乡有一个说法叫"九门九洞"，就是黄崖关有九座门、九个洞。"九门"指的是关城的东西南三座门，再加上东西隔墙上的两座小门，还有洵河上面的四座水门，合起来就是"九门"。城门和水门都是用砖和石券筑的拱洞，所以称为"九洞"。

从东边进来往西走的话，依次是瓮城、外城和内城三部分。城墙的东西南三面都开有城门，城门上建有城楼。黄崖关的石匾就在关城南门上。

黄崖关的北城墙上虽然没有开城门，但是在城台上建有一座北极阁，当地人叫关帝庙。明长城沿线的很多城堡，都在北门或者是北城墙上建有北极阁或关帝庙。可能大家相信，关老爷的威武和关老爷的勇敢可以震慑住来自北面的威胁。

黄崖关长城以关城和泃河为中心向东西两边延伸。东边修建在陡峭的山崖上，老百姓叫这座山为"半拉缸山"。西面修到王帽顶山，王帽顶山是黄崖关长城的一个制高点，海拔736米。王帽顶山上的城墙除了主城墙之外，在另外一个临近悬崖的外边还有一段很长的障墙，墙上下有几排射孔。这种形式在明长城整个的防御体系当中是比较少见的。

蓟镇长城的敌楼基本上都是方的，即便稍微有一些变形也是以方的为主，而黄崖关长城只有一座圆形的敌楼。

站在黄崖关关城就可以看到，在正北方的一处山崖上还有一座圆形的烽火台，当地老百姓叫作"凤凰台"。这座实心的敌台完全由石头垒砌。站在这个台子可以看得更远，有情况可以及时报告给城里。这个实心的台子没有任何梯道，当时这个台子的上下是使用绳梯。守卫这个台子的墩兵爬上台子就把绳梯抽上去，这样做的目的就是强化安全。即便敌人摸到台子底下，也没有办法上去。

由黄崖关关城向东翻过"半拉缸山"之后，有一个关口和一个叫太平寨的小城，现在叫小平安村。在太平寨东部有很多的小通道，翻过来以后都要途径太平寨这条沟，地理位置非常关键，所以才在这儿修建了一个很重要的寨城。

根据《四镇三关志》的记载，太平寨始建于明成化二年（1466年）。当时守军修建这座城的时候取名为太平寨，大概是祈求平安的寓意吧。在黄崖关长城还有一座与女人相关的敌楼，叫"寡妇楼"，这座寡妇楼又有什么样的故事呢？

相传明朝隆庆年间，黄崖关一带正在修建长城。这个时候敌人来了。修建长城的士兵发现敌情以后马上投入战斗。敌人虽然被打跑了，却有几十个战士牺牲了。可怜这些战死的小伙子正值青春年华，其中12个人在老家已经娶了媳妇。他们死了之后，家里就再也没有收到他们的音信。一年又一年过去了，老家的女人惦记着丈夫，12个女人结伴来到黄崖关寻找亲人。她们历尽千辛万苦，终于找到了长城脚下的黄崖关，才知道丈夫已经以身殉职了。驻守黄崖关的将军告诉这12个寡妇,她们的丈夫非常的勇敢,个个都是好样的。他们人虽然不在了,但英名将像长城一样永世长存。

噩耗就像晴天霹雳,把女人们心里那点盼头劈得粉碎。她们翻山越岭到了长城,为的是跟自家男人见上一面,可到头来,见到的只是一堆白骨,几块石碑。她们哭着,喊着,却叫不回天人永隔的丈夫,未来的路要怎么走,往后的日子又该怎么过呢?

12位寡妇痛哭之后,下定决心不回老家了,要继承丈夫的遗志守卫长城。守卫长城是一件非常艰苦的事情,即使是男人都很难承受,更何况是女人了。12位姐妹不怕吃苦,冬天顶着寒风,夏天冒着酷暑,一直坚守在长城防御的最前线。人们为了纪念这12位深明大义的巾帼女英雄,就把她们驻守的这座敌楼称作"寡妇楼"。

黄崖关向西的高山叫王帽顶山,形状就像一个王爷头上的帽子,所以得了这么一个生动形象的名字。王帽顶山又有着什么样的故事?这位头戴官帽的王爷又是何许人呢?

姐妹情深,王帽顶山见证怎样一场传奇?
将军威武,巨石脚下唱响怎样一段凯歌?

故事里讲的王爷不是别人,正是大名鼎鼎的托塔李天王。据说《白蛇传》里的小青蛇为了搭救白娘子,不远千里来到燕山闭关修炼,总共花了500年,才救出了白蛇,又带着白蛇一起躲进了燕山。这件事传到玉皇大帝那里,他特别生气,派天兵天将来捉拿白蛇、青蛇两姐妹,这个任务交给了托塔李天王。李天王腾云驾雾来到燕山,摘下头上的帽子就要压在青蛇和白蛇住的山上。眼看一座大山从天而降,仗义的小青蛇把姐姐推到了一边,她自己被压在了大山底下。后来青蛇住的那道山沟就叫小青蛇沟,沟上的大山就叫王帽顶山。王帽顶山和小青蛇沟都有长城,特别是王帽顶山上的长城建筑非常奇特。

长城翻越王帽顶山,就进入了北京平谷的将军关。在明代的长城上,不管是自然的山石,还是人工建筑的关和敌楼,有很多都称作将军,如将军关、将军石、将军楼。这与一些明代守卫长城的将军曾经在这里战斗过、生活过有关。黄崖关西面关口附近有一块巨石,像一位迎风傲立的将军,威武地矗立在长城脚下,被称为"将军关"。明成化元年(1465年),驻守在这儿的参将王琦还在这块石头上刻下了"将军石"三个大字。深厚的历史文化在黄崖关沉淀,这片跨越京津冀的热土,铭刻着过去,期待着未来。

这正是:

万里长城是我家,舍生忘死把敌杀。
夫唱妇随报国志,万古流芳霸王花。

第二十四回 温泉司马台 望京楼高耸

上一回说到，畿东锁钥黄崖关，夫唱妇随保家园，那些戍守边疆的将士们用热血谱写了壮美的战歌。说到长城的雄浑壮美，不得不提司马台。司马台为什么被誉为"中国长城之最"，又留下了哪些最值得一说的故事呢？

司马台长城位于北京市密云县的东北部，与河北的滦平县交界。一般的长城都是内侧相对平缓，外侧陡峭，易守难攻。可是司马台长城恰恰相反，长城内侧非常的陡峭，就像是壁立的山崖，外侧却相对平缓。这是由山的体貌所决定的。很多人去司马台旅游，特别是去望京楼的时候，都是从河北的方向上山。

司马台长城东起望京楼，西到将军楼，河北和北京就以长城的中心线为分界，长城的里边是北京，长城的外边就是河北。长城沿线有很多温泉，但是像司马台这样在关口旁边就有温泉的并不多见。司马台关门口的这个温泉常年泉水流涌，水量也非常大。所以，过去司马台这个口子又叫暖泉口。

司马台长城为什么取"司马台"呢？历史文献当中没有记载。当地一些年岁大的老乡讲，这儿过去是"死马台"，打仗的时候，很多的马在这儿作战死掉了，就叫了"死马台"。也有的说，有一位将军的宝马在一次作战中死掉了，埋葬在这里。叫死马台不好听，后来慢慢就变成了司马台。

一段古长城，几多传奇事，司马台长城盘旋在崇山峻岭间，饱经风雨，阅尽沧桑。登临司马台，斑驳的城墙、残破的敌楼仿佛在诉说着昨天的故事，司马台长城被誉为"中国长城之最"，它究竟有怎样最值得一览的风光呢？

游人到司马台长城参观，感觉这里的长城保留着那种残破的状态，有一种沧桑之美。其实司马台长城在20世纪80年代末也修缮过，只是在维修的过程当中，没有完整复建，而是尽最大可能保留了长城的那种残破状态，只把一些对游人不安全的地方垒砌起来，免得游人参观的时候掉下去。所以，它整体上保留了一种经历几百年风雨的沧桑。1986年，中国申报长城为世界文化遗产的时候，联合国教科文组织的专家和世界遗产委员会的专家来考察的就是司马台长城保护和维修得到了联合国教科文组织的充分肯定。

司马台长城，是明长城蓟镇中古北路所管辖的18个关隘当中的一座，是扼守古北路东部的一个关口。司马台长城景区现在的长城是5.4公里，敌楼35座，以关口为中心分东西两部分。东段到望京楼全长3公里，有16座敌楼，十分险峻，也是司马台长城当中最精华的地段。西段和河北滦平县的金山岭长城相连接。

司马台长城往东的这一段，沿着刀劈斧削的山脊修筑，可以说惊险无比，尤其是到了云梯、天桥这两段更是险中之险。云梯是一个单面的墙，就是在非常窄的山脊上两块长城砖那么宽的墙体。这段墙有50米左右，坡非常陡，墙又非常窄。顺着山脊沿着40多度的坡度往上攀爬，两侧是百丈深渊。过了云梯之后就是将近100米长的天桥，两侧的悬崖就更加陡峭了。

在司马台长城100多座敌楼当中，望京楼最高，海拔986米。站在望京楼上，远山近水尽收眼底。据说在晴朗的夜晚，月高星稀的时候，可以望见北京城里的灯火，所以古人给这座敌楼起了个非常好的名字"望京楼"。站在望京楼向南远望是辽阔的华北平原，向北望是延绵不绝的高山，望京楼是这一片山的制高点。望京楼的底部是用12层大条石垒的基础，每一块的条石重达千斤。我们空手往上爬都非常困难，还要承担着很大的风险，那么这一块块的巨大条石又是怎么运到山顶的呢？

点石成羊，二郎神君如何大展身手？
情有独钟，莲花仙女为何流连人间？

传说当年为运送这些千斤重的条石上山，不知道死了多少人。白骨堆成山，血水流成河，但条石还是运不上去，望京楼迟迟修不起来。人间这种凄惨的景象，玉皇大帝看不下去了，就派外甥二郎神去帮人们。二郎神不敢怠慢，到晚上人们不注意的时候，腾云驾雾而来。看着白天石匠们已经凿好了的条石放在那里，他用赶山鞭轻轻地一赶，"啪"地一声，一块块石头就变成了一只只的大山羊，随后赶着这群山羊上了山。到了山顶上之后，他喊一声"变"，瞬间山羊又变回成了条石。二郎神数了数条石，发现还不够用，决定再下山赶一批石头上来。一个士兵夜里出来上厕所，突然发现了二郎神，大叫一声。二郎神被发现，赶快回到天上去了。第二天，士兵们到山上一看，条石都已经运到山上来了，非常高兴，就开始施工，结果发现垒砌的条石一面缺了五层，只好在山下捡了一些碎石头，把这段墙砌了起来。我们现在去看望京楼，它三面是完整的条石，有一面半截是条石，上头是碎石头垒砌的。

二郎神赶条石的传说虽听起来很美，但毕竟是传说。长城的修建有一个重要的原则就叫就地取材，修建长城的条石不可能是从山底下往上运。在长城沿线有很多采石场。一般来说，开采下来的石头是从上头往下运。有些石头都是就近开采，像望京楼的石头，与望京楼这块山上的石料完全一样，说明是在山顶开采了石头之后垒砌起来的。但是，砖肯定是从下面运上来。砖的运输一般还是使用马、骡子或者驴这种牲口来驮运。

望京楼是司马台长城最高处的敌楼，西边就是仙女楼。顺着长城由西向东要爬上望京楼，就得先过仙女楼。要上仙女楼就得先登上天梯。一听"天梯"这两个字，大家都可以想象到它的险峻程度。天梯非常陡峭，这段异常艰难的路差不多有100多米长，坡度达到60多度。除了单边墙之外，天梯这块城墙是最窄的一段。这段由石头和青砖混筑的城墙最宽的地方也不到2米，最窄的地方还不到半米。长城下边就是万丈悬崖，所以在长城最险峻的地方往下看，即便不恐高的人也会觉得不寒而栗。

尽管司马台长城危险重重，自古以来还是有不少勇士想要登临，感受"险以远"的奇伟景色，因为司马台有不少长城之最的看点：最高处的望京楼、最危险的天梯、还有最秀美的敌楼——仙女楼。仙女楼美在何处，这个美丽的名字又是因何而来？

仙女楼是一个单窗单门的敌楼，形体非常修长。汉白玉砌筑的拱门上还有并蒂莲的浮雕，处处给人精巧秀丽的感觉。它常年在云雾缭绕中若隐若现，真像一位深闺中的仙女。

关于仙女楼还有一个传说。当年修建长城的时候，先去规划，去挂线。由于山又高又陡，施工的人根本没有办法去挂线，这下可把负责人给愁坏了。皇上知道这件事情，就发了圣旨，张榜招贤，谁能完成这项工作就有重赏。没有金刚钻，没人敢揽这个瓷器活。皇榜贴了好几天，各路好汉谁也不敢出手。可是没想到，最后揭皇榜的竟然是五个姑娘。大家谁也不知道她们用了什么方法，忙活了几天几夜，就把这条线路给做好了。

原来，这五个姑娘是玉皇大帝派到人间来帮忙的仙女。玉皇大帝对他们辛苦的劳动非常满意，就允许她们每年一次到这里来享受人间之乐。有一年，五位仙女正在仙女楼休闲，突然碰见一个多情又莽撞的羊倌。那天凌晨一只羊发疯一样地往山上跑，羊倌就在后面追，结果追到仙女楼就看到窗台上有一双鲜红的绣花鞋。这个羊倌伸手去拿，鞋突然不见了，就听见楼里传来了笑声。他向里一望，看见一位美丽的姑娘。羊倌非常高兴，一下子就冲了进去，结果吓跑了这五位仙女。这件事惹怒了玉皇大帝，一怒之下取消了仙女们一年一度下凡的安排。

这正是：

能工巧匠将军楼，悬崖峭壁望京楼。

百丈深渊天梯路，壮美秀丽仙女楼。

第二十五回 巨龙腾飞处 感受气如虹

上一回说到地势险要的司马台长城和它留下的美丽故事。沿着司马台长城一路向西来到滦平，会看到崇山峻岭间一条蜿蜒曲折的长龙，那就是金山岭长城。万里长城，金山独秀，风景独好的金山岭，又有着怎样传奇的由来呢？

金山岭长城位于古北口长城东边7.5公里，属于河北承德滦平县。金山岭长城一带风景秀丽，峰峦叠翠。城里人见惯了马路边那些灰头土脸的树之后，再看金山岭长城两边的树，就能感受到令人心旷神怡的绿。

金山岭长城的四季风光都非常好。春天，满山飘香；盛夏，云雾袅袅；金秋，漫山红叶；严冬，银装素裹。

攀登在崇山峻岭之间，漫步在古老青砖之上，如诗如画的美景，让久居闹市的纷杂心灵变得纯净澄明。可又有多少人知道，这段长城一开始并不叫"金山岭"，而叫沙口岭。是谁给这段长城改了名字呢？

传说金山岭这个名字，是蓟镇总兵戚继光给起的。戚继光任总兵的时候在这一带修长城，有很多从浙江来的南方士兵，他们老家有大金山、小金山。

有一天，戚继光从古北口过来到沙峪口巡视，看到好多的人都坐在山上待着闲聊，便问负责的军官是怎么回事。负责的军官就告诉他，好多人离家四五年了，都非常想家，干什么也提不起精气神来。

戚继光听后，没有去责怪这些将士们，而是登上一个高坡，对日夜劳苦的官兵们说："父老乡亲们思念家乡，我非常理解，我又何尝不是这样呢？大家想一想，你们从千里之外来到这里，为啥呢？是为保卫京师，保卫这一方土地的民众能过上平稳的日子！"

讲到这儿，他又沉思一下，说："依我看，干脆我们就把现在你们修的这个长城叫作'金山岭'。你们现在在金山岭修建长城，实际上也就是保卫你们家乡的'大金山'、'小金山'"。

说完，他就在一块大石头上亲笔题写了"金山"二字。受到戚继光鼓舞的官兵和民工们重新打起精神，日夜赶工期，用最短的时间把金山岭长城修建成蓟镇长城中最坚固的一段长城。

那么，金山岭长城到底有怎样的独特之处呢？

山高路远，长城工匠如何因地制宜巧设计？

日晒雨淋，蓟镇总兵怎样因势利导提建议？

金山岭长城东至古北口，西与司马台长城衔接。全长有15公里，沿线有不同形式的敌台70多座。金山岭长城和古北口长城、司马台长城是完全连成一体的，敌楼密集是这一带长城的共同特点。一般在100米左右就建有一座敌楼，在地形特别复杂的地方，敌楼相互间的距离仅仅相隔50多米。

长城修建的选址有一个重要原则就是因地制宜、以险制塞。因地制宜的表现就是在山势和地貌相对险峻的地方，城墙就修得窄一些、低一些；凡是在山势相对比较平缓的地方，长城墙体就筑得宽一些、高大一些。

金山岭长城墙基底部一般都是由三四层条石奠基，城墙是由青砖包砌，白灰抹缝，墙体内用沙皮土、黄土和石灰夯筑而成。在长城内侧的墙上还开有登上城墙的城门。

金山岭长城的顶部宽窄也不一样，平均下来差不多有5米左右。墙面由双层方形的青砖铺面，宽的地方可以六七个人并肩行走。有陡坡的地方，就用砖或石头垒砌成梯式的台阶，供士兵上下通过。

城墙上面每隔几十米就有一个由石头凿成的1米多长的吐水嘴，把水排到城墙的下面，避免积水危害到城墙的安全。吐水嘴全都是放在长城的里侧，避免为敌人攀爬城墙提供方便。

在金山岭长城城墙的外侧，有凹进去的一条条的通道，从顶关冲到中部偏下的滑道。这是镭石的滚道。由石头中间凿成孔，里面装上炸药，再封堵上，就是礌石。礌石上有能点火的点火孔，点着以后，顺着礌石孔滚到下头去，爆炸之后可以打击长城下面准备攀爬长城的敌人。

城墙顶部外侧用砖砌有2米多高的垛口，守城士兵可以躲在垛口里面向外射杀敌人。垛口的石面中间都有一个小洞，用于架"佛朗机"。"佛朗机"是明朝在长城沿线配备比较多的火器。下面有一个铁棍，把它扎在石面的小洞里面做"佛朗机"的独角支架，士兵可以以支架为轴心向两边旋转作扇形射击。在一些站台上还有宇墙，宇墙上设有上、中、下三层射孔，可供三排士兵以立、跪、卧三种姿势同时向外射击。登上雄伟的金山岭长城，人们无不感叹古人聪明和智慧。

明代的长城各个地方都不太一样，那么在长城修建之初有没有分成等级呢？各种不同等级的墙体和敌台的设计又是通过什么方法贯彻到长城全线去的呢？

数百年前，长城的修建者们为确保工程的顺利进行，在质量、工期和成本等施工要求方面，每个阶段、每个工序和每项施工任务都有计划。

明代的长城分成三等边墙，一等边墙就是金山岭长城、八达岭长城、山海关关城这样的，完全由条石做基础，然后用条石或青砖包砌墙体；二等边墙是用相对比较规则的、经过打凿的石块垒砌起来的墙体，也就是我们常说的虎皮墙，墙面一大块一大块石头用白灰勾着缝；三等边墙就是由不规则的、没有经过特意打磨的石块垒砌的，相对来说比较简单。

长城的修建不像现在的施工，不管做什么可以有建筑物的设计图纸，发给大家，大家按照统一的建筑图纸施工就行了。那个年代没有这样便利，而很多的施工者本身也没有文化，当时采取的一个办法就是选一个地方修建样边和样楼，盖起来一座空心的敌楼，做个样子给大家看，长城沿线都派人到这儿来参观，回去之后都照这个样子去做。虽然有一个整体的样子，但是回去以后工匠们又进行发展、加工、改造，所以敌楼都有不同的变化。

明长城防御体系虽然强大，可惜军队作战能力跟不上，还是挡不住外族入侵的铁骑。嘉靖年间，蒙古鞑靼部首领俺答率领不足十万人马，轻轻松松攻进了古北口长城，围困京城近十天，在城外劫财抢物，满载而归。遭遇了这般屈辱，明王朝是怎样的反应，又该如何反思呢？

戚继光年轻的时候，南方的兵作为班军每年定期到长城戍守两三个月。嘉靖二十九年（1550年）发生庚戌之变的时候，戚继光正好作为班军在北方。当时，年轻的戚继光面对长城不堪一击的状态，怒发冲冠。虽然年纪不大，职位不高，但他说："给我十万兵，就可以保国家安宁；给我五万兵，就能阻挡蒙古骑兵南下；实在不行，给我三万兵，也可以守住长城的边关，并且抓准机会出长城去打击蒙古势力。"

从戚继光当时提出的上中下三策，可以看到他报效国家的决心。实际上，说给他三万野战兵就可以保住北京北边边关的安全，可见当时长城守军的战斗力还是非常弱的。戚继光后来作为总兵指挥长城防御，采取很多的措施，来自他年轻时候作为班军到长城地区参战积累起来的这种认识。他始终坚持认为，只有具有较高野战能力的军队才能打胜仗，只是死守长城被动挨打，不能解决有效防御的问题。

首辅张居正主政之后，朝廷充分认识到要保家卫国光靠城墙的坚固是不行的，戍守长城的军队必须是非常有战斗力的军队才行。在这个时期，朝野上下在这一点上达成了共识，所以才有张居正推荐谭纶、戚继光等著名将领到长城前线去任最高指挥官。

军队要想提高作战能力，就要有好的将领。金山岭长城一带，有座将军楼，还有一座将军墓。传说这里埋葬着明朝的一位大将军，这位将军姓甚名谁，又留下了怎样的故事呢？

改头换面，武桂花为何女扮男装上战场？
赤胆忠心，大将军怎样以身殉国美名扬？

在金山岭长城中段，有一个关口，叫后川口。后川口东面悬崖上的敌楼，叫将军楼。据说当年将军楼非常漂亮，楼内的四面墙壁上，有牡丹、海棠、狮子滚绣球等雕刻，还有狮子、龙凤、海马、虎豹等的浮雕，就连楼门都是由汉白玉雕砌的。可惜的是，这座敌楼在日本侵略军攻打长城时候给炸毁了。

第二十五回　巨龙腾飞处　感受气如虹

将军楼外的山坡上，有一座将军墓。将军墓西北那条 3 里多长的山沟，叫将军沟。将军楼、将军墓和将军沟，这些名字都来自一位戍守长城的将军。

据说，戚继光调到蓟镇之后，到浙江去招兵，很多的南方人都不愿意到北方来。一天，戚继光碰见一个小伙子主动提出来要参军，戚继光看小伙子长得柳叶眉、杏核眼，非常的俊俏，很像个姑娘。戚继光有点怀疑，就问他姓什么，叫什么，家住哪里。小伙子一一作答，说他叫武桂花，父亲也是告老还乡的将军，生前非常崇敬戚将军精忠报国的精神，临终时嘱咐他要来找戚将军当兵。说完就跪在地上给戚将军磕起头来。

戚继光叫卫士把小伙子扶起来，问他："你为啥取了个姑娘的名字？"武桂花说："我小时候父母特别疼爱我，怕我养不活，就给我起了个女孩的名。"戚继光又问他会不会武艺？武桂花说："我从七岁起就跟父亲练习武艺，可以说刀、枪、箭、戟样样精通。"这时，戚继光看见天上飞过两只鸟，就命令卫士给小伙子一副弓箭。武桂花接过弓箭，嗖嗖连发两箭，两只飞鸟相继落地。

戚继光又让卫士递给他一把大刀，让他与一位武艺高强的卫士比武。武桂花说："一两个卫士与我比武，我就是赢了，也算不得武艺高强！"武桂花扔掉了手中的钢刀，让戚继光的五个卫士一起上来，只见他拳脚并用，干净利落，几下子就把五名卫士打败。

戚继光看了非常高兴，又问他是否懂得兵法？他一口气背诵了一套戚继光的阵法。戚继光听了哈哈大笑，就把他请到军中帐内，奉为上宾，很快就向朝廷举荐，任命他为负责镇守金山岭这一带长城的游击将军。

武桂花上任之后，连续几年多次与进犯长城的蒙古军队交战，每次都充分利用地形巧布兵力，取得胜利。他不但打仗身先士卒，而且在修建长城的时候，也与士兵一起背砖运石，很受士兵的敬仰和拥戴。又是修长城又是打仗，武桂花始终在第一线，后来他就累得病倒了，不久去世了。

当武桂花去世之后，士兵们才发现武将军原来是女人，是女扮男装从军的。按照武将军生前的遗嘱，士兵们把她葬在离长城不远的一个山坡上。下葬那天，大雪纷飞，戚继光也冒雪前来参加葬礼。为了让后人永远记住这位为国捐躯的女将军，士兵们又把她和将士们一起建造的一座敌楼，命名为将军楼，把将军楼外的武将军经常走的大沟命名为将军沟，代代相传，直到如今。

这正是：

守卫长城女儿身，英勇堪比花木兰。
万里长城显身手，将军美名永流传。

第二十六回 千年古北口 风流竞英雄

上一回说到最能体验到长城之长的金山岭长城，今天我们要说的是明长城中经历战争最多的一段——古北口长城。古北口为何被称为京师锁钥，又经历了怎样的风雨呢？

古北口位于北京密云的北部，与河北滦平交界，长城的外边就是滦平。古北口是燕山山脉南北交通最重要的一条通道，东边是蟠龙山，西边是卧虎山，潮河从北向南穿越古北口。古北口的关城跨于两山之间，地势非常险要。

古北口的原名是"虎北口"，因为关西的卧虎山而得名，古北口始建于唐代。在辽统和四年（986年）的时候，朝廷曾经以古北松亭、榆关征税不清导致商旅通行不畅为由，派大臣前去追究相关的人和机构的责任。可见，在辽时古北口这个地方的贸易活动就已经相当发达了。金朝贞祐二年（1214年），将古北口改名为铁门关。

明朝推翻元朝建立起政权之后，徐达修的第一批燕山山脉的关隘就包括古北口。但当时古北口防御体系的建筑还相对比较简单，规模比较大的是明洪武十一年（1378年）徐达修筑的古北口关城，设守御千户所。这个时候除了关城之外，已经将蟠龙山、卧虎山两侧的防御体系构建起来了。

长城是古代民族融合的记录者，更是战争与和平的见证者。身处长城要塞的古北口，自古以来，战事频发，是兵家必争之地，在这里发生了多少场战争呢？

古北口长城是中国长城关口当中发生战事最多的几个关口之一。从历史文献资料来看，古北口发生的大大小小战斗有138次之多。

比较大的战争，比如后梁乾化三年（913年），晋王李存勖派大将进攻燕蓟城时，首先攻克的就是古北口。宋宣和三年（1121年）金兵南下，也是首先攻打了古北口。金朝泰和八年（1208年），蒙古骑兵要去攻打金都城北京的时候，也是首先打下了古北口。明灭元后，元朝退到草原地区之后，军事实力和统治机构并没有瓦解。在洪武二十二年（1389年），燕王朱棣率兵出古北口，与北元的军队作战，取得了胜利，才减轻了古北口外的军事压力。

在明代，古北口发生的最大的一场战争，就是明朝历史当中的庚戌之变。蒙古瓦剌的十几万军队兵陈古北口外。这个时候古北口防御体系的构建已经相对完备了。瓦剌派部队攻克了其他的小关口进入长城之后，反抄到古北口的后面，里外夹击才打下了古北口。攻进古北口之后，瓦剌军长驱直入，一直打到北京城下。

庚戌之变之后，明朝不但加强了古北口的防御，而且古北口东西两侧长城的防御也得到了加强，在潮河川等地方设了参将，并分设了左营游击和右营游击。

一诺千金，卧虎山上埋藏几多宝藏？
一招妙计，姊妹楼中传扬哪般传奇？

古北口长城西段卧虎山上的长城，海拔高度665米，相对高度450米左右，山势非常陡峭。卧虎山长城具有雄、险、奇、秀的几大特色。古北口长城，不管是卧虎山上的长城，还是蟠龙山的长城，都完全保留着几百年沧桑风雨的原始状况，带着厚重的历史沧桑感。

人们到这里来感受长城，就如走进了历史的时空隧道。古北口各种敌楼结构非常复杂，是中国长城敌楼的一个代表地。这儿的敌楼有大有小，有单眼儿楼、双眼儿楼、三眼儿楼、四眼儿楼、五眼儿楼。所谓的"眼儿"就是指的敌楼的窗户。有几个窗户，里面空间相对来说就有多大。

古北口长城还有一座三层的敌楼。戚继光当时的设计是三层敌楼，而不是现在长城上这样的空心敌楼。我们现在看到的敌楼都是一排的窗户，他当时设计是两排窗户。光那个空心里头就有两层，然后上头再加一层楼橹。不知道后来是因为经费的问题还是什么原因，绝大部分只修了这样的一层。

长城脚下很多的关口、关城都演变成村庄了，这一点在古北口也特别的明显。古北口卧虎山下有一个绿营村，全村有100多个姓，可见当时戍守长城的士兵各个地方来的都有。村里没有大户都是散姓，这种情况在长城沿线很普遍。在长城以外其他的地方就很少见了。一般的村子里头都会有一个到两个大户，然后才是其他的散户。

古老的长城上留下了很多传奇故事和很多传说，古北口也不例外。相传戚继光修建古北口长城的时候，由于山势险峻，施工非常困难。在修建最后一段的时候，他对负责的军官说："只要这段长城能在一年内完工，我就奖给你们九缸十八锅的金子。"这个总管接到任务之后丝毫不敢怠慢，他想了很多的办法，同时也加紧施工抢工期，总算提前一个月把卧虎山上这段4公里多长的长城修完了，可是这位总管和负责施工的士兵，却都累死在山上了。

虽然总管和士兵已经死了，但戚继光并没有失信，他为了纪念死去的总管和士兵，就把九缸十八锅金子埋在了长城脚下。这件事被传了出去，有人为了将来能找到这九缸十八锅金子，就在山脚下写了这么四句话："长城好巍峨，全凭金子托。九缸十八锅，不在前坡在后坡。"

时间过去很久，人们始终不知道这些金子在哪儿。后来有南方来的三个寻宝人走进古北口卧虎山下的一条山沟，发现西山上有金光闪闪，就向西山的这条沟里走去。他们沿着长城走到这个山崖边上，看到了"九缸十八锅，不在前坡在后坡"的刻字，就开始在附近刨坑挖洞找金子。这三人正干得起劲儿，突然山崖上一片火光，从火光里扑出来两只大老虎，向他们冲了过来。一眨眼的工夫，这三个人就没影儿了。过了一会儿，人们看到在长城西边的山顶上卧着两只老虎，一只头朝东，一只头朝西，之后就变成了两大块儿巨石。有人说，这两只老虎是玉皇大帝从天上派下来专门来看守这九缸十八锅金子的。后来，人们就把这个山叫作卧虎山。

卧虎山的最东边紧邻潮河，原来有一座姊妹楼。现在这座楼已经完全毁了，不过还有照片保留下来。姊妹楼仁立在古北口潮河西岸的长城根下，是一座南北高低错落的两座紧连的敌楼，远远看去就像两个美丽的少女相互挽着胳膊向东远望。这座姊妹楼的建筑非常别致，可以说是万里长城上这种形状唯一的敌楼。

关于姊妹楼，民间也有一个很美丽的传说。传说很久以前，在古北口柳林营村有一户姓马的人家，有两个女儿，大女儿叫大雪，小女儿叫小雪。姐俩长得一模一样，都非常漂亮，就是个头一高一矮。

有一天，姊妹俩到山上来玩，就听山的北坡儿上有一个男子在哭。姐妹俩过去一瞧，原来是一个20多岁的小伙子坐在山崖上。好心的姐妹俩就问他为什么哭。小伙子说上级派他到古北口来选择长城的路线修长城，他到古北口考察了之后，心里就凉了大半截。古北口的地形非常复杂，不是悬崖就是峭壁，要不就是七沟八岔的。这个长城可怎么修呢？从哪道山上走呢？他一时没了主意，就急得哭了起来。

这姊妹两个听完这小伙子的话，不由地笑了起来。小伙子很奇怪地问她们俩："你们为什么笑呢？"大雪说："我们两个帮你出个主意怎么样？"她问小伙子："你觉得在古北口修长城最难的是什么？"小伙子说："难的是山，难的是这水。"大雪不假思索地就说："你为何不让长城从水上过，然后在崖头筑双楼，两边展双须，东西各出头？"小伙子听后惊喜地跳了起来，在长城上筑一个城桥从水上穿过，然后在城桥和山崖的头上筑一座连体双楼。由这个双楼向两边伸展出来的长城就像东西各出头的双须，这是一个非常好的设计。小伙子回去把这个设计如实地汇报了之后，得到了上级的肯定，开始按照大雪的这个思路进行了施工。后来人们就把山崖上这双体敌楼称为"姊妹楼"。

沿着卧虎山长城一路向东，穿过水关长城，就来到了古北口长城的中段——蟠龙山长城。这里又有怎样一番景致呢？

蟠龙山长城没有卧虎山那么险峻，但是也非常雄伟，保存得也非常好。在蟠龙山长城上行走，向东望去可以看到蜿蜒曲折的金山岭长城，天气好的时候还可以看到更远处的望京楼。

蟠龙山长城全长5公里，有敌楼40多座。这里崇山峻岭，深沟险壑，由雄伟的长城墙体相连，像巨龙环绕盘踞在山顶。蟠龙山长城上的敌楼最大的一座叫将军楼，还有"长城花木兰"之称的花将军楼和大花楼。

数百年的风吹雨打，抹不掉蟠龙山长城的风采，反而给蟠龙山长城增添了一种沧桑的味道。这段长城的敌楼和城墙都富有变化，以险、奇、巧、密著称。无论在军事学、建筑学和艺术等方面都有很高的研究价值。

现在，蟠龙山长城已经被批准作为一个长城旅游的景点对游人开放了。由于这里是没有进行过修缮又允许游人攀爬的长城，所以很多想感受长城原始风貌的游人都很喜欢到这来。

兵败沙场，杨业绝食而亡空留几许遗憾？

誓死卫国，将士血染长城展露几多豪情？

现在古北口长城已经成为从北京到承德避暑山庄去旅游时一个重要的中间旅游参观点。古北口不仅有长城还有很多的其他的文化遗产，当地群众用一句顺口溜来形容古北口的文化景观，叫："七郎坟、三公庙，琉璃影壁靠大道。一步三眼井，两步三座庙。"

在古北口的城里有一座杨业祠，这里说的"七郎坟"就是杨七郎的坟。在古北口有很多与杨家将有关的故事，最主要的一个建筑就是古北口的城里的杨业祠。这座庙的建筑体量并不是很大，但是知名度却很高。古北口的杨业祠是全国很多杨业祠中修建较早的一座。

杨业是北宋抗辽的名将，也是民间流传很广的杨家将的最核心人物。杨业死于宋雍熙三年（986年），历史文件记载，在他死后仅60余年，宋朝一个使臣出使辽国的时候路经古北口，就在这里拜谒了杨业祠，还留下了赞颂杨业作战英勇、死难壮烈的诗篇。由此可知，杨业祠在杨业死后仅60余年就已经有很多的人去瞻仰了，那它的修建肯定要早于这个时间。

在宋辽南北对峙之时，古北口这个地方属于辽的境地。辽国为什么会为抗辽而死的杨业建祠堂呢？数百年来，这个问题始终是一个谜。还有，杨业被俘于雁门关西北的陈家峪，为什么他的祠庙却建在了古北口呢？

相传，杨业被俘后押送回辽的途中，因绝食而死在古北口。当地的人民为纪念这位让人敬仰的英雄，为他建了祠堂，辽国人也为杨业的忠勇所感动，并没有加以阻止。

如今，古北口一带现存的古建筑还有营城北城墙上的玉隍庙、药王庙和西侧的财神庙，古驿道边上的三眼井、御用小石桥，这些文化遗存都保留得很好。

这正是：

千年雄关古北口，曾经烽烟不停休。
百代城垣留奇迹，令公祠前尽风流。

第二十七回 通贡互市难 庚戌围京城

上一回说到千年雄关古北口，曾经烽烟不停休。古北口作为长城重要关隘之一，历来是兵家必争之地，明嘉靖年间的庚戌之变就发生在这里。这是一场怎样的战争，给燕赵大地带来怎样的磨难？

"庚戌之变"发生在明世宗时期。嘉靖二十九年（1550年），蒙古俺答的部队攻入长城，包围了北京，由于这一年是庚戌年，所以史称"庚戌之变"。这是明朝建立之后把京城设在北京以来第二次被蒙古人包围，第一次是发生在"土木之变"。

在这两次战争当中，今天河北的长城地区受到打击和破坏最大。不管蒙古军是从长城的哪座关口进来，要想包围北京城都要经过河北地区，所以承受烧杀抢掠的首先就是京城周边的河北城镇乡村。

"土木之变"和"庚戌之变"虽然前后相距一个世纪，但战争的起因却非常相似，都是因为明蒙双方互市贸易而引发的战争。

明朝与蒙古各部族的这种通贡互市的关系，在明成祖时期就已经开始了。这种朝贡的关系是历代中原统治者与游牧民族维持正常往来的一种形式，这里头既有仪式性的游牧民族对中原王朝的朝见与进贡，又有贸易的往来。这种互市贸易应该说是双方都需要的，但对于游牧民族来说更重要。因为游牧地区游牧民族对农耕地区物资的依赖程度更高，很多的物资是他们生活当中不可或缺的，离开了与中原的贸易交流，草原民族的正常生产和生活就会受到严重的影响。对明朝来说，虽然也需要蒙古的良马、牛羊等，但这种需要并不是刚性的，因为在长城里面也可以养马、养牛、养羊。所以说，草原地区对贸易的依赖程度要比长城里边更高。

但是从明弘治年间开始，明王朝就切断了与蒙古部族的互市贸易，关闭了长城沿线互市的关口。在这种情况下，蒙古各部日常所需的物资十分匮乏，生活困苦不堪，使得双方敌对状态加剧，引发了更多的战争。在明代的270多年历史上，明蒙之间战争最激烈的就是关闭长城关口贸易的这个阶段。我曾经在一篇文章当中说过，关闭互市贸易之后，长城里边的政权是为了过得更好，而长城外边的游牧民族攻打长城是为了活着。如果没有了正常的贸易交往之后，他获取生产和生活必需的物资只有一个途径，就是通过战争手段进行抢掠。

在嘉靖年间，俺答成为蒙古族的领袖之后，不断发动对明代长城的进攻。除了到长城里边进行抢掠之外，还有一个非常重要的目的，就是通过对明朝实行军事压力，来促使明王朝重新开放长城沿线的茶马互市。

明王朝也深知俺答的意思，嘉靖十三年（1534年），在明代的文献当中就有记载："四月，俺答挟众求贡。"这是俺答想用军事手段来达到求贡目的的第一个记载。

俺答为什么要向明朝求贡呢？因为他清楚地认识到，只有通过求贡来化解双方的敌对关系，才能实现草原地区和农耕地区的和平发展。所以他多次派人奉书求贡，表示愿意臣服于明廷，请求朝廷赐给他封爵，允许他每年进贡，并且在长城沿线恢复互市贸易。

这个时期的明王朝非常昏暗，明世宗嘉靖皇帝崇奉道教，整天求仙炼丹，不理朝政，连大臣都很少接见。当时的首辅就是大贪官严嵩，在他的主持下，朝廷根本就没有理会俺答真心要求和平的愿望，并且非常武断地以"寇情多诈"为名，明确地拒绝了俺答通贡互市的要求，不但不与俺答通贡，反而在长城地区贴出告示，悬赏千金购俺答汗的首级。

求贡不成，蒙古俺答又会做出什么决定呢？

求贡不成，蒙古俺答如何挑起干戈？

刚愎自用，互市政策为何屡遭拒绝？

和平发展的这条路走不通，俺答只能率领他的蒙古铁骑，不断征战在长城内外。但在这样的一个过程，他也没有放弃继续向明王朝提出求贡请求。在嘉靖二十年（1541年）七月，俺答正式派出以石天爵为首的使团出使到大同长城，向明朝提出求贡的请求。俺答汗在给明朝的和书上非常清楚地表达了他的诚意，他说："令边民垦田塞中，夷众牧马塞外，永不相犯。"就是我们和解了之后，长城里边的边民在长城里边种地，长城外边的牧民在长城外边放牧，双方永不相犯。

但是明朝廷仍以"虏情多诈"、"其请贡不可信"等理由拒绝了通贡。第二年，俺答再次派石天爵等人出使明朝，恳求通贡。这次大同巡抚龙大有非常荒唐地诱捕了俺答汗派的使臣，并且把他们押到了京城，向朝廷冒功领赏。嘉靖皇帝也不管三七二十一，就下令用五马分尸的手段处死了石天爵，龙大有还因为这个事件被提升为兵部侍郎。

两军相战不斩来使，这是自古大家都遵守的一个重要原则。更何况俺答汗派出的来使并不是向你宣战的，而是来求和的。明王朝的这种做法，彻底地激怒了蒙古俺答汗，盛怒之下的俺答汗会采取怎样的举动呢？

一般蒙古军队作战都选择秋天，兵强马壮的时候，这次俺答汗没有再等待，马上集合队伍攻打长城。蒙古骑兵由大同攻进长城，一路南下，一路掠抢，给明朝百姓带来深重的灾难。与此同时，俺答汗依然没有放弃求贡和议的初衷，嘉靖二十六年（1547年），他又一次派出使节求贡，面对俺答汗三番五次的请求，明朝会松口答应吗？

蒙古俺答汗还是提出要与明朝签订互市的合约。他提出：我们签订了开关互市的条约之后，如果蒙古人到长城里面去作乱做贼，你们抓住后交给我们，我会让他做出赔偿；如果有不服的，我就杀了他。如果汉人到长城外边来做一些不法的事，我们就将他交给明朝去治罪。俺答汗还表示，只要是开放互市，将和明朝永远交好。

当时的大同总督翁万达也上书朝廷，建议接受蒙古的贡市请求。他认为与蒙古通贡互市对于明朝长城地区的经济发展也是一件好事，也可以大规模地减少战争。遗憾的是朝廷没有采纳翁万达的意见，又一次拒绝了俺答求贡的请求。

嘉靖二十八年（1549年）二月，俺答兵犯宣化，攻进长城之后，一路向东，一直打到永宁（今属北京延庆），另一支部队攻进宣化长城之后，一直向南打到了滹沱河。

俺答的军队并没有攻打宣府镇城，而是派兵将一封信射入城里，这个信还是写给明朝皇帝的。他解释战争的原因，是因为"求贡不得，故攻进长城来抢。如果明朝能答应通贡互市的话，他一定会约束部下不许侵犯明代边境。如果你要不答应的话，秋后我们还会入关，到那个时候目标就是京城"。面对蒙古军队的最后通牒，明朝能答应求贡议和吗？

求贡不成就开打。在信里，俺答汗的意思已经非常明确了，可明朝的大臣们接到这封信，依然将它视为"诡言"，不予理睬。你不理睬他通贡的请求，倒是做好备战的准备啊，朝廷以为俺答说的要进攻长城攻打京城是一种恐吓，不相信这样的话，连任何的战争准备都没有做。

嘉靖二十九年（1550年），俺答汗集合了十多万蒙古骑兵，准备亲率大军，南下攻打大同长城。听到这个消息以后，大同总兵仇鸾吓坏了，他的这个总兵的官儿是靠贿赂严嵩得来的。花了那么多的钱买了一个官，现在成本还没收回来就要打仗了，没准把命都搭上，他觉得这回可是亏大了。正当他像热锅上的蚂蚁惊恐万分的时候，突然灵机一动。既然自己可以花钱在严嵩那儿买官，能不能花钱送重金去贿赂俺答，求他别进攻大同，去攻打别的地方呢？

有了这个主意之后，仇鸾一下子就轻松了，他相信钱是万能的。果真俺答收下了大同总兵贿赂他的重金之后，还是很讲信用地把军队撤出了大同，然后调兵东进，要从蓟镇长城打开缺口去进攻京师。

俺答汗选择的长城突破口是古北口，因为古北口是潮河冲击地带，相对来说比较开阔，攻打进古北口之后就可以长驱直下，直逼京城了。明王朝没有做好防御的准备，蒙古俺答部队就比较轻松地攻下了古北口，直接打到了京师脚下，这就是历史上著名的"庚戌之变"。

蒙古军队从古北口一直南下，直抵京城。兵临城下的俺答军队在京城郊外烧杀抢掠。城外的老百姓想要往城里逃，京城却九门紧闭，任凭城外百姓哭声震天。这次动静闹大了，只管求仙炼丹的嘉靖皇帝也坐不住了，他一再催促将领们出城作战。皇上都下了旨，奇怪的是，明朝军队仍然没有任何动作。这是为什么呢？

明王朝当时的首府是严嵩，俺答部队包围京师之后，严嵩首先下令所有的部队不许出城作战。他反复强调，蒙古的军队"饱将自去，惟坚壁为上"。就是你不用去跟他打，他就是来抢的，抢够了，自己就走了。我们现在就是把城守住了就可以，如果出去作战打败了，连城都守不住。

俺答汗的军队包围北京城之后并没有攻打京城，他放回一个被捕的养马房的太监，让他给嘉靖皇帝带了一封信。在信中，他说：我们这次来还是要求贡，不是为打仗。如果朝廷允许通贡的话，我马上撤军。如果还不允许通贡的话，我以后每年都要到你的京城四周来抢掠一次。

在这种情况下，嘉靖皇帝赶紧召集大臣们商议，谁也没有好办法。打吧，又怕打不赢；不打吧，就这么被包围着，看着蒙古军队在城外杀人放火也不是个办法。眼下只有一条路可走了，就是先答应下来允许通贡，剩下的事等蒙古军队撤走了之后再说。

嘉靖皇帝虽然刚愎自用，这个时候也没办法，无奈地接受了大臣们的这个主张，但答应得很不痛快。他撑着面子给俺答汗回复说：这通贡互市的事可以商量。你们先撤兵，然后派人来谈。

一心想求贡的俺答，虽然没有得到明王朝明确的许诺，但立即下令撤了兵。蒙古军队还是从古北口原路撤出了长城。

第二年，俺答汗派他的儿子出使明朝，来商谈通贡互市的事儿。在军事上明显占有优势的情况下，俺答汗还主动撤兵，提出通贡互市，可见俺答汗是非常有诚意的。明王朝答应了俺答汗的请求，在大同、榆林长城的一些关口开设了一年两次的马市。俺答汗非常高兴，向明朝进贡了九匹谢恩马，并且写了一封态度非常好的信。明王朝也按惯例赏赐给了俺答很多东西。

通过这次协商开通了互市，双方的关系得到了一定的缓和。这次协商的马市是明朝以米麦等粮食和缎布等日用品交换蒙古的马。执行了一年多之后，俺答汗向明王朝提出，富人可以用马去交换粮食布匹等日用品。但是穷人没马或者没有那么多的马，希望明王朝允许普通的牧民用牛和羊交换粮食布匹等物资。这应该说是一个合理的要求，却遭到了明王朝的拒绝。更有甚者，明王朝认为这个要求是无理的，不但拒绝了，还借此撤回了派驻到草原地区的使节。

这些行为再次激化了双方的矛盾。到嘉靖三十一年（1552年），明王朝下诏罢停了长城沿线的马市。这种单方面撕毁通贡互市协议的做法，再一次使长城内外的局势紧张了起来。

硝烟纷起，蒙古军队能否得偿所愿互通贸易？
满目疮痍，明朝政府能否改变心意换来和平？

嘉靖三十二年（1553年）二月，俺答汗率兵兵犯宣府镇长城，明朝的参将史略在这次战斗中战死。接着俺答汗的蒙古军继续南下，宣府镇副总兵郭都又战死。同年七月，俺答汗兵犯位于今天河北涞源的浮图峪长城。因为这次蒙古军队人数不多，被明军击退。

嘉靖三十四年（1555年）四月，俺答再次兵犯宣府，参将李光启被俘。李光启祖籍今天的河北乐亭，是抗击俺答的老将。从嘉靖十年（1531年）开始，就一直在和俺答的蒙古军作战。

李光启精于骑射，智勇双全。他驻守在哪里，蒙古军就不敢轻犯哪里。嘉靖二十二年（1543年）的时候，李光启升任固原东路的游击。嘉靖二十九年，蒙古军兵犯密云的时候，李光启任神枢营的游击参将。嘉靖三十四年，出补了宣府中路的参将。他到任刚刚一个月多一点，就赶上了俺答兵的大举进犯。李光启率兵迎敌，但由于敌我双方实力悬殊打了败仗，李光启被俘了。被俘之后，蒙古将领试图劝李光启投降，李光启不从，蒙古人就侮辱他。誓死不辱的李光启挥拳痛击了羞辱他的蒙古将领，结果惨遭杀害。他死的时候才44岁。

嘉靖三十四年九月，俺答再次兵犯大同、宣府镇。攻进长城之后，又攻打到怀来城。这回明王朝不敢再大意了，提早京师戒严，做好了打仗的准备。从明王朝关闭马市之后这20年间，俺答汗的军队连年南下抢掠，使长城沿线的百姓受到了极大伤害，对长城沿线的农业生产也造成了很大的破坏。

在这种情况下，明王朝只好投入更大的力量修缮和加固长城，原来不相连接的关隘和一段一段的长城完全连接起来。

直到隆庆年间，双方实现了议和，才化干戈为玉帛，真正解决了来自长城之外蒙古势力的威胁。之后，双方在长城沿线没有再因为贸易问题，兵戎相见，长城沿线的矛盾和冲突得到了很大的缓解。

这正是：

俺答求贡心意真，明朝不信引战争。
总兵贿赂蒙古军，庚戌之变围京城。

第二十八回 翠绿慕田峪 称奇牛角声

上一回我们说到，蒙古俺答提出和明朝恢复互市贸易，遭到拒绝之后，挑起战争。为了防御剽悍的蒙古骑兵，明朝投入更大的力量修缮和加固长城，堪称铜墙铁壁的慕田峪，就是明长城防御体系中的一段慕田峪长城。有怎样的前世今生？

慕田峪长城在北京市的怀柔区，距北京73公里。慕田峪长城是燕山山脉中一处建在高山上的隘口，翻越燕山就进入了河北丰宁地界。丰宁县境内有很多的烽火台，就是往怀柔境内的长城传递军事信息的。

长城沿线的关口很多，通常以姓氏或家族来命名，比如刘家口、董家口。慕田峪这个名字，听起来有点特别，根据当地人的说法，"慕田峪"起先不叫这个名，叫作杏峪，因为这里漫山遍野的杏树而得名，那么，杏峪怎么又改名叫"慕田峪"了呢？

当地有个传说，当初修筑长城的时候，兵丁民夫又累又饿，好在守着满山的大红杏，大家吃吃杏又解饿又解渴。修长城的这些兵丁和民夫吃得痛快了，但是杏峪的老百姓可就苦了。杏峪的老百姓全靠山上的这些杏儿过活，他们把杏儿卖出去以后才能换回来口粮。杏儿都被官兵和民夫吃了，以后的日子怎么过呢？人们没办法，只好烧香拜佛，请求神灵保佑。

这一天，杏峪来了一个文弱的书生。这书生一进村就念叨着："树下有口填不满，口里有食吃不完。若要来年有吃穿，杏峪变为树下田。"人们看书生这样反复念叨着，觉得很奇怪。

一连好几天，他每天都来，而且每天就念这几句诗文。村里人聚在一起，就开始琢磨他说的这几句诗文是什么意思。

正巧村里有一家盖房,大家就决定书生再来的时候问一问他。这一天书生又来了,人们问他的时候,他就指着一家正在盖房的人问:"盖房的立架用的是什么?"大家说:"这连六岁小孩都知道,立架用的是木头啊。"书生又问:"木头是哪儿来的?"大家回答:"木头是树长的。"书生听完了以后点点头,念了一句"树下有口填不满,口里有食吃不完",然后就走了。

这时候一个年纪大的老人明白过来了,"这个书生说的木由树生,'树下有口'就是'木'下头的'口'这就是'杏'。'口里有食'呢,就是'口'里加个'十',粮食的'食'跟一二三四五六七八九十的那个'十'是谐音,'口'里加个'十'就是'田'。书生说的意思就是靠着杏是不行的,要解决吃不完的问题呢,就得种田。"

大家一听,这个老人分析得有道理。于是,就开始开垦田地种庄稼了,杏峪这个村名也被改成了"木田峪",后来就演变成了"慕",这个"慕"字是一种期许,向往着有更好的地,种更好的田。后来人们才知道,这位书生是一位仙人变的,他就是来给老百姓解决困难的。

易守难攻,雄关挺立体现何种雄韬大略?
精雕细琢,城墙绵延蕴含哪般独具匠心?

慕田峪长城这一带的山地自古就是非常重要的地区。南北朝时期的北齐修建的长城就在这儿通过,现在慕田峪附近的山上还有北齐长城的一些遗址。慕田峪关建于明代明永乐二年(1404年),之后,慕田峪长城经过多次整修和重建,才形成了现在这样一个建筑非常雄伟、防御设施非常完备的状况。

慕田峪长城西接北京延庆的八达岭,东连北京密云的古北口,属于明长城蓟镇、昌镇的交界地带。由于慕田峪长城处于明代两个大军区的交界地带,所以修建得非常坚固。一般的长城只有迎敌的一方有垛口,里侧就是一种矮墙,人掉不下去就行。但是在慕田峪,为了加强长城内外的防御,双面都有垛口,非常漂亮。

1998年6月28日，时任中国驻美大使的李肇星先生一起陪同访华的美国总统克林顿参观的就是慕田峪长城。

慕田峪长城有两个非常突出的特点。第一就是它的植被好。在万里长城当中，特别是河北、北京的这段燕山山脉的长城，总体来说植被都不错，但是慕田峪长城在这些地段当中植被尤其好。第二就是慕田峪长城非常险峻陡峭。慕田峪关这一带相对来说还比较平缓，但是两侧长城非常陡峭。东边到祁连口那一带，站在慕田峪长城上可以看到远处的高山上没有了城墙，只有几座砖砌的空心敌楼高傲地矗立在山峰之上。向西穿过牛角边之后，也非常险峻。

慕田峪长城设置关门的地方，是地势最低的一个地方。这里的海拔只有486米。但由此向东地势陡然上升，向东不到500米，海拔高度就提高了117米。由于高低变化的幅度非常大，就使得慕田峪长城错落有致，时而昂首直上云霄，时而俯首盘旋而下，长城那种气势磅礴的雄伟感特别强。慕田峪长城的敌楼也非常密集，在2000多米长已经进行旅游开发的长城段就有22座敌楼。

慕田峪关与司马台、古北口这些关口不一样，这些关口都是建在山下，建在通河流的地方。慕田峪关的关门就建在山上，它不是一个可以通车马的大路，仅仅是通内外的一条小路。慕田峪长城上没有关城。它就是一个正关台，由三座敌台连体而成，中间是一座很大的敌台，两边是两座城台。城台之上建有屯兵、驻兵用的铺房。

慕田峪长城本来该顺着山势一直伸向东北，可是在一个敌楼后面，路线却分岔了，城墙突然向东南方向延伸出1000多米，在这一小段分岔路的尽头，有一座非常坚固的敌楼。这座敌楼形状像一个刀把，当地人管它叫"刀把楼"。为什么慕田峪长城上要修这么一段造型奇怪的"刀把楼"呢？

嘉靖二十九年（1550年）庚戌之变的时候，蒙古军队就是从古北口西的一个叫黄榆沟的地方绕道突破长城的，然后两面夹击夺下了古北口。慕田峪作为内外长城交界的地方，作为明代昌镇和蓟镇两个大的军区交汇处，为了防御敌人突破进长城之后反包抄，从里面攻打长城，修建了两面垛口。

这座"刀把楼"修建在离开主城墙的一条支线上。明代的长城沿线这种情况很多，但是一般的支线都是向外延伸，是为了加强长城的防御。有敌人攻打城墙的时候，支线凸出去的地方可以和主城墙形成交叉火力，从侧面射杀敌军。而慕田峪的这个支墙是在长城的里侧延伸的，"刀把楼"就在这段支墙上，当地管这段支墙叫"秃尾巴边"。

关于"秃尾巴边"还流传着这么一个故事：明万历十年（1582年），支持戚继光的首府张居正去世了。这时候朝廷中的明争暗斗加剧，一些与张居正关系密切的官员受到了排挤，其中就包括戚继光。戚继光受到排挤之后，他的很多部将也受到了打击。其中有一个将军就因为这道"秃尾巴边"被杀，原因是排挤和打击戚继光的人提出，这道边墙修错了，浪费了钱财。实际上，这段支墙就是明代蓟镇和昌镇两大军区的交界处，相对来说是防御最薄弱的地方，在这儿加一道城墙，既明显地标示出了双方的分界，同时也强化了两边防御的功能。

"欲加之罪，何患无辞"，朝廷以莫须有的罪名杀害了这位将军。10多年之后，这个将军才得以平反昭雪。

除了这些，慕田峪长城还有哪些让人称奇的景致呢？

鹰飞倒仰，峭壁之间如何筑起长城一绝？

草长莺飞，万绿丛中怎样构成京城一景？

下面我们说说慕田峪关西边的"牛犄角边"。如果乘索道到慕田峪长城去，站在索道的平台上向西望，就可以看到"牛犄角边"长城的一部分。长城随山就势爬上山顶之后，又转头下来，像一头公牛正低着头，两只犄角去冲锋的样子，所以当地的老百姓称这段长城为"牛犄角边"。实际上还是随山就势形成的一个弯曲。长城修建的一个原则就是以险制塞，只有这样上去之后占领了制高点，然后再下来，长城才继续向西蜿蜒而去。

"牛犄角边"再向西就是"箭扣"，也是一处非常险要的地方。从"箭扣"长城的正官楼向西有个地方叫"鹰飞倒仰"，这个地方是慕田峪长城的一绝。长城修到这儿之后，山势特别窄，最窄的地方连垒最窄的墙都不够。当时的工匠用什么办法解决这个问题呢？他们用两根大铁梁担在断壁之上，由铁梁补充了山崖的宽度，然后垒砌砖石。这种做法在整个万里长城上都非常罕见。这个地方为什么叫"鹰飞倒仰"呢？就是这个地方窄到鹰想翻身都翻不了，必须倒仰过来才能飞跃这段长城。

北京周边的长城最险要的两处，一处是司马台长城，经常有人从那跌落下去致残或者是送命。另外一处就是箭扣长城，驴友在箭扣长城爬长城的时候发生事故的次数比司马台长城还多，基本上年年都有。既有攀爬长城的过程当中失足跌落到山下摔死的，也有冬天困在山上冻死的。前两年还有一对年轻的博士夫妻，在蜜月里去爬"箭扣"长城，突然下雨了，他们急急忙忙往下走。两个人牵着手，这个时候丈夫的手机响了，他就随手接听了。也就在这个时候，一个巨雷打下来，把这对新婚夫妇都给击中了。两个人全死了，非常可惜。我们特别理解大家想去看这些没有进行修复的长城，感受悠久历史的心情，但是奉劝大家一定要注意安全，那些非常危险的地方一定不能去。

慕田峪长城还有一个特色就是它的植被。站在慕田峪长城，向前后左右四面去看，满眼都是绿色。这里树木葱郁，青草茂盛，植被率高达 96%，景色非常优美。在人们的印象中，似乎所有的长城都修建在荒山野岭之上。其实不是，很多的长城都修建在植被非常好的地方。前几年，北京市民投票新评选了的北京 16 个著名风景，慕田峪长城就是其中之一。

这正是：

锦绣山河慕田峪，城坚兵利有神奇。
任你千军万马到，怎奈落得空手去。

第二十九回 绝险居庸关 幽谷美画屏

上一回说到慕田峪上山川锦绣，长城内外风雨苍茫。翻山越岭经过重重屏障，到太行余脉，至军都山间，这里坐落着雄伟的居庸关。诗人称它"绝坡水连下，群峰云其高"，兵家赞它"控扼南北之古今巨防"。居庸关见证了怎样的故事，经历了怎样的沧桑？

在明代的万里长城中，山海关、嘉峪关是两头儿，中间是居庸关。这三座关口是明代万里长城中最重要的关隘。居庸关又离北京最近，是重中之重。居庸关作为北京西北的屏障，出了居庸关一路向北到了河北张家口怀来，就是宣府镇长城的地界了。出了居庸关的关沟到宣府镇的长城之间再没有高山做阻隔了。所以在过去，游牧民族的军队攻打进张家口、宣化这一带的长城，居庸关的关沟就成了最后一道防线。

根据元代的记载，秦始皇修长城的时候抓了不少壮丁聚在这大山脚下。那时候，壮丁被称作"庸"，所以这片地方就给定名为"居庸关"。这个说法听着倒像是那么回事，可是，它到底靠不靠谱呢？

其实，这个说法经不住推敲。因为居庸这个名称早在秦始皇统一全国之前就已经出现了。成书于战国时期的《吕氏春秋》中就有这么一句话："天下九塞，居庸其一。"在漫长的岁月中，居庸关始终都是军事重镇，在历史上，它的名称也前前后后变了好几回。三国时期，它被称为"西关"，北齐时期把"西关"改为"纳款关"，唐朝又改名为"蓟门关"，后来还称过"军都关"。从辽代开始，经过金、元、明、清直到今天，居庸关这个名字再也没有变化过。

要把居庸关的历史从头儿讲，首先就要提到春秋战国时期。今天的北京城这一片当年是燕国的中心地区，在那个时候北边山区的居庸塞就是很重要的一个关塞。但是较大规模地建筑居庸关并设兵还是起始于汉代，但那个时候在居庸关这块儿还没有长城。到南北朝时期，这里的关城建设才和长城连起来，关城也才成为长城上的一个重要关口。从此之后，历经唐、辽、金、元，居庸关这条关沟的峡谷上都设置了关城，特别是到了明代，居庸关城成为北京以北最重要的军事防御线。

现在的居庸关始建于明洪武元年（1366年），元朝的政权和它驻守在北京的军队没有与明朝的军队交锋。就在明军还没有到北京的时候，元朝整个朝廷机构和军队就非常有序地撤出了北京，回到了草原地区。当然，不管是元顺帝，还是他的文武官员们和军队，撤出北京的时候走的都是居庸关。明军拿下北京城之后，一路向北追赶着撤退的元朝军队。为了在北京城站住脚，防御元朝的军队重新打回来，洪武初年首先把居庸关这一块作为军事要塞进行了建设，并且派重兵把守。

居庸关不仅仅是一座关城，还是一个纵深的防御体系。从北京城里出来之后过了昌平一进山，首先在山口就是南口城，继续向北就是居庸关，居庸关城的外边还有上关城，上关城的外面是八达岭长城，八达岭长城的外面又是岔道城。就是这样一条具有纵深防御的布置，使得这道防线非常牢固。长城的纵深防御是长城防御当中一个重要的原则。在这条关沟线里头有这么五道关卡，敌人攻下了一道防线，再攻打第二道防线的时候，身体已经比较疲惫了。打下了第二道防线又面对更加雄伟的居庸关城，这个时候前面已经被攻破的两道防线还有可能重新被守军夺回来，有可能受到夹击。在这样一条很窄的山沟里面，部队要连续攻克五道防线是一件非常困难的事。

明代的居庸关城建起之初，设置的是守御千户所。永乐二年（1404年），居庸关城的级别升格为卫，统领五个千户所。现在北京的居庸关、河北唐县的倒马关和易县的紫荆关合称为"内三关"。

明代在景泰初年（1450年），再一次对居庸关进行了比较大的修缮。"土木之变"之后，当时的兵部尚书于谦奏明皇帝：居庸是京师的门户，一定要加强守备。这次修建把关城进一步地扩大了，城墙也修得更坚固了。特别是重修了水陆两道关门，在南北关门之外又加筑起了瓮城。现在，居庸关南北关城券门的匾额上落款的时间就是"景泰伍年捌月吉日立"。

居庸关城里有哪些看点呢?

天工妙造,木石砖瓦镌刻几多历史诗篇?
虎踞雄关,沧海桑田见证几多人事变迁?

居庸关城建筑完备,文化内涵非常深厚。城中有衙署、仓储、书馆、神机库、庙宇、儒学等各种相关设施。明代很多大的关隘,不仅是军事防御设施,而且已经成为一个重要的聚落,有书馆、庙宇和儒学等正常社会生活所需要的设置。

居庸关城里面除了有衙署之外,还有明朝户部设置在居庸关的一个分支机构,叫户曹行署。在明代,居庸关城还是重要的物资集散地,很多重要的物资包括粮食、兵器等都是从这里集散,然后向北部长城沿线去输送。居庸关城里的书馆叫叠翠书馆,因为居庸关峰峦叠翠,风景非常美丽。城里还有储存粮草的仓库,有储存军器的神机库。神机库所储存兵器,并不是盔甲、刀枪这些冷兵器,主要储运的是火器、神枪、神铳、神炮这样的火器。

在居庸关城里,还有供奉马神的马神庙。因为在长城沿线的战争当中骑兵是非常重要的一个兵种,特别是与游牧民族的作战过程中,因为游牧民族进攻全是骑兵,仅靠步兵的力量去应对骑兵就有很大的困难。特别是在明朝与蒙古族关系紧张的时候,从草原地区获取马匹路径被切断,马匹一旦得病或者死亡就会严重削弱长城守军的战斗力。所以长城沿线很多的城市都有马神庙,人们祈祷马神保佑马的健康。

居庸关城里还有真武庙、城隍庙。城隍庙是居庸关城里最大的一座庙宇。在中国道教文化当中城隍庙中供奉的城隍爷,是负责守护城池的一位神仙。相传,在3000多年之前的周代,每逢除夕这一天,就要祭祀八位神仙,其中有两位就是城神和隍神。后来,将这两位神仙合二为一,成为城池的守护神"城隍"。

道教认为城隍是剪恶除凶、护城安民的神仙,并且能够根据城里居住的百姓的需要在旱天里降雨,在连雨天里放晴,保佑五谷丰登,水土安定。到了唐朝,祭祀城隍的风俗越来越普遍。有很多城隍庙的祭祀特别接近普通人,一些建功

第二十九回 绝险居庸关 幽谷美画屏

长城内三关之首居庸关

立业、扶善安良的重要人物过世之后也被老百姓们奉为神隍加以祭祀。城隍祭祀在明代发展到了顶峰。

朱元璋成了皇帝之后，下令在都城南京修建规模最大的城隍庙，并且为城隍神颁布封号爵级：他封京城的城隍庙为帝；开封城隍庙里供奉的城隍为王；府一级供奉的城隍为公，叫威灵公，官居二品；州一级的城隍为显佑伯，官居四品。他把全国的城隍庙按照行政官员文官的配置给定了级别，不同级别的城隍服装配饰都有统一的规定。长城沿线重要的镇城里的城隍庙供奉的城隍既有二品的，也有四品的。

城隍爷管的事情可真不少，不但保佑一方水土，安定一方百姓，还有另一项公务，估计一般人想不到，这又会是什么呢？

根据朱元璋的旨意，城隍爷不单要管活人的事，还得负责管理亡灵。按着道教的说法，"城隍老爷"有权把活人逮到阴间去进行审问，如果你有问题就不放你回来了，如果没有问题还可以放你回来了。

因为城隍爷的品级高，能力大，所以明代有一个不成文的规定，新官接到任命，上任之前必须斋戒、沐浴、去祭祀城隍，只有祭祀完了城隍才能开始工作。而且每个月的初一、十五，官员都要到城隍庙进行祭拜。如果为恶一方，那么去城隍庙祭拜的时候，城隍爷就有可能要惩罚他。有的明代的笔记小说当中就写，一个县太爷在十五的时候去城隍庙祭拜，回来以后就大病。然后他就反思，是不是在判案或是在哪方面出了问题，他就找自己的问题，把这当成是城隍老爷对他的警告。

朱元璋如此重视城隍神，究竟是出于什么目的？朱元璋还真曾经对一个大学士说过他的想法，他说："我之所以册立城隍神，就是为了让天下人有所敬畏；人一旦有所敬畏，也就不敢肆意妄为。"

在中国的传统文化当中，既有化身为人的神，也有升级为神的人。在居庸关城之内，有一座始建于正德年间的关帝庙，坐镇的就是大将关羽的神像。这位义薄云天的大人物在明王朝享受着什么样的待遇呢？

在中国历史上，关羽以"忠、义、仁、勇"著称，他死后更是被人奉为神灵。明万历十年（1582年），皇帝把关羽封作"协天大帝"，后来又改封为"三界伏魔大帝神威远镇天尊关圣帝君"。

关帝庙除了供奉着关羽这个千年之前的好汉之外，还供奉着一位明朝的将领罗通。罗通，字学古，江西吉水人，他在正统十四年（1449年）土木之变的时候立下了功劳。因为土木之变英宗皇帝被俘之后，整个长城沿线的防御形势非常紧张，而瓦剌的蒙古部俘获英宗的土木堡，离居庸关也不过一二十里地，所以说瓦剌蒙古军就想趁势打下居庸关，然后长驱直入进攻北京城。当时居庸关外的蒙古瓦剌部队有30000多人，而居庸关城的守军不足千人。在这十万火急的情况下，罗通并没有被来势汹汹的蒙古瓦剌部队所吓倒，他身先士卒，一直与士兵一起战斗在第一线，所以居庸关城始终没有被攻克。因为这次的功劳，罗通被升为右都御史加太子太保，得到皇帝的嘉奖。弘治年间，在居庸关城专门为他建了表忠祠。

罗通成功地守住了居庸关，但是到明朝末年，李自成的农民军攻打居庸关的时候，居庸关的守军就已经没有了这种作战的勇敢了。因为这个时候，风雨飘摇的明王朝，处于国家动荡，朝廷的昏庸和腐败，已经接近了崩溃的边缘。

长城沿线的守军个个军心思变，根本就不可能再向当年的罗通那样去坚守长城关隘。即便是这样，李自成的部队也没有直接进攻居庸关，还是绕到居庸关西边的一些小的关隘、关沟，包抄进来形成对居庸关内外夹击之后，才迫使居庸关城内的这些军队投降。

前面一直在讲居庸关饱受战火的战争事件，其实居庸关在绝大部分时间还是不打仗，处于一种安定繁荣的状态。1971年，在内蒙古和林格尔的一座东汉墓中，发现一幅名为《使君从繁阳迁度关时》的壁画。这幅壁画上车水马龙、行人众多的画面，描述的正是居庸关下的热闹场景，而且在这个壁画上明确的标明了是居庸关。

居庸关城里真正的历史文化遗产是云台，它由汉白玉石砌成，因为它"远望如在云端"，所以被称为"云台"。云台的建筑非常精美，栏杆、望柱、栏板、滴水龙头等建筑细节都保留着元代的艺术风格。云台中间的门洞是过车、过人的通道。门外的壁墙和洞内两壁刻有佛教的四大天王浮雕，还有用梵、藏、蒙、维吾尔、西夏、汉六种文字刻成的佛经。古代，一般的老百姓识字很少。即便信奉佛教，不识字也没有办法去读佛经。所以佛教在传播的时候就采取了一种非常简易的办法，就是把佛经刻在墙上，然后人每一次从门洞经过的时候就等于诵读了一次佛经。

一座云台就是一卷历史，这座精美的建筑难道只是城门供人通过的吗？它到底是做什么用的呢？

居庸叠翠，古树参天掩映多少历史传奇？
山川秀美，峰峦起伏埋藏多少先人遗迹？

其实，居庸关的云台是一座过街塔的塔基。原来在云台的上面搭建有三座喇嘛塔，台基之下是可以通行的门洞。可惜的是，这座非常宝贵的过街塔在元明之际遭到了破坏。明初，塔被毁坏了之后，在塔基上建了佛殿，佛殿又供奉了前世、今世和未来三世佛。后来这个佛殿也毁坏了，现在的云台顶上只有一些柱础和建筑残件。

居庸关城的建筑雄奇，风光优美，自古以来就是观赏风景的好去处。早在800多年前的金朝，"居庸叠翠"就被列为燕京八大景之一。从南部关门进入到关内，两边山川起伏，溪水潺潺。不论是春秋还是夏天，这里都是满目苍翠，特别是登到高处放眼望去，眼前好像是碧波万顷的森林海洋。当年，乾隆皇帝到居庸关看到这个情景，非常激动，提笔写下"居庸叠翠"四个大字。

曾经的烽火连天，如今的青山连绵，这就是古代燕赵之地的巨防雄关——居庸关。

这正是：

古时名关数易名，雄关漫道峡谷雄。
金戈铁马今不再，鼓角烽烟亦无踪。

第三十回 雄关八达岭 回望都城景

上一回说到，军事重镇居庸关，古老城墙成九边。提到居庸关，不得不说它的北口八达岭长城，这里是万里长城的精华，更是古往今来的兵家必争之地。千百年来，八达岭长城见证了怎样的沧桑，留下了怎样的故事？

八达岭长城现在是中国最著名的一个旅游景区，每年到八达岭去参观长城的人就有800多万。从新中国成立到现在，到八达岭去的外国元首就将近500人，所以国内外的游人到了北京之后，都会选择去八达岭长城参观。八达岭长城是峰峦叠嶂的军都山上的一个山口，位于北京市西北的延庆军都山关沟之中。

为什么要叫八达岭呢？明代的《长安夜话》当中有这样的记载：出了关沟之后，前面就是开阔的地方了，四通八达，故名八达岭。今天出了八达岭长城之后，不到20公里就进入河北境内了。如果沿着长城向西南方向走，不出10公里就进入河北怀来境内所管辖的长城了。

八达岭长城也是明代修建的长城。在明长城中，八达岭长城具有很强的代表性，是明长城当中的精华地段之一。为什么八达岭长城建筑得这么坚固呢？就是因为八达岭居庸关这道关沟是北京城的重要屏障，是最后一道防线。

明代的时候称八达岭为居庸外镇，就是居庸关外面最重要的一个军事防线，现在八达岭关门上的匾额还是"居庸外镇"四个字。

八达岭长城宛若游龙奔腾于群岭之上，不见首尾，气势磅礴，难怪古人有句话说，"居庸之险，不在关城，而在八达岭"。八达岭山口地势险要，城关坚固，是历代兵家的必争之地。千百年来，它又见证了哪般风云变幻呢？

八达岭见证了历史上许多重大的事件。第一个统一中国的秦始皇在东临碣石之后，就是从八达岭取道大同，再返回咸阳的。蒙古族建立的元王朝在北京设大都之后，在草原地区还设有元中都、上都。元朝的皇帝每年既要到北京来，还要到中都和上都去处理一些草原地区的事物，八达岭长城就是这些元朝皇帝们的必经之路。

明代洪武年间、永乐年间北征蒙古的时候，八达岭长城也是大军出关的重要通道。明末李自成攻陷北京城，首先攻打的就是八达岭。原来都说李自成的部队是从八达岭西边的小关口攻打进北京城的，实际上李自成的大军还是从八达岭居庸关关沟的大路进的城，只是在最早进攻的时候是先从其他的小关口攻进长城，形成包抄之势才拿下的八达岭长城和居庸关长城。在近代史上，外国列强侵略中国，慈禧逃离北京的时候就曾经泪洒八达岭。出了八达岭之后，她非常感慨，不知道自己有生之年还能不能再回到北京。

民国年间，詹天佑修建京张铁路，在八达岭山区怎么去翻越这座大山呢？詹天佑采取了一个"人"字形的设计。这条京张铁路是中国自主修建的第一条铁路。在当时的技术条件下，穿越如此高的连绵山区，在外国的铁路设计师看来都是一件不可能的事情。中国人把它实现了，在世界铁路史上都是很重要的一笔。现在这条铁路还在使用，可以乘坐最先进的和谐号火车去八达岭参观长城。

詹天佑在选择路线的时候，非常有文物保护的意识。八达岭关城修建的位置，是八达岭山区当中最矮的地方，如果火车由八达岭关城通过的话，施工的困难最小、施工量也最小。但是，詹天佑他们这些工程师们宁可面对更困难的施工，也要躲开八达岭关城和关门，不但从工程上躲开了，而且从视线上都躲开了。今天站在八达岭的关城上向两边看、向前后看，你根本看不到火车。所以说，这样的一种保护意识——不但保护建筑的本体，而且还保护与这个古建筑相关的环境。

历久弥新，老城墙经历几番修葺？

游龙戏凤，望京石留下几多传奇？

现在看到的八达岭关城,是明弘治十八年(1505年)修建的。关城为东窄西宽的梯形,嘉靖、万历年间又进行过修葺和增建。现在八达岭东门门额上的"居庸外镇"就是嘉靖十八年修建的时候设置的;西门上的匾额写的是"北门锁钥",落款是万历十年。现在关门和匾额都保存得非常完好。

进入八达岭关城之后,在长城入口处的马道边上,摆着五尊铁炮,其中最大的一尊炮筒长2.85米,口径有10.5厘米。这门炮的射程在1000米以上,威力非常大。炮身上刻着"敕赐神威大将军",是明代崇祯十一年(1638年)制造的,另外四尊就是牛腿小炮。

明代的时候,岔道城驻有800名将士进行防御,它是八达岭长城的前沿阵地。如果敌军直接进攻八达岭长城,岔道城的军队就可以成为侧翼,和八达岭长城成为协防之势,消灭进攻的敌军。如果敌人的力量少的话,岔道城的军队还可以出来与八达岭关门的守军形成包抄。今天岔道城也被北京市规划为重要的旅游开发点之一,正在做旅游发展的规划。

八达岭长城的建筑是明代长城当中最坚固的一种。我们前头讲过明代长城的墙体建筑分为一等边、二等边、三等边三个等级。八达岭长城就属于一等边,比其他地方那些青砖的建筑更坚固。八达岭长城的整个的墙体都是用条石垒砌的。

八达岭长城南北两个方向各有特色。我们在很多的宣传品和照片上看到的长城就是八达岭长城北边的这一段,这一段是游人去的最多、最密集的地段,也是照片拍出来特别雄伟的一段。由于这一段长城特别的陡峭,被称为"好汉坡"。"不到长城非好汉"已经成为人们去长城旅游的一句非常响亮的口号了。

从八达岭长城下来之后,可以看到"居庸外镇"关门前面的大道的南侧,有一块1米多高、15米长的一块天然花岗岩石,上面立着一个碑写着"望京石",在"望京石"上有两个像脚印一样长长的、又深又大的印痕。"望京石"这个名字是怎么来的呢?"望京石"上的脚印又是谁踩的呢?

关于望京石,在八达岭这一带民间有一个传说。明朝的武宗皇帝是一个非常荒唐的皇帝。他贪恋美色,整天沉迷于后宫,不管天下的大事。当他听说山西大同是个出美人的地方,就想到大同去看一看。可是又怕大臣们说三道四阻挡，他就想了一个办法，带着几个贴身的随从，乔装打扮，偷偷地跑出了皇宫。

到了大同之后，武宗皇帝转了半天，也没看到他梦中想象的那种美人，就有点泄气了，他感到肚子饿了，也渴了，就带着几个随从到一家小酒店去吃饭。

这家小酒店是夫妻店，男的叫王龙，女的叫李凤姐。当凤姐拿来酒和酒盅往桌上一摆，武宗皇上眼睛一亮，这凤姐真是太漂亮了！弯弯的柳眉，水灵灵的大眼。虽说穿戴很普通，可那个俊俏的模样在武宗眼里压倒三宫六院。如果这么一个美人再配上凤冠霞帔的话，那得有多漂亮啊！这武宗看得眼都直了。

正在这时，知府大人也到酒店来吃饭。他撩开门帘一进来，一眼就看见了武宗皇帝，腿一软，马上就跪下磕头说："小臣不知万岁驾到，有失远迎，还望陛下恕罪！"武宗指着凤姐对知府说："你赶快备一台八抬大轿，把她给我送回京城！"

凤姐被这突如其来的事情吓傻了，等她缓过神来就跪下求情。求情不行她就想一头撞死，结果被身强力壮的士兵给捆起来，拉上了大轿，连夜就送往京城。这凤姐一路上是哭哭啼啼，茶不思，饭不想，几天都没有吃饭。到了八达岭长城，出了关城的东门，武宗让停下轿来休息一下。

在武宗的眼里，已经浑身无力的凤姐反而表现出一种柔弱的美。武宗就对凤姐说："这儿离京城已经不远了，进城我就封你为正宫娘娘，将来你给我生的儿子就可以当皇帝。"说着，他就拉着凤姐登上关城外的这块大石头，指着北京的方向说："你瞧瞧，那边烟雾挺大的地方就是京城。"

凤姐是又想丈夫又想家，根本就无心望京城，到了居庸关凤姐就死了。武宗皇帝非常沮丧，把凤姐草草埋在了居庸关南的山坡上。过了一夜，山坡上的草就都变白了。打这儿以后，人们就把李凤姐的坟叫作"白凤冢"。而八达岭上这块留下皇上两个大脚印的石头呢，就被称为"望京石"。

武宗皇帝为了寻欢作乐偷偷溜出长城这事是真的，可是这一出游龙戏凤的故事，也只是个传说罢了。不过，关于望京石，还有另一个版本。

据说，八国联军攻打北京的时候，慈禧太后带着光绪皇帝和宫里的亲眷们仓促地出逃。路过八达岭时，老佛爷就在八达岭长城歇脚，坐在这块石头上回头望着远处朦朦胧胧的北京城，心情非常不好。她心想，这一走不知道什么时候才能回来，更不知道能不能活着回来。老佛爷越想越难过，就落下了伤心的眼泪。此后，人们就把慈禧坐过的这块石头，叫作"望京石"。

络绎不绝，各国元首留下几多难忘踪迹？
触景生情，文人墨客书写怎样豪迈诗篇？

长城在国外就是中国的代名词，外国人不太了解中国。他也会跟你讲，只要一说你是中国人，他就会提到 GreatWall，就会提到长城。

所有外国朋友到北京来，不管是旅游还是公务，他必去的两个地方，一个是故宫，一个就是长城。所以，八达岭长城已经成为联结世界各国人民友谊的一条纽带和桥梁，向世界展示着中华民族的这种风采。

八达岭还是外国政要首脑留下足迹最多的地方。据八达岭长城特区办事处的统计，至今已有将近600位外国总统、总理登上了八达岭长城。其中有美国前任总统尼克松、里根、小布什、现任总统奥巴马、英国女王伊丽莎白二世、前首相撒切尔夫人、俄罗斯前总统叶利钦、现总统普京等等。

2002年，美国总统乔治·布什访华的时候，就曾去八达岭长城参观。这次是小布什第二次去了，他第一次到中国来是他父亲老布什在北京做美国驻中国联络处主任的时候。布什那次到中国的访问是工作访问，在中国待的时间非常短，原来参观长城只安排了20分钟，最多不超过半个小时。到了预定的折返地点之后，小布什突然问："30年前，尼克松总统到长城来，走到哪儿？我得超过他。"

在行程安排中，到这儿就要往回走了，跟随采访的记者和随员都已经开始向下撤了的时候，他突然往前走了。这个时候，随行人员和记者们开始调过头来又追，特别是电视的摄像记者，一定要跑到前头去才能拍摄，记者们都累得满头大汗。小布什还指着一个美国记者开玩笑说："采访我，连跟都跟不上，回去跟你们老板说换人。"大家都特别开心，本来计划待20分钟，结果小布什那一次在长城上待了将近一个小时。美国报纸的一篇报道题目就是"因为长城，

第三十回　雄关八达岭　回望都城景

总统专机推迟一个小时起飞"。

八达岭长城一年四季都非常好看,古代就有很多的文人墨客在登临的时候留下了非常美的诗词。这些诗词内容丰富多彩,有的惊叹八达岭长城的这种险峻,有的是欣赏八达岭长城的美景,也有的发出了忧国忧民的感叹,还有的抒发吊古伤怀的情感。这些诗词已经成了八达岭长城文化的一个重要组成部分。

这正是:

古人称颂八达岭,美景四季各不同。
万里长城今犹在,烽火狼烟化彩虹。

第三十一回 要塞古宣化 屏翰北京城

上一回说到八达岭雄踞山川,好风景四季不同。今天我们一路北上,到古城宣化去看一看那里的风光。这座历史悠久的"北方古城"在寒风中经历了怎样的历史,在沧桑岁月中见证了怎样的故事?

宣化城位于张家口市宣化区,距离首都北京大约180公里,自古就是军事重镇。早在先秦时期,这里先属于冀州,后来属于幽州。宣化地区处于内蒙古高原向华北平原过渡的地带,是由坝上向南所经坝下的第一个地区,也是沟通长城内外的关键地区。所以,这里在很长一段时间里都是农耕民族和游牧民族交错占据和混居的地区。

战国时,燕国大将秦开,把东胡向东向北驱赶了上千里之后,在燕国的北部和东部设置了上谷、渔阳、右北平、辽东、辽西五个郡。宣化属于上谷郡。秦始皇统一中国之后,把全国分为36郡,宣化依然属于上谷郡。到唐代的时候,在宣化设置了武州,文德元年(888年)设置文德县,作为一座重要的城市聚落,宣化就在这个时候建立起来。辽代的时候,把武州改为归化州,金朝又把归化改作宣德州。金朝大定年间,宣化这个名称头一次出现在政治版图上。

宣化,包含着宣扬教化的含义,体现了统治者平定天下的良苦用心。之后,这里的行政建制和名称又有过很多次变化。直到清康熙三十二年(1693年),直隶巡抚郭世隆为了改革地方税政,专门给朝廷奏报,建议废除宣府镇的卫、所,设置宣化府来统领这一片的三州八县。为了表现"宣扬朝廷德政,感化黎民百姓"这样的一个意思,就奏请皇帝将这个府的府名定成"宣化府"。从此以后,宣化这个名字一直沿用到今天。

自从秦始皇统一全国之后,2000多年来,宣化始终是一个区域性的政治、军事中心。明朝在长城沿线设九边重镇之后，宣化就是宣府镇的总兵官驻地。永乐七年（1409年），朝廷向宣府派遣了总兵官，但这个时候，总兵官还并不是驻守长城常设的最高军事指挥。从明英宗的正统年间开始，朝廷向宣府派出的镇守总兵，佩戴镇朔将军印驻守宣府。这个时候，宣府镇才完成了从最初设立到成型这样一个全过程。

在明朝的长城九边当中，宣府镇应该是最大的一个镇。它所管辖的长城虽然不是最长的，但它的驻军最多。当时，明朝在整个长城沿线驻守的军队大致在70万到80万，宣府镇的官军就多达15万，占了长城九边当中总兵力的两成左右，所以就有了"九边冲要数宣府"这样的一个说法。所说宣府镇长城有15万的兵力，并不是说这15万的兵力都驻守在长城这道墙体上。因为这个区域有很多驻兵的城堡，这些关隘、城堡和烽燧等一系列的军事防御设施，形成一个军事防御区的整体，15万兵力实际上是陈设在这样的一个区域。那么，宣化这座地位卓著的边城重镇究竟是谁的杰作呢？

大兴土木，谷王爷如何打造边关重镇？

硝烟弥漫，宣化城如何经受战火考验？

虽然说宣化城始建于唐代，但是，我们今天看到的宣化城的整个城池和它的街区还有城里的古建筑，都是明代的建筑。

明初，明太祖朱元璋第19个儿子朱橞因为聪明好学，得到了父皇的信任，他年仅17岁就被册封为"谷王"，21岁就带兵统领上谷郡地和长城九边，就是长城重镇"宣府"。

朱橞到了宣府，一直积极贯彻朱元璋的边疆防御政策，一边兴建起威风的谷王府，一边热火朝天地搞起了整个区域的防御布局。既然选了这个地方建谷王府，那么谷王府外边就要有坚固的城墙，把王府周边重要城镇给保护起来，这就是当时建筑宣化城的原因。

明代的宣化城是在元代宣德府府城的基础上扩展建立起来的。不过，元代的宣德府府城比较小，是由黄土夯筑的一个城。谷王镇守这一带边疆之后，把这个元代的土城扩展到3公里见方的城池。

宣化城与其他地区的城池有所不同，一般的城有四个门，有的为了加强防御，北边不开门，只有三个门。但宣化城却有八个门，也就是当地常说的"一关七门"。一关指的是南关，也就是南门。因为北边迎敌，所以南门是最安全的，也是贸易区，南门内外是当时老百姓生活的主要地区。

除了南关之外的七座城门，分别是南边的昌平门、宣德门和承安门，北边的广灵门、高远门，东边的定安门和西边的大新门。每座城门外都建有瓮城，比较大的城门外头有月城，月城里边还有些庙宇和商铺。城门、城台上还有城楼。每个城墙角上都有角楼，之间还有一些铺房。可以说，宣化这座城池，堪称明代城防建筑的一个典范之作。

宣化城的外面有很深的一道壕堑，里面有水，由吊桥通城门内外，有敌情的时候就把吊桥吊起来，平常的时候吊桥是放着的。

宣化城的城里街区，是以谷王府为核心的对称布局。谷王朱橞在建谷王府、宣化城的同时，还加强了从常峪口到大境门这一段长城关隘城池的防御体系建设。像独石口、锁阳关等重要关隘，也都是由谷王督建的。

朱元璋死后，朝廷发生了重大变化，他的长孙朱允炆和燕王朱棣针对削藩和反削藩这样问题，处于对峙状态。朱棣起兵，发动靖难之役，夺得了皇权，他登基之后，命谷王迅速到南京。朱橞走之前，命令守城的官兵把宣化城的宣德门、承安门和高远门三座城门封死了，只留下了东、西、南、北四个门。这样做，就是为了在他离开的时候，加强这座城池的军事防御。

元朝建的宣德府城是黄土夯筑的。谷王虽然把宣化城扩大了，但还是由黄土夯筑的。到了明正统五年（1440年），才把宣化城的城墙用青砖包砌起来。同时，又加高加厚了城墙的建筑，使城墙的军事防御能力有了很大提升。

既然宣化城是一座边疆地区的军事重镇，那么在不同的历史时期，这座古城到底发生过多少战争呢？

根据史志记载，仅在唐、宋、明、清四个朝代，北方游牧民族的军队攻打长城的战争,加上中原王朝内部的一些军事冲突，在这个地区就有70多次。比如：乾宁元年（894年），李克用大兵攻打幽州的时候，就占领了武州。元太祖八年

（1213年），成吉思汗带领军队攻打金王朝的时候，大兵南下也是先攻打的宣德城，就是后来的宣府城。明永乐八年（1410年）到二十二年（1424年），明成祖朱棣五次北征漠北，也都经过了宣府并在宣府住过。正统十四年（1449年），蒙古瓦剌攻打长城，特别是土木之变时，也攻打过宣府，但并没有打下来。崇祯十七年（1644年），李自成大军从关中一路打过来以后，也是攻打宣府，拿下宣府之后，才能通过居庸关进入北京。但是到明朝末年的时候，明朝的军队已经没有战斗力了，也就是人心思变，谁也不愿意打仗了。在这种情况下，负责宣府镇的巡抚根本就指挥不动军队打仗，又不愿意投降，只能以死表示对皇帝的效忠，巡抚死后，总兵官就打开城门，举着白旗投降了。

在明长城沿线九边之中，总兵官驻地的镇城经受战火最多的一座城池，就是宣府城。在几次规模非常大的战争中，宣府镇城凭借着坚固的城防和守军顽强的抵抗，成功地经受住了考验。土木之变的时候，蒙古瓦剌军队对宣化城发起进攻，可是没有攻打下来。由于宣化城始终在明朝军队的手中，对瓦剌军队就构成了很大的威胁。他们虽然打进了北京，但是也要随时考虑在归路上受到阻击的危险，以至于不能长期的停留。宣化城为明朝土木之变的京城保卫战发挥了重要作用。

其中还有这样一段故事。当时，蒙古军队抓住了明英宗以后，想以押着明朝皇帝的名义，来打开宣府城这个军事重镇。他们先是逼着明英宗写了一道手谕，要求镇守宣府城的总兵杨洪和巡抚罗亨信打开城门；接着，瓦剌的也先就带着明英宗到了宣府城的城门外，要求明朝的文武官员打开城门，出来见明朝的皇上。巡抚罗亨信手持宝剑站在城楼上，对城内的守军说："我受命朝廷，出任巡抚，凡事不敢怠慢。如果有谁敢听信敌人的鬼话开门迎降，放敌人一兵一卒进宣化城，格杀勿论！我们要誓与镇城共存亡！"在巡抚和总兵的有力指挥下，宣府城官军严阵以待，成功地击退了蒙古军队的进攻。明军不但成功地守住了宣化城，在蒙古军撤退之后，总官兵杨洪还从宣府抽调了20000多名官兵去支援居庸关，协助守卫京师。所以土木之变之后，宣府到居庸关非常重要的防线，一直处于坚不可破的状态，使得蒙古军队没有办法从这条路去攻打明朝的首都，只好向西绕道走紫荆关，就为明朝保卫京城赢得了时间。

烽烟旧事已经远去，一幕幕过往依然镌刻在这座边关古城。如今的宣化城里，还有很多名胜古迹默默述说着历史，守望着将来。这其中又有哪些不能错过的看点呢？

宣化作为一座历史文化名城，现在还有很多的古建筑。除了古建筑之外，它整个的街区机理和大小街巷的名称都还保留着重要的历史信息。比方说关帝庙街、天泰寺街、钟楼大街、西城壕街等，都是当时以建筑命名的一些街道，这些名称今天还在使用。宣化城里现在保存最完整的古建筑，就是始建于明朝的清远楼和镇朔楼。

清远楼建于明成化十八年（1422年），这座古楼非常精美，是三层重檐多角歇山顶式的一个结构。乾隆皇帝非常喜欢这座城楼。有一次北巡路上经过这里的时候，乾隆皇帝看到城楼彩绘完全剥落了，有些物件也朽烂了，专门派朝廷拨出白银10万两重修了这座古楼。清远楼里有一件非常重要的文物，就是明嘉靖年间铸造的八卦铜钟，也称为宣府镇的镇钟。这口大钟高2.5米，重5吨。据说，这座钟敲响之后，钟声可以传出20多公里。相传，1900年八国联军打

建于明成化十八年（1422年）的清远楼

第三十一回　要塞古宣化　屏翰北京城

到宣化地区，义和团就在清远楼鸣钟聚义，方圆几十里的义军都向宣府城汇聚，与攻打宣府城的德军展开了激烈的战斗。在这场战斗中，还打死了德军的一名上校。

从清远楼沿着中央大街往南走200多米，就是"镇朔楼"，始建于明正统五年（1440年），是一个双层重檐歇山顶式的楼阁，因为当年宣府镇的总兵佩戴的就是"镇朔将军印"，这个楼因此得名。这座楼又叫作"鼓楼"。据说，楼北面悬挂的"神京屏翰"四个大字，是乾隆皇帝所书。

宣化城的老建筑见证了什么样的历史，有哪些重要的历史人物曾经来过这里？

世事变迁，北方古城留存多少历史沧桑？
风云变幻，文物古迹镌刻多少旧日过往？

宣化地区自古就是中原王朝的边疆地区，很多朝代的帝王将相都到过这里。据地方文献记载，北魏和辽代在宣化地区还建过行宫。特别是到了清朝，康熙西征和北巡多次经过宣化。到宣化次数最多的是乾隆皇帝，他九次出塞，多次在宣化驻足。1900年8月，八国联军侵占天津，进逼北京之后，慈禧太后和光绪皇帝在西逃的路上也途经宣化。

宣化城里除了清远楼、镇朔楼这些古建筑之外，还有很多的重要文物。像宣化师范学校大院里的那座五龙壁砖雕，就非常独特，上有五条腾飞在云涛雾海里的砖雕巨龙，活灵活现，是清初非常重要的雕刻艺术珍品。

宣化下八里村北边的辽代壁画墓群，在全国也非常有影响。1973年在这儿发掘出土了辽代监察御史张世卿的墓，最近，又在张世卿墓附近发现了张世本、张公诱等九座辽代的墓葬。现在发现的这个墓葬群有壁画300多平方米，其中有散乐图、茶道图、天文图等等，都属于国内首次发现。特别是张世卿墓中那副彩绘星图壁画，上面绘制着中国古代的二十八星宿，还有起源于巴比伦的黄道十二宫，这幅图是中国辽代壁画墓中最早的、中西方天文成就合璧的一份天文图像。

很多人提到宣化，不一定熟悉这里的出土文物，但一定听说过这里出产的牛奶葡萄。明朝时期，宣化葡萄就名扬天下。关于这件事，当地还流传着这样的传说：明朝中叶，武宗朱厚照偷偷离开京城，到大同、宣府去寻找美女。一次，他秋天到了宣化，闻到葡萄清香，就把找美女的事忘在一边了，让人找来几串翡翠一样的牛奶葡萄，吃了之后感觉非常好，就下了一道御旨，把宣化葡萄定为九九重阳的贡品。从此以后，宣化葡萄就名传天下了。

这正是：

千年铸就宣化城，中流砥柱护神京。

文物古迹是国宝，牛奶葡萄传美名。

第三十二回 烽烟独石口 冰山出奇秀

上一回说到宣化古城古风古韵，千古沧桑汇聚边关。同样是在河北张家口，同样是在古长城沿线，还有一处雄奇俊秀的好风景，那里也留着一段令人感慨的传说。这地方究竟身在何方，这故事又是从何而来？

独石口位于河北赤城北边，正处于冀北山地和坝上草原的交界线上，这里是沽水入塞的山口，也是明长城宣府镇上的一座重要关隘。因为这里有一块在平地上突起的大石头，所以关城就被命名为独石口。这块巨石上刻着"突兀孤秀"、"一石飞来"两组大字，石头的北边就是独石城。独石城的东边是青龙河，西边是黄龙河，背靠蜘蛛山，就像一颗明珠镶嵌在青龙河、黄龙河之间，所以，人们常说独石口城是二龙戏珠。

独石口的历史非常悠久，这个名字最早出现在北魏郦道元的著作《水经注》中。在赤城县人们都说，先有独石口，后有赤城县。

时光流转，世事变幻，历经三国纷争，见证魏晋兴亡，唐宋金元朝代更替，独石口的山却还是那座山，这块巨石也还是曾经的模样。等到大明王朝竖起旗号，这片土地又将留下什么样的历史？

元、明两代，独石口都是重要的军事重镇。人们说，元朝作为统一了草原地区和农耕地区的一个王朝，在这些长城沿线没有必要再驻守关隘了。其实不是这样的。元朝的时候，皇位的争夺非常激烈，就是蒙古各部族之间争夺皇权的军事行动也很多。在元朝的90多年当中，最严重的时候，每年都换一个皇上，特别是小皇上登基的时期，朝廷非常脆弱，经常出现蒙古族之间争夺皇权的战争，所以也需要在军事要塞驻军。

独石城真正发展起来还是在明朝。明初,独石口还不是直接面对蒙古军队的第一线,因为在独石口的北边还有开平卫、大宁卫和兴和卫。永乐年间,朱棣撤销了北边几个郡之后,独石口首当其冲成了面对北方游牧军队的军事重镇。朱棣虽然撤销了独石口外的开平、大宁等几个卫,但这些地方依然属于明朝的控制地区。

证明这一点最典型的一个例子就是景泰四年(1453年),大宁都司南迁50多年之后,蒙古游牧部族向明王朝提出要到已经废弃的大宁城附近驻牧,景泰皇帝没有批准,并且要求他们到塞外100公里以外去驻牧。在明朝有能力实施有效管理的时期,大宁这些已经被放弃的军事重镇周边地区还是明朝的控制范围。但是,到明朝控制力量削弱的时候,这些地区就逐渐被蒙古各部族所占据。独石口外没有大规模的明朝军队驻守,独石口就成了面对蒙古军队进攻的第一道防线。

到了清朝,独石口是农耕地区和游牧地区进行交流的重要通道。清王朝在北边设立了独石理事厅、张家口理事厅和多伦诺尔厅。这三个厅对草原地区和农耕地区的往来贸易交流等进行管理,管理了口外八旗和延庆、怀来、龙门、赤城四个州县之间的经贸和各种往来。

今天的独石口城是一个十分典型的破落北方小镇,但在明清最繁华的时候城里有3000多户人家,常住人口有43000多人,光各种店铺就有上百家,还有各种政府机构和庙宇,等等。民国时期,这里还设置过独石县。这座威风凛凛的北方边城究竟建成于何年何月呢?

大兴土木,塞北关城如何拔地而起?

巾帼盖世,柔弱女子如何报效家国?

宣德五年(1430年),阳武侯薛禄巡视独石口的时候,感到这里的军事地位相当重要。他回到京城之后上奏朝廷,说"此地无城堡不可守",建议在这里筑一座屯兵的城堡。朝廷批准了他的提议,修建了九里十二步见方的独石口城。独石口城是黄土夯筑的土城,四座城门之上都建有城楼,城楼的转角处也建有角楼。独石口城北面没门，有东门，叫常胜门，西门叫常宁门，南门叫永安门。此后，独石口城经历了多次的修缮，最后一次大规模的修缮是清乾隆七年（1742年）。

独石口关城之中，原来有一座特别精巧的独石庙。明清时期，独石庙香火非常旺盛。独石庙有四宝，在整个宣府地区都非常有名。第一，是无梁殿，庙的殿顶设计得非常巧妙，没有大梁；第二，就是无影塔，这座塔不管在什么时间，太阳不管从哪个角落照射下来，都没有影子；第三是无孔桥；第四是无耳钟。现在，独石庙的四大宝都不存在了。

无影塔是20世纪60年代拆毁的，当时这座塔保存得还是很不错的。因为这个地区是个干旱地区，有雨水不好的年份，第一场雨降得太晚，都赶不上种庄稼的季节，所以解决灌溉问题，是当时面临的一个特别迫切的任务。有人提出无影塔之所以没有影子，是因为塔底下有水，太阳照射下来的影子被水吸收了。当时村里和公社的领导们认为这个分析有道理，就组织了一场大规模的挖潜流的活动。结果，水没挖出来，把这个巧夺天工的无影塔也给毁掉了。

在独石口南边，白河和马营河交汇的地方有一座水库，就是现在的云州水库。水库大坝的东边有一道非常陡峭的山崖，那就是当地很有名的舍身崖。山崖上刻着足踏莲花的舍身大士像，舍身大士这个名字很雄壮，不过像的浮雕却刻的是一位美丽女子，石雕背后有一个非常悲壮动人的故事，表达了人们对一位巾帼英雄的怀念。

据《赤城县志》记载：明正统十四年（1450年）土木之变的时候，英宗皇帝被俘。当时，驻守独石口的军官是千总田坤。他英勇抗战，死在沙场上。田坤的女儿为报家仇国恨，领兵上阵，浴血抗战，最后寡不敌众，被围困在这座悬崖之上。田姑娘眼看敌兵步步逼近，最后纵身跳下了山崖。后人为了纪念这个田姑娘，就按着她的样子镌刻了舍身大士像，并把这座悬崖命名为舍身崖。

独石口的长城遗址现在还保留很多，有些地段黄土夯过的城墙也还非常高大，远远看去，气势很雄壮。这些长城都是明代的长城。除了明代的长城之外，在赤城县境内还有北齐长城，不过，北齐长城遗址已经很少了，也看不太清楚了，除了专业人员知道是长城之外，一般人已经不知道它是长城遗址了。

经过了前前后后三起三落，经历108个春夏秋冬，耗尽了多少人的青春年华，付出了多少人的血汗辛酸，终于筑起了这道独石路长城。漫漫城墙刻下了什么样的传奇呢？

较早提出修建独石口长城的是正统元年（1436年）的时候兵部给事中朱纯。但是，当时的宣府镇总兵官谭广没有同意他的这个建议，认为在这一带修建长城工程过于浩大，所以，只是在这条线上建了22座墩台进行防守，并没有在墩台之间建立起联结的墙体。土木之变之后，才开始在这个地方加强长城墙体的修建。

特别是成化年间，榆林镇修建的长城起到了非常好的作用，就想把这样的经验移到大同和宣府地区来。当时，户部尚书余子俊兼任左副都御史，总督大同、宣府的军务，他一上任就把修建大同宣府的边墙当作最重要的一件事去做。不过在大同宣府这一块，实施修建长城的计划远没有他在榆林镇的时候那么顺利。到了嘉靖二十三年（1544年），翁万达被任命为宣大、山西、保定军务总督，再次提出要加强这一带长城的修筑。从这时候开始，才修建起西起山西黄河岸边，东到大同东阳河镇口台和西自宣府西洋河的960公里的长城。

这段长城从张家口大境门一路向东，经过宣化、崇礼、赤诚三个县交界处的大尖山，沿着崇礼、赤城交界处往北，到独石口再转东南下，经过镇安堡、龙门所、后城镇的马道梁，最后进入北京市的延庆县永宁的四海冶，和八达岭相连接。

明长城宣府镇独石路的这一段，大部分都是依山而建的，既有石头垒砌的，也有用黄土夯筑的。个别地段还有青砖垒砌的，但比较少。独石口城西边常宁山上的一段石头垒筑的长城现在保存得还比较好，还有一座保存得比较好的砖砌敌楼耸立在山峰之上。

冰山俊美，世外桃源留存几多先人遗迹？

风景宜人，绝塞奇观历经几多烽烟往事？

独石口长城的雄姿很吸引人，这里的冰山梁也给人一种很美的享受。冰山梁位于河北省赤城和沽源两县交界的地方，主峰海拔2332米。从独石口城向东南方向走上5公里，就可以看到冰山梁和老掌沟原始森林。当地的老百姓称独石口冰山梁为窟窿山，这个地方向来以凉、怪、阔而著称。在张家口地区，有这样一个说法，叫："天下十三省，最数独石冷。"这个冷说的就是独石口东南边的冰山梁上的冷。就是到了初夏六月，远望冰山梁的山顶，还可以看到上面的冰雪。

冰山梁是北方罕见的古冰川遗迹——冰蚀夷平面，这种奇特的自然景观为地质工作者认识北京以西冰川活动规律提供了有力的佐证，具有很高的地质科学研究价值。地质爱好者如果想到冰蚀、风蚀相互作用下产生的石海奇观去感受一下，古冰川遗址也是一个特别好的去处。

雄奇险峻的冰山梁历来就是险关要隘，这里至今还保存着很多古战场的遗址。明代的时候，它也是长城防御区的一个重要组成部分。相传明代有一位将军率领部队抵御蒙古军队的时候被敌人包围，他率领一支小部队退到冰山梁的山里。当时，粮草用完了就挖野菜吃，这样坚持了一段时间后，援兵并没有及时赶到。这位将军率领的部队寡不敌众，最终全军覆没，血染冰山。各种历史文献中都找不到对于这段民间传说的记载，但是当地的一些戏剧一直在传颂着这支军队顽强抵抗和最后英勇牺牲的事迹。

现在，冰山梁依然有很多与长城防御和军事防御相关的遗址遗迹和景观称谓。比如，冰山梁的北边保留着一块长20多米、宽20多米、高3米的白色大巨石，当地叫这块石头为点将台。距离点将台不远的地方有个1米多高的石柱，当地的老乡就称之为拴马桩。在山里面有一道石槽，这道石槽里面有泉水源源不断地流出来，当地的老乡称之为饮马槽。站在长长的石槽上，你真的能想象到一排战马在这饮水的状况。冰山梁这山川秀美的世外桃源也见证过战火烽烟，如今成为越来越受人欢迎的旅游景区。

这正是：

铁打江山几百年，石砌长城非等闲。

保家卫国多勇士，冰山风景最宜人。

第三十三回 宦官乱擅权 皇帝遭猎狩

上一回我们来到张家口赤城,看到了历经烽火的独石口长城。独石口长城的修筑,是从明代正统元年开始动议的。正统年间,在河北长城沿线,还发生了一个举国震惊的大事件,当朝皇帝被蒙古军队俘获。这是一场怎样的风云变幻,又引发了长城怎样的命运改变?

明朝建立之初,就开始修建长城。但是我们如果把明朝修建长城的次数和投入的人力、物力的规模拉出一张表来,就可以非常清楚地看到,明朝真正大规模、全面地开始加强长城沿线的军事防御构筑,是明正统十四年(1450年)"土木之变"之后。

"土木之变"因为发生在土木堡而得名。土木堡在哪里呢?就在河北省怀来县县城东南官厅水库的北岸上,如今看起来是一个非常普通的小村落。不过在565年前,这里出了一件让明朝蒙羞的大事——当时的皇帝朱祁镇成了蒙古军的俘虏。

今天的土木堡城已经很残破了,只留下了一些残存的城墙,但这些古城墙见证着一段不能忘却的记忆。这是一段怎样的记忆呢?

堂堂大明朝的皇帝,为什么亲自跑到边关打仗,还成了蒙古军队的俘虏?要把这件事情说清楚,必须提到英宗身边的一个人。他是谁,和皇帝有着怎样的关系?又怎样亲手导演出"自毁长城"的悲剧?我们从头儿说起。

明英宗朱祁镇是明宣宗的长子,他即位当皇上的时候才七岁,先头是由张太皇太后垂帘听政。七年之后,也就是明英宗14岁的时候,张太皇太后去世了。从此,这个少年皇上就特别依仗他的心腹大太监王振。

王振作为一个太监,是怎么成为皇帝最信赖的人的?

土木堡显忠祠，记录着当年将士的忠勇

我们来看一下王振的履历。

王振是山西蔚州（今河北蔚县）人。他本来是个读书人，因为科举屡考屡不中，感觉仕途无望了，又想实现自己一种远大的人生抱负，就另辟蹊径把自己阉割了，做了太监。

王振没什么背景，但是他有文化，又特别会来事，所以入宫不久就得到了大太监的赏识，给他安排了陪太子读书这样一个非常重要的工作。在这个过程中，王振就成了太子非常信任也非常亲近的人。后来七岁的太子即位成了皇上，王振也跟着一步登天，成了宫里宦官的总管——司礼监掌印太监。

从那个时候起，王振所统领的内廷司礼监，就越来越强势，以至于发展到了可以和朝廷内阁分庭抗礼的程度。以王振为首的宦官势力为什么能大行其道？

一个非常重要的原因是：他们是皇上身边儿的人。他们知道，他们手里的权力全都来自于皇上，所以说，哄皇上开心，让皇上满意是他们最首要的任务，也是他们最擅长的事儿。

其实在明初的时候，朱元璋是严格限制宦官干预朝政的。1377年，也就是明王朝建立的第十年，有一天，一个忠心耿耿的老太监出于认真负责的精神，指出了朝廷公文当中一处明显写错了的地方，公文就按这个老太监提出来的建议，把那个错的地方改过来了，可是朱元璋却下令把这个老太监逐出宫门，遣回原籍，做了非常严厉的处罚。

这位老太监错在哪儿了？认真负责不对吗？其实，处罚这名太监的理由很简单，就是他"干政"了。洪武十七年（1384年），朱元璋就将一块铁牌悬挂在内宫的门口，铁牌上写着："内臣不得干预政事，犯者斩。"所以，洪武年间宦官们不仅不允许干预朝政，也不敢与朝廷官吏有过多的联系。

但是这个政策到了永乐皇帝的时候开始变化了，以最为重要的边防军务为例：从永乐皇帝开始，朝廷就开始在长城沿线各大军区设立由太监出任的镇守内臣。永乐皇帝派宦官做监军要解决什么问题呢？

大家都知道朱棣的皇权是通过发动"靖难之役"，从建文帝侄子朱允炆手里夺过来的。坐上皇位之后，出于稳定的考虑，他并没有大批地撤换长城沿线的军事将领，但是朱棣又对建文帝时期的旧将不放心。怎么解决这个问题呢？就是派遣自己的心腹宦官，以监军的身份直接参与到军事行动和军事管理中去，用这样的办法来约束震慑那些有可能对他心存二心的旧将。

英宗时期王振的这种专权，就是在这个背景上发展起来的。

重权在握的太监们想的是争权夺势。就在这个时候，长城地区发生了重要的事情，这是什么事呢？

敌兵压境，明朝如何抵御也先进攻？
御驾亲征，英宗能否重振先祖雄风？

明英宗正统十四年（1449年），蒙古瓦剌部的太师也先，以明朝压缩朝贡人数、减少赏赐的份额为借口，兵分四路，大举南下，进攻明长城。大太监王振提出建议，让英宗朱祁镇御驾亲征。

这个不靠谱的建议立即遭到了文武群臣的反对。可是自恃有皇帝撑腰的王振已经习惯了为所欲为，根本就听不进别人的话。而年轻的皇上既不懂军事，也不了解这样去做有多大的危险，他只听王振讲，过去的太祖和永乐皇帝是如何北征漠北，树立武威的。明英宗也幻想着自己御驾亲征，以皇帝之威吓退蒙古军队，根本不用打仗。

这一年的七月，英宗浩浩荡荡地带着30万部队和一些文武官员就出征了。部队根本就没有做好任何战斗准备，出征携带的粮草辎重并不多。但是那些为满足生活需要，在皇宫里头过安逸生活所需要的东西却带了很多很多。

可以说，这场战争从一开始就是一场无准备之战，从皇上到将领们，谁也没有预料到，这次出征是一场大悲剧。这场悲剧是怎样发生的呢？

英宗亲征的大军浩浩荡荡从皇城出发，因为是七月，赶上连雨天风雨交加，出了八达岭长城之后，一路走下来，路非常泥泞，所以大军走的速度非常慢，也非常艰难。

最要命的是，大军还没有到长城沿线，军中就已经开始出现了粮草短缺的问题。自古以来，都是兵马未动，粮草先行。皇帝亲征，跟随了大批久经沙场的将军们，怎么会让军中粮草短缺呢？

这是因为出征的决定太仓促，王振定下了出发的日期之后，别人谁也不敢说个不字，吃不上饭的士兵怨声载道，士气非常低迷。

走了半个多月，英宗亲征的大军才到大同长城地区附近。这时候的王振还踌躇满志，要继续出长城北上，寻找蒙古的军队决战。他以为，皇上出去以后就能把蒙古军队吓跑了。到了这个时候，随着英宗亲征的这些将军们知道再不提出坚决反对的话，后果将非常严重，于是文武大臣们一致反对。此时，前方接连传来对明军不利的战报，在前线的明军一路败退。王振虽然不懂军事，但当他知道敌人已经越来越近的时候，害怕了，立马决定撤兵。军队没有经过任何的休整，也没有做好回撤的准备，就仓促地踏上了班师回京的路。

当时大同总兵提出的建议是皇帝车驾先南下，然后取道河北易县的紫荆关回京。第一是紫荆关长城很坚固，军队严阵以待，还没有参加过任何的战斗，没有任何的伤亡，这个路途又近又安全。

王振这个时候归心似箭，赶快离开这个危险之地是他的第一需求，所以他也采纳了这个建议。但走了两天之后，王振发现并没有蒙古军队追过来，而大同宣府的长城沿线根本也没有打到长城脚下的任何消息，他就觉得可能是这些将军们为了让英宗赶快回朝，故意编造一些严峻的军事形势来吓唬他。所以他就觉得没什么危险，又开始瞎指挥，命令大军改路通过蔚州回京城。

王振这个命令把三军将领弄得丈二和尚摸不着头脑，大家想破头也猜不透他为什么要这么做，可是这位总指挥说一不二，谁又敢多问一句呢？将领们不敢问，咱们不妨多问一句，王振这个神来之举又是因为什么呢？

王振之所以改变路线要走蔚州，因为他是蔚州人，想让皇帝临幸他的家乡，这样就可以显示出他在朝廷当中的重要地位，让家乡的父老乡亲们看看，当年的穷秀才如今八面威风的样子。走了几天，当大军快要到蔚州境内的时候，王振突然又改变了主意，命令大军改路走怀来城回京城。

他为什么要这么折腾一下？王振的父亲派人捎来了信，因为蔚州很多地都是他们家的。父亲担心大军经过蔚州，会损害庄稼。另外，蒙古军队一旦追上来，在他们家的地里打上一仗的话，已经快成熟的庄稼可就全毁了。所以王振急忙改变命令，大军掉头向东，这样越走离长城越近了。这样一进一退，好几天的时间就耽误过去了。

等着大军到达了宣府，王振看到根本就没有蒙古军攻进来，就更加麻痹大意，让行军的节奏放慢下来。从宣府到土木堡，走了好几天。

本来土木堡离怀来城也就10公里，大臣们提出皇帝的车驾应该立即退入怀来城。这时候王振故作镇静，认为这些将军们是大惊小怪，小题大做。皇帝的军队浩浩荡荡出来一个多月了，连一个蒙古兵都没有见着，怕什么怕。他借口运载器械和粮草的辎重车没到，下令车驾驻在土木堡等待后续的车队。

一路上被摇晃得迷迷糊糊的英宗，听说现在已经离八达岭长城只剩几十里了，也不着急了。他是一切都听从王振的安排。自古就讲兵贵神速，明军这么来回的兜圈子，又走走停停，就浪费了很多的时间。

八月十四，也先的先头部队一下子突破长城的防线，并长驱直入包围了土木堡。蒙古军队就像天兵天将，突然出现在明军眼前的时候，王振一下就傻了。皇上住的土木堡因为地势太高，吃水非常困难。原来土木堡里头的少量守军还能对付，但是来了浩浩荡荡的大军，城里的水就不够吃了。附近的河流又完全被蒙古的军队控制了，明军的人马两天喝不到水，饥渴难耐，只好在城里的山地挖井。由于这个地方地势太高，井挖下去两丈多仍然连潮湿都见不到。

正在这个时候，蒙古瓦剌的也先送来讲和的书信，要来与明军讲和，提出允许明军下去取水，可以转移地方。

王振不知是计，在这样的情况下明军一移动，蒙古军就趁乱发起了全面的攻击。英宗皇帝在混战中被俘，王振也在乱军中被明军的将领杀死。

明英宗被俘这天，正好是八月十五。不知道做了俘虏的明朝皇帝看着天上的那轮明月是一种什么样的心境？他从御驾出征到惨败被俘，这一切仅仅发生在一个多月的时间里。对那个已经葬身长城脚下的大太监王振，他是怎样的一份爱恨交织？而此刻，遥远而又熟悉的京城里，又是怎样的一番情景呢？

京师告急，朝堂之上哪般众说纷纭？

未雨绸缪，大明王朝如何再筑长城？

明朝大军在土木堡全军覆没、皇帝被俘的消息传到皇城，如晴天霹雳，宫中乱作一团。甚至有大臣提出要将京师迁回南京，这个意见遭到兵部侍郎于谦等人的坚决反对。在迁都还是抵抗两种意见当中，最后朝廷决定积极备战，死守京师。

明朝很快立了新皇上，就是英宗的弟弟郕王朱祁钰。新皇上登基后，即令长城沿线各部加强防御，同时调京畿周边的山东、山西、河南的部队来参与京师保卫战。

十月初一，蒙古军也先挟持着明英宗再次进逼大同，然后攻陷紫荆关。之后，直接打到京师脚下，但遭到了京城防御军队的顽强抵抗，几次进攻都被明军击败。半个月后，蒙古军队放弃了进攻北京城，撤出到长城外，明军取得了北京保卫战的胜利。

土木之变前，明王朝一直以为自己很强大，并没有加强长城防御体系的建设。土木之变后，明王朝认识到了来自长城以外的威胁，开始大规模地修建长城。新皇帝朱祁钰登基后两个月，就开始下令整修长城沿边的关隘，加宽加厚城墙。从此以后，明朝的长城就越修越坚固。

这正是：

宦官乱政忠臣愁，亲征闹剧度中秋。

自毁长城风雨来，英宗呆做阶下囚。

第三十四回 塞外鸡鸣驿 传奇贯神州

上一回说到，发生在张家口怀来的土木之变，让明英宗沦为蒙古军队的阶下囚。从那以后，明王朝在北部边境大修长城，城墙越来越高，防线越来越密。在明代宣府镇内外长城之间、古城怀来的鸡鸣山下，有一座古老的鸡鸣驿。作为宣府与京师之间最大的驿站，鸡鸣驿承载了怎样的使命，又见证了几多传奇？

鸡鸣驿位于张家口市怀来县洋河北岸的鸡鸣山下，距离北京约150公里，是目前国内保存最好、规模最大、也最富特色的一个邮驿建筑群，更被称为邮政考古的一座"活化石"。

鸡鸣驿因背靠鸡鸣山而得名。《水经注》里记载鸡鸣山的来历有这样一个故事：战国时期，这一带属于代国。代国的国王娶了晋国大夫赵简子的女儿。赵简子死后，他的儿子赵襄子决定借为父亲办丧事的机会，杀掉代王，然后吞并代国。因为是姻亲，代王去奔丧没有任何的精神准备，路上中了埋伏，惨遭杀害。赵襄子亲率大军，一举吞并了代国。赵襄子占领了代国之后，就劝他姐姐跟他一同回国。

丈夫被杀，代国灭亡，代王夫人非常伤心。当走到一座山前的时候，她下了车，从头上拔下来簪子，在石头上磨锋利之后，刺进了自己的咽喉。代国人敬仰代王夫人的忠贞刚烈，就为她盖庙修祠，岁岁祭祀，并将这座山改名为"磨笄山"。人们每天晚上都能听到野鸡站在庙祠上面鸣叫，这座山就被大家称为鸡鸣山了。

鸡鸣声声报晓，邮差快马传书，在鸡鸣山下的鸡鸣驿，无数邮差顶着风霜雨雪、冒着狼烟烽火往来穿梭，递送军情，这叫"驿传"，驿传是从什么时期兴起的呢？

历史记载，从西周的时候就开始有驿站这类传送文书的设置了。周天子的各项文书、各项指令以至各诸侯国之间的一些联系，也通过周朝设的这些机构进行传递。但这个时期，还都是一些比较简单的安排。到了秦汉时期，以传送文书为主的设置"亭"才产生。特别是在汉代，发展得更加完善。因为秦汉之后，全国形成了一个大一统的政权，中央要与地方有很多很直接的信息联系。中央的一些指令下达到地方，地方的一些情况反馈汇报给中央，这些信息的传递需求，是大一统国家政权维持的一个基本条件。有了通畅的信息传达渠道，中央政权才能得以运行。

汉代时，以车传送的称为"传"，以马传送的称为"驿"，以行走步递的传送称为"邮"。汉代的"驿"主要设在交通要道上，每隔30里设一驿，汉代的"驿"除了为文书的传递提供服务外，还为朝廷安排的重要人员提供食宿等接待。

到了隋唐时期，驿馆成为只供政府专用的交通和通讯机构。唐代时，在全国共设置了1643所驿馆，并且分为陆驿和水驿两种。陆驿的驿馆都备有马匹，水驿驿馆备有船。有诗说："一骑红尘妃子笑，无人知是荔枝来。"唐朝的时候杨贵妃能在长安吃上几千里之外南方生长的鲜美的荔枝，就是由于有驿站这样十分畅通的传递渠道。

元代是中国驿站大发展的一个历史时期。因为元代的时候，中原的农耕地区和草原地区完全成为一统，文书传递需要就更强烈了。元朝时蒙古的一些军队，甚至打到了欧洲的一些地区，所以军事情报和重要文件的传输需求区域就更广泛。明朝在全国都设有驿站，这些驿站都设在交通要道上。但在长城沿线的驿站，是另外一个体系。这种驿船、急递铺与长城的烽燧构成了一个长城防御体系。长城沿线的驿站非常密集，仅从居庸关到张家口长城100多公里之间，就设有四个大驿站，分别是居庸驿、榆林驿、土木驿、榆河驿。这四座驿站，都是明初洪武年间设立的。明代的时候，驿站就不仅仅是传递情报、传递文书和接待过往的官员。明代这些大驿站的最重要功能是什么呢？是传送物资。为长城守军传送军事物资，储存军事物资，为出征的军队提供后勤物资保障。

第三十四回 塞外鸡鸣驿 传奇贯神州

青砖灰瓦，百年老城饱经哪番风霜？

鸿禧接福，楷书大字记录何种沧桑？

鸡鸣驿始建于元代，具体是何年建的没有明确记载。鸡鸣驿修建的最早文献记载，是明永乐十八年（1420年）；成化十八年（1482年），鸡鸣驿发展成为一个城池；到隆庆四年（1570年），鸡鸣驿的城池外墙进行了砖包。

鸡鸣驿城周长2330米，墙高12米，顶部设有垛口、女墙，是一座非常标准的北方军事防御的城池建筑。鸡鸣驿城有两座城门，东城门上有石质的石匾叫"鸡鸣山驿"，西城门上的石匾写的是"气冲斗牛"。城门的城台上建有城楼。北城墙没有城门，但在城墙的中部建有玉皇阁，南城墙的中部建有寿星阁。这两座阁楼遥相呼应。现在鸡鸣驿城里头的古建筑已经被破坏得相当严重。城里的大部分建筑，都是近几十年来建筑的一些民宅。比较老的院子现在只剩两处了，一处被定名为指挥署，一处被定名为驿丞署。指挥署是驿站的军事长官办公的地方，驿丞署是驿站邮驿管理的最高长官办公的地方。

鸡鸣驿城里有个关帝庙，庙里有一个壁画。其中，就有一幅鸡鸣驿城的平面图。我们现在看到的指挥署和驿丞署这个位置的确定，就是依据壁画里鸡鸣驿的平面图来确认的。明朝时期是鸡鸣驿发挥作用最大的时期。到清朝的时候，鸡鸣驿还在发挥作用；清朝末年，鸡鸣驿还驻了300多驻兵。

清乾隆三年（1738年），对鸡鸣驿城进行了全面的维修。直到1913年，北洋政府宣布"裁汰驿站，开办邮政"，现代邮政业发展起来之后，鸡鸣驿这座古驿站的历史使命才终结。

由于驿站具有接待功能，接待什么人、按什么标准接待，在当时都有特别明确的规定。可是很多官员及其家人本来不应该享受驿站的接待，却利用一些与官府的联系，与上级官员的联系，开出让驿站接待的证明。这样一来，给驿站接待工作和接待费带来很大的压力，这也是明朝末年和清朝末年腐败的表现形式。明朝末年造反的那部分军人就是驿站的驿卒。由于驿站的费用越来越多，到了朝廷难以承受的程度，甚至难以支付，这些驿卒连最基本的生存保障都没有了。因为他们不像农民，有自己的地可以种，还能解决自己家里的基本温饱。

驿卒什么也没有，没有经费保证之后，他们就没有生活的来源。没有办法，很多人就加入了造反的行列。

尽管经历了几百年的风霜雨雪，鸡鸣驿这座古城仍不失当年的风采。鸡鸣驿城墙主体部分，基本上都是保留下来的原状。只有上头的垛口墙和个别地方的城墙是坍塌以后补修的，但是绝大部分的砖墙，都是后来补修的时候包砌的。

到鸡鸣驿去参观，有一个"贺家大院"是人们都要去看的地方。所谓的贺家大院，现在也是一个很小很小的院落了。因为它的很多主建筑都已经拆毁了。这个院子，是光绪二十六年（1900年）八国联军侵占北京时，慈禧和光绪皇帝去西安避难时留宿过的一个地方。贺家在慈禧和光绪皇帝走后，特意在这个房子的山墙上用砖雕刻了"鸿禧接福"四个字，作为慈禧太后曾经住过的一个纪念。

鸡鸣驿城里头现在住着很多农民，像贺家大院、指挥署、驿承署，都是由现在的住户居住着，他们的旅游开发是一种新的模式。这些住户对这些房子进行管理和维修，然后游人买票参观，这些住户参与门票的分成。除了住户住着的这些老宅院之外，像"泰山庙"这样的建筑，就完全由旅游部门管理了。

泰山庙建于清顺治八年（1651年），建筑并不是很大，但是庙里有一个壁画，在全国非常有影响。泰山庙是泰山奶奶在全国的行宫，各地都建有很多很多。泰山奶奶，民间有送子菩萨的美誉。各个地方的泰山庙，香火都非常旺盛，鸡鸣驿也不例外。

参观完鸡鸣驿之后，可以到鸡鸣驿南面的鸡鸣山一游。鸡鸣山非常奇特。在京张高速上走，看到一马平川的大地上突然起来一座高高的山峰，那就是鸡鸣山。人们都说在泰山看日出最富神韵，其实在鸡鸣山看日出同样让人惊喜。站在鸡鸣山上看日出，太阳是从官厅水库的水里出来的，感觉特别美。夕阳西照的时候，在鸡鸣山上俯瞰这座古城，拍出来的照片也非常漂亮。

来到鸡鸣山上极目远眺，不光能欣赏到一望无际的美景，还会看到一座高高矗立的凉亭，这座造型美观、古朴雅致的亭子被当地人称为"萧太后亭"。"萧太后亭"又记载了怎样的风云传奇呢？

萧太后是辽景帝的皇后，辽圣宗的母亲。这可不是个一般的女人，她在中国历史上非常有名。她不仅精通兵法，而且有治国之才，是著名的女军事家和政治家。辽景帝短命，很年轻就死了。所以整个朝廷的大权都由萧太后掌管。萧太后摄政期间，辽国的版图占有了包括燕云十六州的大片土地。1004年，宋辽交战，宋朝的军队战胜了辽国。萧太后在腹背受敌的情况下提出了议和，可是议和的结果却是宋朝赔偿大量的白银和绸绢。这就是历史上说的"宋真宗胜却不胜，萧太后败却不败"的一个特殊事件。

萧太后非常喜欢洋河这一带的美景和风光，在鸡鸣山下洋河畔修建了行宫。现在鸡鸣山上还有一座凉亭，据说，这儿就是萧太后从行宫来鸡鸣山的时候乘凉的地方。

寂然无声，鸡鸣山下几番狼烟四起？
静默无语，卧龙石上几多帝王传奇？

鸡鸣山地势险要，又处在交通要道，自古就是兵家必争之地。特别是在明朝永乐年间，朱棣亲征漠北，有几次从北京出发都是经过鸡鸣山下进入草原地区。清朝，康熙征讨噶尔丹取得全胜，班师回朝，也曾经登临鸡鸣山。据说康熙走到半山腰，感觉有些累了，就在一块平坦如床的大石头上坐下来休息。后来，人们把康熙坐过的这块大石头称为"卧龙石"。

鸡鸣驿，已经于1982年被公布为河北省重点文物保护单位。2001年被国务院公布为第五批全国重点文物保护单位。鸡鸣驿古城还成为八一制片厂等很多电影制片厂的外景地，像《血战台儿庄》《大决战》中的很多镜头，都是在这里拍摄的。

这正是：

鸡鸣山下鸡鸣驿，驿马奔驰军情急。
古时征战狼烟起，今日旅游风景地。

第三十五回 张北长城古 中都竟回眸

上一回说到，张家口的古城鸡鸣驿经历千百年的风雨，留下数不尽的传奇。张家口还有一个古老的去处——张北。说起张北，大家都会想到著名的张北草原。可很多人并不知道，这里竟然分布着六个朝代的长城。为什么历代长城都汇集于此呢？茫茫大草原之下，又埋藏着怎样的惊世宝藏呢？

张北县地处河北省西北部，属于内蒙古高原南缘的坝上地区和华北地区的交界处，也是燕山山脉和太行山脉的中段地区，在张北县的坝上坝下有很多长城遗址。张北县的长城独特的地方是什么呢？那就是中国历史上重要的朝代和时期修建的长城，这里基本上都有。战国时期的长城这里有，秦始皇修建的长城和汉武帝时期修建的长城这里也有，南北朝时期修建的长城，辽金时期金长城和最后的明代长城这里还有，这种情况可以说在全国县级单位当中绝无仅有。所以说，张北长城是中国长城的一个大博物馆。这么多的朝代在一个地区修建长城，这一点恰恰证明这个地区战略地位的重要性。

张北县境内不同历史时期的长城，有的是有叠压的关系，有的是沿用并增修，但不同朝代的长城大部分都建筑在不同的地方。今天很多的遗址还保存得非常清晰。战国时期赵武灵王胡服骑射强大了之后，北逐东胡修建的长城就在张北县。金代的长城大部分都在内蒙古地区，只有很少的一部分在河北省境内，张北县就是河北省很少的有金长城的几个县之一。成吉思汗的蒙古大军南下攻打金的时候，就在张北县的野狐岭以少胜多击败了金军。1945年，苏蒙联军也在这里与日军展开了激战，并取得了胜利。

今天到张北去还可以看到，这里基本上还是属于草原地貌。除了能种一些耐寒的农作物之外，大部分的地方是

第三十五回　张北长城古　中都竟回眸

先后有六个朝代，在张北修建了长城

不种庄稼的。因为只靠自然的降水来种植的庄稼在坝上长得都不好，所以大片地区还保留着草原的草场地貌形态。张北草原，是距离北京最近的一个大草原。现在在北京很多的公交汽车上都可以看见张北县打出的广告，就是"到张北草原去"。

2000多年来，张北这块土地一直就是农耕和游牧不断拉锯的地方。张北地区农业开垦大发展的时期是清朝，顺治初年开始鼓励汉人外出开垦种地，然后很快就实行了蒙禁。所谓的蒙禁就是利用长城来限制长城里面的农民到长城外面去开垦种地。这个时期，清朝把北边一些条件很差的地方居住的蒙古部族向南迁徙，把他们迁到了张北地区。到了嘉庆、道光年间，由于中原地区连年遭灾，流民激增，到长城外面去垦荒的人越来越多，就形成了走西口这样一个大势，到北边去开垦土地的人数越来越多，清朝就取消了蒙禁。

到光绪末年，甚至推行了"移民实边"的政策，正式颁布了开垦蒙荒令，动员中原地区的农民，迁徙到坝上一带开荒定居。张北地区也就是在这个时期发展起来的。

一越千年，古老张北经历哪番沧桑巨变？

一座孤城，文物考古揭开哪般惊世奇谈？

张北县西北的馒头营乡，是一片特别空旷而肥沃的土地，种着很多庄稼。在这片辽阔土地上，有一座早已废弃了的古城，有些城墙还很高大，整个古城很清晰，当地人管这个古城叫"白城子"。它是由荒土和白灰掺和夯出来的城墙，远远看去与黄色的大地相比，就是一座白色的城。1998年，文物考古工作者在这里做了两年多的探查和试掘之后，向国内外发布了一个考古发掘结果，从此揭开了一个惊天的秘密。这里究竟隐藏着一段怎样的历史呢？

《元史》上记载，大德十一年六月，也就是1307年7月，元武宗做了皇帝，登基仅十天，就下令修建中都城。照历史文献的记载，这座中都城非常庞大，可是自从元朝灭亡之后，就从历史上消失了。元朝有三座都城，分别是我们今天的北京元大都、内蒙古的元上都和消失了的元中都。元朝皇帝每年分成两个阶段在大都和上都办公。在大都是处理全国的事情，在上都主要是处理草原的事情和蒙古部族的事情，为了便于往来，就在大都和上都之间建了元中都。大都和上都都有很好的遗址，我们都清楚它在哪儿，但是元中都却找不到了。

后来，经考古发掘发现，白城子就是元中都的遗址。现在的元中都遗址，已经建成了遗址博物馆，把挖掘出来的重要的遗址遗物用玻璃制作的保护结构保存了起来，供游人参观。在元中都建筑遗址群中，处于最中心位置的一处遗址，被考古工作者定为一号建筑遗址。经过发掘证明，这个遗址就是元中都的大殿。去掉那些盖在表层的黄土之后，考古工作者发现了大量的原始台基和台基上残留的汉白玉柱础等建筑的遗存。仅这个大殿遗址四周，就挖出来了70多个汉白玉的玉螭首。这些螭首，就像现在我们去故宫看汉白玉台阶上面的栏杆之间，向外突出的那个龙头状的构筑物。现在的元中都城墙，经过考古发掘，已经找到了一些砖石建筑，原来都埋在土底下的。其实过去石头墙很多的，据当地的老乡讲，20世纪60年代大兴水利建水库的时候，人们还到这儿来成车成车地拉石头，垒砌水库。

原来在这茫茫的张北草原上，曾经存在过一个规模如此宏大的都城，让人惊叹不已。可是，这样一座气势恢宏的都城，在中国历史上记载不详，以至于在近700年的历史上，一直默默无闻。元中都是怎样兴建的，又是如何消失的，这个耐人寻味的谜题，又有着怎样的谜底呢？

要解开这段历史，我们还得从武宗海山登上皇位说起。1307年，元朝的第二任皇帝成宗去世。由于成宗膝下无子，所以他的两个侄子海山和拔力八达，都有可能成为继承皇位的候选人。海山能征善战，早在十年前就被封为宗王，率军去驻守漠北。按理说最应该由他来继承皇位。可他的弟弟拔力八达还有一个最有利的条件，就是身在大都，最得地利。海山毕竟远在漠北，所以他的弟弟就在母亲的支持下抢先宣布登基，继承皇位。

海山镇守漠北十年，立下了赫赫战功，早已经成为杰出的军事将领。听说弟弟在大都抢先登上了皇位，心中非常不服，元朝军队的很多将领也都不服，非常支持他南下夺回皇位。所以，海山统领三路大军，从漠北返回上都，准备南下对大都进行征讨。在这种情况下，迫于哥哥的军事压力，弟弟就将皇位拱手让了出来。

海山登基十天后，就下令在成吉思汗曾经以八万精锐的蒙古军队打败了金朝40万大军的地方修建中都，作为连接大都和上都中间的一座都城。

那么，元中都这项浩浩荡荡的大工程，又是如何建造的呢？

争分夺秒，元武宗如何建造新兴都城？
时移势迁，留守司怎样实现权力转移？

为了完成建造元中都这一宏伟蓝图，元武宗专门成立了领导中都建设的行工部，并且抽调了18500多名六卫亲军到张北做元中都建设的主力军。武宗还在他随身的部队当中抽调了3000人参与了中都的建设，除了军队之外，还征调了大量的工匠、民夫等。元中都的建设周期非常短。从决定建设元中都到中都建成，也只用了一年的时间。在这么短的时间之内搞了这么大一个工程，在今天都是令人叹服的。

修建元中都是一项非常艰苦的工作，历史文献记载并不多。元代的监察御史张养浩写了一个《时政书》。从他的这篇文章当中我们可以知道，修建中都，征罚徭役非常严重，有大量的工匠死于非命。

元中都的皇宫建成之后，至大元年（1308年）中秋节，武宗在这里举行了隆重的庆典仪式，并且在中都建起了最高的行政管理机构——留守司。元朝留守司只有两个，一个是上都的留守司，一个是中都的留守司。留守司这样的机构，只有在都城才能设立。它是一个掌管都城宫阙、调动各种物资供应并负责禁宫安全的领导机构。元中都的创建，改变了张北一带的历史地位，使这里也成了元朝政治经济文化和民族融合的一个中心。只是元中都使用的时间非常短，并没有在中都的周边形成大的经济文化聚落群。

张北军事地位重要，不仅仅是在古代，就是在现代战争当中也非常重要。大家都知道中国军队抵抗日本侵略军的长城抗战，吹响了全民抗战的号角。但是很多人都不太了解，日本侵略军投降前的最后一仗，也是发生在长城脚下的张北。

日本侵略军侵华期间，在张北地区也驻有重兵。从1939年秋天起，日本侵略者就在野狐岭一线构筑防御工事防御苏联红军。1945年8月，苏联红军的西路军进入蒙古草原地区，当打到张北县狼窝沟一带的时候，遭到了日本军队的顽强抵抗。在这场战争当中，日军860多人被歼灭，也有54名苏联红军和6名蒙古人民军的战士牺牲在长城脚下。今天在这个狼窝沟的高地上，还有一座苏蒙烈士联军的陵园，埋葬着支援中国抗日的苏联和蒙古军人。

这正是：

六代长城建坝上，曾经辉煌耀中都。

沃野平畴笙簫起，天做穹幕草为毡。

第三十六回 坝上野狐岭 历代风云骤

上一回走到天苍苍、野茫茫的张北草原，感受了风吹草低见牛羊的壮阔景象。这一站的目的地依然在张家口境内，要去的地方就是历史悠久的野狐岭。那里有着怎样的风景，又流传着怎样的传说？

在中国历史文献《战国策》、《史记》中都有一个"无穷之门"的记载。古人认为到了这个地方就到了一个未知的边界了。

"无穷之门"指的是哪里呢？就是张北地区坝头一带的野狐岭。野狐岭位于河北省张家口万全县和张北县的交界处，这里山高路险，自古就是华北平原通往蒙古高原的军事要道。辽、金、元、明、清的史书中记载的很多重要历史事，都涉及野狐岭这个地名。

据说，在很久以前，这一带人烟稀少，草木成林，一大群野狐狸占山为王，成了这片地方的主人，所以，这里就被当地的老乡们称作"野狐岭"。在以后的日子里，山岭周边烽烟四起，战火纷飞，硝烟过后，野狐岭上留下了怎样的故事呢？

咱们常说的"坝"字来源于蒙语，它的意思就是山岭，跟中国的堤坝有所不同。今天"坝上"作为地理名词，特指华北平原向蒙古高原过渡地势突然大幅升起的地区。站在野狐岭长城高地上看坝下，能非常清楚地感受到坝上和坝下的落差。站在坝上的长城上看坝下的村庄，就像站在几百米高的高山上俯瞰山脚下的村庄一样。

野狐岭是从张家口前往坝上的必经之地。从野狐岭下坝，过不了5公里，就从高原进入到平原地区的洋河流域。这条路是从蒙古高原通往华北，甚至通往北京最便捷的一条路。

辽初，皇亲贵族就经常到张北县来狩猎，并且在这儿建立了燕子城，也就是今天的张北城。辽保大五年（1125年），辽代最后一任皇帝从北京城逃出居庸关，经过野狐岭后就驻在燕子城。

金灭辽之后，在燕子城设立了抚州。这个时期抚州管辖的地方很大，但生活的人很少。这个地区依然是皇家狩猎娱乐、避暑消闲的胜地。金朝皇帝从燕京到上京区，常走的也是野狐岭这条路。金朝开国皇帝阿骨打在灭辽之后，仅隔了一年就到野狐岭进行巡游。

野狐岭作为蒙古高原和中原的一个结合部，是草原民族和中原政治、经济、军事交往的主要通道。辽、金、元、明四个王朝，都有皇帝在这里留下过足迹。这片土地被写入历史，其中最浓的一笔就是成吉思汗以少胜多的野狐岭大战。这又是怎样一幕风起云涌的历史剧呢？

烽烟四起，野狐岭上以少胜多演绎怎样一场大战？
风云变幻，怀安城下穷追猛打奏响怎样一首凯歌？

野狐岭自古就是兵家必争之地，被军事家称为"极冲"之地。1211年，成吉思汗亲自率领蒙古军队来到坝上草原，剑指金朝统治的中原地区。这年八月，双方在野狐岭发生了决定"蒙起金衰"的野狐岭大战，也是蒙金战争初期的关键一战。这一战中，蒙古投入不到十万兵力，而金朝投入近40万的兵力，在金军人数占有绝对优势的情况下，蒙古军队却在战争中占了上风。这主要是因为金朝后期，朝廷腐败，民心思变，军队的战斗力已经非常弱，光有人数的优势，没有士气是无法取得最后胜利的。此后，金朝接连吃了几次大败仗，国内还发生了谋杀君主的政变，在内忧外患的夹击下，金王朝迅速灭亡了。

野狐岭大战之前，蒙古军队还处于劣势，这场大战之后，金王朝处于了劣势。野狐岭大战不是一场战斗，而是由金朝北部长城地区的一系列战斗所组成的。历史为什么把这一系列战斗称为野狐岭大战呢？原因就在于，发生在野狐岭上的战役是一系列战斗的最高潮，是取得决定性胜利的最关键的一战，也是决定了金国从此走向衰败、北方败局已定的一战。

要把这事说清楚，还要回到1206年铁木真统一蒙古之际。这个时候铁木真主要精力用于统一蒙古，但同时面临着来自金国的威胁。当时金国看到铁木真越来越强大，知道他将来一定会成为金的强大威胁，就准备在他强大起来之前把他消灭。

在这种局势下，成吉思汗既要统兵解决蒙古各部族的问题，又要在战略上对金王朝采取重要的军事打击。成吉思汗先下手为强，占领了阴山以北，作为攻打金朝的主要军事基地。成吉思汗的蒙古部落，每年都要向金国缴纳大批岁贡，看到金国要攻打他，就决定终止向金国缴纳岁贡。不仅如此，第二年，他还在克鲁伦河畔正式举行誓师大会，决定率领大军南下攻打金朝。因为此时成吉思汗已经完成了蒙古各部族的统一。

可是，安逸惯了的金王朝皇帝却没把这当回事，昏庸的皇帝甚至觉得，那些大臣不断向他提起来自北方边境的情报，破坏了他的好心情，况且来自边疆地区的军事信息，散布到社会上还动摇民心，所以下令禁止传播与北方边境有关的任何事情，更不愿意听大臣们向他汇报有关蒙古军即将攻打金朝的情报。直到蒙古军队攻打到长城脚下，金王朝才慌慌张张地安排应对措施，一面调集部队准备布防，一面派人求和拖延时间。

成吉思汗的军队一路南下，势如破竹。金朝负责北方防线的统帅独吉思忠率领的军队，根本就没有抵抗之力，节节败退。本来金朝的皇帝寄厚望于独吉思忠，看他不但没打胜仗，反而把金朝的主力部队都葬送掉了，非常生气，就解除了他的军事指挥权，改由完颜承裕主持军事行动。

完颜承裕担心成吉思汗绕过金军主力直接攻取中都，干脆放弃了张北之外的军事重镇，把军队退到野狐岭防线。他想用30万金军对野狐岭一带防线进行严密防守，利用山地的地形和军队数量的优势遏制住蒙古骑兵。

在野狐岭，骑兵的优势发挥不出来，再加上有长城与地形相结合的山岭，构成了非常严密的防御体系，给蒙古骑兵的进攻造成很大困难。成吉思汗命令骑兵下马作战，徒步前进。凭借高昂的斗志和锐气，成吉思汗的军队一举打败金军，直逼完颜承裕的中军大营。

金朝部队溃不成军，30万主力顷刻瓦解。可是，完颜承裕钻空子溜了出去，接下来的战况又要如何发展？

野狐岭长城防线被攻克之后，完颜承裕一路逃跑，途中集结了几万残兵败将，想重新组织起来，对蒙古军进行阻击。但还没等他们站住脚，蒙古军队已经在浍河堡追上金军。浍河堡就在张家口怀安旧城的附近。两军在这里打了三天三夜，这场战争以金军全部覆没而结束。

野狐岭一战定乾坤，蒙古军队高唱凯歌一路南下，定都中京，建立元朝。看过了中原的繁华盛世，蒙古人还是忘不了草原上的家乡，这事又该怎么办呢？

元世祖忽必烈把开平府定为上都，那个地方就在今天的内蒙古正蓝旗金川草原上的闪电河北岸。每年四月，元世祖都要从大都北京出发，一路向北。等走到上都时，到了七八月份最热的时候，在上都处理蒙古各部族的问题之后，天气凉了，再南下回到大都。不管是从北京去上都，还是从上都回北京，这一路要建很多行宫来供元世祖居住。今天的张北就是元朝时抚州建立的行宫，元世祖每次从北京去上都，或是从上都回来，都要在野狐岭行宫小住几天。这种"两都巡行"制度确立之后，一直延续到至正十八年（1358年），红巾军攻打下上都之后，一把火烧毁了上都，元朝的皇帝就不再去了。在这之前，野狐岭一直都是元朝皇帝从上都到大都之间的必经之路。

历史文献记载，元代有一位非常重要的历史人物，在野狐岭留下了自己的行踪和感受。这个人就是长春真人丘处机。成吉思汗非常尊崇道教，特意派人到中原请长春真人丘处机。1121年，丘处机去草原见成吉思汗，他从山东出发，经过燕京，历时两年，西行万里。他站在野狐岭上，感受非常强烈的一点就是这个地方是南北地理气候差异转换的分水岭。他留下了这样一段话："登高南望，俯视太行诸山，晴岚可爱。北顾但寒沙衰草，中原之风自此隔绝。"在这个地方回头看走过来的路，高大的太行山都变得非常的矮小；向北看完全是寒沙衰草，没有了中原农耕地区的千里沃土。

作为连接草原地区和中原农耕地区的交通要道，今天在野狐岭还能找到很多古道路的遗址。这些古道路的遗址并不是完全随着山势的起落自然形成的，很多地方都是开山破石打造的平整路面，在靠近山崖的边沿上还铺筑了路肩，保证行人和车辆的安全。文物考古工作者曾经在一些被废弃、被掩埋的古路做考古发掘，去掉地表覆盖的黄土层以后，还能看到石路面上留下的车辙印记。据考证，从元大都到上都之间总共有四条道路，最西边一条就是孛落驿道，是辽、金时期经抚州过野狐岭的古驿道。

兵来将往，塞北边关见证怎样一卷历史？
时过境迁，风烟古道留存怎样一段传奇？

元朝时期设置的孛落驿站。"孛落"这两个字是契丹语译音，相当于汉语中"行宫"的意思。顾名思义，这里就是辽、金、元时期皇上经常住的行营，这个名称也是野狐岭的一个重要标志。元朝时，坝上驿站从野狐岭开始，向北的驿站归属于蒙古部族管理；而下了坝，岭下驿站则是由汉人管理。这样的设置和安排表明野狐岭是蒙、汉管理驿站的分界线。元王朝在野狐岭住过的最后一个皇帝应该就是元顺帝了。

1368年，朱元璋的大将徐达率领军队兵临大都城下之前，元顺帝带着满朝文武和后宫女眷一路后撤，经野狐岭退回到草原地区。两年之后，也就是明洪武三年（1370年），明朝大将李文忠出兵野狐岭，在察罕脑儿打败了元朝的军队。洪武七年（1374年），大将兰玉也出兵野狐岭，攻打下了今天的张北城。永乐八年（1410年），明成祖亲征漠北鞑靼蒙古部，也在野狐岭住过。

明宣德年间，朝廷继续实行"缩边"政策，把明长城外的一些军屯卫所迁到长城里边。为了加强野狐岭一带长城的防御，新建了一些屯兵的关堡和关口，在野狐岭建的一个关口，名叫"新开口"，又在关口南建立了一座城，叫新开口堡。建立新开口堡是户部左司郎刘连提出来的，理由是建这样一个关口可以方便长城内外使节的往来，也为长城内外贸易的交流提供场所。野狐岭这条大道一直到1920年，狼窝沟公路正式开通，才被废弃。自此，野狐岭古道上人烟越来越稀少。

这正是：

蒙金决战野狐岭，成吉思汗逞英雄。
交通要道在坝口，南来北往由此行。

第三十七回 万全都司府 强兵路多谋

上一回说到，成吉思汗率领蒙古大军跟金兵大战野狐岭，铸就一段传奇。这一回，咱们到张家口万全城去瞧瞧。说到万里长城，一般人都只了解长城大概有多长，有多少著名的关口，可是，您知道在这里戍守长城的是什么样的部队？又有哪些军事机构吗？

明朝的军制，在中央有兵部，又有左、右、中、前、后五军都督府。兵部负责管理与军事相关的事务，而五军都督府直接掌管军事的指挥和平常部队的军事训练，各地方的都指挥使司直接对五军都督府负责。

都指挥使司简称"都司"，长官为"都指挥使"。这个都指挥使相当于现在大军区的司令员，是一个省或是几个省的最高军事长官，负责区域内所有军队的管理和平常训练。和现在唯一不同的是，都指挥使不能直接指挥部队去作战，一旦有大的军事行动，要打仗，朝廷就任命一名总兵官，拿着兵符到下头去统兵，所在地的都指挥使就把部队移交给总兵官，由他去指挥打仗。军队的调动、管理最高权限完全属于朝廷，将领不能擅权。打完仗之后，总兵把部队交到都司卫所，然后回朝廷复命。

在明代中前期，都指挥使司在省级政权机构中处于非常重要的位置，各个都指挥使都是"封疆大吏"，深受朝廷倚重。有的时候负责军事管理的都指挥使权限甚至在当地的最高行政官员布政使之上。到了正德年间，军职泛滥，都司卫所的军事长官的社会地位不断下降。

明朝的军事制度中还有很重要的一项，那就是卫所制度。为了大明王朝的长治久安，明王朝在各地设置了卫所。

卫所制度是明朝非常重要而独特的一个军事组织管理制度。实际上，它是在元朝的卫所制度之上发展起来的。

这样一种军事制度，在长城地区也具有行政管理的职能，也就是说，长城地区的都司卫所是一个行政合一的管理体系。

明代的都司卫所制度是明初1364年朱元璋设置的。卫是卫指挥使司的简称，主官是指挥，大的所的主官是千户，小的所的主官是百户。

卫所军队都有固定的戍所。卫所由朝廷根据各地的防卫、战略需要而设置，或数府一卫，或一府数卫，或一府、一州一个千户所，视各地战略地位的重要与否而定。

明代制度规定，所有军士都必须成家立户，这些军士都是从全国征调来的，必须妻室同行。在老家被征调到长城沿线来做军户，必须在老家娶上妻子，带着妻子一起到指定的卫所驻扎。如果来报到的军士没有带妻子的话，就会受到惩处。因为军户到了长城沿线之后，当地没有这么多青年女子可以提供给他们作为妻子，或者他们过多地占有了当地未婚女性，就会给当地其他男性婚姻构成巨大威胁，就会破坏社会稳定。因此，朝廷就要求他们必须在老家娶了妻子带过来。

所有屯军的军户都是一军为一户，军户带着妻子从原籍到长城沿线之后，朝廷会给他的原籍一些税赋的减免政策。军户带着妻子到了指定的卫所之后，朝廷分给土地、粮食的种子、农器具等，一边开垦土地种地，一边戍守这个地区。

军户世代为军。有了孩子之后，儿子要继承他的军户。另外，一旦入了军籍，不准改变，也不得逃亡。军籍都归都司、兵部管理，民籍归布政司和中央户部管理。除了军户和民户之外，在明朝还有匠籍，工匠、泥瓦匠等都属于匠籍，隶属工部。这些人户籍不同，身份也有区别。官府管民户，卫所管军户，各有隶属，所以下面一般称之为军家或民家。第一代军户比如生了五个儿子，其中有一个继承他父亲正军的军籍，其余的四个儿子叫军余，或余丁、邦丁，这些军余基本上就有了半民户的身份。

长城沿线的这些军制都被编入卫所之中，基本的编制是：每个卫所设前、后、中、左、右五个千户所，每个千户所统十个百户所，每个百户所辖两个总旗，每个总旗领五个小旗，每个小旗有五个军士。

军政合一，都司治所为何取名万全？

种地垦田，都司将士怎样戍守边关？

明朝有六个行都司，其中在长城沿线的有三个，分别为北平行都司、陕西行都司、山西行都司。明朝一般是一省设一个都司，只有长城沿线的辽东、万全、大宁三个都司与省的行政建制没有关系，是为了加强长城区域的防御而增设的。

行都司在层级上与都司是平等的，对自己所属的五军都督府中的都督府负责。明初在长城外边的很大一片地区设有军户，从事军屯。这些在边远地区的卫所，仅靠山西都司、北平都司来管理，有点儿鞭长莫及，所以又增设了山西行都司、北平行都司以控制长城之外的卫所。

都指挥使司主要的官员是都指挥使（正二品）、都指挥同知（从二品），都指挥佥事（正三品），其下属有经历司经历（正六品）、都事（正七品），断事司断事（正六品）、副断事（正七品），这些都是六品或七品的官员。明朝的军官实行世袭制度，但是都指挥使、都指挥同知、都指挥佥事等高级军官都不世袭，由朝廷从世袭军官中选拔优秀的、可以胜任的人，提拔起来做高级军官，也可以从武举人中选拔优秀者任命为高级军官。

万全都司设置于明宣德五年（1430年），治所在宣府卫（今宣化城内）。万全都司隶属于中央五军都督府的后军都督府。明朝在内地都是民政、军政和监察三大系统并列，都指挥使司是军政的设置。但是万全都司这样的地方属于实土卫所，只有都司这样的军事管理机构，没有行政管理机构，所以万全都指挥使司除了负责军事之外，也有民政和监察领导机构的功能。

既然万全都司治所设在了宣府镇城内，为什么河北还有一个古城叫作"万全"呢？这个古城是怎么建立的？又是什么机构驻在这里呢？

万全这座古城，在明朝驻的是万全都司所辖的万全左卫和万全右卫，它们是都司所辖的卫城。万全左卫和万全右卫是万全都司最北边的防地，是离前线最近的地方，是蒙古军队南下的必经之路，是一个首当其冲的地方。正因如此，万全城才建筑得非常坚固。今天万全城的城墙保存得很完整，不仅四面的城墙基本上保留了下来，而且大部分青砖包砌的城墙也保留得很好。城内街区的格局也没有受到很大的破坏，所以国内长城研究界和明代都司卫所研究的专家学者，都视万全城为北方卫所城池规制的一个"活化石"。

明代万全都司所辖的比较固定的卫有15个，包括宣化左卫、宣化右卫、万全左卫、万全右卫、怀安卫、开平卫、隆庆卫，等等。后来这些卫都演变成了县。

除了卫之外，万全都司还辖有七个守御千户所。千户所就是卫下面所管辖的所。由都司直接管辖的所就成为守御千户所。曾经有长城研究者把万全都司整个的都司卫所的布局画在一张地图上，可以看到一个扇形的防御面，形成了一个纵深梯次配置的防御部署。其防御范围基本相当于今赤城、宣化、万全、怀安、阳原、蔚县、涿鹿、怀来、延庆九县地和张家口市桥东、桥西、宣化、下花园四个区。

这样一个军事要塞，自然要有重兵把守。统领这里的最高长官就是万全都指挥使，虽说是个军事长官，但也兼管行政。他不仅要带领士兵守御操练，还得带领他们种地垦田。这支武装和生产相结合的队伍，如何戍守边关呢？

明代的军屯制度和军屯情形在不同时间也是有变化的。明初规定，边地军士三分守城，七分屯种；内地军士，二分守城，八分屯种。通过屯种来保障军队的自给自足。

在北边长城沿线，战争的需求和防御的需求越来越大，同时军屯制度也受到了很大的破坏，不能满足长城区域的军事防御需要，明朝就不仅仅靠这些军户了，逐渐地在长城地区实行募兵制。由募兵组建的军队就是一种常规军，它的主要任务就是作战和军事防御，屯种的安排很少。

军屯的衰败有管理的原因，也有各级官员腐败的原因。由于长期不打仗，这些军户绝大部分都从事农田生产，缺乏军事训练。有些都司、卫所的军事指挥官把很多军户当作他们私人的劳动力使用，调派军户为他们家耕地，为他们的边贸生意当贩运的劳动力，等等。

明朝的很多制度确立之后给了军户非常多的限制，很多军户在生存状态很差的情况下，不断地逃跑。朝廷就采取措施，到他们的老家或别的地方把他抓回来。可是抓人的成本是非常高的。很多时候，军户跑了，朝廷根本没有办法去抓。在这样的情况下，长城地区的军事防御力量就很弱了，军队属于一种涣散的状态。

后来，朝廷开始实行了募兵制，募兵根本就不种地，原来想自给自足的军事保障怎么实现呢？明朝就同时推行了一种商屯制度，通过民屯和商屯的发展来为驻军提供粮食等后勤补养。

独树一帜，万全卫城为何命名轿子城？
自作自受，投敌太监为何成为阶下囚？

万全城地处张家口西北翠屏山长城脚下，修建于永乐元年（1403年）。城建好之后，万全右卫治所就迁到万全城里，后来万全左卫也迁到城里。

一般的城池是正方形，特别是在明代。可万全城的形状却是菱形，非常独特。为什么要把万全城建成菱形呢？这主要是因为地形条件的限制，城的形状依据这里的地形而设置。

万全卫城俗称"轿子城"。因为这座城只有南、北两个城门，两个城门外都有瓮城。东、西两侧的城墙没有城门，却也筑有类似瓮城一样突出城外很多的城墙，仿佛轿子两边的杠杆。城外的两条河床就像两条轿杆将轿子抬起，特别是俯瞰的时候，真的很像一台轿子。

土木之变的时候，万全城没有受到战火的摧残，但是这里却发生了一个与土木之变有关的故事，非常有意思。

明英宗朱祁镇被蒙古瓦剌俘获之后沦为了阶下囚，平时在宫里伺候英宗的太监喜宁非常坏，死心塌地地投靠了也先，把英宗的很多情况都做了报告，很快成为也先面前的红人。这个在后宫毕恭毕敬的奴才，看到被瓦剌囚禁的明英宗还不如他了，每天乐滋滋地挺着腰和皇上说话了。由于他天天出坏主意，几次都差点置明英宗于死地。

明英宗看着这个太监恨得牙根疼，当瓦剌也先提出让英宗给明朝宣府镇守兵写封信的时候，英宗就答应了。英宗写信要求明军接受瓦剌的条件，但是他提出这封信必须派太监喜宁去送。明英宗在派喜宁送信的同时，又派他身边的一个卫士逃出瓦剌的兵营，先到了万全，与万全的都指挥使一起合谋抓住来送信的喜宁。太监喜宁乐颠颠地到了万全辖区的时候，明军将士一拥而上，把喜宁五花大绑，押进城里，按照明朝的刑罚，将这个投敌的太监凌迟处死。

这正是：

万里长城起烽烟，军屯耕种守边关。
投敌太监遭凌迟，坏人遭报恶胆寒。

第三十八回 公主断肠路 飞狐古峪口

上一回说到万全都司戍守长城，垦荒种田，一座古城，阅尽风云变幻，一条古道，见证狼烟四起。今天我们要去的是兵家必争的飞狐口，这是一个怎样的所在，经历了怎样的壮怀激烈，又留下了哪些传奇往事？

飞狐口，今天的地名叫北口峪，也叫飞狐峪，位于河北蔚县宋家庄乡北口村南。这个地方是太行山脉的最东端，也是太行山脉和燕山山脉、恒山山脉的交汇处。飞狐口自古就是太行八陉之一，与居庸、紫荆、井陉等并称太行八陉。通往飞狐口的大道被称为飞狐道，是贯穿华北平原和草原地区的一条重要的南北通道，在军事防御上位于河北省的外长城和内长城之间，具有非常重要的战略地位。

古代的文献当中，有很多关于飞狐口、飞狐道的记载，像飞狐、飞狐陉、飞狐口、飞狐关、飞狐峪、飞狐塞等，说的都是这个地方。飞狐的地名不但在历史文献和诗词歌赋当中出现，在一些戏剧中也经常出现。

据古人传说，这里过去有一种会飞的狐，所以就把这条山谷称为"飞狐道"，这只是其中的一个说法。飞狐口、飞狐道的得名，还有两种说法：一个是形容道路艰险，仅飞狐可以通过，另外就是这个地名是因少数民族语言音译而成。

当地人有句话"四十里飞狐七十二道弯"，形象概括了飞狐道的两个特点，一个是长，一个是险，这条神秘的古道究竟有怎样的艰难险阻？

从涞源县城向北进入山区，一路沿着盘山道，到达蔚县县城，有 70 公里长，这条路就是飞狐古道的老路。但实际上被称为飞狐峪的地段并没有这么长。飞狐峪这一段的古道，过去称为四十里峪，也就是从涞源盆地北部的洪积地带向北,沿河谷穿行到黑石岭之后,就开始进入到了这山势磅礴的"四十里峪"。

四十里峪是从黑石岭北麓的岔道村算起,到北口村结束,长度是20公里,所以被称为四十里峪。北口村是一个很大的村子,村里还有一个北口堡,就是戍守飞狐口驻军的城堡,现在保存还很不错。飞狐口就在北口村南,是飞狐古道上最狭窄的一个地方。

古人从河北平原的中部,前往桑干河盆地,继续向北去蒙古草原地带。由于出发地和目的地的不同,可以选择向北的道路大致有五六条。其中,以飞狐道最为著名。这条路一直以来都是中原农耕民族与高原民族之间的重要交通要道,同时也是贸易往来的重要通道。现在的207国道,已经绕开了黑石岭,通过上庄、草沟堡,穿山越岭,连接着保定地区与张家口地区。我们要是想找到飞狐道遗址的话,到黑石岭一带,顺着峡谷往北走,还有很多古道遗址非常清晰。

这一路山体景观非常漂亮。飞狐峪附近的景观主要有翠屏山、七姑娘峰、一炷香、一线天等,其中七姑娘峰很有代表性。

民间传说,七仙女中的七姑娘有一次下凡时,与凡间的小伙子相爱了。七姑娘回到仙境之后,日夜思念凡间的恋人,又偷偷下凡。玉皇大帝知道之后,就派天兵天将来捉拿七姑娘。天兵天将没有找到七姑娘,却看见了与七姑娘恋

太行古道飞狐口

爱的小伙子，天兵天将就用巨斧劈下来，把山劈出了一条峡谷，这条峡谷就是飞狐峪。七姑娘得知恋人被天兵天将杀死了之后，非常悲愤，化身为一座山峰，守候在他们相恋的地方。

飞狐峪留下了动人的传说，也引来很多名人学士留下墨迹。明崇祯年间，大学士、兵部尚书杨嗣昌在他的《飞狐口记》中这样形容飞狐口的山势之险要："千夫拔剑，露立星攒。"清代也有诗人赞美飞狐口的险峻："疑神疑鬼为，人力不当受。"就是说，只有神鬼才可能创造出这样的景观，人力是不可能有办法做到的。

我们讲了这么多飞狐古道上的秀美风光，那么，飞狐古道最险要的地方是什么样的呢？

名讳之变，飞狐关口因何更名常山关？

手足之争，代国夫人何以殒命磨笄山？

飞狐古道最险要的地方就是四十里峪的两端，黑石岭和北口村的飞狐口。飞狐口的特点就是窄，是飞狐古道最狭窄的地方。黑石岭的特点是险，应该说黑石岭是最险峻的地方。黑石岭海拔2000米以上，这里已经不长乔、灌木了。现在这条路每年开通的时间非常短，差不多10月份就得封路，到第二年的5月份才能开通，全年道路的开通时间不到五个月。为什么呢？因为到10月份的时候，在这一带就开始下雪了。一旦下雪，直到第二年的入夏、初夏都不会化，有些背阴的地方，积雪常年不化。

飞狐口，又被称为"常山关"。大家都知道，常山就是恒山的古名。历史上曾经有一段时间，因为要避讳皇帝的名字，所以改为常山。中国的历史文献当中，有关飞狐道的记载非常多，在这条路上发生的与这条路相关的历史故事也非常多。

飞狐道的开通大致应该在春秋末年和战国初期，现在很多专家学者认为，飞狐道是春秋战国时期赵简子开辟的。当时飞狐道的北部是代国地区，管辖的大致就是今天河北怀来以西，山西阳高、浑源以东。这里盛产骏马、水草丰美，是个土地肥沃的好地方。代国南边隔着延绵的高山与赵国相交,顺着飞狐道下去,山下的四十里峪南端的就是赵国,北边就是代国。所以,这条路是代国与赵国的唯一通道。

那时,赵简子雄心勃勃,一心想要吞并代国。据说,有一次他把儿子们召集起来,说:"我把一个宝符藏在了常山之中,谁能够找到它,就可以获得重赏。"所有的儿子都骑马进山寻找,结果,一个个垂头丧气地回来,一无所获。只有赵襄子回来之后对父亲说他找到了。赵简子问他:"宝符藏在哪里?"赵襄子回答说:"从常山上临代,代可取也。"也就是说,如果从常山过去,攻打代国的话,代国就可以被我们所占领。赵简子一看,这个儿子最明白他的心思,就把赵襄子定为了接班人。

赵襄子做了赵王之后,确实也没有辜负他父王,灭掉了代国,整个代国的土地完全并入了自己的管辖之下。

赵襄子进攻代国的行军路线图,现在文献当中没有记载。有学者分析,一定走的是飞狐道。因为,由飞狐道往东的其他路线当时不属于赵国,已经是燕国的地盘。赵襄子灭代以后,把代国的辖地完全纳入赵国的统治范围,扩大了赵国的北部疆域,奠定了以后进一步向北发展的基础。

我们前面讲过了赵武灵王的胡服骑射,实际上,赵武灵王胡服骑射的主要基地就是在飞狐口的北边。他的这个被传颂了2000多年的英明之举,就是在过去代国的土地上完成的。赵武灵王时期,进军林胡、楼烦,灭掉中山国。赵孝成王时期,李牧率军灭楼烦、破东胡,都是以代国作为战略基地来完成的。从这个意义上来说,今天蔚县飞狐道,在战国时期已是赵国北方地区的一条生命线了。

此后,飞狐古道上还发生过很多重要的历史事件。楚汉相争时期,汉军在这里驻有重兵;两汉时期,汉军与匈奴在这个地方也作过战;三国时期,曹操派儿子率领军队北征乌桓,北出飞狐道。

历史上,在飞狐古道上有赵襄子这样的成功者,也有很多的失败者。

魏晋时期,西晋的刘琨,当时官居并州刺史。西晋建兴四年(316年),并州被石勒攻陷,刘琨带着很少的人马北逃,去投奔已经占据了幽州的鲜卑人政权。他走的就是这条飞狐古道。刘琨是个文学家,也是个音乐家,著名的《胡笳五弄》就是他整理的。由于他喜欢音乐，所以重用一些擅长音律的人。这些人当中有一个人作恶多端，当时的奋勇将军令狐盛就建议刘琨处理这个恶棍。可是，刘琨没听取令狐盛的意见，那个人反而陷害了令狐盛，导致了令狐盛的儿子令狐仪等很多将领的反叛。刘琨败逃之后，走到飞狐峪，想起了忠勇的令狐父子，伤心不已。

一条飞狐古道经历了几多硝烟，承载了几重血泪，见证了几度离合？历史一步步向前，答案一层层揭晓。

唐朝武则天时期，突厥武装也曾经攻占过飞狐口。由此南下，进一步占领了河北定县一带。像这样，不管是南边北征，还是游牧民族从北边向南进攻，很多战事都是先打下飞狐口，顺着飞狐古道而进行的。

936年，后唐政权镇守太原的河东节度使石敬瑭起兵反叛。后唐军队前往讨伐，结果被围困在了太原一带。为了接应被围困的军队，后唐皇帝派出了援军。当时的计划是，援军从飞狐古道南下，从背后攻击其他军队和石敬瑭的部队。但是负责统兵的将领没有按照这一命令行事，擅自由井陉关向东进发，结果不仅救援没有完成，前去救援的部队也遭到了围歼。如果按照原计划走飞狐古道的话，那一带正是契丹部队和石敬瑭部队最薄弱的环节，救援行动就很有可能取得成功。

在宋辽时期，飞狐古道一带也处于宋辽拉锯的地区。986年，宋太宗派军北进伐辽，收复幽州和云州。宋军兵分三路向北进发，其中中路就是自定州走飞狐古道出飞狐口。本来中路的进展非常顺利，已经成功地通过了飞狐道，占领了飞狐口，向北推进了，但是由于北宋军队的东路主力打了败仗，宋太宗就急令全线撤军。中路在撤退的过程中与追上来的辽军在飞狐口展开了激战。由于宋军是在后撤的过程当中，士气很低迷，遭到了惨败。一路撤下来，原来飞狐古道以南已经被宋占领的地区又丢失了。这场本来是可以取胜的战争以失败告终。

在长城沿线关于宋辽时期战争中，本来宋朝占有优势是可以取胜的，结果却常常是败绩。这是为什么呢？因为北宋为了加强中央集权，朝廷对兵权的控制非常强。朝廷采取的是重文兴武的战略，就使得北宋很多的将领也非常平庸，军队的战斗力不强。再加上朝廷对军队的指挥又常常发生错误，使得该打胜的仗都打败了。

烽烟散尽，飞狐道历经哪般沧桑巨变？
古道悠然，旱码头见证怎样繁华万千？

1213年，成吉思汗指挥着他的15万蒙古骑兵，对金朝发起了第三次较大的攻势，亲率大军迂回南下，先夺取飞狐口，再奔紫荆关，从西南方向进攻金朝的中都，也就是今天的北京，才彻底打败了金兵。

到了明代，瓦剌、鞑靼等蒙古军队进攻长城的时候，也通常绕开有重兵把守的居庸关长城而走飞狐口，由此南下，迂回到北京的西南，向京冀地区发起进攻。

在古代，飞狐道不仅在军事方面是一个重要的通道，而且它在商贸活动当中也发挥了重要的作用。特别是到清代，晋商的崛起就与这条通道有重要的关系，很多的商旅就是从飞狐道北上和南下的。飞狐古道南来北往的客商和运输货物的驼队，成群结队，络绎不绝。这些商旅从南方运来的江南丝绸、茶叶等，通过飞狐古道运送到宣化、张家口，再通过张库大道，直达坝上草原，或继续向北，进入蒙古高原，直达俄罗斯。回来的商队又把草原地区和塞外的毛皮、奶制品运回中原地区来销售。

近代以来，飞狐口的战略地位依然十分重要，特别是抗日战争时期，飞狐口一带也是著名的抗日根据地。

这正是：

禁喉锁钥飞狐口，自古大战不停休。
硝烟险路何所惧，南北客商忙交流。

第三十九回 九朝古城美 蔚州山水秀

上一回我们说到了张家口蔚县飞狐道，自古以来征战忙。战争与和平交错而行，因为特殊的地理位置，在和平时期，蔚县又成为南北物资的集散地，每天迎来送往各地客商。这座古城经历了怎样的历史沧桑，又蕴含了怎样的文化宝藏？

蔚县古称蔚州，又叫萝川，地处河北省的西北部，北连张家口，东临北京，南连保定，西倚大同，是北京的西北屏障。

蔚字只有在中国地名和姓名里才读yù，历史上，中国有两个地方和两条河流以"蔚"字命名，分别是蔚州县、蔚汾县还有蔚汾河、蔚茹河，不过到了今天，只剩下蔚县和蔚汾河了。关于蔚县这个地名的由来，都有哪些说法呢？

前面我们讲过明代的长城分为九镇，也就是九个大的军区，每镇旗下又分为路。大同镇的长城辖九路，分别是：新坪路、东路、北东路、北西路、中路、威远路、西路、井坪路，最后一个路叫不属路，就是什么也不属于的那个路。这个不属路，就是今天的蔚县。其他八路，每一路旗下都有自己管辖的长城，只有不属路没有管辖的长城，但也是长城防御纵深的重要区域。

关于蔚县地名的来历，有两种说法。一种说法是，战国时期赵国老将廉颇屡立战功，赵孝成王十五年（前251年）把"尉文"封给他。"尉文"就是后来的蔚州地，蔚州由此而得名。另一种说法是蔚州因为蔚汾河而得名。著名的历史地理学家谭其骧先生认为，"蔚"作为州县的名字，应该是源自蔚汾河流域逐步东迁，最终定位在今天的蔚县。

跨越千年，代王古国历经怎样沧桑过往？

历经多朝，蔚州古城见证哪般战事匆忙？

相传代国是商王汤所封的诸侯国之一，也就是说，早在周之前就有了代国。代国的都城故地，就在今天的蔚县县城东北10公里处的代王城镇。代王城遗址至今非常清晰，也非常大。代王城的外城墙依然保存着高大的墙体，里边的宫殿区仍保存着不同时代的残砖残瓦。代王城在春秋战国时期是代国的都城，秦、汉时期为代郡，使用时间跨度达近千年之久。现如今，代王城遗址已经成了蔚州的一个重要符号，每年都有很多人慕名参观。

代王城最早形成于2800年前，古城有一个发展变化的过程，从小城到大城，又从大城到小城，这种变化反映了这座古城在不同时期的地位和作用。代王城遗址非常巨大，现在的考古调查得出结论，城墙东西宽2200米，南北长3400米，整座城池周长9256米。众所周知，山海关城在平地建造的城池中最大，也不过4000多米。代王城比最大的山海关城大一倍还要多。代王城的墙体是黄土夯筑而成的，今天在一些断裂的墙体刨面还可以看到非常清晰的夯土层。

秦汉之后历经三国、曹魏、西晋、东晋，一直沿用着"代"这个地名。到北周静帝大象元年（579年）开始设蔚州，"蔚州"这个地名才第一次出现在历史上。

明代的蔚州已经是一个军事重镇，蔚州地处宣府和张家口两个军事重镇之南，应该是保卫北京的一个重要据点。我们今天到蔚县去，可以发现在蔚县境

太行山下的千年古城——蔚州

内遍布着100多处保存很好的古城堡，这点在全国其他地方基本上看不到。所以说，蔚县是中国古城堡的一座博物馆。

蔚县的古城堡既有军堡，也有民堡。军堡主要是明代建立的，是明长城防卫体系的重要组成，是防御纵深驻兵的地方。民堡主要是清代和民国年间建造的，因为这个时期，蔚县已经成为南北经贸的重要集散地。很多的商旅在蔚县选择一块地方作为基地建起城堡，保障自己和自己周边居民的安全。蔚州城也是中国古城中保存比较好的一座。蔚州城在明朝很长一段时间内都是首都北京的重要门户。

讲到明代修建蔚州，不得不提一个人，这个人就是蔚州卫的指挥周房，他对修建蔚州城起到了非常重要的作用。在周房修建蔚州城之前，蔚州城的规模非常小，而且许多地方的城墙也非常残破，根本就不能适用军事防御的需要。周房做了蔚州城的指挥之后，决定在旧城的基础上扩大城的规模，并且疏浚河流，以加强对蔚州城的防御。这次修建蔚州城的工程起于洪武十年（1377年），完成于洪武十二年（1379年）。改造后的蔚州城会是怎样一番景象呢？

周房重修后的蔚州城，城墙周长有7里13步，城墙底宽4丈，整座城池共有垛口1100多个。蔚州城开设有东、西、南三座城门。为了加强防御，北面没有开城门，但在北城墙上建有颇有气势的玉皇阁。城墙四角各建了角楼，三座城门都有吊桥，供城内、城外通行所用。

华北地区的古城建筑一般都是方方正正的，讲究中轴对称。而蔚州古城的建筑很特殊，它没有按照方正、方圆来规划，设计成了不规则的多边形。这么大胆新鲜的创意出自哪位设计师之手，史料中已经没有任何记载，后人对此也是百思不得其解。于是，一个"兔跑城"的传说就成了最深入人心的注解。"兔跑城"说的是什么呢？

相传在修建蔚州城时，刚动工不久，新建的城墙就倒塌了，再垒起来，又倒塌了，而且倒塌的地方越来越多。施工时，天气也非常不好。四月里本来应该春暖花开，可是却刮起了大风，刮得天昏地暗；六月里本来应该下雨了，可是破天荒地下起大雪。在这种情况下，施工的城墙不断地倒塌，这可愁坏了蔚州卫指挥使周房，他整天愁眉不展。一天早上，他到施工现场去视察，突然看见一只非常漂亮的野兔，在雪地上不慌不忙、轻松自在地奔跑。这只野兔距离周房不远也不近，周房停下来它就停下来，周房往前走几步它就往前跑几步，仿佛在跟指挥使大人逗着玩，但始终与他保持一定距离。

这样在雪地上转了一圈，就留下了指挥使大人和野兔踩出来的一条路线。等到野兔带着指挥使大人回到起点的时候，指挥使大人随行的人员突然明白了，野兔和指挥使走过来的路线形成了一个封闭的图形。周房非常高兴，就命令手下的人按照野兔带领他们行走的路线重新规划、重新设计蔚州城，按照这个路线修建城墙。因为这个美丽的神话，蔚州城后来又被称为"兔跑城"。

坚致美观，蔚州城墙因何闻名四方？
钟灵毓秀，民俗风情如何誉满天下？

蔚州城后来经过几次大的改造工程。最大的改造工程是将原来由黄土夯筑的城墙外部，全部用条石做基础，用青砖包砌了城墙。蔚州城城墙的高大和坚固，在大同镇和宣府镇的长城沿线是非常有名的。

今天在张家口和大同一带民间还流传着这样的民谣："大同的婆娘，蔚州的城墙，宣化的校场。"这话完全是从明代流传下来的。"大同的婆娘"就是说大同的女人漂亮。大同作为草原游牧民族和农耕民族交汇地区，特别是在魏晋南北朝时期，曾经做过北方少数民族入住中原统一北方之后的政治、文化、经济中心，形成了不同民族杂居的状态。在不同民族混居、杂居的状态下，形成了杂交的优势，所以说，大同的婆娘漂亮，既有游牧民族有力量的一面，也有农耕民族女人秀美的一面。"蔚州的城墙"讲的是这座城的防御体系构成完整和它的建筑雄伟。"宣化的校场"是说宣府镇是整个明长城驻兵最多的一镇，所以它练兵的校场自然就大。

今天到蔚州古城还可以看到非常雄伟壮丽的玉皇阁，这是蔚州古城的标志性建筑。据说玉皇阁原名叫靖边楼，是一座坐北朝南的建筑，始建于周房在洪武十年（1377年）修建蔚州新城的时候。玉皇阁是蔚县境内规模最大、最精美的古建筑。我们今天看到的玉皇阁是明万历四十年（1612年）重修的玉皇阁，游人登上非常高大的玉皇阁，朝四面八方眺望，蔚州古城内的风景一览无余，古城外的山山水水也尽收眼底。特别是城北面，有一条弯弯曲曲的小河，叫湖流河。站在玉皇阁向北向西看，湖流河是一片山清水秀的风光，非常迷人。

蔚县不但人文景观非常好，自然景观也非常好。蔚县的南山区森林密布，山清水秀，构成了蔚县塞北江南般的锦绣风光。植被茂盛的小五台山，海拔2882米，是河北省最高的山峰，也是户外运动的一个好地方。现在许多北京的户外活动爱好者在春夏秋季节都喜欢来这里登山。

蔚县空中草原，面积36平方千米。这里有著名的三大奇观：海拔最高的地面石河、甸子梁夷平面、地上漏斗。这三种说法都是地理学概念。

除此之外，还有一大奇观就是雪绒花。过去在中国没有成片的发现过雪绒花，现如今在蔚县的空中草原发现大片大片的雪绒花，所以现在到蔚县观赏雪绒花已经成了吸引力非常强的旅游项目。

对于北京人来说，蔚县还是个避暑的好地方。盛夏时节，这里比北京凉快得多，就是三伏天晚上睡觉的时候还需要盖被子。到蔚县来旅游不用担心被蚊子叮咬，因为这里天气凉爽，很少有蚊子。

蔚县不仅历史悠久，而且风景秀美。这座古城的民间、民俗文化也非常有特色。现在北京很多人都到蔚县来过年，为什么呢？蔚县这个地方年味特别浓，不但有社会活动，还有各种民间活动，像"打树花"就非常诱人。"打树花"是把铁块放到小铁窑里烧化成铁水，然后由艺人用柳木做的木勺舀一勺铁水向城墙上泼洒，铁水洒到城墙上溅出五彩缤纷的火花，就像放的烟火一样漂亮。这个风俗，过去人们取铜墙铁壁的寓意，想祈祷和祝福作为军事防御重镇的蔚州城为铜墙铁壁。后来成为每年年庆活动当中一个重要的项目，一直传到今天。

蔚县的剪纸在国内外影响也非常大，早已列入联合国教科文组织非物质文化遗产。现在在蔚县的农村，有很多的剪纸艺人从事着民间剪纸的制作。人们到蔚县去，如果不带一些剪纸走，都会觉得特别遗憾。

这真是：

千年古城数蔚州，文明古迹遍地留。

塞外江南景色美，民俗风情任你游。

第四十回 大美张家口 商道行悠悠

上一回讲到了长城沿线的军事重镇蔚州，那里古意悠悠，景色秀美，穿越古今的别样风景，让人流连忘返。蔚州现在叫蔚县，在行政区划上属于塞外山城张家口。张家口是长城重要关口，雄伟的万里长城，在这里绵延千里，逾越千年，上演了一出出战争与和平的大戏。张家口有怎样的传奇过往？

张家口，位于河北省西北部，地处北京、河北、山西、内蒙古四省市区交界的地方，是华北通往内蒙古的交通要道，至今还有"首都的北大门"之称。

张家口古代属幽州，秦、汉、三国时期为上谷郡所管辖。五代时后晋的石敬瑭割让燕云十六州给契丹之后，张家口地区就被游牧民族占据。包括辽、金时期，张家口地区也是北方的重要军事聚落。明朝时张家口属宣府前卫所管辖。

张家口修建最早的城是现在位于桥西区的堡子里，现在当地人叫下堡。堡子里，明代时属于京师宣府镇万全右卫所管辖。宣德四年（1429年），万全右卫都指挥使张文主持修建了这座城堡。为了纪念张文，后来人们就称他所修建的城堡为张家堡。从这以后，张家口就由一座无名的小村变成了长城沿线的一个军事城堡。成化十六年（1480年），再次扩建了这座关城。嘉靖八年（1529年），都指挥使张珍又改筑了城堡。从这时候开始，在长城上开设了一个小北门，这个通往长城内外的小门被大家称为"口子"，张家堡就被改称为"张家口"。

张家口在群山环抱之中，气候非常凉爽。至今在张家口外还能很好地感受到农耕与游牧民族那种不同的生活气息。张家口市境内所辖的长城非常多，而且文化积淀也非常深厚。在张家口市境内，现存的有战国时期的长城，有秦汉时期的长城，有北魏长城、北齐长城、金长城和明长城。这么多朝代的长城汇聚在一个市里，这在全国也非常少见。

张家口境内最多的还是明代的长城，既有外长城，又有内长城，像赤城、宣化、张家口、万泉、张北等都是明代的外长城；怀来、涿鹿等地方是明代的内长城。张家口市境内的历代长城累积起来应该有近千里，一个地级城市所辖的地区有这么多的长城，这在全国也是屈指可数的。

张家口长城还有很多重要的关口，像独石口、张家口、马市口、马水口都非常重要。在这些关口当中，大境门最著名。它作为清朝时期张库大道的起点，在中国历史上发挥了非常重要的作用。1927年，最后一任察哈尔都统高维岳被大境门内外的高山大川震撼，写下了"大好河山"四个颜体大字。如今，这四个大字刻的匾额依然镶嵌在大境门的城门之上。

一幕大戏，最精彩之处莫过于剧情的不可捉摸，而历史往往是最好的编剧。自古以来，兵家必争的张家口上演了无数刀光剑影的战争大戏，却也不乏安顺和平的好时光，一度成为兴旺繁华、人生鼎沸的商埠。这戏剧性的一幕又是怎样发生的呢？

据不完全统计，古代时候在张家口先后发生过50多场著名的战役，留下了200多处古战场、古要塞和古城堡遗址。就是这样一个战争频发的地带，在明清两代又都是农耕地区和草原地区贸易交流的口岸。草原文明和农耕文明在这里交汇、融合，完全可以说张家口是长城内外不同民族的共同家园。

在明代隆庆议和之前，明

张家口堡子里，北方最后一个沉睡的古城

朝和蒙古部族双方的战火不断。隆庆议和之后，在长城沿线的贸易交往才得以恢复。张家口是隆庆议和之后明王朝对蒙古部族开放的第二批边贸关口之一。长城沿线关口的这种贸易，一般都是在长城的外面选一个地方进行。但是在这个贸易过程当中，会有一些蒙古部族的官员们进到长城里边来办事。为了满足这样的需要，同时又不使他们对张家口城门的防御有所了解，就在城墙开设了一个小门以通内外。这座小门仅可以供行人通过，骆驼、马匹等无法通过。历史文献中有对于这座小门的记载，但后来这个门找不到了。前些年张家口市在整顿长城下边环境的时候，在大境门的东边清理积土时，发现了已经被埋在地下的这座小门。

到了清朝的时候，张家口作为长城内外草原地区和农耕地区贸易交易场所的重要地位，得到了进一步的加强。清代，张家口不仅仅是原来明朝"茶马互市"那样简单的区域性的贸易交易点了，它已经成为整个南方向北方输送各类日用产品和从北方向南进口各类毛皮等产品的重要集散地。过去，人们穿皮袄的时候有一种"口皮"，就是从张家口买来的皮货；今天我们所说的北方的那种蘑菇为口蘑，就是从张家口买来的蘑菇。

张家口作为一个贸易的集散地，带动了这条古商道沿线及周边地区的发展，这条连接内地和关外古商道从何而起，又因何而起？在当时又是怎样的一番景象呢？

车水马龙，茶马互市如何成就张库商道？
人来人往，硝烟战场如何变成繁华口岸？

这条古商道就是著名的"张库大道"，也称为"张库商道"。张库商道的起点就是今天的张家口一直向北，通往今天蒙古国的乌兰巴托，当时称为库伦，并由此向北向东延伸进入俄罗斯的恰克图，全长1400多公里。

张库大道历史悠久，应该说它始于明代，只是在明代没有形成那样的规模。但这条贸易的交往线，这条货物物流的走向与后来清朝时是完全一样的。所以说张库大道始于明代，发展于清代，衰败于民国。

提起张库大道,今天的张家口人都非常自豪,以此为骄傲。这种自豪和骄傲也是有道理的,因为这条大路又被称为另一条"丝绸之路"。这条古道又有着怎样的历史渊源呢?

根据一些历史学家的研究成果可以看到,这条商道大约在汉唐时期就已经开始,出现以茶为主的贸易,大约不晚于宋元时代。张库大道的前身应该是元代开辟的向北通往库伦的一条驿路。这条驿路形成之后,明代的时候,一直还被草原地区的蒙古族政权使用;到了清代,才被清王朝作为一条官马大道推广开来。宣德年间修建张家口堡之前,在张家口一带就有从事长城内外贸易的一些商家,这些商人在当时被称为"跑草地"。不管是明王朝开关的时候,还是闭关的时候,这些商人都一直在这个区域做买卖。只不过在开关的时候,这个买卖是公开进行的,在官府指定的场所进行的。朝廷关闭了长城沿线与草原地区的贸易之后,这些"跑草地"所做的买卖就在暗底下进行。

明朝边疆政策的变化让张家口由军事重镇转型为一个边贸集市,清朝大境门的出现,则让张家口进一步成为繁华的商业城市。清朝政府在张家口做的第一件事就是把长城扒了一道口子,建起了大境门。大境门三个字由当时六岁的顺治皇帝亲笔题写,虽然略显稚嫩却不失皇威。说起大境门和清朝皇室的渊源,还不止于此,当地流传着这样一个故事,故事里的事又是怎样的呢?

康熙平定蒙古噶尔丹后,曾带着少数随从先期到达了大境门。据说那天,天已经很晚了,康熙皇帝的护卫随从大声地向张家口城门上的守兵呼喊,让他们开门。当时负责守门的一个小头目叫张元,下面喊说:"皇上来了,赶快开门。"这个张元在城楼上说:"我朝有规定,日暮时分落城门,谁来也不给开。皇上来了这门也不能开。"结果任凭下边的随从怎样喊叫,就是不开。康熙看到守门的士兵如此坚决,就叫住了随从,在城下选择一块平坦的地方扎下营来。第二天早上到了开门的时辰,城门开了之后,康熙才率着他的随从们进了张家口。

当张元知道昨晚叫门的真的是康熙皇帝的时候,知道闯下了大祸。康熙进城之后把张元叫了过来,对他说:"你去捡一块石头来。"张元非常害怕,以为自己要大祸临头了,就想,皇上让我去捡块石头,是不是要用这块石头砸死我啊?这样想着,他就捡了一块不太大的石头回来回禀皇帝。康熙让人把这块石头称了称，这块石头重三两二钱三，于是，皇帝就命人赏赐给昨晚所有负责守卫张家口城门的人，每人三两二钱三的银子，并且嘉奖张元恪尽职守的精神，升他为将军。

张元知道皇帝不但没有加罪，反而奖励了他们，喜出望外，高呼万岁。为了纪念这件事，人们在康熙过夜的地方建了一个亭子，取名为"卧龙亭"，在对面山坡上建了一个亭子，命名为"将军亭"，并把张家口东西原来称为西高山和东高山的两座山改为东太平山和西太平山。

大境门是张家口最具有标志意义的一个地方。在长城沿线的山海关、居庸关、嘉峪关很多重要的地方都称为"关"和"口"，比如张家口。但是把一个关口称作为"门"，大境门是唯一的一座。大境门是从清朝开始称为"门"的。这种称谓的变化代表着商业文化和军事文化的一种转变。

大境门成为我国北方易货贸易的内陆口岸。那么繁华的大境门又见证了怎样的历史沧桑？

川流不息，塞外古城见证怎样繁华万千？
风云变幻，张库商道历经哪般浮云如烟？

随着清王朝对蒙古、俄罗斯贸易的全面开放，张家口出现了更多到长城外从事贸易的商人。当时运输货物的工具主要是骆驼或牛车。骆驼商队每年秋季开始出发，直到冬季返回；牛车队一般是春季出发，秋季返回。

在漫长的张库商道上，每年都有数以万计的骆驼和牛车在不停地往来行走，其中既有"山西帮"，也有"直隶帮"，还有以京城商户为主的"京帮"。除了这些大的商帮之外，也有相对来说属于小本经营的像蔚县、怀安、涿鹿等本地的商帮。实际上本地更多的人是在从事着这种商贸的服务行业。这些由长城里到长城外去做生意的商人最开始的时候被统称为"通事行"，到清朝末年的时候开始称他们为"旅蒙商"。这些商人从内地采购绸缎、布匹、米面、纸张、砖茶、烟、糖、瓷器、铁器等物资，到草原地区换回马、牛、羊、皮毛、绒毛、药材等。

据有关地方文献记载，在张库大道历史最辉煌的时期，张家口的商户也发展到了顶峰。张家口的商户，清初的时候只有80多家，到了道光年间就260多家了，到了同治年间就已经发展到了300多家，民国初年仅大境门外的商铺就达到1500多家。可见这个区域的贸易有多么繁盛。

张库大道全盛时期，在张家口从事贸易的贸易额最高达到1亿5千万两白银。那个时候16两为1市斤，每市斤折合成今天的钱，每克是1.3元人民币，按这样的折算，1亿5千万两白银就相当于60多亿元人民币。当时，张家口出大境门向西，在十里狭长的沟谷当中，商号店铺鳞次栉比，交易市场人声鼎沸。由于商铺多，贸易的需求量发展大，张家口大境门外的商铺供不应求，当时就是一间铺房月租金就要50两白银。

清朝末年，以张家口为物流集散地的张库大道不断发展壮大。1909年，由中国人自己设计并修建的北京到张家口的第一条铁路竣工，加快了张家口与北京商品流通的速度。1918年，我国第一条国有公路——张库公路也建成通车。从此以后，汽车商队就代替了骆驼队和牛车队。

京张铁路、张库公路开通之后，张家口对库伦和俄罗斯的贸易发展到了顶峰。这个时候的张家口成为驰名中外的"陆路商埠"，并被冠以"旱码头"的称号。

这正是：

大好河山张家口，战事不休万民愁。
和平来往是正道，民族交融乐悠悠。

第四十一回 繁华马市口 大义震天吼

上一回讲到了塞外古城张家口。长城沿线是兵家必争之地，也是经济贸易的活跃区，明长城宣府镇的马市口就是一个因为马市贸易而得名的关口。马市口有着怎样的过去，演绎了怎样的传奇？

马市口是明长城宣府镇的一个关口，因为是长城内外进行马市贸易的地方，所以叫马市口。

马市口位于张家口市怀安县渡口堡乡的马市口村，是河北省怀安县、尚义县，山西省天镇县和内蒙古自治区兴和县的三省区四县交界处，自古就是张家口地区通往晋北和蒙古的交通要道。现在马市口只是一个普通的小村庄，全村共有108户人家，308人。

就是这样一个村庄，在明清时期却是通往蒙古大草原的一个重要关口。曾经有诗形容马市口，"一将挡四面，鼓鸣三省警"。这个明代建立起来的重要贸易关口，直到清代仍然是一个重要的市场。

明朝的时候，贸易主要是在由黄土夯筑的马市口城堡的外面进行。清朝的时候，城堡里边也成了开放的市场，由千总驻守。

我们现在还可以想到当年热火朝天的场面：简易宽敞的马市口露天市场，一些拴马桩上拴着各地来的骡马，各地的商贩到这里买卖交易。当时的交易，特别是马市的交易，并不像我们想象的那样大声吆喝。当时马贩子的交易都是在静悄悄中进行的。他们全部交易，如讨价还价，都是在袖子掩盖下用手比画。一方把手伸到另一方的袖子里边去，用手指点对方的手心，比画出数字来。这种交易方式，被称为"袖里吞金"。

今天的马市口村里，还有一棵有百年历史的大柳树。

三个成年人手拉手，都不曾环抱过这棵柳树。过去大柳树的周围有大大小小很多商铺和车马店，它曾经是市场的中心地区。现在马市口的关口、关城和其他的附属的防御建筑，以及当年市场交易的场所都已经荡然无存，只残留着一些黄土夯筑的长城墙体。

看到今天村子的样子，你很难想象曾经这里商贾云集、铺店林立的繁华景象。据村里的老年人回忆，马市口在民国年间还是远近闻名的一个马市呢！围绕着骡马市场，餐馆、茶馆、旅馆的生意也都特别红火。

有道是民以食为天，南来北往的商客在马市口相聚，除了生意，吃也是一大主题。为了招揽天南海北口味各异的"吃货"，各家店铺掌柜可以说使出了浑身解数，"怀安三宝"之一的"马市口一窝丝"就是从这里打出招牌的。这其中又有怎样的故事呢？

"马市口一窝丝"与"柴沟堡熏肉"、"怀安城豆腐皮儿"并称为"怀安三宝"。清光绪年间，马市口的一窝丝，就是从马市口打出招牌传遍张库大道的。熏肉、豆腐皮儿大家都耳熟能详，说到"一窝丝"，仅凭概念想象不到它是什么样的食物，实际上它是一个烧饼。据说当时有个烧饼店叫"一窝丝"，在他们家店的对面也还有一个烧饼店。两家竞争得非常激烈，都想以一技之长压倒对方。

有一年来了个外地的厨子，人称陈大师傅。他最拿手就是制作一种特殊的烙饼。这种饼用上等的白面、麻油做成3尺多长的拉面，然后将一根拉面卷成一张圆团，然后再擀成饼，放在锅里加麻油烙熟。一根拉面，放平了是一张饼，提起来就是一根线，被称为"一窝丝"。

马市口是明代隆庆年间开放的第一批马市，追溯它开放的历史还得从隆庆议和说起。我们在讲庚戌之变的时候说过，穆宗隆庆年间同蒙古俺答部结束了军事对立的局面，史称"隆庆议和"。隆庆议和与马市口有何关联呢？

一波三折，隆庆议和如何带来和平时光？
南来北往，茶马互市怎样促进民族融合？

蒙古俺答汗为了求贡不断进攻明长城，他是以战求和。但当时主政的严嵩，不考虑蒙古游牧民族的实际利益，硬性地关闭了长城沿线的所有马市，结果导致双方的战事不断升级，仗越打越大。

隆庆元年（1567年），高拱、张居正分别进入了内阁，并于隆庆三年（1569年）和隆庆六年（1572年）相继担任了内阁首辅。他们纠正了严嵩的错误做法，对内励精图治，整顿吏治，对外则切实地加强长城防御，同时，寻找与蒙古瓦剌和解的途径。抗倭名将谭纶、戚继光就是在这个时候被调到长城沿线来戍守长城的。

也就是在这时候，这两位主张与蒙古议和的朝廷重臣抓住了一个历史性的契机。隆庆四年（1570年）的冬天，俺答汗的孙子把汉那吉到明长城投奔明廷。一向与明朝廷兵刃相见的蒙古贵族为什么突然投降了呢？

这里我们不得不提到一位蒙古女子，就是后来人们常说的三娘子。她的本名叫钟金，是漠西蒙古一位首领的女儿，她本来已经被许配给当时一位蒙古部族的首领。但是俺答汗相中了钟金，要娶她为妻。这个时候，俺答汗就把跟他孙子把汉那吉定下亲的一个女孩嫁给了那位蒙古部族首领。把汉那吉从小没有父亲，是俺答汗从小抚育长大的。他与他已经订婚的女孩是从小一起长大的，感情非常好，所以当他知道把他喜欢的女孩许配嫁给了别人之后，非常气愤，一怒之下就采取了极端的做法，率着几个亲信到明长城的败虎堡向明廷请降。

当时，长城沿线的巡抚王崇古看到了这样一个重要的历史契机，马上热情地接待了把汉那吉，并且火速把这个消息报给了首辅高拱和大学士张居正。当俺答汗知道了他的孙子跑到了长城里边去请降，非常担心，因为明廷在此前多次地斩杀俺答汗派去的求共求和的使臣，他的孙子跑到明军去以后，必死无疑。于是，他就调动所有的部队，准备对明朝的长城沿线发起全面的进攻，并且派使臣到明军送信："你们迅速地把我孙子放回来，否则的话，我将对长城发起全面的进攻。"使臣来了以后，看到把汉那吉已经穿上了明朝的官服，一切都非常好，回去把这个消息告诉给俺答汗，俺答汗看到了与明朝和解的希望。后来双方经过多次和谈，终于达成了合议。

隆庆五年（1571年），隆庆皇帝下诏，封俺答为顺义王，并允许在长城沿线很多地方开辟马市贸易，进行长城内外的贸易交流。这就是著名的隆庆议和。

我们今天讲的马市口就是隆庆议和后开设的第一批马市场所之一。在第一批马市的开放场所，大同的得胜堡是核心地区。据说开市的那一天，马市的贸易场所如同节日，一片欢腾。汉蒙各族的民众熙熙攘攘，摩肩接踵，气氛友好而热烈。

这时，已经成为蒙古族最高领袖俺答汗妻子的三娘子，率领着蒙古各部族的首领，赶着500多匹精心挑选的蒙古良马也来到了贸易市场，她代表新受封的顺义王俺答汗来向明廷进贡。

此后，三娘子经常代表俺答汗与明代长城沿线的巡抚总兵等官员进行交涉和往来，特别是与宣大巡抚吴兑相交很深。吴兑把三娘子当作自己的女儿一样看待。三娘子为维护长城沿线的马市贸易做了很多的工作，特别是她听到个别的蒙古部落想要偷袭长城，进长城去抢掠，一面想办法去阻止，一面赶快通知守军要加强防备。

自从北部边境打开了互市的大门，长城沿线的战火纷飞就转换为商贾云集，蒙汉百姓互通往来，买卖兴隆，一派祥和。那是一番怎样的胜景呢？

隆庆议和之后，长城沿线开放的马市有官市、民市，以满足蒙汉民众的生产和生活需求。又因为双方的贸易交换是以茶叶和马匹为标志，所以历史上又称为"茶马互市"。

官市一般是每年春秋各一次，要举行十分隆重的仪式，这种官市是官府之间的贸易。官市的规模很大，每逢开市时，长城内外马匹成群，牛羊成片，各种货物车载人扛，应有尽有。绸缎、鞋帽、杂货等各种摊位进行着十分热烈的贸易。开市期间还有一些娱乐活动，像跑马、杂耍、说唱等表演活动也很多。

民市一般是每个月一次，又称月市，主要是民间贸易。在一些蒙汉民众居住较为集中、交易较为频繁的地方，遇到满足不了交易需要的时候，还开些小市。民市主要交易的是生活日用品，官府对交易活动除了收税之外一般不加干涉。如果说有限制的话，更多的还是限制长城里边商人对货物的价格不能定得太高，不能用过高的价格或者是不好的产品坑害来自牧区的牧民。

隆庆议和之后的十多年间，蒙古族和明王朝之间一直保持着比较友好的状态。这其中，三娘子起到了很大的作用。尽管少数的蒙古贵族依然很留恋过去的武装攻掠生活，到长城里来抢掠他们需要的物资，但碍于俺答汗的威望和他强势的管理，也不敢鲁莽从事。俺答汗逝世后，三娘子开始掌握部落的实权。三娘子执政期间，蒙古和明朝的关系会发生变化吗？

顾全大局，巾帼英雄委身再嫁能否换取和平？
积极斡旋，女中豪杰挺身而出能否平息战火？

游牧民族长期以来实行转婚制，就是一个女人嫁给一个男人之后，如果她的丈夫死了，她要转嫁给这个男人的哥哥、弟弟或是这个男人的儿子（只要不是她亲生的）。

俺答汗死后，俺答汗的长子辛爱黄台吉继承了汗位。按照蒙古族的转婚制，三娘子必须要嫁给新即位的汗王。黄台吉对明朝封贡不积极，他还是比较喜欢武力抢掠的那种生活方式。俺答汗在世的时候，黄台吉就常常因为这样的事情与三娘子有冲突，两个人的关系非常不合，所以三娘子不愿意嫁给他，就率部西走。这个时候，已经统一起来的蒙古部族又一次面临着分裂。而明廷知道三娘子在蒙古各部族当中的威信，知道黄台吉不太支持与明朝的封贡关系，也知道黄台吉没有力量统驭各部。在这种情况下，如果三娘子出走，蒙古各部族分裂之后，长城沿线势必面临新的威胁，刚刚形成的和平局面就会被破坏掉，所以明廷就极力地劝说三娘子与新汗王结婚，识大体的三娘子最终顾全大局，成了第二代顺义王夫人。

三娘子做了第二代顺义王夫人后，由于辛爱黄台吉年老多病，权力基本上掌握在她手里。她严格遵守俺答汗制定的成法，凡是有违反蒙汉之约的，一律严惩不贷，尤其是对她自己的直属部下，更加严格。一次，她部下有几个人偷偷地越过明长城去抢劫，为守卒所抓获。虽然作案未成，但三娘子照样惩罚了他们。

万历十五年（1587年）六月，俺答汗的孙子扯力克亲自率领数千骑兵要去攻打长城。他向明朝将领提出，我有8000匹马，要明朝按照最高价购买，否则他就发兵对长城发起进攻。这个时候正值雨季，赶上一场暴雨，很多地方形成洪水之后，把一些长城的关隘和墙体都冲毁了。在这样一个形势非常紧急的时候，大同巡抚赶快派人去联系三娘子。三娘子出面，才使扯力克撤回了部队，使一场即将发生的大战平息了下来。

像这样的矛盾和纠纷，三娘子出面化解了很多，使得蒙古部族与明王朝关系始终维持着基本的和平状态。辛爱黄台吉继承汗位仅四年就病死了，他的长子扯力克继承汗位。按照蒙古族的转婚制，三娘子必须要嫁给扯力克，但是扯力克不愿意娶三娘子为妻。三娘子拿着顺义王的王印和兵符，不交给新即位的顺义王。这样一来，蒙古族又一次面临着分裂的局面。

明廷以不封顺义王为条件，要挟扯力克必须要娶三娘子为妻，而三娘子也在明廷的劝导下，交出了顺义王印和兵符，蒙古部族再一次避免了大分裂的发生。

扯力克继承顺义王后，明廷又封三娘子为"忠顺夫人"。为了提升三娘子的政治地位，明廷还规定顺义王向朝廷所有上报的正式公文，都必须由"顺义王"和"忠顺夫人"共同签署盖章才有效。扯力克的行为比较放任，他的一些部将曾经在长城地区同明军发生过几次冲突，特别是扯力克在万历十八年（1590年），同河套等地蒙古族联合起来，向明朝军队发起进攻，青海、甘肃一带形势顿时紧张起来。

明廷为了应付紧张局面，大力增加了长城沿线的防御力量，并停止了扯力克的通贡互市。一场激战迫在眉睫。最终，因为扯力克军事上的失利和三娘子从中的努力斡旋，使扯力克停止了想进攻长城的计划，再一次避免了一场血战的发生。

万历三十四年（1606年），三娘子去世，扯力克把她葬在福化城，建立了"太后庙"。现在里面还存有三娘子的骨灰塔。

隆庆议和之后，一直到崇祯十七年（1644年），明王朝被李自成农民起义军推翻，在长达70多年的时间里，蒙古族和明王朝始终保持友好的关系，没有发生过重大的军事冲突。长城内外的蒙汉两族人民在长期安定和平的环境里，相互了解，相互学习，彼此之间的关系越来越密切，促进了蒙汉民族的共同发展。

这正是：

马市贸易连内外，怀安三宝一窝丝。

隆庆议和休战火，巾帼英雄三娘子。

第四十二回 鼎立京津冀 亘古保定城

上一回说到马市口见证了春去秋来的沧桑往事，阅尽了南来北往的车水马龙。这一回，我们调头南下，去看一看历史悠久的保定古城，这里走过了多少人物，留下了多少故事？

保定是明代长城重镇真保镇总兵的驻地。这座古城位于河北平原中西部，西边挨着太行山，东边怀抱白洋淀，和北京、天津形成了三足鼎立之势。保定京师的门户，历来都是军事重镇，被称为"北控三关，南达九省，地连四部，雄冠中州"的清代八督之首。自清代以来，直到1968年，在这300多年的时间之内，保定一直是河北的政治、军事和文化的中心。今天的保定虽然不是省会，但是它依然占有重要的地位，它是大北京经济圈的两翼之一，是北京主要的卫星城，所以人们习惯称保定为"京畿重地"、"首都南大门"。

这么多的荣誉称号，这么多的历史积淀，这么多年的风风雨雨铸就了这一座名垂青史的保定城。保定城的传奇究竟缘起何时呢？

960年，宋王朝在保定清苑县设置了保塞军。"军"是宋辽金时期在要塞地区所设的行政机构，称为"保塞"取的就是保卫边塞的意思。保塞军守卫的是北部边塞战略重地，也是宋太祖赵匡胤的祖陵。因为这支保塞军，"保"字第一次跟现在保定这片土地关联起来。981年，保塞军升为保州，成为真正意义上的地方行政管理机构，取的还是永保安定的含义。设立保州之后，清苑县改名保塞县，保州的衙署依然设在保塞县里。

中国历史上很多朝代都修建过长城，宋朝基本上没有怎么修建长城，只是在很少一些地方，利用隋长城的基础进行了加固和整修。虽然没有修长城，但在这个时期，宋朝对北部和辽国相交地区的军事防御还是非常重视的，著名将领呼延赞等人都曾经领命带兵驻守过保州。1000年，抗辽名将杨业的儿子杨延昭担任了保州沿边都巡检使。

时隔三年，他又升为保州防御使。这位出身名门的大将在保州做出了不少的大事，他开凿河道作为屏障，既满足了农田灌溉的需要，又能防御敌人的骑兵部队。特别是在辽军大兵压境的危急时刻，他没有选择死守保州城池，被动挨打，而是采用了攻守结合的方式，打了敌人一个措手不及。在敌人败退的时候，杨延昭又带领部队乘胜追击，斩获了敌人头目的首级，凯旋，面见皇帝，受到了嘉奖。

1127年，北宋王朝宣告灭亡，保州也到了金兵的手中。不过这里的行政区划依然沿用宋朝的制度，保州的名号没有变化，只是又设置了金台驿。两年后，保州设顺天军，就成了顺天军节度使的驻地，下辖清苑、满城、遂城三个县。

13世纪之后，蒙古族崛起在长城之外的大草原，他们像龙卷风一样席卷亚欧大陆。蒙古军队对金王朝的军事防线发动多次进攻，在攻破了涿州、易州之后，紧接着又打到了保州。这个时期，金兵已经没有战斗力了，蒙古军队一路

保定大慈阁，最初用于军事瞭望

杀来，并没有受到顽强的抵抗，没想到在攻打保州的时候，遭到了非常顽强的抵抗。蒙古军队连续发动了几次强攻，非但没有攻破保州城坚固的防线，还损耗了不少的兵力。后来，他们改变战术，填城壕，造云梯，向保州城发起总攻。守军和进攻部队兵力对比悬殊，又没有外援的兵力来增援，保州城最终沦陷。

蒙古军队攻下保州城之后，实行非常残酷的屠城。所谓的屠城就是要把城里的所有人都杀掉，用这种办法来震慑其他的地方，使得人们在面对蒙古军队的进攻时不敢进行顽强的抵抗。屠城是游牧民族军队经常采用的一种非常残酷的杀戮方式。他们在进攻城池的时候，只要是遭受过顽强的抵抗，进城之后就要对城市进行屠城。

元朝时期，1227年，蒙古军兵马都元帅张柔带兵从满城移驻到保州，开始扩建保州城，并且从其他的地方向保州移民，很快就使保州成为"燕南一大都会"，形成了今天保定城的雏形。十多年后，元朝改顺天军为顺天路，寓意"顺应天命"。因为保州是元大都的南大门，所以，1275年顺天路又改为保定路。

大兴土木，保定城如何变身"靴城"？
大举搬迁，外来客如何安身异乡？

保定城修建时采用毛石垒砌和黄土夯筑这两种建筑方式。到了明惠帝建文四年（1402年），才开始用砖和条石垒砌城门。隆庆年间才把保定的所有城墙改成用青砖垒砌，并且在各个城门的城台上加筑了城楼。保定城基本上是方形，只是在西城的南部向外凸出500米的弧形城墙。这么一来，保定城的平面就像官老爷穿的靴子模样，所以保定又得了一个"靴城"的绰号。

1368年，明朝把保定路改为保定府，并且把保定府境内的长城和真定府境内的长城组成的内长城称为真保镇长城，设置总军官进行统一的管理和指挥。在明长城的防御体系中，真保镇作为北京的西南屏障，起到了极为重要的作用。

明代建国之初，全国实行了军屯的制度，特别是在长城沿线的军屯发展起来以后，从全国各地抽调了很多的军户来充边屯垦。河北长城沿线上的军户有很多是从山西过来的，人们在说起自己的祖上的时候，很多上年纪的人都说他们的老家是山西大槐树。

长城沿线的很多军户、移民之所以都来自山西,是因为当时山西人口比河北、河南都多。当时河南的人口是189.1万人,河北的人口是189.3万人,但是所辖土地比河南还小、比河北也不大的山西,人口却达400多万,也就是说山西的人口比当时河北、河南人口的总和还多。在洪武初年和永乐年间,向河北地区长城沿线移民实行军屯主要的人力来源是山西。但是一般的地方文献当中并没有记载这些移民来自山西的什么地方。可能洪都县大槐树下是一个集散地,所以很多离开山西的人就记住了那棵大槐树。

但是保定的移民文献当中确有记载,是从兴州迁移而来。这里说的兴州是不是山西的兴州呢?山西的兴州现在是吕梁市的兴县。这个地方在明洪武二年(1369年)才开始改兴州为兴县,改名的原因是这里已经失去了边防军事重地和交通要道的地位。经过元朝末年的战乱,在明初的时候,兴县人口只剩下不到8000人,田赋收入还不如一个小县。这样一个小的地方,会有那么多的人口提供向保定移民吗?如果保定地方志和民间盛传的兴州不是山西的兴州,那么它到底在哪里呢?

经过长期的研究,人们发现明代向保定的移民还真不是山西的兴州,而是一个叫"小兴州"的地方。这个地方在河北承德滦平县,现在的金山岭长城就是属于滦平县所辖。

关于这件事,《明史兵志》当中有记载:明初的时候,在今天的内蒙古地区设立大宁都司,管辖大宁前、后、左、右、中五卫及会州卫、营州中护卫、兴州中护卫。当时的兴州中护卫就是在河北承德滦平这一带。

永乐元年(1403年),北平行都司改为大宁都司,迁到了保定。兴州中护卫也在这个时期随着倾巢而出,迁徙到了保定一代。对于这件事《明史》记载,永乐年间,兴州中护卫迁到保定去之后,他们从前的驻地就成了一片没有人烟的荒地。清同治十二年(1873年)的《清苑县志》上,也提到过这次迁徙:明永乐初年,由大宁等地迁移到保定来的卫军很多都是生活在北口外小兴州的将士。他们都带着家属一起迁到了保定。

朝代更替,岁月沧桑,有清一代,保定城又将见证什么样的故事呢?

清康熙八年（1669年），保定成为直隶总督署的所在地。今天保定城里的直隶总督府建于雍正七年（1729年），是我国目前保存最完好的清代省府衙门。走进这座占地3万多平方米的总督衙门，可以切身感受到清朝兴衰的历史。

直隶总督府位于保定的市中心。想当年，直隶省下辖宣府镇、顺天府、永平府、真定府、顺德府、广平府、大名府、河间府等八大府镇，曾国藩、李鸿章、袁世凯等中国近代史上叱咤风云的人物都曾经是这里的主人。

"一座总督衙署，半部清史写照。"正是这半部清史，开启了中国近代社会的帷幕；正是这座总督衙署，堪称中国现代文明的重要策源地。直隶总督署一带留下了多少风流人物的足迹，刻下了多少历经风雨的传奇？

直隶总督署西边有一处名叫"光园"的老建筑，最早是真定府迁至保定府时的府衙，后来经过直隶总督曹锟的大规模扩建变成了曹公馆，直奉、直皖几场大战都是在这里谋划而成的。曹锟因为仰慕戚继光的英名，就把这里命名为"光园"。除了曹锟之外，奉系军阀张作霖、张学良父子，京津卫戍总司令阎锡山，国民党保定行营主任钱大钧都在光园生活过，就连国民党的委员长蒋介石也在光园里住过。

距离总督署不远的西大街万宝堂对面有一条十字形胡同，名叫秀水胡同。新中国成立前，胡同里有一处老保定人俗称的"信局子"——也就是保定最早的邮政局。路东边是参加过第一次世界大战的司令官宋焕章的祠堂，临近的还有蚨兴银号、天昌银号、义恒昌银号。这些都是老保定的缩影。

老胡同里流传着这样一个传说：在清代嘉庆年间，胡同里只有两户人家，东边一户姓丁，西边一户姓贾。当时，人们就把这里叫作丁贾胡同。那时候，丁家大少爷在北京城里做高官，算得上有权有势；贾家大公子在北京城开了一家大钱庄，也是财大气粗。两户人家都是当地有名的大户人家，一东一西隔着3尺来宽的小胡同。

有一年，丁家翻盖房子，把房基向西扩出了一小截。本来就不宽敞的小胡同更显得狭窄。贾家为这事气得火冒三丈，跟丁家吵了起来："你们这样做，也不怕别人戳脊梁骨吗？"丁家仗着权势毫不示弱，你一言我一语，吵得脸红脖子粗，最后家丁甚至动起了手。这事闹大了，官司打到衙门里。县官一看状纸，心里就犯愁了。他知道,这两个主谁家也得罪不得,弄不好,乌纱帽都得搭进去。于是,这案子一拖再拖,拖了好久。丁家等得不耐烦了,就把事情写成一封信,寄给了京城里做官的儿子,要他给家人撑腰做主。远在京城的丁大少爷又将作何反应?

百里传书,四句诗如何化解邻里冤仇?
千古传承,一座城如何记录春夏秋冬?

话说丁家大少爷接到家中来信,从头到尾读了一遍,只觉得邻里之间为这么一点儿小事伤了和气,实在不值得。于是就挥笔题诗一首:"两家相争为堵墙,让他五尺又何妨!万里长城今犹在,谁见当年秦始皇?"

没过几天,丁家人就接到了回信。他们把信纸展开一看,先是一愣神,再是一琢磨,满肚子的怒火顿时烟消云散。第二天,丁家人起了个大早,就把墙拆了,向里面挪进5尺,又主动向贾家赔礼道歉。其实,贾家也不是不通情理的人,只不过从前在气头上说了些不好听的话,做了些过分的事。他们一看丁家的做法,也很受感动,当天就把自家的墙基也向里挪进6尺。这样一来,本来很窄的小胡同就变成了1丈多宽的一条道路,车马行人畅通无阻。直到今天,这条胡同还有1丈多宽。

保定人讲情义,讲礼让,历史上的保定城也是一座著名的文化古城,素来就有"学生城"的称号。早在千百年前的宋代,保定就建起了最早的官学,也就是当时的"州学"。明清两代,保定的儒学教育一直非常发达,府学、卫学、县学三所官学并立地设在保定城里长达几百年的时间。

此外,城里还有社学26所、义学30所,这些都是民间办的学校。其中金台书院、上谷书院和莲池书院等,不但在保定甚至在京城里都非常有名气。清王朝对莲池书院也十分重视,仅乾隆皇帝就先后六次来到过莲池书院,并且在这里亲笔题诗勉励学子。光绪年间,书院发展到鼎盛时期,中国历史上最后一名状元刘春霖就出自于莲池书院。

清朝末年,开始执行"停办科举以广学校"的做法,保定新学的推广首先从军事学校开始。1902年，袁世凯在保定训练新军，建立起最早的将弁学堂，这就是后来的保定陆军军官学校前身。后来，又陆续建起了陆军速成学堂、参谋学堂、测绘学堂等军事院校。

中国近代史上许多高级军事指挥官都是由保定军事学校培养出来的。比方说，著名军事将领叶挺、辛亥革命骨干李济深、宁都起义领袖赵博生、董振堂，国民党的高级军政首脑蒋介石、张群、白崇禧、陈诚等也都是保定陆军速成学堂或保定军校的学生。

民国年间，保定城里有十多所高等学校，这也就是保定"学生城"之称的由来。

1917年，育德中学开设了留法勤工俭学预备班，李维汉、李富春等人就是这个预备班的第一期的学员，刘少奇是这个预备班的第二期学员。

到如今，保定依然有众多高等院校，为社会输送着建设国家的栋梁之材。

这正是：

千年古城烽火涌，北边移民相映红。

直隶总督争天下，民间和睦一胡同。

第四十三回 井陉古关道 太行松柏青

上一回说到保定城积淀了千古沧桑，传承着一脉书香。这一回要去的地方在青山之上，古树之间，从前的烽烟四起，如今的鸟语花香，一幕又一幕的历史发生在这里，一段又一段的往事留在岁月之中。这其中又有着怎样的故事？

在石家庄井陉县的西边太行山上，有一处地方四面高、中间低，就像一口深深的古井。正是由于这样的一个地貌，古人把这里称作井陉。井陉是太行山上的一条重要隘口，在太行八陉中排第五。《吕氏春秋》也把"井陉"列为"天下九塞"之一。在"太行八陉"和"天下九塞"两个中国形容关隘最著名的说法当中同时存在的没有几个，"井陉"就是其中之一。从这里我们可以看出，井陉自古以来就天下闻名。

井陉是一条路，也是一座关，它穿越太行山脉，穿越历史长河。从春秋战国到清朝末期，这里的烽火从没有间断，硝烟始终在弥漫。这究竟是怎样一处兵家必争之地，这里留下了多少尘封多年的往事？

井陉是太行山上的重要通道，过了井陉再往东，一路向前，就到了古代一个重要的城镇——真定州（今河北正定）。由此开始就算进入了华北平原；如果继续向西，穿过井陉之后，就攀上了山西高原，一直向西，就到了晋中的政治中心太原；再继续向西，就可以进入关中地区。

井陉这条古道把太行山东西两边和两个大的平原地区连接起来，所以具有非常重要的战略地位。井陉古道在过去并不好走，两边是悬崖峭壁，路非常窄，可是过去一旦爆发战争，东来西去的军队也都会选择这条道路。在战国时期，魏国就是为了要夺取和占领这条要道，实现由西向东发展的战略布局，不惜出重兵由井陉向东灭掉了中山国。这些都说明井陉这条通道重要的战略意义。

第四十三回 井陉古关道 太行松柏青

后来,明代在太行山上修建了长城。明长城分为内长城和外长城,顺着太行山还有一条从北向南修筑的长城。这道长城从山西繁峙和河北阜平相交的地方一直向南,经龙泉关、井陉关、娘子关到黄榆关、峻极关,顺着太行山南下,一直到邢台、邯郸。

背水一战,汉军将士如何以少胜多?
安史之乱,常山名将如何精忠报国?

因为井陉关的战略地位险要,自古以来,这里经历了多次战火硝烟。战国时期,惊天动地的秦、赵之战就发生在这一代。公元前232年,秦军分兵几路攻打赵国,首先就拿下了原本属于赵国的井陉,一路到了位于现在灵寿县西南方向的番吾,遇到赵国将领李牧的部队,双方展开一场大战。

当时,赵国的实力很强大,秦国在战场上占不到太多的便宜,只好退了回去。之后的三年之中,秦国再没有攻打过赵国,直到赵国国内发生了大灾难,秦国才壮起胆子再次向赵国发起进攻。秦国大将王翦带兵来到井陉关,打下井陉关之后,秦军长驱直入到了邯郸城下。李牧率领的军队进行顽强的抵抗,打了几场仗,秦军处于屡战屡败的状态。后来秦军使用离间计,使得大将李牧被夺了兵权,被杀身亡,赵国的军队没有了士气,秦国一举攻破了邯郸,赵国走向了灭亡。

除了秦国和赵国的这场战争,在楚汉战争之际,井陉又上演了一场非常经典的战役,这就是汉王刘邦的部队与赵军之间的"背水一战"。

秦始皇统一中国的时候,把齐、楚、燕、韩、赵、魏六国给灭掉了。秦王朝灭亡之后,各个诸侯国都有人站出来,组建自己的军队,重新打起了复国的主意。这里说的赵军就是在战国时期赵国的土地上重新组织起来的军队。

汉高祖三年(前204年),韩信东渡黄河,首先击败了西魏军队。接下来,他率领部队穿越太行山向赵国发起进攻。赵国得到这个消息,就派重兵驻扎在井陉关严阵以待。

当时的情况对韩信非常不利,因为韩信所带的兵力远远少于赵国的军队,再加上远道出征,长途跋涉,后勤补给十分困难。而赵国的军队是以逸待劳,有足够的后勤保障。这场战争韩信胜利的概率非常小。

面对这种形势，韩信过了太行山后，先派出2000精骑兵，让他们每人带上一面汉军的旗帜，悄悄地从小路绕到赵军军营的侧面埋伏起来。这支部队的任务就是等待赵军全部出动，出其不意地抢占赵军阵营，而且要把汉军旗帜插在赵军军营四周。另外，韩信还安排10000步兵守在井陉关外的绵蔓河边，让他们背水列阵，等待敌军。这一切安排停当，韩信带着剩下的将士们从井陉关向赵军的营寨前进。

赵军的将领看见汉军背水列阵，都觉得非常好笑。他们笑韩信白白打了这么多年的仗，连兵家大忌都不懂，竟然把自己置于死地。赵王也认为现在正是消灭汉军的最佳时机，甚至可以活捉韩信，他就下令大开营门，全军出动去攻打汉军。

韩信的部队与赵军一接触，韩信就率部队向后撤退下来，并且把军旗、战鼓丢了满地。洋洋得意的赵军满以为胜利在望，一鼓作气，就冲到了在河边列阵的汉军阵地。这时候，汉军将士都知道自己已经没有退路，只能胜，不能败。所以他们拼死作战，越杀越勇，把赵军杀得落花流水。

就在这个时候，赵军大营飘起来无数汉军旗帜。赵军看到自己的大营都已经丢了，阵脚立马就乱了。这回，轮到韩信的部队乘胜追击，他们以少胜多，以弱胜强，俘虏了赵王，终于大获全胜。

这一场井陉之战对楚汉战争的整体进程具有重大意义。汉军的胜利使其在战略全局占了上风，这一仗消灭了北方最强劲的敌手，为下一步平定燕国、攻打齐国铺平了道路。

唐代天宝年间，安禄山起兵造反，也在井陉关一带打过一场大战。当时的常山太守颜杲卿本来是安禄山的部下，在安禄山发动叛乱以后，颜杲卿非常反对他这么做，所以准备对抗叛军。但是颜杲卿手下的士兵非常少，他就招募了1000多壮士来加强自己的力量，即便是这样，也没有办法跟安禄山硬拼，所以假装向安禄山投降。安禄山继续安排颜杲卿驻守常山，可是也对他留了一手，派了一个安禄山信任的叛将跟着守在井陉关。

安禄山渡过黄河，攻下洛阳，继续向西进攻，颜杲卿感到安禄山的部队越来越远了，终于决定起兵。就在这时候，他的堂弟平原（今山东平原）太守颜真卿也招募了10000多人马,哥俩儿联系好了,由颜杲卿攻占井陉关,截断安禄山的后路。

颜杲卿派人到井陉关,假传安禄山的命令,还带了美酒好菜去慰劳那里的叛军。等这伙人喝得大醉,颜杲卿的部下一举杀死叛将,占领了井陉关。颜杲卿起兵之后,号召各地军民联合起来抗击安禄山叛军,于是,河北十几个郡县一起举兵打击叛军。

安禄山眼看形势不对头,赶紧派史思明带兵镇压。在叛军强大的攻势之下,颜杲卿寡不敌众,成了敌人的俘虏。这位对唐王朝忠心耿耿的官员从起兵到失败,不过只有十几天,但是,他们的努力拖住了唐朝叛军的兵力,为唐王朝调兵遣将争取了时间。

刚刚说到的这一位常山好汉颜杲卿,就是文天祥在《正气歌》中提到的"颜常山"。后来,唐朝大将李光弼、郭子仪都曾在井陉战败叛军,而近代刘光才抗击法军的故事又为这青山绿水增添了一抹光辉。这又是怎样一段传奇呢?

清光绪二十六年(1900年),英、美、德、法、俄、日、意、奥八国联军攻陷天津、北京。慈禧太后带着光绪皇帝逃到陕西。

八国联军占领了天津、北京之后,一路向西也占领了保定和定州,并且想从井陉关翻越太行山进入山西境内。清王朝下令山西、陕西两省全面戒严。这一年的9月底,大同镇统制刘光才率领部队到达井陉关,就驻扎在微水镇东天门一带,并在岩峰、马村、段庄、石门、青石岭、白塔坡、珍珠岭、后掌、东方岭等地借助天险修建防御工事,准备打击来势汹汹的侵略军。

从北京向西进攻的主要是法、德侵略军,他们一路没有受到太顽强的抵抗,以为很容易就能拿下井陉一带的关口进入山西,没想到在井陉这里遭到了迎头痛击。刘光才指挥自己的部队在井陉这一带,与法国和德国的侵略军打了两个多月,总共消灭了1800多法、德侵略军,其中还有好几名高级军官,创造了中国近代史上消灭欧洲侵略军人数最高的纪录。

岁月留痕,秦皇古道镌刻几多风烟旧事?

青春不老,井陉山川再现几多蓬勃生机?

说过了井陉关发生的战争，有必要再讲讲和井陉关密不可分的井陉古驿道。根据史书记载，早在公元前10世纪的西周时代，周穆王西巡就经过井陉，可见井陉这条穿越太行山古道在那个时期就已经有了。

公元前221年，秦始皇统一六国之后，为了加强中央集权，实行"车同轨"的政策。秦始皇二十七年（前220年），在原六国车马道路的基础上，开辟了以咸阳为中心的四通八达的古驿道，井陉古驿道就在这个时期完成。除了为帝王出巡提供通道之外，驿道主要的作用是传递政府的军事、政治文书，调动军队，等等。秦时期扩建的井陉古驿道东起现在的鹿泉土门关（井陉关），经由井陉的东天门，出山西的固关、娘子关，全长100多公里。井陉关是这条太行山古道的东端著名的关隘，娘子关是这条太行山古道的西端的著名关隘，这两个关固守着古道太行山的两端。

娘子关的历史非常悠久，据说，娘子关名称的由来是因为唐高祖的三女儿、唐太宗的妹妹平阳公主，曾经率领娘子军在这里驻守，所以被称为娘子关。

除了娘子关之外，在井陉关流传着另一位公主的美丽传说。这位公主就是隋炀帝时期的长女南阳公主。井陉关的东边有风景秀美的苍岩山，这是一座由石灰岩构成的峰峦叠嶂、郁郁葱葱、风景美丽的山峰，相传山上福庆寺就是隋炀帝长女南阳公主出家为尼的地方。

南阳公主姿容俱美，言行有节，非常受隋炀帝的宠爱。开皇十九年（599年），她下嫁给许国公宇文述之子宇文士及。大业末年（618年），隋朝出现了非常动乱的一段时期，北方的局面处于一种不可收拾的状态，南阳公主丈夫家的兄弟宇文化及在这次造反中被推举为头目。平叛之后，南阳公主大义灭亲，宇文化及被诛杀，南阳公主的儿子宇文禅师也被连坐。公主看破红尘，从此出家。

井陉古道今天还有很多的古遗址，现在石家庄到太原的石太铁路、冀晋公路干线都要经过井陉一带，这里依然是联结太行山东西两方河北和山西的交通要道。

这正是：

智勇韩信背水战，千古留名井陉关。

秦皇古道迹犹在，英雄伟业代代传。

第四十四回 兵家必争地 倒马关隘胜

上一回说到,背水一战井陉古关,通衢大道饱经战乱。离开了井陉关,我们要去的是唐县西北的倒马关。自古以来,倒马关就是战略要冲,它历经几度烽烟,又留下了几许传说?

倒马关,位于河北省唐县的西北,置关时间比较早,在《战国策》中称为鸿上关,到了汉朝称作常山关。由于倒马关的险要位置,使得它在历史上具有极高的军事价值。

战国时期,赵武灵王北进,攻取中山国时就是先打下的倒马关。明正德八年(1513年),蒙古族鞑靼部首领达延汗攻打下大同长城之后,也一路向南,想夺取倒马关,以图南下,但在倒马关受到了明朝守军的顽强抵抗。守军凭借天险和坚固的城墙,顽强作战,最后击退了来犯的敌人,使长城之内的广大地区,免遭一次洗劫。

今天我们看到的倒马关的建筑都是明朝的。倒马关城分为上城和下城两座关城。上城是明朝洪武初年修建的。建了下城之后,习惯称老倒马关城为上城口。现在上城已经毁掉了,只剩很少的遗址。下城,就是今天的倒马关城,基本上整体还保留着明朝的建筑格局。根据《倒马关志》记载:"景泰三年(1452年)因上城狭小,官军居处不便,乃于城南二里相度地势,复筑城一座,二面濒河,一面跨山,规制弘备,是为下关。"

现在,倒马关乡政府的院内还保存着好几块明代修建长城的石碑,其中有一块已经从中间折断的汉白玉石碑就是"倒马关建城碑"。碑文中记载了明朝成化元年(1465年)又一次对倒马关城进行大规模修建的经过。

明长城有著名的内三关,指的就是居庸关、紫荆关、倒马关。居庸关以险著称,紫荆关因漫山遍野的紫荆花闻名,那么倒马关又靠什么打响了自己的名号呢?倒马关的名字又是怎么来的呢？

有一种说法是，这里山路险峻，战马到此经常要摔倒，从而得名。也有的说是因为这个城修建得非常坚固，守兵作战非常勇敢，敌人的骑兵打到这里是有来无回，纷纷被击倒，所以叫倒马关。

倒马关地势极其险要，关城建筑也非常独特。关城的一半建在沟谷里边，另一半则建在山上。整座关城依地势顺山而建，唐河水从西、北、东三面，环绕关城而过，成为关城的护城河。在倒马关，山、水、关城相得益彰，互为险阻，使得倒马关成为一座坚不可摧的城堡。

倒马关城周长有2.5公里。城墙的底宽有6米，顶宽有4米，高10米多。墙体内由黄土夯筑，外面包砌砖石。关城有三座城门，东门称为居仁门；西门称为由羲门；北门称为宣武门。倒马关的宣武门和北京的宣武门一字不差，北京的宣武门是南城门，倒马关的宣武门是北城门。

如今倒马关城的东门和西门已经在早年修建公路的时候拆毁了，北门也早已经被破坏了。今天的倒马关的关城没有一座保留下来的城门，关城的城墙很多地方也都破损，仅关城西面的城墙大体上还残存，可以看到外侧青砖包砌的城墙，但内墙是由卵石垒砌的。现在，倒马关遗址已经被河北省人民政府列为省级保护文物。

东窗事发，指挥使陈友因何落马？

机缘巧合，插箭岭关城如何得名？

一座关城能不能真正发挥它的防御作用，除了关城是否修建得坚固之外，与驻守长城军队的作战力以及率领驻守长城军队的将领的整体素质都有重要的关系。

根据文献记载，明代的长城沿线有很多将领贪污腐败，明代有个驻守倒马关的将领陈友就是这样的贪官。景泰元年（1450年）土木之变，明朝的军队受到了非常大的打击，中下级军官也非常缺乏，朝廷便迅速地提拔了一批军官。景泰元年（1450年）五月，由于兵部尚书于谦的奏请，陈友升为署都督佥事，并于十一月，奉命在东安等县提督牧马官军。

陈友上任以后，发现有些牧马官军玩忽职守，没有尽心放马，导致战马日益消瘦，战斗力大幅下降。可是陈友没有尽他应尽的责任，整顿这种混乱的局面，反而对这些玩忽职守的事情采取睁一只眼闭一只眼的做法。纸里终究包不住火，这事最后被发现，陈友也以贪赃枉法的罪名下了刑部的大狱。出狱后，陈友被降级，派到倒马关来配合驻守倒马关。

陈友这样的贪官，一旦握有权力，还会继续朝着贪腐的方向发展，所以指望他们自己改好几乎是不可能的。到倒马关的第二年，陈友恶习不改，又对部下进行敲诈勒索。当时，巡按直隶监察御史就上奏皇帝，说："守备倒马关都指挥使陈友占役官军挟私，辱军职诸罪。"请求朝廷对他进行惩处。景泰帝一听勃然大怒，下令把陈友逮捕拷问。铁证如山，陈友也无法狡辩抵赖，只好认罪。

虽说倒马关出了陈友这样的贪官，可是也有不少忠臣良将的故事。这故事的主角就是杨六郎杨延昭。

这里一直流传着杨六郎杨延昭镇守倒马关的故事。明朝马中锡所作的《倒马关诗并序》中，说："关有两山对峙，其路极险，相传杨六郎到此马蹄，故名。"后人为纪念杨延昭镇守三关的功绩，于明正德十五年（1520年），在倒马关城西3公里的马圈山上修建了"六郎碑"。碑通体高1.8米，宽60厘米，为汉白玉雕琢而成。碑文上写着："宋将杨六郎拒守之处。"

杨延昭在宋辽前线镇守了20多年，辽兵对他非常畏惧。千百年来，许多文人学士来到倒马关，都会凭吊六郎碑，称颂他的不朽业绩。

在传说故事中，北宋名将杨六郎当年把守三关口，倒马关就是其中一关。距倒马关不远有两座山，一座叫"插箭岭"，一座叫"马圈山"，还有一个村叫"走马驿"。相传，这些地名与杨六郎有很大的关系。

插箭岭长城是明代长城保存非常好的一段，位于涞源中南部的菜村岗乡插箭岭村，距离县城大约16公里。东有白石山，西有兰荆背山，插箭岭位于两山之间狭长的山谷之中。这里北通山西，南出唐河谷地，就可以到达河北平原。倒马关城就在关南约18公里的地方。相传，杨延昭曾经到这座山上，把箭插在这个地方，山因此而得名。

这里还有一个故事。倒马关一带是宋辽交界地区，双方经常在这一带作战。有一次宋辽两军大战，杨六郎率领宋兵勇猛冲杀，辽兵溃不成军，望风而逃。在追杀辽兵时，杨六郎紧紧盯住一位辽将不放。追到一座山下时，辽将想凭借山峦的掩护逃走。杨六郎看透了对方的意图，他手疾眼快，立即拉弓搭箭，向辽将射去。不想，那位辽将也很机警。他翻身一滚，来了个鞍下藏身。只见火星四溅，箭头射进了山头上的岩石中。这一箭可把辽将吓了一跳，连说："厉害！厉害！"说完就跑了。被杨六郎箭头射中的那座山岭，就是现在人们叫的"插箭岭"。

插箭岭关，也是倒马关北面的要冲。根据《读史方舆纪要》的记载："明嘉靖三十二年（1553年），蒙古俺答率部攻打大同长城，攻取紫荆关，同时攻取了插箭岭。"

插箭岭关所辖长城的空心敌楼，大多保存得比较好，敌楼的门额上嵌有汉白玉石匾。如今，插箭岭的关城毁坏严重，东侧的墙砖已经被拆走，只有夯土墙还在。城南、北二座券拱门洞虽然还在，但是已经不作为通行的通道了。

杨六郎率领的宋军在倒马关一带经常和辽军发生战斗，其中有一次，辽将埋伏下兵马，布下圈套，派小队人马前去向杨六郎叫阵，打算把杨六郎诱入埋伏圈内，生擒活捉。

杨六郎不知敌人有诈，一见辽兵前来挑战，率领宋兵冲上阵前，与辽将交战。没战上几个回合，辽将卖了个破绽，拨转马头便跑。杨六郎率领宋兵，摇旗呐喊着向敌兵追去。不料追到半路途中，有一块巨大的黑石挡在前面。杨六郎的战马到此，不管杨六郎怎么抽打，都不再往前走了。杨六郎狠狠一夹马肚，战马一惊，掉头就往回飞跑。不管杨六郎如何喊叫，那马只是不听，一直把杨六郎驮回宋营。

宋兵见主帅已经向兵营后撤，也跟着回转而来。撤兵回营，杨六郎接到探马来报，才知道前面有辽兵布置的伏击圈，专门等着杨六郎上钩。幸亏杨六郎的战马把他驮了回来，才免遭辽兵伏击。大家都说，是山显灵，是战马立下的功劳，所以，人们把杨六郎把守的这个关口叫作"倒马关"。

所向披靡，神勇六郎取得哪般胜利？

临危不惧，威武军团成就何种传奇？

第四十四回 兵家必争地 倒马关隘胜

倒马关附近有很多的遗址遗迹，都有与杨六郎有关的故事。比如杨六郎的养马圈、放马遛马的马道，有烽火台、校军场，等等。倒马关附近还有个马刨泉村，村里有一眼非常清澈的泉水，据说也是杨六郎留下来的。

在历史文献中，有关杨延昭在这个地区抗辽的记载非常少。那么大家为什么会把这么多的杨六郎的故事传下来呢？因为中国民间对忠诚勇敢的杨家充满钦佩。人们在杨家将曾经战斗过的地方，编出了很多心中特别向往的美好故事，附会到杨家将的身上。

有关杨六郎的故事很多都是虚构的，但是1937年9月，八路军却在这里实实在在地打了一场胜仗。抗战初期，八路军取得了闻名中外的"平型关大捷"，狠狠打击了日寇的嚣张气焰，大大振奋了国人的抗战精神。其中，作为"平型关大捷"重要组成部分的"夺取倒马关"战斗，就发生在河北唐县的倒马关。

倒马关在平型关的东侧，是西通平型关的要道。为确保平型关聚歼日寇，八路军115师决定在平型关战斗打响前，先期占领倒马关，以阻止日寇东援，确保平型关战斗的侧翼安全。

当时，已经有日本军队先期到达了倒马关，约有一个小队的日寇，已经占领了倒马关东侧的长城高地。八路军一个排到达指定地点，立即向敌人发起进攻，趁敌人还没站稳脚跟，就夺下了高地。

此时，又有日寇100多人由长城北坡向倒马关前进，准备发起新的攻击。八路军一个连的兵力迅速抢占北坡高地，阻挡日寇。日寇遭遇迎头痛击，只好向涞源方向败退。八路军圆满地完成了夺取倒马关的任务，确保了平型关战斗的胜利。

这场倒马关战斗虽然规模很小，战斗的时间也不长，但却是平型关战役的一个序曲，是八路军进入太行山打响的抗战第一枪。

这正是：

古今烽火遍中原，倒马古关未曾闲。

历来兵家必争地，八路抗战第一枪。

第四十五回 紫荆关塞古 千年烽烟升

上一回说到了兵家必争之地倒马关。倒马关和居庸关、紫荆关并称为明代长城"内三关",离开倒马关,这一回我们要讲听起来很美的紫荆关。紫荆关位于居庸关和倒马关之间,因为满山紫荆花得名。这座经历了千年风雨的关塞,已然难觅往日雄风,只有斑驳的城墙记录着一幕幕沧桑。在漫长的岁月中,它经历了怎样的传奇往事?

紫荆关在河北易县西北45千米处,距北京约170千米。关城所在的山,名叫紫荆山。因为漫山长满紫荆树,每到紫荆花开季节,满山飘香而得名。紫荆关也因山而得名。

紫荆关的地形极其险要。关城依山傍水,东面是万仞山,西面是犀牛山,北面就是古老的拒马河。雄伟坚固的关城正好锁住了太行山脉由易县直达北京的咽喉要道。

紫荆关是明长城内三关重镇之一。明代万里长城由北京东部的怀柔开始分为内外两道长城。向北的外长城,经宣府到张家口,再到大同,向西延伸;向南的内长城,就是从八达岭往西南,经紫荆关、倒马关,进入山西境内。内长城上有六座非常著名的关口,就是内三关和外三关。内三关就是居庸、紫荆、倒马,外三关是宁武、雁门、偏关,内外长城在山西偏关东南的老营汇合,又成为一道长城继续向西。

紫荆关素有"畿南第一雄关"之称,在中国古代经历大大小小战争130多次。应该说是明长城特别是内长城当中,经受战火比较多的一座关隘。

紫荆关像个威武的卫士,默默保卫着京师的安全。古往今来,它听过了多少遍晨钟暮鼓,多少次吹角连营?让我们翻开史书,寻找紫荆关的身影。

关于紫荆关的记载最早见于《吕氏春秋》,是著名的天下九塞之一。紫荆关在不同的历史时期，有着不同的称谓。战国时期为"上谷关"，东汉时叫"五阮关"，北魏称"子庄关"，宋、金时期又改称"金陂关"，到了元代，才正式称为紫荆关，以后明清一直沿用紫荆关的称谓。在不同的历史时期，紫荆关虽然都是军事要塞，但是根据不同历史时期的需要，关城的建筑和形制都不一样，驻兵的多少也不一样。

明朝以前的紫荆关城，是土石混筑的一个不大的小城。直到明洪武年间，为了加强太行山地区的军事防御，才对紫荆关旧城进行了改筑，同时又修建了一座紫荆关新城。

明成祖迁都北京之后，紫荆关的地位就显得更为重要。明代正统、景泰、弘治、嘉靖、万历、崇祯年间，紫荆关城不断扩建、增修，形成了非常完备的防御体系。

紫荆关的城墙总长18160米，共有城门9座、水门4座、战台19处。远远望去，雄关壮丽，地势险要，特别是夕阳西下的时候，晚霞映照在关城上，花岗岩条石垒筑的墙体显得分外辉煌。紫荆关的北门建在拒马河河谷的南岸，坐西朝东，是由巨大的条石砌筑而成。雄壮的紫荆关关门之上，镶嵌有两重石匾，上重的石匾是"河山带砺"四个大字，下重的石匾题为"紫荆关"。这两重石匾，字迹苍劲有力，浑厚古朴。原来在城门之上还有城楼，现在城楼早已没有了。但

紫荆关城墙，依然坚固

最近几年，文物部门在做城墙修缮的时候，在紫荆关城墙上，发现了当年木结构城楼的柱础。

紫荆关关门上匾额的"河山带砺"四个字指的是什么呢？河，指的是流经紫荆关的拒马河；山，指的是紫荆关紫荆岭及周边的大山；砺，指的就是修建紫荆关的这些巨大的石头。意思是说，这是一座山水环绕的石城，是一座铜墙铁壁的军事堡垒。紫荆关城建筑得非常雄伟，特别是临拒马河的一面，整个城墙全都是巨大的条石垒砌而成。千百年来，紫荆关究竟经历了多少风剥雨蚀，几番战争的磨砺呢？

兵连祸结，紫荆关城如何历经千年风雨？
痛定思痛，大明王朝怎样加强边关防御？

东汉建武二十一年（45年），乌桓大兵一路杀来，直抵紫荆关脚下。这个时候，汉将马援看到自己的军队与敌人相比，人数处于明显的劣势，而乌桓军队又士气正猛，在这种情况下，如果硬拼的话，恐怕很难守住紫荆关。他产生了一个非常大胆的想法，就是稍稍地在紫荆关抵抗一下，然后就做出败退的样子。他把自己的主力部队埋伏在出紫荆关之后敌人必经的路上。乌桓兵向紫荆关城发起进攻，虽然遭到了守军的抵抗，但是很快就夺取了关城。就当乌桓军队自鸣得意，准备挥师南下的时候，没有任何戒备，出了紫荆关之后，在十八盘狭窄的道路上，突然遭到了汉军的进攻，死伤非常严重，乌桓兵不得不赶快撤出了战斗。汉军重新收复了紫荆关，解救了危局。

在金代，紫荆关也发生过一场大战。当时蒙古将领木华黎奉成吉思汗之命，向金发起进攻。统兵向太原方向进发的是木华黎部下明安率领的部队，这支部队要打下紫荆关，然后南下进攻金国。而金朝廷赶快任命张柔将军率军迎战。蒙金双方在紫荆关相遇，展开了大战。这个时候，蒙古军队士气正猛，统帅和将领作战指挥相当通畅。而金军内部却非常混乱，张柔虽身为统帅，但是根本指挥不动各路军马，最后败北。

1209年，成吉思汗率蒙古大军进攻金都燕京，被阻于居庸关外。四年之后，成吉思汗再次率精兵南下，再次攻打到居庸关城下，又被居庸关守军阻止在居庸关外。这个时候，成吉思汗留下了少量的部队与金兵对峙，亲自率领一队骑兵趁夜色绕道紫荆关埋伏起来，突袭紫荆关。蒙古军占领紫荆关后，直抵金中都（今天的北京城下）。这时候，居庸关的守军看到蒙古军已经突破了防线，也就失去了踞守居庸关的战斗力。居庸关和紫荆关被突破之后，两路大军包抄金中都，金军大败。

虽然金朝几十年内几次大规模修筑边壕，修筑都城周边的军事防御体系，企图阻止蒙古军的进攻，但是随着金朝自身的政治日趋腐败，金灭亡是必然的。

元朝建立之后，在初期并不太重视那些军事防御建筑。但是到中期的时候，随着蒙古内部各部族争夺皇权的斗争越来越激烈，也开始注重北部的防线了。

元朝致和初年，也就是1328年，元上都蒙古贵族另立了皇帝，与大都的元朝中央政府对抗，并且组织军队南下，对大都进行攻伐。叛军进攻居庸关久攻不下，迂回到元大都的西南，攻破了紫荆关，从这里南下攻到永定河南岸的卢沟桥。就在元大都岌岌可危的时候，元军在燕铁木尔率领下英勇抗敌，经过激战，把叛军击退，成功保卫了元大都。

明朝是推翻元朝建立的政权，在这样的对峙过程中，紫荆关始终属于战略要冲地位。据《紫荆关拒马河考》记载，明朝的兵部尚书于谦曾说："险有轻重，则守有缓急，居庸、紫荆并为畿辅咽喉。"也就是说，在长城沿线险要的地方有轻重，驻守的地方也有缓急，但是居庸关和紫荆关这两个地方，是畿辅的咽喉之地，必须要加紧处理它的防御问题。

在居庸关和紫荆关两个重要的关口进行比较的时候，于谦还说，纵观以前的各场战争，敌人去攻打居庸关，从居庸关能攻入长城的，十次也就能有三次取得成功。但是，敌人如果攻打紫荆关，通过紫荆关攻打长城，进入长城之后再进攻，十次有七次都能成功。这说明紫荆关的防御力量和关城的建筑远远满足不了防御的需要，常常成为敌人进攻最薄弱的环节。他作为兵部尚书提出，必须首先加强对紫荆关防御体系的修建，增加紫荆关的防御部队，来强化紫荆关的驻守。

"土木之变"，英宗被俘，蒙古瓦剌挟持英宗到了紫荆关城下，假传英宗的圣旨，骗紫荆关的守军打开了城门，从这里一直攻到了北京的西直门、德胜门外，引起了朝野震惊。在于谦的成功指挥下，明军才取得了北京保卫战的胜利。一场土木之变，明朝皇帝被掳走，成了阶下囚，这惨痛的经历让明王朝痛定思痛，开始谋篇布局长城防卫的大文章。在紫荆关一带，他们又是如何构思的呢？

明正德三年（1508年），在紫荆关设参将，率重兵把守紫荆关城。到正德九年（1514年），明武宗又进一步在紫荆关设置副总兵常驻关城，这个时候常驻关城的守军多达1200多人。

明王朝在加强紫荆关这样的重要关口建设的同时，也扩大了对长城整个防线的修筑规模。明朝除了在紫荆关派有重兵驻守之外，在春秋两季，还有班军轮流参与紫荆关的防御。据西关志的记载，紫荆关所统辖的长城有11处非常险要的关口。由这些关口连接起来的城墙，都有重兵驻守。紫荆关是这段长城的一个指挥中心。在紫荆关负责的这段城墙，各种大小关口加起来就有92处之多。今天来说，就是河北涞源县西七亩地村向东一直到北京门头沟紫荆关长城所辖的长城防区，总共有明代的边墙105公里。在这段长城上，有砖砌的空心敌楼300多座。如此宏伟密集的防御措施，与明代九边十一镇中的任何一处相比都毫不逊色。

明王朝大张旗鼓加强紫荆关的防御建设，那么，紫荆关能挡得住敌人进攻，保佑大明王朝长治久安吗？

国难当头，忠勇义士如何上阵杀敌？
生死攸关，抗日英雄怎样舍身报国？

在整个明朝时期，蒙古军队屡次攻入外长城之后，都选择紫荆关作为突破口，攻下紫荆关之后南下抢掠。特别是到明朝末年，也就是崇祯十七年（1644年），李自成的农民起义军进攻北京，也是分兵两路：一路是李自成亲自率领攻打居庸关，一路就是攻打紫荆关。紫荆关首先被攻破之后，居庸关也被攻破。在这种情况下，彻底切断了崇祯皇帝南逃的后路。所以说，崇祯见大势已去，就吊死煤山。

就是到了抗日战争时期，紫荆关一带也还是我军抗击日寇的敌后战场。著

狼牙口城门匾额

第四十五回　紫荆关塞古　千年烽烟升

名的狼牙山五壮士的英雄事迹就发生在紫荆关南面狼牙山上。

今日的紫荆关已经成为一处风景秀丽的旅游名胜。到这里来的游人除了能领略到紫荆关雄姿外，一定还会对这里的传奇故事产生兴趣。在险峻的十八盘有一处非常平展的岩壁，上面刻有一个歪戴着乌纱帽一脸哭相的人头像。据说这是明末的一位官吏，以修缮紫荆关为名，横征暴敛，贪赃受贿，最后被官府砍去了头。老百姓在砍贪官头的这个山的石壁上刻下了这幅画像，以警示后人。

紫荆关犀牛山还有一块犀牛状的山石，高1丈多，长2丈多。据说在寒夜里，人在山下就能听见石牛在北风中呜呜地吼叫声；白天农民持镰、锹等工具，走过石牛十分困难，古人常把这石牛当作神牛来供奉。

这正是：

畿南雄关紫荆关，天下九塞有其名。
战火不熄千百年，贪官受贿丢乌纱。

第四十六回 重关口白石 奇险沟乌龙

上一回说到，拒马河水流长在，紫荆关阅尽沧桑。沿着拒马河继续往上游行进，我们还将邂逅两段古老的长城——乌龙沟长城和白石口长城。它们宛若长龙，穿行河北涞源，在崇山峻岭之间，书写着一脉传奇。涞源古长城留下哪些值得铭记的往事呢？

乌龙沟长城和白石口长城都在河北的涞源县，地处拒马河上游，属于太行山山地与冀北山地接触地带。涞源县山地面积占全县面积的百分之八十以上，山高谷深，峰峦叠嶂。在涞源主要的大山上，基本都有长城。

涞源县境内长城全长150多公里，经过12个乡镇。西面接山西省平型关南的下关，东北入涞水县，进入北京的门头沟区。涞源县境内的长城有敌楼300个，比较大的城堡六座。涞源县长城自然保护状况非常好，特别是乌龙沟长城。这段长城是全国明代长城中还没有进行旅游开发的保存最好的一段长城。

涞源是全国长城保存最完好的地段之一，也是内长城中，长城穿越县域最长的县份之一。当地人都说，涞源县城是中国的龙脉之源，这种说法又是从何而来呢？

涞源县有两个河的源头，其中涞水源头叫北海泉，位于县城东关村；易水源头叫南关泉，位于县城南关村。我们去参观白石山长城，登上白石山顶峰，可以看到涞水，也可以看到易水。涞源人都说，涞源县城是中国的龙脉之源，这个说法就是从涞水的源头北海泉来的。

传说尧帝时天下发大水了，就派鲧伯治水。鲧伯考察天下水势，发现中国地势是北高南低，水从北方都流到南方，他就跑到北方来找原因。后来鲧伯就在北方找到了北海泉，他认为天底下的水都是从那儿冒出来的。

第四十六回　重关口白石　奇险沟乌龙

于是，鲧伯就到北海泉来治水。他先到西王母那儿求救，西王母给了鲧伯一首诗，西王母说："你到北海泉去建三个大坝，一边建，要一边念这四句诗，就没事了。"这四句诗就是："天发大水灾，下土填北海，归水置有序，一世基业开。"

到了北海泉，鲧伯造了一条正南正北的大堤坝，就是后来的太行山。从太行山又向西北延伸修了一条大坝，就是后来的恒山，又从恒山向东延伸建了一条大堤坝，就是后来的燕山。

太行山、恒山、燕山三条大坝，连接起来围住北海泉，这样一来，中国西北的水基本上就归了黄河，再北边的水就顺着恒山、燕山向东走了。这三条大坝把各处的水都归置了，捋顺了，天下的大水就都顺流了。

王母娘娘的四句诗是个藏头诗，第一个句，"天发大水灾"，第一个字是"天"；第二句"下土填北海"，第一个字是"下"；第三句是"归水置有序"，第一个字是"归"；第四句"一世基业开"，第一个字是"一"。把第一个字提起来就是"天下归一"四个字。鲧伯死后，就埋葬在北海泉旁。鲧伯的儿子大禹继续治水，再后来舜把天下禅让给了治水有功的大禹。大禹死后，就把帝位直接传给了儿子启。启建立了夏朝，开创了中国王朝的世袭制度。

人们都相信子孙的富贵和上几代埋葬地的风水有关，能称王称帝的人都是祖上占据着龙脉之地。启是三皇五帝中，第一个世袭传位的皇帝。从根上说，启的帝王基业是爷爷鲧伯打下的，鲧伯又埋在涞源。于是，涞源这一带就被说成了中国龙脉之源。涞源的乌龙沟长城和白石山长城，就坐落在太行山、恒山、燕山三条山脉的交汇地带。

赤胆忠心，黑狗救主传扬哪般传奇？
饱经风雨，乌龙雄塞留下何种遗迹？

涞源县长城很多的地段都保存得非常的好，最有代表性的地段是乌龙沟长城和白石口长城。

说乌龙沟长城之前，先说一说乌龙。在古代神话传说中，乌其实是太阳的代称。古代神话传说中，太阳里住着三足乌，所以后来人们就以乌来代替太阳。

乌阳象征着昌平盛世，乌照说的就是日光、阳光。最早的时候，在中国乌龙是太阳神的意思。但是在中国传统文化中，这个乌龙既不是龙也不是太阳神，而是对一种狗的代称。唐代白居易有诗写道："乌龙卧不惊，青鸟飞相逐。"李商隐也有诗："遥知小阁还斜照，羡杀乌龙卧锦茵。"这些唐代的大诗人都把忠心耿耿的狗，称之为乌龙。这里边还有一段传奇故事。

相传1700多年前，西晋有一位叫张然的书生养了一条狗。他很喜欢这条黑狗，给狗起了个名字叫乌龙。张然有个非常漂亮的妻子，却跟张家的总管有了私情，而且两个人黑了心肠，还想要设下阴谋杀死张然，好做一对永久夫妻。

一天，张然从外面回来刚要进门，乌龙就咬住他的裤腿，拽着不让他进家门。张然很生气，踢了乌龙一脚就回家了。吃饭的时候，张然刚端起碗，乌龙猛地蹿起来，一下子就把碗给撞掉地上了。这时一只猫跑过来吃了地上的饭，很快就中毒死了。

张然恍然大悟，这是有人要害他。正在这时，那个总管拿着刀冲进来要砍张然。说时迟，那时快，只见乌龙腾空跃起扑向那个奴才，照他拿刀的手就是一口。乌龙成功地救了主人，从此"乌龙"也就成为忠心耿耿的狗的代称。

涞源县的乌龙沟关是明长城真保镇的重要关隘，史称"乌龙雄塞"，位于涞源县乌龙沟乡。乌龙沟关堡城始建于明嘉靖二十六年（1547年），明万历年间增修了乌龙沟关城并加筑了瓮城。

如今，乌龙沟城墙、城门都保存较好，南、西城门都有瓮城环护，瓮城门额各嵌一匾。南瓮城匾阴刻横书"栩荆门"，西瓮城匾阴刻横书"镇朔门"。乌龙沟堡呈不规则的长方形，南北长约200米，东西宽约150米。城墙和城门都是用条石和青砖砌筑的，十分坚固。

今天的乌龙沟长城最大的特色就是城墙和敌楼保存得很好，这种保存得好完全是一种原始状态，而不是后来重新修过的。乌龙沟长城全程20多公里，敌楼上都有石质的匾额，写着乌××排，这样的敌楼共有66座，至今还保存完整的就有40多座。乌龙沟长城的敌楼非常密集，坐在长城上放眼望去，能看到的就有30多个。

乌龙沟不但是古代的重要关塞，抗日时期也是晋察冀边区的核心地区。八路军在长城内外与日寇展开了殊死搏斗,在这一带留下了许多惊天地、泣鬼神的英雄篇章。共产党领导百团大战期间,东团堡战斗就发生在乌龙沟长城附近。

跟乌龙沟长城遥遥相对的就是白石口长城,它西起插箭岭,东到白石口关,矗立在海拔2000多米、巍峨高耸的白石山上。这里峰峦叠嶂、怪石嶙峋,山两翼的长城腾空而起,直入云端,煞是壮观。

在涞源县有这样一句俗话,狼牙山高,高不过白石山的半山腰。白石山是涞源的最高山,海拔2000多米。白石口长城就位于白石山下的白石村,白石口关又叫"云谷重关"。据《畿辅通志》载,白石口"明嘉靖三十年(1551年)筑城,在关城里设守卫"。白石口关是明长城真保镇重要关隘,关口原有三道城门,现在只剩下南门。

白石山长城西边的插箭岭和东边的白石口关,是长城上的两个重要关城。两个关城之间有约8000米的长城。这段长城保存得非常好,现在有三分之二墙体基本完整,有些地段城上的垛口还很完好,40多座敌楼有30多座保存基本完好。现在石家庄、保定包括北京的很多户外运动爱好者都喜欢到这儿来看长城。

白石山长城西段有一块大石头,上面刻着"大名府滑县工",也就是说这段长城由大名府滑县(今河南滑县)的民工修筑的。东段山上有两重城墙,附近村民还都把这段长城叫"曲阳城"。这种传说口口相传地传下来,很可能当年这段长城是由曲阳县民工修筑的,或者当时修建长城的人留下来就住在这一地区,一直记着这段修筑长城的历史。

长城的敌楼一般都是齐墙而设,白石山长城有两座敌楼建在长城墙体之外几十米的地方。有人说敌楼建在长城外面去了,是不是建错了?其实不是,这种设计是在长城之外的一个视野开阔的地方建上一座敌楼,使戍守长城的人可以看到沟外更远的情况。同时可以加强城墙的防御作用,有敌人在进攻城墙的时候,在长城外面敌楼的守军可以从后面射杀进攻城墙的敌人。

往事如烟,残破长城如何勾起古老记忆?

色味俱全,涞源小吃怎样让人大快朵颐?

白石口长城基本上都是由毛石砌筑的。由白石口东坡高尖山到香沟村南，因为山势险峻，基本上以山险为墙，没有再修筑长城的墙体。过了这段山险墙之后，由湖海村西南才开始又有石墙，止于湖海村东南的大平顶山（亦称跑山坨）的半山腰。因为山上非常险峻，人们从背面根本没有办法翻越这座山。长城就修在半山腰，没法继续在山上修。长城就这样一段一段利用山险，在两个山险之间的垭口修建城墙来封堵住可以翻越的地方。城墙顺着山向北转到亚家庄东山梁，这段长城在历史文献中称为"宁静安城"，当地老百姓将宁静安城称之为"孟良城"。

　　传说北宋大将孟良、焦赞曾在这座城里驻兵打仗。孟良、焦赞是评书杨家将里两个非常重要的人物，但实际历史上根本就没有孟良这个人，焦赞也是北宋后期的将军。过去的评书、戏曲是民间社会非常重要的娱乐形式，其塑造的文学形象深入人心。

　　大家到乌龙沟长城和白石山长城去参观，一定要尝一尝涞源有名的小吃。

　　涞源的糕非常好吃。涞源县产黍子，黍子去皮称黄米。涞源做糕是把黄米面裹好搁在锅屉上蒸，蒸熟了叫黄糕；蒸的时候，在锅屉上放好面，一层一层插上枣，叫枣糕；如果在糕上撒上芸豆叫豆子糕。各式各样的糕都非常好吃。

　　涞源的豆腐也很好吃。乌龙沟长城和白石口长城的这一带的豆腐之所以好吃，一是因为这一带水质特别好，二是在做法上与众不同。这儿做豆腐，不用卤水，也不用石膏点制，而是用一种酸浆。酸浆是豆腐脑做成豆腐时挤出的浆水，再把豆腐的浆水经过发酵变酸，然后用这个酸浆去点豆腐。豆腐非常嫩，入口以后很有嚼头。酸浆也可以直接喝，喝着有点儿像北京的老豆汁儿。如果你有幸到乌龙沟长城和白石口长城一定不要忘了一饱口福。

　　这正是：

万里长城万里长，燕山恒山连太行。

鲧伯治水造龙脉，乌龙白石小吃尝。

第四十七回 摩崖石刻奇 大龙门堡惊

上一回说到，乌龙雄塞烽烟四起，白石关口抵御强敌。为了大明王朝的江山基业，朝廷在各个要塞修长城、设关口，在京师的右辅之地涞水县，也矗立起一座大龙门城堡。这座城堡历经哪般风雨沧桑，现如今变成了何种模样？

在整个万里长城中，有一些以"龙"字冠称的地段，像山海关的老龙头。在保定地区，涞源有乌龙沟，涞水又有大龙门。

大龙门关又称龙门峡，它也是真保镇长城一个非常重要的关口，是紫荆关通往山西的重要通道。大龙门城堡位于涞水县拒马河一个支流的南岸上。虽然是拒马河的支流，可明代的时候水流非常大，有文献记载当时是可以行船的。河水从峡谷中穿行东去，两侧峭壁非常陡峭，形势非常险要。

大龙门堡建于明永乐八年（1410年），今天整个城堡基本保存完好。城墙主体多以条石、青砖垒砌，也有特别险的地方是用块石垒砌的。墙高约5米至8米，这个城的周长约2公里。城平面呈不规形，有东西两座城门。大龙门堡有西面、东面和北面三面城墙，它的南面紧靠陡峭的山崖，所以没有建城墙。

城堡的西门有匾额，写的是"镇宣威武"四个大字，现在城门还在，不过石匾没有了。东门嵌有"屏翰都寿"四字匾额，上款写着"明万历十年十月吉旦"，东门和门匾都保存得很好。城内有衙门一座，还有校场、军库，现在建筑没了，但是地名还在，人们还这样叫。

明代在大龙门堡设把总驻守，下辖的12座关隘另有驻兵。现在在大龙门城内还有一些石碑，有隆庆二年（1568年）七言绝句诗碑，还有万历四十八年（1620年）"重修二圣祠记"碑，这些石碑记录了明代戍守长城的很多将士的名字。

大龙门城堡西南以山为嶂，东南、东北、西北有拒马河支流小西河环绕。城堡北侧靠近河床的一面平直，其他三面跨于山梁之上，从高处看呈现一种圆弧形，就像是一张弓。建在这高山湍流之间的一个城堡让人震撼，同时也让人心生疑问，明朝的皇帝为什么要在这里建城，这个城为什么没按传统的方式，建成方方正正的呢？

关于大龙门城堡的由来，当地人有一个非常有意思的传说。据说，当年明朝一位皇帝当太子的时候喜欢上了父皇的一位宠妃，这位太子当上皇帝之后，就想让那位妃子做自己的贵妃。

这位妃子说，自己是先皇的妃子，是新帝的长辈，再做新帝的贵妃，这个辈分就错了。皇上有权，就把这位宠妃留在了自己的后宫。两个人就这么偷偷摸摸地在一起，可是，名不正言不顺总归不是长事。有一天，这位宠妃对皇上说，找一个"凤凰双展翅"的地方，为她修一座城堡。她过去住一段日子，然后再嫁给皇上。

这位皇帝精挑细选，终于选中了涞水县拒马河畔的这块地方，为他的心上人修建了大龙门城堡。今天我们在山上俯瞰大龙门城堡，它的形状真的很像一只展翅飞翔的凤凰。

重兵把守，京畿辅地经历几番风雨？
岿然不动，摩崖刻石讲述几多传奇？

大龙门城堡距京师仅 100 余公里，所以明清两朝都很重视在这里设置的军事防御。万历四十八年（1620年）"重修二圣祠记"记载："龙门虽负有危峰绝壁之险，然其接宣云去胡落仅数十舍。"龙门这个地方虽然山高峰险，但是由于这个地方离宣府和大同非常近，所以这个地方防御的需求非常强。

明代的历史文献当中有很多关于大龙门长城的记载，也有很多朝廷的要员到这一带来巡视关防和督修长城的记录。在大龙门堡和长城上有很多记录长城修建和官员巡视的碑刻，记录了很多修建长城和驻守长城最基层官员的名字，其中就有把总李著、王万信、谢娘，这些人都是武进士出身。

大龙门堡，清朝的时候还是驻兵的重地，到清光绪末年才废止了军堡的功能，逐渐演变成一个普通的村庄。现在这个村子就叫大龙门村，不过人们还是习惯称为大龙门。

现在村子里的人绝大多数都是当年戍守边关的将士的后裔，现在村子里总共有90多户，300多人。到这里来之后，就能感受到这里特别古朴、淳厚的民风民俗。特别是年节的时候，这个小村子里非常热闹，每年正月十四、十五、十六有三天的"龙门灯会"。当地人非常重视这个"龙门灯会"，家家都出来参与。每年七月十五，还有"放河灯"的活动。

大龙门城堡外，西北方向有数十处摩崖石刻，包括词、绝句和一些题记。在长城沿线，有两处摩崖石刻最集中的地方。一处是陕西榆林的红石峡，在国内外影响非常大，知名度非常高。还有一处就是大龙门城堡的摩崖石刻。此处的摩崖刻石与红石峡的不一样。红石峡的摩崖石刻有明代的，但是以清代和民国年间的石刻为主，而大龙门摩崖石刻，基本上全部都是明代戍守长城的将士和到这里巡视长城的官员的刻迹。从这个意义上来说，大龙门的摩崖石刻比榆林红石峡的摩崖石刻价值更高。红石峡紧邻镇北台和榆林城，参观很容易，影响大。但是大龙门摩刻宣传得不够，影响不大。

大龙门的摩崖石刻刻石文字有大有小，大致分为两个区域。离大龙门城堡远一些的那片摩崖石刻字大，大

大龙门堡摩崖石刻

的有"万仞天关",一个字就高达 2 米多。字体稍小的有"龙门峡"、"清泉泻涧"、"千峰拱立"、"凤舞天中"、"云飞眼底",每个字也将近半米左右。离大龙门城堡近的,就在城墙底下,山崖下。像"金汤万仞"、"玉垒千寻"、"疆域咽喉"、"峭壁千重"、"龙行虎踞"、"天成形胜"。特别是"两山壁立青霄尽,一水中行白练飞",这个七言绝句非常有气势,整个把龙门峡谷的独特风光描绘得淋漓尽致。

过去,人们不知道在这片山上有这么多摩崖石刻,最早发现这些摩崖石刻的人是涞水县文管所所长朱学武。在 20 世纪 70 年代做文物普查的时候,他听老乡说山崖下有字,就带着人去看了。那个时候,由于墙体上的苔藓长得非常多,只隐隐能看到有字。他们把这些附着在上面的苔藓清理掉之后,才一点点看出了这些字。

刚才我们说大龙门摩崖石刻,最大的字是一个就有 2 米多的四个字"万仞天关",这是明万历十三年(1585 年),都御使贾三近题写的。

贾三近是山东峄县人,隆庆二年(1568 年)高中进士,后被授吏科给事中。吏科给事中官位不大,可实际上权力不小。贾三近刚正不阿,疾恶如仇。他上任之后,经他手的文件都严格的把关,多次受到朝廷嘉奖。万历二十年(1592 年),他被升为兵部右侍郎。不久,贾三近以父母年事已高为由,上书请辞,回老家之后不久便得病死于家乡,终年 59 岁。

贾三近一生写了很多著作,但大多数都已经散失。研究《金瓶梅》的专家最近提出一个观点:"《金瓶梅》的作者兰陵笑笑生,就是明代峄县的贾三近。"不知道这个说法是真是假。

如今,在大龙门城挥毫泼墨的文人已经作古,可是他们留下的摩崖石刻却成为一道独特的风景,与龙门峡谷旎丽的自然风光交相辉映,给大龙门增加了几分灵气。

作为重要的关隘要道,大龙门的作用当然不仅仅是秀风景,它连带的是蜿蜒的长城,肩负的是护佑家国的重任。

大龙门城堡北边的长城保存很好。这段长城上的敌楼,上面也有石匾,龙字××号台。这与乌龙沟上的乌字××号台,白石口上的白字××号台是一样的。很多龙字台的敌楼毁坏了,但也有几座敌楼保存得很好。我们讲长城的时候说过很多次长城巧妙地利用山险,大龙门这段长城,"龙字五号台"和"龙字六号台"这两个敌楼就非常巧妙地建在山的两侧。

> 缘定前生,神仙眷侣被贬凡尘因何故?
> 玄而又玄,蒙古军队连夜撤兵为哪般?

全国各地有很多孟姜女的传说,大龙门城堡附近也流传着孟姜女的传说,不过它与别处的都不一样。相传,万喜良是玉皇大帝身边的侍者,专门伺候玉皇大帝,也算是神仙了。有一回他不小心犯了错误,就被玉皇大帝罚下凡界。万喜良下界的时候正好落在孟姜女家旁边,不留意间正好看到非常美丽的孟姜女正在洗澡。万喜良既然看见了孟姜女的身子,就必须要娶孟姜女为妻。也许这就是天意,他们俩该着是夫妻。

秦始皇修建万里长城的时候,在全国征调民夫,万喜良就从千里之外来到大龙门修建长城。据说,施工的时候,这段长城一边修一边倒,怎么修怎么倒,找不到原因,也没有好办法。

秦始皇到这里来视察的时候,有个道士出了一个主意,说是每一里长城里面都埋上一个人,就可以把长城镇住,就不会倒了。一里地要埋一个人,万里长城岂不是要埋一万个人?这事不是小事,秦始皇很犹豫。正在这个时候,突然听到下面有人喊"万喜良"。秦始皇心中一喜,他姓万,就让他一个人顶一万个人,把他垒到长城里吧。

快到冬天了,孟姜女给丈夫送寒衣,千里迢迢找到大龙门长城脚下,知道丈夫已经死了,被垒砌在长城里面,于是非常悲痛地大哭起来,哭得昏天黑地,哭倒了长城400公里。后面的故事就和其他地方差不多了。

大龙门城堡的老年人很喜欢讲过去的老事,他们至今还称明长城防御的蒙古军队为"老蒙子"。关于大龙门城堡关帝庙,也有一个很神奇的故事。

明朝时候,有一年正月十五,月亮高高地挂在天上,可是大龙门城堡里的人愁眉苦脸,一点儿过年的心思也没有。原来,在城外不远处有十多万的老蒙子驻扎下来,想等第二天天亮后向大龙门城堡发起进攻。就在这天夜里,忽然飞沙走石，天昏地暗。只听城外敌营的方向，一片鬼哭狼嚎。等到天亮以后，大龙门城堡的将士们往外一看，昨晚还整整齐齐、旌旗飘动的敌营是一片狼藉，敌军早已没了踪影。夜里在城墙上值班的士兵告诉大家，昨晚刮大风的时候什么也看不见，只见到山上都是天兵天将们的金黄旗，旗上都写着一个大大的"关"字。原来，这些天兵都是关云长关老爷派来的。为了感激关老爷，官兵们自己动手，在大龙门城堡里建了"老爷庙"，祭奉关云长关老爷。每年正月十五，都在老爷庙前耍"黄灯"。全村各家各户打出黄灯笼，演练诸葛亮的迷魂阵。

　　大龙门城堡老爷庙香火非常旺盛，方圆几十里的人过去都到大龙门城堡上香火。据村里的老年人讲，原来老爷庙里有两口大钟，一口铜钟，一口铁钟。有一天晚上，人们都睡得迷迷糊糊，就听见外边起了一阵风声，趴窗户一看，原来是铜钟飞了起来，在半空中旋转，风声四起。这时候铁钟也摇摇晃晃，马上就要飞起来的样子。值夜的人急了，赶紧拿起关老爷塑像前供着的青龙偃月大刀，照着铁钟就给了一下子。一刀下去，铁钟被砍掉了一块，飞不动落回地上，可是铜钟却飞走了。这就是大龙王庙没有铜钟的原因。铜钟飞哪去了呢？当地的老乡说，铜钟飞到了宣化清远楼去了。还说宣化清远楼的大铜钟上，就有"大龙门铸"四个字。

　　这正是：

　　一夫当关大龙门，群峰竞秀山水杰。
　　摩崖石刻长廊美，英勇无敌关老爷。

第四十八回 深山峡谷幽 马水口穿行

上一回我们说到,涞水县的大龙门城堡被誉为"万仞天关",在前沿阵地上发挥着指挥调度的重要军事作用。散落在这里的摩崖石刻,经历几百年风沙的洗礼,也见证了大龙门口长城曾上演过的风雨硝烟。古时在涞水县还有一座非常重要的长城关口,不过如今它已经划入张家口涿鹿县,这就是马水口。这座古城有着怎样的军事地位?著名的"马水三景"又是怎样的一派景象呢?

马水口是明长城的重要关隘,位于河北省涿鹿县蟒石口乡马水村,是涿鹿县境内的明长城当中保存最好的一段。这段长城由道沟村北向东南方向蜿蜒,一直到狼烟山脚下,近8公里长,马水口就在这段长城中间。这段长城,明清的时候就是张家口和保定接壤的地方,是保定府和宣化府的分界地,过去属于保定府涞水县,在1961年被划入了张家口的涿鹿县。

马水口又叫马水城,如今一条公路穿城而过,南抵易县,北至涿鹿,西通蔚县,东接涞水。在明代,朝廷派了正三品的武将驻守马水口,可见朝廷对这里很重视。有了重量级人物来镇场子,就得修建出像样的署衙和城防来。可是马水口四面环山,关口处的这块平地并不大,东西长还不到15丈,南北正好紧抵到山脚下,就没有可以修建方方正正城池的地方,所以整个关城顺山势而建。

马水口这座山城分为东关、西关和城里三块。东关外有操练兵马的教场,进了东关门往西,就是城里这一部分了;再向西又一个城门,出了这个门是西关;继续向西走出大约1里地左右,山坡上就是"南天门"。南天门是神话传说中天宫的门户之一,泰山、五台山、华山都有南天门。马水口的"南天门"其实是为了加强防御纵深而修建的一座小城堡,这里是马水口城的一个制高点,在这里建个小城堡真有"一夫当关,万夫莫开"之势。

马水口城墙大多是由条石奠基,由方石垒筑起来,所以非常坚固。马水口一带的山大多是大理石和花岗岩石,质地非常坚硬,修建长城的建筑材料都是就地取材,所以有大理石的地方就用大理石,有花岗岩的地方就用花岗岩。

马水口长城很多敌楼券门的条石上都刻有雕花,这种装饰性的雕花在长城上很多地方都有,抚宁县的董家口、拿子峪长城上也有。但马水口长城有些敌楼连箭窗的券石上都有雕花,这在其他地方的长城上很少见到。

重兵驻扎,马水城戒备森严究竟为了哪般?
冒名顶替,假都司鱼肉百姓终将如何收场?

明朝的时候,马水口和马水口长城是一个重要的防区,当时驻守马水口的是三品参将。到了清朝,这里虽然没有了长城内外的军事对峙,但是朝廷在易州的永宁山下修建了西陵。这个时候马水口就有了护卫皇帝陵寝的功能,马水城里的驻守是四品都司。

清朝的时候在东关、西关和南天门都驻有官兵把守,对进出关的人有非常严格的检查。由于在皇陵区,涉及皇家的威严,所以这里的官兵在做检查的时候有一项其他地方没有的要求,那就是必须衣冠整齐,哪怕是农民,也不允许光着脚丫子、卷着裤腿进城,必须把自己收拾得利利索索了才行。

清代的马水城,先后驻守过几十个都司,其中有一个叫张发的都司的故事非常有意思。《涿鹿文史资料》记载,清朝时马水的一个都司张发,本名张二小,人送绰号"张大扒子"。这是一个很坏的人,是一个冒名顶替的假都司。当时真张发被委派到马水城做都司后,带着夫人和随从张二小去赴任,在路上突发暴病而死。张发的随从张二小就产生了冒名顶替的念头,并且软硬兼施,胁迫张发的妻子,同意由他冒名顶替都司。上任之后假都司贪婪无度,克扣军饷,捞了不少的金银财宝。他的部下将士对他恨之入骨,当地黎民百姓也深受其害,就给他起了个外号叫"张大扒子"。据说后来还是张发的妻子,揭发了假张发,才将他绳之以法。

马水城虽然很小，但是也同其他城池一样，有钟楼、有鼓楼。马水城东侧有钟楼，西侧有鼓楼。明代北京城每晚两个小时报一个时辰，直到天亮。马水城虽没有京城报时辰报的这么多，但最少一个晚上也要报三次。

钟楼和鼓楼虽然相距不远，但是两个人靠喊话听起来也很困难，况且夜深人静的时候，这种喊话也非常麻烦。所以更夫就约定好各持一个纸灯笼，在城楼上相互对照一下，晃一晃，然后鼓楼更夫按约定数先敲鼓，击鼓也非常有节奏，叫"紧十八，慢十八，不紧不慢又十八"。每次击鼓之后，钟楼上就响起了洪亮的钟声，钟楼、鼓楼共响 108 响。

马水城都司府驻的是四品都司，马水城驻防将官的官员一般三年一任。马水城的都司一般不随便出门，平时都宅在衙门里处理公务，轻易也不和老百姓接触。每年只有赶上上元节、万寿节或是冬至等节日，他们才离开衙门到寺庙去烧香拜神。要是赶上了初一、十五，都司还得去教场阅兵。

东关外的教场在一个山洼里，南面有演武厅，是一座坐北朝南的五间瓦房。演武厅前有一个聚将台，这里是官员聚集检阅兵马操练的地方。按照清朝的规定，每月初一、十五这两天，所有拿银饷俸禄的官员都要到东关教场点卯。除了点卯的官员之外，这一天还有很多看热闹的当地老百姓。

都司在演武厅中间的主座落座之后，文武官员按照级别依次参拜，参拜完毕后坐在两厢，然后对所有的校尉兵卒按等级的顺序点名，这就叫点卯。点卯完毕之后，就开始操练兵马了，先是步兵，然后是骑兵。

操练兵马除了刀、枪、剑、戟这些冷兵器之外，还有对火器的操练，就相当于后来我们说的打靶。但那个时候的枪不像现在的枪，一颗子弹打出去以后，就能在靶上打到一个位置，然后计环数。那个时候的枪是装上火药、装上枪砂，然后再在前边堵上枪眼，这样的话，打火之后打出去的枪砂是一个面。在装药、装枪砂这个过程，如果装得过实了就打不出去，装得不实就散了，所以说也有很多的技术规范和要求，打出来之后也能评判出技术高低。

在兵马操练中，人们最愿意看的还是骑马射箭。士兵骑在马上，左手举弓，右手搭箭，策马跑过来，然后瞄准箭靶一箭射出去，射得准不准立马就知道了。

现在在马水城外的一些农田里或者地边，偶尔还能捡到铁箭头和铜箭头。

时过境迁，古城署衙因何退出历史舞台？
历久弥新，马水三景如何成就不朽美名？

1911年，孙中山领导的辛亥革命成功之后，清王朝被推翻了。根据优待清皇室政策，马水的都司府也受到了优待，这主要是因为马水城负有守护皇陵的任务，就保留了马水城的人员编制。但是对原来的守军进行了压缩，原来在马水这一带的守军有1000多人，绝大部分都被遣散了，只留了近百人改为西陵后卫守备队。

但此后清朝的皇室拨不出银两给这些守陵的人，民国之后混乱的北洋政府也没有人顾及给这些守卫皇陵的人拨粮饷。1924年春天的时候，守备队生活非常困难，继续在这守着，根本过不下去。留守的把总就召集起众头目一块商议怎么办，大家最后商量的结果就是把马水城都司府所有的财产、器具、田地和树木，都给变卖了，然后每个人分一些银两，大家就解散了，各自去找自己的生活出路。从此，马水城就彻底地变成了一个民间的农村，与官府没有了任何联系。

马水城有著名的三大景致：吊龙桥，马刨泉，上天梯。吊龙桥位于马水城东侧，河水从马水城城里由南向北穿过，为了方便城里的人通行，就建了一座桥，这座桥被称为吊龙桥。吊龙桥长2.5丈，高1丈多，宽不足1丈。桥两侧栏板和栏柱都是用石头制作的，石柱上还雕刻着狮、虎、熊等凶猛的野兽，雕工非常精致。

古代，每当春暖花开、冰消雪融或是秋洪暴发、河水猛涨的时候，很多人都愿意到桥上去看那汹涌的惊涛骇浪，还有很多地方官员和文人为此写了不少的诗。但是1924年，马水城里正在唱大戏，看戏买东西的人络绎不绝，这时候突然下起了暴雨，山洪暴发，只听"轰隆"一声，吊龙桥被山洪冲得倒塌了，从此马水城吊龙桥就没了。

马水城的第二景马刨泉在城里和西关的交界处。泉口是方形的，边长3尺，由两块青石对起来，护着泉口，泉水从青石缝里流出来，夏天的时候，喝一口泉水非常清凉。这口泉为马水城世代居民提供了饮用水。今天城里的居民都已经用上了自来水，但是很多人特别是老年人还愿意到这里来接泉水食用。

马水城的第三景是天梯。在马水城里的南坡上，由72层石台阶所组成，上山阶梯高十几丈。山顶有一座庙，还有一块孤立在山顶的石头，当地人称这块石头为卧虎石。卧虎石旁有一棵松树，这棵树根深叶茂，郁郁葱葱，人们称这处风景为卧虎青松。

这正是：

保家卫国筑长城，精雕细琢鬼斧工。
假冒都司贪又坏，马水三景留美名。

第四十九回 美景永定河 古老沿河城

上一回说到马水口风景独好,涞水县山水长青。在燕赵之地,还有一处依山傍水的沿河城,这座大山之间的石头城埋藏着怎样的传说?这里又留下了什么人的足迹?

沿河城是明长城真保镇上的重要城堡,位于门头沟斋堂镇北边大约10公里的地方。沿河城的地理位置非常重要,它北边长城的几道山口,不管是从哪道山口越过长城,最后出了山都要经过沿河城,所以这个地方过去又被当地人称为"三岔村",就是三岔口的意思。由于这座城堡脚下就是永定河南岸,所以长城关口称为沿河口,这座城堡就称为沿河城。明代沿河城隶属于内三关之一的紫荆关。

出了沿河城门,朝着东北一路走,过了向阳口村就是珍珠湖景区。当年还没有修建水库时,这个地方是官厅山峡中最狭窄的一段,西面通向河北怀来的龙门沟。换个方向往西南,就是刘家峪的京西古道,一直能通到天津关。西北方向是岩沟,翻过山去就可以直通张家口的怀来。

沿河城四通八达,又是紫荆关和居庸关之间的战略要地,这样的身份和地位也在建筑中体现出来,那城池不但好看,而且实用,结结实实的石头城挡得住风雨,扛得住进攻。

400多年前,沿河城由明朝保定巡抚张卤主持修建。如今,沿河城还有两块镌刻着历史的石碑。其中一块是明万历十九年(1591年),山西提刑按察司副使冯子履所立的《沿河口修城记碑》,另一块是明天启四年(1624年),守备沿河口地方都指挥张经纬所立的《沿河城守备府碑》。很多有关沿河口、沿河城的历史都记录在这两块碑上,这两块碑现在就保存在沿河城办事处的院里。

第四十九回 美景永定河 古老沿河城

四通八达，石头城迎来送往阅尽几多沧桑？

古往今来，永定河脉脉流淌映照几多辉煌？

沿河城是一座非常坚固的石头城。城的东城墙、西城墙和北城墙三面都是直线，只有南城墙依着山势呈现弧形。修建城墙的石料除了条石之外，还有巨大的鹅卵石。有些石头体积大得惊人，最大的一块石头有一人多高，重达十几吨。

在深山峡谷中建这么一座石头城就是为了加强对永定河的防御。沿河城北门外十几米的地方就是永定河。永定河古称桑干河，后改名永定河，是海河流域七大水系之一，也是燕赵大地最大的一条河流。永定河全长747公里，流经内蒙古、山西、河北三个省、自治区，北京、天津两个直辖市，共流经43个县市。

沿河城的西门叫永胜门，意思是祈福出兵打仗能够旗开得胜。东门叫万安门，因为东门是面对京城的方向，所以寓意国家强盛，万事平安。东门在20世纪50年代被拆毁。

明清两代，沿河城虽然位于宛平境内，但是这里的事却不归宛平县管。当地老人们有一种说法："过去，我们沿河城不归宛平管，打官司告状都得到保定府。"

乾隆四十五年（1780年），沿河口都司禀报，宛平县属之的沿河口出了天灾。宛平县没有上报这件事，而是由四品武官"沿河口都司"上报，这就说明"沿河口都司"确实不在宛平县的管辖范围之内。"沿河口都司"职位的官阶也比宛平县城县太爷高，县太爷才是七品官，而沿河口都司是四品武官。

沿河城所管辖的长城也都处于非常险峻的大山之上，都是利用山险在两山之间相对平缓的山谷修建长城进行堵截。在北京非常有影响的黄草梁长城，就是在非常高大的两山之间修建的一段长城。这段长城石墙和砖墙还都非常好，很多砖垛口也还保存得很好，其中的几座敌楼也保存得比较好。不过，去这段长城非常困难，一般的游人去这段长城都是从爨底下村出发。即便是年轻力壮的人去攀爬这段长城，往返至少也需要七八个小时。

沿河城这一段长城和敌楼主要修建于明隆庆五年（1571年）到万历三年（1575年），由兵部右侍郎汪道昆等人主持修建。1984年，沿河城和这一带的长城敌楼被北京市政府列为第三批文物保护单位。

今天在门头沟地区依然能看得到的长城，主要是雁翅镇房良村、大村、马套村一线，还有清水镇的洪水口村、小龙门村、燕家台村一线，中间是斋堂镇柏峪村黄草梁、天津关、沿河口、沿河城、东岭一线，这三段长城之间由山险连接构成了一套完整的防御线。

门头沟的长城连着天险，护着京城，守着脉脉流淌的永定河。前人洒下的血泪汗水，为后人守望着一片太平盛世。

门头沟境内的明长城属于内三关长城，是扼守京西山区通往京城的各处通道，主要是预防从河北的怀来、涿鹿一带攻打进来的敌人。

沿河城周边的长城和敌楼是以"沿字"××台排列，"沿"字一号至五号空心敌台控制着白羊石虎沟，也就是防御着从张家口怀来经白羊石虎沟到斋堂这个地区。这五个敌楼分布在山沟的两侧，居高临下卡住了山间的隘口。"沿字十二号台"至"沿字十四号台"分布在洪水口关口的两侧，主要防御的是从大地沟与灵山地沟两条通道上过来的敌人。

明朝末年崇祯年间，后金皇太极有两次亲自率领军队攻打长城。后来建立起清朝之后，又有三次派兵攻打长城。其中第一次攻打长城的时候，就打到了沿河城这一代。当时沿河城的守将叫毛立芳，他率领部队顽强地抵御后金军队的进攻，最后因寡不敌众而成了敌人的俘虏。毛立芳大义凛然，以死报国，在洪水口自刎而死。后金兵撤了之后，当地的军民感慨毛将军的忠勇，大家纷纷捐款凑了一笔钱，为毛立芳将军立了一块纪念碑，表彰他的英勇忠诚。

崇祯年间以至整个清朝期间，毛立芳墓前的香火祭祀一直连绵不断，现在这块毛立芳碑还留在斋堂政府老院里面。这块高将近1米的碑下半部分已经损坏了，但碑的上方"忠义流芳"四个大字还非常的清晰。碑文的小字已经不是太清楚了，好在过去有人把碑文完整地抄录下来过，所以说毛立芳的故事才得以流传开来。

青山绿水，河畔旧城绽放怎样一番风光？
枯木逢春，沿河城村迎来怎样一片新天？

第四十九回　美景永定河　古老沿河城

沿河城修建在永定河的南岸。过去永定河上游发大水，经常有很多的物品会冲下来。据当地上岁数的人回忆，以前到夏天的时候，张家口那边发大水，从水里飘下来很多日用品。沿河城的老百姓在城墙上头，就可以用长长的木竿子或者是竹竿子捞到水里的东西。自从修了官厅水库之后，上游的洪水基本上就很少了。

沿河城作为长城军事防御的一部分，这里也积淀了深厚的军事文化。作为一座军事防御的边塞小城，这里绝大部分的人口都是当年修建长城和守卫长城的将士们的后裔。

过去说到长城沿线修建长城和守建长城的驻军，都是从全国各地征调的军户来从事军屯，很少有关于这个地区本地老户的记载。其实长城沿线参加修建长城和守卫长城的军队当中，也有很多当地老户。在沿河城附近发现的一座墓的墓志铭，就为我们认识长城沿线的当地老户提供了历史依据。这块明弘治七年（1494年）的墓志铭叫"故百户韩侯仕宁墓表"，上面有这样一段文字："仕宁世居宛平青白口社三岔村。"沿河城修建之前，这块的小村子就叫三岔村。这寥寥十多个字就可以说明沿河城所辖百户所的武官韩仕宁，就是世世代代居住在宛平县青白口社的三岔村的原住民。

现在，沿河村已经发展成为"民俗文化旅游村"，这座古城正在逐渐焕发出新的生机。沿河城村已经成为非常受游客欢迎的乡村旅游的目的地。永定河孕育的好山好水，长城脚下的古朴民风，已经成为当地发展旅游的重要资源。

这正是：

一波碧水永定河，护卫边塞沿河城。
先人殷勤种大树，后辈子孙好乘凉。

第五十回 古朴镇边地 过往沧桑情

上一回说到沿河城壁垒森严，永定河环绕其间。走出这座历经沧桑的石头城，下一个目的地就是军都山中的镇边城。这大山上留下了什么样的故事，城池中又留下了谁的名字？

张家口怀来县的镇边城是明代内三关长城的重要防守阵地，是重要的防御边城，它位于军都山脉一处山谷之中。关城的东墙比较平直，其余三面墙都依着山势的形状呈现出不规则的形态，周长有1730多米。镇边城是一座以石料为主修建的城，城墙上东、南、北三面开有城门，南北城门外各建有一座瓮城。

当地老百姓说起镇边城，都说镇边城有五多，就是街多、巷多、胡同多、庙多、戏台多。当地人称镇边城街区格局叫"三街六巷七十二胡同"。过去镇边城里有许多老建筑，现在大部分都已经被毁坏了。

镇边城里石头多，城墙是石头垒的，房子是石头盖的，街道是石头铺的，长长的条石，细细的碎石，圆圆的卵石，构成了这座结结实实的石头城。

镇边城是明长城防御体系中重要的组成部分。明正统之后，京城面对来自北方蒙古军队的压力越来越大，因此不断加强长城的修筑。镇边城就是在这个时期发展起来的。

明正统元年（1436年），蒙古军队越过长城，攻打昌平城。我们从镇边城的名称就可以看出它的军事作用。这座镇守边疆的城池位于长城内侧，距离昌平城不足百里。镇边城是一座山城，当时刚修建起来没几年就被洪水冲垮过。后来经过重修，尽量避开了洪水比较大的地方，但还是遭受过水灾，只是没有原来那么严重。

第五十回 古朴镇边地 过往沧桑情

镇边城西南有巍峨秀挺的笔架山，大山北边属于怀来，南边就是北京。翻过笔架山上的长城，就到了镇边城。镇边城的军事地位非常重要，如果镇边城守不住的话，敌军就可以顺着山沟一路打到居庸关。

镇边城这座历经烽烟的古老建筑，今天属于北京、河北的交界线，这一带流传的故事很多都跟北京相关。

洪水滔天，宛平县令如何破解困局？
往事如烟，镇边古城如何记述传奇？

相传，在清代雍正年间，永定河年年发大水，北京城经常遭受水灾。于是，皇帝降旨，要求宛平县令负责解决这事。宛平县县令接到了圣旨，愁得不知如何是好。县令急得团团转，他身边的师爷不慌不忙地给他出了个主意，办法就是"偷龙王"。

原来，这师爷就是镇边城人，他知道镇边城里的龙王庙非常灵。曾经有一年夏天，镇边城附近山洪暴发，水势浩大，冲坏了好多的房屋。一天，查看水势的老乡发现，有两尊龙王塑像从上游飘飘忽忽地冲了下来。其中一尊塑像随着洪水漂进了永定河，一会儿就无影无踪了；另一尊塑像却顺水漂进了镇边城。过了一会儿，暴雨停了，洪水也渐渐地落了下去。乡亲们发现，漂到镇边城里来的那尊龙王塑像上边竟然没有沾一滴水，塑像也没有半点儿损坏。人们凑上去一看，发现龙王的背后有一溜小字，写的是"山西管涔山"。

乡亲们全都惊呆了，有老人说："看来这塑像身上一定带着灵气，不如赶紧供奉起来，保佑这一方的平安。"大家都觉得有理，就恭恭敬敬地把龙王塑像请到城里，在城西南角上盖了一座龙王庙供奉起来。从此以后，镇边城再没有发生过大洪水。老百姓在龙王庙里求签问卜，求风求雨也特别灵验。

宛平县的这位师爷是土生土长的镇边城人，他当然知道城里的龙王灵验，就给县令出主意，把龙王请来解决眼前的难题。县令一听，觉得是个好主意，可是就怕"偷龙王"的事情太惹眼，不太好办。师爷说了："咱们要偷的不是龙王的塑像，而是龙王爷手里那颗避水珠。"

县令一听，这样一来就简单了。两个人收拾收拾就出了门，乔装改扮来到镇边城。等到夜色降临之后，县令和师爷偷偷地溜进了龙王庙，偷走了龙王手里的避水珠。

宝物到手之后，县令就在宛平城里建起了龙王庙，把避水珠供奉在庙里。果不其然，从这之后，洪水就消停了，县令也保住了自己那顶乌纱帽，而且一路升官发财，当上了顺天府尹。后来，宛平城是再也没有发生过水患，可是，镇边城却经常发水灾，城里人的生活被洪水搅和得没完没了。当地人不断地到龙王庙烧香，但是怎么烧香也不管用，大家觉得不对劲，专门到龙王庙里查看一番，这才发现龙王手里的避水珠不见了。

这个传说在镇边城里已经传了一二百年，镇边城中的龙王庙也还在。除了龙王庙，镇边城中还留存下来了其他几座庙宇。

从前镇边城里一共有13座庙，现在城里还存着三座庙。原来，镇边城的西南角上有座娘娘庙，这座娘娘庙是方圆百里非常灵验的一座庙。在明清两代，很多人都到这儿来求送子娘娘保佑他们生儿子。今天，庙宇已经不存在了，只剩下三棵挺拔的古松，每棵树都很粗，两个人手拉手才能合抱起来。人们到镇边城来，远远地就可以看见这几棵高大的松树。

镇边城里现在老房子已经不多了，但是整个城街区的机理还完全地保留着老街区结构，游人到镇边城，在街里的各个胡同、街巷走一走，感觉非常好。

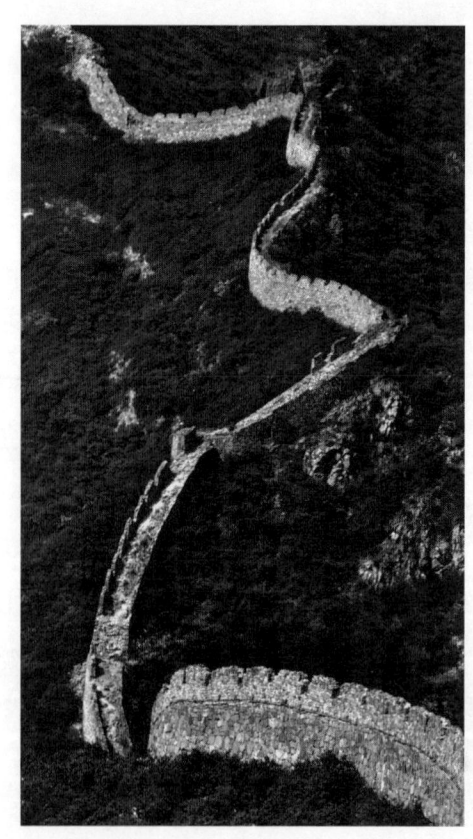

镇边城长城

往事如风吹过古老的城墙，岁月沧桑铭刻在镇边城上。在连绵的青山之上，长峪城、白羊城与镇边城并称为北京边关三城。

长峪城位于北京昌平区的西部，东、西、南三面临山。由于这里地处长峪峡谷，又被称作"长峪口"，明正德年间在这里修筑的关城就称为"长峪城"。长峪城有老城和新城，老城是正德年间修建的，新城是万历年间修建的。

明代在长城沿线早期修建的各种城池，基本上都是在一个通道最狭窄的地方，把城修到山的两侧，卡着山口向山的两侧往高处修，就像居庸关、长峪城的老城、镇边城的老城都是这样。明朝中期以后，才开始选择更平坦的地方，去修建尽量接近于方方正正的城。在长峪城的老城跟新城表现得最清晰。到长峪城以后，很明显地看到，老城是沿着山往山上修的，新城就是在平地上修建的。长峪城的老城也叫旧城，里面有娘娘庙，庙里还有钟鼓楼；新城里面有关帝庙、有菩萨庙，这些古老的建筑还都很好地保存着，有些也经过新的修缮。

长峪城老城城门外有一座瓮城，城门已经被毁坏了，城里有一个规模不大的小庙名叫真王庙。关于真王庙的来历，还有一个小故事。说的是十六国时期，后周的周世宗柴荣，在还没当上皇帝的时候曾经到这一带来卖过伞。后来乡亲们知道，过去经常在这一带卖伞的那个人是真正的王爷，就建起了这座真王庙来纪念他。

周世宗短命，38岁就死了。他七岁的长子继位，并且他把大权委托给赵匡胤，让他来辅佐年幼的后周小皇帝。可是赵匡胤有自己的打算，他在第二年的时候，就陈桥兵变，黄袍加身，自己做了皇上把小皇上废除了。

据说，赵匡胤篡位之后，要追杀周世宗的后人，消除与他有关的所有印记。官府听说镇边城的真王庙与周世宗有关，就派人来查。当地的老乡非常机警，说："庙里供奉的是真武大帝，与周世宗柴荣没有任何的关系。"这套说辞就把官兵给糊弄过去了，真王庙也就得以保存。

边关三城中的白羊城，也是位于北京市昌平区的西部，也称白羊口。根据《隆庆昌平州志》记载，白羊口始建于明代正统年间。白羊城与长峪城、镇边城、居庸关一起构成京师北部长城整体防线。

现在，白羊城的古城遗址属于白羊沟自然风景区，其中的景观除白羊城之外，还有长城的敌楼、烽火台，以及清朝庆僖王墓。

二龙相争，山川河流见证怎样一场恶斗？
一脉相承，边关古城留下怎样一段传说？

相传，在唐代之前，白羊城叫白龙城。龙是怎样化身为羊呢？据说，这事与狄仁杰有关。当时，狄仁杰出巡视察，一路走到这里。那天晚上，有条白龙托梦给狄仁杰，说："从匈奴地区来了一条黑龙，要跟我争夺水源。明天一早，我要跟它在城西南山坡上决斗，到时候，我变为白羊，黑龙变为黑羊。只怕那家伙凶狠，需要狄大人助我一臂之力。"

第二天清晨，狄仁杰提着弓箭去了城西南山坡，果然见着一白一黑两只羊在山上搏斗，眼看着白羊就要败下阵来，狄仁杰搭上弓箭要射黑羊，狡猾的黑羊一看势头不对，狠狠地顶了一下，结果白羊挨了这一箭。白羊中箭受伤，黑羊重新化身为黑龙，卷走了白龙河的水。

从此，白龙河的水势越来越小，而北方的黑龙河的水越来越大，变成了后来的黑龙江。狄仁杰因为这件事很内疚，心里总觉得对不起白龙城的百姓，也对不起那只白羊，就下令把这座城池改名为白羊城。

白羊城作为居庸关防御区离居庸关最近的一个关城，是居庸关侧翼的重要防线，明朝就把白羊城修建得相当坚固。但是今天的白羊城已经毁坏得很严重了，只剩下山坡上的一些城墙遗址还在，城里的建筑和整个城池基本上都毁坏了。

白羊城到清朝的时候成为庆僖王的墓地。庆僖王是清乾隆皇帝第十七子永璘，他的墓地建在白羊城之后，白羊城村的1360多亩耕地就被朝廷划给了看墓的人。

历史上的镇边城、长峪城和白羊城与其他关隘一起构成了守卫北京的长城防御体系。镇边城北的长城修建得非常好，当地的老乡世代相传管这段长城叫"样边"。

明代修建长城的时候，不是像现在的施工，都是有很好的图纸的设计，然后大家照着图纸去施工，而是修建一段样墙或者一座样楼，让各地方的技术人员来看，回去照这个样子施工，所以称为"样边"。这段长城就是镇边城东边的庙港长城，可以说是明长城在西边这段的名副其实的样板工程。

　　镇边城作为扼守京西的军事重镇，它的历史使命早已经结束了。如今这里凭着秀美的自然资源，丰富的人文古迹，已经成为著名的旅游休闲胜地。

　　这正是：

卫京镇边一古城，洗尽铅华始从容。

铁血往事随风去，山风古韵踏歌行。

河北人民广播电台五百集本土文化系列节目

长城文化（下）

王智 ◎ 主编

河北出版传媒集团
河北教育出版社

第五十一回 中山筑长城 国相有司马

前面说到燕赵之地修起了长城，河北历史留下了一幅波澜壮阔的长城画卷。在中华民族的文化血脉之中，长城不仅是巍峨壮观的雄关漫道，更是一代又一代仁人志士铸就的不朽精魂。河北境内最古老的长城起于何时，这座伟大的建筑出自谁人之手？

根据司马迁在《史记》中的记载，河北最古老的长城始建于公元前369年，也就是在春秋战国时期的赵成侯六年，中山国修起了长城。用史料对照现存于石家庄井陉、赞皇和保定唐县等地的战国中山城遗址，可以得出这样的结论——中山国的长城绝非成于一年半载。这么大规模的建筑工程绝对要花不少的工夫，考古专家们对此进行推算，认为这一带的长城应该是在中山成公当政的那些年里修筑而成。

中山成公作为诸侯国里的一把手，每天都有好多事情要操心，具体到长城的修筑项目，他最多就是挂个名衔露个面，庞大又琐碎的土木工程还得交给一个细心、耐心又忠心的人，这个人选究竟会是谁呢？

在中山成公后期，负责加强中山国国防体系，完善中山国长城建筑的人物可是非同一般。他的职位是中山的相国，名字是司马熹，也叫司马赒。这一位是司马家族的老前辈，西汉太史公司马迁的爷爷，也就是司马谈的父亲。跟这些大名鼎鼎的子孙比起来，老爷子司马赒一点儿也不逊色，说起他的功劳，绝对是中山国历史上浓墨重彩的一笔，而他犯过的那些错，也都不是小事。

当时，中山国绝大部分国土都在河北境内，它在鼎盛时期的综合实力仅次于战国七雄，而且还参与过不少政治、军事上的大事件。所以，有人把中山国称为"战国第八雄"。

司马赒在中山国实力最强的时期辅佐过三朝国君，一直占据着一人之下、万人之上的相国宝座。

在平山三汲，中山国故都灵寿故城中山王墓出土的文物之中，最精美的青铜器、错金银器大部分都是由相国司马赒监制而成。其中，中山王铁足铜鼎、夔龙饰铜方壶和青铜圆壶上面镌刻着1101字的长篇铭文。这些文字不单记载了中山王世系，还提到了司马赒的功绩，里面就包括公元前316年司马赒率领中山国军队灭掉燕国子之的重大历史事件。

对于这位中山王的名讳，考古界和史学界一直读作"错"。而据考证，这位中山王的名字应该读作朱熹的"熹"。这又引出另外一个问题——为中山国修筑长城的相国司马赒本来叫"司马熹"。在成书于先秦时期的《战国策》《韩非子》和司马迁的《史记》等文献中，都记载着这位中山国相国名叫司马熹，而且明确地记载他"三相中山"，也就是担任过中山国三代君王的相国。一位相国，两个名字，这究竟是为什么呢？据考证，这是因为他名字当中的熹字犯了中山国君的尊讳，所以，这位相国大人只好把名字改作司马赒。

改了名的司马赒作为中山国相国，经历了中山成公、中山王和中山王次三代君王。这位叱咤一时的人物大约生在公元前389年，在公元前306年前后告别人间，80来岁的高龄实在算得上当时的老寿星。

司马赒这一辈子指挥过抗击赵国的硬仗，带兵北上剿灭了燕国子之，还担当了修筑长城的重任，说他是中山国的大功臣，一点儿也不过分。不过，为中山国立下汗马功劳的司马赒本来不是中山人，他的老家在卫国，曾经在宋国当过官，因为犯了错，被宋国定了大罪，还被打断了膝盖骨。司马赒的身体受了重伤，心理也受了不小的挫折，不得已离开了宋国这个伤心地，去往太行山下的中山国。司马赒即将走向怎样的未来，他又会如何掌控自己的命运呢？

初来乍到，落魄才子如何荣任中山相国？

风波乍起，三朝元老如何摆平政治漩涡？

要说一个人的成功多少要靠着一些机遇的成分，司马赒在中山国事业的开端则正好证明了这一点。当时，中山国三天两头挨赵国的欺负，最需要的就是人才，司马赒这一来，正赶上大展拳脚的好时候。虽说司马赒的腿脚不利落，可是他的脑子够快，嘴皮子够溜，凭着这两点，他成功说服了中山国君，拿下了相国的职位。

新上任的司马相国建议中山国君完善长城防御体系，用来抗击赵国的进攻。他这一番话深得君心，于是，中山国就沿着太行山不断地完善着长城，在中山国和赵国之间筑起了一道军事防火墙。

如今，在唐县、顺平、阜平、平山、井陉一直到赞皇县的太行山脉，还保留着断断续续的中山国长城遗址。在石家庄井陉的窦王岭景区，也有60公里长的中山国长城。长城西段经过井陉县地都村，向北边一直延伸到平山县，那里有早年发现的白羊口古长城、下口古长城和井子村古长城。这三段古长城不知是何年何月留下的文物，它们与连接着窦王岭的中山长城连续吻合，形成完整的弧形，怀抱着中山国故都。这样算下来，石家庄地区相互连接的中山国长城总长达到110公里。保定的中山国长城和石家庄的长城连接起来，就形成了一个完整的圆弧。一段长城一个隘口，隘口有1.5米到2米宽，高度一般都在0.8米到1.5米左右，少数地段的城墙有2米多高，最高的地方有3米以上。这一系列的长城用的都是石材，就地取材兴建而成，古老的城墙连绵不断，显示着中山国长城宏大的规模和漫长的历史跨度。

长城脚下的故事说到了公元前327年。这一年，中山国君主成公去世了，年轻的中山王即位。司马相国为了避讳新君王的名字，正式改名为司马赒，也正是从这时候起，他给自己起了个绰号，叫作"老赒"。在中山王铁足铜鼎铭文中，就留下了"今吾老赒"的字样。

俗话说，姜是老的辣。老赒岁数大了，人也变得更加老辣，在他的辅佐之下，中山国进入了鼎盛时期，无论是政治、经济还是军事，哪一样都是一路见长。这样的变化，自然让周边的大国都对中山国刮目相看。

中山国翅膀硬了，也开始琢磨边境线外面的事。公元前316年，燕王哙把王位禅让给相邦，结果在国内引发了一场大乱。齐国趁这机会发兵燕都，中山国跟着打进了燕国。司马赒身先士卒，"亲率三军之众，以征不义之邦"。

这场战争落了幕，中山国收获了不少的战利品，包括燕国大片的土地，还有几十座城池，一下子把疆土扩展了几百里。中山国把缴获的兵器铸造成象征荣誉的青铜器，这就是前面说过的那些在灵寿故城出土的文物。司马赒得到了周天子的赏赐和诸侯的祝贺，中山国也在诸侯之中名声大振，显示出"战国第八雄"的威风。

历史总是惊人的相似，战国时期跟今时今日也没什么太大的不同。对于各个国家来说，没有永远的盟友，只有永远的利益。魏国的魏惠王眼看着中山国本事大了，就换上一副和气的面孔，主动跟人家拉关系，他早就打算好了，想利用中山国牵制住齐国和赵国。

紧接着，魏惠王又策划了一场"五国相王"的联谊活动，就是让魏国、赵国、韩国、燕国、中山国这五国的诸侯互相称王。要知道，在西周和东周初期，诸侯奉周天子为王，而诸侯之间不能随便称王，最多只能用上公、侯一类的称呼，比如齐桓公、晋文公、魏文侯，等等。到了春秋后期，周天子的地位已经是名存实亡，所以，诸侯们也抢着把"王"的字号戴到自己头上。在这件事上，司马赒极力支持中山君主参与"五国相王"的活动，利用这场声势浩大的政治秀提高中山国的地位，彻底摆脱齐国的控制。

中山国虽然被划进了"五国相王"的朋友圈，可是，圈子里的那几位可都是个顶个的战国雄主。跟人家比起来，中山国多少有那么几分不匹配，要想把接下来的事情办漂亮，还得看老将司马赒的能耐。

司马赒挡得住赵国的进攻，打得过燕国的乱党，也能保得住中山国的面子。他为了防止齐国使绊子，拖着瘸腿奔走于赵、韩、魏、燕国之间。功夫不负有心人，最后，司马赒愣是挫败了齐国的阴谋，让中山王风风光光地称了王。这事让齐国动了气，开始在政治上、外交上对中山国进行全面报复。从这以后，中山国和齐国的梁子越结越深，跟老对头魏国却改善了关系。

中山国的边境风云变幻，接下来，又冒出一个大麻烦，这就是刚刚进行了"胡服骑射"军事改革的赵国。赵武灵王在中山国的边上筑起了高高大大的瞭望台，为进攻中山做好了准备。没等着赵国打过来，中山王就已经撒手西去，他的儿子即位之后，一个心眼儿地忙着给先王修墓葬，杀战马和活人殉葬。赵武灵王瞅准了机会，发兵攻打高邑西边的房子城。这时候，燕国也趁火打劫，发兵中山，一心要收复当年的失地。面对赵国和燕国的两面夹击，老将司马赒再次披挂上阵，这一战又将打出个怎样的结局呢？

两军对阵，中山将士如何迎战赵国铁骑？

烟消云散，传奇古国如何成为历史回忆？

话说司马赒调兵遣将，指挥着中山国的军队迎头痛打燕国和赵国的敌兵，他出师得利而凯旋。中山国以小敌大赢了一回，突如其来的胜利让他们头脑发热，还想着再次发兵攻打燕国。可是，这个想法还没有开头就成了泡影，原因就在于中山国的后院起了妖风。这罪魁祸首不是别人，正是相国大人司马赒。

此时的司马赒把权力玩弄于股掌之间，中山国里有谁胆敢跟他作对，一定没有好果子吃。可就有这么一位大臣，因为跟司马赒政见不合，司马赒就利用他和别人之间的矛盾使了毒计，先是派人暗杀了大臣的仇人，又栽赃陷害，说这个大臣公报私仇。结果，中山王听了司马赒的谗言，要了这个大臣的性命。

司马赒不光搅和朝廷上的事，还把手伸到了中山王的后宫。因为司马赒权高位重，后宫的嫔妃们争着抢着巴结他，想讨他几句好话，登上王后的宝座。司马赒知道这里面的好处，也乐意插手这档子事，他为了帮助一个名叫阴姬的宫女当上王后，大老远地跑到赵国，对这个阴姬好一通吹嘘，劝着赵王把阴姬给要过来。

司马赒回国之后，又忽悠中山王："赵王听说阴姬人好又漂亮，想把她迎娶到赵国立为王后，说大王您要是拱手相让，赵国愿意跟中山国和平共处。"在中山王看来，这事算得上奇耻大辱，他气得话都说不出来，又听着司马赒出了个主意："如果大王先一步把阴姬立为王后，就可以断绝赵王的非分之想。"中山王顾不上多想，就按着司马赒的意思把事办了。

司马赒的胆子也越来越大，中山王偏听偏信，杀了同胞兄弟，中山国江河日下，一步步走向衰落。中山国的情况被旁人看在眼里，算计在心里，赵国头一个起兵攻打中山，赵武灵王大举进攻中山国的长城防线，从北面一路进兵。

两国大军在长城上大战一场，中山国的军队凭着长城打退了赵军。

赵武灵王一看自己的部队吃了亏，赶紧掉头改从南边出兵，因为这个方向没有长城做防御，是中山国最薄弱的关节。赵国接连攻下了鄗城、封龙山、鹿泉市南边的故邑、石邑，还有市区东古城的东垣。这下中山国乱了阵脚，主动提出要献出四个城邑来求和。赵武灵王点头答应，暂时停下了刀枪。

自此之后，中山国的日子一天不如一天，司马赒的身体也是一日不如一日。这一年还没有过完，司马赒一命呜呼，永远离开了人世，但他指挥修筑的中山国长城却依然留在太行山间。时间又过了六七年，赵国攻克了中山都城灵寿，终于灭掉了中山国。

在中山国奋进图强的道路上，司马赒堪称国家英雄；当中山国一路走到了巅峰，司马赒又成了争权夺势的头号权奸。成也司马赒，败也司马赒。这是司马赒的人生，也是中山国的宿命。

这样一个大忠大奸的相国司马赒，即便在盖棺之后依然难说是非，据说，太史公司马迁就是因为祖父司马赒的功过难论，在写作《史记》的时候回避了这位先人，连带着中山国的历史也没有留下几笔记载。

这正是：

中山国相司马赒，灭燕抗赵巧运筹。
百里长城留遗存，是非功过要权谋。

第五十二回 李牧戍长城 匈奴慑震名

上一回我们讲了战国时期中山国的国相司马赒在河北修筑长城的故事，这是河北境内最早的长城，却不是唯一的长城。后来，赵国人也开始在边境修筑长城抵抗匈奴。就在这一段长城上，出了一位百战百胜的赵国名将。他是谁？在长城上书写了怎样的辉煌？

在中山国相司马赒修筑长城60多年之后，赵国的一代明君赵武灵王已经开始修筑赵国北面的长城了，但是，无论何等伟大的建筑，必须有人来把守，才能成为保卫国家的屏障。赵武灵王这辈子干了很多大事，但是家里的事却没处理好，因为妻妾不和，儿子争权，他的下场很惨，活活饿死在河北的沙丘平台。赵武灵王之后，赵国走上了下坡路。

国衰必有外患，位于北面的匈奴这时候强大起来了，不断南下，侵扰赵国边境。赵国的名将李牧受命来到了北部边境，驱逐匈奴，修筑赵国的北长城。老实说，因为战国时期赵国大部分领土都在山西省境内，河北邯郸、邢台、石家庄这一带，不与北边的游牧民族接界，因此，赵国北面的长城大部分都在山西和内蒙古境内，只有很少一段在河北。但是，修筑赵国长城的这位名将，纯粹的河北人，赵国李氏的祖先。

李牧出生在柏仁，也就是现在邢台隆尧县的柏人城。他天生残疾，手臂有些短，身子有些佝偻，好多人都瞧不起他。然而，他天资聪慧，每次一帮孩子玩儿打仗的游戏，到最后获胜的一准是李牧带领的一方。双方交换人马，获胜的还是有李牧的一方。人们觉得这孩子是个用兵打仗的好材料，所以向赵王推荐勇士的时候，李牧成了首选。

赵王一见李牧，心里就泛起了嘀咕。这个人头发稀稀拉拉，还有点儿驼背，推荐书上说他勇猛异常特别会打仗，这还真是看不出来。怀疑归怀疑，赵王也明白一个道理，不能以貌取人，就给李牧安排了一个职位。

赵王让李牧做了宫廷卫队的小队长，手底下有士兵45人，相当于现在的一个排，配备一辆战车，20匹战马，还有若干的弓箭、钩戟等武器。在宫廷卫队锻炼了三年，李牧的指挥才能逐渐显现出来，赵王也对他刮目相看。

这时候，赵国北边的楼烦、林胡和东胡先后臣服于赵，可按下葫芦浮起瓢，匈奴却不断骚扰赵国边境。虽然赵武灵王时期修筑了长城，可以暂时阻挡匈奴入侵，但是匈奴人在赵国的边境到处钻空子、打游击，赵国的军队防不胜防，陷入了被动的境地。

赵王就委任李牧驻扎雁门关，对抗匈奴。就这样，李牧开始与长城结缘。

李牧来到长城边，为了提高防御能力，一方面扩修长城，巩固关隘，另一方面为了调动士兵们训练的积极性，每天要宰几头牛羊改善士兵们的伙食。那时候，当兵的都是穷孩子，有了香喷喷的牛肉，士兵们参与训练的热情非常高涨，因此，在李牧驻守长城期间，"当兵打仗吃牛肉"成了一句极富感染力的口号。就这样，李牧带出来一支能骑擅射的队伍。

匪夷所思，李牧退守长城拒不出兵因何故？
幡然醒悟，赵王三番五次登门拜访为哪般？

俗话说，知己知彼，百战百胜。想要对付匈奴，得先了解他们的作战情况。对此，李牧加强长城沿线烽火台的警戒，同时派出了很多侦察员打探匈奴的军情。

人们都以为这位李将军要跟匈奴开战了，可没想到，他却采用非常保守的战略，下了一道命令，说："一旦匈奴入侵，各处驻军不得主动出击，必须撤回长城沿线要塞防守。"

按常理，将军都要鼓励手下的士兵主动出击、奋勇杀敌，还要奖赏捕获俘虏的战斗英雄，可到了李牧这里大大相反，抓获俘虏不仅没有奖金拿，反而要掉脑袋。士兵们都很纳闷，他们天天搞军事训练，却又不跟匈奴人交锋，这李将军葫芦里面究竟卖的什么药?

从表面看,李牧的战略让人很难理解,有贪生怕死、畏敌不前的嫌疑,其实,李牧才是最智慧的军事家,这就叫扬长避短,他利用长城及其附属的关隘、敌楼,以最少的兵力、最小的代价,守卫着赵国边境的安全,保护着百姓的安居乐业。实践证明,李牧的这种战略在实战中最好使。匈奴人多次进攻,赵国将士们都缩进长城坚守阵地。一转眼几年过去了,匈奴士兵始终没法突破长城,赵国北部边境的百姓得以安居乐业。

匈奴人讨不到什么便宜,束手无策,对李牧恨得牙痒痒,可心里却鄙视李牧,觉得他胆小怕事,没什么本事。不光匈奴人这样想,李牧手下的士兵们也认为自己的将军胆子太小。每次面对匈奴的入侵,士兵们都热血沸腾,想冲上前去奋勇杀敌,又不得不执行命令被动防御,这让年轻的士兵们觉得很憋屈。时间一长,士兵们可以忍,邯郸城里的赵王却无法忍受了。

当老板的都喜欢手下能干出点儿事业,赵王派使者去前线传话,说:"无论如何,你也应该打个漂亮仗,干出点儿实实在在的成绩来,不然的话,太对不起赵王的提拔了。"

可是李牧却驳了老板的面子,依然我行我素,按兵不动。这下子,赵王城里那些嫉贤妒能的奸佞们可是有话说了,他们极力进谗言,使劲说李牧的坏话,都是李牧贪生怕死、缩头乌龟之类的贬斥之词。最后终于把赵王给挑拨的生了气,一怒之下,让李牧下了岗,另派了一个人取代了李牧的职位。

新上任的将军豁出命去也要打一场漂亮仗,给赵王干出个样子来。他迎战匈奴,士兵们非常兴奋,这些年跟着李牧虽说吃了不少肉,可一场胜仗都没打过,他们心里早就痒痒了,一个个摩拳擦掌,跃跃欲试。

就在李牧下岗不久,匈奴再次入侵,新将军率领士兵们冲出了坚固的长城,在大草原上跟匈奴拉开了阵仗。双方一开打,赵国的士兵们才发现自己错了。

在长城以北的草原上进行野战,显然不是赵国军队的强项,匈奴铁骑很快就把赵国的战阵冲击得四分五裂,赵军陷入了混乱之中,伤亡惨重。匈奴铁骑大规模攻入长城内,老百姓的日子没法过了。

赵王这才幡然醒悟,原来自己错怪了李牧。是啊,派出大将固守长城为的是什么啊？

李牧打仗虽然不跟匈奴正面交锋，但有力地保卫了国家的边境安全。可当初自己一怒之下炒了李牧的鱿鱼，现在想要请人家重返雁门关，为赵国的北部长城遮风挡雨，就没那么容易了。

赵王专门派了一位特使去探望李牧，没想到却被李牧府上的人给挡住了，说我们家主人生病了，来客恕不接待。赵王当然知道李牧的病根在哪儿，可身为一国之君，他怎么也不可能拉下脸亲自去登门谢罪，无奈之下只能三番五次派人去请。

李牧看到了赵王的诚意，可又怕赵王再次瞎指挥，就提出了一个条件：要我继续守边疆也行，不过具体的工作都得听我的。赵王吃了一次亏，知道了李牧的能耐，心想只要不吃败仗就行，剩下的你爱咋整咋整。

就这样，李牧再次驻守长城，而且拥有雁门关与代郡的赋税和财政收入的支配大权。他一点儿私心都没有，每天宰牛宰羊，犒劳手下的三军将士，加强训练，减租减息，厚待边关的黎民百姓。他派出大量情报人员，深入大漠敌后，刺探敌情。这样一来，雁门关成了铜墙铁壁，匈奴再也占不到任何便宜。

《史记》记载：边疆的士兵们得到了赏赐却不用，都想要跟匈奴开战。李牧一看大伙的情绪酝酿得差不多了，就开始准备一场轰轰烈烈的大战。

养精蓄锐，李牧将军怎样诱敌深入？

旗开得胜，长城一战如何青史留名？

李牧准备了战车1300辆，战马13000匹，选拔了50000精兵强将组成敢死队，又选了弓箭射手100000人，开始进行重点训练，又让边境的老百姓们赶着牛羊到山坡上去放牧。匈奴那边一看，这漫山遍野都是肥硕的牛羊，放牛的牧童和牧羊的姑娘在鲜花绿草间游走，看上去丝毫没有防备。这时候不去捞一把，更待何时？

匈奴单于就派出了一支小分队出击，没想到赵国的主力一触即溃，丢下辎重仓皇逃窜，还有上千人没来得及撤退就被活捉了。匈奴单于接到战报，欣喜若狂，甚至怀疑李牧是不是又下岗了。到了嘴边的肥肉可不能丢了，匈奴发动了大部队，十几万人从草原上席卷而来，一路上烟尘滚滚，原来绿油油的草地都被战马踏平，露出了黄土。

李牧早就布置好了埋伏，沿着长城张开了左右两翼，拉起了大网。当那些匈奴骑兵赶着牛羊、扛着粮食从村子里走出来的时候，四周突然出现了大批的战车和骑兵，将他们分割成好几段，包围起来。

原本势均力敌的形式立刻扭转，匈奴士兵这才明白自己掉进了陷阱。眼前的赵国军队不仅早有准备，而且训练有素，遮天蔽日的箭雨射过来，匈奴士兵四处逃窜，就在他们逃生无路的时候，赵国的骑兵冲上前来，喊杀声震耳欲聋，匈奴军队被打得落花流水。

李牧指挥的这一场长城之战打得非常漂亮，被司马迁写入了《史记》。这场战争杀死了十余万匈奴骑兵，彻底歼灭了匈奴的主力部队，让匈奴元气大伤，从此以后的十几年，再也不敢靠近赵国的北部边疆。所以司马迁说："李牧者，赵之北边良将也。"

李牧的长城之战，开创了中国古代战争史上以步兵为主的联合大兵团全歼骑兵大兵团的战例，更为后世对抗匈奴提供了军事战术范本。1000多年后，坐镇蓟门的明朝大将戚继光就是靠着李牧的这套战术打败蒙古人的。雁门一战，也让李牧成为廉颇、赵奢之后赵国最重要的将领。正因为有李牧坐镇雁门，守卫边疆，才使得边疆百姓安居乐业，赵国的君臣没有后顾之忧，专心致志对抗秦国。

可是，天有不测风云，就在李牧固守长城、保家卫国的时候，邯郸城里出了大事。朝中的奸佞郭开在王室内部摆弄是非，鼓动赵悼襄王更换太子。这位悼襄王也确实是个糊涂虫，居然不顾朝廷上下反对，废掉了太子赵嘉，将国家大事交给了不成器的赵迁。赵迁继承王位以后，郭开就成了他手底下的大红人。

可是郭开就是一个卖国受贿的家贼，弄得国家混乱，民不聊生。秦国出兵大举进攻赵国南部，赵国都城周边无大将，李牧临危受命，南下太行山，固守井陉关，多次凭借忠诚和智慧大败强大的秦军。可是，无耻的郭开收受了秦国的贿赂，到赵王迁面前诬陷李牧叛乱。于是，赵王迁派人到井陉前线杀了李牧，自毁长城。

李牧死后，秦始皇立刻挥师攻赵。没有李牧的赵国，秦军如入无人之境，仅仅用了三个月就攻克了邯郸，活捉了赵王迁，赵国彻底灭亡。

李牧称得上是战国末年东方六国中唯一能与秦军抗衡的杰出将领，在一系列的作战中，他屡次重创敌军从未失败过，显示了高超的军事指挥艺术。如果不杀李牧，秦赵还可以一比高低。李牧被诬陷致死，使赵国自毁长城，也使后人扼腕叹息。

这正是：

金梁一柱可擎天，列国匈奴皆胆寒。
李牧镇守赵北疆，长城戍守英名传。

第五十三回 燕国一名将 秦开出力挺

上一回说到，大将李牧筑长城，百战百胜展雄风，赵国长城有战神李牧修建把守。那么燕国长城又是谁修建的，他又留下了怎样的英雄传奇呢？

燕国修筑长城的名人叫秦开，他是战国历史上富有传奇色彩的一位将领，是潜伏在东胡的一位忠诚燕人，可以说是2000多年前的"余则成"。燕国北面那道从张家口一直延伸到鸭绿江边的长城，就是秦开主持修筑的。

在战国时期，燕国北面是东胡占据的地方。东胡是我国东北部一个古老的游牧民族部落联盟，早在商朝（约公元前16—前11世纪）箕子孤竹国的时代，就有东胡的活动记载。据《史记·匈奴列传》记载，在春秋战国时期，东胡主要活动在当时燕国的北部和东北部，是一个比匈奴更强大的部落联盟。有学者认为：中国北方后来的很多少数民族部落都属于东胡族群，包括后来曹操征讨的乌桓、建立北魏政权的鲜卑族以及由鲜卑分化出的慕容、宇文、拓跋、吐谷浑等部落，还有柔然、契丹、室韦、蒙古，都属于东胡一族。

东胡势力强盛的时候，弓弩手有十几万人，他们仗着自己的部落兵强马壮，向匈奴索要宝马、美女。匈奴打不过他们，只好乖乖依从。

当时，不光是匈奴遭受东胡的欺负，就连南面的燕国也经常被东胡侵扰。燕国也不甘心被动挨打，派出重兵自卫还击，只可惜技不如人，屡战屡败。这个时候，一位英雄跨马登上历史舞台，他就是大将秦开，他的出场，又为疲于应战的燕国带来了怎样的转机呢？

燕国被东胡大败以后，向东胡妥协求和，为了表示诚意，他们甚至把名门望族和主要将领的子侄们送往东胡做人质，这其中就包括秦开。

至于为什么要秦开去做人质，史书记载很少；秦开是不是燕国贵族后裔，史书也没有记载。不过，在战国时期，做人质并不是个丢人的差事，秦始皇的父亲异人到赵国做过人质，燕国的太子丹也到赵国做过人质。秦开既然能去东胡做人质，肯定不是一般人，要不他也没资格当人质。

按太史公司马迁的记载，秦开在东胡上演了一出精彩的"潜伏"。秦开很聪明，很快就取得了东胡人的信任，和胡人打成一片。可秦开身在曹营心在汉，他的脑袋里牢牢记着祖国的尊严，他处变不惊，眼睛一直在观察，脑子一直在思考，心里一直在盘算。他把东胡的地理环境、风俗人情、军事虚实都记在心里，还把东胡游牧作战的战术特点全都摸透了。

就在秦开忍辱负重在东胡当卧底的时候，燕国发生了一件天翻地覆的大事。

大权旁落，引发哪番祸乱滔天？
大将出马，上演哪般生死对决？

当时，燕国在战国七雄中国力较弱，经常受欺负。公元前315年，燕王哙听信蛊惑，效仿尧帝让位许攸，把君位禅让给相国子之。子之这个人原本就跋扈专权，当了国君以后，更是不可一世，把燕国搞得乌烟瘴气，引起了公愤。

眼瞅着燕国的军政大权落在了旁人手上，燕王哙的太子平哪能咽得下这口气？他和燕王的将军市被起兵进攻子之，结果失败了。这时候，邻居齐国就联兵中山国，出兵进攻子之，50天就灭了燕国。燕王哙稀里糊涂地成了刀下亡魂，子之被擒，处以极刑。

由于齐军过于残暴，燕国的爱国军民反抗齐国，拥戴太子平为王，奋起反抗，把齐国军队赶了出去。这位太子平就是燕昭王。燕昭王即位后，励精图治，招纳人才。他高筑黄金台，千金买马骨，使燕国从一个衰败的弱国逐渐走上了复兴之路。

远在东胡的秦开听到来自祖国的消息，瞅准机会，想办法要回去报效祖国。他凭着自己的智慧还有在东胡的人缘，逃出东胡回到了燕国，去拜见燕昭王。

燕昭王正在谋划抗击东胡的策略，马上召见了这位从东胡归来的燕国子弟，向他询问东胡的风土民情和军事虚实。秦开一一对答。燕昭王大喜，笑道："真乃天赐良将，这小子不仅聪明忠诚，谙熟东胡地理风情，还能说东胡好几个部落的语言，对付东胡非他莫属啊！"于是委任他为将军。

虽然燕昭王发愤图强，有着远大的抱负，可秦开明白，对抗强大的东胡绝非一招制胜那么简单，必须要有强大的军事实力。于是他招兵买马，训练将士，专门练习对付东胡骑兵的战术，还制作了很多抗击东胡骑兵的武器装备。在燕国北长城到辽宁一带，出土过不少战国时期的箭镞，造型多样。有许多箭镞很长，带倒刺，这就是秦开专门对付东胡骑兵的武器。

不等燕昭王把国家治理好，更不等秦开建立一支强大的陆军，东胡就出兵了。在战国时期，新君初立，必遭外患。齐国军队虽然撤退了，可是东胡觊觎燕国的美女和土地，于是趁着燕昭王刚刚登上王位，出兵进攻。

燕昭王派出了一位大将出兵迎敌，这个大将就是秦开。秦开跟东胡人在战场上相遇，又会上演怎样的生死对决呢？

两军在战场相遇，东胡人抬眼一看，这帅旗下威风凛凛的燕国大将，原来就是曾经的人质秦开。东胡觉得燕国无人了，根本就不把秦开放在眼里，甚至还妄想着一举消灭秦开率领的部队。

秦开明白，燕国的军队如果和东胡的骑兵硬拼，绝对是找死。所以他早就挖好了很多陷阱、沟壑，利用步兵的优势，吸引东胡骑兵猛冲，结果，秦开的将士们弓弩齐发，把东胡的骑兵先锋埋葬在沟壑之中。

东胡的头领一看，秦开竟然能运用战术，打败东胡强大的骑兵，这个人不容小看！只可惜，东胡人明白得太晚了。秦开手一挥，战鼓齐鸣，燕国的军队奋勇出击，训练有素的弓弩手专门射杀东胡骑兵的将领。将领一死，东胡的军队很快就成了一盘散沙，纷纷落荒而逃，秦开率军奋勇追击。

秦开打跑了东胡，赢得了燕国边境的稳定，接下来，这位名将在燕昭王的支持下，做了两件大事。

第一件大事就是在驱逐东胡的过程中，先后在燕国的北面陆续设置了五个郡——上谷、渔阳、辽西、右北平、辽东，就位于现在京、津、冀、辽这四个省市境内。这第二件大事，就是修筑长城。

说到设置郡县，很多人都以为是秦始皇开始实行郡县制，其实郡县制早在西周的时候就有了。《逸周书·作雒》中记载："千里百县，县有四郡。"说明最初县比郡要大，级别要高。

秦始皇灭六国以后，推广郡县制，分天下为三十六郡，每郡任命郡守、尉和监各一，郡下辖县。

秦开设置的五个郡是燕国郡县制的先导。秦开先是打退了东胡在燕山以北的势力，设置渔阳郡；向西驱逐东胡势力后，设置上谷郡；稳定了自己的根据地后，向东北进军，设置右北平郡、辽西郡和辽东郡，并且筑城守卫。

可别小看了这五个郡，这是当时燕国北面燕山到辽东地区最早的城邑。当时的上谷郡城就在现在的张家口宣化区附近，渔阳郡城就在今北京密云附近，右北平郡就在今承德平泉县附近，辽西郡治所在今辽宁义县西，辽东郡城在今辽阳市。

在设置郡的基础上，秦开步步为营，逐渐东进，渡过辽水进攻箕子朝鲜，取地1000余公里，直达满番汗为界。满番汗就是现在的鸭绿江，开拓了燕国最广袤的疆域。

在此基础上，秦开在稳定的边境修建了燕国第一道北部长城，固守边地，防止东胡等北面游牧民族侵扰。这道长城，从张家口市西侧、张北、沽源到滦平、围场，向东进入内蒙古自治区的赤峰和辽宁的阜新、抚顺，往南一直到了丹东，进入朝鲜半岛清川江口，宽4至6米，高不下5米，全长约1000公里，雄伟、旷远，为燕国的历史和长城的历史留下了辉煌的一页。

退敌千里，一代贤将如何名垂青史？
豪情不再，英雄后代为何难当大任？

以往很多学者论述秦开的历史功绩时，都说秦开先是追击东胡1000公里，然后修筑长城、设置五个郡。其实这是对历史的误读，秦开绝不是简单地追击东胡千余里，更不是为打仗而追击，而是在驱逐东胡势力的同时，在燕国北面建设城垣，建立统治，稳定边境。

秦开修筑的燕国北长城，绝不是他自己为了一劳永逸，而是出于对燕国政治、经济和家国安定的长远考虑，燕国可以利用这道长城，威慑东胡，遏制东胡部落的骚扰，可以使得燕国以最少的兵力应对强大的东胡势力，节约更多的财力和人力资源去建设国家。

治北境，建五郡，拓疆土，筑长城，秦开立下了不朽的功勋。对于这段长城和秦开的历史，司马迁在《史记·匈奴列传》有专门的记载。现如今，辽宁省博物馆还珍藏着重要的文物"燕王职戈"，铭文"郾王职作御司马"。燕王职就是燕昭王，这正是秦开北驱东胡、设置辽东郡的重要文物证据。

司马迁使用"贤将"描述秦开，这是比名将更了不起的一个褒义词。昔日忍辱负重的人质，积累了足够的胆识和豪气，凭着坚忍、执着、爱国豪气，成了为国开疆拓土的大英雄。秦开成了燕昭王初期的第一名将，更成为一代治国的良才。

很可惜，这样一位伟大的爱国名将，结局如何、归宿何在，史书文献没有记载，给后人留下了一个千古之谜。不过，从同时代为燕国立下不世之功的名将乐毅的结局，可以推测，秦开在燕昭王去世时，可能已经病逝了，或者与乐毅一样遭到猜忌而不得重用，抑郁而终。

秦开的孙子，就是那个13岁敢在街头杀人都不眨眼的燕国小子秦舞阳。他凶狠的模样震慑了所有人，于是后来被太子丹当作了人才召到了宫中，准备让他担任刺杀秦王嬴政的重任。后来太子丹请荆轲去刺杀秦王嬴政，让秦舞阳随着荆轲一起去。没想到这个秦舞阳是个草包，到了秦始皇面前，吓得腿肚子转筋，脸色苍白，早早就露了馅。秦舞阳这一点可真没法跟他爷爷比，秦开在东胡忍辱负重，后来为燕国却敌千里，修筑长城，那才是真正的好汉。

这正是：

燕国秦开一奇才，东胡为质志不改。
修筑长城置五郡，坎坷人生写精彩。

第五十四回 万里秦长城 蒙恬悲壮颂

上一回说到燕国大将筑起了长城，燕赵历史展开了新篇。在河北说长城，无论如何也绕不开秦始皇的故事，绕不开那绵延不绝的秦长城。秦长城的工程项目由谁担纲领衔，这其中又有着怎样的传说？

讲到秦始皇修长城的故事，有一位传奇人物不得不提，他是悲壮的政治家，他是不屈的牺牲者，他是长城精神的象征，他就是秦朝大将蒙恬。

公元前214年，秦始皇派蒙恬去北边驱逐匈奴，又修筑了西起临洮（今甘肃岷县）、东至辽东的万里长城，为的也是防备匈奴南下。这条长城沿着阴山西段向东直到大青山北麓，再向东经过今天内蒙古自治区的集宁、兴和到河北省境内，从张家口的尚义向东北经张北、围场，再向东经抚顺、本溪后向东南方向延伸，直到朝鲜清川江入海处。这就是后人所说的秦长城，也是中国第一道万里长城。

想当年，修筑长城绝对是国家级的大工程，这么大的项目应该交到谁的手上，秦始皇肯定是花了不少的心思。这个千挑万选的人物为什么会是蒙恬呢？

这就要从蒙恬的身世说起。蒙恬的祖先是齐国人，老家在山东与河北交界的渤海岸边。也正是由于这一点，河北沧州流传下来很多关于老蒙家人发明毛笔的传说。有的说法提到蒙恬的祖父头一个用兔子毛制作了毛笔，也有人说是蒙恬发明了毛笔的制作技艺。

蒙恬的祖父名叫蒙骜，他从齐国去往秦国，做了秦昭王的上卿。秦始皇的父亲子楚即位，当上了秦庄襄王，从这往后的七年之中，蒙骜奉命领兵进攻韩国，接连攻下了几十座城池。公元前240年，神勇无敌的蒙骜离开人世。

蒙骜的儿子蒙武就是蒙恬的父亲。他在公元前285年带兵攻打齐国，总共占下了九座城池，用行动展示了将门之后的威风。

到了蒙恬这一辈，家里两个兄弟同朝为官。蒙恬学过狱法，做了狱官，还负责掌管有关文件和狱讼档案。蒙恬的弟弟蒙毅官至上卿，也是秦始皇的得力助手。兄弟二人一武一文，权高位重，在秦朝的历史上留下了抹不去的光芒。

话说蒙恬头一次上战场，结局虽然不是很光彩，但却显现出他作为军事指挥家的智慧。公元前225年，秦始皇不听大将王翦的劝阻，命令蒙恬和李信领兵20万进攻楚国。这一回出征，秦军遇到了狠角色，对方的大将是霸王项羽的爷爷项燕。项燕把秦军打得落花流水，蒙恬一看形势不对，果断撤兵，及时止损。

两年之后，秦始皇派出蒙武和王翦出兵杀了项燕，灭了楚国，蒙武出师得利，解了国仇家恨。

又是两年过去了，蒙恬再次披挂上阵，跟王翦的儿子王贲一起攻打齐国。这一仗他俘获了齐王建，消灭了齐国。这场战争结束之后，蒙恬的人生上了一个台阶，成了秦国的内史，秦国也迎来了历史上的转折点，由此统一了六国。

扬帆万里，海上传书流露何种天机？
流芳百世，戍边名将留下何种功绩？

秦始皇完成了一统天下的大业，又开始谋划新的国家战略。他一方面把赵佗派到了岭南百越地区；另一方面，派齐国人徐福、燕人卢生方士专门训练出海的将士，到大海上寻找神仙居住的三山，名义是寻找长生不老之药，实际上是让这些人寻找海上的新领土；另外，秦始皇征调民夫在全国范围内修筑驰道，也就是国家公路，为的是方便他的出巡和军队的调动，同时也是维护统治的需要。

接下来就要说到秦始皇东临碣石的故事。《史记·秦始皇本纪》上面有这样的记载："秦始皇三十二年东巡游碣石。"其中提到的地点就是今天秦皇岛的碣石山。这件事造就了今天中国版图上唯一一个以帝王帝号命名的地名——秦皇岛。

考古学历来讲究实证与史料相互对照，就在20世纪80年代，在秦皇岛的"姜女坟"发现了大型秦汉建筑群遗址，这正是公元前215年秦始皇东巡的行宫遗址。此后，在秦皇岛金山嘴、横山专家疗养院一带又陆续发现三处秦代建筑，这一系列迄今为止考古界发现的最重要的秦代宫殿建筑遗址代表了秦代燕赵地区建筑艺术的最高成就。

前面提到，秦始皇吩咐下去一件事，就是让方士出海寻找长生不老药。本来，这话是用来糊弄别人的，秦始皇的本意是要借着这个说法寻找新大陆，可是，这套谎话愣是被能说会道的方士们忽悠得越来越像真的，就连秦始皇自己都相信了。

方士们一琢磨，皇帝好这口，不如就着这个由头办点儿别的事。他们打的是什么算盘呢？要说，方士们也是真心为了国家好，他们担心秦始皇溺爱的小儿子胡亥将来登基即位，祸国殃民，就编造了一部天书似的小册子，说是从海上的神仙那里得来的。秦始皇从头到尾把这小册子翻了一遍，只有一句大致能看明白——"亡秦者胡也"。方士们本来是想把这个"胡"字套到胡亥头上，可是，秦始皇压根儿就没往自家人的身上想，他把这个"胡"字当成了胡人的代称。

秦始皇这么一想，心头的火就直往外冒："好哇，胡人胆敢灭我大秦，不如我先来灭了他们！"于是，秦始皇颁发诏令，以蒙恬为大将军，率领30万大军北击东胡和匈奴。号令一出，蒙恬有了用武之地，他在10多年里驱赶东胡，打击匈奴，从辽东平原打到了西北大漠，维护了秦朝北方地区的安定。

即便是有蒙恬守卫边疆，秦始皇的心里还是腻歪这句"亡秦者胡也"，他打算让蒙恬来构筑一条确保秦国万无一失的坚固防线，永远把胡人挡在外头。蒙恬领了旨意，首先以黄河要塞为屏障，沿河打造了44座城池驻兵防守；然后又根据北部边地的山川地形因地制宜，修筑了著名的万里长城。河北北部的张家口和承德地区也是军事防备的战略要地，秦皇岛附近的秦始皇行宫周边一带也需要加强防御。孟姜女哭长城的故事虽然是民间传说，却也从一个侧面反映了秦始皇行宫附近长城防御体系的合理性。

蒙恬考虑问题向来周到，也难怪秦始皇对他特别信任。为了方便秦国向北方长城沿线增加兵力，蒙恬在秦国广修驰道的同时，还修建了从咸阳到九原（今内蒙古自治区包头）长达500多公里的直道，这是当年的高速公路，也是秦朝防御匈奴的措施之一。

蒙恬修长城、开直道，在长城沿线构建城垣，驻兵防守，这一系列举措史无前例，开创了中国历史上最宏大的长城建设潮，在客观上促进了中原一带与北方地区的经济文化交流。蒙恬凭着盖世功劳流芳百世，他响亮的大名因此列入了《史记》之中。

公元前212年，秦始皇焚书坑儒，杀了400多人，这事就连他儿子扶苏都看不下去了，多次给父皇提意见。秦始皇听不得逆耳的忠言，干脆把扶苏支到长城边上去给蒙恬当监军。因为这件事，有人就认为秦始皇对蒙恬存着几分不信任，其实这正说明了蒙恬在秦始皇心里不可替代的重要地位。秦始皇把扶苏派到蒙恬身边，并不是让他去盯着蒙恬，而是要他跟蒙恬学着为人处事，建功立业，将来好做秦王朝的接班人。

秦始皇之所以如此看重蒙恬，一方面在于他深厚的修养和通身的本事，更重要的是蒙恬作为秦朝奴役百姓的实施者，对秦始皇的旨意执行起来从来不打半点儿折扣。秦始皇满心想着，要是扶苏的综合素质能跟蒙恬一个样，保准能让大秦王朝千秋百代，世世相传。

蒙恬作为秦始皇的得力干将，秦王朝的国家栋梁，他一个心眼地为了皇帝，一生驰骋为了秦国，没承想最后却遭了灭门之灾,这究竟是怎样一场历史悲剧呢？

公元前210年，秦始皇已经到了知天命的岁数，他打算出去走走散散心。秦始皇这一趟走得挺远，他带着小儿子胡亥、丞相李斯和中车府令赵高沿丹水、汉水，经云梦（今洞庭湖一带），过钱唐（今杭州），上会稽山祭祀大禹，竖立石刻，再从江乘（今江苏镇江）到了琅琊。第二年的夏天，秦始皇在山东平原县南边的平原津得了一场重病，车马走到河北邢台的沙丘平台，秦始皇终于明白了自己的命数。他知道，自己大限已到，直后悔没有早立太子，安排好后事。于是，秦始皇急忙下了诏令，要求远在长城沿线的公子扶苏把兵权交给蒙恬，赶紧回咸阳安葬父王。可是，秦始皇发出的密诏还是晚了一步，诏令还没出门，秦始皇就撒手西去。

秦始皇生前万万没想到，最后颠覆秦朝的果然是胡亥这个逆子，而胡亥的师傅、中车府令赵高又恰恰是蒙恬哥俩的死对头。赵高最害怕的事情就是扶苏即位当上皇帝，重用蒙恬兄弟。所以，赵高把秦始皇的密诏藏得严严实实，自己又设计了一份假诏令，要把胡亥立为皇帝。这个惊天大阴谋到底会如何实施？

日月穿梭，沧桑历史记述几多是是非非？

朝代更迭，万里长城见证几多起起落落？

沙丘宫里，赵高和胡亥盯上了一个人——李斯。他们向李斯抛出一个问题："论才能，论功劳，论民意支持率，再论在扶苏那里的信任度，你有哪一样比得过蒙恬？"这一连串的问号让李斯打定了主意，他选择站在赵高、胡亥这一边，密谋伪造诏令，立胡亥为太子，赐宝剑让扶苏自裁，还说蒙恬不忠不义，也该跟着扶苏一起死。

赵高、胡亥和李斯组成的黑三角实在够黑，他们的毒计也真是够毒。扶苏一接到伪造的诏书，立马哭着喊着要自杀，幸亏他的身边还有一位冷静的政治家——蒙恬。蒙恬猜透了假象背后的真相，他知道，秦始皇让自己率兵30万守着边疆，还把扶苏任命为监军，这一番用心绝对是十分深重，所以，眼前的诏书百分之百是伪造。蒙恬想得明白，可是他怎么也没劝住全盘崩溃的公子扶苏，扶苏白送了自己的性命，也就此断送了蒙恬全家。

扶苏死了，蒙恬还活着，蒙氏一门就成了胡亥和赵高心中的头号大麻烦，他们怕蒙恬领着30万大军杀过来为扶苏报仇，更怕深得民心的蒙恬威胁到胡亥的统治。新皇帝对蒙恬藏着杀心，蒙恬自然是没有活路，可怜这一代名将只叹了一句："我何罪于天，无过而死乎？"服下毒药告别了人间。

胡亥的心头大患算是没了，可是没过多久，秦王朝也成了历史。"亡秦者胡也。"此话果然不虚。

往事如烟，一一散去，蒙恬修筑的万里长城却成为秦王朝不朽的文化符号。穿越千年，它依然盘踞在崇山峻岭之间；历经百代，它已经成为国家级重点保护文物，列为世界八大奇迹之一；时至今日，它依然与蒙恬将军的名字紧紧联系在一起。

这正是：

蒙恬奉命出雄兵，北驱匈奴盖世功。

修筑长城过万里，悲命将军空哀鸣。

第五十五回 周勃战长城 连胜有卫青

上一回说到蒙恬修长城，守长城，最终在长城上结束了一生。历史翻过秦朝这一页来到了西汉，在这个风起云涌的新时代，长城脚下发生了怎样的故事，燕赵热土又留下了谁人的名号？

开头先说个小故事，那是在1973年12月21日，毛泽东在中南海接见中央军委会议的成员，宣布八大军区司令调防。当时，毛主席指出来，将军许世友厚重少文，为了帮他改正这个毛病，建议他读一篇历史人物传记，在前人身上对照自己的问题，学文化，长知识，将来好走出一片新天地。

毛主席推荐的文章就是《周勃传》。周勃这位生活战斗在几千年前的西汉大将经历过什么样的故事，他又是个什么样的人呢？

周勃是西汉的开国元勋，也是平定诸吕集团、维护汉室政权的头号功臣，他守卫长城，平定叛乱，实在是个了不起的人物。虽说英雄不问出身，不过要把这故事说仔细，还得讲讲周勃的来历。

周勃的故乡在沛县，说起来还是汉高祖刘邦的老乡。他年轻的时候是个织帛的工匠，有时候还兼职在红白喜事上做个吹鼓手。这小伙子身强力壮，脑子灵活，不甘心一辈子当个不起眼的手艺人，就在刘邦起兵之际，追随在刘邦身边当了一名高级保镖。周勃能拉强弓，能打硬仗，在楚汉相争的战场上立下军功，做了一名威风凛凛的大将军。

有人认为，西汉初年就是公元前205年，也就是汉高帝元年，实际上，这时候的刘邦只是汉王，他真正当上皇帝的时间是汉高帝五年二月，也就是公元前202年。

刘邦好不容易灭了项羽，当了皇帝，刚过了五个月的安生日子,燕王臧荼就在长城一线的蓟城(今北京)造反了。燕王造反的理由很简单,他觉得刘邦和项羽一样,都不是好东西。既然他们两个都一样,好歹项羽还把我臧荼封做了燕王,所以,这刘邦连项羽都不如。于是,燕王臧荼发兵攻伐代国,也就是如今的张家口蔚县代王城。

燕王的儿子觉得父亲有点儿莽撞,就在一边劝着说:"以咱们的力量对抗刘邦,简直就是拿着鸡蛋碰石头。大张旗鼓准得吃亏,我们应该讲点儿策略。"可燕王臧荼不听人劝,认准的事情绝不能变。

刘邦得到消息,决定带领大军北伐臧荼,出征的队伍堪称超豪华的明星阵容:总教练是刘邦本人,领头冲锋的主将是他的同乡樊哙,大将周勃、同乡卢绾和张仓等人做了边锋。

正如燕王之子的预料,这一场战争几乎没有悬念,没过多少日子,燕王的造反大计就在长城脚下宣告失败。在平定燕王臧荼的战场上,周勃凭着亲手剿杀燕王的战绩当上了首功之臣。刘邦在论功行赏的时候赐给周勃列侯爵位,分封剖符世世勿绝。除了耀眼的荣誉,周勃还享有绛县 8180 户的食邑,号称"绛侯"。同时,刘邦又把燕王的封号赏给了自己的发小兼同乡卢绾。

攻坚克难,一代名将如何苦战沙场?
保家卫国,一世英雄如何挽救江山?

两年的时间眨眼就过,刘邦的老朋友韩王信勾结匈奴造了反,刘邦把匈奴冒顿单于追到了长城一线的大山里。刘邦取胜心切,中了匈奴埋伏,在山西大同东北方向的白登山进了敌人的包围圈,多亏了谋士陈平用金银珠宝收买了冒顿的王后,这才换来刘邦一条生路。

刘邦离开了战场,把镇压韩王信的任务留给了周勃,周勃带领军队攻下山西霍州、晋阳和太原郡的六座城池,大败韩王信的军队,一路向北,追了敌人 40 公里。周勃狠狠地打压了韩王信的威风,还在山西大同到河北西部的长城边上拦下了匈奴。这一回,周勃的功劳也不小,他凯旋后升为太尉,按照现在的说法,相当于三军统帅、国防部长。

刚刚建立的汉王朝实在算不上清静,就在高祖十年(前196年)的农历八月,刘邦册封的赵国相陈豨在蔚县代王城的长城边上举兵叛乱,跟赵王赵利联起手来要给刘邦难看,连带着死灰复燃的韩王信也出兵来掺和。

面对这样的局面,周勃派出大将柴武在长城外大败韩王信的军队,杀掉了韩王信。刘邦亲自带兵在河北平原大败陈豨的部将王黄,攻克了滹沱河畔的战略要地东垣(今石家庄市东古城),并把这里改名为真定,也就是正定的前身。周勃留给自己的任务是块难啃的硬骨头,他从太原一路北上,在今天的山西朔县东北马邑大败陈豨的军队,俘获陈豨的大将王黄和曼丘臣。接着,他又到了长城边上,进攻蔚县周边的代国,围剿陈豨的最后堡垒。周勃临阵斩杀陈豨的大将,活捉他的部将宋最和雁门郡守、云中郡守,平定了雁门郡的17个县和云中郡的12个县。周勃愈战愈勇,沿着长城一线继续东进,直打得陈豨节节败退,终于在如今蔚县东北的当城消灭了陈豨,平定了代郡的九个县,再次为西汉长城一带的稳定做出了重大贡献。

西汉初年,"燕王"这个名号差不多就是"反贼"的代名词,前面刚刚灭了燕王臧荼,封了燕王卢绾,身为刘邦老乡加发小的卢绾也反了。刘邦再次派出樊哙和周勃,一道出兵消灭卢绾。两方的部队在燕王都城蓟城(今北京)大战一场,把卢绾撵到了沮阳,也就是今天的张家口怀来县南边一带。

周勃的仗还没打完,就在公元前195年农历四月,刘邦驾崩了。一听见这个消息,卢绾仰天大笑,投奔了匈奴,在匈奴手下做了胡卢王。一年之后,卢绾客死在长城外,周勃依然战斗在长城边,他平定边地,捉拿叛军盖世的功劳无人能比。

汉高祖刘邦逝世之后,周勃以列侯的身份辅佐孝惠帝。孝惠帝六年(前187年),吕后专权。周勃担着太尉的名分,却进不了军营的大门;陈平坐着丞相的位置,却管不了什么政事。于是,周勃和陈平联手击破了吕氏的阴谋,领着文武百官迎接汉文帝刘恒即位,挽救大汉王朝于危难之中。

周勃为了汉朝的兴亡操了一辈子心,他退休之后回到自己的封地,还是担心吕后的党羽打击报复。每回一有官员前来巡查,周勃总要穿上铠甲再出面。就是这样小心,周勃还是遭了陷害,有人告他阴谋造反,周勃糊里糊涂就进了监狱。汉文帝知道周勃怎么也不会造反，可他也没有为周勃翻案，还是当朝太后刘恒的母亲更有胆识，她仗义执言，为周勃申冤，终于还了周勃的清白。

汉文帝十一年，周勃离开人世，谥号为武侯。他的儿子周亚夫也不负将门虎子的威名，在后来成为平定吴楚七国叛乱的主将，为维护西汉王朝的安定立下汗马功劳，受封为蒋侯，封地就是衡水景县境内的蒋县。至今，景县还留着周亚夫的纪念冢，当地还有一座周亚夫公园。

西汉时期，长城遇到了一位百战百胜的战神级人物——卫青。卫青，字仲卿，河东平阳（今山西临汾市）人。他号令严明，与士卒同甘苦；他为政刚正廉洁，从不结党营私；他革新战法，七战七胜；他开疆扩土，保家卫国；他创造了从奴隶到将军的神话，成为历史上出身最低、战功最大、官位最高的代表人物。千秋百代之后，他依然被后人视为神一样的存在。

因为卫家的姑娘争气，卫青成了汉武大帝的小舅子、亲姐夫；因为卫青自己的本事，他当上了西汉王朝的大司马、大将军。卫青戎马一生，纵横驰骋，他的一生究竟是怎样一段传奇呢？

公元前133年，汉武帝出动30万大军征伐匈奴，就此拉开了进攻匈奴的序幕。仗打了三四年，匈奴的精兵跨过了长城，进攻上谷郡，也就是张家口怀来这一带。汉武帝忍无可忍，终于拿出了手里的王牌，他任命卫青为车骑将军，上战场打匈奴，同时又派公孙敖从蔚县代王城出兵，命令飞将军李广从山西雁门关出兵，这三名大将各带一万骑兵，一起围歼匈奴军队。

这是卫青头一次上战场，但是他完全不像疆场新手，那沉稳果断的样子活脱是一位老将。卫青深入匈奴祭天的圣地龙城，一下子就俘虏了将近1000人。他胜利归来，到了皇帝跟前，汉武帝发现只有卫青这一路人马得了胜利，于是就把他封为关内侯。汉武帝之所以对卫青大加赏赐，原因就在于龙城之战意义重大，打破了汉初以来"匈奴不可战胜"的魔咒，鼓舞了汉军的士气，成为汉朝与匈奴争战的转折点。

接下来的日子里，卫青三番两次领兵上阵，每一次都大获全胜，他书写了西汉的历史新篇，还改革了军队的战略战术。有一回，汉武帝派卫青进攻匈奴长期占据的黄河河套地区。卫青领着四万大军，采用"迂回侧击"的战术，从西边绕到匈奴军背后，迅速拿下了高阙（今内蒙古自治区杭锦后旗），切断了河南的匈奴白羊王、楼烦王和单于王庭之间的联系。紧接着，卫青又带领精骑兵一路南下，进攻陇西，围住了白羊王和楼烦王，把他们吓得一路逃窜。一仗下来，卫青捉拿了几千敌兵，夺了无数牲畜，完全控制了河套地区。

卫青又在战场上露了脸，汉武帝也没有亏待他，回来就封了个长平侯，食邑3800户。长城之外的匈奴吃了败仗，他们到底会不会善罢甘休呢？

出其不意，午夜急行军如何一招破敌？
胜利而归，神勇大将军如何百战百胜？

元朔三年（前126年）夏天，几万匈奴骑兵打到代王城下，一路入雁门，攻上郡，一直进兵到了山西、河北交界处的长城一带。汉武帝看着匈奴撒野，又把卫青派了出来。

卫青一出手，匈奴没路走。这话一点儿不假。匈奴的右贤王认为汉军离得还远，一时半会儿到不了身边，他哪想得到，卫青百里急行军，趁着天黑就到了匈奴的大营。那右贤王正在大帐之中享受美人和美酒，震天响的喊杀声惊醒了他的美梦。右贤王溜走了，留下成千上万的牲畜给卫青做了战利品。

卫青打道回府，升为大将军，所有的将领都归他一个人指挥。他加封食邑6000户，就连卫家那三个吃奶的儿子也被汉武帝封为列侯。卫青觉得这事不合适，生怕这样的赏赐太过分，影响将士们奋勇作战。汉武帝把这话听了进去，当下就表示绝不会忘记将士拼死杀敌的功劳。

卫青是勇猛善战的将军，更是知人善任的领袖，他派出外甥霍去病奔驰在大漠之间，打击匈奴的软肋。霍去病出师得利，被封为冠军侯。

匈奴挨了几回揍，终于学乖了，他们远走大漠之北，想躲开汉军的锋芒。不过，汉武帝可不会见好就收，他决心集中人力、物力、财力，彻底铲掉匈奴的根。就在公元前119年春天，汉武帝授命卫青和霍去病，让他们各自率领五万骑兵，兵分两路出击匈奴，还拿出14万匹战马和50万步卒作为他们的后勤补给兵团。

卫青手下的精兵强将确实不少，可是敌人的势力也不差，两相对比，汉军依然处于以弱对强、以少对多的逆境。面对 10000 多匈奴骑兵，卫青自有高招，他命令部队用武刚车摆开阵势，派 5000 骑兵配合军阵向敌人冲锋。这一场大战进行到黄昏时分，忽然来了一场卷着尘土的暴风，直刮得谁也看不见谁。卫青瞅准机会，派出两支生力军从左右两翼迂回到单于背后，包围了敌人的大营。匈奴头目发觉不太对劲，只顾着自己突围逃跑，群龙无首的匈奴军也成了一盘散沙。

卫青的大军趁着夜色一路挺进，到黎明时分，已经追出 100 公里路，杀了上万敌军。等到天色一亮，部队走到了真颜山赵信城，也就是现在的蒙古国乌兰巴托市西，在这里用敌人的粮草补足了给养，胜利班师回朝。

这一来一回，卫青和霍去病又立了大功，汉武帝为他们加官晋爵涨工资，把卫青封做了大司马。

英雄一世，却逃不开生老病死。元封五年，卫青逝世，谥号为"烈"。这位勇猛如烈马的长平侯魂归黄土，他的事迹永远镌刻在长城之上。

这正是：

周勃长城平叛乱，战无不胜保平安。
卫青千里驱匈奴，战神出征常凯旋。

第五十六回 武帝扩北疆 李广写传奇

上一回说到，周勃长城平叛乱，卫青千里驱匈奴，这两位大将在战场上奏响了英雄的凯歌。汉武帝时期，还有一位戍守长城的神箭手，以"飞将军"的名号留名后世，他又在长城上写下了怎样的传奇？

汉武帝雄才大略，开拓北疆，抗击匈奴，在他的麾下，涌现出李广、卫青、霍去病等一大批著名战将。今天，我们就来说一说飞将军李广戍守长城、抗击匈奴的故事。

李广不是河北人，是陇西成纪（今甘肃静宁西南）人，然而，作为西汉名将，他在燕赵之地抗击匈奴多年，是文景之治到武帝时期戍守长城时间最长的一代名将。

唐代，河北著名的边塞诗人高适在《燕歌行》中，深切怀念飞将军李广。他用沉痛的笔调描写了当时长城沿线的连天战火，还写到了老百姓的困苦生活，最后大笔一挥，写下了"君不见沙场征战苦，至今犹忆李将军"这样掷地有声的诗句。八九百年之后，还留在诗行里的李广到底是怎样的一位英雄呢？

提到飞将军李广，就要说到他出神入化的箭术，几千年来，有关李广射虎的故事一直被人们津津乐道。

李广任长城沿线太守的时候，有一次上山打猎，发现草丛中蹲伏着一只老虎，便弯弓搭箭，全神贯注，用尽气力一箭射去。李广毫不怀疑自己的箭法，可当他走到跟前一看，惊呆了：自己以为的老虎竟然是一块巨石。再看他射出去的那支箭，不仅箭头深深射入石头里，箭尾也几乎进到石头里去了。

这事太过神奇，也实在令人费解。大学者扬雄解释说，这叫作"精诚所至，金石为开"。唐朝诗人卢纶还写了一首《塞下曲》，诗中写道："林暗草惊风，将军夜引弓。平明寻白羽,没在石棱中。"说的就是李广射虎这件事。

那么,李将军这神奇的箭法究竟是从哪儿学来的呢?

箭无虚发,神箭手如何力挫敌兵?
危急关头,飞将军怎样反败为胜?

这种神奇的箭法,是李家家传的。早在先秦时期,李广的先祖李信就是靠着手中这把箭成为秦朝名将,而到了李广手里,更是被发挥到了登峰造极的程度。

李广少年持重、不善言辞,却非常喜欢骑马射箭,经过一番刻苦训练,他箭无虚发,目标不进入射程之内绝不轻易发箭,且每发必中。

汉文帝十四年(前166年),匈奴14万大军南下,攻破北面的长城,前锋到了今陕西凤翔县和甘泉(今陕西淳化县),一度逼近西汉都城长安。匈奴军队在塞内驻留一个多月才撤军。

身怀绝技的李广满腔热血,投身军队报效国家,抗击匈奴,凭着一身好箭法,杀死并俘虏了众多敌人,被升为汉中郎,以骑士侍卫皇帝,多次跟随汉文帝射猎,格杀猛兽。汉文帝曾慨叹说:"可惜了,你若是赶上高祖时的四处征战,必定能因战功封万户侯。"

到了景帝时,李广参与平定诸王叛乱后,长城以北的匈奴日益猖獗,就有人举荐说:"李广才气,天下无双。"景帝是个爱才的人,就任命李广为上谷太守,当时上谷郡的治所沮阳县,就在今河北怀来县大古城北。李广后来出任北部边域七郡的太守。

几十年间,李广辗转于长城沿线,抵御匈奴,护卫着大汉的北部边疆,更留下许许多多的传奇故事。

一次,李广带兵出长城抗击入侵的匈奴,景帝派他宠信的宦官作为监军随同前往。来到边关,游手好闲的宦官不务正业,带着人到处游玩打猎。不料在一次打猎中,遇到了三名匈奴射雕手,双方交战。这位宦官哪里是射雕手的对手,他的随从全被射杀,宦官也身负重伤,慌慌张张地跑回来报信。

李广听到消息，立即亲率百余名骑兵向三名匈奴射雕手追去，李广命令骑兵张开两翼，对三人形成包围之势，李广则张弓搭箭，"嗖嗖"两箭，其中两人应声而倒，另一个则被活捉。正在他们得胜回师的时候，却迎面碰上了匈奴的大股部队，足有几千人。敌众我寡，形势危急，手下的士兵一片紧张，不知所措。

大智大勇的李广当机立断，命令大家上前迎敌，在距离匈奴2里多远的地方，解鞍下马，就地休息。他的举动更让大家不安，李广安慰大家说："回头逃跑就是死路一条，只有这样造成一种诱敌之势，才能震慑敌军。"

果然，敌人见此情景，还以为李广背后有伏兵，所以不敢贸然进攻，双方僵持下来。这时，对方阵中一位白衣将领走出队伍，企图向李广他们靠近，李广翻身上马，一箭把他射于马下，然后又跑回本阵，解鞍下马，卧在地上。这时天渐渐黑了下来，敌人担心有埋伏，便悄悄退去。他们终于化险为夷，安全地撤回长城以内，回到了自己的部队。

公元前140年，汉武帝刘彻继位，李广回到京城，受到重用，封为中央宫卫尉。

公元前133年，雁门富豪马邑人聂壹向汉武帝献计，引诱匈奴单于入塞，以重兵围歼。对此，朝廷内部展开了一场激烈争论，有些人主张继续和亲，而一些武将主张武力征伐。最后，刘彻决定采取强硬政策，批准在马邑伏击匈奴主力的计划。只可惜，马邑之谋因匈奴单于的机警而落空，从那以后，汉朝拉开了北征匈奴的序幕。

公元前129年，匈奴又一次兴兵南下，前锋直指上谷，就是现在河北省怀来县。汉军四路出击。车骑将军卫青直出上谷，骑将军公孙敖从代郡出兵，李广任骁骑将军，率军出雁门关，四路将领各率一万骑兵。最终，李广因寡不敌众，身负重伤，被匈奴抓获。

匈奴单于久仰李广威名，下令不得杀害，匈奴骑兵便把受伤的李广放在两匹马中间，让他躺在用绳子结成的网袋里。走了10多里路，李广一直装死，脑子里却在琢磨逃脱的机会。后来，他瞧见旁边有个匈奴少年骑着一匹好马，李广突然一跃而起，跳上匈奴少年的战马，把少年推下马，摘下他的弓箭，策马扬鞭向南奔驰，匈奴骑兵数百人紧追不舍。李广边跑边射杀追兵，终于逃脱，收集余部回到了京师。

李广浴血奋战，终于从敌营中逃脱，而他那高超的骑射技术让匈奴人震惊不已，他们给李广起了一个名字——"汉之飞将军"。几年以后，匈奴跟这位"飞将军"又进行了怎样一番较量呢？

公元前121年，李广以郎中令的身份率4000骑兵与博望侯张骞的部队一起出征匈奴。李广的部队前进了数百里，遭遇匈奴左贤王带领的四万骑兵，匈奴兵对李广的部队形成了合围之势，李广手下的士兵都十分紧张，面面相觑，等着李广拿主意。

面对团团包围的敌军，李广想到一个办法，那就是派他的儿子李敢冲击敌人。李敢跟随父亲征战塞北多年，练就了一身硬功，出生入死，义无反顾。正所谓"上阵父子兵"，神勇的李敢带领数十骑冲向敌人主力部队，竟然从密集的敌军中贯穿而出，又从侧翼迂回而进。李敢的举动，让大家看到敌军并不可怕，士气大振，重新燃起了斗志。

李广把军士布成圆形阵势面向四外抗敌。匈奴猛攻汉军，箭如雨下，汉兵死伤过半，箭也快射光了。李广就命令士兵把弓拉满，不要发射，他手持强弩"大黄"射杀匈奴将领多人，匈奴兵将大为惊恐，不敢靠近。这时天色已晚，形势更加危急，但李广的镇定自若鼓舞了士气，一直坚持到第二天，终于等来了博望侯张骞的救兵，解了匈奴之围。

后来，汉武帝让李广出任右北平郡太守，镇守内蒙古和河北北部。这期间，李广修缮长城，扩建城垣，采取战国名将李牧的作战策略，固守长城，克敌制胜，并且把握战机，突然出击，屡次大败匈奴的骑兵，使得匈奴非常畏惧，数年不敢来犯。

李广戍守北部边疆40多年，与匈奴征战70余次，威震长城，匈奴一听到李广的名字，就会悄悄远遁。李广靠着一个人的威力，使得北部边疆几十年平安无事。

可是，就这样一个为大汉王朝立下汗马功劳的人，却始终得不到封爵，这其中又有怎样的缘由呢？

郁郁不平，戍边大将难以封侯为何故？

含恨而终，花甲将军拔剑自刎为哪般？

李广身经百战，稳定了北部边塞，却始终得不到封爵，官职也没有超过九卿，引起了后人的无限感慨。唐代文学家王勃就在他那篇著名的《滕王阁序》中写道："冯唐易老，李广难封。"唐代大历十才子之一的诗人李嘉佑也在诗中写道："自叹马卿常带病，还嗟李广未封侯。"温庭筠在《伤温德彝》一诗中也写道："侯印不闻封李广，他人丘垄似天山。"

当初，李广本人对此也感慨万千，曾对算命先生王朔说："自从攻打匈奴以来，我每次都参战，功劳不在别人之下，却得不到封赏，难道是我的骨相不该封侯吗？还是我命该如此呢？"

虽然心有不平，可李广始终把国家大事放在头等位置，花甲之年仍然充满报效国家的激情。公元前119年，大将军卫青与骠骑将军霍去病深入漠北打击匈奴。李广一听出击匈奴，来了精神，多次请求随军出征。武帝认为他年老，不打算起用他，在李广的一再要求下，才任命他为前将军，随卫青出征。卫青决定自率部队正面袭击单于，命前将军李广与右将军赵食其从东路夹击，而李广希望作为先锋正面对抗单于。

武帝认为李广年老又命数不好，出征时总是遇到各种状况，暗地里嘱咐卫青不要让李广与单于正面对阵。有皇上的旨意在身，卫青只好用公事公办的态度，让长史给李广下达正式命令。服从命令乃军人天职，李广再生气，也不能违背职业素养，于是改道沿东路出发，结果部队没有向导，迷了路，落在大将军后面，耽误了约定的军期，等到仗打完了，才跟卫青会合。

行军误期，在任何时代都是大罪，卫青身为主将，自然不能不管，要求李广到军帐中解释此事。可是，像李广这样身经百战的将军，怎能忍受被人呼来喝去。回到军部，李广对他的部下说："广结发与匈奴大小七十余战，今幸从大将军出接单于兵，而大将军又徙广部行回远，而又迷失道，岂非天哉！且广年六十余矣，终不能复对刀笔之吏。"说完以后，李广拔刀自刎，一代将星陨落。李广的部下们哭声一片，百姓闻之，无不为之流泪。

人们为纪念这位英勇善战的将军，在他的家乡甘肃天水建了一座颇具规模的墓园，千百年来，香火一直不断。在河北怀来县长城一线，留下了很多李广抗击匈奴的动人传说，当地百姓也深深怀念飞将军李广戍守长城的那段历史。

这正是：

一代英雄飞将军，戍守长城献青春。
威震匈奴四十载，悲壮孤傲留英魂。

第五十七回 建武三名将 威武戍边境

上一回说到，西汉时期飞将军李广戍守长城40年，悲歌慷慨青史长留。今天，我们走进东汉王朝，回眸2000年前长城之上的刀光剑影，看云台二十八将留下了怎样的壮怀激烈？

我们在《燕赵传奇·皇家文化》中讲过，东汉光武帝刘秀在几十位名将的辅佐之下，在河北先消灭了伪皇帝邯郸王朗，又打败了更始帝刘玄这位真皇帝，在河北的鄗城建立东汉王朝，改元建武，建都洛阳。

刘秀的儿子刘庄即位后，史称汉明帝，为了纪念父皇建立东汉的伟大功业，在洛阳南宫的云台给建武年间的28位开国元勋画像，史称"云台二十八将"。后世的范晔在《后汉书》中为这二十八将立传，称他们"咸能感会风云，奋其智勇，称为佐命，亦各志能之士也"。

东汉王朝建立之后，这28员叱咤风云的大将，又辗转南北，为光武帝刘秀及其子孙的江山社稷继续奋斗。这其中，有三位名将先后戍守燕赵地区的长城，抗击匈奴，保家卫国。

第一个出场的风云人物，就是王霸，他是颍川颍阳（今河南许昌西）人，在云台二十八将中按照官爵排第十一位。

王霸出生在书香门第，年轻时也做过狱吏，谈吐举止慷慨大方，心中更有凌云之志，刘秀起兵经过颍阳的时候，王霸跟刘秀一见如故，于是跟随刘秀起兵，南征北战，在平定王朗的战争中立下大功。

关于王霸最精彩的故事，就是用精神安慰法保护刘秀度过滹沱河的传奇。

当年，王朗出兵围剿刘秀。王霸跟随刘秀一路南奔，来到下曲阳，就是现在的河北晋州。传闻王朗部众紧追在后，刘秀的将士们都很害怕，接近滹沱河的时候，前方侦察的军官回来报告，说河面上浮着薄冰，没有船只，无法渡河。听到这个消息，所有官兵心生绝望，面如死灰。

刘秀又命令王霸前去查看。王霸担心惊扰部队，军心涣散，心想干脆前进，被阻住再说，于是向刘秀报告："冰层很坚固，可以渡河。"

大家伙吃了王霸的定心丸，全力前进。部队来到河边，发现河面果然冻得结实。王霸护卫刘秀过河，最后几骑人马还没有完全上岸，河冰又解冻了。刘秀夸奖王霸说："我们之所以幸免于难，都是你的功劳啊！"王霸紧接着说："这是明公您的圣德，使神灵保佑啊。"

要不是王霸的谎言，刘秀和手下的人恐怕都成了王朗的刀下鬼。刘秀当即任命王霸为君正，赐爵关内侯。

后来，刘秀建立东汉，定都洛阳，如此一来，政治中心发生转移，河北北部长城的作用变得更加重要。当时，河北北部的上谷、渔阳、涿郡等郡国经常遭到匈奴骑兵的骚扰，到了建武九年（33年），刘秀稳定了对中原大部分地区的统治，委派著名的战将戍守长城，他相中的第一位将领就是王霸。王霸在戍守长城期间，又做出了哪番轰轰烈烈的事业呢？

抗击胡虏，大将王霸如何声名远扬？
开辟古道，名将杜茂何以威震边疆？

那个时候，天下并不太平，就在刘秀消灭邯郸伪皇帝王朗和更始帝刘玄的同时，长城一线又冒出来一个伪皇帝，他叫卢芳，宁夏三水地区同心县人。新莽时，他和邯郸的王朗一样，谎称自己是汉武帝的曾孙，名叫刘文伯，与三水地区的羌、胡贵族起兵。刘秀建立东汉后，卢芳自立为上将军、西平王，与西羌、匈奴和亲，被匈奴单于奉为汉帝，联合匈奴对抗东汉，不断南侵。

建武九年，王霸和横野大将军王常、建义大将军朱祐等人奉命率领五万兵马，来到山西、河北长城一线，与伪皇帝卢芳的部将作战，匈奴派骑兵援助卢芳，双方在战场上展开了厮杀。

结果天公不作美，这天正好遇到大雨，雨越下越大，战场泥泞不堪，再加上汉军步骑兵混编，跟匈奴兵打仗不占优势，在战场上失了先机。

王霸迅速组织将士们撤退以保存实力。此后，他们接受教训，采取分兵把守长城关隘的战略。刘秀命朱祐屯驻常山，就是现在的石家庄这一带，同时还任命王霸为上谷太守。当时的上谷郡治沮阳县，下辖15个县，包括如今张家口市辖域和北京西部。就这样，王霸就成为北部长城防线的总指挥，他奉命率领部队，戍守长城，打击胡虏。

第二年，王霸等四名将军出长城北上，进攻伪皇帝卢芳的部将贾览，匈奴左南将军率领几千骑兵援救贾览，跟王霸等人展开了激烈的交战。这一回，王霸终于打败了匈奴军，率领汉军追出塞外，斩首数百人而凯旋，从此威名远扬，成为第一位成功固守长城的云台名将。

伪皇帝卢芳不死心，又跟匈奴密谋新的策略，以小分队袭扰，分散进攻，使得王霸首尾难顾。长城防御出现了兵力不足的问题，在这种情况下，第二位云台名将也来到了长城边上，这位大将是谁呢？

第二位来到长城的云台将领就是骠骑大将军杜茂。

杜茂出生在南阳郡冠军县，就是如今河南邓州市张村镇冠军村。刘秀辅佐更始帝刘玄灭了王莽之后，主动请缨为大司马征讨河北，杜茂就在那个时候在河北投奔了刘秀，被任命为中坚将军，随着刘秀征战南北。刘秀当皇帝以后，拜杜茂为大将军，封乐乡侯，第二年封苦陉侯。苦陉就是现在的河北省顺平县。

杜茂在河北先后平定魏郡、清河、东郡各地的起义军。建武七年，杜茂被派到山西太原的晋阳、广武，以防匈奴南犯。但是鞭长莫及，杜茂根本就帮不上王霸将军的忙。所以三年以后，刘秀把杜茂调到了河北北部长城，跟王霸会师，一起对付伪皇帝卢芳。

这一次，两位名将联手，从消极防御变为主动进攻，打败了匈奴和卢芳伪政权。一年之后，刘秀专门颁诏表彰王霸和杜茂的功绩，给他们增加封邑。

王霸、杜茂两位大将强强联合，稳定了北部边疆，可匈奴、乌桓和伪皇帝卢芳仍然不死心，他们相互勾结，时不时南下骚扰，面对敌人的一再挑衅，大将军杜茂在长城上做起了新的文章。

杜茂很有战略头脑，他戍守长城不仅重视防御，更重视加强长城与内地的军事通讯和道路建设，还提出了一系列新举措。刘秀采纳了他的建议，命令王霸和杜茂开辟太行山最艰难的一段峡谷飞狐道。可是，当时长城上戍守的将士本来就不多，哪来的劳动力施工修路呢？

杜茂想出一个法子，建议征调6000多名服刑的罪犯到蔚县施工，表现好的竣工后可以提前释放。刘秀觉得这个办法很好，就让王霸派人带领6000罪犯和杜茂的将士们一起修筑飞狐道。这支特殊的工程兵队伍，开山凿石，堆石布土，修通道路，筑起关隘。很快，一条长150多公里的道路修筑起来，从河北涞源、蔚县东面的代城一直延伸到山西大同市的平城，成为沟通太行山西北部南北交通的要道，不仅为东汉及时调动兵力提供了通道，甚至为后来北魏政权南下提供了便捷的道路。

同时，杜茂还在长城沿线修筑烽火台，建造敌楼，英勇抗击匈奴和乌桓的南侵，指挥和出战数十次，威震北方。因为他战功卓著，光武帝刘秀还赐予他金银布帛以示褒奖。只可惜，建武十九年，杜茂病逝了，归葬在河南邓州市文渠乡孔楼村。

杜茂死后，王霸继续驻守长城，多年与匈奴、乌桓作战。后来，他曾多次上书，提出与匈奴和亲交好，以此孤立伪皇帝卢芳，最后消灭之。他还提出发展河流和海上的漕运，节省陆地转输的劳苦。这些高瞻远瞩的建议，都被朝廷采纳并且实行。后来，南单于、乌桓归降汉朝，北部边疆无事。王霸镇守上谷20多年，建武三十年被封为淮陵侯，五年以后，因病离开戍守多年的长城，几个月后去世。

戍守河北长城的可不止这两位大将，还有一位也立下了汗马功劳，他又是谁呢？

有条不紊，边关守将如何构建长城防线？
依依不舍，太行百姓怎样挽留调职官员？

接下来，第三位云台名将出场。他就是马成，今河南新野县人，也是云台二十八将之一。马成年轻的时候在王莽新朝做县吏，刘秀征讨河北的时候，他弃官步行，追赶刘秀，跟着刘秀一起打天下。刘秀当了皇帝以后，马成被封为护军都尉，成了刘秀最信任的护驾将领。

建武十四年（38年），马成奉命来到河北，驻屯在常山、中山屯田，镇守北边，又替代了骠骑大将军杜茂整治边防。他构建的长城防线就在太行山区和黄土高原。从太原到井陉，从中山定州到邺郡，建造坚固的工事，修筑烽火台，10里设一座候墩，派驻将士负责守望，同时把山西雁门、代郡和河北怀来上谷郡等地的居民六万余口迁徙到倒马关、居庸关以东，防止受到匈奴的侵扰。

马成在太行山一带长城沿线镇守了六年，组织军屯和百姓垦荒耕种，保证了粮食供给，开创了东汉建设兵团的成功典范。刘秀一看马成的工作业绩突出，就把他调回京师。没想到，太行山区山西、河北的百姓听说皇帝要调马成将军回京，都奔走相告，上万人联合请求马成再回防地。

刘秀深受感动，对马成说："你本来是我皇家护卫的一代名将，我很希望你回到京城，照顾家人，孝敬父母，可没想到太行山的百姓更需要你。"于是就让他回到太行山，继续领导百姓和军队屯田。直到王霸提出和亲以后，北方战事平息，刘秀才让马成调任中山太守，驻守定州。建武二十七年（51年），封他为全椒侯，五年后，马成与世长辞。

建武年间的这三位名将，先后戍守燕山以北的长城和太行山的长城，他们抗击匈奴、打击伪政权，训练将士垦荒耕种，为东汉边境建设和富民强国做出了重要的贡献。

后来，匈奴部落内讧，北匈奴势力衰落，他们的主力在南匈奴和东汉将士的打击下迁徙到欧洲，余部也都归附东汉。此后汉匈关系一直处于相对和平的时期。

一年之后，辽西乌桓的头领降汉，贡献奴婢、牛马、弓矢、貂皮等。刘秀颁诏，在上谷郡的宁城（今河北宣化附近）设置乌桓校尉，负责乌桓、鲜卑事务，包括质子、关市等事，开创了北部长城内外和平祥和的局面。

这正是：

东汉初立抗匈奴，王霸戍守到上谷。
杜茂打开飞狐道，太行马成真英武。

第五十八回 赵苞成城堞 老母显忠义

上一回说到云台名将饮马长城，金戈铁甲驱赶匈奴。行走在长城一脉，再回首往事千年，壮士垂泪为家国，大义凛然显忠心，这段英雄赞歌的主角究竟是何许人呢？

东汉后期，主政的是醉生梦死的汉灵帝，皇帝忙着吃喝玩乐，压根瞧不见农民起义的熊熊烈火，看不着外戚专权，宦官乱政，东汉江山摇摇欲坠。乱世之中有一位来自于燕赵之地的大英雄，他一肩担起忠义二字，一生驰骋，保家卫国，他在边境线上舍生忘死，在长城脚下抗击外敌，他就是生在邢台清河的名将赵苞。

赵苞有个不争气的堂兄弟，就是《三国演义》中祸国殃民的宦官赵忠。赵忠的为人根本对不起他的名字，简直就是个不忠不义的反面教材，而赵苞却跟这个不成器的亲戚有着天壤之别，他究竟是怎样成为盖世的英雄，他这一生又经历了怎样的故事呢？

老话说，看兵先看将，看娃先看娘。赵苞的母亲就是一位贤淑仁厚的好女人，她教育儿子读经典，明事理，知荣辱，持操守，终于把赵苞培养成一个有志气、有义气、有胆气的好青年。这样一个出色的青年谁都喜欢，他年纪轻轻的就成了乡亲们的主心骨，被州郡举荐为孝廉。

赵苞凭着人品和本事走上了仕途，朝廷给他派的第一个任务就是到如今的江苏扬州去做广陵县令。赵苞远走他乡，为民造福，为国尽忠，而此时，他的堂兄弟赵忠早已经高居庙堂之上,成为汉灵帝身边的大红人，位列"十常侍"的领头羊之一。赵忠掌控着朝廷文书，负责传达皇帝诏令，他跟另外一个名叫张让的大宦官狼狈为奸，把皇帝当成牵着线的小木偶，想怎么耍就怎么耍。当时，朝廷里大小的官员都争着抢着跟赵忠套近乎，为的是加官晋爵，图的是荣华富贵。可是，赵苞却从来不去凑这个热闹，在他看来，人生一世，讲的是礼义廉耻，家里出了赵忠这样的人，简直就是奇耻大辱。

有一回，赵苞家里来了一位老乡，两人寒暄过后，老乡提出来一个请求——想请赵苞给赵忠写一封拉关系的书信，作为自己给赵忠行贿的敲门砖。赵苞一听这话，立马动了气，他把老乡推到门外，义正词严地讲了这样一番话："我赵氏名门乃战国赵武后裔，世代恪守节操，人人忠君爱国，绝不做那些狗苟蝇营之事，我不认识赵忠这类人物，绝不与此辈为伍！"

这个老乡碰了一鼻子灰，垂头丧气地回了家。赵苞在广陵任上身体力行，实践着自己的诺言，发挥着自己的光芒，他在这里做出了怎样的成就？

往事再现，辽西边地奏响何种变革序曲？
波澜再起，两军阵前上演何种悲情大戏？

是金子总是会发光，即便是在伸手不见五指的黑夜；是人才总会顶上用场，即便是在宦官弄权的东汉末年。赵苞在广陵任职六年，他一身正气，两袖清风，把当地治理得政通人和，民富年丰。赵苞受到了百姓的爱戴，他的政绩也得到了朝廷的肯定。熹平六年（177年），赵苞升为辽西郡太守，成为长城沿线的戍边名将。

这时候的辽西郡跟秦朝和西汉时期已经没法比了，东北部一大块土地已经被东胡的乌桓政权抢走了，北边生活在蒙古高原的游牧民族鲜卑也憋着劲儿想咬一口大汉的领土。缩了水的辽西郡只管着如今的辽宁省西部和河北省秦皇岛市周边地区。

赵苞新官上任，决心要把让这块受苦受难的土地变个样子，他积极修缮北面的长城和沿线的城池，把重点放在加固长城沿线的防御工事，训练长城一线驻扎的士兵，借鉴西汉长城守将的经验带领将士们开垦土地，自耕自给。同时，赵苞还出台政策，安抚百姓，招募流民。双管齐下，军民齐心，没过多久，辽西郡就呈现出团结安定的面貌，表现出同仇敌忾的气势，周边的游牧民族再不敢轻易进犯。

长城以外的鲜卑酋长受不住寒冷，忍不了饥饿，虽说心里对赵苞有几分惧怕，可是到了天寒地冻的时节，缺吃少穿的日子也就来了。他们壮着胆子再次南下，企图越过长城，占领地盘，抢劫汉族地区的吃穿用物。每一次，鲜卑骑兵刚到跟前，早就严阵以待的赵苞都会给他们好一通教训。

鲜卑人吃了几回亏，也就长了记性，他们明白，这个姓赵的辽西郡太守是个狠角色，如今的辽西郡已经成了难啃的硬骨头。鲜卑人思来想去，合计出一个主意，就是要捏准赵苞的软肋，掐住他最要命的关节，这究竟是怎样一个狠毒的阴谋呢？

按照东汉的官僚制度，地方官到任的第二年就可以把亲人家属接到衙署一起过日子。赵苞自小就是孝子，他远在辽西戍守边疆，每到夜里就想念家里的亲人，好不容易等到规定的年限，赵苞派人到老家去把母亲和妻子接到身边，好一边为国家尽忠，一边为母亲尽孝。赵苞刚刚把人派出去，鲜卑酋长的线人就把消息报到了长城之外，一场阴谋就此展开。

那年腊月，燕山北边的辽西格外的冷，赵苞的母亲和妻子坐着马车从老家一路北上，历经千辛万苦，终于到了柳城县境内，也就是如今秦皇岛昌黎黄金海岸一带。护送赵苞家属的将士们走了大半天，刚说找个地方歇歇脚，忽然就听着马蹄作响，呼啦啦跑来一大群鲜卑骑兵。鲜卑人动手杀了护卫的将士，劫走了赵家的女人。

鲜卑酋长看着到手的人质一阵狂喜，他立即下达命令，集中兵力进攻辽西。战报一路传到赵苞耳边，他率领两万将士列队上阵对抗鲜卑大军，可他万万没想到，两军阵前，他看到的不仅是敌人，还有日思夜想的家人，只见自己的老母亲被五花大绑，被敌人推推搡搡地拉到前面。

赵苞的心在滴血，可是他却不允许自己流泪。这一瞬间是对人性的拷问，这一场景是对操守的历练，赵苞是国之栋梁，也是家中孝子，忠孝二字摆在面前，他到底会怎样抉择呢？

面对此情此景，任谁都会犹豫，都会动摇，忠与孝不能两全，家与国如何决断？此时，赵苞想起了小时候母亲讲给自己的故事，说的是楚国人直躬的父亲偷了人家的羊，直躬知道这事，就跑去告发自己的亲爹。故事后面还有韩非子的感慨，说直躬在这件事上没有做孝子，但他却是正直的臣民。如果把国家的公务用来徇私情，在某些时刻就会化身国家的蛀虫；如果把国家的财务搬到家里孝敬父母，那就成了国贼。这就是母亲教给赵苞的是非观。

赵苞抬眼看到母亲的目光，那其中有慈爱也有坚定，忽然，他精神一振，扬鞭打马来到阵前，对着母亲大声说道："儿子日夜思念母亲，本想把您接到身边以尽孝道，不料却给母亲招来灾祸。你我虽是母子，而我既然身为人臣，就要恪守忠君爱国之道，不能因为私情有损忠节，今日唯有万死，无以赎罪。恳请母亲大人见谅！"

赵苞的母亲教导出爱国爱民的好儿子，她在敌人的大营中大义凛然，绝不给赵苞写劝降的书信，如今更要成全儿子的忠义。这一天，老人在沙场之上看到了威风凛凛的儿子和阵容威严的将士，又听到了儿子掷地有声的誓言，她高声回应着赵苞："我儿威豪，忠义可嘉！人各有命，不必顾我！"赵氏老母慷慨陈词："还记得母亲当年讲过的英雄吗？从前，我大汉王朝有沛县豪杰王陵，他跟随高祖皇帝出师灭掉了暴秦。楚汉相争之际，项羽劫持了王陵的母亲逼他投降，王陵的母亲为了断儿子的牵挂，当机立断拔剑自刎，为的正是成全儿子的报国之志。今日，我只恨没有拔剑的机会，只盼着我儿英勇杀敌，报了这一番国仇家恨！"

赵氏老母的一番话震天撼地，震动了赵苞的心，也震慑了成千上万的匈奴，接下来的战局要如何发展？赵苞又将有什么样的举动呢？

大义凛然，赵氏老母以身殉国留下怎样一段传奇？
忠义浩然，东汉将士冲锋陷阵打下怎样一片新天？

赵苞听懂了母亲的嘱托，他明白母亲的心意，更清楚自己的责任，他眼含热泪，咬紧牙关，下令部队发起进攻。可是，他手下的将士们却有所顾忌，生怕赵氏老母遇到危险。赵苞一马当先，冲进敌营，鼓舞将士们把悲痛化作力量，奋勇冲锋，士气冲天。

这一幕大大出乎于鲜卑酋长的预料，他没想到赵苞的母亲如此刚烈，没想到赵苞的志气如此豪迈，更没想到汉朝的军队如此能打敢拼。没等鲜卑人回过神来，赵苞和将士们杀了对手一个猝不及防，鲜卑的军队登时乱了阵脚，一溜烟地逃了上百里路。

这时候，鲜卑酋长终于明白了一件事——汉朝的军队可杀不可辱，要想让他们主动投降，那根本就是不可能的事。鲜卑人的阴谋落空了，气急败坏的酋长杀害了赵苞的母亲和妻子，一路逃回了老家。

赵苞带领军队打退了敌人，压抑的悲痛终于爆发，他的双眼哭出了血泪，把亲人的尸身装殓起来。之后，赵苞向朝廷奏了一本，请求告假护送母亲和妻子的亡灵安葬故里。汉灵帝虽然是个昏君，他也被赵苞母子的事迹深深地感动了，皇帝专门派出使臣前来吊唁，还下了一道圣旨把赵苞封为鄃侯。

赵苞回到故乡，料理这一场白事，他为故去的亲人伤心，为自己的无能为力痛心。赵苞对乡亲们说："我吃着国家的俸禄，如果因为私情不顾身上的职责，这样算不得忠；可是我为了保全气节牺牲了母亲，这样也算不得孝。虽说自古忠孝不能两全，但是，母亲毕竟是因我而死，这是她老人家的大义，却成了我心里的伤痛。如今，母亲和妻子撒手西去，我还有什么颜面活在世上？"后来，伤心过度的赵苞吐血不止，终于心力交瘁，离开人世。

民族英雄赵苞舍亲尽忠，舍命全孝，他的人生历程堪称一首悲壮的颂歌；赵苞的母亲教子有方，浩气长存，她在两军阵前的慷慨陈词让长城垂泪，令辽河呜咽。赵氏母子的故事在后世人心中树起了一座忠义的丰碑，在长城上留下了一段动人的传奇。

这正是：

巍巍长城鏖战急，赵苞勇武抗顽敌。
慈母凛然展浩气，千古悲壮留传奇。

第五十九回 高叡守长城 悲壮一英雄

上一回说到燕赵英雄赵苞守长城、抗外敌，留下了一段可歌可泣的传奇。跨越长城万里，回望往事千年，在北齐王朝的帝王家，有一位忠诚仁义的郡王高叡也在长城脚下谱写了一曲悲壮的颂歌，这又是怎样一段故事？

古话说，龙生九子，各有不同，在庞大的皇室家族中也免不了生出各式各样的人物。当年，北齐王朝的高氏帝王之家，既有禽兽一般的文宣帝高洋，也有忠诚仁义的兰陵王高长恭，还有一位赵郡王高叡，正是我们这段故事的主角。

高叡（534—569），小名须拔，出身渤海蓨县的名门世家，按照今天的行政区划，他的故乡就是河北衡水的景县。要说这高叡的身世可不一般，他是北魏权臣高欢的弟弟赵郡王高琛之子，也就是北齐文宣帝高洋的堂弟。这样的家世背景在别人看来是金光灿灿，可是，身在其中的高叡却受了好多别人想也想不到的苦处，这其中又有着艰辛呢？

话说这高叡还没满月，他的父亲就死在了伯父高欢的杖下。可怜这孩子小小年纪就尝过了人世间的苦难，也难怪他比别人成熟得还要早。没有了父亲，高叡的岁数还小，未来的日子还长，往后的生活又该怎么办呢？

高叡没了父亲，只好自己保护自己，他整天小心翼翼地去讨伯父的欢心，好在他这一番小心没白费，高欢也许是动了恻隐之心，终于决定把高叡养在宫里，还给他找了一个养母，就是自己的小妾游娘。

游娘是深宫中少有的善心人，她的父亲名叫名游京之，从前做过北魏的相州长史。高欢在攻克邺城的时候看上了人家的姑娘，一心要把游娘收为妾室。对于高欢的人品，游京之早有了解，这婚事他自然也是不同意。可是，高欢哪管人家家长点不点头，硬是把游娘抢回了家。不久之后，游京之就为这事气得撒手西去，游娘也只能默默地为父亲掉上几滴眼泪。虽说游娘到了高欢的身边，可是她依然是一朵出淤泥而不染的莲花。因为游娘品德出众，常常要负责操持王爷、公主的婚礼大事。游娘为高欢生下了皇十一子高阳王高湜，还一手抚养着高叡。游娘人好心善，看着高叡可怜，常常为他多操上一份心。在高叡四岁那一年，游娘苦口婆心地说服了高欢，让这孩子跟自己的亲妈——北魏华阳公主元夫人见了一面。母子二人这一相聚，四目相对，抱头痛哭。

  这场面把高欢都给感动了，他叹了口气，小声说："高叡天生就是个孝子，我的儿子没有一个比得上他。"高欢这话说得一点儿没错，高叡确实是个忠孝仁德的人，他头一次读到《孝经》中的"资于事父以事母，其爱同；资于事父以事君，其敬同……"就读出了文字背后的深意——用侍奉父亲的心情去侍奉母亲，亲情之爱是相同的；用侍奉父亲的心情去侍奉国君，崇敬之心是一样的。高叡读着读着，眼圈就红了，他想起了英年早逝的父亲，想起了许久不见的母亲。

  高叡长到十岁，一个噩耗突然传到耳边——他的母亲过世了。高叡到将军府上为母亲发丧，悲痛的哭声震天动地，三天三夜没有吃喝。这事让高叡身边的每一个人为之震撼，感慨这孩子的一片孝心。

  从这往后，高欢把这个没爹没娘的高叡当成了自己的至亲骨肉，每回吃饭都把他叫到桌上。虽说高欢这个当伯父的对高叡有着杀父之仇，可是高叡知恩图报，不计前嫌，还是把高欢当成了最亲的人，高欢去世的时候，高叡伤心欲绝，甚至呕出了鲜血。

  一转眼的工夫，高叡长成了 16 岁的小伙子，在古代，这个岁数已经算是成年人了，他娶了北魏第一书法家大才子郑述祖的女儿为妻。成家的问题已经解决，立业的道路又该怎么走呢？

  一路相送，一片真情如何温暖人心？

  一生劳苦，一代忠臣如何忧国忧民？

当时的世道变得快,高欢死后,他的儿子高澄控制东魏的大权,没多久高澄就被奴隶杀了,高叡帮着高洋控制了兵权。

550年,高叡的堂兄高洋当上了皇帝,建立了北齐。高叡晋封为赵郡王,食邑一千二百户,迁为散骑常侍。因为高叡年少有为,只过了一年又被任命为定州刺史,加抚军将军、六州大都督。他年仅17岁,就成了河北中部的最高军政长官。

高叡在生活中是个仁孝之人,在工作中更是难得的忠义之士,他关注民生,治理腐败,劝课农桑,选拔贤才,成为北齐政坛楷模。他在河北任上干了一年,刚满18岁就加仪同三司。

天保六年(555年),高叡20刚出头,就领了一道皇命,统兵数万督建长城。当时,正赶上盛夏六月天,工地上暑气蒸腾,不干活儿都热得直冒汗,高叡把自己遮阳的华盖扔到一边,撸起袖子跟将士们一起开工。定州长史宋钦道听说了这事,生怕年轻的王爷受苦受累,就从定州的藏冰室取了一些结实的冰块,送去给高叡解暑降温。运送冰块的车队快马加鞭到了工地,高叡坚持要跟大家同甘共苦,把冰水分给诸位将士,自己却一口都没有喝。

高叡仁义的精神不仅留在史书上,也体现在他督建的燕山长城上。这一带的城墙坚固精美,而且充分照顾到戍边将士的生活需求,每个细节都展示出高叡的良苦用心。

万众一心齐努力,长城很快就完工了。那时候的惯例是在朝廷的大型工程结束之后,官方并不负责民夫的还乡事宜,封建朝廷残酷剥削人民,不管民夫的死活,身体好的各回各家,老弱病残就落在工地附近,好多人因为挨饿受冻,死在了半路上。高叡跟其他的王公大臣不一样,他从小就明白失去亲人的滋味,不愿意让更多的人尝到这样的苦痛。高叡把建筑长城的民夫当成自己的亲兄弟,要求手下的将士们扶老携幼,护送大家返乡,还要求沿途的衙门官府配合,保证每个民夫的吃喝和安全,而且,明令规定不许给民夫半点儿气受。

修筑长城的民夫在分别的时候感叹说:"没想到,世上还有这样的好王爷,人间还有这样的活菩萨!"他们流着热泪向高叡告别,高叡也动情地跟大家挥手说再见。

长城项目大功告成，高洋又给高叡安排了一个新任务，要他都督沧、瀛、幽、安、平、东燕六州诸军事，兼任沧州刺史。天保八年，高叡除北朔州刺史，都督北燕、北蔚、北恒三州，管着黄河以东长城诸镇诸军事。他故地重游，回到燕山脚下的长城一线，负责戍守边境，保卫家国。

高叡在新的工作岗位上整顿内政，加强军备，巩固边境，使得长城一带的百姓安居乐业。高叡听说周边的军民吃水难，还亲自带队去打井，解决了这个大问题。在张家口宣化有一眼泉水被百姓们称之为"赵郡王泉"，据说，这就是为了纪念高叡悲天悯人，真心真意地为百姓求水一事。后来，高叡行并州事，管理北齐陪都晋阳，也就是现在的太原。

560年，北齐文宣帝高洋在临终之际把遗孤托付给了高叡。可是，还没等高叡到邺城，高家另一个王爷、高洋的弟弟高演就演了一出夺权篡位的戏码。新皇帝高演为了安抚人心，就给高叡安排了一个尚书令的职位，别封浮阳郡公、监太史、太子太傅、议律令，又因为高叡固守长城、讨伐北方夷狄的功劳，把他封做颍川郡公，复拜尚书令，摄大宗正卿，连带着高叡的父亲高琛和母元氏也得到追封。

按照当时的礼制，高叡父母的封号要由朝廷专员陪着高叡到墓地祭奠。那时节正值寒冬腊月，高叡打着赤脚在父母陵前哭号祭拜，他的脸被小刀一样的北风吹裂了口子，鲜血从他的喉咙中涌了出来。经历了这一场悲切的恸哭，高叡回到邺城就病倒在床上。他病重的消息传到皇宫，皇帝高演亲自到他府上慰问。

不久，北方的突厥又来侵扰长城。高演就让高叡出征，并命令六军的进退都要受高叡的调遣。高叡再次北征，在长城一带大败进犯的突厥，进一步加固长城，完善长城的戍守设施，使得北齐边境得以稳定。

高叡出师告捷，带领将士们凯旋，却没想到这庙堂之上的漩涡远比那长城之外的敌人还要可怕。这又是怎样一段故事呢？

高叡辅佐过高洋、高演、高湛三朝君王，在三代朝廷历任要职，他的政治声望越来越高，渐渐引发了高湛的妒恨。高叡看出了皇帝的心思，依然奉行温良恭俭的作风，搜集古代先贤的忠义名言当作自己的座右铭，还把这一系列文章集结成册，取名《要言》。

565年，高湛把皇位禅让给儿子高纬，他安排好这项后事，没过多久就死了。小皇帝高纬登基即位时还不满九岁，朝廷大事自然无法驾驭，只好全权交给两个女人。这两个女人可不是什么省油的灯，一个是跟高湛的宠臣和士开祸乱后宫的胡太后，另一个就是结党营私的陆令萱。有这两人领着头作乱，北齐的皇宫也就乱成了一锅粥。

那时候的北齐王朝，有人没日没夜地玩乐，也有人为国为民担忧，太尉高叡和琅玡王高俨对宫廷的腐败现象十分不满，对皇太后的淫乱行径很看不惯，他们为江山社稷着想，毅然站出来反对奸臣专权。这一场正义与邪恶的斗争又会怎样收场呢？

仗义执言，赵郡王如何据理力争绝不动摇？
舍生取义，大英雄如何以身赴死留下英明？

569年，高叡公开指责奸佞和士开蛊惑朝廷，请求把他调离京城，这样的要求胡太后自然不会答应。高叡的事没有办成，他也没有就此放弃，从此以后，他利用上朝的机会历数和士开的罪状，恳请皇帝对他进行严惩。高叡的坚持终于惹恼了胡太后，这个女人撕破脸皮，大喊大叫："先帝在世的时候，王爷对此事一字不提，如今先帝走了，王爷手握兵权要挟我们孤儿寡母，天理何在啊？！"高叡不怕胡太后撒泼，依然据理力争，最后，他把头上的官帽往地上一丢，拂袖而去，表明自己的立场绝不动摇。

小皇帝高纬迫于压力，最终决定把和士开调任衮洲刺使，让他远离朝廷。和士开一看形势不好，不顾廉耻地跪在胡太后脚下，胡太后也舍不下这个家伙，打心眼里不乐意让他离开。高叡决心趁热打铁，一再地催着和士开动身，还让部下娄定远守在皇宫门口，专门防着和士开和胡太后见面。

眼看着宫廷里的矛盾一再激化，蛇蝎心肠的陆令萱又跳出来搅和。她在胡太后面前诬陷高叡阴谋篡位，还出了毒计想要害死高叡。第二天，宫中就以胡太后的名义下了一道诏令，把娄定远调任兖州刺使，又谴责赵郡王高叡目无国法，目无君王。

高叡接到这封诏书，气得浑身的血都往头上涌，他本想去找胡太后讨个说法，可是妻儿老小都劝着他别再招惹祸端。其实，高叡也明白，这时的北齐王朝已经没什么指望了，心灰意冷的他选在太行胜地的朱山之阳建起了一座祁林寺，也就是现在石家庄灵寿的幽居寺。

高叡本来就信奉佛教，此时更是一心事佛，他在这里为父母亲人和自己修造了释迦、阿閦、无量寿三尊佛像和四通古碑，建起了200多间僧舍。经过1400多年的变迁，如今这里依然完整地保存着一座七级方砖塔和一部分附属文物。这些佛教遗迹记录了高叡复杂的心事，饱含着他对已故亲人的怀念和对自己命运的忧虑。

远离朝廷的高叡还是没有躲开宫廷的纷争，胡太后在陆令萱的挑唆之下布下了一个阴险的局。就在569年二月，胡太后派人送了个消息，要请高叡到雀离佛院去上香。这个消息又激起了高叡心中的波澜，他正要借着这个机会去跟胡太后理论一番。高叡一路快走到了雀离佛院，刚到大殿之下就遇见一位熟识的老太监，老人含着热泪劝高叡："王爷您赶紧回去吧！千万不要面见太后，以免惹祸上身，咱们大齐的江山可不能没有您啊！"

高叡的心里已经明白了三分，可他并没有就此转身，而是发表了一番慷慨之言："我上不负天，死亦无恨！"说完就迈步到了胡太后的面前，把家国天下的道理讲了一遍。胡太后听完之后没有说话，只是咬着后槽牙起身离开。高叡一个人出了佛堂，忽然，身边冒出来一群卫兵，把他拉到暗处活活勒死了。这时候，高叡不过36岁。

赵郡王高叡去世的消息传到邺城，朝野上下一片叹息之声，邺城的上空也被大雾笼罩了三天。高叡走了，北齐丢了栋梁，国家失了长城，任凭着乱臣祸国殃民，只由着江山天塌地陷。

这正是：

北齐名将赵郡王，爱民忠君戍边疆。
督修长城传英名，刚正至死话悲凉。

第六十回　朔州斛律羡　燕赵历程新

上一回说到，北齐王朝自毁江山，忠臣高叡死于非命。在那个奸臣当道的年代，还有一代忠良兄弟二人，他们满怀英雄之志、济世之怀，却为长城丢掉了性命，这是怎样的一段长城往事？

这一回要出场的这两位就是北齐名门名将斛律光和斛律羡两兄弟。他们的姓氏原本是复姓，是敕勒族，后来这个姓氏与鲜卑族融合，简化为单姓"斛"。在高叡之后，斛律羡是更大规模修筑长城的一代名将。

斛律光、斛律羡出身名门，这个家族的故事要从他们的父亲——名将斛律金说起。斛律金是山西朔州的敕勒部人，高祖是当时敕勒部有名的部落首领，后来投奔北魏；祖父任殿中尚书，父亲任光禄大夫、第一领民酋长。斛律金从小聪明好学、文武双全，原是北魏的将领，还被任命为"第二领民酋长"，秋天到京城朝见，春天又回到部落，被称为"雁臣"。后来，斛律金跟随河北人高欢南征北战，到了高洋建立北齐，他就成了北齐大臣。

提到斛律金的名字，大多数人不知道，可要是说起一首民歌，大家一准不陌生："敕勒川，阴山下。天似穹庐，笼盖四野。天苍苍，野茫茫，风吹草低见牛羊。"这首著名的《敕勒歌》就是斛律金从鲜卑语翻译为汉语的，实际上，斛律金是推行汉化的敕勒族斛氏的鼻祖之一，在中国历史上的作用不可忽视。斛律金不光学问好，他的高素质更多体现在战场上，作为一位名将，斛律金有着怎样的过人之处呢？

斛律金性格耿直，善于骑射，长于用兵，极富军事经验。在战场上，他只要观察一下地面，就能判断出敌军的远近；望一望飞尘，就大致知道敌军骑兵、步兵的人数。

斛律金对儿孙要求很严格，每次打猎回来，都要儿子们交出猎物仔细点评一番。大儿子斛律光猎物不多，却得到夸奖；二儿子斛律羡的猎物不少，却受到斥责。为什么会这样呢？斛律金解释说："老大射在猎物的背上，而老二却随便乱射，数量虽多，技艺却比他哥差远了。"还有一次，他把儿孙们召集来聚会射箭，看完后竟哭了，说："大儿子、二儿子的射箭本事就不如我，这些孙儿又不如他们，这样下去我们家族将会衰败的。"

斛律光、斛律羡少年时代就跟随父亲出征，并目睹了父亲的大将风度和审时度势的战略战术。537年，西魏、东魏会战于沙苑。当时东魏的兵力远远不敌西魏，可东魏主帅高欢却硬要进攻，斛律金再三规劝，他还是犹豫不决。这时候西魏大军已经全面逼近，斛律金当机立断，用马鞭狠狠抽了高欢的坐骑，高欢这才迅速撤退，否则就可能全军覆没了。

九年后，高欢率军进攻西魏的玉壁（今山西西南），但久攻不克，苦战50多天，死伤严重，只好退兵。在撤退期间，西魏故意造谣讹传高欢被射死了，害得东魏军队人心惶惶。为了稳定军心，高欢便出来与大家会面，为了激励将士们的斗志，就让斛律金高唱《敕勒歌》，使得全军精神振奋，最后反败为胜。

就这样，斛律金成了高欢的左膀右臂，高欢在临死前，还一再叮嘱儿子要信任和重用斛律金一族。那么，高欢死后，斛律金一家子又将迎来怎样的人生际遇呢？

封官加爵，斛氏一门如何平步青云？

沙场迎敌，骁勇战将怎样大展拳脚？

高欢的儿子高洋夺得了皇位，建立了北齐政权，斛律金被封为咸阳郡王，不久又加封为太师。后来，在抵御柔然的战争中，斛律金率军取得胜利，被封为丞相。儿子斛律光为大将军，斛律羡成为镇守边关的大将。他们的女儿当了皇后，还有两个是太子妃，儿子们娶的都是北齐的公主。这一族在北齐初期荣华显贵之至。

《资治通鉴》中记载："齐河清二年，诏司空斛律光督步骑二万，筑掌城于轵关,仍筑长城二百里,置十二戍。"这是563年,齐武成帝时期修筑长城的记载,轵关就是斛律光主持修筑的。

轵关在今河南济源县西北,是太行八陉之第一陉。这段长城在今山西、河北交界处,沿太行山走向,在河北龙泉关以西至河北平山县下口镇以西,娘子关南下经马岭关至黄洋关。如今,只有一些关口处仍有些遗迹。

长城刚刚修好,北方的突厥发动20万兵民来毁长城,并且准备南下入侵。这一回轮到哪位大将出马呢?

这位大将就是斛律羡。斛律羡从小受到父亲严格要求,经常参与实战,经过父亲的调教和战场上的摸爬滚打,练就一身武艺。他身手灵活,反应机敏,尤其善于射箭。高欢非常喜欢这个年轻人。高欢死后,高澄控制东魏的大权,斛律羡被拜为开府参军事、迁征虏将军、中散大夫,加安西将军,晋封大夏县子,除通州刺史。

高洋建立北齐后,又给斛律羡进号征西将军。564年,也就是突厥人损毁长城的第二年,北齐皇帝高湛让斛律羡转使持节,都督幽、安、平、南、北营、东燕六州诸军事,拜幽州刺史。

这样一来,斛律羡成为河北、辽东的军政最高实权人物。那么,他如何在战场上施展拳脚呢?

这一年的秋天,北风刮得很紧,大漠的寒冬来得很早。饥寒交迫的突厥部落,汇集十余万步骑兵大举南下,进犯北齐边境。

斛律羡早就想上阵杀敌,一看突厥来犯,可算是逮着了率兵出征的机会,于是他整顿军伍,雄赳赳气昂昂地列阵反击。突厥的首领站到高坡上一看,北齐的军阵威武,将士阵容严整,自己知道不是对手,就不敢贸然决战,于是改变策略,派遣使者说是来向北齐朝廷进贡的。

斛律羡听了使者的话,看了突厥首领的信函,怀疑突厥有诈,他对来使说:"你们这次来,原本并不是为了朝贡,你们无非是见机行事,图谋不轨,这是你们的本性。回去告诉你们的头领,如果是真心实意,就赶快回归你们的巢穴,另外派遣使者带上贡品,送到邺城。"

突厥头领一看,打仗打不过人家,想要蒙骗过关也不可能,只好灰溜溜地退了回去。第二年五月，突厥可汗果然派遣使者请求入朝进奉。从那以后，斛律羡的威名闻名遐迩。

慑于斛律羡的勇武威名，突厥不敢在对北齐造次，开始每年一次入朝进贡，从不间断。北齐皇帝对斛律羡的工作也是相当满意，他给了斛律羡很多奖赏，还诏加行台仆射，相当于钦差代理国防部长。

斛律羡并没有因为成绩而忘乎所以，他觉得突厥迟早会翻脸，随时可能进犯边境，于是上奏北齐皇帝，完善长城防线，建立更强大的边防设施。从此，斛律羡开启了比高叡更宏大的长城修筑工程。

《齐史·斛律羡传》中记载：天统五年，斛律羡"自库拨戍东距于海二千里，其间凡有险要，或斩山筑城，断谷起障，并置立戍逻五十余所"。

这项工程修筑的长城，自山西省下关附近起，经插箭岭、浮图峪、河北的紫荆关、马水口，东达北京的居庸关，对居庸关到河北山海关一段长城也进行了修整。

而且，斛律羡采用了独特的"劈山造长城"的工艺，就是不用砖石，只利用险峻的山势，劈山为墙。在北京的小张家口、承德的金山岭、山海关的角山等地，都发现了这种独特的修筑长城的方式。这在万里长城修筑的历史上实属罕见。

斛律羡比他的父亲和哥哥更具智慧，更有战略眼光。他不光修筑长城，还发展长城一线的农耕文明，要让戍守将士留得住、吃得饱，还得富起来。所以，斛律羡引高梁水注入永定河，灌溉万亩农田，使得北京这一带粮食产量大增，吃不完，就通过漕运转给其他地方的将士食用。

斛律羡不光发展农业生产，还在幽州养了2000匹马，训练部曲3000人，以备边境战争之需，突厥人都称他为南可汗。这位了不起的军事家、政治家的智慧，成就了长城文化带上璀璨的农耕文化和军事防御整合的典范。

可是斛律光、斛律羡兄弟俩为北齐王朝立下了赫赫战功，却为何招来灭门之灾呢？

奸臣当道，陆令萱如何祸乱朝纲？

忠良遇害，齐后主何以自取灭亡？

斛律光、斛律羡虽然身居高位，荣宠至极，却从来不恃宠而骄。他们家族侍奉着东魏、北齐历代权臣和帝王，知道伴君如伴虎，更明白小心驶得万年船这个道理，所以谨言慎行，为人处世非常低调，甚至还想辞去官职，解甲归田。可北齐王朝需要他们戍边卫国，皇帝肯定不能同意。

　　结果，没过多少年，悲剧还是发生了。当初斛律光的女儿嫁给了北齐后主高纬，就成了北齐的皇后，却不受高纬的待见，她身边的侍婢穆黄花反而受到专宠，还生了一位皇子高恒。

　　这个时候，高纬的奶妈、北齐的女权臣陆令萱看准了机会，收穆黄花为干女儿，还让皇帝赐给穆黄花一个"弘德夫人"的封号，又做主将高恒让给皇后为养子，把高恒立为太子。

　　当时，左丞相斛律光和弟弟斛律羡都是北齐名将，屡建奇勋，是北齐王朝的支柱。敌国将领都很害怕他，陆令萱也几次三番地想要拉拢斛律光，却吃了闭门羹，于是心生恨意，设下阴谋诡计想要陷害他。

　　与此同时，北周武帝宇文邕跟斛律光几次交战，都以失败告终，恨得牙根痒痒。当他得知北齐王朝奸臣当政，陆令萱与斛律光有过节，就使用反间计挑拨高纬与斛律光的关系。

　　这个时候，陆令萱也在一旁添油加醋地搬弄是非，把斛律光的弟弟斛律羡调离京城，以便对付斛律光。斛律羡感觉到哥哥有危险，就派人每天来往于任所与邺城之间，了解京城的情况。如果邺城的使者两天不来，他就坐立不安。而这时的邺城，正酝酿着一场阴谋。陆令萱编造证据诬告斛律光想谋反，怂恿高纬杀死了斛律光。

　　斛律光被杀后，朝廷派人骑快马赶来逮捕斛律羡。当时，看守大门的侍卫对斛律羡说："朝廷派来的这些使者内披衣甲，骑的马浑身是汗，来者不善啊，我们应该关闭城门，以防万一。"可斛律光说道："朝廷派来的钦使怎么可以抗拒？"于是出门迎接，结果马上就被逮捕。

　　斛律羡知道自己命不久矣，死前感叹说："大哥不听我的劝告，没有及早解甲归田。他如此富贵，女儿为皇后，公主娶了几个，常役使300名士兵，怎么能不败落？"就这样，斛律羡的五个儿子和他一起被杀，只有一个不到15

岁的儿子幸免于难。

朝廷奸佞造就了一代昏君齐后主高纬，也培植了中国历史上最恶毒的女权奸陆令萱。斛律羡满门被害，北齐皇帝自掘坟墓，失去了保家卫国的顶梁柱，北齐王朝很快就在周武帝宇文邕的进攻之下走向灭亡。

这正是：

一代名门斛律光，修筑长城威名扬。

斛律忠烈遭残害，北齐王朝自灭亡。

第六十一回 李崇阵前死 周摇心长定

上一回说到斛律光、斛律羡兄弟齐心，督建长城。长城万里，沧桑千年，说话就到了隋朝时期，那些年，长城脚下发生了什么样的故事，城墙之上又刻下了什么人的名字？

577 年，宇文邕灭掉北齐，当了皇帝。他在皇位上坐了一年时间就病死了，把宝座留给了自己的儿子宇文赟。新皇帝登基之后，把大臣杨坚的长女封为皇后，还给老丈人升官加爵，让他做了柱国大将军、大司马。这个宇文赟的日子过得真够晕的，他不管正经事，只知道吃喝玩乐，为了玩得痛快，干脆把皇位让给七岁的儿子宇文阐。宇文赟自称天元皇帝，一天到晚泡在后宫，他自顾自地玩到 22 岁，就把自己的小命玩完了。

乱世期待着大英雄，时代酝酿着大变动，雄才大略的杨坚不甘为人臣，终于建起了大隋朝。

杨坚早在取代北周皇帝之前就安排好了北方边境的事，为了防止突厥来袭，他把大将派到河北，征调冀州、相州、定州等地的民夫修复西起雁门关、东到渤海边的长城。因为杨坚的身份特殊，这段长城的归属也挺复杂，既可以称之为北周长城，也算是隋朝长城的一部分。

北方边境修着长城，北周皇宫里却起了风暴，杨坚决定不再伺候宫里的小皇帝，而是自己当上了皇帝。杨坚建立起属于自己的朝代，又派人修起了新的长城——榆关。一说到榆关这个名称，好多人以为是秦皇岛的山海关，其实那是明长城中的榆关，而隋朝的榆关就在现在的秦皇岛抚宁县榆关镇政府驻地榆关村附近。

隋文帝杨坚的长城工程刚刚结束，北方的突厥骑兵就开始大举南下。583 年，也就是赵州桥建成的那一年，五六千名突厥铁骑冲进长城，进攻幽州，到了现在的北京城下。就在这个危急关头，一位名叫李崇的长城英雄登场亮相。

李崇，字永隆，他的父亲是北周的大将，曾经为北周的建国大业立下了汗马功劳。557年，周文帝宇文觉念着李家人的好，把刚刚十多岁的李崇封为乐县侯。

李崇受封的那一天，亲朋好友都来祝贺，可是，李崇却一个人躲在屋里哭了起来。大家都觉得挺奇怪，这大喜的日子为什么要哭呢？李崇抹了一把眼泪，讲出这样一番话："我没有为国家做什么贡献，小小年纪就被封侯，往后一定要全心全意报答皇帝，也就没法在父母跟前尽孝了。"大家听了他的诉说也很感慨，都说这孩子如此贤达，往后必能大器。

李崇的心里埋下了宏伟的志愿，后面的日子里，他一步一步地努力实现理想。后来，周文帝任命李崇为州主簿，而李崇却要求到军队任职，到前线去为国效力。于是，李崇当上了将兵都督，随着宇文护讨伐北齐。这一战，李崇打出了威风，立下了战功，得到了提拔。建德元年（572年），他又升迁少侍伯大夫，转少承御大夫，摄太子宫正。在周武帝宇文邕消灭北齐以后，又为李崇加授开府，封襄阳县公，邑一千户。

581年，杨坚建立隋朝。李崇又被封为大将军，晋爵郡公，加邑至两千户。对于这样的赏赐，李崇只觉得有些受不起，后来，他又听说自己的亲叔叔也封了高官，心里更觉得过意不去。他想着：如今国家的日子不好过，我李家非但没有吃苦在前，却享受着荣华富贵，这事决不能这么办！于是，李崇拒绝了朝廷的封赏，转而杀向战场，立下了一项又一项盖世功勋。

长城脚下，隋军冲锋陷阵如何拼死抗敌？
边城之下，大将忠心不二如何战死沙场？

隋朝开国之初，北部战乱不断，突厥人没事就到边境线上捣乱。从前，李崇没少跟北方的奚族、契丹族过招，因为李崇的部队威震八方，一听说他的大军上阵，不管是奚族还是契丹，全都闻风丧胆，一溜烟地跑了。朝廷看重李崇的军威，就在隋代开皇三年安排他去接替刚刚病逝的幽州总管驻守边疆。

第六十一回 李崇阵前死 周摇心长定

李崇新官上任，就忙着整治军队，加固长城，增强边防线上的力量。有一天正值夏日炎炎，李崇带着士兵在长城上巡逻，忽然听见有人来报，说是发现了几百个突厥兵奔着居庸关方向去了。李崇立刻带上3000人马前去阻截。

李崇的部队朝着北边走了不远就遇上了突厥兵，双方刚一交手，突厥兵就败下阵来。李崇担心这些残兵败将到处去祸害百姓，就领着将士们一直追过了八达岭。这时候已经是傍晚时分，李崇已经追出了挺远的路程，他的手下都劝他说不如先行撤退，突厥兵什么时候再来，咱们再给他来个一锅端。李崇却不这么想，他说："不能就这样便宜了敌人，今天一定要把他们全部消灭！"

李崇的兵马一路追赶，忽然就把敌人跟丢了。李崇勒住战马四下里一看，到处都是树木草丛，他刚要下达搜查令，就听呼啦啦一片响声，上万的敌兵从树林里冒了出来。李崇的心里咯噔一下，知道自己中了敌人的奸计。李崇很快冷静下来，他一边指挥部队向东拼杀，往居庸关方向寻求支援，一方面亲自带领将士冲向西边，牵制敌人的手脚。只听见一阵阵喊杀声回荡在夜空，终于，李崇带着一股人马冲出重围。可是突厥人精明得很，早知道李崇要往东边撤退，就把大批的兵力安排在东边。李崇发现不对劲，只好带着手下一边招架，一边撤向西边。

这场艰难的战斗继续了十好几天，李崇这边有不少将士倒在酷暑之下，此时，李崇这边能打能战的士兵已不足1000人，这位大将只好望着苍天一声长叹："难道是老天真要绝我？"李崇上天无路，入地无门，忽然听见士兵来报，说前面有一座古城。李崇的精神为之一振，打马向前，果然看到一方城池。这些天来，将士们就靠着野菜野果子充饥，最期盼吃上一顿热乎乎的饱饭。可希望最终变成了失望，那座城池不过是一座荒废的死城，城里根本没有人烟，有的只是漫天的黄沙，这就是今天张家口怀来的沙城。

难道李崇这一回真的走上了绝路？山穷水尽之处会不会出现什么转机呢？

李崇领着部下进了沙城，突厥兵紧随其后，把城池围了个严严实实，他们知道李崇的军队不好惹，一时间也没敢闯进城去。突厥人心想，李崇一没有粮草，二没有救兵，用不了几天就得困死在城中。转眼又到了傍晚时分，突厥兵支起柴火做晚饭，就见那袅袅炊烟升腾起来，烤肉的香味飘进城墙。李崇的将士们闻着肉味，更觉得饥肠辘辘，李崇也早就饿得没法了，他领着几个能干的手下，趁着月色出了城门，弯腰快跑到了敌人的营地，抢来了食物和马匹，总算是填饱了肚子。

后来，李崇和手下又趁着夜色行动了几回。行动之前，李崇嘱咐大伙能突围就突围，突围不成就抢点儿吃喝，千万不要恋战。可是，因为突厥兵已经有了准备，李崇后面的行动可不像前面那么容易了，他们得手的时候少，失败的次数多，几次行动又损失了不少士兵。

李崇和将士们抱着必死的决心守着这座死城，他们守着，盼着，不知道能不能等到生的希望。等到第四天的太阳升起的时候，敌人终于杀将进来，这又是怎样一场恶战呢？

李崇领着部下拼死作战，终于把敌人赶出了城池。经过这一战，突厥兵对李崇十分佩服，还派出了使者前来劝降，说如果李崇愿意投降，就把他封为特勒（突厥达官）。面对敌人的威逼利诱，李崇慷慨陈词："我生为汉家人，死为汉家鬼，别说封我特勒，就是把皇位让给我，我也不会投降！"

李崇的誓言掷地有声，可是，当他看到自己身边的士兵个个带着伤病，人人饿着肚子，他心疼地连话也讲不出来。李崇心里明白，此刻的坚持是用战士的生命换来的，多坚持一天，就会多死去几名将士，这样下去总不是事。李崇把大伙招呼在一起，对他们讲："我李崇丧兵辱国，罪当万死，今天决定战死沙场，以谢国恩。等我死后，你们假装投降敌人，找机会逃走，如果还能见到皇帝，一定要替我奏明李崇愧对皇帝，一定要请兵救援边地！"话音刚落，他就提枪上马冲出城门，接连挑死了两名敌人，英勇战死在乱箭之下。此时，李崇不过48岁。

李崇牺牲了，将士们按照他的嘱咐假装投降，很多人找机会逃回长城之内的幽州城，把战场上的情况汇报给皇帝。隋文帝杨坚得知李崇为国捐躯，追赠李崇为豫州刺史，谥广宗壮公，以追悼隋朝第一位牺牲在长城之外的大将军。

将出名门，周摇一生忠义如何报效家国？

师出边关，猛将一腔热血如何守卫长城？

李崇战死沙场，边关告急，隋文帝赶紧派出了第二位大将出任幽州刺史，镇守长城，这就是北魏太武皇帝拓跋焘的后裔周摇。

北魏的皇帝本姓拓跋，孝文帝的时候改姓元，而周摇姓周，怎么会是北魏皇帝的后裔呢？原来，周摇的祖先是北魏献文帝二哥普乃氏的四世孙，后来搬到洛阳，改姓为周。周摇的曾祖和祖父都是北魏皇族，曾经都被封为北平王。他的父亲周恕延曾任行台仆射、南荆州总管。

周摇生在这样的家庭，从小就学了一身好武艺，养成了严谨朴实的好性子。他在北魏时期很受器重，官至开府仪同三司。557年，周闵帝宇文觉接受禅让，当了皇帝，建立北周，把周摇封为金水郡公。

周摇历任夙州、楚州刺史，工作干得特别出色，后来又跟随隋文帝杨坚平定北齐，立下了汗马功劳，被授予柱国大将军，晋封夔国公，不久又拜晋州总管。

周摇做过的职位实在不少，每一任都留下很多故事。在他担任定州总管的时候，杨坚的妻子，也就是后来的独孤皇后从京城去往定州和杨坚会面。到了定州，周摇不卑不亢，对她的招待非常简朴。这件事后，独孤皇后感叹说："周摇坚守法规，不乱花钱，绝对是第一等的大忠臣！"

周摇的忠义不单体现在这一件事上。隋朝开皇初年，突厥经常骚扰幽、燕地区长城一线，大将李崇沙场殉国，隋文帝在物色镇守幽州的大将时，思来想去只有周摇可以担此重任，皇帝在上朝的时候说："幽州突厥犯边，能够震慑者，唯我大隋名将周摇！"

隋文帝果然没有看错，周摇不仅能征善战，而且熟读历代史书，尤其从司马迁的《史记》中汲取了很多知识，也把李崇的经验和教训总结了一番，他采取"固守长城、把握战机、适时出击、围歼敌兵"的战略，还开始了整修长城的工程。《隋书·周摇传》记载：周摇修筑长城的要塞，完善长城沿线的镞墩。这镞墩就是古代传递战报信号的递铺、烽火台一类的军事设施。

周摇的策略十分奏效，从此以后，突厥再不敢南下捣乱，一道雄伟壮观的长城，加上一位有勇有谋的将领，保卫了隋朝北边的安定，守护着长城一线的百姓。

隋文帝看中周摇的本事，在开皇十一年（591年），把他派到安徽寿州做了总管，隔年又让他去做襄州总管。后来，周摇的岁数大了，身体和精力大不如从前，他想辞职回家安度晚年，临行的时候，隋文帝亲自接见了这位忠心耿耿的老臣，满心敬重地对他说："周公积行累仁，历仕三代，克终富贵，保兹遐寿，良足善也。"周摇带着皇帝的赠言和礼物荣归故里，在仁寿二年（602年）告别人间，终年84岁。

这正是：

李崇长城征突厥，壮志未酬成英烈。
周摇大智修长城，固边卫国真豪杰。

第六十二回 智慧长孙晟 瓦解突厥兵

上一回说到隋朝两员大将李崇和周摇戍守长城、抗击突厥的英雄故事。我们继续行走在隋朝，讲述另一位谋略家长孙晟的故事。他有着怎样的雄韬伟略，在长城之上留下了怎样的篇章？

这一回要出场的这位谋略家，叫长孙晟。提到他的名字，有些人可能觉得陌生，可要是提到他的一双儿女，那是大名鼎鼎。他的儿子长孙无忌就是李世民的大舅哥，而著名的长孙皇后就是他的女儿。

有这样一双出色的儿女，长孙晟也绝非一般人。长孙晟，字季晟，出生在河南洛阳，在民间关于隋唐名将的传说中，他的坐骑叫千里追风驹，兵器是五神飞钩枪。长孙晟少年时就成为骑射高手，"一箭双雕"这个成语，就是描述他的。

长孙晟生在北周王朝，当时连年征战，崇尚武功，贵族子弟结交朋友都要比试武艺，每次骑马射箭，长孙晟都是第一。长孙晟18岁时当上了司卫上士，起初没什么名气，只有北周皇帝的岳父杨坚看出了长孙晟绝非池中物，对人说："这小子以后必成大器！"

果不其然，长孙晟很快遇到了大展拳脚的机会。北周大象二年（580年），突厥首领沙钵略可汗向北周皇室求婚，周宣帝就把赵王宇文招的女儿许给他，还派长孙晟作为使者护送千金公主安全到突厥。

在长孙晟去之前，北周先后派去了几十名使者前往，但是突厥可汗对那些人爱答不理，唯独喜欢年轻俊朗、温文尔雅的长孙晟，常常带着他去游猎。一次，两人游猎时，看见两只金雕在天空飞翔着争抢食物。突厥可汗给了长孙晟两支箭，对他说："你能把它们射下来吗？"

长孙晟纵马驰骋，弯弓搭箭，一箭射中了双雕。突厥可汗惊愕不已，伸着大拇指赞叹："一箭双雕，一箭双雕啊！"

长孙晟高超的射箭本领让突厥可汗赞不绝口，他竭力把长孙晟留下来，为突厥子弟传授箭术。就这样，长孙晟在突厥停留了一年多，也跟突厥的历代可汗结下了不少的恩恩怨怨。

长孙晟趁着游猎之机，考察突厥山川形势和各地部众的强弱。长孙晟归来后，杨坚已经成为北周的丞相，长孙晟就把突厥的情况详细地告诉了杨坚，杨坚闻后大喜："我没看错，你小子真行啊，这些情况必有大用啊！"于是就让长孙晟做了奉车都尉。

581年二月，杨坚废周立隋，为隋文帝，改元开皇。突厥沙钵略可汗说："我是北周宇文家的亲家，如今北周江山被杨坚篡夺，我一定要为北周皇家复仇！"这年十二月，他和已经灭亡的北齐遗老营州刺史高宝宁联合进攻隋朝长城，很快攻陷临榆关，就是今河北抚宁榆关镇。

隋文帝连忙下令在北方边地增筑亭障，修缮长城，派遣大将分别镇守幽州、并州，加强幽州和甘肃临洮、武威等地守备。这时，长孙晟给杨坚出主意了，他这一席话让杨坚眉开眼笑。长孙晟出了什么主意呢？

灵光乍现，长孙晟献上何种锦囊妙计？

孤立无援，沙钵略谋划哪番缓兵之策？

长孙晟深知突厥各个部落的可汗面和心不和，相互猜忌，就利用他们之间的矛盾，提出了"远交而近攻，离强而合弱"的策略。隋文帝采纳了长孙晟的提议，马上派使者到西面的达头可汗处，特赐一面狼头的大旗以示友好。这一下，沙钵略可汗与达头可汗之间果然产生了猜疑。

当年长孙晟在突厥时，跟沙钵略可汗的弟弟处罗侯成了好朋友，这一次他特意到了处罗侯的都城，和他推心置腹地讲述隋文帝的仁爱之心，劝他带领部族归附隋朝。这样一来，突厥内部被分化，沙钵略可汗被孤立了。

第二年，前北齐营州刺史高宝宁又和突厥兵联合进攻长城边上河北卢龙的平州城。突厥的沙钵略可汗也孤注一掷，把自己40万骑兵全部派出攻进长城。

这时，长孙晟的离间之计开始发挥作用了。沙钵略可汗命令突厥各部继续南进，可是，达头可汗接受了隋朝的重礼，关键时刻率兵退走。长孙晟趁机放出风声，说达头部落要造反，准备偷袭沙钵略可汗的老窝。沙钵略可汗害怕老营有失，马上撤兵。

隋朝转危为安，遏制了突厥大规模的攻势，长孙晟功不可没。隋文帝趁着突厥内乱和闹灾荒的时机，派兵反击突厥，出兵喜峰口长城，围剿北齐遗老高宝宁，消灭了北齐的残余势力。

长孙晟继续游说突厥的阿波可汗，阿波可汗也被说得动了心，派人随长孙晟入朝，想要归附隋文帝。沙钵略可汗得知阿波可汗有二心，一气之下捕获了阿波可汗的部众，还杀了阿波可汗的母亲。

阿波可汗没了去处，只得向西投奔达头可汗。达头可汗懂得唇亡齿寒的道理，借兵十万给阿波可汗，帮着他对抗沙钵略可汗。阿波可汗收复了故地，还接连得胜，势力大增。

沙钵略可汗连吃败仗，从此由强变弱。眼看着事情不妙，他连忙改变策略，向隋文帝示好，派使者向隋朝进贡，还说自己的妻子千金公主自请改姓，请求做隋文帝的干女儿。那么，隋文帝能够答应吗？

隋文帝拿不定主意，长孙晟又给隋文帝进言，一定要答应沙钵略的请求。于是，隋文帝派遣长孙晟以副使出使突厥，赐公主姓杨氏，改封大义公主。

等到使者前来，沙钵略可汗一看是长孙晟，在奉诏时便不行跪拜礼。长孙晟说道："突厥与隋都是大国，如今公主改性杨，隋朝天子答应了。那么，可汗就是大隋的女婿，你怎么能如此无礼，不敬岳父大人呢？"沙钵略可汗这才行跪拜之礼。

一年后，沙钵略可汗向隋朝请和称藩，从此北部长城的边患基本消除，解除了隋朝南下灭陈的后顾之忧，这都是长孙晟的谋略。过了两年，沙钵略可汗死了，他的弟弟处罗侯即位，封号是莫何可汗，请求隋朝皇帝认可，隋文帝再次派遣长孙晟持节前去祝贺。后来，莫何可汗在西击邻国途中中箭而死，沙钵略可汗的儿子都蓝可汗继位，长孙晟奉命携带陈国所献宝器前去吊唁。

在这四五年内，靠着长孙晟的周旋，隋朝北边长城一线和平稳定，百姓安居乐业，一派民族和谐的景象。可是过了五年，有个人出来搅局了。

这个人叫杨钦，是个隋朝的流民，他流亡到都蓝可汗麾下，造谣说隋朝动乱了，彭国公刘昶与宇文氏女共谋反隋，派遣他到突厥来告密给大义公主。都蓝可汗一听，就不再向隋朝进贡。所谓的大义公主此时对杨坚的仇恨复燃，还跟心腹安遂迦等人密谋，煽动都蓝可汗出兵攻打隋朝。

隋文帝得到消息，就派长孙晟出使突厥了解情况。长孙晟索要叛贼杨钦，都蓝可汗却谎称没有此人。长孙晟就买通其帐下的达官，查到了杨钦的住处，趁着晚上把杨钦抓获，带到都蓝可汗面前质问。结果杨钦一五一十全都招了，说是大义公主主张谋反。突厥人听了以后非常气愤，都蓝可汗不得已，只好将公主的心腹安遂迦等人拘捕，交给长孙晟带回去。长孙晟圆满完成任务，平息了一场祸乱，隋文帝非常高兴，为长孙晟加授开府，又派他再次入藩，杀了大义公主。

都蓝可汗做了亏心事，便想方设法跟隋朝缓和关系，上表请求迎娶隋朝的公主。隋文帝向长孙晟征求意见，长孙晟说："都蓝可汗野心越来越大，出尔反尔，即使把公主嫁给他家，他还会反叛。不如把公主下嫁给突利可汗，以此分化突利可汗与都蓝可汗的势力。"

隋文帝觉得这一招非常好，就把公主许配给了突利可汗。果然，这事儿惹怒了都蓝可汗，他立刻率兵进犯长城。突利可汗就派人监督都蓝可汗的动静，随时向隋朝报告。就这样，都蓝可汗每次进犯长城，都因隋边境先有防备而未能得逞。

开皇十九年二月，隋朝跟都蓝可汗交战，都蓝可汗与达头可汗结盟，合兵进攻突利可汗，双方在长城下展开激战，突利可汗大败，兄弟子侄全被杀光，突利可汗与长孙晟独率五个骑兵趁夜南逃，一路上又召回了几百名士兵，准备投奔隋朝。

天快亮时，突利可汗却对长孙晟说："如今我兵败入朝，就成了一个投降的将领，大隋天子还能对我讲仁义吗？而我们突厥各部，本来是一家，如果我向都蓝可汗投降，或许还能容留我。"

长孙晟一听就明白了，原来突利可汗也对隋朝存有二心，于是暗中派人到山西大同西北的伏远镇点燃烽火。突利可汗见四处烽火全都点着了，就询问原因，长孙晟说："必定是看到都蓝可汗骑兵追赶而来。我国家法，若贼少举二烽，来多举三烽，如果更多就举四烽。现在点燃四处烽火，这就说明贼兵又多又近。"

突利可汗吓坏了，连忙带着手下的人归降隋朝。隋文帝大喜，授长孙晟左勋卫骠骑将军，持节护突厥。这年四月，上柱国赵仲卿率兵3000为前锋，大破突厥，都蓝可汗和达头可汗纷纷落跑，手下死伤不可胜数。十月，隋文帝册封突利可汗为启民可汗，再次赢得了长城内外的安定。

屡立战功，营帐内如何把酒言欢？
开辟御道，隋炀帝怎样陈兵耀武？

一年后，都蓝可汗被部下所杀，达头可汗趁乱自立，企图统一突厥各部，继续与隋朝对抗。

长孙晟上奏皇帝说："陛下如果派王师兵临长城，趁着都蓝可汗被杀，招抚他的部众归降朝廷，必定马到成功。"果然，都蓝部都来归附。

达头可汗得到消息后，率兵进犯隋朝边境。隋文帝命晋王杨广、尚书右仆射杨素出兵长城，抗击突厥，同时派长孙晟一同出征。由于长孙晟熟悉突厥民俗风情，亲自率部追击，斩杀突厥千余人，俘百余口，牲畜数千头。杨广非常高兴，把长孙晟召进了内帐，把酒言欢，回京后，授长孙晟上开府仪同三司。隋文帝又让启民可汗去大利城安抚新归附的突厥百姓。从此，长城一线再度迎来和平。

杨广当上皇帝以后，对长孙晟也非常器重。大业三年，隋炀帝想要北巡榆林，准备出塞外陈兵耀武，又怕启民可汗受惊，所以先派长孙晟到启民可汗部喻旨。启民可汗听说隋炀帝要来，就召集手下的部落酋长一起迎接皇帝。

长孙晟见长城一带杂草丛生，就带领启民可汗亲自除草，整治环境，使各部酋长明白天子的威仪。两个人说干就干，拔出佩刀，亲自除草，其余各部族长见后，争相效仿。启民可汗又命人在长城一带开辟御道，西起榆林，东达于蓟城，长 1500 公里，宽百步。隋炀帝听到此事，对长孙晟非常赞赏。

大业五年（609 年），长孙晟去世，时年 58 岁。隋炀帝深表悼惜，赐了很多封赏，由小儿子长孙无忌继承。这一年，诚心归顺隋朝的启民可汗也去世了。六年后，隋炀帝出塞北巡，却在雁门被启民可汗的儿子包围，隋炀帝慨叹道："如果有长孙晟在，突厥绝对不会如此对我啊！"

长孙晟一生同突厥交往 20 多年，虽然没有指挥过大的战斗，却凭借着出众的谋略，为分化瓦解突厥、保持长城一线的安宁、促进民族融合做出了重大贡献。

这正是：

一代俊杰长孙晟，一箭双雕大智勇。

分化突厥出奇谋，从此长城得安宁。

第六十三回 大智狄仁杰 忠义保祖庭

上一回说到隋朝政治家长孙晟守护长城，安定边疆，在历史上留下了一部光辉的颂歌。这一回的故事讲到唐朝，故事的主角是个神一般的存在——狄仁杰，他如何在边关之地保家卫国，如何在长城脚下留下诗篇？

一说到狄仁杰这个名字，很多人立马就会想起电影或电视剧里那个英明神武的形象，想起戏剧舞台上高亢激昂的唱腔。历代艺术家演绎出无数个艺术化的狄仁杰，使这位大唐名臣成为传奇人物。

历史上真实的狄仁杰究竟什么样呢？狄仁杰，字怀英，生于唐贞观四年（630年），武则天久视元年（700年）逝世。他的故乡在并州太原，也就是如今的山西太原。这位探案高手、政坛明星经历过唐高宗和武则天两朝，还在武则天当政的时期做过宰相。不论在什么时候，不论在哪个岗位，他都一心一意地为国为民，朝野上下对他都是心服口服，还送他一个"唐室砥柱"的光荣称号。

狄仁杰不仅在中国人人皆知，在欧洲也是大名鼎鼎，这还是荷兰汉学家高罗佩的功劳。这位来自欧洲的"中国通"以狄仁杰为原型，编写了一部《大唐狄仁杰断案传奇》，也译为《大唐狄公案》，这本带着东方色彩的侦探小说在欧洲拥有很高的人气，狄仁杰的知名度甚至可以媲美福尔摩斯。

狄仁杰不止断案如神，关于他的传说也不止侦破奇案这一段。当公堂之上的铁面神探化身长城脚下的勇猛将领，他又将演绎怎样一出惊心动魄的历史大戏呢？

690年，武则天当上女皇，掌管天下，她把唐朝改为武周王朝，改元天授。女人当皇帝，这是破天荒头一回，这时候，北方的少数民族政权契丹瞅准机会发兵南下，进攻长城，在如今的秦皇岛卢龙、昌黎之间的西硖石、黄獐谷打败了武周军队。武周大将曹仁师逃出一条命来，大将张玄遇、麻仁节等人成了契丹的俘虏。洋洋得意的契丹军队再向南边开拔，直接威胁到河北一带。

这年九月，武则天下令在太行山以东的河北地区建立武骑团兵，随时准备跟契丹骑兵斗上一场。又过了一个月的时间，契丹可汗李尽忠死了，他的部将孙万荣带领已经打到长城以南的契丹军队继续南下烧杀掠夺，一直攻占了冀州，杀了冀州刺史和城中的官吏百姓几千人，再发兵向北攻打瀛洲，也就是现在的沧州河间。

契丹挑起的事端震惊河北，震惊朝廷，震惊了皇位上的武则天，于是她千挑万选，派狄仁杰到河北出任魏州刺史，盼着他能把这一片野火压制下去，把这一方土地安定下来。

狄仁杰赶到河北上了任，头一件事不是点兵，也不是布阵，而是让百姓回到庄稼地里干农活。他跟大伙说："如果有契丹骑兵前来骚扰，我有的是好办法，所以，大家可以安心操持地里的事情。"这个消息传到契丹的主帅孙万荣那里，他想着狄仁杰一定是做好了打仗的准备，所以就没敢闹什么动静，魏州也就避免了一场生灵涂炭的兵荒马乱。

狄仁杰以政治家的智慧、军事家的谋略，吓退了契丹的军队，赢得了百姓的信任。魏州官民为了纪念狄仁杰"不战而屈人之兵"的功德，在神功二年（698年）为他建造了生祠，还竖起了一通"大周狄梁公祠堂之碑"。

狄仁杰在魏州留下了千古美名，还在这里留下了一种美酒。如今，河北大名还有一种名叫"滴流"的好酒，相传就是狄仁杰在魏州任上指导百姓制作的传统佳酿。为了纪念狄仁杰这位关注民生的官员，当地人就把这酒命名为"狄留"，指的是狄仁杰留下的酿造手艺，后来的日子里，这名字就根据谐音改作了滴流。

魏州恢复了往日的平静，武则天又给狄仁杰安排了一项新的任务，这又是怎样一段故事呢？

能文能武，神探转型如何威震八方？

有勇有谋，大将出马如何战胜疆场？

狄仁杰转任幽州都督，北上长城。在神功元年（697年）春天，清边道总管王孝杰等人领了皇命，带兵17万跟契丹孙万荣在长城一线的东硖石谷决战。王孝杰一马当先担任前锋，结果在绝壁悬崖遭到敌人主力突袭，王孝杰坠下悬崖，以身殉国，他手下的将士死的死，亡的亡，损失惨重。

当年，镇守长城内渔阳之地的大将是武则天的侄子武攸宜，王孝杰阵亡的消息吓得他不敢前进，任凭契丹进军幽州，由着性子肆意妄为。好在长城边上还有狄仁杰在，他一边指挥军队阻截敌人，一边联络北方的突厥可汗默啜联手围歼契丹。

狄仁杰的点子果然奏效，突厥发兵攻下了契丹的新城，俘虏了契丹首领孙万荣的家属。这一下，孙万荣的大营里人心惶惶，手下的将士相互残杀，一场大乱之中，孙万荣被人砍了脑袋，契丹人的部队投降了突厥。

狄仁杰和突厥部队联袂上演的沙场大战以胜利收官，突厥默啜被武则天册立为大单于、立功报国可汗，狄仁杰也凭着这件大功被封为鸾台侍郎、同平章事，拜为宰相。

在狄仁杰看来，打赢一时一地的战争算不得什么大功劳，为了国家和人民，长治久安才是目标。他分析多民族关系的历史，主张采取民族和解政策，借力打力，利用契丹和突厥的矛盾解决边境纠纷。这道理好懂，具体落实下去又该怎么办呢？狄仁杰提出：立阿史那斛瑟罗为可汗，委任他管理四镇，固守安东。这样一来，一方面可以省下本国军队的开支，另一方面也能保证长城一带的安宁，真是一举多得的好法子。另外，狄仁杰还主张命令长城线上的士兵加强守备，集聚粮草，以逸待劳。有了钢铁一般的长城防线，北边的游牧民族再也不敢前来骚扰。

狄仁杰的民族团结政策和强边防御战略很得圣心，武则天对这位老臣愈发器重，又把他任命为宰相兼河北道安抚使，请他在河北地区的民生事业上施展才智。

这年十月，狄仁杰深入长城沿线各个地方，为的就是寻找抗击契丹的民间英雄。这一路上，狄仁杰发现定州北平（今顺平）、义丰（今安国）两处的百姓最忠义，于是特地奏请武则天给予表彰。武则天下达一通诏令，把北平更名为徇忠县，义丰县更名为立节县，还为抗击外敌、固守城池的百姓们减免了一年的税赋。

狄仁杰明白这样的道理：守护和平不单要靠那一道长城，更重要的是天下人心。很多征战河北的少数民族将领都是由狄仁杰推荐给武则天，对于投降武周的契丹将领，他也主张赦免死罪，封官授爵。一位名叫李楷固的契丹大将就是这样加入了武周军队，领兵北上，在沙场上立下了赫赫战功。要说武则天也是个明白人，在李楷固凯旋的庆功宴上，女皇特地举起酒杯，大赞狄仁杰的功劳。因为狄仁杰的知人之明，还有人对他做出了这样的评价："天下桃李，悉在公门矣。"

圣历元年（698年）是狄仁杰力挽唐朝乾坤的关键节点。这一年，68岁高龄的他以超人的智慧完成了一件意义重大的事——请武则天把太子之位传给李显。这件看似顺理成章的事情做起来很是艰难，当时，武则天已经是个75岁的老太太，武家的后人武承嗣、武三思个个盯紧了太子的宝座，武则天宠信的上官婉儿更是极力要把跟自己有点儿暧昧关系的武三思推上太子之位。

这么看来，还政于李氏的事情着实有点儿棘手，想把这事办成了，需要的不仅仅是个人的智慧，还要天时、地利、人和。狄仁杰耐心地等，默默地盼，终于得来了一个机会。

那年六月，武则天安排了一门喜事——让她的侄孙淮阳王武延秀前往突厥，把突厥可汗默啜的女儿娶回来做王妃。武则天打算好了，用和亲这招跟突厥搞好关系，可她压根儿没想到，武延秀这一去，迎头就碰了个硬钉子，默啜可汗说："我只认大唐天子，从来不知道什么武周王爷。我的女儿要嫁也得嫁给大唐李氏王爷，岂能嫁给你们武家的败类？"

突厥可汗话说得够狠，事办得更绝，他不但没把闺女嫁给武延秀，还把这个姓武的小子拘了起来，扬言要用武力帮着李氏恢复大唐王朝。突厥的军队就此发兵长城，攻克了山西省朔县东北马邑的平狄军，打败了河北省怀来县的清夷军，又接连踏平了妫州（今北京延庆）和檀州（今北京密云）。默啜率领军队一路打到定州，杀了定州刺史孙彦高，残害了几千条人命。

武周的军队像纸糊的一样顶不上事，武则天派到前线的使臣也有不少软骨头，尚书阎知微投降突厥，被默啜封为南可汗，阎知微乐呵呵地领着官衔、带着突厥士兵去赵州招降，还领头拍手唱起了为突厥可汗歌功颂德的《万岁乐》。赵州城的守城将领陈令英实在看不惯阎知微的嘴脸，在城墙上大喝一声："你可是大周的尚书，如此不知廉耻，难道不觉得丢脸吗？"

武周王朝的丢人事并不止这一宗，不知廉耻的卖国贼也不止阎知微一个。后来，赵州长史唐般若也投到突厥旗下，赵州刺史高睿和妻子秦氏宁死不屈，以身殉国，赵州城终于沦陷外敌手中。

武则天自然不能干等着敌人打到眼前，她派侄子武重规领兵30万对抗突厥。武重规招募兵士上前线，花了一个多月的工夫，愣是没有招满1000人。

狄仁杰终于等到了机会，他来到武则天面前，劝她顺应民心所向，还政给庐陵王李显。狄仁杰看武则天迟迟没有表态，知道这位女皇心里想的是什么，于是又进一言："立儿子，您就能在千秋万岁后列位太庙；立侄子，恐怕太庙里就没有您的位置了。"

狄仁杰一句能顶一万句，终于让武则天下定决心，把李显迎回皇宫，立为太子，并任命李显作为河北道元帅讨伐突厥，实际上领兵出征的则是副帅狄仁杰。这个消息一传十，十传百，没过几天，百姓们知道太子李显就要亲率出征，都争着抢着报名参军，很快就凑足了五万兵力。

人手齐了，战事近了，狄仁杰作为河北道副元帅带兵上阵，武则天亲自为他送行。狄仁杰这回出征又留下了怎样的故事呢？

兵出边关，一代猛将如何保卫家国？
名垂千年，一介忠臣如何流芳万世？

突厥可汗默啜一听说狄仁杰带兵出征，闻风丧胆，把军队撤回了北边，好多镇守边关的大将虽然手握重兵，却不敢追杀过去，只有狄仁杰领着十万人马追向北方。默啜一路逃跑，一直逃到了大漠以北。

狄仁杰圆满完成任务，被武则天改任为河北道安抚大使，专职安抚河北官民。面对饱经战乱的河北，狄仁杰采取了四条对策，他把这一系列的想法上疏给皇帝，得到武则天的许可。这四条安定河北的主意又是什么呢？

第一就是赦免当地受过突厥威逼的无辜百姓，让他们放心回家，安心务农；第二是运送粮食，救济定州、赵州和长城一线涿州、幽州的百姓，让他们吃饱肚子；第三是修缮从东都洛阳到长城沿途的驿道，方便军队北上南下；第四是严明军纪，严禁军队侵扰百姓，违者斩立决。

这一系列政策一经出台，河北一带就恢复了安定，可是上了岁数的狄仁杰却为国家耗尽了最后一点儿光和热，一回京城就病倒在床上。卧病在家的狄仁杰依然惦记着国家的危难，他上疏武则天，建议在长城沿线设置骑兵，准备抗击突厥南下。

久视元年（700年），狄仁杰离开人间，百姓为他落泪，朝廷为他伤恸，武则天哭着说："朝堂空也。"狄仁杰去世之后，受赠文昌右丞，谥号文惠。唐中宗继位之后，又为他追赠司空，后来的唐睿宗又为他追封梁国公。

忠臣已死，英名长存。在武则天心中，狄仁杰是堪当栋梁的"国老"；在百姓的眼里，更是"狄公在，长城宁，狄公去，边境危"。唐太宗李世民和魏徵这一对君臣开启了盛唐清明之风，晚年的武则天和狄仁杰的君臣关系为武周王朝带来一股正气。正因为狄仁杰的清醒，大唐王朝避免了西汉吕氏叛逆的悲剧；正因为狄仁杰的清正，武周王朝与大唐中兴实现了和平过渡。

这正是：

武周名相狄仁杰，抗击契丹留名节。
力挽狂澜复大唐，安定长城功不灭。

第六十四回 薛讷成城久 安边盖世功

上一回说到,一代名臣狄仁杰,保家卫国立功业。狄仁杰不仅是大唐王朝的一匹千里马,还是一名慧眼识英雄的伯乐,经他之手,提拔了很多名臣名将,今天要出场的薛讷就是其中之一。这位驻守长城多年的骁勇战将,又谱写了怎样的长城传奇呢?

提起薛讷,很多人感到陌生,但要说起他的父亲,几乎妇孺皆知,那就是东征高句丽的一代战神薛仁贵。老子英雄儿好汉,薛仁贵征服了高句丽,留下赫赫战功,而薛讷也继承了父亲的衣钵,他镇守长城,征服了突厥。父子二人在华北、东北留下了辉煌战绩。

薛讷字慎言,绛州万泉(今山西万全县南)人。他最初只是一个守城门的小官,后来出任蓝田(今陕西蓝田)令。作为名门之后,薛讷受到父亲的言传身教,为人刚正不阿。当时,一个姓倪的富商重金贿赂朝廷重臣来俊臣,来俊臣便让薛讷拨数千石官粮给那个富商。薛讷原本就克己奉公,非常痛恨来俊臣这类残害忠良的酷吏,所以坚决不从,并上书来俊臣说:"义仓的粮食原本是为了防备旱涝灾害而储备的,岂能拿着老百姓救命的粮食给一家富豪享受呢?"由于薛讷的努力,这件事直到来俊臣被捕下狱也没能办成。

武则天当政后期,后突厥阿史那默啜可汗打着"奉唐伐周"的旗号,出动十万骑兵,跨过长城,进攻武周北边,攻破了山西代县、天津蓟县、河北怀来等地,接着又攻进了密云、涞源、定州、赵县等地,在河北道各州大肆抢掠。

面对外敌入侵,武则天连忙调兵遣将,委任狄仁杰为副元帅,出兵抗敌。狄仁杰又向武则天举荐了一个人当自己的助手,能入狄仁杰和武则天眼的又是怎样的人才呢?

这个人就是薛讷。在狄仁杰的举荐下,薛讷被提升为摄左武威卫将军、安东道经略。临行前，薛讷对武则天说："突厥进攻，就是给朝廷施加压力，希望陛下恢复大唐李氏皇权。如今陛下英明，让庐陵王为太子，率师出兵。但是，朝野内外还是有所非议。臣恳请陛下一定要给庐陵王更大权力，顺应民心，突厥自然臣服。"

武则天对薛讷的建议很是重视，便让太子李显和群臣在外庭朝见，以安定人心。默啜可汗得知狄仁杰和薛讷率领援军赶来，就率军返还大漠。不久，薛讷任右羽林卫将军，后来又被命为幽州镇守经略节度大使，幽州就是今北京一带。薛讷奉命驻守长城一带，防止突厥南犯。

景云元年，李旦继位，为唐睿宗。唐睿宗即位后，薛讷升任左武卫大将军、幽州都督，兼安东都护节度使，以加强边防。唐代的节度使之名就从薛讷开始。

祸起萧墙，爱国将领遭遇陷害因何故？
用人不当，大唐军队一败涂地为哪般？

薛讷镇守幽州20多年，带兵有方，没有主动发兵出塞，可是北部和东北的少数民族也不敢进犯关内，幽州的百姓得以安居乐业。原本以为太平日子可以继续下去，没想到祸起萧墙，由于朝廷用人不当出了乱子。

当时，薛讷跟山东兖州刺史李进之间有些小摩擦，李进就在上级前面打小报告，诋毁薛讷，结果薛讷的职位被人顶替了，这个人就是左羽林将军孙佺。

这年三月初八，唐睿宗任命孙佺为幽州大都督，又把薛讷封为并州长史，检校左卫大将军，调到了山西太原。可是，唐睿宗万万没有想到，自己亲手提拔的这个孙佺，却给唐王朝带来了巨大灾难，也给多年来跟随薛讷戍守长城的将士们带来了灭顶之灾。

原来这个孙佺就是一个草包，虽然能说会道，可他不善用兵，却又急于建立功名，竟然好大喜功地吹牛说："薛讷驻守长城边境多年，竟不敢出兵长城外，不能为国家收复营州城。如今，一定要趁着敌人这些年麻痹大意，攻其不备，必能凯旋。"

孙佺说的营州，治龙城，就是今天的辽宁朝阳，是唐东北边防重镇，被契丹攻占后,唐朝一直想收复以安定东北边陲。孙佺说干就干,这年六月就出兵攻打奚族,结果,他的军队一出长城就被奚族军队盯上了,很快进入了奚族军队的包围圈,最终全军覆没。

唐王朝用人不当,让数万将士付出了生命的代价,而且助长了北方少数民族的威风,长城一线的边防受到极大的冲击。

一年后,太子李隆基继位,为唐玄宗。新皇帝刚刚登基,天下很不太平,东北的契丹与奚族、北方的后突厥、西方的吐蕃和西突厥虎视眈眈。于是,唐玄宗开始视察边疆,这次视察西起河、陇,东到燕、蓟,视察中还选拔优秀的将帅。

这一圈视察下来,业绩出色的薛讷入了唐玄宗的眼,被任命为中军大总管,准备再次戍守长城。

开元元年十月,唐玄宗到潼关东北新丰军视察,20万大军在骊山脚下进行大规模的军事演习,旌旗连绵达50余里。可是,让唐玄宗没有想到的是,这次检阅让大唐王朝丢尽了脸面。大部分军队军容不整、队形散乱、稀稀拉拉、乱七八糟,只有左军节度薛讷和朔方道大总管解琬二人所领兵马阵容威严、岿然不动。

唐玄宗的脸色总算好看了一些,于是派人去宣诏薛讷。可是薛讷治军严整,纪律严明,没有薛讷的命令,这些使者最终连阵营的大门都没进去。

薛讷的表现让唐玄宗非常满意,他对薛讷大加赞赏,特意慰勉一番,不久,任命薛讷为和戎、大武等军州节度大使,管理山西大同、代县北部地区。就这样,薛讷再度来到长城上,原本要大展拳脚,没想到竟然栽了一个大跟头。这又是怎么回事呢?

当时,契丹、奚族都依附后突厥,威胁着唐朝边关地区的安全。营州城被契丹攻占后,唐朝一直想要收复。开元二年正月,寄治于渔阳的营州都督听人传说:靺鞨、奚等部落很想降唐,只因大唐不建营州,无所依投,再加上被突厥可汗默啜侵扰,所以暂时依附突厥,如果大唐重建营州,北方少数民族就相率归附。

当年孙佺出征的时候,就曾经污蔑薛讷无能,不敢收复营州。薛讷也早有耳闻,心中气不过,想要一雪前耻,就奏请皇帝出兵契丹,收复营州。这份奏章引来朝廷重臣的纷纷议论，姚崇等人纷纷劝阻，说现在不是出兵的好时机，可唐玄宗早就想要攻打契丹，所以力排众议，任命薛讷为同紫微黄门三品，率军进讨契丹。

当时，唐玄宗下诏罢除所有员外官、试官和检校官，并且规定以后这三种官，除非是立有战功或者是由皇帝降下别敕才能特行录用，吏部和兵部一律不得注拟。但薛讷仍然担任检校左卫大将军，可见唐玄宗对薛讷非常器重。

开元二年七月，薛讷与左监门卫将军杜宾客等人率兵六万，取道檀州，也就是北京密云一带，进击契丹。不料这一年正赶上粮食歉收，杜宾客看形势不好，就对薛讷说："如今正是暑期，天气炎热，将士们穿着厚重的铠甲，又缺乏资粮，形式对我们不利，如果这时候深入寇境，恐怕难以取胜。"

杜宾客的这番分析很有道理，可薛讷却认为，此时是夏天，军队的马匹牲畜正赶上水草肥美的好时候，不浪费粮食储备也能行军，这正是一举消灭敌人、振兴大唐国威的好时候。

在薛讷的坚持下，大部队继续前行，没想到，当他们来到现在的河北承德地区滦河山谷中，契丹的伏兵突然出击，前堵后截，并从山上向下攻击。这一次，薛讷遭到从军以来的第一次惨败，将士们大都战死或被俘。薛讷与数十名骑兵奋力拼杀，冲出重围，这才幸免于难。

从此，薛讷战无不胜的神话被颠覆了，被契丹人嘲笑为"薛婆"。唐玄宗原本对这一仗抱有很大的希望，不料却一败涂地。唐玄宗觉得脸上无光，归罪于薛讷手下的崔宣道、李思静等人，将他们在幽州处死。薛讷侥幸逃过了死刑，却被削了官，贬为庶民。

薛讷狠狠地栽了一个大跟头，从今往后，他还有出头之日吗？

卧薪尝胆，败军之将能否东山再起？

所向披靡，骁勇之师如何成就传奇？

战场失利，让薛讷积累了经验教训，痛定思痛，想要寻找时机再展雄图。终于，机会又来了。这年八月，吐蕃十万大军进犯洮州（今甘肃临潭），继而攻打兰州和甘肃渭源，夺得大批牧马而还。为了对付吐蕃，唐玄宗重新启用了薛讷，让他以布衣之身代理左羽林将军，出任陇右防御使。

这年十月，吐蕃卷土重来，再次向甘肃渭源发动了进攻。唐玄宗准备御驾亲征，发兵十万，马匹四万，迎击吐蕃。薛讷率领大军进至武街驿（今甘肃临洮东）抗击吐蕃军。

当时，吐蕃十万大军屯于武街南面的大来谷，唐太仆少卿、陇右群牧使王晙挑选了700名勇士，穿着吐蕃战服，深夜向吐蕃部队发动偷袭，又在前锋部队之后五里处安放了很多鼓角。先遣部队接近吐蕃军营时大声呼喊，后面的鼓角闻声齐鸣。吐蕃以为唐军主力已至，惊慌失措，自相残杀，死伤万计。

这时，薛讷率领主力杀到，大败吐蕃军。吐蕃首领坌达延率残部向洮水（今甘肃临潭西北）逃窜，薛讷指挥唐军紧追不舍，双方激战于长城堡（今甘肃临洮境），唐军再次大败吐蕃军，斩首敌军17000人，截获牛羊120万头。

这一战唐军取得了辉煌胜利，前后共杀吐蕃军数万人，将吐蕃掠走的牲畜全部追回。这一仗，使得薛家军威名大振，薛讷升任左羽林军大将军，复封平阳郡公，他的儿子薛畅也官拜朝散大夫。

开元三年，唐玄宗封薛讷为凉州镇大总管，统领赤水等军，驻守凉州（今甘肃武威）。不久，唐玄宗以薛讷为朔方道行军大总管，打败了突厥可汗的进攻，北方的五个部落纷纷归降了唐朝。至此，唐朝北部边境暂时解除了危机。

不久，薛讷因年老体衰，回家养老。开元八年，薛讷去世，终年72岁。朝廷追赠他为太常卿，谥曰昭定。

后世人们对他做出评价：薛讷为将，沉勇寡言，临大敌而益壮，善于用兵，大有父亲薛仁贵的风范，是开元年间重要的将领。

这正是：

薛讷戍守长城上，安边为民美名扬。

西北围歼吐蕃军，战功赫赫保边疆。

第六十五回 大唐张守珪 城上留伟名

上一回说到大唐名将薛讷戍长城，保家国，立下盖世之功，成就一世英名。随着大唐王朝走向开元盛世，燕赵大地、长城脚下又留下一位英雄的名号，这是怎样的一位英豪，写下怎样的传奇？

这一回要出场的是大唐名将张守珪。张守珪生于公元684年，唐代陕州河北人，现在属于山西平陆。张守珪这辈子大半时间是在战场上度过的，历经唐中宗、睿宗和玄宗三朝。唐玄宗李隆基统治期间，他被派驻长城，成功抵御突厥、契丹、奚族等北方少数民族的入侵，由于战功卓越，官至辅国大将军、右羽林大将军，赐南阳郡开国公。

张守珪是一位功勋战将，也是一位军事奇才，一生戎马，他创造了无数次经典战例，其中一次甚至入选了我国最为著名的兵法策略——三十六计，这是怎样的一支妙计，来源于哪一次战役呢？

唐朝开元十七年，契丹大将可突干大举进犯长城。唐玄宗命张守珪为幽州节度使，出兵讨伐契丹。张守珪一方面积极整顿兵马，训练士卒，另一方面加强幽州城防，垒高加厚城墙。可突干连攻数次，都被张守珪打退。

可突干见强攻不成，改变了策略，他派出一个使者来到幽州城外，请求拜见张守珪，口口声声说是来投降的。张守珪哪那么容易被骗，他一眼识破这个契丹使者是来窥探军情的，于是把他迎进城，以礼相待，并且将计就计地说："你是派过来求和的，是客人，咱们有来有往，我们也准备去贵处回访。"

张守珪随后派王悔跟着这个契丹使者去见可突干，可突干假惺惺地设宴盛情款待，王悔一边应酬，一边暗地观察前来陪宴的将领，他们中有真心实意劝酒的，大多数却是虚情假意，表里不一。刚巧这其中有一个王悔认识的契丹小卒，通过这个人，王悔了解到，分掌兵马的衙官李过折与可突干有仇。

王悔决定以这一矛盾做突破口，瓦解对方。他找机会与李过折联络感情，话里话外大夸可突干的才能，以激起李过折的嫉妒之心。李过折听了以后果然动怒："可突干发动这场战争，人民惨遭涂炭，何才可取？"王悔乘机进言："李将军一世英雄，论才能不比谁差。你若能除掉可突干，我在唐王面前保举，你至少可拿到王爵。"

王悔的话正合李过折的心意，二人一拍即合，紧锣密鼓拟定了举事计划。王悔安排既定，又探得可突干已派人去突厥搬兵，就离开契丹大营，匆匆赶回幽州。

王悔走后的第二天晚上，李过折率兵突然闯入可突干的营寨。趁着可突干醉酒熟睡，砍掉了他的脑袋，随后李过折投降唐朝，唐玄宗命李过折检校松漠都督。

李过折杀了可突干，引起可突干的亲信和其他部将的众怒。开元二十三年（735年），可突干的余党耶律涅里纠集一伙人马，反攻松漠都督府都督李过折，李过折不久被涅礼的所杀。耶律涅里又名泥礼、耶律雅里，是唐朝中期契丹迭刺部的领袖，辽太祖耶律阿保机七代祖。

接连不断地暗杀、内讧，让契丹军乱成一团，张守珪见时机已到，率军猛攻契丹大营，斩杀无数，并生擒耶律涅里。

张守珪之所以能平定契丹，关键在于用兵之计，先挑起敌人的内讧，搅浑一池"清水"，然后趁乱前去"摸鱼"。后来，这种策略被称为"浑水摸鱼"，成为兵法中的经典。

"浑水摸鱼"展现了张守珪出色的军事才华，这位善于用脑子打仗的大唐名将又有着怎样的成长历程呢？

鏖战沙场，一代名将怎样屡建战功？

平定边防，一世英豪如何频出奇兵？

张守珪早年跟随父辈流落长城的边塞，他天资聪颖，善骑能射，生性豪爽，从小就显出不凡的禀赋，青年时期，他到大西北的北庭都护府任职。

北庭都护府是武则天时期设置的行政机构，管辖天山以北包括阿尔泰山和巴尔喀什湖以西的西北地区。开元元年（713年），第二任都护郭虔瓘进驻北庭，实施一系列改革措施，他把所率军队编为田卒，开荒种地、屯垦戍边。当时，张守珪就在郭虔瓘的部下，他与突厥进行过多次交战，作战非常勇敢。一次，他奉命领兵援救，在半路与敌军相遇，身先士卒，奋力苦战，杀敌千余人，生擒敌军统领一人。张守珪这次出色的表现，引起了都护郭虔瓘的注意。

当时吐蕃、突厥、契丹等部族屡犯北庭，都护郭虔瓘派张守珪入京奏事，张守珪向朝廷上书，面陈利害，之后领兵从两翼进攻，再次击败了突厥军的入侵。张守珪在战斗中表现出超强的指挥才能，打了不少漂亮的胜仗，因为功勋卓著升任济南将军，不久调往幽州（今北京市）良社府任果毅，驻守河北一带的长城，在战场上所向披靡，保持不败战绩，成为开元时期最为著名的战将之一。

开元十五年（727年），吐蕃进掠甘肃河西走廊，攻陷瓜州（今甘肃安西东南）。为了扭转战局，唐玄宗调张守珪为瓜州刺史，兼墨离军使，征伐吐蕃。

受命于危难之时的张守珪，此番又会有怎样的作为呢？

张守珪带少数亲兵赴任瓜州，当时吐蕃军队刚撤离不久，遭受劫掠的瓜州城一派荒凉破败的景象，而且，吐蕃随时可能卷土重来，形势非常严峻。张守珪赶到以后，第一项工作就是组织留存的军民加紧修筑州城，没料到，刚把修城用的板堞立好，吐蕃军队突然驰临城下，城中军民惊慌失措，仓促应战。相形之下，新刺史张守珪表现得异常冷静，他一边布置军民固守，一边命人在城上大摆酒席，歌舞作乐，会集将士宴饮。这时吐蕃已把瓜州城团团围住，抬头一看，城上唐军只顾饮酒作乐，全然不把他们放在眼里。这让攻城的吐蕃部队傻了眼，一时摸不着头脑，观望半晌也没敢贸然攻城，只好先行撤退。可没承想，张守珪在城上见吐蕃要撤，立刻命军士追击，吐蕃兵摸不清状况，哪有心情应战，逃得更快了。

张守珪一到瓜州，就打了胜仗立了功，又被提了职，加封银青光禄大夫、宣威将军、左领卫率。加强对吐蕃的防御，朝廷还特置瓜州都督府，以张守珪为都督。

因人设岗，也足见朝廷对张守珪的器重。瓜州都督府里的新都督张守珪，扮演的是拓荒者的角色，面临的是一个全新的起点。

开启新篇，首任都督如何发展农业复苏瓜州？
再立新功，常胜将军怎样平定西部稳定边疆？

瓜州地处西陲，气候恶劣，地多沙漠，雨量少，当地农民只能靠天吃饭，等积雪消融的时候，用雪水来灌溉田地。由于吐蕃连年侵扰，当地灌溉系统遭到毁坏，再加上耕地少，林木少，农业生产根本发展不起来。张守珪来了以后，把发展农业放在首要位置，他组织人力、物力，整修水道，恢复灌溉，帮百姓恢复生产。

关于张守珪在瓜州的政绩，史书上记载着这样一段故事，说他曾经设祭祈祷五谷丰登，当晚山洪暴发，大量树木顺水漂到城下，张守珪就地取材，用这些珍贵的木材修复渠堰。当地百姓为纪念他的功绩，还给他刻石立碑。

虽说这段史话有些演绎的色彩，但不可否认的是在张守珪的精心治理下，瓜州城的气象日新月异。一年以后，吐蕃大将悉末朗领兵进攻瓜州，遭到张守珪的反击而大败。张守珪因此又得到表彰和晋升，被拜为右羽林将军，兼鄯州都督，持节陇右经略节度使，管理现在青海省乐都县中督一带。

又过了一年，张守珪转守为攻，他与沙州（今甘肃敦煌西）刺史贾师顺联合，率军向吐蕃大同军发起袭击，由于行动突然，吐蕃军毫无防范，唐军大获全胜。

在张守珪的围攻打击之下，吐蕃再也不敢进攻侵扰。开元十八年（730年），吐蕃遣使致书求和，西部边防实现了真正的安定。

开元二十一年（733年），唐玄宗任命张守珪为幽州节度使，张守珪到任后，固守长城，整顿军政，对经常侵犯大唐边境的契丹牙官可突干进行有力还击，一举扭转了过去负多胜少的被动局面，并因此获得了御史中丞、营州都督、河北节度副大使及河北采访处置史等一系列官职。

之后，张守珪又利用浑水摸鱼的战术，借刀杀了契丹首领可突干，彻底平定了契丹的进犯。因为这次战功，开元二十三年（735年）被玄宗拜为辅国大将军、右羽林大将军兼御史大夫，并赐金银彩绸等。张守珪的两个儿子也因此被授予官职，并在幽州为张守珪立碑记功。

唐玄宗对张守珪能在如此短的时间里稳定边防非常满意，准备封他为宰相，但是遭到宰相张九龄的反对。玄宗不甘心，欲"假以其名而不使任其职"，就是给个虚名不给实职，给予精神鼓励，张九龄又劝阻说："张守珪刚刚制伏契丹，陛下就拜他为宰相，如果日后灭了奚、厥等族，您还能拿什么官职封赏呢？"玄宗觉得张宰相说得倒也在理，就放弃了原来的想法。张守珪虽没被封为宰相，但是在皇帝眼中的地位也可见一斑。

张守珪作为开元年间的著名边帅，长期戍边，戎马倥偬，多次与突厥、吐蕃、契丹作战，从一名下级军官成长为威震一方的将领，史书上称赞他是"立功边城，为世虎臣"。

张守珪的威名甚至被记录在文学作品中，唐代诗人贾至的《燕歌行》、高适的名篇《宋中送族侄式颜》，都记录了张守珪征胡的丰功伟绩，表达了对他的敬仰之情。

张守珪有勇有谋，百战百胜，个人的军事生涯很完美，但是在他晚年的时候，却因为用人看走了眼，犯了两次致命的错误。这是怎样的错误，又将如何影响王朝的命运？

张守珪在用人上做得最错误的一件事，就是收养安禄山为义子。

开元二十年（732年），张守珪任幽州节度期间，一个叫安禄山的羯族放羊娃因为偷军队的羊被抓住，张守珪亲自拷问他，原本准备乱棍打死，可安禄山却高声喊叫说："大夫难道不想消灭两个蕃族吗？"张守珪见他口气很大，就命令他跟同乡史思明一起去抓活俘虏，如果按时抓回来了，就放他们一条活路。结果，安禄山还真把活人给抓回来了，于是被留在军中。后来张守珪把安禄山提拔为偏将，因为安禄山骁勇善战，张守珪又把他收为义子，在张守珪的护佑下，安禄山平步青云，在军队中的地位越来越高，一直当上了员外左骑卫将军，充偠前讨击使，成为后来取代张守珪的主要将领。

开元二十一年（733年），张守珪让安禄山到朝廷进奏。当时的中书令张九龄看见这个人，对侍中裴光庭曰："乱幽州者，必此胡也。"

张守珪最初用人不当，为安禄山提供了控制长城三镇的机会，也为后来安史之乱埋下了隐患。当然，这个后果绝不是张守珪愿意看到的。

第二件事，是袒护骄横的部将，自损名节。开元二十六年（738年），张守珪手下的部将赵堪、白真陀罗假传张守珪的命令，逼迫平卢军节度使率所部骑兵袭击奚族军队，结果奚族军队组织反击，唐朝军队惨败。事后，张守珪为了所谓的荣誉声名，居然袒护部将，隐瞒败况，造假奏报朝廷。不久这件事情就败露了，唐玄宗命大臣前往查证。张守珪又贿赂大臣，文过饰非，把一些责任推到白真陀罗身上，逼其自杀灭口。事情再次败露以后，朝廷给予张守珪严肃的查处，把他贬为括州（今浙江丽水县）刺史。张守珪心情沮丧，赴任不久，在括州官舍突发急病去世，时年57岁。

这正是：

一代名将张守珪，固守长城马上催。

叱咤风云镇边关，晚节不保终身悔。

第六十六回 神勇郭子仪 仗义李光弼

上一回说到大唐名将守长城，烽烟过后抱憾归。张守珪离开了边关长城，安禄山占据了燕山一线。"安史之乱"搅动河北，一场战事惊动天下，是谁深入太行，护卫长城；是谁力挽乾坤，拯救社稷？

这一回的主角是两位大名鼎鼎的勇猛战将，一位是郭子仪，另一位就是李光弼。

先说这郭子仪，他是山西汾阳人，是一位武举出身的大唐名将，在历史上的地位大概能跟赵云相提并论。史书上说他身高七尺三寸，论相貌，论本事，绝对不是凡人，说到他的作为，更是不同一般。郭子仪已经到了58岁，还担任着大唐朔方节度使，为国镇守着西北边陲。

那时候，大唐王朝爆发了一个惊天动地的大阴谋，大权臣安禄山举起大旗造了反，着实搅起了一场大乱。眼看着大片的土地落入叛军之手，长安城里的皇帝急得火烧眉毛。就在这个紧要关头，郭子仪保持镇定，为皇上献上一计。

郭子仪出了一招，就是派兵跨过太行山长城进攻河北，断绝叛军的后方粮草，然后四面夹击，北进燕山长城之下，直捣安禄山的老窝。这么一件大事又该交给谁呢？郭子仪向朝廷举荐了一个人，他就是镇守山西的河东大将李光弼。

李光弼的老家在辽宁朝阳，是契丹人，当时，这位48岁的大将正负责镇守山西，因为郭子仪的推荐，就成了唐王朝的河东节度副使，又加封为河北道采访使。李光弼领着由契丹族和汉族将士组成的上万名步骑和太原弩手3000人东出太行长城，进入河北。他们此行的目的有两个，一是要消灭安禄山的同伙史思明，二是北上攻占安禄山设在范阳的老窝。

李光弼要从山西进入河北，必经之路就是太行山间的长城。这道长城历来就是重要的军事防御设施——对于长城西边的李光弼来说，它是一道坚固的防火墙；对于长城东边的史思明来讲，它也可以作为防线。李光弼必须突破长城，才能攻破长城那边的叛军。

李光弼选择了叛军军事力量相对薄弱的井陉关、土门关，他本来做好了准备，要在这里打上一场恶战，没想到这道长城见证了从前那位常山太守颜杲卿的爱国义举，这种忠君爱国的精神也感动了安史叛军中的一些士兵。虽然有史思明的大将驻守在长城土门关，但是，一些受到感化的士兵听说大唐王师到了城下，提早开了大门，迎着李光弼的部队跨过太行长城，进入河北境内。

李光弼一路急行到了真定，他想这座城池一定会是块难啃的硬骨头，没想到真定城里的3000团练兵早就恨透了史思明的暴行，他们密谋擒拿了造反的将领，打开城门迎接李光弼的大军。

李光弼在河北站稳了脚跟，拉开架势要跟安史叛军来一场面对面的大战，

第六十六回　神勇郭子仪　仗义李光弼

鹿泉市的土门关东门

这一回的战斗又将打出怎样一个结局呢？

兵临城下，李光弼如何沉着应对大败敌人？
粮草告急，大将军如何巧设妙计见招拆招？

李光弼经过仔细分析，把下一个目标选在了九门县城。九门，是滹沱河边的军事重镇，大概位于现在的藁城市机场路一带。那附近有个村子叫内族，从前也叫纳镞，意思就是存放箭镞兵器的地方。据说，这个名字的来历就和安史之乱中平叛战争的故事有关。九门城北面有个村子叫南白皮，位于现在正无路的南边。在唐代，这个村子名叫南逢壁，相传，郭子仪曾经在这里突袭史思明的叛军。

话说这李光弼还没来得及在九门动手，史思明就听说了真定失守的消息，他顾不上围攻饶阳的事，急急忙忙带上两万多人直奔真定而来。眼见叛军的骑兵部队已经到了真定城下，李光弼还是那么淡定，他先派出5000步兵出了东门对抗叛军，又命令上千名弓弩手分成四排，用雨点似的弓箭射杀了一大片叛军。史思明的骑兵没了辙，只能先撤回去等着步兵前来支援。

这时候，真定的老乡给李光弼透露了一个消息，说是叛军的步兵部队正从饶阳往这赶，在九门南逢壁村边休整部队。李光弼计上心来，派出2000步兵、2000骑兵一路东去，在南逢壁抄了正忙着做饭的叛军5000人。消息传到史思明那，这回他丢了面子，丢了人马，想要翻盘也没了本钱，只好领着剩下的叛军退守九门城。

李光弼乘胜出击，收复了太行山长城一线的井陉、平山、获鹿、行唐、石邑等六座县城，牢牢控制了太行山长城关隘。纵观常山，只有九门、藁城还在叛军手中。李光弼安顿好部队，安排好后勤，在攻克石邑之后，加强了这里的城防设施，把来自山西的军粮放在石邑，再从石邑补给真定。当时的石邑城就位于今天的石家庄振头一带，城角街以东，振头村以北，裕华路以南。在隋唐时代，这里是一座易守难攻的宏伟城池，控制着太行山长城土门关东面的咽喉，城边还分布着水利工程，所以就被视作常山郡的粮仓。

史思明吃了大亏，自然咽不下这口气，他再三地攻打李光弼拿下的城池，可是哪一次也没有占到便宜。于是，史思明换了个思路，想利用手下游牧民族骑兵的优势封锁常山城和周边县城之间的通道，拦下各县通往常山城的运粮队伍，企图断绝李光弼的军需战线。史思明的阴招有了效果，常山城里的粮草出了问题，这事又该怎么解决？

史思明有断粮的毒计，李光弼有运粮的良方——他组织了一种特别的阵势，中间是几百辆披着铠甲的军车人马，周围是骑兵加上弓弩手，这样就形成一个移动的铁甲方阵，根本不怕有人来捣乱。史思明的计划再次受挫，他气得派出重兵围攻石邑，打算抢夺官军的粮草基地。

李光弼派人守着城池，防着叛军，弓箭、木头、石块……一样一样全都成了武器，总归没让敌人得手。此时此刻，又一支勇猛的军队直奔这里而来，那领头的大将又是谁呢？

这人是前面说过的爱国名将郭子仪，他带着几万人马跨越长城，东出土门关，和李光弼会师在常山。两支雄师合二为一，成为拥有蕃汉步骑十多万人的大部队，形成了对史思明叛军的巨大震慑。史思明慌了手脚，赶紧把叛军集中在九门城中。

郭子仪、李光弼率领将士进攻九门，史思明把手下的人马分作三路，和两员大将分别领兵突围，其中一路刚一出门就死的死，散的散，史思明和另外一路趁乱逃出东门。史思明在仓皇之中逃到赵县，紧接着又连夜逃到定州。

郭子仪、李光弼把九门城内外的叛军收拾干净，又平定藁城，接着出兵到了赵郡，也就是现在的赵县。没等他们的正规军到城门口，城里的叛军一早开了大门。李光弼坐在城门上往下望，看着几个进城的将士趁乱拿了百姓的东西，李光弼立马要求他们原物奉还，并向百姓赔礼道歉。

赵县拿下了，唐朝军队逮住叛军4000多人，这些人又该怎么处理？李光弼只有一句话——让他们早早回家，好好孝敬爹妈，只处决了史思明委任的赵郡太守一个人。

战争已经取得了阶段性的胜利，下一步就是彻底扫清史思明的势力。可是，史思明死守定州城，这事并不是那么好办，郭子仪、李光弼接连打了好些日子，一直没什么进展。这时候,老将郭子仪出了一个点子。

一招制敌,郭子仪如何收复失地?
大势已去,史思明为何众叛亲离?

郭子仪这一计正是"调虎离山",他们装出粮草不够的样子,撤到了太行山长城东麓的行唐。史思明求胜心切,果然中了计,他派出上万的兵力紧追在郭子仪、李光弼的后面,郭子仪派人一路撤退,一路迎战,目的就是消耗敌人的战斗力。

唐朝官军退到了行唐城,史思明的追兵也打算返回定州,就在这时,郭子仪派了一万多精骑兵悄悄埋伏在大沙河,只等着叛军一到,就来个两面夹击。这一招可把叛军吓得够呛,一路逃到了太行山间,郭子仪、李光弼就在太行山区的曲阳大败叛军,杀了四万多敌人,史思明在大战之中摔下战马,胳膊和腿都受了伤,差点儿丢了性命。

郭子仪、李光弼这一系列的胜利长了唐朝的军威,灭了叛军的锐气,太行山长城以东十多个郡纷纷归附朝廷,各地的军民也都集结起来对抗叛军。眼看着河北的形势越来越好,长安城却落到了安禄山的手中。唐玄宗带着杨贵妃逃出了皇宫,只由着叛军烧杀抢掠。

郭子仪、李光弼乘胜北上,围攻定州的叛军,本打算攻克了定州再往北走,进攻安禄山叛军老巢,饮马燕山长城下。可是,京城长安的局势实在危急,他们只好掉头西行保护皇帝,不得已放弃了河北,撤兵到太行山下固守长城,留下一位姓王的常山太守守着真定城。

王太守看史思明打得凶猛,就开始琢磨叛国投降。常山将士对这样的事情绝不能忍,他们利用请太守打马球的机会群起攻之,王太守死在了马蹄之下。

常山的将士杀了王太守,却没能挡住史思明的大军。叛军攻破九门,攻下常山,占领了河北大部分州郡。

不久之后,安禄山的军营里起了内讧,他死在了亲儿子的手下。郭子仪等人收复洛阳,继续向北。当时占据河北的史思明暂时服了软,他归降唐朝,控制着河北的中部和北部。

史思明贼心不死，又在第二年趁着唐王朝主力进攻安庆绪的机会再次起兵作乱。多行不义必自毙，最后，史思明也死在儿子史朝义手中。自称大燕皇帝的史朝义杀了父亲，又杀了弟弟，掀起了一阵血雨腥风，引起了叛军内部分裂，他的手下都觉得没了指望，不如归顺唐朝。众叛亲离的史朝义眼看大势已去，只好率领胡骑数百人去了契丹。他还没跑到地方，就被追兵围了个严严实实，只好在小树林里上吊自尽了。此时，长达八年的安史之乱终于宣告结束。

在平定叛乱的八年里，郭子仪在河北打败史思明，又联合回纥收复东都洛阳、西京长安，论功劳，谁也比不过他。事后，郭子仪晋为中书令，封汾阳郡王，直到84岁才告别沙场。因为郭子仪的军事智慧，唐王朝获得了20多年的安宁，这位常胜老将也被称之为"权倾天下而朝不忌，功盖一代而主不疑"。

相比之下，李光弼的结局远远不如郭子仪。当年，郭子仪奉命解救唐玄宗，李光弼退守太原，在太行山的长城一线抗击叛军，他以少胜多，大败史思明十万大军，保证了唐军左翼的安全。后来，李光弼担任天下兵马副元帅，挫败了进攻河南的叛军。在安史之乱过后，他又参与镇压浙东农民起义。这位戎马一生的沙场名将为国为民征战南北，最终却因为受到朝廷猜忌，郁郁而终。

战场风云已经成为历史，沧桑过后任由后人评说，祸国殃民的奸臣总会得到报应，爱国爱民的良将终会留下美名。

这正是：

大唐名将郭子仪，平叛卫国挽危局。
横刀长城李光弼，威震敌胆真忠义。

第六十七回 潘美功盖世 蒙冤成奸佞

上一回说到，唐王朝爆发安史之乱，大将郭子仪和李光弼力挽狂澜。然而大厦将倾，大唐终究逃脱不了覆亡的历史。经历了五代十国之后，赵匡胤黄袍加身，建立北宋王朝。北宋王朝长城之上又有哪些惊心动魄的故事？首先出场的是开国名将潘美，他在战场上屡立奇功，却成为后世流传的奸佞，这是怎样的一段千古奇冤？

在北宋都城开封，有两片湖，一清一浊，西边是杨家湖，传说是宋朝杨家将天波府的旧址，东边是潘家湖，据说是大奸臣潘美府第旧址。杨家湖湖水碧绿清澈，潘家湖湖水混浊污臭，据说就是因为杨家将世代忠良，而潘美是个奸臣。

潘美是各类关于杨家将故事的文艺作品中大奸臣潘仁美的原型，可是翻一翻《宋史·奸佞传》，却没有潘美的名字。相反，他的名字却被南宋理宗列入昭勋阁二十四功臣的名单中，排名第二。潘美原本是载入史册的忠臣良将，为什么被后人歪曲成奸臣呢？

中国民间长期靠戏剧、小说传播历史，很多人看戏多了，都认为潘美是个大奸臣。其实，文学作品中的历史有时和真实的史实是有出入的。

历史上的潘美是北宋名将，在赵匡胤陈桥兵变、灭南汉、灭北汉、雍熙北伐等一系列重大事件中都忠诚勇武，战功赫赫，还曾经转战太行山、燕山的长城，护佑一方平安。论战功、论谋略、论对北宋王朝的历史贡献，潘美绝对在杨家将之上。在北宋百年战争史上，杰出将领灿若繁星，但被南宋理宗列入昭勋阁二十四功臣的北宋武将只有四人，潘美名列第二。这说明，潘美在北宋历史上的功绩是无法抹杀的。

《宋史·潘美传》记载:"潘美,字仲询,大名人。"潘美的父亲叫潘璘,是驻守真定的军校。潘美少年时就长得很帅,风流倜傥,怀有满腔报国之志,他曾经对同乡好友说:"后汉处处是灭亡败象,凶臣肆虐,大丈夫如果不能在这时立功留名而碌碌无为,那就太羞耻了。"

带着这番胸怀和抱负,潘美参与了周太祖郭威灭后汉建后周的行动,在柴荣手下当差,还结识了赵匡胤等人,成了至交好友。等到周世宗柴荣即位以后,潘美出任供奉官,也就是皇帝的大总管,跟随柴荣进攻山西割据势力北汉,激战于太行山的长城,成为后周的要臣。

后来,周世宗英年早逝,赵匡胤发动"陈桥兵变",为了不大开杀戮征战,就请后周王朝里有威信的大将进京说服后周的大臣们接受北宋易帜。这个人选是关系到赵匡胤能否和平登基的关键角色,选谁呢?

赵匡胤一琢磨,能担此大任者只有潘美。一来,潘美是周世宗的要臣,在朝野都很有威望;二来,潘美战功赫赫,无人不服;第三,潘美是谦谦君子,口才非常好,能说得人心悦诚服。

潘美肩负重任,凭着他的智慧和口才,进京说服了后周群臣和将领归顺大宋,实现了和平交接,成就了历史上不杀人而改朝换代的范例,功不可没。

宽大为怀,一代名臣何以感化当朝天子?

扑朔迷离,忠臣良将为何成为奸佞小人?

虽说宋太祖赵匡胤坐上了龙椅,可当时还有人不服,其中就包括陕西军帅袁彦。这个人勇猛凶悍,是赵匡胤最担心的人物。于是宋太祖就命潘美为监军,见机行事,杀掉袁彦。

潘美单骑进入陕军营帐,向袁彦等人晓以大义,一番推心置腹的话说得袁彦心悦诚服,跟随潘美入京朝拜赵匡胤,以示效忠。宋太祖又惊又喜,感叹道:"潘美不仅不杀袁彦,还能令他前来京城觐见,真是一代奇才啊。"

就在赵匡胤登基的这一年九月,又出了一场乱子——周太祖郭威的外甥李重在扬州打出"驱逐赵贼,恢复周室"的旗号。赵匡胤亲自出征,命潘美为行营都监、副将，用50天平定了叛乱。攻下扬州后，潘美被留为巡检，以任镇抚，消除了宋太祖心头之患。所以，潘美成为赵匡胤最信任的要臣之一，也是为数不多的几个没有被杯酒释兵权的人之一。

在文艺作品中，潘仁美是个残忍的人，可历史上的潘美，是个仁厚的君子。史料上记载着这么一件事，当初，赵匡胤夺取皇位初入皇宫，见宫人抱着一个小孩。宋太祖一问才知，这是周世宗柴荣的小儿子。他的谋臣赵普就说："留着他干什么？"潘美看着孩子被带出去，当场落泪。宋太祖就问："你觉得这样做不对吗？"潘美说："岂敢说不对，只是觉得于心不安。"赵匡胤感慨地说："是啊！即人之位，杀人之子，朕也不忍心啊。"说完，宋太祖就把手下叫回来，把孩子交给潘美。潘美把孩子抱回家，改姓潘，取名潘惟吉，对这个孩子视如己出，疼爱甚至超过亲生子女。这就是潘大将军的大义。

潘美的仁德宽厚感化了赵匡胤，所以赵匡胤成为历史上最仁厚的帝王之一。他临终留下三条遗训：一是要仁厚对待后周皇室；二是要仁厚对待文人，不许搞文字狱，不许滥杀文人学士；三是违背上述二训者不得为赵氏子孙。这三条遗训被后世称为最具人性的制度安排。

赵匡胤当上皇帝后，开始削平群雄割据。潘美勇敢善战，平南汉、收南唐、灭北汉，所向披靡，功勋彪炳。当时，南汉王占据岭南，不断出兵北犯，潘美迎头痛击，接连获胜。南汉军队动用大象进攻，潘美命令用强弩退敌，宋军万箭齐发，大象中箭奔踢，敌军骑兵纷纷落下，宋军乘势攻克广州的北门韶州。接着，潘美率兵一举占领广州，擒获南汉皇帝刘鋹，送往京师，彻底灭了南汉。

除掉了南汉王这个心腹大患，宋太祖接着对付北汉。当时的北汉占据山西太原，负隅顽抗，宋太祖先后两次出兵太行山长城一带，都因为北汉名将杨业顽强抵抗而没有灭掉北汉，宋军伤亡很大。所以，宋太祖撤兵到真定，铸造了真定城的千手观音。

宋太宗即位后，命潘美为北路都招讨，判太原行府事。潘美再次进攻太行山长城，这一仗，打得北汉无法招架。北汉名将杨业一看大势已去，只好归降大宋，太原城平定。旗开得胜之后，皇帝班师回朝，潘美留在这里，作为镇守北边长城的大将，之后，他又大破辽兵，被封为代国公，后又改封忠武军节度，并封韩国公。

在北宋历史上，不仅潘美功勋卓著，他的儿子们也不像戏剧、小说中的潘龙、潘虎、潘豹那样坏。潘美的儿子惟德、惟固、惟清、惟熙都在朝中为官，养子惟吉在大名府管理天雄军，忠于职守，秉公无私，受到朝廷内外交口称赞。

潘美和赵德芳是儿女亲家，潘美的儿子惟熙娶赵德芳的女儿为妻。潘美的女儿也并不是残忍的皇后，宋真宗赵恒为太子的时候，娶了潘美的第八个女儿，封为莒国夫人。但这位潘氏夫人22岁就死去了，后来赵恒即位，追谥为章怀皇后。

潘美一门忠良，更没有做对不起国家的事情。可为什么在后世的小说、戏曲中，却成为让人痛骂的大奸臣呢？他跟杨令公杨业之间有着怎样的故事？这桩千年冤案又是怎样产生的呢？

杨业原本是北汉的大将，他和潘美原本是战场上不分胜负的对手。但在宋太宗消灭北汉的战争中，杨业投降了北宋，成了潘美的战友和得力干将。潘美曾经出兵长城救助杨业，两个人配合默契，大败辽兵。

979年九月，辽军分路南犯长城，宋太宗任命杨业为代州知州兼三交驻泊兵马部署，以潘美任三交都部署。

第二年三月，辽景宗发兵十万攻打雁门关。潘美知道杨业手下只有几千骑兵，就从太原出兵北上支援杨业。杨业出奇制胜，亲自率领几百名骑兵由小陉到雁门北口向南，突袭辽兵背后。而潘美从南面进攻辽兵，二人南北夹击，大败辽兵，取得了北宋历史上在北面长城最辉煌的一次胜利。

可是，天有不测风云，七年之后的一场战役，让杨令公抱憾而亡，更让潘美招来了千古骂名。

　　身先士卒，杨令公何以命丧敌营？
　　阴错阳差，潘太师为何背负骂名？

宋太宗雍熙三年，宋兵分三路北上，发誓要收复石敬瑭出卖的燕云十六州，饮马长城上。东路由名将曹彬统帅，西路以潘美为主帅、杨业为副将，以蔚州刺史王侁为监军。

当时，潘美和杨业的西路军打到了长城，攻克了长城内外四个州。可是曹彬的东路军冒进惨败，皇帝下令撤退，潘美和杨业等人从长城回到代州，就是现在河北省蔚县代王城。皇帝下诏，命令潘美、杨业掩护四个州的百姓一起撤退，但辽兵攻势非常猛，带着这么多百姓怎么逃呢？于是，潘美、杨业、王侁等人聚在一起商议对策。

《宋史·杨业传》记载：杨业建议出兵佯攻，派精兵埋伏在退路要道，伏击辽兵，掩护军民撤退。这无疑是一个绝地逢生的良策，可王侁却说："我有几万精兵，难道还怕他们吗？只管走雁门大路，震慑敌人。"

杨业说："现在东路和中路军都已经大败而退了，辽集中兵力追击我们，敌强我弱，如果我们这样干，将士们将付出惨重的代价。"

王侁却嘲笑说："杨将军不是号称无敌吗？如今怎么畏缩了，是不是另有打算啊？"

这句话激怒了杨业。杨业原是北汉大将，归顺北宋，本想为国出力，结果碰上这样一个浑不懔的监军。他强忍着愤怒说："我乃降将，皇帝不杀，我愿赴死，但决不怕死，只是怕让将士们白白丧命。"

杨业身先士卒出征，指着山西朔州陈家峪对潘美说："你在这里埋伏步兵和弓弩手，等我兵退至此，两面夹击，也许有转败为胜的希望。"

杨业出兵拼杀了一阵，边打边退，把辽军引向陈家峪。可等他到了陈家峪，却连宋军的影子都没有了。那么，潘美的主力到哪儿去了？难道真像文艺作品里那样，潘美故意置杨业于死地吗？

原来，杨业出战后，潘美在陈家峪设置埋伏，等了一天，不见杨业归来。监军王侁不愿再等，坚决让潘美护送百姓先行撤退，这才造成杨业孤军无援，身陷绝境。杨业只好带领部下与辽兵奋力厮杀，最后，这些爱国兵士都战死沙场，杨业身受十几处伤，战马被辽军射中，自己也被俘虏了。他宁死不屈，在辽营绝食三天三夜，英勇就义，享年59岁。

杨业战死的消息传到东京，朝野悲痛，山河哀婉。宋太宗痛失一名勇将，又难过又生气，狠狠处置了当事人：将军潘美降三级，王侁除名，发配金州。

对于潘美的故里，在河北也存在争议。《宋史》记载为大名县，而与大名相邻的魏县学者们认为，魏县边马乡李庄是潘美故里，历史上称潘家墟、潘埠、潘太师墟。边马乡在历史上曾是繁水县城，明朝《石桥碑记》说，此桥"东至仓颉冢，西至潘太师墟，南至葛贵戚庄，北至张公瑾墓"。潘美在历史上被称为太师，并不因为他是国丈，而是因为他的官级是检校太师，所以他的故里被称为潘太师墟。

这正是：

大宋开国第一功，潘美征战显忠诚。

仁厚收养世宗后，晚节不保蒙骂名。

第六十八回 慷慨杨家将 抱憾心倾城

上一回说到大宋开国烽烟起，潘美激战在长城。想当年，长城脚下还有一群慷慨悲歌的爱国将领，他们就是用生命守护和平的杨家将。也许我们在小说里读过他们的名字，在影视剧中看过他们的故事，那么，历史上真实的杨家将究竟是怎样的好儿郎？

杨家满门忠烈，第一代当家的名将就是杨继业，也就是后汉检校太师、安州节度使杨信的儿子。杨继业不愧将门虎子的威名，靠着自己的本事在沙场上建功立业，成为北汉时期的建雄军节度使，用一腔热血戍守着长城。北汉皇帝刘崇对杨继业很是器重，还特意赐他姓名刘继业。

北汉的日子不安生，先后受到北周和宋太祖赵匡胤的轮番出击，杨继业英勇抵抗，才保住了太原的地盘。后来，宋太宗赵光义跨过了太行山长城，再次进攻北汉，杨继业审时度势，奉劝北汉的主子刘继元归降宋朝。宋太宗为了嘉奖他的贡献，就让他恢复原姓，把名字改作杨业，还把他任命为代州刺史，授右领军卫大将军，派他长期驻守长城以南的代州，也就是今天的山西代县，专门负责对付辽兵。

对付辽兵，这项任务可没那么轻松。这年三月，辽景宗发兵十万，攻打雁门，警报一路传到了代州，战火烧到了眼前。局势危急，军情重大，此时此刻，杨业又会怎么做呢？

这时候，杨业手下只有几千骑兵，要用这些人马抵抗对方的十万大军，这事简直就是天方夜谭。不过，杨业自有高招，他领着几百名精骑兵绕到辽兵背后，在雁门关北口打了他们一个措手不及。与此同时，北宋大将潘美北上代州支援杨业，在长城脚下拦住辽军。辽国的军队遭到两面夹击，一边逃窜，一边招架。杨业、潘美乘胜追击，杀了辽国驸马侍中萧咄李，活捉马步军都指挥使李重海。

这一战之后，杨业被提升为云州观察使，这云州就是张家口赤城县的云州故城。从这往后，杨业的军威镇住了边疆，辽兵一看到写着"杨"字的大旗，吓得掉头就跑，还送了杨业一个外号——"杨无敌"。

986年，宋太宗赵光义出兵讨伐辽国，收复被石敬瑭出卖的燕云十六州，这就是史书上说的"雍熙北伐"。在出征的大军中，曹彬为东路军主帅，潘美为西路军主帅，杨业为副帅。

起初，三路大军分兵进攻，旗开得胜。潘美、杨业率领的西路最为英勇，一路上大败辽军，收降了好几名辽国将领，收复了一大片失地。

与此同时，曹彬率领的东路军却没这么顺利，他们生怕落后，急功冒进，攻占涿州。宋太宗担心曹彬这样下去要坏大事，就派出使者拦着曹彬，要求他等待另外两路大军会合之后，再共同进攻辽国的幽州。可是，将在外，皇帝的命令有时候也不那么管事，东路的将领急着抢功劳，根本没把宋太宗的指示当回事，结果在涿州西南的岐沟关吃了败仗元气大伤。

战场上的局势，牵一发而动全身，东路的全线溃败导致宋军乱了阵脚，随从中路军御驾亲征的宋太宗赵光义万不得已，狼狈地坐车逃回了东京。这时候，西路军也接到了撤退的命令。可是，西路军主帅潘美、副将杨业都是仁义名将，他们不能只顾自己的安危，还要掩护长城沿线四州百姓一起撤退到长城以南。身边是大批的百姓，后面有辽国的追兵，该怎么撤呢？

慷慨悲歌，杨业如何身先士卒血战沙场？
出师未捷，英雄如何宁折不弯抱憾终生？

面对这个难题，杨业想了一个主意，他建议派出兵马假装出击，再安排一部分精兵埋伏在敌人的退路边上，等着机会伏击辽兵，好让大批军民安全撤离。要说这个主意确实不错，可是，有一个人却不这么认为，那就是皇帝委派的监军王侁，此人刚愎自用，坚持要走雁门大路。杨业劝他："如今，不是我们一路高歌围歼辽兵的时候了，辽国所有兵力都集中过来追击我们，必须要用计取胜，狂妄自大走大路，很可能会全军覆灭。"王侁一声冷笑："杨将军不是号称'杨无敌'吗？如今怎么也怕了？"

杨业遇上这么一位说不清道理的人，真是一点儿辙也没有，他跟上司潘美汇报说："我本想看准时机，痛击敌人，报效国家，看来是没法实行了，只好我自己死在前面。"杨业知道前面凶多吉少，可他依然身先士卒，阻击辽兵。

前一回我们讲到，杨业出征之前让潘美在陈家峪接应，却没见到宋军的影子。原来，在杨业出发之后，潘美在陈家峪等了一整天，那个糊涂的监军王侁又冒出来，说是要以保护百姓撤退为重，命令潘美带着百姓向南撤离。当时，潘美坚持要留下一部分人马等着接应杨业，可是王侁说："辽兵不堪一击，杨业根本用不着接应，没准他们早就乘胜追击去收复失地了。"

潘美在无奈之下离开了陈家峪，杨业的计划也就落了空，他带着部下抵抗辽军。虽说将士们人人奋勇，个个争先，可是，辽兵越来越多，眼看就要招架不住，这时候，杨业对战士们说："你们都有父母家小，不能跟我一起死在这里，现在由我掩护，你们赶快突围出去，一是能保全性命，二是要让朝廷知道我们的情况。"将士们流着热泪，没有一个愿意撤退，最后全都战死沙场，杨业的儿子杨延玉也牺牲在这一战中，只有浑身是伤的杨业落入敌人之手。

可怜杨业一代名将，最终沦落为辽兵的俘虏。敌人威逼利诱劝他投降，杨业慷慨陈词："大宋皇帝待我仁厚，我发誓捍卫大宋长城，以报皇恩浩荡。如今为奸臣所迫，战败疆场，我还有什么理由苟活？"杨业宁死不屈，绝食三天三夜，最终英勇就义，享年 59 岁。

杨业战死的消息传到东京，宋太宗下令把潘美官削三级，王侁流放边地，王侁最终客死他乡。对于为国献身的英雄杨业，宋太宗大加褒奖，为他追赠太尉、大同军节度使，还录用杨业的儿子杨延朗（延昭）升崇仪副使，杨延浦、杨延训由殿直升供奉官，杨延环、杨延贵、杨延彬录用为殿直。

斯人已逝，后人景仰。杨业去世以后，百姓在他战死的地方修起了庙宇作为纪念，欧阳修、苏东坡等人也为他题写过文章。杨家子孙继承了先辈的遗志，把抗击外敌的事业继续到生命的最后一刻。

杨延昭镇守的霸州益津关

第六十八回　慷慨杨家将　抱憾心倾城

杨业一死，北部的长城成了辽国的地盘，宋辽之间的边境就到了恒山和白沟一线，也就是如今唐县大茂山和拒马河一带。北宋王朝在这一线修筑起新的山岳长城和水长城，长城的故事背景也就从燕山移到了唐县、白洋淀、雄州、霸州一片区域。这时候，杨业的儿子杨延昭戍守的北宋水长城，守望着大宋的千里江山。

杨延昭本名杨延朗，后来改名杨延昭。他小的时候不爱说话，就喜欢玩儿行军作战的游戏。杨业说："此儿像我。"往后他每次出征都要把这个儿子带在身边。雍熙北伐之际，杨延昭跟着父亲和兄弟们一起上了战场，他冲在前面做先锋，手臂中箭挂了彩，依然不下火线，勇猛作战。他的父亲杨业过世以后，杨延昭由供奉官升迁崇仪副使，后来又担任保州缘边都巡检使，就在现在的保定一带的边防前线任职，这里也正是宋辽时期水长城的边界。

宋真宗即位后，杨延昭统领的兵力增加到上万人。那时候，他屯驻静戎军，负责徐水东边水长城沿线的防御。咸平二年，辽兵南下，杨延昭所在的徐水遂城也遭到了攻击，一时之间，遂城人心惶惶。杨延昭临危不乱，他召集城里的壮丁，给他们配备武器，要求军民齐心，固守城池。这时正赶上天寒地冻，杨延昭利用天气出了个妙招，他指挥大家往城墙上泼水，一夜之间就把墙头变成了冰冻隔离带。辽兵面对冻成冰的墙头，一点儿办法也没有，只好撤了兵。杨延昭趁机出手,缴获了辽军遗弃的军械物资,保全了遂城。

在宋朝,并不是每个将领都像杨延昭一样有勇有谋,镇定高阳关都部署傅潜就是一个无才无德的草包。他率领重兵驻守定州,却对烧杀抢掠的辽兵视而不见,杨延昭等人多次要求傅潜支援,他都置若罔闻。

后来,情况传到宋真宗耳朵里,消极避战的傅潜被削职流放,杨延昭应诏来到了皇帝跟前。宋真宗向杨延昭询问边防策略,得到了非常满意的答案,皇帝龙颜大悦,大赞杨延昭行军作战大有杨业遗风。

威震边疆,杨六郎如何纵横驰骋保家卫国?
名垂千古,杨文广如何传承父业以身报国?

杨延昭离开京城再次赴任,时间刚过了一年,辽兵南下进攻。杨延昭在曲阳羊山埋伏了精兵,自己领着部队跟辽军展开了正面交锋。这一战,宋军大胜辽兵,在战场上斩杀了辽国大将。杨延昭凯旋,被加封为莫州团练使。从此往后,杨延昭还得了一个称号,他和另一位边防骁将杨嗣并称为"二杨"。

咸平五年,辽兵再次进攻保州,"二杨"率领部队前去支援,半路上遭到敌人突袭,损失了不少的将士。

第二年,辽军又打了过来,宋军在望都大败。宋真宗委任杨延昭任保州、威房军徐水附近的遂城、静戎军(治所在今徐水)缘边都巡检使,负责河北西路北部防务。杨延昭镇守宋辽边境水长城上的高阳关、霸州益津关和雄州西南的瓦桥关。没想到的是,辽兵绕道进攻河南的澶州,直接威胁到宋朝都城。在这个关头上,宋真宗主张议和,杨延昭表示反对,在杨延昭和寇准的坚持下,皇帝在大名府召见杨延昭和杨嗣等将领,给杨延昭安排了一项任务——固守内黄。不久之后,宋真宗回到汴京,又听了主和派的怂恿,打算把都城迁到别处。杨延昭听说这事,非常气愤,自己率领人马进入辽国攻破古城。

景德元年(1004年),辽国萧太后进军澶州,寇准鼓励宋真宗带兵亲征,果然大败辽兵,促成澶渊之盟。杨延昭因为驻守边疆的功劳,在景德二年又被授予高阳关副都部署。

第六十八回 慷慨杨家将 抱憾心倾城

杨延昭镇守边防20多年，就连辽国都对他有着十二分敬畏，还把他称为六郎。按照正史的记载，杨延昭是杨业的长子，可他为什么被称作六郎呢？这是因为古人相信北斗七星中的第六星专克辽国，就像是威风八面的杨延昭，所以就把"六郎"这个名号送给他，为了称颂杨延昭保卫宋朝的功劳。

杨延昭用生命守护着和平，在57岁那一年病逝在河北任上。悲痛到了极点的宋真宗特意派出使者护送他的灵柩，当地的百姓跟着杨延昭的灵车送了又送。杨延昭过世之后，北宋朝廷将他的三个儿子分别授予官职，又从杨延昭的门客中选拔有本事的人来当了官。

杨家将担当了保家卫国的重任，他们的故事也被后人演绎成小说，不过，历史上并没有佘太君、杨宗保、穆桂英等这些人物，真实存在的只有杨延昭的三儿子杨文广。

杨文广在平定叛乱的战斗中立下功勋，被授予殿直。后来，他遇见了人生中的伯乐——范仲淹，范仲淹对这个年轻人很是欣赏，就把他调到自己的身边。到了英宗时期，朝廷看重杨文广的才能，就把他提拔为成州团练使、秦凤路副总管。杨文广没有辜负这一番重托，在对抗西夏的防御战中敢拼敢打，斩获了不少敌人，受到了皇帝的嘉奖。杨文广受封之后，马不停蹄地赶到宋辽边境，此时，辽国和宋朝在代州边界的划分问题上发生纠纷。杨文广立马投入工作状态，向朝廷献上阵图和攻取幽燕的策略，只可惜，他还没等到朝廷的回音就死在这一任上。因为这位杨家后人的汗马功劳，北宋朝廷追赠他同州观察使。

这正是：

忠勇无敌杨家将，杨业抗辽战沙场。

延昭固守高阳关，戍边抗敌杨文广。

第六十九回 能臣何承矩 水中造石城

上一回说到，杨门虎将抗击辽兵，血战沙场青史留名。这一回，我们要说到北宋大将何承矩在河北中部修筑水长城、抗击辽军的一段故事。到底什么叫水长城？它体现了怎样了不起的智慧呢？

话说北宋雍熙北伐遭受惨败，宋太宗丢尽脸面，北宋王朝也失去了长城防御。恒山、白沟、拒马河成为宋辽边界，辽兵经常南下。北宋只能在恒山、拒马河构筑新的防御体系，如此一来，水长城应运而生。

何为水长城？它就是北宋王朝在河北平原上利用河流、湖泊、水田、桑林、沼泽，加上地道、城堡，打造的防御辽国骑兵的边防体系。

1993年，河北省政府公布了全省文物保护单位，雄县北宋边关地道名列其中。2007年8月，经中国文联批准，中国民间文艺家协会将河北雄县命名为"中国古地道文化之乡"。

宋辽边关古地道始于雄县铃铛阁八角琉璃井，向东北经大台、祁岗延伸至霸州、文安、永清，东西长65公里，南北宽65公里，总面积1300平方公里。规模之大、建筑类型之多、结构之复杂、功能之齐全，在我国乃至全世界都十分罕见。而且，它用规格、质量统一的青砖砌筑，是经过精心规划设计、统一组织建造的持久防御性地下军事工程，具有重要的历史文化价值，证明了北宋水长城还连着地下防御体系。根据当地旅游部门的考证，地道由宋朝名将杨延昭修筑，是宋辽史上的"地下长城"。

这条古地道是北宋水长城的重要组成部分，不过，水长城却不是杨延昭修的，而是长期戍守宋辽边境的大将何承矩修建的。

何承矩，字正则，年轻时曾经担任山东棣州衙内指挥使,后来被派到沧州知节度副使,治理河北边境防务。何承矩到了沧州一看,辽国骑兵经常快马侵扰边境,靠那些稀稀拉拉的城池、寨堡根本无法守卫边境安全。何承矩左思右想,终于拿定了主意,他要建造一条用水网编制的长城防线。

为了秘密勘察水势,他每天都与部下在白洋淀中驾船饮酒,观赏蓼花,还作了数十首《蓼花吟》,让在座的人唱和。明为游玩,暗中却画了地图,派人送到京城,上奏皇帝说:"我小时候就在边境勘察,熟知北边道路、河流水道的走势。我想从边境开一条河,引易河水向东,一直沿着边境注于海,东西300余里,南北六七十里,沿河开辟湖泊,修筑堤坝蓄水,形成大面积的水田,可以遏制辽国的骑兵。这条水长城的关隘以南,都可以播种水稻,沿河种植桑枣树木。一来沿边军队可以临水巡逻,二来水稻和桑枣可以供给边境将士吃喝。用不了几年,沿河就可以设险固以防塞,春夏课农,秋冬习武。这样一来,辽国骑兵就受到遏制。这可是御边的要策啊。"

宋太宗看了这份奏折,频频点头,很是认同,并下诏让他秘密实施。于是,何承矩开创了在河北平原建造水长城的历史。

匠心独运,水长城绵延百里怎样构筑防御?
有条不紊,何承矩出其不意如何化险为夷?

结果,天不遂人愿,这一年赶上灾害,何承矩开凿的河流水患成灾,头年种植的水稻颗粒无收,引来一些朝中大臣非议,认为改变河流必定成灾。这一下子,皇帝也没主意了。而何承矩坚信自己的方案必定可行,他引经据典,把汉魏时期曹操修筑河渠、唐代修渠屯田的成功经验搬出来,反驳那些非议。

这样一来,宋太宗又坚定了信念,继续支持何承矩的方案,任命他为制置河北沿边屯田使,调发各州镇兵18000名,在雄、莫、霸、平戎、破虏、顺安军兴堰600里,置斗门,引白洋淀的水灌溉。

这是地面上的工程,与此同时,水下的工程也展开了。何承矩请了一个叫黄懋的福建人,这个人懂得水田耕作方法,取来江东旱稻种子,指导人们种植。等到八月,稻子成熟,储水屯田宣告成功。

据《宋史·河渠志·塘泺》记载:"东南起保安军,西北雄州,合百世淀、黑羊淀、小莲花淀为一水,东起雄州,西至顺安军,合大莲花淀、洛阳淀、牛横淀、康池淀、畴淀、白羊淀为一水。"这是我们发现最早的记录白洋淀名称的史籍。当时,白洋淀的水势比现在大得多,大风卷起层层波浪,像奔跑的白羊群,因而叫白羊淀。

经过多年治理,河道与沟壕相通,淀泊与河道相连,深处行船,浅处可以种水稻、栽芦苇,水泊中还可以种植莲藕菱芡,养鱼蟹,水淀中间的积土筑台是屯兵驻防与村民居住地。这不仅有利于宋朝的军事防御,更为人们带来财富,为今天白洋淀基本格局的形成奠定了基础。

何承矩的水长城工程给河北地区带来了巨大的经济效益和军事效益,宋太宗非常高兴,擢升他为西上阁门使、知沧州,第二年,又让他到雄州,完善雄县一代的防御体系。宋太宗还亲自手写御书褒奖何承矩的功绩,赐给他宝剑和弓箭。

何承矩身先士卒,与将士和百姓一起挖水渠、同甘苦,深受爱戴。沿边地区辽兵只要有一点儿动静,老百姓就来汇报,何承矩马上就能知道消息。这一年春天,沿边的府州利用何承矩修筑的水长城,不断打败南侵的辽兵。辽兵面对这样一位智慧的将帅,又嫉妒又害怕,他们会想出怎样的计谋对付何承矩呢?

至道元年(995年),辽国出动精锐骑兵数千,乘着夜色偷袭雄州城。他们擂鼓纵火,以逼楼堞,何承矩不慌不忙地整兵待发。等到天一亮,何承矩站在城头把辽兵的虚实看得清清楚楚,然后率兵出城,霎时间四面都是宋军。

这些人都是从哪儿冒出来的呢?答案是地道里。这些宋军斗志高昂,很快冲锋陷阵、斩杀辽兵,擒获了辽兵大将铁林相公。其余辽兵一看头领被擒,吓得狼狈逃跑。

这样一位有勇有谋的名将,可敌千军万马。何承矩的威慑力越来越大,宋太祖怕他在边境惹事,就让他跟沧州知州安守忠更换职务,回沧州老实待着。

此外,朝廷还派了钦差大臣来河北纠察。这个钦差叫魏廷式,是大名府宗城人。他为人刚强果敢,从不徇私情,官吏们都怕他。可这魏大人在雄州走了一圈,到哪儿都听到官民将士赞赏何承矩的功德和人品。魏廷式向皇帝汇报,颂扬何承矩及其将士们的功绩,反对调整何承矩的官职。

皇帝一看，这么爱挑刺的魏爱卿都为何承矩说话，就又遣内侍刘勋核实，发现魏大人所言句句是真。这下子皇帝不得不服，于是褒奖何承矩及其麾下有功者千余人，都给予升迁和奖赏。

俗话说，一朝天子一朝臣，何承矩在宋太宗跟前是个大红人，可是宋真宗即位以后，他还能得到重用吗？他的人生又会经历怎样的起伏呢？

宋真宗即位后，何承矩再次知雄州。皇帝还赐给何承矩诏书说，希望能维持北宋跟周边王朝的和平，让何承矩凡事谨慎。宋真宗想跟辽国和平相处，可辽国根本就不给宋真宗面子，第二年就开始南侵。宋真宗多次派太监秘密来到雄州，向何承矩询问防御辽兵的计谋。何承矩都是写成秘折，秘奏皇帝。

后来，宋真宗下诏批准边民可以越过拒马河到边境与辽国人进行茶马互市。何承矩一听，这还了得，连忙上书说："我朝缘边战船司从唐河至泥姑海口，屈曲900余里，这是我们十几年建造的天险啊。太宗皇帝在这里设置了16个砦，125个铺，11位大臣和3000名士兵，百艘船只往来巡查，就是为了阻挡防御敌人。这里是军事要地，如果开放贸易，车来人往，边境难以控制啊！我们设置的那些砦、铺不就形同虚设了吗？"

这番话说得宋真宗连连称是，立刻废了自己的诏书，还多次亲笔写手札褒奖何承矩。后来，宋真宗感念何承矩劳苦功高，就想把他从边境调回京城。可一听说何大人要走，河北沿边州民百余人自发跑到京城，向皇帝乞求让何承矩回到河北，把皇帝感动得落了泪，于是顺应民意，让何承矩回到了河北。

何承矩驻守河北期间，对河北沿边的军队建设、军纪整饬、士卒管理、军屯仓储，都提出了很有战略高度的建议。他还挑选精兵驻守在边境，组织一支带武器的渔船军队在界河里捕鱼巡察。后来，这种水长城的模式还引用到山西北部，利用黄河河网牵制西面的敌人。

又过了一年，皇帝让何承矩兼领制置屯田使，管理全国的军队屯田。这时，何承矩已经利用水长城稳定了边境的安全，所以他建议开设征收赋税的市场，鼓励与周边的契丹、西夏发展茶马互市。

但是，辽国贪得无厌，派出奸细四处窥伺北宋的边防，被北宋的边境巡逻兵发现了。为了防御后患，何承矩就上奏停止茶马互市，进一步展开修筑水长城的工程。辽兵想方设法去搞破坏，结果都被何承矩给化解了。

威风凛凛，大将军怎样戍守边境？
利令智昏，宋真宗何以自毁长城？

何承矩本事太大了，让辽兵恨得咬牙切齿，却又无可奈何。宋真宗怕何承矩惹恼了辽国，还是把他调离了河北边境，来到河南知澶州。可宋真宗没有料到的是，何承矩的离开，让北宋王朝失去了一座长城。

就在何承矩离开雄州一年后，也就是景德元年，辽国的萧太后与辽圣宗亲率大军南下，深入宋境。宋真宗畏敌，在打了胜仗的情况下，与辽国订立和约，宋朝每年送给辽岁币银10万两、绢20万匹，史称"澶渊之盟"。

何承矩自从守边以来，殚精竭虑地为北宋王朝防御辽兵，就是为了安边境、息兵戈。令这位爱国名将深感悲哀的是，他的谋略大计全都葬送在无能的朝廷手中。而此时，宋真宗也想起了何承矩的好，后悔不已，让他再次来雄州任职。何承矩奉旨按巡河北故地的时候，倍感伤心。

辽国听说何承矩回到了雄州，主动派使者给何承矩进奉金币，想要讨好他。何承矩根本不吃这一套，照章办事，事后，还把契丹人送来的金币全部交给朝廷。

宋真宗感慨万千，委任何承矩为雄州团练使。何承矩不改初衷，继续修缮水田，劝课农桑，使得河北沿边州府五谷丰登、桑枣遍野，百姓安居乐业。

何承矩很有政治家的眼光，知人善任，河北的名臣李沆、王旦都是由他举荐的。到了晚年，何承矩以年老多病为由请求到偏僻郡州任职。宋真宗让何承矩自己选择，于是他选择担任齐州团练使，结果到任仅七天就病逝了，享年61岁。皇帝特赠相州观察使，赐钱50万、绢500匹，派遣中使护葬。

这正是：

一代能臣何承矩，沿边营田开河渠。
开创北宋水长城，造福河北留功绩。

第七十回 包拯巡北域 沈括拓新貌

上一回说到，何承矩匠心独运，水长城泽被后世。北宋朝廷非常重视这项利国利民的大工程，不断派官员来到河北，继续水长城建设。这其中，包括两位鼎鼎大名的人物，一位是清官包拯，一位是科学家沈括。他们在河北水长城留下了怎样的故事？

包拯，北宋时期著名的政治家，他为官清廉、刚直不阿、勤政爱民，深受民众的爱戴，是妇孺皆知的传奇人物，更是中国封建社会清官的代表。

正因为包拯具有民众期盼的清官的品行和操守，所以后世文人在戏曲、小说、评书、曲艺等艺术形式中，进一步渲染包拯传奇的经历和非凡的智慧，使包拯成为富有传奇色彩的青天大老爷的化身。包拯的形象也被进一步艺术化——脸黑如炭、额有月牙、不畏权贵、执法如山。

其实，历史上的包公长得一点儿也不黑，他面目清秀，温文尔雅。包拯是安徽合肥人，出生在一个官僚家庭，是天圣朝的进士。小说《包公案》中描写包拯出生时是个怪胎，被父母遗弃，由大嫂抚养成人。这是文人杜撰的，实际上，包拯没有哥哥嫂子，他幼年时深受父母宠爱，从小受到良好的教育，这在《宋史·包拯传》和《包拯集》中都有记载。欧阳修还称赞包拯"少有孝行，闻于乡里；晚有直节，著在朝廷"。

庆历三年（1043年），包拯担任开封任监察御史，从此直接参与朝政，不但对北宋的内政外交提出许多批评和改进办法，而且还出使契丹辽国，针对宋辽边境的水长城防务与辽国大臣斗智斗勇，展开一番唇枪舌剑，他的言谈举止不卑不亢，维护了宋朝的尊严。

当时，辽国典礼官臣对包拯说："你们沿边境修筑了

位于河北任丘的莫州古城遗址

宽阔的水长城，可是最近在雄州城新开了一个便门，是不是想招诱我朝的叛逆之人，以刺探我朝的情报呀？"

包拯针锋相对地说："贵大人言过了。你们不是在涿州城开了便门吗，难道也是为了招诱我大宋叛逆，来刺探我边境情报？其实，你们很清楚，刺探边境情报何必用开便门的方式呢？"

这番质问的话，让辽国典礼官无言以对。包拯回到朝廷以后，就把他在辽的见闻报告皇帝，同时还建议加强河北水长城和山西长城的防卫。

在众多"包公戏"中，有一出《陈州放粮》，演的是包公到陈州放粮赈灾济民。其实，历史上的包拯，也曾经到河北放粮济民，这又是怎样一段佳话呢？

皇祐元年（1049年）二月，河北发生重大疫病。接着，黄河、御河连续决口，河北遭受水灾，流民纷纷逃荒到京东地区。

包拯见灾情严重，就开仓赈灾，救济百姓。他胸中有大志，眼光放得长远，赈灾同时，招募一万多灾民作为民兵，充实到河北水长城沿线的军寨、城防。他借鉴唐朝李抱真借用民兵的经验，壮大民兵，鼓励民兵沿着水长城发展桑枣水田，提高沿边水长城抗御契丹骑兵的能力。

这年二月中旬，河北周边的莫州、深州、博州屯驻的军队遭受水灾，缺少粮草。包拯上奏，将长期在水长城沿线坐吃山空的边境禁军调到富庶地区就食，以此提高沿边地区民兵的比重。正由于包拯对河北的救灾供给提出一系列良策，所以，皇帝命他出任河北四路安抚司、转运司。

皇祐四年三月，皇帝以知谏院包拯为龙图阁学士、河北都转运使。龙图阁学士是个虚衔，表明官阶，从此人们就称他为包龙图。河北都转运使的官衙设在大名府。包拯上任以后，会有哪番作为呢？

新官上任，包拯如何雷厉风行搞改革？

初入政坛，沈括怎样大刀阔斧建防御？

包拯到任后，深入水长城沿线的城乡军寨调查研究，发现边防上常年驻兵，机构臃肿，冗员甚众，作战能力越来越差。所以，他上奏皇帝，裁减官员，把那些不能胜任军役天天混日子的人全都淘汰掉。

另外，包拯还鼓励那些因受灾而流离失所的民众返回水长城以南耕作，对回乡复业者免两年租赋，以此促进河北水长城沿线的水稻耕种，既促进经济恢复，也提高水长城的防御能力。

几个月后，他改任高阳关安抚使，同年七月，又改任瀛州知州。瀛州就是今天的河间，是北宋水长城边境要地。包拯对宋朝的水长城国防和对外政策方面提出了一些新的建议，他主张大力修缮水长城，发展水长城沿河的种植产业，鼓励百姓和军屯种植枣林、桑林，加大这些林木的密度。一方面扩大桑蚕丝纺织业，解决军需和百姓穿衣，富民强国，另一方面发挥水长城防御契丹骑兵的藩篱作用，提高应对边事的能力。而且，他亲自带领将士们在水稻田边种植枣、桑麻和芦苇，扩大水长城的植被防御面积。

可以说，包拯是继何承矩之后完善水长城体系的一代名臣。可是天有不测风云，没过多久，包拯的长子病逝，对他的精神形成巨大打击，朝廷命他任知扬州。至和三年（1056年），包拯回到京城，被委任为开封府尹，后来升三司使和枢密副使。但年过六旬的包拯，已经夕阳西下。嘉祐七年（1062年）五月二十五日，包拯病死在开封，终年64岁。

包拯病逝后，宋仁宗到包拯家中作最后一别，追认礼部尚书，赐谥"孝肃"，所以包拯死后又叫包孝肃公。京师的官吏和百姓听闻包拯的死讯，难过不已，大街小巷都可听得到叹息声，可见百姓对他的怀念之情。

包拯一生，留下了许多感人的事迹，受到民众的热爱和景仰。他中年转战河北、赈灾济民、完善水长城的事迹，为河北书写了重要的历史篇章。河北人民永远纪念着这位伟大的爱国者和智慧的清官。

北宋时期，北部水长城边防问题倍受重视，不少贤臣名将都曾经奉使河北。这其中就有一位著名的科学家沈括，他的到来，对水长城的拓展产生了深远影响，更为他后来的科学研究和出使辽国奠定了重要基础。

沈括，字存中，号梦溪丈人，出生在杭州钱塘（今浙江杭州）的一个下层官吏的家庭。他自幼勤奋好学，在母亲的指导下，14岁读完了家中的藏书，24岁踏上仕途，33岁考中进士，被任命做扬州司理参军，掌管刑讼审讯，三年后到京师昭文馆编校书籍。经历了几年的磨炼之后，沈括凭借着出色的表现被提拔，于熙宁七年（1074年）八月至次年四月，出任河北西路察访使。

沈括原本只是朝廷中负责天文学观测的官吏，奉使出使河北，意味着他真正步入了北宋王朝的政坛。打从这开始，沈括充分展现了他非凡的政治才干。新官上任三把火，在河北的水长城上，沈括又将干出哪番成就呢？

沈括非常重视河北水长城的边防建设，在沿边的州军开掘河渠，兴修稻田，经过他的努力，何承矩创立的水长城进一步向西、向南扩展，不仅提高了边境御敌能力，而且促进了河北中部农桑经济的发展。

他还上奏神宗皇帝说："兵家之利，攻其不备，出其不意。"他指出，北宋王朝的北部边防长期没有防备，尤其是保州顺安军，就是高阳县城以西，平原之地广袤30余里，一马平川，根本没有险阻。如果辽兵从博野县的永宁军以东直接深入深州、冀州，就像进入无人之地。

为了弥补北边水长城边防这一薄弱环节，沈括谋划了完整的水长城防御体系。他提出，保州以西到九顷塘的七里，以及保州东阳村堤以东至臧村堤的30里，庆历中欧阳修在河北曾筑堤壅水，稍加补完，把西面的曹河、鲍诸水引进来，形成更加完善的水长城。

沈括还上奏皇帝说，在容城以东，有广阔的河塘天险相连，敌军骑兵如果想南侵，唯一的要塞就是位于顺平的北平这一路。宋军可以用定州将士，在这里据险部阵，与西面和东面的塘泊水田形成掎角之势，滹沱河横流在南面；可以制其前，唐河之流可决，足以断其后。这是必胜之术。

皇帝一看，拍手叫绝，当即批准，并诏令屯田司阎士良前往定州等地进行了实地详细勘查，不仅要筑堤引水，而且把一些重要的民田由官府出资或者用官田置换，都种上水稻或者枣树林子，或者在诸条河流上利用塘坝存水，在必要时利用水攻抑制契丹骑兵的袭击。

沈括在《梦溪笔谈·权智》中，对河北利用水塘湖泊构筑防御契丹骑兵的水长城还做了更详细的论述。他到任以后，又在保定以西开徐村、柳庄等处河塘工程，利用徐水、鲍水、沙河、唐河以及叫猴、鸡距、五眼等泉水为源，东面与滹沱河、漳河、易水、白沟等水沟通。于是，自保州西北沈远翔、东尽沧州的泥枯海口，800里都形成了水田泽国，宽的地方有10里，成为遏制辽国骑兵南下的一道藩篱。而且，老百姓可以享受鱼蟹芦苇之利，成为乡民致富的来源。

功留青史，《梦溪笔谈》留下几多瑰宝？

别出心裁，立体地图开创哪番先河？

在对付辽兵的作战理论上，沈括还提出了许多颇有见地的观点，他说：契丹人多马而善于骑战，正如中原人善用强弩一样。如果我们舍强弩而学骑战，决不能克敌制胜。所以，应在边防大力提倡使用强弓。他亲自试验，制作坚厚的甲胄靶子，训练将士们拉弓射箭的技能，要求他们不光能射中远方飞驰的辽兵，还要射透敌兵的甲胄。此外，沈括还总结了他大哥雄州安抚副使沈披造弓的"绝技"，写入《梦溪笔谈》。

水长城边境常常使用一种守城的工具，就是战棚。沈括曾经记载：战棚建在城池的矮墙上，用长长的木头支撑起，大体看，跟敌楼相似，但可以拆解装配，一会儿就完成了，以防仓促应战。城池楼宇摧毁了，或者没有楼宇的地方受到了敌人的攻击，就可以张开战棚来应战敌人。他强调了这种战棚在战场上的应急作用。

这期间，沈括最大的科学贡献是发明了立体地图。他在详查水长城沿线地形的基础上，用面糊和木屑模拟地形地貌，堆粘于木案上，制成立体地图。可是寒冬时节，面糊一会儿冻住了，一会儿又融化了，容易变形。怎么办呢？沈括又创造了用蜡塑的方法，再用木头照蜡形刻出来。熙宁八年二月，他向神宗皇帝呈上了宋辽边境木质立体地图，同时还奏请皇帝加强对北部水长城边防的建设，得到神宗赞许。而沈括制作的木质立体地图更让神宗皇帝大开眼界，不仅召集朝中重臣反复观览，还下令各边州都要制作这样的木质立体地图。

沈括奉使河北的这段经历，使他成为朝中对宋辽边防了解最全面的要臣。所以在熙宁八年，宋神宗派他出使辽国。沈括来到辽国，就边地问题进行谈判，据理力争，维护了国家利益，为他在政坛上发挥更大作用奠定了重要基础。

1095年，这位科技史上卓越的科学家与世长辞，时年64岁。

沈括晚年在镇江隐居期间，写成了科学名著《梦溪笔谈》以及农学著作《梦溪忘怀录》、医学著作《良方》等。《梦溪笔谈》是我国古代的学术宝库，在世界文化史上也有重要的地位。英国著名科学史家李约瑟教授在《中国古代科学技术史》盛赞沈括是"中国整部科学史中最卓越的人物"，称《梦溪笔谈》是"中国科学史的里程碑"。

1979年7月1日，为了纪念沈括，中国科学院紫金山天文台将该台在1964年发现的一颗小行星2027命名为"沈括"。

这正是：

包拯清廉戍边疆，水长城上急奔忙。

沈括爱民图国强，拓展河湖固国防。

第七十一回 苏轼知定州 开拓水城建

上一回说到包拯和沈括在河北修起了碧波荡漾的水长城,留下了名垂千古的老故事。这一回出场的人物您绝对不会陌生,论笔墨之事,他堪称文学史上的里程碑;论理政之事,他堪称大宋朝的栋梁之材。他到底是何许人呢?

今天的主角不是别人,正是大名鼎鼎的苏轼,苏东坡。他凭着拔尖的文采成为北宋中期的文坛领袖,名列唐宋八大家之一。苏轼一家都是文坛上的明星,他的父亲苏洵、弟弟苏辙也都是著名的文学大家,这一家两代三个人在北宋文坛上并称"三苏"。

苏轼生在宋仁宗景祐三年,也就是1036年。他一生中走过了大江南北,还曾经在河北定州当过官,为这里的水长城做出了很大的贡献。

一提到苏轼这一家人,似乎被定义为来自四川的天府人士。不过,说起他们的祖籍,正是河北栾城。要把这事细说究竟,又是一段怎样的故事呢?

"三苏"在四川眉山住了六七代,他们跟河北的栾城有什么样的关系呢?这就要追溯到苏轼的十一世祖宗、唐代专好和稀泥的政治家、号称"苏模棱"的赵郡栾城苏味道。虽说苏轼的从政之风跟这位先辈截然不同,但是,一脉相承的血缘关系却没法否认,因为苏味道是正经的栾城人,包括苏轼父亲在内的"三苏"世代不忘祖籍,都承认自己是栾城人士,他们在自己的诗词文集中都自称为"赵郡苏某"。苏轼也常常在大作中使用"赵郡苏轼"或"赵郡苏子瞻"来署名。

苏轼,这位祖籍栾城的大才子一生中经历了很多的坎儿,虽说他也做过翰林学士、知制诰、礼部尚书等等的官,但是,也常常遭到小人的陷害,屡屡遭贬。在王安石变法期间，苏轼上书陈述王安石新法的弊端，成为反对派的代表人物，因为这事，他惹恼了天子，被贬到杭州做了个通判。

元丰二年（1079年），苏轼又被搅进了"乌台诗案"，在监狱里关了130天。幸好王安石在这件事上还算厚道，这位已经辞官的王大人专为"乌台诗案"中受屈的文人上书给皇帝："岂有圣世而杀才士乎？"再加上皇帝的奶奶、太皇太后、灵寿曹氏老太太也来说情，苏轼终于保住了性命。他被放出大狱，降职为黄州团练副使，在湖北黄冈的东坡上造了间房子，喝酒吟诗，自娱自乐，从这以后，苏轼就用上了"东坡居士"这个名号。经历了"乌台诗案"的苏轼对人生多了不少的感悟，在湖北黄州留下了不朽之作——赤壁三咏：《念奴娇·赤壁怀古》、《前赤壁赋》、《后赤壁赋》。

宋哲宗即位之后重新起用苏轼，司马光主政的时候，苏轼做上了礼部郎中，历任起居舍人、中书舍人、翰林学士兼侍读。元祐八年（1093年），哲宗批准了苏轼出知"重难边郡"的请求，年过半百的苏轼以端明殿学士兼翰林侍读学士、河北路安抚使持节出知定州。

北宋时期，定州是宋辽边境上的军事重镇，也是北宋水长城防线的咽喉，驻守在这里的将士人数很多，部队的问题也不少，面对这一大堆的麻烦事，苏轼又该怎么办呢？

双管齐下，大才子如何应对边关大计？
德艺双馨，大文豪如何成就千古清名？

话说苏轼到了定州，发现这里的问题实在多，一些军营里的老油子克扣军饷，贪污盗窃，聚众赌博，有人把公家的东西拿去换了银子。有一年，一些军卒持杖入库，偷盗战场用的铜锣12面，当时的巡检司官员明明知道而不检举。苏轼经过纠察，发现两年间军士们盗卖800多件军队的公物，价值250多两银子，还有的小军官带着士兵把边防林地的禁山开垦为耕地。苏轼深入基层查访实情，了解到驻守在水长城一线的士兵个个都是穷苦人，有一多半人吃不饱，穿不暖，住的营房破破烂烂。他一调查才知道，军队中的贪官污吏不但克扣战士们的粮饷，还在部队中发放高利贷。那真是当官的没个官样儿，当兵的没个兵样儿，要多乱套有多乱套，欧阳修曾经经历过的军队叛乱随时可能再次爆发。

眼前的情况让苏轼忧心忡忡，为了整治军队，重振军威，他提出了两条措施：一是效仿包拯的做法，把基层情况上奏朝廷，建议充实民兵力量；二是查处违纪的官员，严惩败类，革除贪污。双管齐下，果然奏效，不久之后，定州的驻军树起新风，军纪严明，成了宋辽边界上的王牌军。

苏轼曾经带领随从，到了唐县、涞源交界处的飞狐口，这里是历代兵家必争之地，山势险要，峡谷百里，易守难攻，是北宋扼守契丹南下的重要关口。他责成定州守御军队要严加把守。他认为，这飞狐口两边的峭壁悬崖，可与泰山相比，堪称天下山脊，以此增强将士们守卫北边的决心。

苏轼在定州任上，高度评价何承矩修筑水长城的功业。他在定州西部开辟水田塘泊，推广种植水稻，带领边地军民种植桑枣槐树，形成了一道阻止辽兵突袭的水长城。

苏轼在定州还编写了《插秧歌》，经过民间演绎，成为定州大秧歌。定州秧歌又名"稻秧歌"、"大秧歌"、"定县秧歌"，是流行于华北平原中西部的一个古老的戏曲剧种，因发源于定州而得名。《插秧歌》最大特点是通俗易懂，使用定州方言，故事多采自老百姓日常生活，戏文浅显，明白如话，生活气息浓厚。

据《定州市志》记载：1093年苏轼谪居定州，在城北黑龙泉一带推广水稻，插秧时随口哼唱着一种小调。苏东坡把词曲稍加整理后教人们传唱，因为是在插秧时唱的，所以人们就叫"稻秧歌"。其实，定州一带北宋时期就有边境水泊、水稻田和桑枣树林构成的抗御契丹骑兵的防线，种植水稻确实是当时农民的主要劳作形式。"水上白鹤惊飞处，稻禾千里尽秧歌。"这是古人描述当年定州秧歌盛况的诗句。

前人歌谣，后人回味，在20世纪二三十年代，平民教育家晏阳初在定州搞平民教育和乡村建设运动，他和著名社会学家李景汉一起对定州秧歌进行调查采集，整理出版了一部《定县秧歌选》。这部作品被称为"绝妙的平民文学"，成为国内外学者研究中国民俗和传统文化的第一手资料。直到今天，千古相传的定州秧歌依然余韵绕梁，吸引了很多国内外学者专程来到河北，来到定州，对定州秧歌进行研究。

北宋时期，燕赵之地的水长城让辽兵没处下嘴，敌人为这事恨得牙根痒痒，暗地里派出不少骑兵沿着水长城一路走，一路琢磨，就想找一处薄弱环节。这不，就有几个辽兵先到了定州境内的北寨，也就是现在的保定阜平，又到了文安等地。这些辽兵不老实，所到之处少不了打家劫舍抢东西，甚至还闯进了北宋守军的营房。

是可忍，孰不可忍？苏轼听说了这事，亲自到北寨查看将士们的军营。这一看，就让苏轼的心揪了起来，将士们拼死拼活为了国家，可是，他们吃不上一顿可口的，穿不上一件好衣裳，住的营房也是破破烂烂不像个样。苏轼这一把辛酸泪化作了笔下的奏折，他把基层的情况报给朝廷，多次为兵请愿，希望朝廷修筑军营、加强防务，多加关注基层将士的生活。

苏轼是历史上著名的政治家、文学家，也是个大名鼎鼎的美食家。这位才子不单会吃，他还会做，在河北定州这一任上，苏轼又留下了什么样的美味佳肴呢？

苏轼为了让将士们吃饱吃好，亲自下厨研究了一道既营养又简单的蔬菜羹。这道美食的主料就是最最普通的红豆、粳米和时令蔬菜。您别看这些食材没什么特别，出锅的成品却是鲜美可口，别有一番风味。苏轼把这道创意美食命名为"东坡羹"，又把自己的烹饪技艺教给守卫边关的将士，让他们吃饱了肚子再保家卫国。

身为一方长官，苏轼操心的不仅是大家的吃喝，更是国家的危亡，他脑子里时刻绷着一根弦，这正是强烈的忧患意识。苏轼把练兵作为强国之道，因为在他看来，到了关键时刻，边关这些将士实在顶不上什么事。这其中的原因就在于当地部队的惰性由来已久，一说要打仗了，很多人想的不是前线的战略形势，而是身边的老婆孩子，就算是强拉着他们上了战场，这些人带上兵器跑上几十里路就累得脱了形，根本打不动仗。多少年来，边关驻军就是摆摆样子，到了打仗的时候，还得从内地另行征兵。

澶渊之盟以后，宋辽两国维持着表面上的和平，边境无战事，这里的禁军也就成了闲人。当兵的没有正事，老百姓只能自己保护自己，于是，各地兴起了自发组织的弓箭社。各家各户，不论家业大小，都要出一个人，大家凑在一起，推选家业和武艺样样过硬的人物作为头领，他们在内部立了规矩，简直比政府法令还要严格。这些民兵随身带着武器，一边忙活庄稼，一边守着边疆，一遇到紧急情况，他们以击鼓为号，一会就能聚集起上千人。要说这老百姓的日子过得实在不易，他们一方面要防着契丹骑兵前来骚扰，另一方面还要防备禁军无事生非欺负人。

在北宋朝廷看来，拿刀佩剑的农民成了潜在的炸弹，政府总是提着一颗心，防着他们闹什么事。王安石就为这事主张推行保甲法，目的就在于削弱这些民间自卫组织。而苏轼的意见恰恰相反，他针对定州边防的实际情况，建议采用官助民办的方式加强弓箭社，还专门上奏《乞增弓箭社条约状》，请求朝廷增加弓箭手的粮草马匹，加强军民联防，充分发挥民众的作用，防御随时进攻的契丹骑兵。

苏轼做官做得好，为人行得正，学识才华更是没人能比，他的诗词、文章、书法、绘画、政论都很出彩，在定州也留下了不少大作。苏轼因为怀念欧阳修在宋仁宗时奉使河北的坎坷经历，对于他而言，这位前辈亦师亦友，二人的命运又有几分相似，他有感而发，写下了《续欧阳子朋党论》、《大臣论》等入木三分的精辟论著。但是，这些成绩并不是才子苏轼的全部，他还留下了哪些堪称杰作的发明创造呢？

诗酒传世，栾城苏轼留下几多风雅旧事？
青史留名，燕赵之地镌刻几多故人足迹？

苏轼在饮食保健方面很有研究，堪称一代养生大师。他在定州发明了一种饱含历史文化的养生名酒——中山松醪，还为这种美酒创作一篇千古不朽的酒赋——《中山松醪赋》。

"松醪"是中国传统文化与传统医药学珠联璧合的产物，其中含有"长寿"、"健康"等美好的文化内涵。从医药学的角度看，其中包含的松叶、松膏和松节具有祛风散寒、滋阴养颜、消肿利水等作用，用这些原生态中药材酿制的美酒，可以医治腰腿风寒，强健身体，还有美容养颜的效果。

苏轼把中山松醪酒当成自己的得意之作，专门为这美酒做了首诗赠送给雄

定州苏轼雪浪斋遗址碑刻

州知州王引进。诗中说:"醉里便成歌雪舞,醒时与作啸风词。马军走送非无意,玉帐人闲合有诗。"这诗里含着一个小故事——苏轼的中山松醪正是水长城沿线戍边将士驱寒治疗风湿的药酒。

　　苏轼的骨子里含着风雅,生活中的他对各式各样的工艺品都带着十二分的兴趣。他在定州任职时,不甘心只在史书方志中了解定州曲阳县的定窑瓷器,为了亲眼瞧瞧名列五大官窑之一的定州窑,苏轼多次到定瓷窑场一看究竟。他关注定瓷的工艺,更关注窑工的生产。他看过了定窑出产的白色黑釉、酱釉、绿釉、铁红釉,欣然提笔,题写了一首《试院剪茶》。其中一句"定州茶瓷琢红玉",使得定窑花瓷名扬天下,被奉为稀世珍品。

　　苏轼喜欢巧夺天工的定瓷,也偏爱妙造天然的雪浪石,他是这种北方奇石最早的发现者和命名者。要问苏轼对于这种精巧的石头到底有多深的感情,您去读一读他那篇《雪浪石铭》就明白了,不仅如此,苏轼还把定州城里的宅子称为"雪浪斋",用来表示自己对这种奇石的热爱。

苏轼在定州任职不过半年,在这里留下的美名却流传了千年百代,他离任之后,定州百姓修建起"苏公祠"以示纪念。直到明朝,定州创建的名宦乡贤祠中也把北宋清官韩琦、苏轼放在重要的位置,可见他们在定州人民心中占据了多么重要的地位。直到今天,定州民间还流传着许多关于苏轼的传说,人们用口头传承来纪念这位伟大的文学家和政治家。

离开定州的苏轼真算得上多灾多难,他被贬英州、惠州、儋州等地,直到徽宗即位的时候才被赦免,终于回归北方。靖国元年(1101年),才子苏轼因病离世,享年66岁。

这正是:

一代奇才苏东坡,被贬定州遭坎坷。

扩展塘泊水长城,爱民固边故事多。

第七十二回 徐达大将军 烽火伴狼烟

上一回说到,大才子苏东坡在定州带领军民加强边防建设,建成了又一道水长城。只可惜,北宋王朝气数已尽,水长城也挡不住历史滚滚向前。宋朝灭亡,元朝的长城大都不在河北境内。明朝开国第一大将徐达,在长城之上写下了新的传奇,他被朱元璋誉为"万里长城"。

在天下第一关的山海关城内,有一座显功庙,它是明朝景泰五年(1454年)皇帝敕建的。17年后,也就是成化七年(1471年)才建成,有当朝内阁大学士商辂撰写的《显功庙记》,每年春秋两季,当地百姓都来这祭祀。

这座庙是为了纪念谁而建的呢?就是明朝开国第一大将、中山王徐达。

在山海关景区,不光有这座显功庙,还有后人为徐达建造的塑像。为什么明朝皇帝要在山海关为徐达修庙呢?徐达跟河北的长城有哪些不得不说的故事呢?

徐达与河北的长城有着深厚的渊源,明代的山海关长城就是洪武十四年(1381年)徐达北征胜利后主持修建的。

徐达,字天德,濠州钟离(今安徽凤阳)人,跟朱元璋是老乡。徐达原本是个农家娃,可是人穷志不短,从小就想干出一番事业。元朝末年,天下动乱,徐达投奔了朱元璋,跟着他南征北战,立下汗马功劳,被封为左相国,拜大将军。

明洪武元年(1368年)三月,徐达领兵进军河南,收降元朝的大将,占领了汴梁(今河南开封)。五月,朱元璋抵达汴梁亲自督战,徐达奏请乘势直捣元大都。闰七月,各路大军会师山东临清,沿运河北进,徐达率领明军来到河北,在河北永清县的河西务大败元军,攻破通州。

元顺帝一看徐达势不可挡,干脆卷铺盖逃跑。八月初二,徐达攻克了元大都,推翻了元朝,朱元璋把大都改名北平。徐达也没喘口气,接下来又乘胜攻克真定,并跨过太行山长城,进军山西沁阳,开始了太行山与燕山的长城之战,为明王朝的建立和稳定立下了盖世之功。

明朝建立后,徐达被朱元璋授为太傅、中书右丞相,后来封魏国公。可朱元璋觉得这还不够,又跟徐达结成了儿女亲家——徐达的大女儿嫁给了燕王朱棣,也就是后来的明成祖;二女儿为代王妃;三女儿为安王妃。

就这样,劳苦功高的徐达成为明王朝的显贵,可他从来不居功自傲,为人处世依旧谦虚谨慎,非常低调。他的家人住在南京,房子又矮又小,还很潮湿,朱元璋好几次想给他换一套条件好一些的房子,可他总是摆摆手推辞,说:"天下未定,皇上寝食不安,我怎么敢贪图家庭舒适而忘记自己的职责呢?"

当时军需供应艰难,徐达爱兵如子。每次出征之时,遇到军粮不足,手下的士兵们吃不饱饭,徐大将军都不吃不喝,不进营帐休息。士兵们生病负伤,他前去探视慰问,亲自给医药治疗。正因为如此,将士们感激大将军的恩德,在战场上誓死拼杀,才能所向披靡,战无不胜。

位于山海关的「天下第一关」城楼

那么，徐达又是什么时候来到河北，在这里修筑长城的呢？

高瞻远瞩，徐将军如何修建长城镇守边关？
患难之交，朱元璋怎样巧施妙计御赐宅院？

徐达攻占北平后，元朝大将扩廓帖木儿固守太原，率领元兵通过长城的雁门关，绕道居庸关，准备偷袭北平。徐达早就料到扩廓的阴谋，就和将士们商议，乘其不备出兵直捣太原，逼得扩廓赶紧回军救援。这时，徐达又选出精兵埋伏在半路，趁着夜色袭击他的大营。扩廓仓促应战，哪里是徐达的对手？最后，扩廓仅率18骑亲兵仓皇逃跑。

这一战，徐达俘虏了元军四万人，攻占太原，平定山西。第二年，徐达率兵在甘肃定西打败了扩廓，因功授中书右丞相参军国事，改封魏国公。

洪武三年（1370年），朱元璋派大将汤和攻克了宣德府，就是现在的宣化城。汤和请示了徐达，认为宣德距离蒙古太近，当地的军民戍守很难，于是就把这里的居民迁到居庸关以南，安排到固安、永清、顺义这些县境，同时把宣德府改名宣府，把北平及其周边的长城作为重要的军事防御体系，纳入战略部署。

第二年，朱元璋让徐达镇守北平。徐达到了以后，训练军马，修建北平的城池，总领北方的军事。徐达从战略高度出发，修筑加固居庸关、喜峰口等长城要塞。《经世挈要》记载："蓟镇边墙，徐达所修。"

徐达修筑的第一座长城关隘，就是居庸关，开启了明代修筑长城的先河。明长城是中国历代长城中的建筑精品，徐达开了个好头，是明长城建筑史上第一人，所以，朱元璋赞他为"万里长城"。

徐达所建的居庸关城，不在现在居庸关的中心部位云台一带，主要是在云台以北的上关，在今天的昌平区境内，地形险要，是长城重要的关隘。关城的城周6.54千米，高14米，当时的居庸关加修了水陆两道关门，南北关门之处都有瓮城，还筑有护城墩、烽燧等防御体系。这里山势雄奇，树木苍翠，从此，这居庸叠翠就成为著名的燕京八景之一。

徐达还把长城脚下面临北元残余势力威胁的怀来妫州、滦平小兴州一代的军民，都南迁到长城以内，安置在北平城周边，设置254座军屯和民屯，垦田1300多顷，组建北平卫府，成为戍守长城的重要军队。

徐达九次执掌征虏大将军印，自从攻克大都后，他就和北平结下了不解之缘。在此后十多年中，他长年驻扎在北平，有时候在北边防御，有时候跨越长城，北征大漠。再后来，徐达每年春天到北平戍守边防，冬天回到南京向朱元璋汇报工作，常年奔走在北平和南京之间。

每次回到南京，朱元璋都设宴招待徐达，还亲热地称徐达是自己的"布衣兄弟"。徐达家的房子很旧，朱元璋一直想给他换处宅子，可他总是婉言谢绝。后来，朱元璋要把自己当年受封吴王的府邸送给徐达，徐达坚决不要。朱元璋一琢磨，就想出个妙计。

有一天，朱元璋把徐达叫到吴王的旧宅子里，两个人开怀豪饮，推杯换盏间，朱元璋就把徐达灌醉了。第二天徐达醒来一看，自己竟然睡在朱元璋家的床上，急忙跪下叩首谢罪。朱元璋哈哈大笑说："你在这处宅子睡了，就给你了。"

朱元璋下诏在吴王府门前钦赐牌坊"大功坊"，让徐达搬家。徐达还是不接受。朱元璋很从容地说："徐兄功大，连个安乐窝都没有，怎么可以哪？给你的不过是一处旧宅子而已，不要再推辞啦！"从此，徐达在南京才有了像样的住所。

一年后，徐达与朱元璋的外甥、副将军李文忠等人率领骑兵跨越长城，出塞征讨北元的残余势力，出师不利，中了敌人的埋伏，败北而归。这一战，让徐达看清了北元实力，他上奏皇帝，在北平以北修筑长城。这个奏本，拉开了明朝大规模修筑长城的大幕。这一出轰轰烈烈的长城大戏又是怎样上演的呢？

明朝初期徐达主持修筑长城，并不是全线铺开的万里长城，重点集中在山西、张家口、北京密云、天津蓟州和秦皇岛一带，在重要地段修缮了烽、堠、墩等报警系统。

洪武九年（1376年），徐达命令燕山前卫、永清的左右卫、蓟州、永平等11卫分兵把守北面长城的关隘，包括古北口、居庸关、喜峰口等关口，而且在长城沿线修筑了烽燧、堠墩一共196处，分兵把守。一旦有什么战事军报，点燃烽燧、堠墩，利用烽火传递军事情报，完善了长城军事设施的配套功能。徐达功不可没。

到了洪武十三年（1380年），朱元璋为了加强北部边境的防御，让自己的儿子燕王、晋王都到长城上的封地。燕王到了北平驻扎，朱元璋还把燕山中卫、左卫两护卫的将士5770人，赐给朱棣指挥。从此，朱棣和他的岳父徐达戍守北平，进一步建设和不断完善北面的长城。

随着明王朝国内政局的安定，北元的蒙古势力开始不断南侵，在长城一带和明朝军队较上劲了。就在这一年十一月，北元的蒙古军队进攻永平，就是现在秦皇岛一带。朱元璋让徐达再次为征虏大将军，出兵北征，这一回徐达旗开得胜，在山海关一带大败蒙古兵，活捉了蒙古将领完者不花。

从此，徐达就不回南京了，长年驻扎在北平。打跑了蒙古军队，徐达再次领着大军上工地，修筑了永平、界岭等32座关隘，而且重点修筑了山海关。巍峨耸峙的天下第一关的关城，就在这一年崛起于渤海之滨。

咽喉之地，山海关因何得名？

众说纷纭，大将军何以丧命？

《读史方舆纪要》记载："明初设山海卫，徐达移建临渝关于此，谓之山海关。"山海关古时候称为榆关，徐达修建关城的时候，发现这里依山傍海，可谓辽蓟的咽喉之地，所以改名山海关，还在周边修建长城，建造关隘。因为这里地势险峻，所以有了"山海关关山海"之说。

山海关关城周长一千五百二十八丈，高四丈一尺。在东西南三个方向建造四座门楼：东门镇东，镇抚辽东之意；西门迎恩，迎接皇恩；北楼威远；南楼望洋，眺望海洋。城外设护城河。长城上修筑月城二处，水关三处，并且在这里设置了山海卫。按照明朝的兵制，这一个卫驻军5600人，可以带家属，分给土地，戍守和屯种两兼顾。

除此以外，徐达还在山海关城南创建了潮河港，利用潮河开通漕运，保障这里的军需。第二年，徐达又在北平周边的长城修筑更多的关隘，包括一片石、黄土岭、董家口、箭杆岭等200多处，让相关的卫设置守御所，保障大明江山长治久安。

徐达是明朝开国第一功臣，任三军统帅、征虏大将军，封右丞相、魏国公，文武全才，功勋显赫。可是，朱元璋上台以后，杀死了不少的开国元勋，那么，徐达的结局又将如何呢？

有人说，徐达因为功高盖主，被朱元璋加害而死。当时，徐达不幸患了痈疽搭背，据说这种痈疽最忌吃鹅肉。可是皇帝朱元璋派人慰问，还专门赐给温补的蒸鹅。据说徐达含泪当众吃下，几天后就发病死在北平，年仅53岁。

其实，这是民间演义。徐达与刘伯温是明朝开国元勋，也是极少数得以善终的名将。作为朱元璋的得力干将、儿女亲家，徐达对朱元璋忠心耿耿。他从来不拉帮结派，更可贵的是能摆脱乡土观念羁绊，绝不掺和淮西集团的是非之争。淮西集团的骨干胡惟庸见老乡徐达功劳大、威信高，总想着和他拉伙，可徐达根本不加理睬。胡惟庸又贿赂徐达身边的人，徐达就提醒朱元璋：胡惟庸这种拉帮结伙的人不适合当丞相。后来，胡惟庸果然因谋反被杀，朱元璋想起徐达的话，深为感动。

正史记载：徐达是积劳成疾累死的。他死后，朱元璋赐葬南京的钟山之阴，还御制神道碑，让他配享太庙，肖像功臣庙位都排在第一位，还追封中山王，谥武宁。朱元璋还赞扬他"忠志无疵，昭明乎日月"，再次赞誉徐达就是"万里长城"。这是古代帝王第一次把战将比作长城的最高赞誉，也说明朱元璋对戍守长城的徐达及其建造的长城都给予高度评价。

这正是：

徐达开国第一将，南征北战威名扬。

修筑长城开伟业，山海关城迎朝阳。

第七十三回 冯胜傅友德 饮马长城畔

上一回说到，大将徐达征讨北元，在渤海之滨修筑长城。他去世之后，大将冯胜、傅友德接过了戍守长城的接力棒。他们抛洒热血，征战长城内外，拼杀出怎样一片天地，又留下怎样一曲悲歌呢？

明太祖朱元璋的手下卧虎藏龙，不乏骁勇善战的大将。今天要出场的第一位，是明朝的开国名将冯胜。

冯胜原名冯国胜，他精通兵法，在元朝末年跟哥哥冯国用一起组织武装队伍，成为抗击元兵的山大王，后来投奔了朱元璋，他的哥哥因为战功被朱元璋授以元帅。哥哥战死了，冯胜就成为朱元璋的亲军都指挥使，南征北战，成为朱元璋的一员猛将。

洪武三年（1370年），明太祖发动第一次北征沙漠之战，以冯胜为右副将军，就这样，冯胜来到了燕山长城，出兵长城外。两年后，徐达指挥明军15万兵分三路，出击漠北，徐达的中路军被扩廓帖木儿大败于岭北死伤万余人；朱元璋的外甥李文忠率领的东路军轻敌冒进也几乎全部战死。只有冯胜率领的西路军从兰州到了甘肃，连战皆捷，成为北出长城的常胜将军。朱元璋乐得喜上眉梢，跟冯胜开玩笑说："冯胜冯胜，逢战必胜啊！"

洪武十八年（1385年），开国第一名将徐达病逝在北平以后，朱元璋就委任冯胜为征虏大将军，以傅友德、蓝玉为左右副将，驻守北平，控扼燕山的长城。冯胜开始了戍守燕山长城的历程，从此成为继徐达之后，保卫长城的一代名将。

有冯胜戍守长城，大明王朝过了两年太平日子，可北元始终是朱元璋的心头大患，要是不灭掉的话，这皇帝根本就睡不上安稳觉。两年后，朱元璋主动出击，以冯胜为大将军，与傅友德、蓝玉等率兵20万东出山海关，远征辽东。可没想到，冯胜带领大军出了北平城不久，就停止进军。这是为什么呢？

冯胜是一个很会随机应变的将领，他率领大军从北平到了通州后，侦察兵来报，说北元的纳哈出目前正分兵屯守庆州，就是今内蒙古巴林右旗，中国著名的巴林石产地。冯胜一听大喜，立刻改变战术，传令："来人，停止进军辽东，派遣副将蓝玉将军率轻骑乘着大雪出兵，突袭巴林右旗，务求必胜！"

蓝玉拿了令牌，冒着风雪趁着夜色过了承德，偷袭巴林右旗。明朝大军突然出现，北元官员猝不及防，不但斩杀了北元的平章果来，还擒获了他的儿子不兰奚，捕获大量的人马迅速凯旋。这一战取得了征伐北元的意外的胜利，大大鼓舞了明军士气。

冯胜亲自率师出了长城的松亭关，就是喜峰口。他并不急于东进，而是让将士们征调民夫，在长城一线开始修筑城垣，巩固长城一线的边防。他在今内蒙古宁城修筑大宁城、今河北宽城建造了宽河、河北平泉修筑了会州城和富峪城等四座城。这些长城外军事城垣的创建，是冯胜对长城防御体系的一大战略创举，对于提高长城外围的防御能力，加强长城沿线的军事部署发挥了重要作用。这种战略大手笔，只有伟大的战略家才能为之啊！

不久，冯胜留下五万兵马驻守大宁城，他亲自率领大军主力直捣辽东，进逼辽宁双辽的金山堡。几天之后就来到辽河之东，突然出现在蒙古军面前，蒙古军仓促应战，一片混乱。冯胜乘势而上，顺利捕获了那里的屯兵300余人，马40余匹，进驻辽宁的金山之西，一场硬仗即将展开。这一次，冯胜要面对的敌人是谁呢？

> 兵不血刃，冯胜将如何招降强敌？
> 鞍不离马，傅友德何以积劳成疾？

当时，控制辽东的北元将领叫纳哈出。他可不是一般人物，是成吉思汗四杰之一木华黎的后裔。当初朱元璋在安徽俘获了他，因为他是名臣后人，所以朱元璋对他很优待，努力劝他归降。可是纳哈出这个人很有气节，坚决不肯归降。

第七十三回　冯胜傅友德　饮马长城畔

越是如此，朱元璋越是觉得他是个人物，就厚赠银两，让他北归元朝。

元顺帝北逃以后，纳哈出手握重兵，被封为丞相，继封为太尉，就是北元的最高指挥官。明洪武三年（1370年），元顺帝死了，不久他的太子也死了，实际上，纳哈出早就成为北元的主要势力，封为开元王。他率领20万元兵驻扎在金山，跟明朝军队对峙。

这时，冯胜率大军20万逼金山，史称金山之役。

冯胜来到金山以后，不着急不着慌，他不急于进攻，而是把已经归降明朝的元将乃剌吾找来，让他出面劝降纳哈出。纳哈出一听冯胜的威名，知道自己不是对手，加上自己的同僚也来劝降，他思来想去，觉得不能让手下的这些将士们都白白送死，于是就出城投降了。

纳哈出一投降，冯胜兵不血刃就得到归降的军民24万多人，羊、马、驴、驼、辎重无数，基本上肃清元朝在辽东的势力。冯胜也成为明王朝赢得辽东的第一大功臣。

朱元璋得到消息，龙颜大悦，大力褒奖冯胜大功，还封纳哈出为海西侯，赐铁券丹书。后来，这个投降的纳哈出就成了明朝的将军，曾经跟随傅友德出征云南，途中病逝在武昌舟中，被葬于南京。

六月底，冯胜等人奉命班师，他让傅友德编集新归降的北元的军士，驻守在大宁，防止元朝的余部进犯。冯胜因为军功卓著受封宋国公。朱元璋把大明朝的开国元勋们排了一下战功："诏列勋臣望重者一共有八人，冯胜居第三。"冯胜排在徐达、常遇春之后，可谓名副其实。

明王朝江山坐稳了，朱元璋就开始限制开国元勋的权利了，这时，冯胜的副将傅友德，得到皇帝的重视。

傅友德，祖籍安徽宿州，后来搬到了安徽砀山。他年轻时就骁勇无比，善于骑射，元末参加了刘福通的农民起义军。朱元璋进攻江西九江的时候，傅友德率众归降。朱元璋觉得傅友德是个人才，就委以重任，让他跟随常遇春转战江淮等地，因为战绩彪炳，被朱元璋授以江淮行省参知政事。

洪武元年（1368年），明朝大军来到河北。在大元帅徐达进攻大都之战中，傅友德先后克沧州、保定、真定等地。在太原之战，傅友德和行省右丞薛显仅以50骑打败了元军一万骑，被称为神将。之后，傅友德跟随右将军冯胜征讨西凉，七战七胜，平定了甘肃；又在攻打辽东时，出奇兵控制了辽东一部分，切断了北元跟高丽的联系。

洪武十四年（1381年），傅友德跟随冯胜北征。他出了长城的喜峰口，奉命夜袭巴林右旗的灰山，战无不胜。北元军队惊惧而逃跑，傅友德紧追不舍，擒获了北元的平章别里不花、太史文通等人，立下赫赫功劳，被封为颍国公。

洪武二十年（1387年），傅友德又被派到北平，回到燕山长城上，作为冯胜的副将，再次出征长城外，迫使北元最大的一股残余势力纳哈出投降。冯胜班师回朝，傅友德受命驻守大宁，成为戍守长城的第一名将。

好不容易平定北元残余势力，傅友德本来可以安定地戍守燕山长城了，可是南方烽烟再起。傅友德被封为征南将军，率兵南下平定广西、云南、贵州的叛乱，节节获胜。这一路征战太过辛劳，铁打的汉子也累出病来了。朱元璋这才让傅友德从云南班师回朝，等到第二年身体康复后，他再度回到了燕山长城，等待他的又将是怎样一场战乱呢？

这一年三月，燕山寒风料峭，燕王朱棣和傅友德带兵出了古北口，到长城之外，征讨北元新委任的太尉乃儿不花。傅友德横刀立马，围歼蒙古残兵败将，大获全胜，俘虏了北元太尉乃儿不花、丞相咬住忽哥赤及其随从数万人，获得畜产数十万。

燕王朱棣很赏识傅友德的军事谋略，也心疼他连年出征的劳苦，就让他押送北元的降将们回南京，也好让他趁此机会和家人团聚。

傅友德回到南京之后，朱元璋非常高兴，下诏让傅友德还乡，赐他黄金三百两，银三千两，文绮三十，绫十，钞三千锭，士兵120人，还把他祖孙三代都封为公。

按说傅友德可以颐养天年了，可是平静的生活没过多久，北元的另一股势力辽王阿尔察锡喇再次组织蒙古军队叛乱，南下进攻长城。这一次，傅友德再次披挂上阵，佩征虏将军印，担任总兵官，跟随燕王出长城、征讨辽王，赶跑了蒙古兵，又俘虏了辽王手下的大将阿失里凯旋。

一个月后，燕王朱棣打探到了辽王的动向，就派傅友德前去追击。这一次，傅友德采取了欲擒故纵的策略，出了长城不久，突然下令班师。辽王信以为真，就放松了警惕。这时候，傅友德的将士们突然杀了个回马枪，进兵长城外的黑岭以及镰子海，大破敌军，俘获军士马匹而还。

朱元璋很高兴，把傅友德召回京城，还册封傅友德的女儿为晋王世子朱济熺妃，傅友德和朱元璋儿子晋王成了儿女亲家。没过多久，到了洪武二十六年（1393年），傅友德跟冯胜一起，再一次北出长城，打跑了北元的残兵败将。

就在冯胜、傅友德几次北出长城、接连获胜之后，朱元璋对这些开国元勋越发猜忌，将他们召回京城。等待着他们的，又将是怎样一场灾祸呢？

大殿之上，骁勇战将为何含怨拔剑自刎？
家宴之中，年迈将军何以含泪毒死家人？

洪武二十六年（1393年）二月，长期跟随冯胜北征长城的副将、太子太傅蓝玉被朱元璋扣了个"夺占民田、私第谋反"的罪名，杀了，还被残忍地剥了人皮，装上草，传示各地。究其党羽，牵连致死者达15000多人，史称"蓝玉案"。实际上，这是皇帝对戍守长城的冯胜、傅友德的警示。

正所谓"飞鸟尽，良弓藏，狡兔死，走狗烹"，傅友德和冯胜又落得怎样悲凉的下场呢？

蓝玉案之后，朱元璋对傅友德、冯胜等大将早已经心生嫌隙，只是没有机会。洪武二十七年（1394年），朱元璋举行了一场联欢会宴请众位大臣，却在宴席上借题发挥，斥责一位殿前亲军傲慢无礼。这位殿前亲军不是别人，正是傅友德的二儿子。

傅友德原本有四个儿子，其中两位死在战场上，所以他很是疼爱剩下的两个儿子。眼瞅着皇帝勃然大怒，傅友德连忙起身告罪，可朱元璋却不依不饶，扔给傅友德一把宝剑："你儿子太狂妄了，只好让你亲手去教育你的儿子。"

傅友德当时愣住了，可是皇命不可违。片刻之后，傅友德提着儿子血淋淋的脑袋来见朱元璋。他既不行礼，也不叩首，只是愤怒地瞪着朱元璋，冷笑一声，回答："你不就是想要我们父子的人头吗？今天我正好遂了你的心愿！"说完以后，傅友德拔剑自刎，就这样惨烈地结束了自己的生命。

所有人都被这个场面给震慑到了，谁也不敢出声。朱元璋下不了台，震怒，立即传旨将傅友德抄家，傅家所有男女全部发配辽东、云南。一代名将成为朱明王朝的牺牲品，可悲可叹。

再说傅友德的老上司冯胜，他戍守长城、平定辽东，立下赫赫战功。他平时在自家打谷场地底下埋了许多个大腹小口的瓦瓮，一是利用这些瓮训练将士监听远处兵马的声响，二是收藏一些私密东西。结果，就在傅友德被逼自杀后两个月，冯胜家的亲戚向朱元璋控告冯胜私埋兵器，朱元璋很是生气，怒斥冯胜为蓝玉死党，将他赐死。冯胜临死前，含泪在家宴中毒死全部女眷。

《明史》记载说，明太祖岁数大了，爱猜忌，冯胜的功劳最大，多次因为小事违背皇帝的心意。说白了，冯胜的死，其实是朱元璋在故意找碴儿斩杀开国名将。

大将冯胜的悲惨遭遇，让后人叹惋。成化十一年（1475年），河南开封新昌坊建有"冯胜祠"，纪念冯胜大将军的功业。直到南明时期，傅友德、冯胜等人的冤案才得以昭雪。

这正是：

冯胜神勇战长城，讨伐北元平辽东。
友德南征又北战，悲命将军盖世功。

第七十四回 张信筑城固 谭广成张宣

上一回说到明朝开国元勋冯胜、傅友德征讨北元、戍守长城，最终惨遭杀害的悲情人生。洪武年的历史翻过篇，到了后朱元璋时代。一场靖难之役，天下风云汇聚，又有两员大将在历史舞台上震撼亮相，他们是谁，又在长城上留下了怎样的传奇呢？

第一位出场的战将叫张信，安徽凤阳临淮人。他父亲张兴，是跟随朱元璋起兵的老乡，洪武初年做了永宁卫指挥佥事。张信承袭父亲的职位，因为工作兢兢业业，被提拔为都指挥佥事，官居正三品。

朱元璋去世后，传位给皇太孙朱允炆，史称建文帝。新皇帝刚刚坐上龙椅，黄子澄等谋臣就给他出主意，让他拿皇叔们开刀，进行削藩，逼得湘王自焚，周王、代王、岷王、齐王等人有的被囚禁，有的被贬为庶人。一年之内，五个举足轻重的藩王都被废掉，接着，朱允炆就想除掉他最大的敌人——手握重兵的燕王朱棣。

这么重要的任务派谁去呢？有人推荐张信，一来张信有勇有谋，二来他又是朱元璋亲信的后代，能担大任。就这样，张信被任命为北平都指挥使司，来到了燕王驻地北平。他接到建文帝的秘密指令，让他拿下朱棣。这可是关系到大明王朝生死存亡的大事啊。张信反复权衡，不知所措。

张信母亲看儿子愁眉不展，弄清事情的原委之后，就说："此事绝不可为。你父亲始终看好燕王的风范，那才是有帝王之德的王爷。你如果妄为，必遭灭族之灾。"

母亲这一番话，让张信站到朱棣一方。他打定主意，带着建文帝给他的密诏，到燕王府见朱棣。可是，兄弟们接二连三遭遇祸事，朱棣早已经提高了警惕。张信连去三次，朱棣都装疯而不见，急得张信抓耳挠腮，这该如何是好呢？

要说张信真是执着，最后他乘坐一顶女人的轿子，才进了燕王府。即使是这样，朱棣还是不见，他派仆人传话说王爷中风了，说不了话，见不了客。张信回话说："我知道王爷身体没毛病，如果王爷不见我，就只能坐以待毙，情况十万火急，他必须见我。"

话说到这个份上，朱棣也明白了事情的重要性，就躺在病榻上接见了张信。张信单刀直入地说："既然你不愿意对我讲真话，那我就告诉你真话吧。现在朝廷已经部下天罗地网，皇帝给我下了密诏，要我抓你，你若是没有别的打算，就马上跟我到南京，结局如何，你比我更明白。如果你有别的计划，就告诉我，我愿意跟随王爷赴汤蹈火。"

说完之后，张信还把建文帝的密诏呈到了朱棣的跟前。这一回，朱棣彻底信了张信，他们一同制定了一个详细的计划并火速行动：首先利用建文帝的密诏，擒杀了建文帝安置在北平的张昺、谢贵等人，又命张信和燕府护卫指挥张玉、朱能率兵夺取了北平的九门，控制了北平。随后，张信跟随朱棣发动了靖难之役，一直攻入南京，朱棣坐上了龙椅。

匪夷所思，桃林口留下何等惊天谜案？
史无前例，神机营创造哪般惊世传奇？

由于张信为朱棣立了大功，被封为隆平侯。朱棣对张信非常尊敬，呼为"恩张"，还准备把张信的女儿纳入宫中为妃，但是张信婉言谢绝。从那以后，明成祖对张信的人品更加敬重，让他在燕山长城的桃林口镇守蓟镇。

桃林口位于秦皇岛市青龙满族自治县三道河村附近青龙河上，是长城上重要关隘之一，早在北齐时期就修筑了坚固的关城。明朝洪武十三（1380年）年冬天，北元军队从桃林口攻入长城，劫掠了永平府一带。第二年春，大将徐达率兵15100人，修筑了山海、永平、界岭等32关，桃林口关就是在这时重修的。当时的桃林口关城级别很高，为后来作为蓟镇总兵府打下了基础。

曾经救过明成祖一家性命的张信，后来就成了桃林口蓟镇总兵的创始人。他把桃林口关城作为蓟镇总兵府，成为长城上河北东部的指挥中心和后勤保证中心。此后的22年里，经历了三任总兵官，都是明成祖诏封的侯伯级的官员担任，这说明蓟镇长城的重要性，被后来的蓟镇总兵官戚继光称作"侯伯开府"。

到了宣德元年，张信跟随皇帝出征长城外。在北元残余势力南犯时，张信据守长城，保卫北京。皇帝还让他督军15000人，疏浚京东第一驿河西务的河道，解决北京城和蓟镇长城守军的军需漕运。正统七年（1442年），张信病逝在南京，追赠郧国公，谥恭僖。

如今，依托桃林口水库和长城，桃林口成为秦皇岛的著名景区。在桃林口流传着一些张信的传说，当地人还说，当年修筑长城的将士把十万军饷埋在桃林口村，给后人留下一个惊天之谜，也成为吸引游客的由头。

第二位出场的大将，就是明代戍守宣府城的一代名将谭广。这位将军也曾跟随燕王朱棣发动靖难之役，攻克南京。朱棣能顺顺当当坐上龙椅，这军功章里也有谭广的一份功劳。

谭广，字仲宏，江苏镇江丹徒人。洪武初年，他参加朱元璋的军队，跟随徐达北征，后来留在北平，成为燕王朱棣燕山护卫的一名百户，就是管120人的小军官。乱世出英雄，如果没有战争，谭广可能世世代代就是百户长的官职。可是，一场靖难之役，改写了明朝的历史，也改变了谭广的命运。

靖难之役中，谭广跟随燕王起兵，带领100名骑兵夺取涿州，活捉了建文帝派来的南军将校30人。在征战白沟、真定、夹河战役中，屡立战功，被燕王擢升为指挥使，留守保定。后来，建文帝派来12万人的大部队进攻，谭广居然带领驻守保定的将士们孤军奋战40多天，并且带领部队突围成功，创造了靖难之役中的战争传奇。

凭着这股敢拼敢闯的干劲儿和一身骁勇善战的本事，谭广立下了不少战功。朱棣当上皇帝之后，谭广也得到了提拔。朱棣迁都北京，负责建造北京城这项大工程的不是别人，正是谭广。这位大宁都指挥佥事，不但监督修建了北京城，还创建了一支特殊的军队——神机营。

这神机营可非同寻常，它是明朝京城禁卫军中的三大营之一，也是中国历史上最早使用火器的正规武装部队，是明朝把冷兵器换成火器的先进武装。这支队伍装备有火枪、火铳等，后来又添置火绳枪。他们配合步兵、骑兵作战，使火器的应用更趋专业化，平时担任守卫紫禁城，皇帝巡行时跟随护卫。

谭广跟随朱棣南征北战，深得明成祖信任。由于他组建神机营跟随明成祖北征有功，所以明成祖封他为骁骑将军，让他组织主力部队到山西去练兵。第二年，谭广作为先锋，跟随朱棣出征九龙口长城。当时数万蒙古骑兵列阵来攻，谭广胸有成竹地命令骑兵退后，弓弩手万箭齐发，使敌方的骑兵死伤无数。这时候，谭广才指挥骑兵出击，围歼入侵之敌，大获全胜，被封为都督佥事。

1424年，注定是明王朝历史上关键的节点，因为这一年，雄才大略的明成祖朱棣死在北征的归途中，他的儿子朱高炽嗣位，即明仁宗，但是仅仅在位十个月就暴病而亡。太子朱瞻基即位，是为明宣宗。从这时起，明朝从北征开拓的时代转向长城防守的时代，全面调整了内外政策，对蒙古势力采取适度威慑下的全面防御方针，战争和冲突减少了，历史上称为"仁宣之治"。明朝从战争走向和平，老将谭广又在做什么呢？

忠于职守，宣府总兵怎样建设重镇边关？

老骥伏枥，八旬老将如何留下传世美谈？

1424年，62岁的谭广出任镇守宣府总兵官。这位为大明王朝劳顿几十年的老将军，来到长城脚下的宣府镇，全面规划并建设宣府镇，这一干就是20个春秋，为宣府镇做出了重要的贡献。

首先，他在军事防御建设方面取得成果。宣德元年（1426年）他主持修宣府镇城四门及关楼，整肃了一代军镇的容貌。两年后他提出了一个大胆的设想，关乎明朝长城上一系列城垣、驿站的长期统治，那就是把所有的军镇、卫所，按照郡县城垣的规制，创建风云、雷雨、山川、社稷坛，用传统建筑重塑明朝军人的信仰，让他们懂得对神灵的敬畏，对社稷的忠诚。这位大智慧的将军为明朝乃至此后的中国社会，成就了一项不朽的功业，就是信仰，就是把军事城市的公共建设与宗教建筑设计与一般州县大致相同。

宣德四年（1429年），谭广命令一个叫张文的将校创建了张家口堡，从此有了张家口这个传承几百年的地名，也为后来张家口城市崛起奠定了基础。同时，在宣府和张家口陆续修筑了高庄、老鸦庄、沈家屯、高家屯、阎家庄、徐家庄等村堡，使长城有了坚固的后方城堡依托，完善了长城防御体系。

另外，他大力改善军事装备，提出为宣府镇的军队配制火器。他请求朝廷的内府为宣府镇"颁降火器"，从此，宣府镇的长城戍守装备，有神火旗、大将军火炮、神炮、铜炮、神铳、盖口炮、神枪、铁圆炮、铁炮等武器装备。之后，他又请给各个边镇都要配置火器，提高明朝军队的战斗力。

当时的宣府，为九边重镇之一，北京的门户。谭广深知宣府五百多里防御的艰难，下大力气进一步完善长城防御体系，巩固宣府镇的军事防御。当时宣府镇的士卒分别隶属于直隶及山西等处，调动起来很不方便，于是谭广奏请在宣府镇设置万全都司。这是省一级军事机构，治所就在宣府城。

当年宣宗皇帝巡边途经宣府，在洗马林等堡"遍阅兵备"，就与建立万全都司有直接关联。谭广借着这个机会，请求在长城沿线设置39处军事堡垒，每处增兵50人。

谭广身高力大，武艺高强，战场上出生入死，经历过大小百余战，居然没有受过伤，可谓一代战神。他在宣府20年，治军严明，奖罚有度，对士卒非常仁爱，所以在边境留下很好的口碑，被称为一代名将。

明英宗即位后，征求边镇将帅对长城防御的方略。谭广及其他各镇总兵官都提出了一些制敌方略，深得明英宗赞赏："这才是具有大谋略的大将军！"

正统六年（1441年），谭广北出长城抗敌立下战功，封永宁伯，禄千二百石，依然镇守宣府。两年后，81岁的老将军请求退休，皇帝没有批准。第二年十月，皇帝觉得对不起这位德高望重、年过八旬的老将军，就下诏请他还京。

老将军离开宣府镇的时候，将士、官吏、百姓数千人夹道相送。老将军回到京城，皇帝亲自接见。但是很可惜，谭广当月就病逝在京城，时年82岁，谥号襄毅。

这正是：

张信大事不糊涂，辅助燕王成明主。

谭广戍边无不胜，八旬老将威名著。

第七十五回 忠诚罗亨信 杨洪守城关

上一回说到靖难之役艰苦卓绝，守边英雄奋斗不懈。今天出场的这两位，个顶个都是长城脚下的猛将，哪一位都是沙场之上的先锋。他们究竟姓甚名谁，又在明朝历史上留下了怎样的篇章？

第一个出场的人物名叫罗亨信。《明史·罗亨信传》选录了这位名将的戎马生涯，还提到了他固守宣府城的传奇。其中说道：罗亨信，字用实，他的故乡在广东东莞。永乐二年（1404年），罗亨信高中进士。在仁宗即位之后，他应召进京做了朝廷御史，负责监管通州粮仓，巡视京城城防。英宗当政之后，罗亨信晋升为右佥都御史，远赴西宁操练兵马。

一道噩耗，声传千里，身在西宁的罗亨信得到了父亲过世的消息，他快马加鞭赶到老家，为老人料理了后事。他整理心情再进京城，这一回又将接到什么样的任务呢？

罗亨信这趟进京，接到了宣府、大同巡抚的任命通知。他在岗位上兢兢业业，没过几年又升为右副都御史，依然任职宣府、大同巡抚。

当时，朝廷下了一道旨意，要求官员测量宣府、大同两个地方的军田，每军配额八十亩，超出来的部分每亩要征五升的税。罗亨信为官一任，心里想的都是将士们的生活。他为兵请愿，上书朝廷："明成祖在位时，下诏让边防军队尽力开荒，免于征税，如今，陛下为什么会做出这样的决定呢？塞上的守边将士没什么生计，就靠着辛苦种田填饱肚子。再者说，边关之地土地不肥，气候不好，本来也没几分收成，如果再加征税，官兵百姓又该怎么活呢？这样下去，必然会导致将士逃逸，兵力减弱。要知道，粮食虽然有用，更宝贵的却是人心，如果失掉人心，就算是手里有粮，那又有什么用呢？"罗亨信晓之以理，动之以情，终于打动了皇帝，朝廷采纳了他的意见，取消既定政策，稳定边关生产。

罗亨信的远见不单体现在这一件事上，当年，他上书一封，说："西部蒙古丞相脱脱不花的儿子也先杀了父亲，这个野心勃勃的小子还经常骚扰边境，企图侵犯我大明江山。他建议在北部要塞修筑城池，防备外敌，不然的话，也先军队一旦进入边关，后患无穷。"

这封奏议到了兵部，管事的大臣没把罗亨信的建议当回事，等到土木之变时，罗亨信的预言果然应验了。也先部队攻破边关，罗亨信和杨洪固守宣府城。城里人心惶惶，不少人想着一走了之，逃命要紧，罗亨信手持宝剑，守在城下，他大喝一声："出城者，杀头没商量！"罗亨信的命令喝住了官兵百姓，他又要求各位将领对天发誓，死守边城，这才安定了一方人心。

这时候，明英宗已经在土木堡中落到了也先手里，敌人的军队到了宣府城下，他们押着英宗靠近城门，逼着皇帝传令开门。罗亨信知道，城门一开，城里的官兵百姓全都得丢了性命，更明白国家为重君为轻的道理，他登上城墙告诉敌人："我等奉命守城，不敢擅自开启。"也先一听这话，知道明英宗这张牌不好使了，只好灰溜溜地掉头回去。

在国家危亡的紧要关头，驻守赤城、怀来、永宁、保安的明朝将领们全都弃城跑了，罗亨信下令对那些抱头鼠窜的胆小鬼追查到底，他以身作则，坚守为官的本分，一步也不离开自己的城池。罗亨信用自己的行为诠释了忠诚，用自己的信念守住了宣府城。

明景帝即位之后，罗亨信晋升为左副都御史。第二年里，74岁高龄的罗亨信告老还乡，八年之后，这位忠义名将告别了人间。

一战成名，将门虎子如何打出威风？

人红遭恨，戍边大将如何化险为夷？

在宣府城下，不只是罗亨信一个人在战斗，跟他并肩抗敌的另有一位名叫杨洪的将领。杨洪（1381—1451），字宗道，他虽然生在安徽六合，不过细说起来，杨洪的祖籍在山西太原,他正是北宋名将杨业的后代。

从前,杨洪的祖父杨政跟随朱元璋起义,因为赫赫战功受封为陕西汉中卫百户令。杨洪的父亲杨景也曾经随着常遇春南征北战,立下了汗马功劳,只可惜在建文四年(1402年),也就是"靖难"之战的最后一年战死在灵璧。杨洪的母亲施氏虽然是妇道人家,可这个深明大义的妇道人家却在丈夫死后撑起了家,她坚强独立,对子女严加管教,教出了几个懂事明理的好孩子。

永乐元年(1403年),杨洪承袭了父亲的职位戍守塞外,不久之后也把母亲接到了身边。他每回出征之前,老太太都要嘱咐一番:"你一定要奋力杀敌,不要顾念家中。"杨洪也没有辜负母亲的嘱托,每次上了战场,他都身先士卒,冲锋陷阵。

几年之后,杨洪已经在战场上经过了不少的历练,他追随永乐皇帝北出长城,出征北元。一场激战之中,杨洪一马当先,斩获不少敌人,永乐皇帝龙颜大悦,直夸杨洪有大将之才。杨洪一战成名,在往后的40多年之中,他再也没有离开战场。

宣德五年(1430年),杨洪跟随镇朔大将军薛禄戍守长城,他提议在长城外修筑城池,薛禄认为这个主意不错,于是向朝廷上书,请求在永宁卫士北京团山和赤城的云州、独石口修筑城堡。宣宗认为,此言有理,为了支持长城一带的防御,还发来军民36000人承担工程,由杨洪带领精骑1500人随行护卫。军民齐心,一番努力,位于张家口赤城的云州、独石等城堡拔地而起,其中的独石口长城屹立至今,成为河北的历史名胜。

话说这年冬天,蒙古骑兵侵犯古北口附近的潮河川。当时,开平卫已从塞外迁到了赤城县独石口镇,杨洪带兵出战,在独石口打了一场大胜仗。可是,就在第二年,记吃不记打的敌人又来骚扰,杨洪奉命出击,在大石门战场上遭遇敌军。杨洪有勇有谋,并不是一味蛮干,他先是假装胆子小,不敢上阵正面交锋。他用一招麻痹了敌人,接下来,就选了一批精骑兵,绕到敌人的背后发动一次突然袭击。这下,敌人阵脚大乱,只好举手投降。这时候,杨洪的手下想把降兵杀掉了事,可是杨洪却不同意,为什么呢?杨洪说:"杀降非勇武者所为,不能滥杀。"他不但不杀降兵,还亲自救起了元朝从前的地方高级长官平章政事脱脱等人。杨洪以德服人，很多敌人都心甘情愿地归顺于他。

两年之后，朝廷在如今的张家口赤城县马营乡西猫峪设置马营，备着边境上的战事。因为杨洪在塞外永宁、赤城、独石一带生活战斗了20多年，论地形地貌、战备局势的熟悉程度，所以，这个马营城将领的职位非他莫属。这个岗位很是艰苦，杨洪带领万数来人在荒山野岭之间艰苦奋斗，不到两个月的时间就在大山上建起了一座高大的西城，堪称当时当代的一项奇迹。

杨洪领头建造的马营城样子雄伟，特点也很突出。它依山而造，西南、西北两个角分别坐落在冠帽山（一称纱帽山）和西山之上，当地百姓把这两座大山比作凤凰的两个翅膀。正是因为这一点，独石路所辖口外八城堡之一的马营城也就得了一个"凤凰城"的别称。

杨洪带领将士筑起了城池，接下来他要做的是一件更为重要的事，那就是鼓起军威，团结人心。杨洪在新建的马营城下召集将士，发表了一番慷慨激昂的演说："如今我和你们共同守卫这座城池，人在则城在，城毁则人亡。大家一定齐心协力死守此城，切不要怀有二心。"杨洪说到做到，和广大将士同甘共苦，他的部下遇上婚丧嫁娶、大事小情，杨洪就像亲哥们似的那么上心。老话说人心换人心，杨洪的心思果然没有白费，马营城在他的统领下人心安定，士气高涨。第二年，杨洪以马营城作为大本营，率领部队追剿敌人，在红山脚下大败敌军。又是一年过去了，他升任正四品指挥佥事。

宣德十年（1435年），朝廷咨询戍守长城的边防良策，杨洪打马进京，升为正三品指挥使，又领命担当游击将军，统率万全都司精兵2000、厩马1200。他在新的岗位上再立新功，在开平旧治簸箕河一带大败敌人，活捉了敌军的头目脱脱白暧台。

正统元年（1436年），英宗即位，兵部尚书束鹿人王骥担任巡边督军，这位铁面将领斩了临阵脱逃的都指挥使安敬，把敢打敢拼的杨洪推荐给英宗。杨洪就此当上了都指挥使，得到了更大的用武之地。

杨洪在战场上勇猛无敌，在长城下保家卫国，不过，他不仅仅是一介武夫，而是一位文武双全的栋梁之材。为了发展文化教育事业，他还差点惹出了一场大祸，这又是怎么回事呢？

杨洪在军营中建立庙宇，推行教化，创立社学，训导军民。杨洪这事办得很得人心，可是，有两个人却恨他恨得牙根痒痒。这俩人就是杨洪的指挥使杜衡、士兵李全，他们对杨洪又眼红又眼气，一直想着找茬捅他一刀。他们把杨洪建造庙祠没有圣像的事作为借口，诬告杨洪在马营城修筑宫殿楼台，目的就是拥兵自立称王称帝。

这话传到了明英宗那，皇帝立马就急了，他派出刑部尚书魏源前来调查，眼看着杨洪就要中招。好在杨洪提前得到了消息，他一拍脑门，后悔自己粗心大意惹了麻烦，赶紧请来了一批彩塑工匠，一夜之间就用当地盛产的荞麦面塑好庙宇之中的圣像。京城来人看到城中井然有序，庙宇里面的圣像威武庄严，至于什么构筑宫殿、分庭抗礼，压根就是没有的事。杨洪化险为夷，意图不轨的杜衡、李全就此遭了殃，因为诬告朝廷大臣，杜衡被贬到广西，李全也遭到了惩罚。钦差大臣走了，庙里的管理也就松了，荞麦面捏的圣像飘出一阵阵的香味，引得好多猎狗前来觅食，金碧辉煌的圣像就成了它们嘴里的美食。后来，这事还成了一个掌故"马营的佛爷——狗吃了"。

杨洪在长城沿线留下的传说不止一个，这其中还有着怎样的故事呢？

正统三年（1438年），蒙古兀良哈骑兵侵犯边境，杨洪出兵迎战，在疆场上落马摔伤了脚。他受伤不下战场，依然是越战越勇，俘虏了敌人首领也陵台。杨洪凯旋，又升为从二品都指挥同知，充右参将，戍守宣府边塞要地。

杨洪下了战场，心里想的还是国家的事，他建议加筑独石口城、拓建龙门守御千户所，统领牧马堡、赵家庄等城堡，守御北京延庆境内四海到独石段长城的中部，还建议从独石到潮河川增置墩台60座。因为他建议有功，又晋升正二品都指挥使。

时隔一年，杨洪再次出征，又是一场大胜仗，又是一项大功劳。正统七年（1442年），杨洪以左参将的身份驻守独石口，说起战略地位，这里非常关键，明代很多议论防御的军事奏章中总要提到独石口和张家口，这处地方的地位可见一斑。

后来，杨洪在战场上屡战屡胜，屡次升迁，他立下了汗马功劳，带出了过硬的队伍，位居朝中宿将，声震朝野上下。官居高位的杨洪时时刻刻忧国

赤城县瑞云寺塔

忧民，他捐出俸禄修建道观寺院和学校。他重建的赤城云州崇真观、赤城县龙关镇重光宝塔、赤城温泉瑞云寺和赤城城内的静宁寺在后世都成为河北省重要的名胜古迹，其中一部分至今保存完好，为塞北赤城平添一份历史的厚重与文明的光辉。

杨洪戍守长城40多年，以敢战、善战的声名声震撼南北，长城以外的蒙古各部都知道他的威名，把杨洪称之为"杨王"。

据杨洪的《神道碑》记载："杨洪在边巡哨，潜藏在山谷间的敌人，只要窥见旌旗知为杨洪，便奔窜相告：'杨王来也！不可出！'"神威可见一斑。

瓦剌部首领脱脱不花、太师也先都曾经要求与杨洪修好，还把礼物送到杨洪眼前。每回遇上这样的事，杨洪总要奏请朝廷，请示圣意。英宗对杨洪的工作很是满意，批准他接受礼品，并对北部瓦剌等部实行礼尚往来，维护边塞的和平安宁。

"土木之变"之际,杨洪和先前提过的罗亨信有了交集,他们共同镇守宣府城,识破了敌人的诡计。也先退兵之后,又出一计,他们命令英宗向杨洪发布圣谕,调遣他的军队。杨洪自然不会轻信,他把谕书送到京师呈给景帝,景帝指示:这事明摆着是敌人的毒计,决不能听信,即便这书信真是英宗所写,也不能私自受理处置。也先这招也不见效,只好取道西南由紫荆关直逼北京。

杨洪在兵部尚书于谦的指挥下,率领两万精兵保卫北京,也先听说杨洪兵临城下,急忙下令退兵。杨洪一鼓作气,追了过去,在霸州俘虏敌军首领阿归等48人,还拿到了不少的战利品。这次归来,68岁高龄的杨洪被赐予浩券勋阶,授为"奉天翔卫宣力武臣"。

也先吃了败仗还不死心,不久之后又进犯大同。这一回,老将杨洪再次出马。第二年的夏天,杨洪佩带镇朔大将军印镇守宣府。他的堂侄杨能、杨信充任左右参将,他的儿子杨俊作为右都督掌管三千营。杨洪位高权重,他的心里却有点不踏实,只觉得自家人手握重兵,势头太盛,于是上书朝廷,请求退休,还恳请皇帝将杨俊等人调往别处。这封奏折递到皇帝跟前,皇帝没有同意。就在这年八月,杨洪生了重病,回到北京,一个月的工夫就离开了人世,朝廷追封他为颍国公,谥号武襄。

杨洪戎马一生,从士兵做到了将帅,他佩镇朔将军印充总兵官长期镇守宣府,戍卫独石口和张家口。杨洪征战在边关,开拓在赤城、宣化、马营城、独石口一带,特殊的时代背景,特殊的战略区位,使得杨洪和杨门父子成为明代五朝戍边大将。

这正是:

宣府巡抚罗亨信,固守边城尽忠心。
杨洪戍边四十载,威名远扬震敌魂。

第七十六回 洪钟缮长城 功高逐长天

上一回说到忠勇罗亨信，大义有杨洪。在大明王朝，长城脚下还有一位不得不说的英雄，他在燕赵大地留下了不得不提的事迹，他响亮的大名镌刻青史，他谱写的故事流传千年，这位名将又是何许人呢？

要说到这位大英雄，那可是很有来头，他是钱江洪氏后裔——洪钟。

如果您去过杭州西溪湿地，一定对坐落在那里的洪钟别业印象很深刻，那座别致的建筑群就是洪钟的故居。来自杭州的江南人士洪钟跟北方的长城有什么样的关系？

这还要从洪钟的家世说起。在宋朝、明朝、清朝，杭州洪氏家族一直是著名的"钱塘望族"。南宋时期，洪家出了洪皓、洪适、洪遵、洪迈四位一品宰相；明代有洪钟等四位一品宰相、三位二品尚书；清代时期，洪家诞生了一位戏曲大家洪昇，他那一部《长生殿》悲情千古，传唱不朽。

洪氏家族出了不少了不起的人物，其中有政坛明星，有文坛豪杰，他们在中国的历史上写下了浓墨重彩的篇章，对后世的文化产生了极为深远的影响。声震明朝的洪钟又留下怎样的故事呢？

洪钟，字宣之，自号两峰居士，他在成化十一年（1475年）中了进士，做上了四川按察使。这一任上，洪钟果断处置了祸乱马湖的恶霸土司知府安鳌，把这个家伙送到京师，处以极刑。洪钟为民除害的举动深得民心，当地的老百姓都很爱戴这位关注民生的好官。后来，他历任江西、福建左、右布政使，在每一个工作岗位上都留下了清名。

弘治十年（1497年）五月，北元蒙古兵南下侵犯长城，当时长城沿线的把总指挥王玉出兵抗击，遭遇失败，将士们战死沙场，王玉自杀殉国。在这危急关头，朝廷把洪钟这块好钢用在了刀刃，洪钟被升为右副都御史，巡抚顺天府。他一路北上到了京城，自此就与长城结下了不解之缘。

洪钟刚一到任就赶上一件大事。当时，古北口发生了蒙古部落劫掠事件。根据史料记载，敌人杀害了两名边民，劫走了21人，右参将吴玉、兵备副使张琏等人因为抗敌不够及时作了深刻的检讨，朝廷还治了提调指挥宗琇等人的罪。

此时此刻，洪钟到了顺天府。他首先着手整治边防，深入长城沿线，进行实地勘察，发现徐达大将军在洪武年间修筑的长城还有很多需要完善的地方，最重要的就是驻军生活宿营的城堡等配套设施不够完备。将士们吃不好，睡不好，又怎么能够安心驻防呢？一旦遇到敌情，还要从山下驻地调军护卫长城。

洪钟为明王朝巩固国防、维护稳定，建议增筑塞垣。经朝廷批准，洪钟主持了由山海关到密云的古北口、黄花镇，一直绕到北京西面的居庸关的整修工程，在绵延上千里的长城上修建、复建、修缮城堡270所，还对长城沿线各个县城的城墙进行加固，大幅提高了城墙的防御能力。洪钟推行"安边先安城，安民先安兵"的方针，果然获得了良好的效果，边境将士安定了，防御能力提高了，边地百姓终于过上了安居乐业的小日子。这么一来，从前自内地调兵戍守长城的事情都可以免了，朝廷免去了这一大堆的麻烦，将士们免去了南来北往的劳苦，顺天府也省下了运输、军饷、粮草等等一大笔的费用。洪钟为长城做出了这么大的贡献，也难怪后世的战略家把他称为明长城精兵严防战略的开创者，英明一世的战略家。

一心报国，洪钟如何想方设法修筑战略工程？
一生操劳，好官如何屡遭坎坷惜别长城一线？

洪钟守在长城脚下，要操心的事情特别多，这其中，他最为关注的就是古北口及周边长城的防御体系。潮河川在滦平的巴克什营由北而南自卧虎山、盘龙山之间进入古北口，两岸有连绵的高山，山上有东西横亘的长城，潮河流到这里，被南边的大山拦住去路，依山就势向西、向南、再向东，绕过大山再继续南行，形成一个几字形的大拐弯。

每年一到雨季，潮河水就涨了起来，水一退去就成了平坦的河滩地。潮河川和古北口东、西距离不过几公里。在元代，这里是蒙古人从元大都回草原避暑的必经之路，也是元大都与元中都之间的骑兵大道。到了明朝，北方蒙古部落对这一带的道路非常熟悉，也经常从这里进入内地抢东西，甚至一路攻到北京城下。为了防敌人保平安，明朝在这里修起坚固的长城，不断地加强着兵备。

类似的记载在史籍中屡见不鲜，《明朝皇帝实录》中就有这样的文字：

"永乐八年（1410年），张信驻守的时候，修筑古北口小关口及大关，外门仅能通过一人一马。

"景泰七年（1456年）二月，提督永平等处军务右副都御史李宾奏：密云潮河等处，乃是要冲隘口。请求征调附近卫所修筑关隘。

"成化十二年（1476年），整饬边备户部右侍郎程万里等奏：桃林口和古北等口、潮河川等关营五十八处，宜增守驻兵四千四百九十五人……"

从这些史料之中可以总结出这样一个特点：在洪钟之前，明朝的将军只是不断在这里增强兵力，并没有什么其他的好办法从根本上解决边关防御的大问题。

洪钟到了长城边，过去的事情也就成了历史。他一路实地勘察，一路认真研究，终于提出一个颠覆性的方法，可以大大提高潮河川的防御能力。具体说来，就是在河道里修筑一座潮河关，既可以减少水患，又能利用高大的水坝防御敌人的骑兵，另外，这项水利工程还有利于农业发展。洪钟打算从潮河几字形河道正中间的山包下面打通一个山洞，从山洞中引流河水，河道上面修筑两道大坝，大坝上面建造关城，这样就可以形成人工天险，蒙古骑兵想要从这打开缺口，那真是难上加难。

洪钟把方案报了上去，兵部派人前去勘察，认为这事确实可行。于是，弘治皇帝批准计划，弘治十三年（1500年），潮河工程正式开工。谁知道，天有不测风云，因为工程管理不够严格，事先勘察不够严谨，一场山体滑塌压死了几百个施工的军民。

监察御史戈福等人抓住机会，上奏朝廷，弹劾洪钟，说他劳民伤财、沽名钓誉，弄得当地百姓很不满意，要求立即停工，以此安抚死者家属。这事这么一闹，弘治皇帝也没了主意，已经开了头的工程还能不能继续？

弘治皇帝为了深入了解工程情况，专门派了一个名叫张烜的监察御史来到工程现场。这位张御史最终得出结论：这项工程建造难度很大，建造时间太长，投入产出比不划算，究竟能在多大程度上提高防御能力，这事很难预测。最后，他给出的建议是工程暂停。

虽说张御史的鉴定报告拿了出来，可是皇帝还是很看好洪钟的项目，他想：工程并不是不可行，洪钟也没贪赃枉法的行为，这事除了费工费力费时间，好像也没有其他的坏处，既然这样，那就继续。为什么呢？因为这事是皇帝我亲自下旨启动，对于加强京城的防御体系也挺重要。

弘治皇帝点了头，洪钟的工程也就可以接着干了。这年六月，洪钟为了再给皇帝一颗定心丸，他上奏朝廷：分流河水，可以避免洪水灾害；修筑城台，可以防御外敌侵扰；城墙之内的几百顷田地可以拨给将士们耕种，增加边关粮仓的储备。洪钟同时报告说：我等按着皇帝的旨意已经在蓟州、永平、山海关一带修筑长城五万多丈，堤岸三百多里，墙堡一百多处，请求朝廷派人验收成果，封赏官兵百姓。

洪钟的折子递了上去，弘治也在上面写了御批。钦差大臣在潮河边上鉴定完毕，他们班师回朝，面见皇帝，这一回又将给出什么样的说法呢？

司礼太监李璋、工部右侍郎张达从潮河川回到京城，他们客观公正地汇报给皇帝："洪钟保家卫国的动机是好的，可他设计的工程确实存在问题。他们开凿的山洞上宽下窄，水流小的时候可以通过，水大了还是从前的样子，因为工程难以达到预想效果，所以不如及早停工。不过，他在潮河川内修筑的大小石城、墩堡和蓟镇、永平、山海关一带的长城的确不错！"

弘治皇帝一听这话，确实也挺在理，接下来的事情怎么办呢？皇帝又把调查专员派到了工地。兵科官员屈伸在工程现场发现了一些问题：由于当时施工勘察的手段落后，工匠们废了挺大的劲，用了很长的时间，开凿的山洞还是不那么科学。一是位置偏高，洪水流不进去；二是洞口太小，不足以控制洪水。屈伸在奏折里给洪钟列出了三大罪状："欺君罔上，劳民伤财，激发民怨"，要

第七十六回　洪钟缮长城　功高逐长天

求把洪钟逮捕治罪，还要给工部右侍郎张达等人治一个"包庇"之罪。就这样，一代爱国名将开凿山川，建造关隘的计划，竟然成了被兵部攻击的罪状。

一份接着一份的调查报告摆在眼前，弘治皇帝在不得已之下号令停工。皇帝念着洪钟修造长城、治理边境的功劳，只是象征性地罚了他两个月的俸禄，可惜历经三年的潮河川工程就在一片反对中黯然收场，洪钟也被调往南方平定叛乱。

洪钟走了，潮河川又恢复了从前的样子。如今到潮河边上看一看，还有当年按照洪钟的设计开凿的山洞，这一道历史的伤痕就留在长城脚下的山水之间。

光阴流转，潮河川上再兴几许事端？
世事辗转，西子湖畔留下几多风烟？

几年之后，蒙古军队再次沿着成吉思汗的老路从潮河川席卷南下。直到这时候，明朝兵部的官员才想起洪钟的谋略大计，可是，洪钟早就走了，潮河川上的工程也早就停了，此时又赶上山洪暴发，想要恢复工程那也是不可能的事。

转眼又是几十年，潮河川上的半截子工程又被提及。吏部高官郑廷鹄上奏皇帝："黄花镇、潮河川都是京师后门，潮河川又是元人避暑的北上老路，那里一马平川，很容易遭到骚扰。如今，虽然在长城上设置了驻军，可毕竟势单力薄，防不住敌人入侵。建议重启洪钟修筑的关城，并增设总兵一名固守边关。"话虽然是这么说，但是一直到了明朝日落西山，洪钟留下的战略计划也没能实施，古北口一带的局势总让朝廷提心吊胆。

其实，当年的皇帝也明白洪钟的一片忠心，多少年来总觉得对不住他。在潮河川的事情过后不久，皇帝下旨派洪钟总督川、陕、湖广、河南四省军务，跟四川巡抚林俊一道带兵镇压农民军。时隔一年，洪钟又被晋升为右都御史。

洪钟历经磨难，却不改初衷，他时时刻刻为国操劳，日日夜夜谋划富民强兵的大计。他在江苏疏浚江都到扬州的运河河道，缩短漕运距离，留下了造福后代的水利工程。后来，他又调任南京都察院，迁刑部尚书，这个岗位相当于今天的最高院院长，同时，还加太子少保兼左都御史，掌院事，等于是又兼任了最高检察院检察长。

　　洪钟为国为民呕心沥血，做出了非同一般的成绩，七年之后终于告老还乡，回到了杭州老家。然而，朝廷并没有忘记他的功劳，也没有忘记洪家那位德才兼备的老母亲。根据《洪氏宗谱》记载，洪钟的母亲姚氏因为相夫教子很是成功，在正德年间被封为诰命夫人。洪钟感谢母亲的养育之恩，在余杭县五常乡洪家埭建起了思母桥和思母亭，还在蒋村乡深潭口建造了一座洪园。

　　嘉靖二年（1523年），一代战略家洪钟告别人世，葬在钱塘西溪东边的穆坞。明代最著名的理学家王阳明亲自为他撰写了墓碑，还为这位功勋盖世的洪老先生写了一篇《祭洪襄惠公文》，足可见洪钟在当时文化领域的巨大影响和人格魅力。斯人已逝，他响亮的大名永远留存在西子之畔，回响在长城两边。

　　这正是：

洪钟修筑长城关，战略谋划潮河川。

壮志未酬遭弹劾，西溪湿地留遗篇。

第七十七回 奴隶到将军 马芳威名传

上一回说到，洪钟远见卓识修长城，路遇坎坷志难酬。到了明朝嘉靖年间，一位奴隶出身的将军承袭洪钟未竟的事业，在长城之上挥洒了豪情和热血。这位将军是谁？从奴隶到将军，他经历了怎样的传奇人生？

明代有位诗人尹耕，曾经写过这样的诗句："威名万里马将军，白发丹心天下闻。"诗中的马将军是谁呢？就是马芳。

马芳，字德馨，是如今的张家口蔚县人。在明代镇守边陲的名将中，马芳是一个传奇式的人物，当时军队中就有"勇不过马芳"之说，他的威名无人不知，在古时候的知名度绝不比戚继光差多少。从明朝到当代，有不少演唱马芳威震敌胆的戏。譬如川剧《鱼鳞阵》、京剧《马芳困城》，还有京东大鼓词《香莲帕》，唱的都是马芳将军的传奇故事。

马将军威风八面，后世流芳，可他也是苦孩子出身，有过辛酸的过往。他的命运有着怎样的坎坷，他的人生经历过怎样的起伏？

马芳年幼时，正是残元势力大肆侵扰明朝疆土的时期。马芳的家乡属于宣府，是九边之一，也是北方蒙古势力南下的最前沿。嘉靖四年（1525年），年仅十岁的马芳就被蒙古鞑靼部落的人掠走，被迫为人放牧，成为蒙古人的奴隶。在草原上，他自己制作弓箭，练习骑射，日积月累，勤学苦练，成为箭无虚发的神射手。

有一天，蒙古鞑靼部落首领俺答到草原狩猎，遇到一只猛虎向他扑来，马芳手疾眼快，迅速搭弓射箭，正中猛虎要害。俺答一看这个小伙子身手不错，就命令他跟随左右，马芳从此受到重用。可是他心在明朝，一直思念故国和故乡，总想找机会回到故国。就这样，马芳一熬就是十年。

机会终于来了，马芳22岁那年，跟随俺答到临近边镇的大同外围狩猎。趁着夜色，他骑着马逃出来，连夜投奔到明朝大同军营，在大同总兵周尚文的麾下当兵，从此开始了他保卫国家的军事生涯。在以后的十几年中，马芳参与大小战役上百次，越战越勇，全身负伤数十处，逐渐从一名士兵到下级军官，由都督升任为总兵，成为明朝一代名将。

嘉靖二十九年（1550年），是马芳人生重要的转折年，也是战场上的"丰收年"。这一年的九月，35岁的马芳升为千户，他先在怀柔遭遇了蒙古鞑靼部落的"老主人"俺答。马芳身先士卒，快马斩杀俺答的部将，迫使俺答退兵。两个月后，蒙古骑兵入侵威远卫，就是山西右玉县威远堡，马芳率兵迎敌，把蒙古军引入明军的伏击圈，大获全胜。

打了胜仗以后，手下的将士们以为敌人已经撤退，纷纷松了一口气，可是马芳却断定，敌人必将卷土重来，于是在野马川布下防卫。果不其然，一大批蒙古骑兵杀了过来，此时敌众我寡，可是马芳毫无惧色，他命令部将先撤退，自己亲率精壮勇士断后，一场恶战竟打得蒙古军纷纷溃逃，马芳转守为攻，追击至泥河再次大破敌人。

这一年，马芳先被提拔为宣府游击将军，继而破格提升为正二品都督佥事，年末又加封为正一品左都督。就这样，凭着一刀一剑杀出来的累累战功，马芳走上了将军之路。

危难关头，马将军如何一战成名？

空城一计，马太师怎样吓退敌兵？

为抵御蒙古兵的侵扰，马芳在宣府亲自督军数千人，出塞去砍柴，把那些阻挡哨兵视线的树木都砍掉，又利用这些木柴，和军民共同筑窑烧砖，把残破的宣府城以及周边的长城修葺一新。

嘉靖三十二年（1553年），俺答带领蒙古军队连续对宣府、大同、延绥、宁夏、甘肃五大防区发动攻击，明朝长城沿线的军队大都损失惨重。两年后，俺答绕过长城防线，率骑兵突袭怀柔。京城里人心惶惶，明朝各路援军数万人纷纷观望，谁都不敢迎战。

危急之下，马芳率麾下2000精骑在河北保安镇与俺答的蒙古军展开一场血战，杀得蒙古军后退十多里地。横遭重击的蒙古军不知明军虚实，下令北撤，一场险些复制土木堡之变的兵祸就此消解。在这次战斗过程中，马芳身负五处刀伤，坐骑也被射杀，可谓以命相搏。这个时候，缩在金銮殿上吓出一头冷汗的嘉靖帝听说了马芳打胜仗的消息，当场感叹道："勇不过马芳。"蒙古军也深知马芳威名，送他一个"马太师"的尊称。马芳一战威震长城、威震京师、威震大漠。

四年之后，屡立战功的马芳升任蓟镇副总兵，这次他的主要对手，换成了长期侵扰明朝东部的蒙古土蛮部。马芳一到任，土蛮就发动十万骑兵南下侵扰，马芳与总兵欧阳安在界岭口正面迎敌。界岭口在抚宁县城北37公里处，为喜峰口东明初32关之一，后来与古北口、黄崖关、喜峰口、冷口为蓟镇长城重要隘口，具有"外控辽左、内护京陵"的战略地位。与此同时，马芳命他带来的蔚州将士从侧翼打击蒙古军，两面夹击，杀得土蛮前锋招架不住，一下子俘虏了很多敌人。

等到审讯的时候，有蒙古俘虏瞅了马芳一眼，顿时惊叫道："马太师也！"后来，马芳把那些俘虏放了回去，土蛮部一听说眼前的大将就是多次重创蒙古

位于抚宁县的界岭口长城

骑兵的"马太师",立刻率领十几万骑兵撤退了。

土蛮部前脚刚走,北部的俺答又卷土重来,进攻蓟镇长城。因时任蓟辽总督的王杼指挥无方,导致明军全线崩溃,遵化、玉田相继沦陷。这时候,马芳率领骑兵赶来,在金山寺一战重创蒙古骑兵,再次迫使俺答北撤。

嘉靖四十年(1561年),马芳调任宣府总兵。他在宣府创造了更为经典的战例,就是万全右卫保卫战,充满了传奇色彩。

那是在嘉靖四十五年(1566年),俺答的儿子辛爱亲自率重兵攻打长城重镇万全右卫。这万全右卫属于宣府统帅,就位于今河北的万全右卫城,马芳作为宣府总兵,在马莲堡迎战来势汹汹的蒙古兵。在敌人的攻击下,马莲堡城墙塌陷,马芳不但不让人修复,反而令军士们大开四门,偃旗息鼓,一时间,马莲堡好像空寂无人一样。

这时,天色近黄昏,辛爱统领的蒙古军队顿生疑虑,怕中了马芳的埋伏,不敢进入,只好在城外打着火把,一晚上叫喊个不停,给自己壮胆。而马芳却在大帐高卧不理。敌军不清楚城里面的情况,始终不敢攻城,他们讨不到便宜,又怕中了埋伏,所以第二天一早就陆陆续续撤兵。

就在这个时候,马芳率军奋力出击。蒙古兵熬了一夜,人困马乏,不堪一击,不但被马芳追杀数十里,就连俺答也被赶进了明军的包围圈,周边埋伏的明朝精兵乘机出动,一路奋勇追杀,俺答再次大败而归。

这是马芳导演的一出"空城计",充分体现了他的军事指挥才能。兵部尚书杨博见此情景,连连称赞,在奏折中说马芳"以汉李广之智勇,首挫寇之兵锋,当为头功也"。

这一次跟俺答交战,马芳打了胜仗,可他的副将田世威和赵宣却吃了败仗,按明朝的军纪应处斩。可是马芳宅心仁厚,主动要求放弃自己的赏赐为二人赎罪,反而遭到御史弹劾,又被嘉靖帝狠狠斥责了一顿。

马芳为人仗义,可得救的田世威却恩将仇报,几年后他官复原职,处处与马芳作对。马芳胸襟坦荡,从不跟他一般见识,受到了边关将士们的称赞。马芳在打了胜仗之后,主动请求用自己获得的封赏为部下赎罪的这段感人故事,被后人写入一部经典京剧,叫《困城》,至今传唱不绝。

就在万全右卫之战胜利后五个月，在位45年的嘉靖皇帝驾崩了，他儿子朱载垕即位,改年号为"隆庆"。新皇帝上台之后，马芳再次得到重用,恢复了"左都督"的职位，再一次提枪上马，上阵杀敌，这次他的对手又是谁呢？

这次的对手，还是俺答。俺答发起对蓟镇、宣府、大同重镇的七次侵扰，明军严防死守，俺答都没能突破长城，无功而返。有汉奸给他献策，要想毁掉明朝的长城，一定要除掉马芳。

俺答派儿子辛爱率五万骑兵假装攻打蔚州，待马芳中计出击以后，再派精锐骑兵乘虚攻击宣府，企图重演一次闪击怀柔的闹剧。可是马芳岂能上当？当蒙古军来到宣府后，才看见宣府镇严阵以待，马芳砍伐宣府周边的树木，在城墙周边环列成栅栏，组成一道遏制蒙古骑兵突击的防线。俺答一看马芳用兵如神，知道这一仗赢不了，立刻打马北返。马芳率领部队尾随追杀二百里，终于在内蒙古长水海大破俺答的主力部队。

吃了亏的俺答哪肯作罢，马芳前脚刚班师，他后脚立刻集结重兵，杀气腾腾的再次奔来。马芳部队的将士们正在吃饭，听到消息后，马芳当即把碗摔在地上，率领众位将士出战，一场迎头痛击，再次打得俺答狼狈北逃。战后，马芳命人烹制美食，与阵亡将士的尸骨一起下葬。时任宣大总督的陈其学闻之感叹道："爱兵如此，方有虎师也。"

机缘巧合，明蒙百年大战如何落下帷幕？

功成身退，一代大将马芳为何归葬大同？

后来，一个偶然事件的发生，让明蒙双方持续200年的大规模战争最终落下帷幕。什么事儿呢？

原来，俺答无耻地强娶他孙子的未婚妻，孙子一怒之下竟带部下家人数十人到大同投奔明朝。俺答立刻率领十余万骑兵杀至大同外围，企图用武力逼迫明朝"交人"。

马芳严防死守，宣大总督王崇古深谋远虑，一面妥善安置俺答的孙子把汉纳吉，一面向明朝提议趁机招抚俺答。宰相张居正全力支持。俺答明知道自己打不过马芳，再加上总督王崇古派人与俺答会谈，就找了个台阶借坡下驴，屈服了。俺答说："天子若封我为王，统辖北方诸部，我当约令称臣，永不复叛。"

从此双方达成协议：俺答把之前叛逃至蒙古的汉奸赵全等十余人交还给明朝，明朝册封把汉纳吉为指挥使，礼送回俺答处。俺答发誓"世世代代，永不复叛"。这就是历史上的"隆庆和议"。

隆庆和议的成功，虽说是由把汉纳吉的叛逃事件引发，可是马芳的战功不容忽略。正是因为马芳的严防死守，打出了双方的"谈判环境"，和平的历史画卷中上，最精彩的画面还是马芳战无不胜、攻无不克的威名。

俺答做了十年明朝敕封的王爷，到了万历五年（1577年），忽然翻脸，狮子大开口再次跟明朝叫板，并威胁要兵戎相见。明王朝想起了俺答的克星马芳大将军，立刻让马芳复任宣府总兵。马芳到任后，整治兵马，在宣府郊外率领骑兵举行了几次游猎。"马"字的战旗在长城上迎风招展，蒙古各部闻讯大惊，都说马太师回来了。比马芳年长11岁的俺答也大吃一惊，很识相的火速向明王朝奉表谢罪，痛悔前过。原本一触即发的兵祸就此消解。

第二年，马芳因积劳成疾退休回乡，告别了他厮杀一生的战场。万历九年（1581年）十月，为明王朝赢得了尊严和和平的一代名将马芳在家乡蔚州闭上了疲劳的眼睛，享年64岁。他曾留下遗嘱，葬入大同天镇城北五十里新平堡，那是他当年投奔大同后当千户的地方。次年二月十三日，俺答也在河套岸边的美岱召寺病逝，享年75岁。这对周旋一生的"老对手"相继离世，开启了明朝新的一轮长城防守战。

马芳为国鞠躬尽瘁，他的儿孙们都继承了他的英勇忠义，为明王朝战死疆场，可谓一世忠良，一门忠烈。

这正是：

悲命奴隶流异乡，回国尽忠战沙场。

俺答克星历百战，战无不胜威名扬。

第七十八回 谭纶戍卫边 大计谋百年

上一回说到马芳守长城，战宣府，经历了从奴隶到将军的传奇一生。这一回出场的是一位文武双全的奇才，他堪称军界文学家，文坛大将军，他是怎样一位不得了的人物？

明朝时期，长城上留下了一批大将的英名，在梁梦龙、孙承宗、袁崇焕之前，还有这样一位被称为"大明儒将之首"的政治家、军事家——谭纶。

谭纶为什么得了这样一个名号？正在于他的儒学修养非常深厚，理论研究非常深入。明朝多战乱，朝廷中的战将也不少，但是能称为儒将的人物并不多，谭纶之所以位列"大明儒将之首"，就是因为他撰写了《睹物寓武》等20篇军事著作。他不仅是一位杰出的爱国主义军事家，还是一位优秀的军事理论家。近30年的疆场实践加上他对战争规律的深刻感悟，形成了一整套丰富而深刻的军事思想。

"南疆抗倭留英名，燕山长城写传奇。"说的正是这位谭纶谭大将军。想当年，他威震八方，现如今，他名垂青史。谭纶，这个闪闪发光的名字背后究竟埋藏着怎样的传奇呢？

谭纶（1520—1577），字子理，号二华，他的故乡在江西抚州市宜黄县的谭坊。在江西宜黄，故乡人一提到名将谭纶，都觉得特别自豪。通往宜黄"二都镇"的公路上有一座高高屹立的谭纶塑像，他手执宝剑，目光坚定，显出指挥千军万马若等闲的气魄。

不过，谭纶并非军人出身，起初，他本来是一位儒生。嘉靖二十二年（1543年），谭纶中了举人，隔了一年，也就是他24岁的时候，接着中了进士。四年之后，谭纶走上仕途，任职南京礼部主事，不久之后，又改任兵部郎中。

当时，一股倭寇到了南京城下，积贫积弱的明朝士兵什么事也顶不上，一遇上真刀真枪，除了害怕什么也不知道。好在谭纶有勇气，有谋略，他明白明朝军队的问题所在，头一个提出了募兵制，为后来戚继光招募戚家军开了先河。正是因为这一点，江西人把谭家军称作戚家军的鼻祖。

谭纶把募兵的想法上奏朝廷，招募壮士500人，他指挥着这支部队打跑了倭贼，振作了大明的军威。谭纶一战成名，得到了朝廷的赏识，后来，他又上书提议在浙江台州招募乡兵上千人，传授给他们荆楚剑法和方圆行阵，打造出一支钢铁劲旅。

嘉靖三十七年（1558年），几万名倭寇在台州、温州、福州、泉州、漳州这些地方掀起事端，谭纶亲自上阵，率领精兵把敌人打了个落花流水。从这以后，谭纶手下这支名不见经传的地方军果然成为作战勇敢、纪律严明、战无不胜的"王牌军"，号称"谭家军"。

三年过后，浙江宁波的桃渚一带又冒出上千人的倭寇，他们为非作歹，为害一方，别说当地的老百姓了，就连明朝的军队都吓得不敢露头。这时候，谭纶率领刚训练好的千人部队前往支援，一天一夜300里急行军，从浙江临海到宁波桃渚的路上没有一人掉队，一路杀到了敌人面前。"谭家军"人人奋勇，个个争先，把倭寇杀了个干干净净。紧接着，"谭家军"又马不停蹄赶往福建莆田，全歼倭寇2200人。

一场接一场的漂亮仗打得倭寇没了锐气，也让老资格的明朝禁军羞得没脸见人，"谭家军"从此就成为勇敢与胜利的旗帜。可以这样说，没有"谭家军"就不会有后来的"戚家军"，在中国历史上，谭纶的地位远比戚继光更高，而且他还是戚继光的前辈和伯乐。

谭纶三战三胜，升为浙江按察司副使，巡视海道转右参政使兼治兵事。他带领参将戚继光、浙江总兵俞大猷等人转战于浙江沿海，在抗击倭寇的战场上战无不胜，在东南沿海实践着保家卫国的使命。

想方设法，谭纶如何应对四大难题？

调兵遣将，明军如何守卫北部边关？

明穆宗即位以后听说了谭纶的威名，当年就封了他一个兵部左侍郎兼右佥都御史的官衔。就从这时起，谭纶总督蓟、辽、保定军务，担负起戍守长城、保卫京城的责任。他管着东起辽东山海关，经河北重镇抚宁、迁安、迁西、遵化、蓟县，再经今北京的密云、怀柔，到延庆的黄花镇，东西全长2400多里的一大片地区。这是明长城最重要的防线，是明朝的北方军事屏障，拱卫着京城和明皇陵的安全，战略地位在明朝"九边"中排行第一。

嘉靖后期，马芳大将军常年征战打击了鞑靼的势头，暂时平定了北方边疆。可是，边防线上的问题并没有消失，长城边上依然隐藏着危机。长城上的守兵兵力很差，蓟辽一带的将士不足十万，其中还有一半是老弱病残，归属于各个卫所的将领们分散在从居庸关到辽东的2000里长城线上，长城沿线的防御能力十分令人担忧。

谭纶是个明白人，他很清楚——明朝燕山长城面对的是蒙古鞑靼部落的劲旅。鞑靼俺答过世以后，蒙古各部蠢蠢欲动，随时可能对明朝拉响战争。于是，谭纶主张要确保蓟辽全线安全，应该以己所长，克敌之短，以高墙深垒作为依托，建立全面防御体系。而且，防守又不能是消极防御，而是战守兼备，实行攻势防御。这样的理论固然没错，可是，如果要落实到具体的细节上，又该采取什么措施呢？

谭纶进一步论证，提出"四难不去，兵终不可练"的观点。

在他看来，第一难在于军饷不足。说白了，就是缺钱。北方少数民族的优势在于精锐的骑兵部队，为了应付这一点，必须招募30000人练习车战，组织坚不可摧的车阵专门用于对付敌方骑兵。30000人的生活、训练，一年就是军饷54万两，这笔费用要从哪来？这是摆在眼前的头一个难题。

第二难是就地募兵难。因为边防军务耗尽了燕赵之士的锐气，要想打胜仗，必须招募吴越地区能征善战的兵卒12000人。当时，谭纶正在和戚继光合计这事，但是朝廷之中很多大臣都提出了反对意见。这也让谭纶做了难。

第三难是朝中有人专爱指手画脚，干涉蓟辽军务。谭纶一提到严肃军纪、加强军法等重要问题，总有人跳出来使绊子。

第四难就是长城一线的将士在很长一段时间里没有经历过真正的战争，一说打仗根本提不起精神。谭纶主持练兵的大计有很多人表示不服气，压根不相信他们可以克敌制胜。

虽说问题不老少，而且每一件都是让人挠头的麻烦事，可是，不是有那么句话吗？办法总比问题多。为了克服这四大难题，谭纶又将拿出什么样的办法呢？

谭纶为了克服四难，上书请求征调蓟镇、真定、大名、井陉和督抚标兵三万，分为三营，安排总兵参游分别作为责任人，戚继光领衔总理练兵。每到春秋两季，三营的士兵都要到长城进行训练。

谭纶大力调整兵力部署，把蓟辽2000多里的防线划分为东、西、中三区，每区都有名将统领，不打仗的时候就加固长城，烽烟一起就集中兵力决战外敌。谭纶作为主帅驻扎在密云，运筹帷幄、调度全局，他把随他抗倭的名将戚继光安排在北京的古北口、石塘岭和墙子岭。

谭纶面对2000多里的边防线，没有采取分兵死守的法子，而是建立了一支三万多人的机动战队，相当于长城上的野战军。没有仗打的时候，这部分战士天天进行军事训练，一旦哪里爆发战争，他们即刻出发，前往增援。谭纶开动脑筋，在有限的时间里大大增强了蓟镇的防卫力量，改变了敌强我弱的防御态势，显示出卓越的军事才能。

强兵固边，绝不是一朝一夕的事。谭纶为了达到长治久安的目的，上书请求在秋天里征调训练有素的浙江士兵3000人到长城救急，等到三年之后，长城上本地的将士成了材，浙江的士兵就可以回家了。

谭纶在长城边上一门心思地琢磨保家卫国的大事，可是，那朝堂之上还是有人说三道四，甚至有人开口就说他独断专行。京城里的口水战又该如何平息，这还真是一个不小的难题。谭纶的强兵固边的计划遇到一些朝臣的非议，幸好有首辅张居正清楚谭纶练兵的战略意义，他出面力劝万历皇帝支持谭纶的决定，千万不要干扰长城沿线的防御体系建设。

谭纶得了皇帝的许可，又开始埋头苦干。他巡察长城，勘察地形，根据长城关隘的险要程度把蓟镇长城分为12路，每一路设置一名小将，把所有的兵力分为三营。

谭纶在戍守长城的日子里，最大的贡献就是加固长城，完善长城沿线的防御设施，达到固本强兵的目标。从前，蓟州一线的长城个头低，身板薄，敌人翻过墙头来捣乱，根本没有什么难度。另外一个问题是城墙上面没有城台，这就像是船上没有船舱，一到了刮风下雨，数九寒天，战士们只能靠着墙根打哆嗦，那还有什么精神去打仗呢？

谭纶想方设法解决问题，在隆庆三年（1569年）的正月里建设墩台改造长城，把原有的长城加宽、加厚、加高，两边都建上垛口，每隔一百步的距离就修筑一座墩台。这墩台也叫敌台，它的身高要比长城多出十来米，站在上面居高临下，可以俯瞰全城，也可以守卫边关。到了隆庆五年（1571年），1500座墩台全部完工，在东起山海关，西到延庆黄花镇两千多里的边防线上，高高的墩台相互守望，三万援兵在城墙上互相支援。谭纶一方面加固长城，一方面增设兵火，制造了战车700乘，增加了佛郎机大炮5000架。这样双管齐下，使得京师北边、东边的沿边防御大大加强，防务条件大为改善。明长城的驻军兵力大幅升级，北方的蒙古、女真再不敢轻举妄动，明王朝北部边防赢得了多年的安定。

南征北战，爱国名将如何立下功勋？
文武双全，一代好官如何留名至今？

谭纶从军30年，南征倭寇，北防蒙古，他在长城脚下采取了一系列整治边防的举措，巩固了从山海关到北京延庆2000里边防。因为这位大将的功劳，明军的作战能力大大提高，再也不怕蒙古骑兵前来进犯。

隆庆二年（1568年），蒙古朵颜部酋长董狐狸带着3000多人到了蓟镇的铁门关、董家口，谭纶指挥各路人马，用上了各种兵器，枪炮、滚石、弓箭齐上阵，打得敌人落花流水。

万历三年（1575年），朵颜部酋长董狐狸带上侄子卷土重来，又在蓟镇董家关挑起战火。面对这个狡猾的老对手，谭纶指挥戚继光等人兵分两路，从榆关和董家关同时出击，把那个董狐狸团团围住，那家伙实在没了辙，只好举手投降。

就在这一年的五月，明政府通过宣大总督王崇古和蒙古俺答汗部落达成协议，封俺答汗为顺义王，在宣府、大同设立市场，互通贸易。从此以后，俺答汗也表了态：严禁下属入侵明朝边境，边关的战火也就渐渐平息。对于东北建州三卫的女真叛乱，谭纶也拿出重拳，给了他们沉重打击。

30年来，谭纶从南方沿海的抗倭战场转战北部长城边，他立下了一件又一件汗马功劳。后人把他和戚继光并列，称为"谭戚"，实际上，谭纶比戚继光的历史地位还要高出一筹。他仁厚勤廉、修身养德、稳重慎思，知人善任。著名的抗倭名将戚继光、俞大猷、刘显、李梁、李超、陈其可、胡守仁等等一大批战将，都是因为谭纶的器重才在历史舞台上绽放了光辉。

而且，谭纶还是一位爱民如子的好官，他关心民生，与民同乐，与兵同乐。他在浙江台州知府的任上，把故乡的海盐腔戏班带到了台州，从本地收了不少艺人，请他们把海盐腔和弋阳腔相互融合，形成了一种名叫"宜黄腔"的戏剧艺术。明朝的大戏剧家汤显祖就对宜黄腔很是欣赏，汤显祖大师创作的《临川四梦》都是请谭纶培养的宜黄艺人进行首演。后来，宜黄腔经过艺人不断探索和改进，不但在当地流行开来，又随着谭纶唱到了燕山长城和北京城，在河北、北京等地都有流传，其中一些曲调还融入我国的国粹京剧之中。

谭纶为官、做人全都没挑，可就是这位好官、好人，也逃不过生老病死。谭纶病逝在北京，万历皇帝非常悲伤，追赠谭纶太子太保，谥号"襄敏"。如今，谭纶的《谭襄敏公奏议》、《睹物寓武》等著作依然存世，他主持修筑的长城依然是明朝长城建筑中的经典。谭纶的不朽功勋万世留存。

这正是：

不朽儒将数谭纶，明朝募兵开乾坤。

修筑长城固国防，抗倭戍边育后人。

第七十九回 勇武戚继光 蓟辽成城垣

上一回说到,儒将谭纶修筑长城,抗倭戍边提携人才。在他的举荐和扶持之下,抗倭名将戚继光登上了长城,纵马疆场,浴血杀敌,在古老的长城砖上留下一串闪光的足迹,这又是怎样的一段传奇?

明朝长城中居庸关雄伟壮丽,山海关气势磅礴,金山岭险峻挺拔,司马台高耸入云,它们依托着群山,如波涛起伏,气象万千,成为世界文明史上的瑰宝。与之相联系的,是一个不朽的名字——戚继光。

戚继光是明朝名将,祖籍河南卫辉,后迁安徽定远,再迁山东蓬莱。他的先祖是明朝开国将领戚祥,曾任朱元璋亲兵,授世袭明威将军。戚继光的父亲戚景通武艺精熟,为人正直,忠于朝廷,为子孙树立了很好的榜样。

戚继光出生在这样一个将门世家,从小受到父亲戚景通的严格教育,只要犯一丁点小错,就被父亲严厉批评。受家庭的影响,小小年纪的戚继光就喜欢读兵书,勤奋习武,立志报效国家。

戚继光17岁那年,父亲去世,他承袭了父亲的职位,担任登州卫指挥佥事,后来还分管卫所的屯田事务。因为戚继光工作干得好,受到当时兵部主事计士元的称赞,推荐他主持练兵。就这样,戚继光率领着卫所的士卒们戍守蓟门(今北京昌平西北),教士卒们苦练武艺。这一番稳扎稳打的训练,他自己的武功战术能力也不断提高。

戚继光21岁那年,考中了武举,第二年来到京师参加会试。正赶上蒙古俺答率军威逼北京城,戚继光果断分析了当时的形势,上陈了守御方略,临时被委任为总旗牌,带领他的士卒们督防京城九门。戚继光表现出严明的军纪和高超的军事素质。打从这起,戚继光开始了他的征战生涯。在这个戎马倥偬的舞台之上，戚继光展现了怎样的风采呢？

嘉靖三十二年（1553年），25岁的戚继光担任都指挥佥事，统领山东登州、文登、即墨三营24卫所的兵马。他在登州操练水军，整顿军备，抗击入侵山东沿海的倭寇。他还赋诗言志："封侯非我意，但愿海波平。"反映了他为国报边疆的雄心壮志。

戚继光在自己的岗位上很快干出了成绩，被提拔为都司参将，镇守宁波、绍兴、台州三府。在这里，他率兵抗击倭寇，三战三捷，打得倭寇遁逃入海，后来又领兵救援台州，歼灭入侵的倭寇。

在跟倭寇交战过程中，戚继光发现明军作战能力较低，多次上书请求训练新军。他这个想法得到了浙江按察使司副使谭纶的大力支持。于是，戚继光就前往义乌招募农民、矿工4000名，按年龄和身材配发兵器，编组训练。当时，明军兵器装备种类繁多、沿海地形多沼泽、倭寇小股分散，戚继光左思右想寻找对策。后来，他受到兵部职方司郎中唐顺之的启发，从其所编"六编"中《武》获得灵感，创造出一种可攻可防的"鸳鸯阵"，以12人为一队，长短兵器迭用，随时变换阵形，用这样的阵法打败倭寇很多次。

平常不打仗的时候，戚继光也没有闲着，撰写兵书《纪效新书》，阐述选兵、编伍、操练、出征等理论和方法，并以此训练戚家军，使戚家军闻名于世。

所向披靡，神勇将军怎样荡平倭寇？
气势磅礴，军事演习如何震慑辽兵？

嘉靖四十年（1561年），上万名倭寇、数百艘敌船向着浙东象山、宁海、桃渚等地袭来，情况十分危急。这个时候，轮到戚继光大显身手了。他集中水陆军先赶到宁海，而后依次剿除，九战全胜，擒斩倭寇1400多人，焚烧、溺水而亡4000多人，史称"台州大捷"。戚继光立下大功，升为都指挥使，后来到福建、广东抗击倭寇，与谭纶等抗倭名将浴血奋战十余年，基本荡平东南沿海倭患。

隆庆元年（1567年）十二月，戚继光随谭纶奉调京师训练兵士，从此来到燕山长城上，倾尽毕生心血为明朝北部边防出谋划策。

戚继光给上司谭纶提出一个建议：用三年时间训练十万车步骑精锐边军。要用战车抵御北方蒙古骑兵的突袭，用步兵在长城御敌，用骑兵逐敌之法，加强北边防卫。谭纶向朝廷建议的车阵，就是戚继光发明的。

有这样一个能干的手下，谭纶也不藏着掖着，而是极力推荐。就这样，戚继光被授命总理蓟州镇，当时蓟镇总兵驻守在今河北迁西县西北三屯营。明朝天顺二年（1458年）始建三屯营，到崇祯十七年（1644年）明朝灭亡，这座长城营寨历时186年，期间先后驻守过78任总兵官。这些将领们中最杰出的，肯定就是戚继光了。

后来，戚继光改任蓟镇总兵，他考察边关形势和敌我军情，将辖区数千里防线分为12路，设东西协守，分统诸路。

养兵千日，用兵一时，这年冬天，蒙古朵颜部董狐狸等派骑兵偷袭长城明军防线。戚继光亲自率兵到河北迁西东北的青山口，围剿南犯的蒙古兵，大获全胜。在老上司谭纶的举荐下，戚继光升右都督兼督蓟州、永平、山海关军务。

一年后，戚继光请求在山海关设武学，在帅府止止堂讲授将兵的韬略和治军练兵之道。五年前后，他把自己的讲稿整理成《练兵实纪》。

隆庆六年（1572年），老上司谭纶升为兵部尚书，戚继光主持蓟辽军务。他创建了辎重营三座，又创建了车战营六座，制造了戚继光模式的战车1109辆，分别安置在密云、迁安东北建昌、遵化等地，准备在战场上用于打击敌人的骑兵大队。这是他经过对战场格局深刻分析得出的最得意的防御和进攻武器。这年冬天，戚继光集车步骑军约十万人在长城边进行实兵对抗演习七天，又校阅多日，成为中国古代练兵史上史无前例的一场壮举，既震慑了北部少数民族部落，又增强了明朝军队戍守长城、保卫京师的信心。

万历元年（1573年）至三年（1575年），戚继光继承了谭纶加固长城的志向，继续增修长城工事，建御敌台1337座。此外，戚继光还多次率兵出塞击败扰边的董狐狸的骑兵，迫使他向明王朝叩关请罪，充分显示了明王朝的威武和尊严。戚继光也以守边有功，进左都督。

万历七年（1579年），戚继光率兵出山海关，援助辽东总兵李成梁，大败蒙古插汉部首领土蛮，录功加少保。在戍守蓟辽长城山海关期间，戚继光不仅

位于山海关老龙头将台上的戚继光塑像

第七十九回　勇武戚继光　蓟辽戍城垣

向将士们讲习战略战术、强兵布阵，还不断钻研军事技术，鼓励创造发明，他亲自打造兵器。在从冷兵器向火器发展的那个时代，戚继光已经充分认识到了火器的重要性，他非常重视火器的创造与使用，训练士兵熟练掌握佛朗基炮、鸟枪等火器，利用火器的威力来对付蒙古骑兵。此外，戚继光还亲手创制了一种自犯钢轮火，类似地雷，埋在沿边御敌台下，用来杀伤敌军人马。

戚继光戍守北面长城16年，加强边备，出关杀敌，使得蓟门安然，被人们称为"足称振古之名将，无愧万里之长城"。可是，树大招风，由于戚继光功高盖世，受到朝廷奸佞的嫉恨，不断遭到排挤，一波又一波的巨浪席卷而来。

万历十一年（1583年），首辅大臣张居正死后，戚继光受到排斥，被调到广东任镇守，离开了长城。当时蓟镇将士和百姓都舍不得他走，依依送别，这种感人情景感动了一位诗人陈第。他是一位投笔从戎的将领，后来投在戚继光的门下，他把这个场景写成了感人的诗篇："辕门遗爱满江燕，不见胡尘十六年。谁把旌旗移岭表，黄童白叟哭天边。"

明王朝日薄西山，忠良不断受到陷害，戚继光被调职还不算完，两年后，又被罢了官，回归登州故里。这位曾经浴血奋战、保家卫国的大将，晚年落得无比凄凉，不但家徒四壁、医药不备，还被妻子遗弃。万历十五年（1587年）

十二月初八，戚继光逝世于蓬莱故里，终年 61 岁。

烽烟已逝，金山岭出土哪些珍贵文物？
百年传承，山海关保留何种传统民俗？

曾经的金戈铁马、鼓角争鸣早已经随风而逝，可戚继光在长城上留下的足迹永远留存。

近年来，人们在金山岭长城上发掘出 1000 多件具有科学研究价值的珍贵文物。有明代守城将士作战用的武器弹药，火炮、石镭、手雷、刺马针、箭头、铁蛋丸等；有守城将士日常的生活用品，如石臼、石杵、菜刀、油灯、陶罐、瓷碗、酒具、铜币、石磨、香炉等。尤为珍贵的是，在一座敌楼内发现了埋藏 300 多年的五个石镭，里面装有一斤多明代火药，至今用火柴点燃，仍能起火，发出咝咝的响声。城墙上有数以万计的带文字的城砖。砖上记载着烧制城砖的年代和部队番号，如"万历五年山东左营造"、"万历五年宁夏营造"、"万历六年振虏骑兵营造"、"万历七年德州营造"等字样。还有隆庆三年（1569 年）、隆庆四年（1570 年）为主持修筑长城的戚继光等部队将领和支持修筑长城的地方官吏而竖立的石碑。这么多文字砖，在万里长城上是一道文化奇观，一道经典的风景。

长城没有忘记戚继光，20 世纪 80 年代，京津冀地区响应邓小平同志"爱我中华、修我长城"的号召，在修复秦皇岛山海关、老龙头和天津黄崖关长城的时候，都为民族英雄戚继光建造了塑像。一身戎装的戚继光，手按宝剑，目视前方，气宇轩昂，威武刚毅。他的名字和他所建立的丰功伟业，历经漫漫历史长河沉淀，永远镌刻在燕山之巅，成就了京津冀大地一道永不褪色的风景。

"二月二，龙抬头，吃炒豆，理新头"的民谚，在山海关保留得十分传统。但在这个节日里最受青睐的当属"饽椤饼"，这是一种清香的叶子包裹成长条形的带馅儿食物，相传是戚继光任蓟镇总兵修筑长城时戚家军首创的，一直流传至今。

2008 年 7 月 19 日，国家邮政部门发行了《中国古代名将——戚继光》纪念邮票一套两枚,邮票名称分别为《练兵》和《大捷》,两个画面所表现的都是戚继光抗击倭寇的场景。很多专家对这一组邮票的设计提出了批评,因为这一组邮票缺少了戚继光另一件伟大的功绩——戍守长城。因此,2010年第三期"邮票上的长城——长城集邮专刊"选用了《戚继光与山海关长城》的文章,纪念修筑长城的中国古代名将戚继光。今天,我们讲述戚继光戍守长城、保家卫国的英雄故事,也是呼唤我们民族不要忘记这位英雄对长城的贡献。

这正是:

民族英雄戚继光,抗倭名将保边疆。

戍守长城留功业,松涛不灭永传唱。

第八十回 神勇王一鹗 朱梅尤继先

上一回说到戚继光守卫长城，众官兵保卫边疆。这一段可歌可泣的故事连着另一段慷慨悲壮的颂歌，蓟辽宣府千里长，千军万马守边疆。这里还有多少值得铭记的往事？

宣府、蓟辽长城堪称一座悲壮的丰碑，也是一部博大精深的经典，其中记录着千万明朝将士艰辛悲壮的故事。从明成祖永乐年间到明朝灭亡，240多年里先后有60多任驻守宣府山海关长城的总兵。将领之中不乏血性男儿、爱国猛将，他们坚守长城、英勇抗敌，有人壮烈殉国，有人凯旋，用生命和热血为明王朝边境的安定书写了历史的传奇。

正是这一位又一位驻守长城的将士，谱写了一段又一段悲壮的历史，正是这样的先辈成就了长城的精神，正是这样的历史成就了中国的文化。这其中，头一位出场的大将又是谁呢？

这位名叫王一鹗，字子荐，号云衢，邯郸曲周县东街人。他的大名不仅留存在地方志上，他的故事也在当地流传了多年。据说，在王一鹗小的时候，那股子不同寻常的聪明劲儿就已经显了出来。他五岁识字，过目不忘，七岁赋诗，人人称奇，18岁中举，19岁进士及第。王一鹗衣锦还乡，举行大婚，临行之际，皇帝还亲自赐了他文锦一袋，以赠妆奁，这在当时绝对是一份不得了的荣耀。

王一鹗走上仕途，出任南京刑部主事，不久之后晋升为郎。他经手的案子无论大小，都能有个公断，所以，王一鹗的清名也传到了民间。后来，他又调任兵部职方郎。他刚一到任，就赶上黄司徒减发军饷，士兵人人不满，动手杀了黄司徒。眼看着金陵之地就要出大事，王一鹗当机立断，挺身而出，他飞身上马，一个人到了军营之中，面对着群情激奋的士兵，他动之以情，晓之以理，把事说了个明明白白。这一场动乱就此平息。

这事过去之后，王一鹗调任建宁知府，带兵打败了倭寇，好消息传到皇帝这，又赏了王一鹗一大笔金币。

那时候，长城遭到了蒙古兵的骚扰，朝廷上都知道王一鹗是个文武全才，就把他调到密云戍守长城。王一鹗最明白品牌的必要性，他一到任就大张旗鼓练兵筑台，还让将士们到处去宣传王将军平定叛乱、斩杀倭寇的赫赫战功。全方位的造势活动一经推出，王一鹗的大名威震边关，蒙古兵再也不敢进犯，长城沿线也就此得到了平安。作为一名战将，军事上的最高境界永远不是驰骋沙场，而是不战而屈人之兵，王一鹗就达到了这样的境界。

王一鹗的名声越来越响，又接连着升任都察院佥都御史，巡抚顺天府。顺天府是大明王朝管理京师周边的行政区划，顺天府衙就设在北京城。当时，顺天的永定河常年都是一道浑水，每每赶上雨季就泛滥成灾，所以就被称作浑河。王一鹗到了顺天府，调用民兵在浑河两岸修筑大堤，保卫京城。有了这项水利工程，洪水再也碍不着京城的边，而是顺顺当当流进了大海。随后，他又在元朝郭守敬修筑的顺天府水系基础上，疏通河道，开凿沟渠，引水灌溉稻田，在治水的同时发展农业，让百姓的日子越过越好。

王一鹗一心为百姓，他在顺天府里留下了清名。在他升任副都御使巡抚宣化，顺天的百姓都来为他送行，往后的每一年里，大伙都要在长城脚下焚香祈祷，祝愿造福一方的王大人平平安安。

恩威并重，王一鹗如何平定边关？
风云变幻，边境线如何再现战乱？

话说王一鹗来到宣府，正遇上北方少数民族各个部落不断进犯长城。面对这样的局势，王一鹗采取固边强兵的战略，镇住了塞外的敌人。而且，王一鹗还首创了民族和解策略，利用他的人格魅力和战场威名分化瓦解长城外的各个部落，使长城脚下的战乱防患于未然。

一段日子过去了，王一鹗的大名成了边境线上的王牌，长城以外的部落一听见这个名字，个个闻风丧胆。于是，上谷、云中、渔阳各长城诸镇都获得了安宁，当地的百姓终于可以安居乐业。在王一鹗的身上，皇帝也明白了一件事，原来，最有本事的将军就是不打仗的将军。他对这位能干的大将军特别满意，又赐给他金币，升他做了兵部右侍郎，不久又改为左侍郎，请他来协理京城的防卫治安。

好钢要用在刀刃上，好将也要用在关键的地方。后来，王一鹗被安排在蓟辽总督的位置上。他到了山海关、蓟镇，深入长城沿线的城垣关隘，精心筹划，稳定边防。具体说来，王一鹗做了这样几件大事：一是合理配置军队，完善战备设施，形成相互策应之势；二是妥善处理招募来的士兵，关心关注他们的生活，安定军心；另外，他还奏请朝廷，修复废弃的碉堡，训练军队，壮大军威。除了这些对内的措施，他对外实行招抚降兵，分化叛军的法子。多种方法一起使用，终于把边关打造得固若金汤。他以一代军事家和政治家的气魄，上奏朝廷主张开放边关，和北方少数民族部落茶马互市、互通贸易。皇帝采纳了他的建议，果然收到了良好的效果。

王一鹗对敌人用的是勇气和智慧，对将士用的是仁爱之心。对于宣德以来从延安、绥远调到燕山长城的士兵，王一鹗关心他们冷暖，让他们按期轮换。到了天寒地冻的隆冬时节，他安排戍守长城的将士们到暖和的地方避寒风，还拿出自己的俸禄给大伙买来象棋，让将士在娱乐的同时演习战术。前些年，河北抚宁县驻操营镇板厂峪景区159号敌楼的地基中出土了几十枚象棋子，还发现了50多枚石雷。这些文物就跟王一鹗镇守蓟辽长城的事迹有关。

有了这样的好官当领导，长城守军的士气自然是锐不可当。万历十四年（1586年），北方鞑靼部落大举入侵，王一鹗指挥长城沿线将士们奋勇抗敌，在古北口的长城之下将敌人团团围住，把号称蒙古铁骑的入侵者杀得落花流水，临阵斩了700多人。战场上的捷报传到皇宫，皇帝高兴得差点跳了起来，诏令把王一鹗升为右都御史，兵部右侍郎，依然总督蓟辽防务。

王一鹗的本事这么大，皇帝也给了他更大的用武之地。不久，又把他升为兵部尚书，在北京城里主持兵部事务。王一鹗不负厚望，在兵部大刀阔斧地改革陋习，裁掉了所有多余的官员，压住了冒名顶替吃空饷的歪风，他制定了严格的赏罚制度，大大提升了兵部的工作效率。皇帝知道王一鹗一心为国，就在这一年的九月为他加封太子少保。

王一鹗呕心沥血为家国,驰骋疆场40年。他在万历十九年(1591年)病逝,享年58岁。皇帝追封他为太子太保,首辅大臣徐文贞也对他做出了这样的评价:"门人四百,唯独王一鹗为国之栋梁!"

王一鹗走了,又有哪一位战将走向长城?接下来要说的朱梅将军是长城上九死一生的大英雄。

朱梅,字海峰,山海关外辽东广宁前屯卫(今绥中县前卫)人。他年纪不大就投身疆场,在万历末年从下级军官升为加衔备御,先是驻守辽阳、义州一带,后来调任山海关,隔年又由抚夷游击升任抚夷参将。朱将军的工作难度系数非常大,主要负责对索朗、插汉等关外的少数民族部落进行安抚,稳定边境的民族关系。朱梅凭着胸中的大智慧和那一颗忠厚之心在这个岗位上做出了不错的成绩,两年之后就由参将升为副总兵。

天启六年(1626年),明朝的边境线上风云变幻,索朗、查汗部落稳住了,可是,后金的努尔哈赤开始跟明朝较劲了。这年正月,努尔哈赤带着13万大军西渡辽河,进攻山海关外的宁远城。在这个节骨眼儿上,驻守山海关的蓟辽经略高第和山海关总兵杨麒干瞪着两眼,却不发兵救援,孤军作战的朱梅和满桂等将士辅佐着袁崇焕以不足两万的兵力坚守城池。

当时,两军战斗十分激烈,根据《明实录》的记载:"后金的马、步、车、牌、梯、炮、箭一拥而至,箭飞如雨,城池角楼大门被射得像刺猬一样。"朱梅担任北面防务,他身先士卒,视死如归,在城墙上领着战士们连着打了三天三夜,把后金的军队炸得人仰马翻。努尔哈赤亲自督军,带着属下攻打城池。城里的明军拼死守卫,把十门大炮一起点着,炸开了一条血路,逼得后金部队不得不撤兵。

在这场战斗中,朱梅不仅独当一面防住了北边,而且及时支援了西北角。在朝廷论功行赏之时,朱梅又升为代理都督佥事。

明朝多灾多难,遇见过不少的战争。天启七年(1627年),大明王朝真正的克星从天而降,他带着15万大军到了锦州。这又是怎样一场历史大剧,朱梅又在其中扮演了怎样的角色呢?

这年春夏之交,皇太极带领大军进攻锦州。朱梅协助总兵赵率教坚守阵地

20多天，他冲锋在前，奋勇争先，拼死打赢了这场仗。事后朝廷下旨："朱梅为征辽前锋将军。"他第一次挂上了将军大印。

崇祯元年（1628年）三月，朱梅二挂将军印，他被朝廷任命为都督，前锋将军，是镇守宁远等地的总兵官。他在这一任上打退了进攻大凌河以西高桥、朱家洼等地的后金军队。

时隔一年，十万后金军铁骑又绕过宁远从喜峰口、龙井关打到了长城南边，攻下遵化，逼近京师。在这一紧急关头，袁崇焕调兵遣将赶往前线，朱梅临危受任又挂将军印，做上了平辽将军。他一路穷追猛打，把后金军队赶到北边，保卫了京师的安全。

这一年的十二月，天是格外的冷，督师袁崇焕被人陷害下了大狱，朱梅也跟着丢了官。这么一位胸怀大志的将才难道就要沉沦下去，他的未来又会出现怎样的转机呢？

老将出马，朱梅如何击退后金大军？

壮士含冤，名将为何遭遇人生难关？

后来，孙承宗出任辽东经略主持军务，在他恳请之下，朱梅再度出山。那年还没出正月，后金军队又打到了山海关，身为总兵官的朱梅率领官兵13000人固守关城，他采取精准打击的战术，用火器和弓箭一打一个准，打得后金骑兵回了老家。

这一年的四月，朱梅五挂将军印，领兵收复了后金占据的迁安城。有他凯旋的消息鼓着劲儿，其他各路兵马先后收复遵化、永平、开平、滦州等地。皇太极看明白了，大势已去，赶紧撤退。

朱梅又赢了一回，用胜利为自己的戎马生涯画上了圆满的句号。他告老还乡，几年之后离开了人世。崇祯皇帝为了哀悼这位忠君爱国的老将，特地送来御祭的祭文："帷尔勇略素优，忠诚独抱，戎行奋武，累立奇勋。百经血战。壮山海之厄防，屹长城于万里。"

直到今天，山海关外的李家乡石碑坊村还保留着明朝皇帝敕造的朱梅陵园。

朱梅的长眠之地南临渤海，与孟姜女庙遥遥相望，西望九门口长城。他的英魂永远守卫着燕赵长城。

山海关是座英雄的关城，这里留下了很多英雄的故事。其中还有一位名叫尤继先，这个陕西榆林卫人在万历年间做上了大同副总兵，后来又调任西北镇守固原，那时候，他就是边境线上的常胜将军。

万历二十一年（1593年）冬天，尤继先被起用为辽东总兵，他来到燕山长城，负责镇守蓟州。当年，戚继光遭到罢免，少了他的长城失去了往日的安宁，常常有关外的少数民族部落跑来骚扰边关。那年里，敌人的骑兵闯进了青山口，尤继先带兵出击，把敌人打得落荒而逃。

尤继先在长城边上没少打仗。有一次，他的眼睛中了敌人一箭，他拔出箭头，带伤杀敌，用一只眼睛换来了一场胜利，从这以后，他就被称为"独眼将军"。另一次，蒙古土蛮部的酋长出兵进犯山海关，尤继先出关应战，赶走了敌人。尤继先一路追，一路收编了800多不愿为土蛮部卖命的士兵，这一批士兵在尤继先手下得到了尊严，感受到温暖，个个都对他忠心耿耿。谁承想，这事引得山海关总督蹇达很是眼红，找茬说尤继先没有抓住战机全歼敌人，上奏朝廷要把他调到别处。可是，当初归降的800士兵依然表示：尤大人走到哪，我们就要跟到哪！

尤继先的威名叫得越响，嫉妒他的小人也就越多，不知道什么时候就要伸腿使个绊子。可怜尤继先这一代猛将，在人生之中遇见了不少的坎坷，他丢了官职，丢了兵权，壮志未酬身先死，就在家中告别了这纷繁的人世。

这正是：

平民英雄王一鹗，戍守长城惩腐恶。
朱梅抗敌留英名，独眼将军难卫国。

第八十一回 蒙冤熊廷弼 悲壮袁崇焕

上一回说到王一鹗、朱梅、尤继先前仆后继,勇猛无敌。接下来出场的这两位更是长城上赫赫有名的大将,他们豪情一世,戎马一生,只可惜最终却成了含冤而死的悲情英雄。这又是怎样一段难解的往事?

明朝末年,风云变幻,民族仇恨、宫廷阴谋伴着长城激战轮番上演。大明江山风雨飘摇,风口浪尖上总有忠心耿耿的大英雄赴汤蹈火,保家卫国。这一卷悲壮的英雄谱上留下了两个闪闪发光的大名——熊廷弼、袁崇焕。

先说熊廷弼,他的故乡在江夏,也就是如今的湖北武昌。都说湖北人脑子灵活,熊廷弼的身上正好体现了这一点。万历二十五年(1597年),他在乡试中得了第一,第二年又是进士及第。文人出身的熊廷弼不光是文坛上的好手,到了战场上照样是一条好汉。《明史·熊廷弼传》说他:身长七尺,有胆知兵,善左右射。这位文武双全的才子官至兵部右侍郎,他三入辽东,大战后金,留下了不少可歌可泣的故事。

万历三十六年(1608年),熊廷弼头一次巡按辽东。新官上任,面对着这么一大片广阔天地,他怎么也没有想到,眼前最大的难题不是事,而是人。这又是怎样一段故事呢?

熊廷弼到了辽东,他针对这里地广人稀,边关多战的现实,主张实行军屯,修建城堡,采取"以守为战,修边筑堡"的策略,目的正是防范后金对明朝的攻势,挽救辽东一带的战局。

按说,熊廷弼的法子很是不错,可是,既然当了官,要应付的事情就不止战场上的局势,还有官场上的情势。也不知为了什么事,熊廷弼跟南畿巡按御使荆养乔闹得挺别扭,荆养乔一气之下奏了一本,弹劾熊廷弼人品有问题,说他滥杀无辜，巴结上司。这一通莫须有的罪名逼得熊廷弼只剩下离职这一条路。

几年过后，辽东的形势更不如从前，明朝辽东经略杨镐带领十万大军分四路"分进合击"，跟后金努尔哈赤在萨尔浒大战一场。结果这一仗，竟以明军惨败而告终，从此明帝国在东北的藩篱逐渐丧失。

隔了一年，败军之将杨镐被关进大狱治了罪。这时候，朝廷又想起了熟悉辽东事务的熊廷弼，派他出关管理辽东。熊廷弼故地重游，还是一门心思地忙工作。他造战车，制火器，修筑城池，充实军备，计划构筑辽河防线，集中18万兵力分布辽东要地，采取"坚守渐逼"政策和持久防御方针。这一系列的举措安定了民心，提升了军威，也就是几个月的工夫，后金再不敢骚扰辽东，百姓们该种地的种地，该经商的经商，终于恢复了往日的平静。

万历四十八年（1620年），明神宗驾崩，光宗、熹宗挨个登基即位。当时，朝政腐败，大臣们忙着争权夺势，先是兴起了东林党跟齐、楚、浙三党之争，后来又演变为东林党和阉党之争。以魏忠贤为首的宦官利用浙、齐、楚各党之中的一部分人来陷害东林党人。

熊廷弼的故乡在湖北，本来跟东林党搭不上边，可是因为他那一腔正义，东林党人跟这位英雄将领惺惺相惜，在辽东军事问题上也对熊廷弼表示支持。结果，熊廷弼也在这场乱子当中受到宦官集团的牵制，他的固边计划也没法顺利实施，他在这一任上干了一年零三个月，又一次不得已辞职回了老家。

熊廷弼走了，新来的袁应泰没头没脑地蛮干。他盲目进攻后金，吃了好几回的败仗，不过四个月的时间，沈阳和辽东首府辽阳都到了努尔哈赤的手中。袁应泰全家自杀，直到辽东的局势一败涂地，明熹宗才不得不承认："熊廷弼没有错，换了袁应泰才是大错！"

知错就要改，明熹宗一道诏令又把熊廷弼招了回来，任命他为兵部右侍郎，请他第三次经略辽东。熊廷弼又到了老地方，这一回，他又要提出什么样的新主张呢？

一心为国，熊廷弼如何想方设法安定边疆？

一朝故去，大英雄为何含冤而死抱憾终生？

熊廷弼面对辽东失守的现实，提出了著名的"三方布置策"。——以广宁的步骑军固守辽西，在正面牵制后金主力；以天津、登州、莱州的水军，由三地巡抚统领，采用戚继光兵法，水军先学陆战，找机会收复辽阳。熊廷弼驻守山海关，后来又进驻右屯卫，统领这几方面的军事。从前有个说法叫"保辽以保神京"，如果辽西不保，山海关丢了，京师也就危险了。所以，熊廷弼计划联合蒙古，东靠辽人，调集蓟、昌、宣、大长城沿线各镇的兵力巩固边关防务。

熊廷弼把心思都放在边关上，大太监魏忠贤阉党一伙却把脑子用在了他身上。因为担心熊廷弼军权太重，魏忠贤把自己人王化贞升为广宁巡抚，把关东13万大军交给王化贞指挥。这么一来，熊廷弼手下只剩下5000名士兵驻守山海关，这点人手实在不够用，他只好请求朝廷派人到朝鲜求支援。本来，皇帝也对这事点了头，答应拿出20万金作为军费。可是，因为兵部尚书张鹤鸣的反对，事情最终也没办成。

熊廷弼在山海关上主张坚守，而那王化贞处处跟他作对，非要主张出长城开战，再加上兵部尚书张鹤鸣也站在王化贞的那一边，熊廷弼根本施展不开手脚，更谈不上什么节制三方之权。这份窝囊气在熊廷弼的胸中积了下来，成了满腔的愤怒。

明朝将领窝里斗，这事让努尔哈赤看到了机会，他利用熊廷弼和王化贞之间的矛盾，一边派人向王化贞表示假投降，一面收买了熊廷弼的部将，从中挑拨策动，就等坐收渔利。结果，矛盾自然是越闹越大，一场辽东经略和督抚之争直接造成广宁兵败，导致丢了辽东。

这事说来话长，那时候，刚愎自用的王化贞坚决不按熊廷弼的办法用招，他把广宁全部兵力砸在战场之上。熊廷弼急得直冒火，也不能干看着大军灭亡，只好上阵支援。

且说那王化贞的心腹孙得功没走多远就遭遇了后金骑兵，两边刚一交手，孙得功和参将鲍承先就带头做了逃兵。明军跑的跑，亡的亡，孙得功那家伙投降了后金，为了巴结新主子，他居然打算活捉王化贞。王化贞哪料得到这一手呢，直到参将江朝栋对他大喝一声："事情危险，请你快走！"他才明白是怎么回事。

王化贞一路奔逃，在大凌河边遇上了熊廷弼。王化贞哭得一把鼻涕一把泪，熊廷弼冷笑一声："是谁吹牛说六万军队就可以把敌人一举扫平，如今怎么样呢？"王化贞闹了个大红脸，又建议驻守前屯。熊廷弼回答："说这话已经晚了，眼下要做的就是保护百姓入关去。"于是，他把自己的5000人马交给王化贞殿后，一把火烧了全部的积蓄，转身护送难民走上入关的道路。

战场失利的消息传到京城，朝廷上下大为震惊。这时候，兵部尚书张鹤鸣终于知道怕了，他把黑锅推到王化贞身上，又给熊廷弼编了一大堆的罪名。王化贞和熊廷弼，从前针锋相对的两个人，如今却走向了同样的命运，这俩人一块下了大狱，朝廷决意要把两个人全都处死。

屋漏偏逢连阴雨，当时又赶上"东林六君子"案发，魏忠贤趁机派人诬陷熊廷弼曾经向东林党杨涟行贿，又给熊廷弼罪加一等。魏忠贤的跟班冯铨还趁着皇帝吃饭的时候拿出一本民间流传的《辽东传》，那书上有些称赞熊廷弼的文章，冯铨故意说："这东西全是熊廷弼自己编的，就是想着利用舆论给自己找后路呢！"

这拨小人火上浇油，终于把皇帝的怒火烧到了极点。天启五年（1625年）八月，皇帝下诏，把"盖世之才"熊廷弼在西市处斩，连带着一家子都被赶出了京城。熊廷弼临行之前，胸前挂着一个小布袋，里面装着一份"辩冤疏"，这位屈死的大将最后也没有弄明白，人世间很多事情又哪能辩得清清楚楚、明明白白呢？

直到崇祯二年（1629年），熊廷弼案才得以昭雪。他的墓地就在如今武汉青龙山国家森林公园之中，还有一座熊公祠存世。而那个王化贞却苟活到崇祯五年（1632年）才被处死。也难怪后人感叹："廷弼不死于封疆，而死于时局；不死于法吏，而死于奸党。"

熊廷弼含冤而死，长城上又来了一位战将，他被梁启超称为"千古军人之模范"，金庸先生唯一一部长篇历史人物评传正是为他而作，这位正是长城英雄——袁崇焕。

袁崇焕（1584—1630），字元素，号自如，广东东莞人，万历四十七年（1619年）中了进士，被朝廷任命为福建邵武知县。《明史》上说他：为人慷慨负胆略，好谈兵，以边才自许。

北京袁崇焕祠内的碑林

袁崇焕在金榜题名时立下宏愿，他的志向不是安安稳稳做个文官，而是要饮马长城，固边强国。袁崇焕究竟能不能找到一片用武之地呢？

天启二年（1622年），邵武知县袁崇焕述职，这一回，他结识了一位改变自己命运的人物，此人正是御史侯恂。侯御史对袁崇焕青眼有加，向朝廷举荐这个年轻人到兵部任职。于是，袁崇焕就从七品知县升为兵部职方司正六品主事。

袁崇焕在新的岗位上工作了没多久，就听说明军在广宁战场全军覆没，败在后金手下，王化贞、熊廷弼被捕下狱，敌人铁骑直逼山海关。这个消息搅乱了京城内外，震动了大明王朝，皇帝宣布北京全面戒严，又把大臣们召集到一起商讨山海关防务。就在这个人心惶惶的日子里，身为兵部官员的袁崇焕没了踪影，就连他家人也摸不着他去哪了。

家人、同事，都为袁崇焕捏了一把汗，这兵荒马乱的，他能上哪去呢？这时候，袁崇焕又神不知鬼不觉地回到京城。原来，他是单枪匹马出关去了。他这趟回来，不单没伤着一丝一毫，手里还多了一份考察报告，把关外的战局和形势写得清清楚楚。袁崇焕拿出报告，又放出话来："予我军马钱谷，我一人足守山海关。"

这话一出,兵部同僚都对这个袁崇焕刮目相看。小伙子眉清目秀,身板单薄,看着就像个文弱书生,谁能想到他能做出这样的事,说出这样的话呢?

虽说袁崇焕这事办得英勇,这话说得豪放,可是你身为朝廷命官,擅自行动总是不对的。要在平时,估计头上的乌纱就保不住了,不过,眼下正是危难关头,也没人顾得那么多规矩。朝廷也只能夸他勇气可嘉,再听他的说法头头是道,又主动请缨要上战场,就把他升为兵备佥事,派去山海关任职,朝廷还专门拨出20万两银子,让他招募一批官兵驻守边防。

袁崇焕此去边关,算得上是明王朝病急乱投医的表现,也是袁崇焕的大将之风为他自己争取了施展抱负的机会。从前,袁崇焕一直以"边才"自许,这回,他终于雄心勃勃地奔赴前线。得说明朝在这事上很是幸运,袁崇焕还真不是纸上谈兵的赵括,而是一位自学成才的将领。自此之后30年,袁崇焕麾下的关宁铁骑挫败后金军队,重创努尔哈赤,被后金视为心腹大患,也为明朝边关铸就了一道钢铁防线。

袁崇焕政绩突出,战功卓著,他凭着本事连升十三级,这样的事情在那个时代可不多见。他为自己赢得了荣誉,也为明朝赢得了安定。可是,老话说了,人无百日好,花无百日红。袁崇焕还有多少一帆风顺的好日子,明朝还剩下几天太平的光景呢?

军民齐心,沙场交锋如何战胜边关?
朝廷生变,大明王朝为何日落西山?

袁崇焕到了山海关,下着心思安抚军民,整修长城,有了他这一番努力,明军士气大振,收复了辽西大凌河以西的大片失地。公元1626年,努尔哈赤率领13万大军围攻宁远。袁崇焕亲自出征,上阵之前集合了官兵百姓,在城池之内杀牛宰羊,写下血书,军民齐心发誓与宁远共存亡。

眼看后金军队攻到城下,袁崇焕一声号令,弓箭就像雨点似的落了下来,轰隆隆的大炮响成一片,喊杀的声音震天动地。明军的气势压制了敌人,后金的军队被逼得只好撤退。明军在宁远战场取得大捷，袁崇焕又升为右副都御使。

崇祯二年（1629年）十月底，皇太极绕道长城，瞄准京师就开打。袁崇焕听说京师告急，日夜赶路到了北京广渠川外，跟后金军展开一场血战。他在前线打得后金部队节节败退，朝廷之上，一群奸臣又开始处心积虑地琢磨袁崇焕。早在崇祯起用袁崇焕的时候，内廷太监和锦衣卫就暗访过袁家的风水，禀报说袁崇焕家里有王气紫光。这话让崇祯皇帝犯了腻歪，可当时形势所逼，亟须用人，也只好让袁崇焕上了前线。如今，宦官奸臣旧事重提，说袁崇焕早有谋反的心思，不然的话，他怎么会写出那一句"横戈原不为封侯"，"封侯"都不稀罕，那就是想着当皇帝呗。再有，他那个大号叫作"崇焕"，不就是要把"崇祯"皇帝换掉吗？就这样，一心报国的袁崇焕愣是被编排了一个"通敌叛国"、"阴谋篡位"的大罪，按着这伙人的说法，简直就是"滔天大罪，祸心深不可测"。假话说得有鼻子有眼，让崇祯皇帝不信也难。

1630年八月，袁崇被凌迟处死在北京城，时年不过46岁。临死之前，他留下这样一首诗："执法人难恕，招尤我自知。但留清白在，粉骨亦何辞。"字字句句都是他精忠报国的真实写照。

袁崇焕死得悲壮，死后更是悲凉。他被凌迟之后，刽子手把他的血肉拿去换了银子，卖给一群喝酒赌钱市井之徒拿去下酒。袁崇焕的兄弟妻子流放千里，他的膝下也没有留下一子半女。后世流传说袁家一个姓佘的仆人为他收起遗骨，葬在北京广东义园，世世代代为袁崇焕守墓。

袁崇焕死后，摇摇欲坠的明朝加速了崩溃的进程。崇祯皇帝迷信误国，自毁长城，到头来断送了自家的江山，祸害了自己的性命。

这正是：

三挂帅印熊廷弼，泪洒边关蒙冤屈。

一代英雄袁崇焕，惨遭凌迟冤难洗。

第八十二回 长城四英烈 殉国献忠勇

上一回说到三挂帅印熊廷弼，泪洒边关悲壮死；一代英雄袁崇焕，惨遭凌迟蒙冤屈。在明王朝的长城之上，还有许多可歌可泣的英豪、不得不说的传奇。

在明王朝历史上，有不少征战长城、为国捐躯的长城英雄，今天我们来说说其中最为忠烈的四位。

第一位叫满桂，生在万历年间的宣府，也就是现在的宣化。他是蒙古族，从小练习骑射，早早进入部队，摸爬滚打，立功无数，年纪轻轻就当上了军官，先后任明朝卫所军屯的总旗、百户，手底下管着120多名将士。

万历四十七年（1619年），明军围攻后金，在萨尔浒与努尔哈赤展开激战，结果输了个一塌糊涂，几乎全军覆灭。这一场惨败为明王朝敲响了警钟，由此开始招贤纳才，加强部队人才储备，就是这个时候，来自宣府的年轻军官满桂迎来事业发展的良机，这是怎样的一个机遇呢？

明王朝要求各地举荐一批懂得用兵的青年将领，宣府镇的百户满桂榜上有名。为了考察这些被举荐的人才是否名副其实，朝廷还对他们进行了实战考察。

当时，满桂领到的任务是率兵进驻黄土岭戍守长城，黄土岭关地处山海关城东北20公里，建于明洪武十四年（1381年）。这里山势不高，不像角山关到九门口那么险要，也正因为如此，这段长城修筑得很高，敌台、敌楼很多，戍守的难度很大。但是满桂带领将士很好地完成了任务，完美地通过了考验，之后被升为石塘路游击、喜峰口参将，驻守长城的喜峰口。

天启二年（1622年），大学士孙承宗巡视边境，满桂引起了他的注意。这个小伙子身形剽悍，谈论军事头头是道，为人忠勇品质好，能与士卒同甘苦，孙承宗认定他是一位将帅之才，后来在镇守山海关时，把满桂提为副总兵，总领中军之事。

当时蒙古部落在宁远东面驻扎放牧，辽东前来归附明朝的人们常常遭到蒙古骑兵的劫掠。孙承宗打算出关修复宁远工事，满桂再次得到重用，和袁崇焕一起负责这项工程，宁远成了长城外一处重要的前沿军事重镇。

天启四年（1624年），蓟辽总督孙承宗派满桂与山海关总兵尤世禄在大凌河进击蒙古骑兵，获得全胜，宁远东面得到安宁。当时山海关以北方圆五十里，共有五万多家军民屯田耕种，很好地保障了军需。因为战功和治理有方，满桂再次获得提拔，官职是都督佥事，加总兵官衔。

天启六年（1626年）正月，发生了历史上著名的"宁远之战"。后金六万大军抵达驻军一万明军的宁远城堡，辽东经略高第得到消息，不战而退，蜷缩到山海关内，而固守宁远城的满桂和袁崇焕坚决要坚守宁远。

后金仗着兵力优势，气焰嚣张，他们开始大力劝降，高喊城内的袁崇焕和满桂出城投降，许诺封官晋爵，荣华富贵，见满桂和袁崇焕誓死不降，后金开始攻城。第一天后金军进攻城西南，满桂指挥明军发射西洋红衣大炮，精准狠地予以反击，清军骑兵死伤惨重。第二天，清军转攻城南，又被袁崇焕指挥的明军打退。后金一看，这两位明军将领不好对付，就把城外一切军事设施都破坏掉，扬长而去。

宁远之战，以少胜多，成为明王朝守卫长城的经典一战，满桂凭此战，升任左都督。第二年五月，清军卷土重来，满桂又率兵予以痛击，再次取胜，朝廷加封满桂为太子太师，世袭锦衣佥事。

满桂让清军连连受挫，让宁远实现了安宁，当时赶上袁崇焕受到阉党弹劾被罢职，朝廷派王之臣督师辽东军务，因为满桂声名在外，新来的王大人奏请朝廷让满桂镇守宁远。然而，不久之后，他又被从宁远前线召回，这又是为什么呢？

京师告急，忠勇将军如何临危受命？
寡不敌众，一代名将怎样命陨沙场？

崇祯元年（1628年）七月，朝廷御史言官交相弹劾王之臣无能。王之臣被罢免，满桂也受到牵连，从宁远被召回。当时赶上大同总兵渠家桢作战失利，朝廷就任命满桂代替渠家桢，到山西大同戍守长城。

第二年十月，一场事变突如其来，后金皇太极率十万清兵避开山海关，突破长城喜峰口，攻陷遵化，京师告急，实行戒严。因为这一年是农历己巳年，所以史称"己巳之变"。

崇祯皇帝下诏各镇军队前来救援京城，满桂率领5000骑兵从大同镇火速援救，赶到京师附近时，宣府总兵侯世禄已被后金打败，退到北京城内。崇祯皇帝让满桂与侯世禄一起据守德胜门。不久，后金军队再次进攻，侯世禄的部队被击溃，满桂率领将士奋勇反击，被城上掩护的大炮误伤，仍然坚持作战。后来，满桂又被委以重任，统领山海关和宁远的部队，驻守在安定门外。

转年，祖大寿率领的军队在东面被后金兵击溃，朝廷任命满桂为武经略，统领护卫京师的所有部队，并赐予他尚方宝剑，催促他出兵迎战。满桂虽然骁勇，但手下兵少，上奏说："敌军气势正盛，而我军援兵没到，不可轻易迎战。"而皇帝的亲信宦官却听不进去，他们连忙催促，满桂不得已，只好督促得力将领到永定门外二里的地方安营扎寨，布置栅栏来防备后金骑兵的进攻。

第二天，清军以精锐骑兵四面围攻，明军诸将支撑不住，被清军打败，满桂和孙祖寿奋力死战，但寡不敌众，相继战死。一代名将就这样用宝贵的生命为明王朝腐败的政治买了单。

接下来我们要说的是第二位长城英烈，明末抗清名将赵率教。赵率教出生在蓟阳，就是现在的天津蓟县一个武官家庭。他从小习练骑射，武功娴熟，熟读兵书，明万历十九年（1591年），他承袭家风，中了武进士，后来到辽东镇守长城。

后金军进攻辽东，赵率教倾家资招募勇士，跟随叔祖赵梦麟出征，结果被后金大军围困，赵率教力战得以脱身。天启元年（1621年），清军再次大举进攻，赵率教再次出征，因众寡悬殊，虽然力战仍死伤惨重，收拾余部向南撤退。按照大明律法，赵率教兵败逃亡，应该处斩，幸而得到大学士孙承宗相救，才获赦免。

后来袁崇焕再次经略山海关，得知赵率教一直坚持固守防御，非常欣赏。袁崇焕一腔热血，将生死置之度外，执着守卫辽东防线的爱国之情，也让赵率教大为感动,立志以死报国。

第二年,王化贞不听袁崇焕的固守防御策略,盲目出击,结果全军覆灭,狼狈逃往关内,山海关以外的残垣全部无人防守。赵率教带领家丁38人前往,收复前屯卫城,招抚关外流民五六万口,让壮者从军,弱者屯垦,军威复振。因为他功勋卓著,被朝廷封为太子少傅,世袭锦衣千户。

崇祯元年(1628年)八月,赵率教移师驻守永平府,就是现在秦皇岛市卢龙县,兼辖蓟镇,统领八路兵马。九月,他奉命再守山海关,授平辽将军。

第二年后金皇太极率领后金兵从遵化县的大安口南下,进军北京,京城危难。赵率教带领4000骑兵前往驰援,与后金军队战于遵化,遭到后金数万人的围攻。赵率教奋勇冲杀,但实在寡不敌众,以身殉国,享年60,赵率教所部全军阵亡。崇祯皇帝非常悲痛,赠赵率教太子太师,立祠奉祭。

赵率教文武双全,在戎马倥偬之际,还著书立言,留给后世的著作有《复辽私议》、《平辽奏稿》、《挥尘兵法》、《投戈随笔》等。

悲歌一曲,何可纲舍生取义彰显何等英雄气节?
春秋十度,张泰宇誓死不降展现哪般硬汉本色?

在保卫长城、保卫京师的这场关系明王朝生死存亡的战争中,还有两位壮烈殉国的悲情英雄。为什么说悲情的呢?他们不是战死疆场,而是死在叛徒手上。

这两位英雄其中一位叫何可纲,辽东人,也是袁崇焕手下。在后金军队围攻宁远的时候,何可纲帮助袁崇焕、满桂一起守卫城垣,抗击后金,表现抢眼。崇祯元年(1628年),袁崇焕再出镇蓟辽,就让何可纲作为副将领中军事,相当于参谋长。

"己巳之变"时,崇祯皇帝诏令各路兵马勤王,何可纲等将领跟随袁崇焕从山海关长城迅速南下,奋力抗击,保卫京城。何可纲临阵有威,赢得战功。

第二年正月,在永平、滦州何可纲率部再次与后金骑兵激战,反复冲击敌兵,很有斩获,但终究寡不敌众。后来孙承宗老将军督抚山海关时,让何可纲督各路将领，在双望山安营，收拢永平之师，让祖大寿带兵收复了滦州。滦州收复以后，皇太极的骑兵北撤，何可纲率兵进驻永平府，就是卢龙县。因为抗敌有功，何可纲加太子太保、左都督。

崇祯四年（1631年），是明朝长城戍守最为艰难的一年。何可纲奉命到关外的大凌河修筑城垣，后金出兵十万前来进攻。何可纲不辱使命，誓死坚守。但是后金持续进攻，最后何可纲的将士们弹尽粮绝。明朝大将祖大寿想投降保命，而何可纲坚决不降。这时祖大寿暴露出卖国求生的本性，让两名卫兵把何可纲推出去斩首，何可纲从容就义，含笑而死。

何可纲舍生取义，与祖大寿的贪生怕死形成鲜明对照，表现出英雄真本色，人性新高度。这样的选择很难，可是这样的英雄并不孤独，在明王朝危亡时刻，和何可纲有着同样选择的还有一位好汉，他又是谁呢？

另一位英雄叫张春，字泰宇，陕西大荔县新庄村人，天启进士。他固守卢龙县的永平城，这里是山海关到北京的交通要道，当时辽东危机，大量难民涌入关内，他运筹有方，安置得井井有条。

崇祯元年（1628年），兵部尚书听信不实之词，弹劾他滥杀俘虏，克扣军饷。张春上书为自己辩解，袁崇焕也为他鸣冤，张春赢得清白。

崇祯三年（1630年），永平城失守，朝廷起用他为永平兵备道。他招募旧日部下，在其他将士协同下，攻克永平，并收复被后金占领的其他四城，因功加太仆寺少卿，升为正二品，仍然领兵备道，一年后奉命到锦州总兵祖大寿的军中为监军。

当年九月，张春率军到大凌河前线与后金激战，祖大寿叛变投降，出卖明朝将士们，兵败被俘。同时被俘的明军将领共33名，大部被皇太极下令杀掉，留下张春等八人被押至皇太极帐中，当时，七人都依次跪拜，唯独张春不跪，且瞪目怒骂，大呼"速杀我"。当晚，皇太极派人给张春赐宴，只字不提劝降之事。面对丰盛的宴席，张春一口未动，他说："我死志已决，愿为国尽忠而求死，杀之以成我志。"绝食两天之后，见皇太极没什么反应，张春又抱着一丝希望"暂不死以观其变"，开始进食。

皇太极对张春待遇很高，每日三餐"皆亲阅以赐"，但张春并不领情。后来皇太极进攻明军获胜,被俘各官又是"依次叩见",仍是"独张春不拜"。皇太极对张春的气节非常敬佩,竟出人意料地"令张春坐于贝勒莽古尔泰下",给了张春极高礼遇。此后,张春被皇太极留养在与皇宫仅有一墙之隔的三官庙。

他在三官庙度过了十个春秋,一直穿汉服,不剃头。当降清封王的孔有德给他送去牛羊时,张春说:好马岂能与猪狗共槽,与之决绝。

张春被俘六年后的一天,皇太极亲去三官庙探视,预先叫侍从进去察看。随后涌进的卫士环立在张春周围,皇太极向他问候,张春仍然不予理睬。皇太极的卫士骂道:"皇帝到了,还傲慢什么?"抓住他的衣襟拔出剑来,张春突然站起,昂首怒目,迎着剑锋,毫不为动。皇太极立刻赶上前去,笑着说:"我在试探你。"张春愈是这样,皇太极愈是敬重。"设宴之时,每令张春出坐。"而张春誓死不降,羁留沈阳十余年,坚持"一息尚存,一隙之明不泯,死不瞑目",所以人们无比崇敬他,称他为张夫子。他死后,清朝根据他生前的要求,"葬于千山之南,建石塔表其墓"。

这正是:

爱国忠勇四英烈,长城抗清留功业。
慷慨殉国死无憾,终不折腰显气节。

第八十三回 女将秦良玉 千里御清兵

上一回说到明朝末年，王朝风雨飘摇，满桂等四位忠烈固守长城，抗击清兵，英勇殉国。也道是乱世出豪杰，时势造英雄，明末的时候川府之地走出了一位奇女子，她跋涉千里，一路向北来到山海关，抗击清兵保家卫国，成就了一份奇功伟业，这是怎样一段巾帼不让须眉的传奇史话？

今天我们要说的这位女英雄，是我国二十四史中唯一一位单独立传的女性。她是战功卓著的女将军、军事家、浩然正气的民族英雄，历史上少有的文武双全的奇女子，唯一封侯的女将军，她曾经两次率领队伍救援山海关、大战遵化，保卫京师，为维护明王朝最后的江山战斗不息。她是谁呢？

她的名字叫秦良玉，出生在440年前的明末，四川忠州也就是今天的重庆忠县人。她的父亲秦葵饱读诗书，见多识广，重视教育，非常开明。秦良玉作为家中唯一的女孩，可以与哥哥秦邦屏、弟弟秦民屏一起读典籍，学骑射。

秦良玉天赋超群，文武兼备，骑马射箭，赋诗填词，样样出挑，她经常打扮成男子，长身玉立，气度不凡。父亲秦葵非常钟爱这个女儿，得意之时不禁叹息："可惜孩儿是女流，否则，日后定能封侯夺冠。"秦良玉听了，慷慨作答："倘使女儿得掌兵柄，应不输大唐的平阳公主和治理岭南的冼夫人。"

一个女孩儿要带兵打仗，在过去那个年代，这想法简直就是天方夜谭，可是一语成谶，日后，秦家女儿还真就没有辜负父亲的期望，成了一名威风八面的女将军。从一介女流到一世英豪，秦良玉经历了怎样的传奇人生呢？

秦良玉21岁那年，嫁给石砫宣抚使马千乘为妻。马千乘的祖先就是汉朝"马革裹尸"的伏波将军马援。婚后，夫妻二人志同道合，感情非常好。

万历二十七年（1599年），秦良玉随同丈夫到贵州遵义平定杨应龙叛乱，连破七寨，立下奇功。

万历四十一年(1613年)，秦良玉的丈夫马千乘因开矿济民得罪太监邱乘云，被陷害入狱，病死狱中，39岁的秦良玉成了寡妇。秦良玉胸襟宽广，以大义为重，殡敛丈夫后，没有生出任何反叛之心，依然表现出对朝廷的一片忠心。因为能力超常，声名在外，她承袭丈夫的职位，担任石砫宣抚使，就在今天的重庆市石柱县任职。秦良玉忠心耿耿，治军严明，非常有威望。

当时，秦良玉率领的石砫兵都使用特制的长矛，矛端呈钩状，矛尾有圆环，攀援山地险峻时，前后接应搭接，敏捷如猿。他们的矛杆都是不上漆的白杆，百姓都管这支队伍叫"白杆兵"。

威震四川的"白杆兵"后来在河北的长城之上大显神威，这其中又有怎样缘由呢？

千里驰援，蜀锦征袍谁人裁成？

万丈豪情，白杆神兵谁与争锋？

万历四十四年（1616年），女真酋长努尔哈赤建立后金，发动对明朝的进攻。两年后，萨尔浒一役，明军惨败，辽东沦丧。明王朝在全国范围内征精兵援辽，秦良玉得知长城需要防守的消息，立即派自己哥哥秦邦屏和弟弟秦民屏率数千精兵来到山海关，她自己筹马集粮，保障后勤供应。这样一份忠心，让明廷大为赞许，授秦良玉三品官服。

秦氏兄弟率"白杆兵"率先渡过浑河，杀清兵数千人，一直战无不胜的清军这才明白，原来明军里边有能人，还真得多加戒备。但是接下来，应了那句古语"国之将败，累死忠良"。明王朝腐败至极，官员无能，军队混乱，在努尔哈赤的反扑大战中，白杆兵将士寡不敌众，又没有得到有力的救援，结果，2000多白杆兵士战死。秦良玉的哥哥秦邦屏也死于阵中，她的胞弟秦民屏浴血突围，杀退数万清兵的进攻，退守山海关。也正是由此开始，秦良玉手下的石砫"白杆兵"名闻天下。

秦良玉得知兄长牺牲消息后,制作了1000多件冬衣,配送给北上长城的白杆兵,之后她又亲自统帅3000精兵,千里飞马来到山海关布防,控扼清兵入关的咽喉。

努尔哈赤得知威名天下的白杆兵女英雄秦良玉坐镇山海关,不敢贸然进犯,长城内外暂时安宁。明廷兵部尚书张鹤鸣上奏天启皇帝,诏加秦良玉二品官服,封诰褒奖,充总兵官,并赐"忠义可嘉"的匾额。

山海关战事未休,明朝已在多事之秋,秦良玉这边刚刚稳住努尔哈赤,她的故乡重庆又发生了内乱。永宁土司奢崇明借奉诏北上抗击清兵的名义,率数万人马和他女婿樊龙里应外合占据了重庆,并发兵围攻成都,企图做西蜀的皇帝。他派人携大笔珍宝来石砫与秦良玉"通好",秦良玉二话不说,立斩贼使。同时派遣秦邦屏及其二子率"白杆兵"溯流西上,忽抵重庆南坪关,趁天黑,突袭了叛军驻于长江和嘉陵江上的水军,烧毁了江上的船只,与此同时,秦良玉兵分两路,从容调度,平定了奢崇明叛军,为明王朝安定四川立下汗马功劳。

这边秦良玉刚刚平定了四川,那边北部长城又出了大事,这又是一场怎样的劫难?

崇祯三年(1630年),皇太极率十万大军发兵进攻山海关,久攻不下,改变了策略,绕道长城的喜峰口,攻陷重镇遵化,之后直奔北京城外,连克卢龙的永平四城,把战火引到了明廷家门口。朝廷上下一片慌乱,仓皇应对。

关键时刻,女英雄秦良玉这个名字又被想起。朝廷八百里加急传檄,此时女英雄已经56岁,收到勤王的诏书,她率领白杆兵团,星夜兼程,火速赶到北京的宣武门外。当时,奉诏而至的各路勤王的官军超过20万,但都隔山围观,无人带头出战。

关键时刻,女将军秦良玉做了"出头鸟",她带领"白杆兵"呐喊冲杀一路向前。先前吃过"白杆兵"苦头的女真兵心里暗自发怵,再加上老将军孙承宗带兵助战、紧密配合,皇太极不得不放弃北京东撤,秦良玉和其他明将乘胜追击,步步紧逼,无奈之下,皇太极又连接放弃滦州、永平、迁安、遵化四城。

北京围解之后,崇祯皇帝对秦良玉及其白杆兵大加褒奖,特意在北京平台召见秦良玉，诰封她一品夫人，加封少保、挂镇东将军印，赏赐彩币羊酒，并赋诗四首以彰其功。

其中一首是这样写道："蜀锦征袍自裁成，桃花马上请长缨。世间多少奇男子，谁肯沙场万里行！"崇祯还盛赞秦良玉是"露宿风餐誓不辞，饮将鲜血代胭脂"的巾帼英雄。从此，秦良玉率领的白杆兵，成为明王朝的护身符之一。如今北京城里还有一个四川营胡同，就是当年女英雄秦良玉带领白杆兵驻扎的地方。

外患才去，内忧又来，虽然京城暂时解除了威胁，可是王朝大厦已经坏了根基，摇摇欲坠的明廷又摊上了怎样的麻烦呢？

大厦将倾，英雄回天无术何等乱象纷纷？
大义良玉，忠烈前仆后继哪般家风凛然？

国家多难，良将难安，刚刚打跑了皇太极的清兵，明朝又陷入了农民起义的漩涡。老英雄秦良玉又开始马不停蹄平叛。崇祯七年（1634年），秦良玉奉命出兵奉节，大败张献忠农民起义军；崇祯十三年（1640年），秦良玉出兵大战罗汝才的叛军，斩杀叛将"东山虎"，斩首600余级，秦良玉还乘胜生擒叛将副手"塌天"。

三年多后，1644年，李自成攻入北京，崇祯皇帝上吊自杀。消息传来，秦良玉戴孝痛哭，哀动左右。而此时，张献忠的军队也占领了湖南湖北大部分地盘，开始向四川杀来。秦良玉向当时的四川巡抚陈士奇呈献《全蜀形势图》，希望官军能增兵坚守蜀地13处险隘。结果腐败无能的陈士奇不予采纳。张献忠数十万大军长驱直入，来到奉节的夔州。

就是在这种境地中，秦良玉仍然忠心不改，带兵救援，由于众寡太悬殊，加上这时的白杆兵将士对大明王朝彻底失去了信念，所以兵败而去。秦良玉这一次失败，标志着蜀地的沦陷。张献忠相继攻克万县、重庆、成都，并在当年年底称帝，建立"大西"政权。张献忠占领蜀地后，只有遵义、黎州及秦良玉的石砫地区未归于"大西"。慑于秦良玉威名，张献忠部无一兵一将敢于入犯石砫。

投降张献忠的明朝官员向各地土司送去伪政权印信，各地土司忌惮张献忠大都接受了，只有秦良玉接到印信，当众毁之，慷慨言道："吾姐弟二人誓死忠于明朝，我一个寡妇蒙国恩二十年，如今不幸至此地步，决不以残余之年做叛贼官员！石砫一地有敢从贼者，格杀勿论！"

不久，又有噩耗传来，秦良玉独生儿子马祥麟此前被明廷征调到湖广御敌，战死于襄阳。死前，他给母亲写信："儿誓与襄阳共存亡，愿母亲大人勿以儿安危为念！"见儿子绝笔血书，秦良玉泪如雨下，但她却忍住心头悲伤，提笔在信纸上写道："好！好！真吾儿！"秦氏、马氏二族，可称上是二门忠烈，共有十多人为国捐躯。

清兵占据北京后，清军入关南下，秦良玉继续坚持抗清，1648年，在西南颠沛流离的南明永历帝派人加秦良玉太子太傅，授"四川招讨使"，仍以镇东将军督兵靖川。久卧病床的一代女豪杰，得到诏书居然坚强地站起来，跪拜受诏，并情真意切地表示忠君报国，誓死不移。几天之后，秦良玉就因病重抱憾而终，享年75岁。他的孙子马万年把奶奶葬在石砫县东3公里处、龙河北岸的回龙山上。

"古来巾帼甘心受，何必将军是丈夫！"秦良玉一生戎马，足迹遍及长城内外、大江南北、云贵高原、四川盆地，成就了一段一咏三叹的传奇，也引发了后世延绵不绝的怀想和追念。后人对这位女英雄又有着怎样的评价呢？

清朝乾隆年间，大学生张廷玉奉旨编纂《明史》，写到秦良玉的事迹时感叹：崇祯有生之年，享国日浅，遭逢多难，很少有闲情逸致吟诗作赋，除赠秦良玉诗外，仅有赠杨嗣昌的五绝诗传世。迢迢西南边陲一位女土司，竟能得皇帝面见赐诗，秦良玉当属古往今来第一人。

1908年，著名学者胡适写道："中国历史有个定鼎开基的黄帝、有个驱除胡虏的明太祖、有个孔子、有个岳飞、有个班超、有个玄奘，文学有李白、杜甫，女界有秦良玉、木兰，这都是我们国民天天所应该纪念着的。"在这位大学者的眼中，秦良玉是与岳飞、班超、黄帝相提并论的。

著名抗日将军冯玉祥也呼吁："纪念花木兰，要学秦良玉。"

著名女军旅作家谢冰莹也曾经盛赞秦良玉的精神不死,她说:"秦良玉的哥哥邦屏、弟弟民屏、儿子祥麟、媳妇凤仪,都为国家壮烈地牺牲了,她虽是一位出身儒门的闺秀,可志安社稷,爱国忠君。她生在多事之秋的明朝,内有土匪流寇的骚扰,外有满骑倭奴侵略,多少文武百官,士大夫将帅,没有不为名利在明争暗斗的,有谁像秦良玉一样一生的精神,都拿来放在安内攘外,剿贼御侮上面呢?她一生为国家奋斗,为民族牺牲;这种爱国保家的精神,非但使后世的人永远赞美,永远敬佩,更值得人们永远怀念!永远学习!"

郭沫若曾撰文赞誉秦良玉:"像她这样不怕死不爱钱的一位女将,在历史上毕竟是很少的。"

这正是:

文治武功女豪杰,忠君爱国有气节。

抗清勤王保北京,英雄世家真忠烈。

第八十四回 抗清巾帼奋 慷慨女英雄

上一回说到女中豪杰秦良玉,忠君爱国有志气。这一回出场的又是两位固守长城的巾帼英雄,她们在国家危难之际挺身而出,在太行长城脚下抗击清兵。这是怎样一段悲壮的故事?

太行山内长城脚下有一座著名的获鹿城,它背山面水,控制着燕晋咽喉的土门关。要问这座山城的来历,正跟太行山长城的防御有关。

相传,韩信消灭赵国的时候,在这里一箭射中了白鹿,发现了一口清泉,于是就把这片地方命名为鹿泉。隋朝开皇年间在这里设置了鹿泉县。唐代安史之乱时期,唐玄宗为了表示消灭安禄山的决心,下诏把鹿泉县改名为获鹿县。北宋开宝六年(973年),朝廷为了加强太行山东麓山前地区的政治军事势力,就把位于石家庄市区的石邑县合并到获鹿县,获鹿县城的地位也就更加重要。

获鹿城的地位成了重中之重,相关的建设也得加强。由于这座城北面依山而建,所以在巍峨的城墙上只有东西南三座城门,每座大门都修建得高大坚固。为了便于防御

获鹿县西城门

和贸易，大门附近设置了驻守、关税、商贸设施，获鹿城墙上形成了四个城关：东关、西关、南关和顺城关。三座城门和沿着城墙的顺城关渐渐成了驻军、商户的聚居地，成为当地的小型经济中心。

这其中最出名的就是东关。东关位于东城门外，也就是现在二街村的所在地。中国人讲究"紫气东来"，东方是太阳升起的方位，获鹿城的东门也是官员进出的地方，叫作"迎恩门"。从这里一路出去，前面有一座长亭，就是当地人俗称的"接官亭"。

从前，东关城门之外有一座巍峨壮观的取义祠，其中供奉着明朝末年抗击清军的阵亡将士。他们舍生取义，壮烈殉国，个个都是忠肝义胆的大英雄，其中最出名的又是谁呢？

东关取义祠里最为著名是两位巾帼英雄。400多年之前，这里曾经发生了一场艰苦卓绝的抗清之战。这一战，有几百位英雄战死沙场；这一战，让明朝朝野为之震惊。

话说明朝后期，政治腐败，朝廷混乱，贪官横行，民不聊生。乱世里有一位名叫李九华的好官出任井陉兵备道提督兼山西佥事，负责太行长城防务。李九华生在江西宜春宜丰县澄塘。李家家风淳厚，最讲忠孝，李九华从小耳濡目染，也是个忠军爱民的好后生。

崇祯七年（1634年），李九华中了进士，起初做的是福建安南七品知县。他在任四年，疏通了当地的鸳鸯浦，打通了和溪湖的水道，建起了金鸡桥，还主持修筑锦亭隘，增设驻兵，防止坏人作恶，防止坏事发生。李九华不但关注民生，而且重视教育，在当地建立学宫，发展教育。

因为工作出色，李九华被举荐到京城，升做兵部主事，还曾经受命主持四川的科举考试。他多年来秉公守法，以身作则，不管是当官的、当兵的，还是普通老百姓，谁都对他特别敬重。

后来，李九华调任车驾司郎中，又在崇祯十年（1637年）出任井陉兵备道提督。当时，正是明朝大将洪承畴围剿李自成起义军的多事之秋。李九华一方面加强太行山长城关隘的防守，一方面整治井陉驿道的秩序，完善倒马关、龙泉关、井陉固关这三关的建设，同时还招募精兵，日夜训练，大幅提高了长城关隘的军事防御能力,提升了长城内外军队的战斗力。

李九华实践出真知,把在这里的所见所思写成了一部《三关纪事》,他在太行长城的作为又在史书上留下了怎样一笔呢?

肩负重任,爱国义士如何血战沙场?
危在旦夕,巾帼英雄如何抗击外敌?

想当年,明朝出兵陕西镇压李自成的农民起义军,兵车人马来往于长城沿线的井陉道,这竟然被一些利欲熏心的贪官当作了发财的机会,尤其是崇祯皇帝的外戚,更是借着国难大肆敛财,利用驿道运送从陕西捞来的油水。这伙人的心思实在太贪,他们弄来的东西也是不老少,官府原有的驿站军马还不够他们使唤,于是,贪官们想了个辙,干脆在长城脚下的井陉驿道强拉民夫干私活,还利用权势非法征调百姓的牲口。当地的老乡们心里有苦不敢吐,满腔的怒气不敢言,只好忍气吞声听他们调遣。

这样的事情别人能忍,李九华却看不下去,他为民请命,上疏弹劾陕西军官和朝廷外戚,显出了那个年头里难能可贵的浩然正气。

虽然大明朝还有李九华这样的好官,可是,王朝江河日下的势头还是越来越明显——关外有女真的皇太极势力不断扩张,关内有李自成的农民起义此起彼伏,再加上没完没了的天灾,崇祯皇帝真是一点办法也没有。

眼看那女真骑兵从长城的西线入关,一路打到了河北。退休在家的定兴县义士鹿善继领着一队人马冲进定兴县城抵抗敌人,最终落了个城破人亡。另一位退休官员,曾经的兵部尚书孙承宗在鹿善继的灵前哭了一场,他动员在山东当县令的长子孙铨捐资买砖,把高阳土城建成了砖城,又追随着鹿善继的遗志上了战场。

不久之后,多尔衮领兵入关,长驱直入,从北边绕过京师到了涿州,然后兵分八道,一路南下。明朝守城的官员大多吓破了胆,不是缩在城里不出头,就是脚底抹油——溜之大吉。

多尔衮的大军包围了高阳县城。爱国义士孙承宗带着全家人和高阳百姓一起登上城墙，抗击清兵。他们的士气虽然很高，可高阳到底只是个小县城，根本没有几个兵，又怎么能顶得住敌人的进攻呢？没过多少日子，高阳城破，孙承宗也成了俘虏。他宁死不屈，慷慨就义，保全了爱国的气节。

在这之后，真定、广平、顺德、大名挨个落到了多尔衮的手中，河北陷入一片危机。这时候，崇祯皇帝也急眼了，他诏令京师周边各道的官兵向京师集结。时任井陉兵备道的李九华奉命北上定州。

临行之前，李九华把守卫长城土门关，保卫获鹿城的重任交给一位女中豪杰，她不是外人，正是李九华的妻子刘氏，由她执掌大印，代理兵权。这位刘氏夫人可不简单，她出生在书香门第，从小读了不少的书，最明白家国大义。国难当头，这位女子又将做出怎样的举动呢？

李九华出发没多久，多尔衮的右翼部队就顺着太行山占了真定，他们知道明军大举北上保卫京师，打算趁着这个空子西进长城，头一个目标就是土门关前的获鹿城。

当年九月，清军攻占正定府，李九华的夫人刘氏接到消息，叫上家里的小妾张氏和获鹿城的官员一起谋划退兵之计。要说这李家的女眷个个都是豪杰，虽说那张氏的手里还抱着五个月的婴儿，一说要打仗了，不但不害怕，而且也是有勇有谋。几个人商量好了，刘夫人安排刚满17岁的三儿子李亮身披战甲，手执令箭，带领获鹿和长城的守军严防死守，又备好了粮草、滚木、石块、弓箭等等作战物资。

只见那清军部队从四面八方围拢过来，把获鹿城围了个水泄不通。刘夫人沉着冷静，命令将士们在各个城门密密麻麻地打起大旗，所有的军民扬鞭打马满城飞跃，为的就是摆个兵多将广的阵势。为了给大伙鼓劲儿，刘夫人和张氏把压箱底的金银细软全都拿出来招募勇士，还请城中的妇女们多做些吃的喝的，供应给守城的军民。面对着多尔衮的虎狼之师，获鹿城的妇女们也像男人似的奋勇抗敌，撸起袖子往城墙上运送武器，誓死保卫自己的家园。

眼看那敌人越来越多，攻势越来越猛，光凭着一股子志气也不是取胜的法子。在这样的危急时刻，刘夫人灵机一动，计上心来，这又是怎样一条制敌妙计呢？

刘夫人指挥将士们往城墙上搬了好些个大罐子，里面装的全是草木灰和石灰粉，这就是她发明的特殊武器。等到敌人靠近城墙，从天而降的大罐子就成了原生态的烟幕弹，既能达到爆破效果，又能迷住敌人的眼睛。有了这些烟幕弹开路，再加上刘夫人之子的开城一战，狠狠地灭了敌人的锐气，长了守城将士的威风。

可是，城外面的清军也出了新招，他们用上云梯，登上城墙，守城的将士伤亡惨重，北宋靖康之耻的悲剧眼看就要重演。李九华的妻妾两位女英雄下了战死沙场的决心，说什么也要守住这座长城关隘。刘夫人一边忙着筹措防御的武器和粮草，一边咬破手指，写下血书，信上有李九华临行前的嘱托，有全城军民的誓愿，有获鹿城面临的紧急情况，还有一条克敌之计——她希望朝廷派出军队，发兵定州，在清军的背后给他们来个突然袭击，到时候，长城土门关一线将士及时出击配合作战，南北夹击剿灭长城以东的清军。她把书信交给敢死队的勇士，命令他们顺着绳子滑下城墙，连夜赶往京城请求援兵。

远去京城，来回就要花上好几天的工夫，而清军的进攻却是一刻紧似一刻，获鹿城里的局势究竟能不能发生转折？

千钧一发，获鹿城垣能否获得一线生机？
千古留名，长城关口镌刻几多英雄事迹？

获鹿城里两位女英雄带着官兵百姓英勇抗敌，署获鹿县事的吕之荫、绅士魏天贵、赵民征、谢昌绪等爱国的义士拼死护城。魏天贵的儿子魏知策、魏知节，一个守着东南，一个守着西北，同千总刘邦祚、王振基、吕汉等人带领乡亲拼杀在前线。获鹿县学的生员曹时明、梁朝栋等700多人也主动加入到刘夫人领导的抗清队伍之中，学子弃文从武，挺身保家卫国。

获鹿城军民同心，坚守了五天五夜，还是没有见着朝廷的救兵。当时，摇摇欲坠的明王朝连京城都快保不住了，哪还顾得上太行山里的获鹿城？获鹿绅士魏天贵救城心切，又让儿子魏知策手持血书出城求援，血书送到了直隶巡抚张其年那里，可是那个胆小的张大人就是不发兵。魏知策无奈之下，只好快马加鞭回到获鹿，他担心这个坏消息让大伙泄了气，就撒了个谎说是援兵马上就到。

艰难的守城之战已经到了第八天，清军再次强攻，坚守东门的魏知节战死在城门之上。城门失守，清军蜂拥冲进城来。李九华的夫人刘氏埋葬下战死的将士，朝着北边拜了几拜，就领着儿子李亮生点火自焚；李九华的妾张氏抱着五个月的儿子李囊生投井自尽；城里几十位妇女也追随两位女英雄而死。血流成河的获鹿城最后落入了清军手中，这就是悲壮的"戊寅之役"。

这一战后，土门关和获鹿城损失巨大。清军烧杀掳掠，可怜那获鹿城里的百姓死了1000多人，值钱的东西也被抢了个干干净净。后来，崇祯皇帝下诏诛杀见死不救的直隶巡抚张其年，表彰了魏知策、魏知节兄弟，又在东关之外建里了取义祠，纪念战死沙场的烈士。

根据当地人的回忆，从前的祠堂坐北朝南，有五六间瓦房和一通碑刻。取义祠里供奉着刘氏、张氏、李亮生、李囊生的灵位，追随他们而死的几十位妇女也名列其中。《获鹿县志》录有《崇祯戊寅殉难节义题名碑》，其中记有姓名的官员、生员共计139人。多年之后，明末抗清英雄史可法路过获鹿，还特意到东关的取义祠凭吊民族女英雄，并亲自撰写了一副楹联悬挂在祠堂之中。

再说那爱国名将李九华，他为了国家北上杀敌，妻妾儿子也为抗清而死，朝廷不但没有对他进行褒奖，反而因为丢了获鹿罚他去戍守边疆。糊涂皇帝的糊涂做法激起了朝野上下的不平之声，不久之后，朝廷又下诏起用李九华为湖广参议道，伤了心的李九华推说身体不好，坚决辞职回了老家。

后来，清军长驱直入，灭了李自成，建立了清王朝。李九华誓死不仕清朝，于清顺治七年（1650年）在故乡逝世，葬在澄塘古城之外。

李九华满门忠烈，他的妻妾二人更是堪称一代女杰，他们的事迹感天动地，他们的名字被获鹿县东关的百姓铭记在心。如今，长城脚下的土门关前、获鹿城东关之外，再没有金戈铁马，再没有烽火连天，回望历史，依然能听到400年前战马嘶鸣，残阳如血映着杀声震天。

这正是：

戊寅之役天地恸，巾帼须眉抗清兵。
东关义祠今何在？西风烈烈颂英雄。

第八十五回 英雄刘光才 长城抵洋兵

上一回我们说到鹿泉城内女英豪，慷慨悲壮战长城。太行山间，长城脚下，英雄辈出。今天的故事依然发生在这片英雄的土地上，故事的主人公，在清朝末年那段屈辱的年月里，扬眉剑出鞘，留下一曲酣畅淋漓的长城战歌。这是一段怎样荡气回肠的传奇往事？

今天的故事要从井陉县白王庄村西的古长城说起。这段长城位于太行山脚下，这里有一座雄关叫白皮关，关下是千年秦皇古道。白皮关有一座标志性建筑叫东天门，在东天门北侧的长城上，有一通石碑，是清光绪二十七年也就是1901年刻立的。碑文上明白记录着一场战争，这场战争发生在清军和西方列强之间，提督军门大同挂印总镇刘光才正是这场战役的总指挥。要说清楚这通碑的来历，我们还要回到那个多灾多难的年头。

1900年，大清帝国失去了康乾盛世的霸气，日益沦为西方列强蚕食的对象。这一年，八国联军以围剿义和团为名，攻陷北京，清朝的皇帝和慈禧太后狼狈西逃到了山西、陕西。侵略军在北京城里烧杀抢掠，德国和法国联军最为贪婪，光在北京城里抢还不甘心，还要追击慈禧太后，捞取更大的好处。他们迅速南下，占领保定、正定，占据获鹿、平山，一路烧杀奸淫，无恶不作，眼看就要到达最后一站山西。

眼看兵临城下，慈禧太后慌了神，急忙命令山西、陕西两省戒严。就在这乱糟糟的局面里，一位河北人站了出来，清醒理智地提醒慈禧，说太行山长城防御很重要，紫荆关、固关乃山西安危所在，万不可丢失。这个人是谁呢？他就是担任大同知府的山海关人李桂林，字子丹，光绪二年（1876年）进士，光绪二十四年（1898年）出任大同知府。

李桂林还上奏清政府，提议调集驻守江宁的大同镇总兵刘光才防守固关长城，阻止德法联军西进。

李桂林点将的刘光才是何许人也？他究竟有怎样的神通，能否堪此大任？慈禧太后又能采纳李桂林的建议吗？

刘光才，清末著名的爱国将领和爱国慈善家。他号华轩，湖南新宁县白马田人，出生在1840的九月初七，正是鸦片战争爆发那年。

刘光才家里穷，小小年纪就帮工、捕鱼，成为家里的壮劳力。17岁那年，父亲让刘光才进城卖猪，这头猪养了一年，差不多是刘家全部家产，全家老小就指望它换点钱度过年关。刘光才到了集市上，碰上了一伙聚众赌博的骗子。刘光才年纪小不了解人心的险恶，头脑一热把卖猪的钱全投了进去，结果输了个血本无归。小伙子知道闯了天大的祸，哪里敢回家见爹娘，他大哭一场，朝着家乡磕了三个头，投奔湘军。从此，他跟随湘军将领转战湖南、广西、江西，在围剿太平军的征战中屡建战功，被举荐为参将，赏戴花翎。后来，刘光才一路高升做到广西、贵州、上海松江的提督，就是军区司令。

刘光才统兵数十年，历经大小数百战，被誉为常胜将军、湘军猛将。特别是他在沿海负责海防期间，多次率部抵抗外国侵略军，在甲午战争中，他在陆路上英勇抗击日军，立下战功。

刘光才大智大勇战功等身，难怪让大同知府李桂林另眼先看。李桂林知道在国难当头之际，唯有刘光才能承担守长城、保山西的大任，而慈禧太后等清政府高层，也肯定了他的提议。

庚子年的九月，法军占了正定城。这时，身为大同总镇的刘光才奉旨从江苏江宁出发，经山东飞奔太行山，抵御德法侵略军。临危受命的刘光才在太行山长城之上，又将有怎样神勇的表现呢？

临危受命，湘军猛将能否扼住燕晋咽喉？
气贯长虹，忠毅军团如何坚守长城防线？

刘光才率领以湘军为主的忠毅军，急行军北上，日夜兼程，直奔太行山长城一线布防。太行山长城举足轻重，它控扼太行井陉，固守太行山天险，历来是山西、河北之间防御的屏障，尤其是井陉县这一段，东面有土门关、白皮关，西面有固关、娘子关，多道屏障，易守难攻，历来是燕晋咽喉。

1900年农历十月十日，刘光才率部到达井陉，大营驻扎在井陉微水到东天门一带。他派遣军队在岩峰、青石岭、割髭岭等处据险设防，连夜修筑关卡、炮台、开挖地洞地营，埋设地雷。刘光才踌躇满志，准备好好教训那些不可一世的侵略军，为国为民报仇雪恨。

德法联军从正定西进，进入平山后，在县城设立大本营，见人就杀，挨家抢掠，牲畜鸡猪、门窗器物，一样也不放过。在平山县城附近的蒲吾、孟岭村，村民一看洋鬼子来了，心惊胆战，赶紧逃到村西的一座孤山上躲避，侵略军一路围追枪杀，打死数百村民。当地民众痛恨德法联军暴行，含泪写下这样一首歌谣："伤心事，辛丑初，洋人蹂躏我蒲吾，劫我钱财烧我房，毙我人命数百余。人逃窜，家散离，殃及村中犬和鸡。儿时我等在褓襁，恨不食肉寝其皮。"

第二天，法军头子巴尧，带领马步大队，大炮辎重，准备西进太行山，进攻清军固守的长城防线。走到井陉县的平望村东，侵略军的大跑车拆毁了车轴，洋鬼子也有些迷信，都觉得是不祥之兆，于是退到获鹿县城。

农历十月十九，时值深秋，数千名法国侵略军和德国侵略军在巴尧的率领下，趁着大雾再次出发，准备偷袭刘光才固守白皮关的东天门。到了白王庄村北，他们摆开架势，先用大炮轰炸清兵在白石岭上的营垒，然后一窝蜂地冲向清军的阵地，发动猛攻。

面对洋人的大炮轰炸，刘光才沉着应战。他让将士们做了很多假人，迷惑对方，同时指挥将士们利用火炮、火枪、滚木礌石，奋勇还击，打退了侵略军的一次次进攻。随着太阳升高，大雾消散，忠义军将士发挥了居高临下的优势，节省火枪弹药，用滚木礌石阻击敌军。经过激战，打死打伤法军多名，侵略军久攻不下，扔下一大片尸体，被迫东撤。

西犯受阻的侵略军当然不甘失败，他们又会生出怎样的计谋呢？

侵略军用金银财宝收买了一些汉奸，到忠毅军的防地来窥探。当地百姓爱戴忠毅军，纷纷动员起来，给军队送粮送衣，井陉县南障城爱国绅士吕献琛、吕正音，召集村民数十人组成民兵，协助忠毅军在井陉县的各个关隘，日夜巡逻，捕获到法军收买的侦探多名。一时间军民同仇敌忾，形成坚固防线，德法侵略军无机可乘。

双方对垒一直持续到冬季。农历的十二月九日，法军头目巴尧率领马步大队，再次向清军驻地发起攻击。刘光才所部据险堵击，打死打伤法军多名，法军狼狈败退。

忠毅军的英勇，让德法联军心存忌惮，他们不敢正面进攻，改变了策略，暂时驻扎在正定府城内，向腐败的清政府施加压力。说话间就到了1901年农历辛丑年的二月，德法两国向清政府提出：刘光才一军扎驻井陉相逼，必须先退，方肯撤军，否则德法合兵，即日进攻。

清政府的全权代表直隶总督兼北洋大臣李鸿章不得不奏明光绪皇帝，光绪帝听罢此言，按照慈禧太后的意思下旨："先行退扎晋境"，"万一彼军来扑，千万不可还击"，"勿起衅端"，"免致借口"。

曾多次击退德法精锐部队的刘光才防线，就这样被清政府诏令放弃，刘光才和忠毅军将士们用鲜血和生命固守数月的白皮关被迫弃守。

不战而退，东天门下如何惜别众乡亲？
转败为胜，庚子之役怎样痛击侵略军？

辛丑年的三月二日，刘光才和将士们含着眼泪紧紧握着井陉的父老乡亲的手，依依不舍，告别东天门，退往长城西线的固关、槐树铺等处。

刘光才的老战友大同知府李桂林密信提醒刘光才，切记兵不厌诈，德法联军不会善罢甘休，务必部署全军扼守要害。刘光才一面布防，一面让井陉县知事赵振鸿带着他的亲笔信到天津去见李鸿章，探询联军议和是否真有诚意？

赵振鸿到了天津，拜见了直隶总督兼北洋大臣李鸿章，转呈刘光才的亲笔信，陈述对侵略军的担忧。李鸿章对赵振鸿说："你放心吧，我们大清朝与洋人议和，这一次洋人信实无欺。"

赵振鸿带着满心的忐忑返回井陉，他回程路过保定时，亲眼看见德法军队正在调动军马，往正定运送重武器。在正定新城铺还有德法军队新运来的大炮和铁甲车，他知道这其中必有变故，随即电告李鸿章。但是李鸿章未予理睬，在三月初四日还自欺欺人地电令刘光才"勿起衅端"。

法国侵略军头子巴尧并没有因为清政府的谦卑退让改变主意，他调用铁甲车，去进攻刘光才的忠毅军，想把刘光才的将士们斩尽杀绝。巴尧还与德军的提督欧贝相互勾结，想趁刘光才刚到固关，立足未稳，发起突然袭击。

巴尧纠集法军从获鹿县城出发，欧贝率德军马步大队由平山起行。德、法步骑共计13000多人，牵引着大炮数十门，会集在井陉县城天长镇。德法联军这一次下了血本，初五黎明时分，他们兵分三路，向太行山长城晋冀咽喉的娘子关和南面固关发起疯狂进攻。

刘光才得到井陉知县的密报，知道德法联军所谓议和，毫无诚意，于是命令忠毅军在长城的关口城防中昼夜抢修阵地，备足军队给养和滚木礌石、箭镞火药。

正如刘光才所料，德法联军果然趁着与清政府所谓议和之机，对退守山西的清军阵地疯狂进犯。刘光才率部坚守长城的固关阵地，打退敌军一次次的进攻。

巴尧很狡猾，他知道刘光才和忠毅军能征善战，固关难以攻克，于是使了一个调虎离山计，留下一小部分人马佯攻固关，暗地里集中主要兵力猛攻娘子关。驻守娘子关的湖北军队武功营因为准备不足致使娘子关失守，将士们死伤惨重。德法联军从娘子关绕到固关的西侧，两面夹击忠毅军阵地，刘光才率领的忠毅军腹背受敌，一下子伤亡30多人。

这一招的确出乎刘光才预料，但是他很快调整思路，沉着应战，指挥将士们利用固关的城楼和长城前后防守，东西还击。由于从西面绕过来的侵略军，没有重武器，所以刘光才组织精锐将士，如猛虎下山，两侧包抄，很快就全歼了背后的这股敌军。这可让巴尧和欧贝这两个侵略军的头子傻了眼，嚣张气势瞬间丧失，刘光才的军队士气大增，转过身来集中力量打击东侧正面阵地的敌兵。

这一仗，刘光才转败为胜，长城防御战役转危为安，中国军民共打死打伤法、德侵略军1800多名，其中有军官多名，使侵略军西犯的企图再次遭到重创。德法联军死伤惨重，巴尧乘着暮色狼狈撤兵。从此，他再不敢进攻山西。

刘光才指挥的忠毅军连续击败德军、法军，歼敌近1800人。这是一个惊人的数字，从1840年一直到清朝灭亡，清军胜少负多，从没有任何一场战役击毙过如此多的外国侵略军！新中国成立之后，有些学者对这个数字提出质疑，刘光才是否被神化？这个骄人的战绩是真的吗？

直到2000年，这个谜底才被一位访华的德国学者解开。他们提供的一份详细的军人档案显示：1900年10月到1901年4月间，德军在中国阵亡的有3000人，其中半数是死在进攻山西的庚子长城战役中。也就是说，在庚子长城战役中，仅是德军就被击毙1400人以上，而法军被击毙的绝对不止400人。这实在是个极其惊人的数字！这也是自明朝末年西方殖民者来华侵略到朝鲜战争爆发，中国军队一次击毙欧洲侵略军最多的战役，刘光才无愧是清末抗击帝国主义入侵的民族英雄！

但是，在当时的背景下，这样的成就并没有为刘光才、李桂林等主战派赢得相应的荣耀。1901年清政府与列强签订卖国的《辛丑条约》，侵略军要求惩办山西抗击德法的官员，河北英雄李桂林为了保护民族英雄刘光才，就主动承担全部责任，引咎辞职，解甲归田。山西的官员对太原知府说："此人功高一世，而独以罪归，山西的官羞愧死了！"

李桂林的老战友刘光才，也因抗击德法联军获罪被革职，带着悲愤和屈辱回到家乡。他整理出《防堵晋东敌兵记》，为后人留下了一段真实的历史。刘光才居官40余年，为人仁厚，为官刚正，为将英勇，热心慈善，他捐田租创办"斗光书院"和"青藜书塾"。民国时期，刘光才解职归乡，兴办了"济婴局"，在万象山捐租设立"养源义庄"，类似现在的养老院，并在县城建"残废救济院"，他还捐款修筑了50多里石板路，在家乡白马田周围，架设观音桥、丝线桥等四座桥梁，并修建桥亭，成为一代著名的慈善家。

这正是：

民族英雄刘光才，慷慨悲歌长风来。
井陉固关战功赫，杀敌千余空壮怀。

第八十六回 烽火山海关　城上警钟鸣

前面讲到燕赵长城从古至今的历史传说，荡气回肠的沧桑往事。当岁月定格在抗日救亡的风云之际，长城又担负起怎样的光荣使命？这里又燃起了怎样的神圣烽火？长城的抗战故事究竟要从哪里开篇？

长城抗战的第一枪恰恰发生在万里长城的第一关——山海关。

早在七七事变之前，中国大地上就已经经历了三大事变，这就是1931年的九一八事变，1932年的一·二八事变和1933年的榆关事变。东北的九一八事变和上海的一·二八事变人们一定不会陌生，但发生在河北的榆关事变又是怎样一场战争呢？

其实，榆关就是山海关的别称。九一八事变过后，因为蒋介石采取不抵抗政策，几十万东北军退居关内，把大片的土地让给了日本侵略者。从这以后，霸占了整个东三省的日本侵略者扶植溥仪做起了傀儡皇帝，成立了所谓的"满洲国"，他们把山海关看作伪满洲国所谓的"国境线"上最主要的"边关"。于是，山海关成了日本人进一步入侵中国的首要目标。

1933年元旦，山海关上演了英勇悲壮的榆关抗战，打响了长城抗战的第一枪，巍峨雄壮的山海关也化身成为守护华北的重要防线。那年那月，中国军队如何在山海关上拼死一战，这究竟是怎样一段可歌可泣的往事呢？

山海关之战是九一八事变之后东北军第一次正面对抗日军的壮举。当时，爱国将领何柱国带领五十七军驻守山海关。在东北军中，何柱国的队伍可是一支数得着的钢铁部队，向来就以英勇善战、纪律严明而著称。而五十七军奉命守护的山海关却早就不是纯粹的中国防区了。早在

1900年，八国联军入侵中国，直到20世纪30年代初，因为那一纸《辛丑条约》，山海关一带驻扎了好多外国的部队，其中，日本兵驻扎的营盘距离山海关城不过2公里的路程。

日军占领锦州之后，驻扎在山海关车站的日本秦榆守备队队长落合正次郎接到指示，跟从前认识的中国将军何柱国拉起了关系，想用"日中亲善"的幌子拽着何柱国走上卖国求荣的"汉奸"路。何柱国一身正气，满腔热血，早就对侵华的日军恨得牙根痒痒，又怎么会跟日本人同流合污呢？

日本人的"策反"工作进行不下去了，就开始想着法子进行军事挑衅，打算逼驻守山海关的中国守军按他们的意思走。1932年12月8日，日军再次挑起事端。锦州日本第八师团的铁甲车借口追击义勇军，一路开到山海关站东边长城的缺口上，突然开炮向城里发动攻击。38发炮弹轰隆隆地震响了山海关城，纷飞的战火揭开了榆关事变的序幕。

  三军集结，侵略者怎样打的鬼算盘？
  一城死守，山海关如何打响反击战？

1932年的12月，日本人集结了陆、海、空三军的大部队，就等着找个机会攻打山海关。到了这时候，他们还想着兵不血刃就拿下山海关这个军事重地。日本军方又派落合正次郎跟何柱国将军进行了一次密谈，谈判的筹码是200万元和足够何将军部队使用的全部武器、军费，条件就是要求何将军出面，立即在滦东和热河建立独立自治区。如果何将军不点头，日本兵就要对山海关和长城各口开打，接下来还要进攻北平和天津。

这一通威逼利诱不起作用，何将军的心里一点儿没动摇。他知道，对付这些老奸巨猾的侵略者，不能跟他们硬碰硬，而是要动脑子，想办法。于是，何将军表面上并没有立刻拒绝日本人的提议，而是推说事关重大，需要好好考虑一下。他跟日本人分开之后，一刻也没有耽误，立即启程赶往北平，把这里的紧急情况汇报给张学良。

何将军的拖延战术没能拖住日本人，敌人有的只是侵略的野心，就在1933

第八十六回 烽火山海关 城上警钟鸣

年1月1日,日军发起了进攻山海关的军事行动。山海关车站的日本守备队一个中队集结在南关大街,突然向守卫在那里的中国哨兵开枪射击,还投掷了手榴弹。当天晚上10点40分,车站附近传来几响爆破声,紧接着,日军从城南向山海关城发射了五发重型炮弹。

日军肆无忌惮的挑衅激怒了守城的官兵,这批东北军军人最明白蒋介石不抵抗政策的之弊,更深受东三省大好河山的沦陷之苦。将士们发誓决不让东北沦丧的一幕重演,下定决心要与山海关共存亡。新年第一天的夜晚,山海关城的军民一宿没睡,都忙着挖战壕、修地窖,在各个路口建起了路障,准备跟日军决一死战。

何柱国从北平返回秦皇岛,刚下车就听说战斗即将打响,他下达命令:如果日军攻城,坚决予以抵抗。一年多了,忍气吞声的日子终于到头了,何柱国将军吟出"慷慨赴死易,从容就义难"的诗句,他向英勇奋战在山海关前线的部下发布了一篇《告士兵书》:"愿与我忠勇将士,共洒此最后一滴之血,于渤海湾头,长城窟里。为人类张正义,为民族争生存,为国家雪奇耻,为军人树人格。上以慰我炎黄祖宗在天之灵,下以救我东北民众沦亡之惨……"

何将军又提出战斗口号:"以最后一滴血,为民族争生存;以最后一滴血,为国家争独立;以最后一滴血,为军人争人格!"

面对着兵力和武器都占有绝对优势的侵略者,守城的中国军队抱着必死的决心,与日军打响了艰苦的拉锯战。关城的大门被潮水一样的敌人攻破了,中国军队又与敌人在城里展开巷战。一场激战,在中国抗日战争的历史上书写了可歌可泣的一页,在燕赵大地留下了惊心动魄的传奇,前线上涌现了哪些无畏的勇士,他们又做出了怎样不屈的壮举呢?

1933年1月2日上午9时,日军正式向山海关城发起进攻。日本守备队里一个名叫"儿玉"的中尉带着70多人上了民房,他们架设了一溜机枪、平射炮,向山海关南城墙上的中国守军进行射击。日军步兵在炮火的掩护下架梯爬城,进行强攻。

守在南城墙下的是六二六团一营,营长安德馨是燕赵大地上的回族英雄。他出生在保定,读书在清苑,中学毕业后到东北参加了奉军,因为在直奉战场上的赫赫战功，又被送往东北陆军讲武堂深造，是文武双全的人才。

在上阵作战之前，他就立志保家卫国，把生死置之度外，至于妻子儿女，早就送回老家保定交给大哥照应。如今在战场之上，安德馨咬着牙说："小鬼子欺负人欺负到家了，咱可不能一让再让，丢了祖宗留下的血性，丢了咱中国人的地盘！"中国守军拼杀在战场上，打响了长城抗战的第一枪。全营官兵在营长的率领下，身背大砍刀，腰缠手榴弹，一溜儿排开，站在城墙的垛口上杀鬼子，护城池。日军被打得落花流水，号称"拼刺能手"的日军中尉儿玉就死在山海关的城墙边上。

战斗的鼓点越来越紧，双方的炮火越来越密，中国军人用大刀、手榴弹对抗日本兵的坦克、大炮，拼死守护着山海关城。

这天晚上，日军继续调兵，加强对山海关城区的包围，停泊在老龙头海上的四艘敌舰整宿打着探照灯。日本人为了攻破山海关城防，动用陆、海、空三军的兵力布成了联合进攻的阵势。

面对敌人强大的攻势，中国守城官兵临危不乱，在营长安德馨的指挥下居高临下，依托地形优势打击敌人，远处的就用机枪扫射，近处的给他们尝尝手榴弹，这一仗打得惊天地，泣鬼神。抗日官兵浴血奋战，山海关城岿然不动。

一天过去，又是一天，关城南门被潮水一样的敌人攻破。安德馨带领战士展开巷战，他的手上中了弹，腿上也受了伤，安营长带伤不下火线，继续顽强战斗。他身先士卒，冲锋在前，高声喊道："有我安某在，日本人就别想过去，日本兵要想过去，除非从我尸首上踏过。"战士们被营长的精神鼓舞着，打光了弹药，就上刺刀，打折了刺刀，就上枪托。最后，安德馨牺牲在西关清真寺旁。一位战士冒着枪林弹雨抢下了他的尸体，后来，英雄安德馨终于安葬在保定老家。

山海关一战，中国守军付出了惨烈的代价。英雄的六二六团在两天的拼杀中牺牲了400多名官兵，一营几乎全部战死沙场，营长安德馨和四名连长以身殉国。

安德馨阵亡的噩耗在神州大地传开，举国上下为他哀悼。南京、北平、天津、上海等地举行了追悼大会，各地民众团体纷纷发起募捐，抚恤安德馨和其他阵亡官兵的家属。张学良将军还为安德馨烈士送上挽联："守土共存亡，先鞭作我三军气；挥戈思勇决，信义传兹百世名。"还为他献上匾额一方，上述四个大字——"重侔泰岱"，字字千钧，为的正是歌颂烈士之死重于泰山。

> 关城沦陷，爱国人士如何担起救亡重任？
> 日月轮转，中国军民如何收复天下雄关？

山海关城沦陷之后，六二六团团长石世安只恨自己对不起祖国，他拿起枪来就要自尽，幸好被身边的士兵拦了下来。1月3日下午，石团长带领部队从关城西北水门撤出，榆关抗战终于以中国军队的悲壮失败而落幕。

榆关抗战虽战败，但却是甲午战争以来，中国军队第一次用武力大规模抵抗日军入侵，也是七七事变之前中国军队最大规模的抗日战役，这是长城抗战的先声，是中国抗战史上重要的一笔。

山海关硝烟散尽，曾经在这里指挥抗战的爱国将领何柱国依然奋战在抗日战线。西安事变爆发之后，他支持张学良，拥护中国共产党，主张和平解决西安事变。抗日战争持续期间，他密切配合八路军、新四军协同作战，狠狠地打击了日寇的嚣张气焰。何柱国两次访问延安，受到毛泽东、朱德等领导的热情接待。1949年国民党军队全线覆灭，何柱国拒绝去往台湾，在新中国成立后当选为全国政协常委。1985年9月3日，这位饱经沧桑的爱国将领在北京病逝，走完了漫长而曲折的人生。

当年，山海关失守之后，漫画家丰子恺得到消息，把满心的悲愤画作一幅漫画《关山月》，画上的山海关竖着一面日本国旗，夜空中的明月暗自垂泪。万里长城第一关在日寇的铁蹄下失去了往日的庄严，但是，它身上的铮铮铁骨、凛凛忠魂永远不会屈服。

全国各地人民和各界人士一致发出抗日救国的呼声，一些著名爱国人士相继发表了重要演说，号召全国人民一致抗战。榆关落败几天后，宋庆龄公开表示："榆关陷落，平津动摇，我们应一致奋斗。"冯玉祥也发表公告："榆关陷落后，暴日侵略更亟，华北危迫日甚，决以平民资格，筹组义勇军，以纾国难。"

国难当头，国民奋起，就此拉开了长城抗战、察绥抗战、全面抗战的序幕。

历经战乱的长城，饱经苦难的中国，终有一天会迎来黎明的曙光。1945年8月，英勇的八路军将士对日寇进行全面反攻，冀热辽部队乘胜开进山海关。十二个年头，一个轮回，这座雄伟的"天下第一关"重新回到了人民的怀抱。在《晋察冀画报》第9、10期合刊的封面上，红色摄影战士将八路军收复山海关的壮丽场面永远定格在历史的画卷，这一刻也将永远留驻长城的记忆。

这正是：

万里长城第一关，抗日枪声始发端。
壮士捐躯赴国难，忠魂永驻山海间。

第八十七回　奇袭九门口　壮哉显义勇

上一回说到日军发动榆关事变，中国军队奋勇还击，打响了长城抗战的第一枪。日军攻占山海关以后，又攻占了长城险关九门口，面对两处长城要塞的失陷，东北义勇军挺身而出，以血肉之躯组成抗日的长城。这是怎样一曲激荡人心的抗日战歌？

九门口位于河北省抚宁县城东北，距山海关20多里，是长城中唯一一段水上长城。在当地有个顺口溜"十门少一门，门门断人魂，要想出一门，十人九断魂"，这足以说明此处地势险要，易守难攻。

九门口长城拥有一个严整的军事防御体系，在历史上素有"京东首关"之称，是兵家必争之地。明末，李自成就是在这里与吴三桂展开决战，遭遇清兵夹击败北的。几百年后，直奉大战、长城抗战，一直到辽沈战役后解放军入关等决定历史命运的战事，都发生在九门口古长城。

1933年1月3日山海关失陷，九天以后，九门口失陷。两处长城要塞相继失守，中国国土危机四伏，活跃在东北大地的民众救国义勇军各路抗日武装群情激奋，纷纷请战，誓死收复国土。说起东北抗日义勇军，那在东北乃至全国都如雷贯耳，尤其是被称为"天狗司令"的总司令郑桂林。

郑桂林先后毕业于北京朝阳大学、东北讲武堂，与少帅张学良是好朋友。1917年他曾经和中国护路军到俄国首都圣彼得堡，参加第一次世界大战。期间适逢十月革命爆发，年轻的郑桂林对共产主义思想有了初步了解。回国后，郑桂林出众的军事指挥才能得以展现，被少帅张学良任命为东北军某部作战参谋。

1931年东北沦陷，因为不满国民党当局不抵抗政策，郑桂林辞官离职，回到故乡辽西。之后他组织起一支以农民为主体、以绿林好汉和伙会头领为骨干的抗日民众武装，还取意"天狗吞日"这个民间传说，自号郑天狗，以示抗日到底的决心。

郑桂林经常发表演说，动员群众参加义勇军，他说："日本鬼子占领了东北，想灭亡我们中国，让我们当亡国奴。国破家亡，子子孙孙都得当奴隶。我们中国人多，不要怕他，我们都起来抗日，东北是可以得救的。咱们十个人顶他一个人还不行吗？就看咱们心齐不齐。当今之计，只有靠我们自己。我们拿起枪来，团结一心，一定能打走鬼子。"这一番激情洋溢又感人肺腑的演说，让在场许多群众流下了热泪，自动加入到抗日队伍中来。

1932年9月，日本关东军为纪念发动九一八事变一周年，出动十几万部队，数十架飞机，组成"日满联合讨伐军"，向义勇军发动进攻。在这次规模浩大的战役中，原来的几十路义勇军或是被打垮，或是被打散。只有郑桂林部义勇军保持着旺盛的战斗力，大败日满联合讨伐军。从此，郑桂林义勇军声威大振，很多东北军旧部和来自北平、天津、上海的进步学生争相投奔，郑桂林部义勇军成为东北最具战斗实力的抗日武装。极盛时期，郑桂林领导的抗日义勇军超过20000人，范围延伸到长城以北的广大地区。

攻其不备，义勇军团如何夜袭要塞九门口？
战绩不俗，东北神兵怎样打响长城保卫战？

1933年1月28日，义勇军在第五路司令郑桂林率领下，抵达九门口附近集结。这时，日军将城门紧闭，还堆满了沙包，在城墙上用木材和水泥加固城防，修筑了紧急工事，并在垛口上架设了机关枪，连城外的山岭上都布置了野炮阵地，用来防御义勇军的袭击。

郑桂林见敌人正面防御十分严密，于是避实就虚，下令部队从九门口背面的山间小路进发，潜伏到九门口的城门角。然后出其不意地搭起云梯，冲向城墙。日本鬼子发现义勇军攻城，大惊失色，慌忙开枪扫射，一时间，子弹像雨点般落下，义勇军突袭队誓死还击，勇士们一跃而起，跳上城墙，手执大刀与日军肉搏，砍杀日本鬼子多名。义勇军攻进九门口两小时之后，驻山海关日军急忙派兵增援。义勇军袭击得手，为避免伤亡，天一亮主动撤离。

2月2日夜，义勇军再次出击九门口。半夜10点，各路部队准时到达目的地，直扑敌军城门。突击队员冒着枪林弹雨，将炸药包放在城门下，随着"轰隆"一声巨响，城门被炸塌，义勇军齐声呐喊，冲进城内，与敌军展开激战，接下来的几个小时，火光四起，杀声震天，不绝于耳，中华民族复仇的枪声响彻九门口这座长城要塞。这次袭击，战果最大，打死打伤敌军百余人，像上次一样，在日本鬼子援兵到来之前，义勇军及时撤回到附近的高山密林之中休整，很好地保存了实力。

三天之后，东北各地抗日部队相继发起进攻，山海关和九门口的日军主力被调往关外，义勇军抓住这个机会第三次袭击九门口。5日晚，义勇军趁夜深人静登上城门，潜伏在城门外的突击队随即发动猛攻，城外另一队战士爬上山，攻占了敌人的炮兵阵地，为攻城的义勇军创造良机。激战持续到深夜，成为一场白刃格斗，日本鬼子招架不住，丢下几十具尸体，夺路而逃，退出城外。英雄的义勇军再次夺取长城九门口，直到第二天中午，方才撤离。

在短短的十余天内，东北义勇军靠劣势武器，以少胜多，几次袭击日军，几度攻入九门口要塞，给敌人重创，牵制了山海关方面的日军主力，为关内的中国军队部署阵地争取了时间。郑桂林所部也因在长城保卫战中的出色表现，得到全国人民的拥戴。

当时的《新天津报》登载："东北救国军，仍有万余人连日在边城一带战斗颇为骁勇。截止最近除伤亡者外，仅余四五千人……"由此可见郑桂林的义勇军在保卫长城的战役中，付出多么大的代价。

蒋介石见义勇军骁勇善战，郑桂林治军有方，有意笼为己用。他把这件事委托给军统头子戴笠。戴笠把得力心腹高凤桂派到郑桂林部参与军事，就是表明蒋委员长对你郑桂林高看一眼厚爱一层。但是郑桂林却偏不买这个账，他早就不满蒋介石的不抵抗政策，更不屑于和他们一起做这些表面文章，为什么说是表面文章呢？那个高凤桂说是来慰劳，却又没有带一分钱军饷和一件武器。尽管他摆出一副中央大员的派头，郑桂林却只当看不见，给了他一个参议的虚职。

高凤桂对这个任命极为不满，他在军中也没起到正面作用，最终导致郑桂林一员得力战将被害、主力团长纵兵抢掠百姓等恶劣后果。为严肃军纪，1933年3月1日郑桂林召开团职以上军官会议，公开处决了企图煽动叛变的高凤桂。

郑桂林杀了"钦差大臣"，惹恼了蒋介石。就在长城抗战如火如荼之时，蒋介石授意国民政府与日方妥协，签订了以出卖主权为内容的《塘沽协定》。同时以统一军令为名，把郑桂林部义勇军强行收编为国民革命军"临永警备师"，派驻天津马厂整训。

中国共产党识破了蒋介石此举的真实目的，于1933年6月12日在《红色中华》发表述评："国民党军阀为了向日本帝国主义表示忠诚，现已完全遵照'停战协定'的规定，开始把所有军队撤至平津以南。现首先令郑桂林部于改编后，把那些坚决抗日的分子都屠杀或予解散。"

事实果真如此，国民党当局以裁弱留强、整肃军纪为借口，将郑桂林部一裁再裁，人员由入关参加长城抗战时的12000多人，减至几千人。军需供给尤为恶劣，每人每天仅给一分钱荣金，多数人赤脚行军。这样刻薄还嫌不够，在郑桂林部防地周围，当局派驻数倍的国民党军昼夜监视，"言行举止皆不可自由"。

此外还有人编造谣言，诬蔑义勇军。郑桂林对此极为愤怒，在报上发表《郑桂林启事》予以驳斥，还在天津招待新闻记者，发表长篇演说。他说："我对外抗战，决不畏死；对内捍卫祖国，尽我天职。"

这时候，中国工农红军委托中共北方党组织，派出秘密联络员来到郑桂林部，开始实际接触。经过党组织的培养介绍，郑桂林加入了中共外围组织"反帝大同盟"。根据郑桂林的迫切要求，中国工农红军还选派既懂政治又懂军事的共产党员到郑桂林部参加领导工作。从此郑桂林部成为共产党实际领导下的、与中国工农红军同一性质的革命武装。

抗战名将郑桂林拒绝国民党南下剿共的命令，反而北上张家口投身抗日同盟军，这样一个选择将如何影响他本人命运以及抗日情势呢？

北上抗日，天狗司令打回老家去立下哪般志向？
命运多舛，抗战英雄遇害琉璃厂遭遇何种不平？

1933年6月，蒋介石调集100万军队，对共产党领导的中央苏区和中国工农红军，发动第五次反革命围剿。这时候郑桂林部在天津马厂整训结束，蒋介石电令北平军分会委员长何应钦，调派郑桂林部及其他国民党军10万余人，立即南下江西，参加剿共行动。

消息传来，郑桂林十分焦虑，红军是共产党领导的抗日力量，大战当前不共同对外，反而内战，他想不通！思来想去，郑桂林还是决定拒绝剿共，坚持抗日救国。可是拒绝执行蒋介石南下剿共的命令，弄不好就会全军覆没，这真是两难的选择。

正当郑桂林忧虑时刻，红军联络员带来了上级指示，建议他尽快组织起义，率部北上察哈尔，与共产党员吉鸿昌和方振武两位将军领导的抗日同盟军会合。党组织的指示，坚定了郑桂林抗日的信念，他决定率部起义，北上抗日。

1933年7月23日，郑桂林以追击"哗变士兵"为名，将部队分批拉出天津马厂。几天后，所有起义部队在河北任丘胜利会师。郑桂林通电全国，宣布起义，官兵拥抱欢呼，热泪狂飞，"打回老家去，逐灭东洋人"的口号响彻云霄。

郑桂林毅然北上，率部去张家口加入了吉鸿昌领导的民众抗日同盟军，后又同吉鸿昌、方振武联合组成抗日讨贼军。

9月，察绥抗日讨贼军在日伪军和国民党军队夹击下失败，郑桂林只带几名随员去北平、天津，多方奔走，联络旧部，准备再次出关抗日。然而不幸的是，当他在天津法租界找吉鸿昌时，被国民党宪兵第三团的特务秘密逮捕。11月20日，国民党当局以"反蒋"、"图谋不轨"等罪名，将郑桂林秘密杀害于北平琉璃厂，年仅44岁。

让人感慨的是，一位被全国民众爱戴的抗日民族英雄，没有死在与日军拼杀的沙场上，却死在国民党特务的屠刀下！蒋介石倒行逆施的卖国政策，令亲者痛仇者快。就在中华同胞悲愤不已的时候，日本《盛京时报》却喜气洋洋地报道了这则消息，大肆宣扬郑桂林在北平天桥予以枪决。

随着时间的推移，历史终于还这位爱国将领以应有的尊严和荣誉。1987年，郑桂林被追认为烈士，文件中说："东北抗日义勇军第四十八路军司令郑桂林，在九一八事变后，自发组织民众抗日武装，英勇抗击日寇的入侵，浴血奋战，前赴后继，血洒疆场，表现了中华民族不屈不挠、同仇敌忾的爱国主义精神。"郑桂林家属也享受革命烈士家属待遇。

英雄已逝，精神长存！郑桂林率部参加长城抗战，重创日寇于九门口的历史功勋，将永远铭刻在抗日战争的光辉史册上。

这正是：

水上长城九门口，义勇司令郑天狗。

几度夜袭惊敌胆，不灭倭贼誓不休。

第八十八回 血战喜峰口 大刀袭敌营

上一回说到，东北抗日义勇军血战九门口，痛击日寇，写下抗战史上光辉的一页。让日军胆寒的不只有东北抗日义勇军，还有赫赫有名的二十九军大刀队，他们勇敢地举起大刀，向鬼子头上砍去，让一支铿锵的战歌响彻大江南北。这是怎样一支抗日奇兵？这是怎样一段抗日佳话？

喜峰口位于河北省迁西县与宽城县接壤处，城墙有2丈多高，关门上建有13米高的镇远楼。周围群山巍峨，河水萦洄，两峰对峙，地势十分险要，自古就是华北的屏障，长城的重要关隘。

在抗日战争时期，这里曾经历了一场悲壮的血战，传唱出一首嘹亮的抗日战歌。

说起喜峰口抗战，不能不提到英勇善战的二十九军，它的前身就是冯玉祥创建的西北军。长城抗战时，二十九军的装备很差，全军只有野炮、山炮十余门，重机枪不过百挺，轻机枪每连只有两挺，步枪多为汉阳造和三八式。虽然武器落后，但全军上下士气高昂，士兵们人手一件标志性武器——青龙大刀，人人练就了一套娴熟的中国传统刀法。寒光闪耀、削铁如泥的青龙大刀，在长城抗战中成了夜袭日军的致命武器。

过去大家一直是从中国的历史记载中了解喜峰口大战，而最近笔者发现了一本1934年出版的日文版《热河长城血战录》，这是当时的日本随军记者对长城抗战的真实记录，因为出版得少，在日本也很罕见。这部书中对中国军队的英勇抵抗，以及日军的损失都有真实的描述，甚至还有不少从未在报纸公开发表的秘密记录。

《热河长城血战录》，透过书名中"血战"两个字，足以看到日军对长城之战的刻骨铭心。因为日军占领东北三

二十九军大刀队准备出击

省几乎是兵不血刃，接着又不费一枪一弹占领承德。而在中华民族的古老长城上，这些日本侵略军则要付出惨痛的代价，否则他们是不会用"血战"二字来形容这场长城之战的。

1933年3月9日，骄横不可一世的关东军服部旅团在侵占了热河省之后，又乘势向喜峰口发起进攻，却遭到了前所未有的顽强抵抗。

当时的日本随军记者松本武雄在文章中写道："真是凄烈的炮战啊，和之前的热河战斗完全不同。城墙的一部分突然崩塌了。然后又一个地方崩塌了，破碎的砖块向天上飞起又向对面的山崖跌落……全军覆灭了吗？我已经站不住了，两只腿都在发抖。"

二十九军奋死拼杀，血战喜峰口，那一股子拦不住的狠劲把日军战地记者看得两腿发抖。然而，让所谓的"大日本皇军"恐惧的事情还在后面，一场"大刀向鬼子头上砍去"的好戏就要开场。

在激烈的交战中，喜峰口多次易手，二十九军伤亡很大。此时，有两位重要的人物出场了，他们就是一〇九旅旅长赵登禹、副旅长何基沣。他们仔细分析了敌我双方的形势，认为在敌强我弱的情况下，只能智取，不能强攻，应当以夜袭的方式，出其不意地反击日军。

何基沣激励官兵道："国家多难，民族多难。我们是受人民养育的军人，当以死报国！战死者光荣，偷生者耻辱！"于是，他从大刀队中调遣500名精兵强将，分左右两翼突袭日军。

雪舞风飘，大刀神勇如何重创日军？
传唱南北，战歌铿锵怎样激励国人？

身背大刀的勇士们攀垣越墙，分头摸进各村敌营。骄狂的日军做梦也没想到二十九军会来偷袭，都在呼呼大睡。大刀队的勇士们怀着报国雪耻的民族仇恨，以迅雷不及掩耳之势，抡起大刀左砍右劈。那些日军官兵正做着美梦，便稀里糊涂地成了刀下之鬼。

在喜峰口战斗中，二十九军及其大刀队血战日寇，歼敌5000，喜峰口防线经历多次激战始终屹立不倒。因此，这一仗便成为九一八事变之后中国军队给予日军最大的一次打击，更让赵登禹所率的大刀队一举成名。

当年的日本《朝日新闻》也不得不承认："明治大帝造兵以来，皇军名誉尽丧于喜峰口外，而遭受60年来未有之侮辱。"

喜峰口之战对骄横狂妄的日寇给予了沉重打击，鼓舞和坚定了全国人民的抗日决心。从此，二十九军大刀队成了全国人民心中抵御外侮的英雄偶像。

后来，何基沣这位出生于藁城县的燕赵名将成为中共秘密党员，不仅在延安受到毛泽东的亲切接见，更在淮海战役的关键时刻率军起义，由此成为电影《佩剑将军》的原型。而何基沣将军中共秘密党员的身份，直到死后方才公开于世。

这次战役给赵登禹留下了一条伤腿，在一张照片上，我们还能看到他小腿缠着纱布，却依旧昂首挺胸保持军人的英挺姿态。他在受伤后这样说道："腿部受伤是小纪念，战死沙场才是大纪念。"

然而让人意想不到的是，那个"大纪念"来得那么突然。因为在长城喜峰口一战中立下战功，赵登禹升任一三二师师长，七七事变后，他奉命率军守卫北平南苑。1937年7月28日，日军总攻北平，在南苑作战的赵登禹身中数弹，双腿被炸断，倒在血泊中。从昏迷中苏醒的赵登禹对随员说："我不会好了，军人战死沙场原是本分，没什么悲伤的，只是老母年事已高，受不了惊慌。回去告诉她老人家，忠孝不能两全，她儿子为国而死，也算对得起祖宗……"话还没说完，他便停止呼吸，终年39岁。

赵登禹将军壮烈殉国时，他的女儿赵学芬才刚刚两岁。70多年过去了，如今将军的女儿成了民革中央抗日合唱队的一员。就在几年前七七事变纪念日之际，这支合唱队来到当年喜峰口战役的遗址演唱抗日歌曲。

虽然赵学芬已经多次去喜峰口缅怀父亲，但是站在那里唱这首专门写给父亲所率大刀队的歌时感觉却分外不同："站在那里，想象着父亲当年也许就站在这里杀过敌人，眼前好像就出现了当年战斗的情景，耳边也响起了大刀砍向敌人时的呼呼风声……那次唱得特别来劲！"

让大刀将军的后代如此热血沸腾的《大刀进行曲》，又是如何创作而成的呢？

喜峰口抗战的胜利，是中国自九一八事变以来的首次大捷，全国上下一片欢腾，社会各界纷纷组成慰问团前来劳军。

喜峰口抗战胜利的消息传到上海，报纸上登出这样的诗歌："大刀大刀，雪舞风飘。杀敌头颅，壮我英豪！"当时领导上海歌咏界战时服务团的作曲家麦新，心潮澎湃，以火山喷发般的创作激情，连夜谱写了高亢激昂的《大刀进行曲》："大刀向鬼子们的头上砍去，二十九军的弟兄们，抗战的一天来到了，抗战的一天来到了！前面有东北的义勇军，后面有全国的老百姓，咱们二十九军不是孤军。看准那敌人，把它消灭，把它消灭，冲啊！大刀向鬼子们的头上砍去，杀！"它的副题为"献给二十九军大刀队"。

《大刀进行曲》最初是为了鼓舞"二十九军的弟兄们"坚持抗战，后来，随着它雄壮的旋律响彻全国军队和民众之中，"二十九军的弟兄们"便改成了"全国武装的弟兄们"；"咱们二十九军不是孤军"改为"咱们中国军队勇敢前进"。唱词中"把它消灭，把它消灭，冲啊！"就像战场上短兵相接、手持大刀向敌人冲去时的呐喊，刚劲有力！结尾一声："杀！"戛然而止，充分表现出了中国军民对日寇无比的愤怒与仇恨，激发起广大人民抗战到底的决心！

"大刀向鬼子们的头上砍去！"这首威武雄壮、慷慨激昂的《大刀进行曲》，不仅响彻全国，还被当时进步的文化界推选为优秀的中国抗战音乐，翻译成多种文字介绍到国外。它就像抗日的号令，形成了抗日战争开始时最典型的时代音调。

慷慨激昂，雄壮旋律怎样成为抗战号令？

感天动地，英雄壮歌如何激励军民抗战？

当年二十九军大刀队在喜峰口所表现出的惊天地、泣鬼神的壮举，又是如何伴随着《大刀进行曲》激励爱国军民从长城抗战一直战斗到八年抗战胜利的呢？

1937年，卢沟桥事变的第二天，中共中央向全国发出通电，主张全民族联合抗日。同一天，二十九军再次组织了150人的敢死队，每人持大刀一把，手枪一支冲入敌阵。时隔四年，大刀队又一次冲向了敌群中，八年艰苦卓绝的抗战在刀光中拉开了序幕。

1938年夏季，喜峰口内五千名儿女揭竿而起，又挥舞起二十九军将士用过的大刀，加入了抗日大暴动的洪流，掀开了抗日斗争的崭新篇章，创建了冀察热辽抗日根据地，并以此为依托扩大口外游击区，使日伪军陷入人民战争的汪洋大海。

1943年，在沦陷的上海，一群手无寸铁的小学生面对日本宪兵，高唱"大刀向鬼子们的头上砍去，全国武装的弟兄们！"一位著名女作家曾这样回忆说："在延安时，我常喜欢唱《大刀进行曲》，我尽情地唱着，特别是唱到'抗战的一天来到了'的时候，感到扬眉吐气。当时全国人民强烈要求抗战，抗战之心是多么迫切啊。"

从二十九军大刀队的英勇杀敌，到《大刀进行曲》的诞生和传唱，喜峰口的大刀之战已经从具体的历史事件，转化为抗日战争和中华民族力量的象征。

这正是：

二十九军美名扬，青龙挥舞闪寒光。

梦中已做刀下鬼，喜峰血战灭东洋。

第八十九回 歼敌罗文峪 壮士扬军威

上一回说到,二十九军坚守喜峰口,大刀队奇袭敌营,写下抗战史上光辉的一页,让一支铿锵的战歌响彻大江南北。喜峰口实在不好打,日军只得改变进攻方向,向西面的罗文峪进犯。他们万万没想到,另一支西北军的劲旅早已经候在那里。这里又会上演怎样一场惊心动魄的恶战呢?

河北著名诗人刘章有首诗:"喜庆乔迁又自伤,辞亲路似九回肠。罗文峪口停车望,从此家乡是故乡。"这首脍炙人口的乡愁诗,让海内外的游子记住了罗文峪。而很少有人知道的是,当年长城抗战中,罗文峪还曾是让日本鬼子魂飞胆丧的地方。

罗文峪关位于遵化城正北 10 公里,自古就是蓟镇长城中重要关隘。相传,隋朝在这里初建关寨时,曾由一位叫罗文的武将镇守,后来这个关隘就命名为"罗文峪"。

这一带是长城的凹入处,如果让日军占领,二十九军主力阵地喜峰口将受到严重威胁。日军如果继续南下遵化,部署在北平东部的中国军队则被断绝后路,那么华北的防线势必全线崩溃。所以罗文裕的战略地位也是非常重要。

守卫罗文峪的部队是二十九军暂编第二师,这支队伍也是西北军劲旅,早就憋足了劲要再给小鬼子点颜色看看。

京剧中有一出经典的传统戏目《三岔口》,虽然整个舞台上只有三个人,却斗智斗勇,十分精彩。巧的是,在罗文峪前有一个关口也叫三岔口。

1933 年 3 月 16 日,天还没亮透,作为先锋的日本骑兵联队就赶到了罗文峪关口前的三岔口。这里大都为山路,崎岖坎坷,只能下马牵着走。

日军刚刚来到三岔口,枪声就打响了。原来,二十九军早就从部队里面挑出一些战斗精英,换上老百姓的衣服埋伏在这里,这就叫潜伏移动哨。因为他们都是穷苦出身,所以客串农民的角色连妆都不用化。等他们一发现日军的身影,很快就发起了进攻信号。

这个时候,日军骑兵在山路上根本发挥不出任何优势,他们一只手要牵着东洋马,另一只手也不知道究竟是该拿刀还是拿枪,别提有多尴尬了。更糟的是,他们想退还退不出去,因为正好进入三岔口守军的射程范围,所以这迎面第一板斧就被砍了个稀里哗啦。

为加强罗文峪兵力,喜峰口的赵登禹派吉星文营长率领全营官兵投入三岔口参加战斗。吉星文打起仗来从来就不怕死,赵登禹给他起了个"吉大胆"的外号。他指挥大家打了一阵后,觉得不过瘾,便高声喊道:"弟兄们,拿出大刀跟我冲啊!"

吉星文第一个跃出堑壕,冲向敌阵,与鬼子厮杀在一起。岭上岭下,杀声阵阵,中国军队越战越勇。敌人抵挡不住,开始后退。官兵们哪里肯放过。经过五个小时的激战,中国军队大败敌人的先头骑兵部队,然后迅速撤回罗文峪阵地。不一会儿,日军炮兵上来了,带来了数十门野山炮,全都推上来,朝着城墙狂轰滥炸。

血染沙场,二十九军如何对付凶残敌军?

不负所托,"呆子"师长怎样扭转战场情势?

若是平常人,只听听这震耳欲聋的炮声,两腿就得抖个不停。不过,二十九军的官兵们本性顽强,并且事前就知道守住罗文峪关乎全军的安危,所以不管受多少损失,都不肯稍有退却。围绕被打得残破不堪的罗文峪长城,双方你争我夺,各不相让,战斗一度达到沸点。二十九军牺牲的惨烈状况,甚至比喜峰口战役有过之而无不及。一眨眼的工夫,700多人倒在了长城上。照这么打下去,罗文峪迟早会落在敌人的手中。

就在这千钧一发的危急时刻,罗文峪战役的主将出场了。防守罗文峪,宋哲元挑中了一四三师师长刘汝明。二十九军的领导集体中,要论行军打仗时彼此的长处,进攻要数张自忠,防守当属刘汝明。

刘汝明在西北军中被称为"呆子",其实他一点儿也不呆,还很有心计。他能跻身"西北五虎",就是因为打仗很"滑头"。他指挥作战不以进攻称雄,而以善守著称,是个任何时候都知道怎么保本的主。

刘汝明早年间之所以出名,就是因为趴在长城里面挡住了直奉联军的进攻。等到实在守不住了,大家都往后跑,他又跑得最快,把辎重车辆和笨重物品一股脑全扔掉,腾出骡马,由士兵轮流骑着跑。结果到了集结地一看,刘汝明最早报到,人员也流失得最少。他带着手下这批骑着骡马的兵,成功地化解了杨虎城西安之围。打完仗,冯玉祥发给刘汝明一个大奖状,表扬他"孤军挡南口之险,走马解西安之围"。

在这次罗文峪战役的生死存亡时刻,被宋哲元寄予厚望的刘汝明能不负所托吗?

效果立竿成影。刘汝明在长城上一现身,军心立刻大振,战士们重新燃起了斗志。

3月17日清晨,天刚刚亮,刘汝明走出指挥所,面朝北眺望远方,似乎听到了什么动静。他的家乡有一条铁路,小时候放学回家的路上,喜欢和同学们一起用耳朵贴在铁轨上,听远方火车的动静,然后根据声音大小来判断火车的方位和距离。

他从中受到启发,便趴在地上,把耳朵贴在大石头上仔细地听。不一会儿,他听出了问题,对身边的人说:"大地在震动,可能是敌人的坦克声音。"刘汝明顾不上吃早饭,立即命令所有部队进入阵地。

8点左右,15架飞机光临罗文峪上空,丢下几十枚大炸弹,阵地上一片火海。一部分鬼子趁势攻到了长城的墙根下。有个叫大洼子的城墙被敌人炸了个大缺口,七八个鬼子从缺口向上爬。

第一旅二团三营副营长李晨星,早已把生死置之度外,他把身上所带的16枚手榴弹接二连三地投下缺口,打散了这群敌人。不一会儿,五六个敌人又从缺口爬上来。李晨星就像一根擎天柱,坚守在缺口的上端,上来一个就用大刀砍死一个。

上午10点半，多处城墙根被炸成缺口，敌人一批接着一批从缺口处爬了上来，情况十分危急。关键时刻，刘汝明率领师部手枪队，冒着弹雨，来回奔跑指挥督战。

忽然间，刘汝明发现一个敌骑兵胖军官腕勒马缰，双手抱一挺马快枪，疯狂地冲上城墙。他急忙指挥手枪队士兵迅速向敌军官扔手榴弹。"轰轰轰"一阵爆炸后，胖军官从马上翻滚下来，趴在地上乖乖地做了俘虏。

到中午12点左右，刘汝明亲率一连手枪大刀队埋伏在山口处，等到日军步兵近到200米处时，站出来挥刀督战，并投掷手榴弹、挥舞大刀奋勇杀敌，使进犯我军阵地的日军仓促溃退，刘汝明率队乘胜奋勇追击，将日伪军赶出了罗文峪。

临危不惧，五百勇士誓死报国留下何等佳话？
言出必行，刚正军长一诺千金成就哪番美谈？

在二十九军长城抗战的英雄事迹中，有个小故事至今被人传诵。这是一个统帅和一名战士的最后诀别，战场上的那句承诺，又将化为怎样感人的生死誓约呢？

那是1933年3月，日寇占领喜峰口西侧两个阵地，二十九军500名士兵组成大刀队，准备夜袭敌营，把鬼子赶下山去。临行前，军长宋哲元亲自为战士们送行。他为大刀队长舀了一碗酒，队长一口饮尽烈酒，将碗摔碎。

这时，有个大个子战士走到宋哲元面前"扑通"跪了下来。宋哲元问道："男儿膝下有黄金，你为什么下跪？"那个士兵含泪说道："小人名叫侯万山，只因家有一个临产之妻，如果我壮烈了，孤儿寡母能得军长体恤，我也就死而瞑目了。"

宋哲元盯着侯万山看了一会儿，猛地转脸大吼一声："军务处！"军务处处长高声答："到。"宋哲元说："把侯万山的话记下来，也把大刀队全体官兵的要求记下来。"说完,他对500名壮士轻轻地讲了一句："你们放心去吧。"之后，他庄重立定缓缓把手掌举向帽檐……

战役结束,侯万山牺牲在长城脚下的罗文峪中。目击者说,他一人砍死七个鬼子,直到军刀卷刃。

遵照诺言,宋哲元对烈士遗愿一一进行安排。他派人到侯万山老家,接来烈士的妻子和一对刚刚出世的双胞胎,把他们安置在自己家里,还请来两个奶妈哺育婴儿。他对部下郑重交代:"侯万山的孩子就是二十九军的孩子,就是我宋哲元的孩子。"这两个孩子一个叫宋记峰,一个叫宋记峪,作为对喜峰口战役和罗文峪战役的纪念。18岁后,他们终于知道了自己的身世,才随牺牲了的父亲,改姓为侯。

二十九军的长城之战,使举国上下充满了抗战胜利的信心和希望。自从热河失陷以来,前线几乎天天都是坏消息,好像没一天不打败仗。但是经历过喜峰口、罗文峪那几个激动人心的晚上之后,一切都改变了。

一支装备落后的地方部队竟然一鸣惊人,举着大刀片,把枪械精良的鬼子杀得人仰马翻,使得日本关东军精锐在长城之前停滞不前,大长中国人的威风。二十九军一战成名,铭刻在抗战的丰碑之上。

这正是:

三岔口外出奇兵,罗文峪前灭敌营。
将士报国齐效命,巍峨不倒是长城。

第九十回　激战古北口　拒敌威界岭

上一回说到，三岔口外出奇兵，罗文峪前灭敌营。这一回我们继续回到烽火硝烟的抗日战场，走进燕山一脉的古北口长城。在这里，一场激烈的战争正在打响，一道血肉城墙已经铸就，这是一段怎样悲壮的抗战史话？

古北口位于北京东北的密云，是东北和草原进入北京的必经之路。元明清三朝，这里战事频繁，金代的时候曾在这里修建铁门扼守，所以又叫"铁门关"。几百年之后，"铁门关"成了一道真正的"铁门"，这"铁门"不是铁铸的，而是中国军人的血肉之躯铸就的。

时间回到1933年的元旦，对中国人来说，这新年的第一天又是一个苦难的开端。日本侵略军出兵山海关，随后占领热河省的省会承德，接着又攻向长城东部各主要关口，进逼平津。日军主力第八师团及骑兵第三旅向北平东北大门古北口凶猛扑来。

当时在古北口驻防的是东北军六十七军王以哲的一〇七师，官兵大部分是东三省人。九一八事变，他们眼睁睁地看着房屋被烧毁，亲人被杀害，家乡被日本人蹂躏，内心充满悲愤和痛苦，胸中燃烧着复仇的火焰，发誓要向日本鬼子讨还血债，早日打回老家去！

古北口战事打响后，日本鬼子先用大炮排轰，接着飞机投弹，随后用装甲车掩护步兵向我方阵地冲锋。一〇七师部队丝毫不畏惧，他们一天就打退敌人三四次冲锋。

根据前线运来的伤兵的描述，青石梁山石坚硬，构筑工事困难，时间又短，并缺乏树木掩盖，堑壕、掩体大部分暴露，交通壕也挖不深。中国守军炮少压制不了敌方炮火。尽管如此，官兵抗战热情很高，轻伤不下火线。

《热河长城血战录》一书中，大阪每日新闻社特派记者这样写道:"弃守热河的支那军以最后的关口古北口为依托,转而发起了猛烈的反击。在距离古北口9公里远的长山峪发生的一战就成了热河讨伐中最激烈的战斗。我被敌人打在身前的炮弹震的耳鸣不已,全身的神经就像被针扎了一样,身体紧张的战栗发抖。紧接着大量的石子打在身上,让我觉得要完蛋了。"

这一战,日军受到惨烈打击,连受到特别保护的随军记者都险些丧命,足以说明战斗的激烈程度。

在长城各口中,古北口控扼承德——北平大道,位置最为重要,因而成为双方攻守的焦点。北上的国民党中央军主力也被派来增援古北口,这些号称嫡系的黄埔军将士在长城抗战中又有哪番表现呢?

国难当头,热血将军如何主动请缨北上抗日?
大敌当前,二十五军怎样拼死奋战血洒疆场?

明朝初年,大将徐达沿燕山一线要隘修建长城,古北口长城的选址就是出自这位常胜将军之手。

而此时,国民党部队中同样被誉为"常胜将军"的中央军十七军军长徐庭瑶,正奉命在江西"围剿"红军。面对外敌入侵、国难当头的局势,徐庭瑶再也无心"安内"了,联络关麟征等十七军高级将领,联名上书南京政府,强烈要求北上抗日。据说,徐庭瑶是国民党中央军第一个主动请缨抗日的将领。

面对全国上下"一致对外"的强大压力和日军咄咄逼人的进攻态势,蒋介石发出命令:一面抵抗,一面交涉,寻求国联调停,批准十七军北上。接到命令后,徐庭瑶立即派关麟征的第二十五师、黄杰的第二师等部队各自从驻地出发,北上抗击日寇。

关麟征的二十五师于3月10日凌晨抵达古北口,部队刚刚部署完毕,日军便对古北口发动了进攻。敌机成群结队飞来,对我方阵地狂轰滥炸,成串的炮弹落向城头、山沟,炸得城崩岩裂,树断石飞。中国军队的阵地被一片浓烟烈火吞噬,士兵伤亡极大。尽管如此,他们也没有后撤一步。

11日天光大亮,日本关东军第八师团的步兵在山、野重炮的掩护下,开始大举进攻。成群的鬼子兵，端着三八大盖漫山遍野像蝗虫似的向二十五师阵地扑来。我军利用简陋的工事和天然地形地物尽可能隐蔽自己，等鬼子临近了，才猛烈的投弹射击，枪炮声、喊杀声回响在古长城的上空。

师长关麟征身先士卒，率部冲锋，被手雷炸伤五处，满身淌血。身旁十多位官兵全部战死，他仍毫不动摇，大呼杀敌。经过激烈的搏斗，他们终于打退日军，稳住了我军防线。

二十五师作为一支组建不久，装备很差且训练不足的部队，能在敌强我弱的情况下，浴血奋战多日，虽然伤亡4000余人，但也让骄横的日军付出2000多人的代价。日方非常震惊，在战报中称古北口之战是"激战中的激战"。关麟征因此获得青天白日勋章。《大公报》主笔张季鸾亲自撰写社论《爱国男儿，血洒疆场》，为其贺功。

1949年蒋介石兵败大陆，关麟征则退居香港，淡出政界。这位抗日名将关心在大陆的黄埔同学，他曾对妹妹说："我是炎黄子孙，我盼望祖国早日统一！"表现出了一个爱国者的炽热情怀。

在古北口战场上，还有七位勇士，竟然让骄横不可一世的日军向他们鞠躬致敬。这是怎样一番壮举？又上演了怎样一出感人至深的故事呢？

古北口开战之初，中国军队向帽儿山高地派出了一个观察哨，七名士兵携带一挺轻机枪据守在一座小山头上，封锁着日军前进的必经之路。大部队都撤离时，由于联络中断，这七个人并未接到命令，所以仍在坚持战斗，一直到13日下午日军仍未攻下帽儿山。这七位勇士依靠居高临下的地势和山顶上的怪石山洞为掩护，顽强机智地打击日寇，日军前后伤亡100多人。

恼羞成怒的日军，动用飞机、大炮反复轰击。小小的山头几乎被削平，阵地成为一片火海，硝烟呛得他们喘不上气，烈火烧着了他们的发肤，但这七名壮士紧握机枪，没有后退半步。子弹打光了，就用石头砸，用刺刀、枪管、枪托和冲上来的鬼子肉搏，最后全部壮烈牺牲。

日军指挥官原以为帽儿山上至少有几十个甚至上百守军，可是到了山顶一看，只有七具中国军人的尸体，大为震惊。他下令在山坡南面挖了一个大坑，将七人遗体安葬，又在坟前立了一个木牌，上面写着"七勇士之碑"，然后率

第九十回 激战古北口 拒敌威界岭

领全体日军鞠躬致敬。

今天，人们在凭吊战场遗迹时会发现，当年七勇士战斗的山头仍然寸草不生，而其他山头都是茂密的草木。由此推断，当年的战争太过激烈，让帽儿山的山顶失去了生长草木的条件。

当年的十七军军长徐庭瑶后来曾亲身经历过昆仑关大捷等无数恶战，然而他晚年在台湾讲得最多的就是七勇士，他给家人讲、给朋友讲、给部下讲，每次讲总是老泪纵横。

然而，奉行"攘外必先安内"政策的蒋介石南京政府没有血战到底的决心。他们派十七军赴古北口抗战，只是为了缓和国内舆论和增加同日本妥协谈判的筹码，却又不派一兵一卒去增援。部队从前线撤离时，当地群众怕部队撤走后日军再来骚扰，十分惶恐，关麟征师长见状，不禁感叹流泪说："政府不顾人民安危，下令撤军，实在对不起老百姓！"

古北口抗战，虽因国民党政府奉行对日妥协政策而失败，但是十七军爱国将士的鲜血没有白流，使民众看到了中国的希望，激励着千千万万的中国人走上抗日救国战场，用民族之魂和血肉之躯筑起坚不可摧的新长城。

喜峰口、古北口几场战役，让日军遭受重创，然而日军的噩梦还在后面，一场惨烈的界岭口之战，更让日军毛骨悚然，谈之色变。

界岭口位于河北抚宁县城北，是蓟镇长城的重要隘口，具有"外控辽左、内护京陵"的战略地位。从明代以来，几乎汉民族与外族历史上的每次战争都少不了界岭口。而在《热河长城血战录》中，有关界岭口之战的文字竟是喜峰口和古北口战役记载的总和。

1933年3月上旬，日军混成第三十三旅团长中村馨派出一支先头部队，长途奔袭长城界岭口，为的是打开由热河到滦东地区的通道。没想到的是仗还没打，极度严寒的天气就快要了鬼子们的小命。当时的随军记者是这样描述日军的狼狈相的："实际上寒冷这玩意儿在行军的时候还不那么有感觉，如果一旦停止行军就会出现全身疼痛乃至痛入骨髓的情况。如果再休息20分钟的话，脚就会被冻伤。所以，在部队不管怎样疲劳，绝对不会让你得到充分的休息。"

那么，界岭口战役在日本记者的眼里又是怎样一番残酷的景象？他在报道中用了这样的小标题——"死在热河可以瞑目了"、"这该死的绝壁"、"长城天摇地动"、"战斗到了最顶峰——超出人类极限",等等。

在日军记者眼中,长城是如此不同凡响,他写道:"长城像百足虫一样蜿蜒曲折,它灰黑色的样子也慢慢呈现出来。从敌方射来的子弹越来越激烈了。左翼支队那边正遭受猛烈的机关枪火力。万里长城周边的山山水水,在战斗中迎来了朝霞。"

驻守界岭口的是东北军的一支劲旅——万福麟的第五十三军第一一六师。在敌人优势兵力和武器装备面前,中国军队虽然没有能够最终守住界岭口,但是广大将士奋不顾身的拼杀,表现出顽强不屈的爱国精神。

生离死别,枪林弹雨怎样演绎战地豪情?
马革裹尸,五十勇士如何冒死突袭敌营?

一一六师的副师长江惟仁,自幼给地主家放牛,十七八岁时从戎报国。到兵营后,他刻苦自勉,忠于职守,屡建功勋,从一名卫士逐步提升为副师长。

1933年12月,日寇进犯热河,江惟仁奉命扼守界岭口、喇嘛洞一带的险要关口。他率领全体官兵坚守阵地,英勇作战,打退敌人数次进攻。敌人丧心病狂,拼命反扑,飞机狂轰滥炸,炮火猛烈,阵地上工事都被摧毁。江惟仁部队的官兵伤亡惨重,他自己也身负重伤,却依然在前线指挥战斗。

第二营营长胡忠林不幸中弹,僵卧血泊中,生命垂危。江惟仁把他抱走,流着泪说:"好兄弟,你受伤过重,万一不幸,我当与你同死于此!"胡营长唇吻微动,眼泪盈眶,虚弱地说:"我受师长厚恩,虽万死不足以报,将军为国珍重,可速退,再整师旅,歼灭倭奴,我死亦瞑目!"说完之后,胡营长就牺牲了,江惟仁伤心不已,拔出枪就要自戕,被一旁的人夺下,强行将他带回了营地。

江惟仁回去之后,悬出重金挑选50名勇士组成敢死队,由教官齐奎三率领,突袭敌营,打得敌人措手不及。敌人机枪扫射,弹如雨下,敢死队伤亡大半,齐教官左臂受伤,就用右手砍断左臂,狂呼杀敌,最后中弹身亡。

敌人从未见过这样悲壮的场面，都被震慑住了。这一拨勇士倒下去没多久，江惟仁又亲率第一营精锐士兵百余人，杀入敌阵，而且越战越勇。此时敌人精神上已经垮了，他们慌忙退却。江惟仁和部下把胡营长、齐教官等人的尸首抢回去安葬，还捐厚资抚恤死难人员家眷。

界岭口战役后，江惟仁又率部转战各地，他从军30多年，爱国爱民，所部纪律严明，对百姓秋毫无犯。然而不幸的是，1938年4月在蒙城境内，江惟仁将军猝遇日寇骑兵，展开激战，最后因为寡不敌众，壮烈牺牲，时年53岁。

东北军在长城抗战中，虽不如西北军大刀队的威名显赫，但他们自从九一八事变东北沦陷以来，亲身遭受的国仇家恨比任何一支军队都要惨痛。因此，他们与日军作战，表现出的报仇雪耻、视死如归的精神令所有中国人钦佩，更让侵略者领教了什么是中国军人的英风浩气，正如万里长城傲然屹立。

这正是：

平津门户古北口，旷世激战热血酬。

界岭口上惩倭寇，重整河山待从头。

第九十一回 冷口歼日寇 攻战誓不停

上一回说到古北口上的一场激战，气壮河山。自西往东走长城，古北口、喜峰口，再加上这一回说到的冷口，三场战役成就了长城抗战史上的三座丰碑。冷口之战又将激荡多少中华儿女的热血，成就哪支部队的声威？

长城要塞冷口关地势险要，位置重要，这里之所以会得名冷口，其中还有个古老的传说。相传，冷口关原名"清水明月关"。康熙年间的一个冬天，皇帝骑着毛驴微服私访从此经过，当时正赶上风急雪大，康熙爷这一行人顶风冒雪闯了几回，怎么也没能过关。皇帝给这天气逼得没辙了，也顾不上什么帝王之尊，就学着张果老倒骑毛驴，好不容易才走到关口北门。这时候，雪地路滑，毛驴失了前蹄，康熙爷"咕咚"一下跌了跟头，他不由说了一句："袭人的冷口，难过的关！"正是因为这个典故，才有了后来的"冷口关"。

冷口一带多战火，早在明朝时期，戚继光就曾经在这里修边城、筑敌台。边关风云变幻，硝烟延续百年，我军长城抗战史上唯一一场进攻战就发生在此处。

当年，冷口战役的总指挥是三十二军军长商震，这位生在廊坊大城的晋绥军名将文武双全，历任河北、山西、河南三省主席，抗战时期的第二十集团军总司令，第六战区司令长官、国民政府参军长，战后又出任中国驻美军事代表团团长、中国驻联合国首席代表。从这一连串的履历表上就能看得出来，在当时的中国，商震绝对算得上是一位难得的军事、政治、外交全才。

1933年3月4日，迁安北边24公里的冷口关被日军第八师团第十四旅团的米山先遣支队攻陷，失掉冷口，直接威胁到喜峰口二十九军的后路，这步棋是关系全盘的关键。鉴于这一点，北平军分会立即向商震发出收复冷口的命令。

　　商震接到指示，按照作战部署，命令一三九师立即出发，直奔冷口。一三九师师长名叫黄光华，是保定军校第二期的毕业生。黄光华在军校选了一个冷门专业——工兵科。按照当年的就业形势，这个专业毕业了比较好分配，因为哪一支部队都缺不了这一类的人才。不过，一旦入了伍，再往上发展就比较难了。一般来说，部队里的领导不是步兵出身，就是当过骑兵，再不济也是由炮兵升上来的，很少有工兵科的毕业生。所以，黄光华在那时候算是一个特例，也证明了"行行出状元"这句老话在军队里面一样适用。

　　工兵出身的黄光华接到命令上了前线，可眼前的情况并不乐观。从热河沦陷，到长城抗战，日本关东军长驱直入，路上没遇到什么难事，如果不是这样，占据冷口的米山支队怎么敢脱离自己的大部队，追着对方的大批人马一路猛跑呢？

　　知己知彼，百战不殆。黄光华上阵之前先派人打探情报，得到了这样的信息——原来，那米山支队总共不到1000人，这伙日本兵到了冷口本来打算修战壕、筑工事，可是刚刚敲打两下就撂了挑子，原因就在于冷口的天气实在是冷，山上的石头都给冻得结结实实，根本挪不动。另外，因为米山支队是敌人的先遣队，全部人马轻装前进，并没带着重武器。

　　这么一看，敌人也没有多可怕。可是，再看黄光华手下的一三九师，也实在有点儿可怜。那时候，商震所谓的"师"不过虚有一个名号，根本没那么多的兵。按照正式编制，他手里只有两个师，六个团，可是，他不甘心这么"委屈"自己，就把队伍弄成了三个师的虚架子，每个师有两个正式编制的团，还分别塞了一个补充团。这样一来，商震庙里僧倒是多了，但是粥还是那么一点点。所以，他的官兵在薪饷待遇上普遍比中央军低了三分之一。

　　在整个长城抗战的战场上，国军的任务都是防御，只有冷口一地要求打响进攻。面对着武器精良的日本兵，一三九师战士的心里难免打起了小鼓，这一战究竟要怎么打呢？

　　士气高涨，一三九师如何血战沙场？

　　凯歌奏响，中国军队如何威名远扬？

东北沦陷，华北危急，国仇家恨鼓起了一三九师的斗志，全师上下士气高昂，很多将士做好了牺牲的准备。当时，有人这样说："当兵的早把脑袋别在裤腰带上了，瓦罐迟早井口破，将军难免阵前亡，血洒沙场，也算对得起家乡父老！"

一三九师随时准备着，只等战斗的号角。正当日本兵开晚饭的时候，只等我方一声枪响，将士们就朝着日军大营冲杀过去，这用的正是兵法上那句老话——"出其不意，攻其不备。"

端着饭碗的日本兵瞧见进攻的军队大吃一惊，开战以来，日本关东军一向都是进攻者，很少遇见今天的场面。但是，更让他们吃惊的事情还在后面。鬼子队长米山好不容易把队伍集合起来，发现中国军队已经冲到跟前，日军的机枪大炮全都派不上用场，只好亮出刺刀打起了白刃战。拼刺刀也是日军的强项，无论在机枪的长度还是拼刺的技术，日本兵都占有一定优势，但是在冷口关上，米山支队算是开了眼，见识了中国人原创的夺命利器——大刀。这威风凛凛的大刀，要数中国二十九军的战士耍的最是利落，不过，很多其他部队也常常用上这一招，比方说晋绥军的商震部队。个中原因说来简单，也有几分辛酸，这些地方部队因为不是正规军，没有那么多的钱拿来买武器，只能把老祖宗留下的法宝拿来再用。

一三九师的官兵逮着就砍，碰着就劈，没几个回合就把米山支队打得变了形。日本兵被中国人的士气镇住了，任凭米山如何督战，他的手下也不敢前进，最后，就连米山也只好灰溜溜地逃跑了。

战斗不过两个小时，冷口关就回到了中国人的手中。这场进攻战是自从九一八事变之后中国军队唯一一场进攻战，虽然只是打败了日本关东军的一个先遣支队，但是对于进入长城一线防守的各个部队来讲，却是一次巨大的鼓舞，捷报传开，中国部队军心大振。

如今再看，冷口战场上还有很多值得寻味的细节。冷口正面有100多里的宽广战线，但是只布防了一三九师的三个步兵团，精通兵法的商震为什么会定下这样的防卫战略，这其中又有什么不为人知的难言之隐呢？

当年，商震到一三九师进行视察，师部参谋长把兵力配置的情形报告给他，商震表示："这是一线式配置，敌人一撞就破。你们必须采取纵深式、据点式的配备才行。"参谋长回答："您的指示很对。但是，我要用一个比喻说明，就像是您拿来一团棉花，叫我们纺成纱线，织成一定长度的布。可是，您给的棉花只能纺成一条规定长度的线，怎么能织成一块布呢？"商震没有答话，只是坚持要求一三九师按照指示进行部署，还给部队制定了轮番休息的办法。

参谋长实在不理解，又追着问了一句："我们到底是真打，还是摆摆架子？"商震也很激动，他反问说："为什么不真打？"他这一句话让大家全都听糊涂了，既然是真打，为什么不把兵力派往最前线呢？

直到多年之后，这个问题的答案才渐渐清晰。商震之所以把两个师放在远远的大后方，也是由于迫不得已，是为了服从国民党北平军分会的不抵抗政策，说是真打，其实只能摆摆样子。大局如此，即便是满怀抗日热情的商震也只能在背地里嘀咕两句："人家都在摆样子，咱们也就摆摆吧。"至于那句反问，恐怕问的不是一三九师的参谋长，也不是他商震自己，而是国民党军的政策制定人吧。

因为国民党军队的不抵抗政策，中国人丧失了大好战机，丧失了大片土地。然而，这样的形势并没有让爱国军民就此消沉，他们坚信一定能打跑侵略者，打赢这场仗，为了神圣的抗战，他们甘愿献出自己的一切。

我军收复冷口阵地，立即开始抢筑工事，百里长城各个关口，到处都可以看到将士们忙得热火朝天。当地的老乡听着信，家家户户都是有人出人，有物出物。木材不够了，开滦矿务局送来支撑坑道的原木，老百姓们拆下家里门板，甚至有一些老人把自己的寿材都捐了出来；挖战壕的工具不够了，矿务局又送来10000把铁镐；冷口关两侧山上的石头太硬，一把新镐到了战士手里，不到一天就磨秃了，各村的铁匠知道了这事，就在工地上支起了热气腾腾的铁匠炉，叮叮当当一阵子忙活，锋利好用的铁镐又回到战士手中。

3月下旬，日军第六师团一个步兵旅团从赤峰经平泉到达冷口。小日本先是用炮轰，然后又派步兵在坦克的掩护下向关城发起进攻。中国军队利用工事有效地减少伤亡，等日军到了眼前，由营长、连长带领的敢死队冲上阵地，挥起大刀跟敌人展开肉搏。敌人纠缠了整整三天，冷口还在我军手里，日军实在没了法子，只好把部队撤到关外肖家营子一带，敌我双方形成相峙局面。

后来，日本参谋本部评价冷口之战："中国军队构筑有极坚固的阵地，而且纵深相当大，其抵抗出乎意外地顽强。"与此同时，日军在喜峰口、罗文峪等地的进攻也遭到我军顽强抵抗。日军司令武藤眼见自己的部队连连吃亏，下令改变战略部署，命令第六师团十一旅团向冷口一线移动，准备发起更大规模的进攻。

中国军队苦守冷口，好些日子也没得到支援，粮草补给也都跟不上，这一带的战局究竟会如何发展，冷口雄关又将蒙受怎样的命运呢？

前线告急，中国军队能否坚守关城？

后人追思，奥运英雄如何血洒阵地？

1933年4月7日，日军集结重兵，在大炮、坦克配合下再次向冷口发起进攻。我军肩负防守任务的两个团依据有利地形和工事拼死防守，挡住了日军的进攻，也付出了惨重的代价。终于度过了艰难的一天，日本人又发起了更加猛烈的攻击，敌人不分昼夜向关城两侧进行炮击，展开进攻。中国军队的工事毁于一旦，将士们依托着地形和山石守着关城，把敌人挡在城门之外。

战争进行到第四天，冷口阵地的中国将士几乎全部阵亡，一三九师师长黄光华把手里的预备队全都派上战场，还是没能收回失掉的阵地，没能阻挡日军的攻势。他把情况汇报给商震，请求上级进行支援，商震当即要求坚决顶住，并表示增援部队马上启程。可是，等到增援部队赶到前线，冷口已经落到了敌人手中。

此时此刻，扬扬得意的日本人怎么也没想到，抗战胜利之后，在中国派遣接受投降的军事代表团中，在远东国际军事法庭上控诉日军罪行的中方团长，不是别人，正是昔日战场上的对手商震。

1949年3月，商震辞去驻日军事代表团团长的职务。20世纪70年代，商震两次回国观光，受到朱德、叶剑英的接见。这位抗战老将一生追求进步，到了晚年，虽然身在异国他乡却念念不忘自己的祖国。商震逝世之后，他的骨灰回到中国，安葬在八宝山革命公墓。

当年，商震带领晋绥军在冷口奋勇杀敌的事迹激励着无数中华儿女。后来，这支部队还造就了中国抗战史上牺牲的第一个奥运英雄。

这位英雄名叫王润兰，出生于衡水饶阳县留楚村。王润兰小的时候不爱别的，就喜欢武术，天天跟着村里会拳脚的大人们学习。日子一久，他的本事很见长进，成了当地小有名气的小拳王。

因为冷口一战，三十二军声名大振，商震也成了大名人。就在1934年，王润兰投笔从戎，报考了时任河北省主席兼三十二军军长的商震将军在北平举办的河北军事政治学校第二期班，决心用枪杆子保卫"千年文明古国不受倭寇欺辱"。

1936年3月，第11届奥林匹克运动会在德国柏林举行。在商震资助下，王润兰代表中国参加奥运，他凭着深厚的童子功在拳击比赛中过关斩将，闯进决赛，在体坛上引起了一片轰动。可是到了最后，中国选手王润兰被莫名其妙地取消了比赛成绩，这是中国体育的悲剧，也是贫弱中国的窘境。

正当满怀悲愤的王润兰再次准备进军奥运的时候，日寇全面侵华的炮声击碎了他的梦想。在民族存亡的危难关头，王润兰义无反顾地投身抗日救亡的战场，最终与日军坦克同归于尽。王润兰虽然没能在奥运赛场上拿到本该属于中国的奖牌，但是他却在保家卫国的战场上用热血铸就了辉煌。

这正是：

冷口失而又复得，晋绥健儿奏凯歌。

赛场走来战场去，奥运英雄壮山河。

第九十二回 怀柔阻击战 饮恨诸将星

上一回说到冷口关上硝烟起，中国军队在这里打响了主动进攻的一场大战。我军勇于作战，敢于牺牲，一次又一次的冲锋陷阵还是落了个悲壮的结局。在这民族存亡的危难关头，是哪一位将领走上前线，指挥长城抗日的最后一战？

长城抗日的最后一战爆发在北平怀柔的长城脚下，拼杀在战场上的是从绥远奔赴前线的傅作义部五十九军。

1931年，中国在九一八事变中痛失东北，当时，傅作义将军与晋绥将领通电表示坚决抗日，提出"宁做战死鬼，不做亡国奴"的口号。他给自己的部队做了规定，早晚点名必须高呼"誓保国土，以尽责任，不惜牺牲，以雪耻辱"的誓词。

1933年1月5日，日本侵略者进犯山海关，危及整个华北。傅作义分别电报阎锡山、张学良、蒋介石，主动请缨要求上阵杀敌。他以绥远省主席的名义发表《告全省民众书》："希望全省同胞凛于困难的严重和绥远的危机，一致奋发，奋起救国御侮。"

傅作义抗日救国的志向不止体现在口号上，更是落实在行动中。他率领部下从绥远开赴察哈尔、热河，在战斗的最前线抵抗外敌。可是，在那样的年月里，一个人，甚至是一支部队，都无法左右中国的时局。在历时近三个月的长城抗战中，中国军队以落后的装备抗击日军的飞机大炮，将士们拼死守卫国土，最终却没能守住长城防线。

为了保护北平的北大门，何应钦下了一道紧急命令，指示傅作义领兵带队挺进怀柔。敌人装备精良，战斗力强，要想制敌取胜，打赢这一仗，傅作义又会拿出怎样的对策呢？

针对日军飞机轰炸和坦克冲锋的作战特点，傅作义提出"七分用土，三分用枪"的策略。这里面的"枪"字好懂，"土"字又是什么意思呢？其实，这个"土"字指的就是防御工事。傅作义带着参谋和工兵到牛栏山察看地形，设计出多种样式的掩体和战壕，他们把现场情况绘制成图，连夜下发各个连部。

在上万名当地老乡的配合下，五十九军的将士们按照要求，抓紧赶工，筑起了相当规模的三线纵深配备阵地，还在阵地前面挖出了两道4米多深的外壕，又在外壕之外埋下了地雷。

为了防御飞机轰炸，各连的工事一律分为上下两层，就算是敌人炸坏了上层，底下还藏着另外一层。掩体里面设有指挥部、弹药库、绷带所、厕所，绝对算得上是五脏俱全的战地综合体。阵地的前前后后布下了四通八达的交通沟，想往哪儿去都方便得很。

另外，傅作义早就料到敌人在战斗之前会把侦察机派上场，就提早在阵地上做好了伪装，别说是高高飞在天上的侦察机，就是敌人走到跟前都很难发现。当年大阪《朝日新闻》的随军记者曾经表示："观看中国式之阵地，实有相当之价值，且于坚硬之岩石中，掘成良好之战壕，殊令人惊叹。敌兵隐藏于坚固之穴中，仅露出2寸宽、4寸长之枪眼，做殊死之抵抗。"

一切准备就绪，就等着战斗打响。就在5月23日这一天的对日作战中，傅作义部队跟敌人拼杀了15个小时。

有敌无我，叶启杰如何奋战沙场护卫祖国？
有胆有识，傅作义如何慷慨陈词捍卫尊严？

23日凌晨4点，日军第八师团先来了一通狂轰滥炸，又在坦克的掩护下，兵分几路向五十九军前沿阵地发起进攻。敌人的钢盔闪闪发亮，刺刀带着寒光，一场残酷的战斗就在眼前。

傅作义的部下二一〇旅旅长叶启杰是傅将军在保定军校的同学，昔日的同窗好友，今天并肩作战，叶旅长冒着枪林弹雨沉着指挥，步兵、炮兵一起上阵，只等那小鬼子到了眼前，我军将士纷纷跳出战壕，跟敌人展开了白刃战。在这样的节骨眼上，日本兵的重型武器彻底失效，被杀得哇哇乱叫。

当时，我军的伤亡也很严重，战斗进行到早上7点，冲锋在前线的十连只剩下连长和五六名伤员。一个连队扛住了敌人前后七次进攻，有的战士带上十多个手榴弹，借着战壕的掩护一人杀了几十个鬼子。经过几个小时的激战，敌人还是没有越过雷池一步。

时至中午12点，日军又一次发起猛攻，我军拼死进行抵抗。敌人的飞机在我军阵地上空和阵地后方撒野，大炮朝着我军阵地轰炸，几百个日本兵端着三八机枪大声吼叫，一窝蜂似的冲向我军。此时此刻，战场上杀声震天，血肉横飞。血战过后，我军再次打退了敌人。

下午1点，敌人发现这一回的对手是块硬骨头，就改变了主攻方向。日军骑兵迂回到叶启杰旅阵地后方来了一场突然袭击，叶旅长立刻下令要给敌人一个迎头痛击，一场恶战就在牛栏山下拉开阵势。

敌人虽然不好惹，可是，叶将旅士抱定"有敌无我，有我无敌"的牺牲精神和必胜的信念坚守阵地。不幸的是，战场上的形势却不尽如人意，营长、连长接连负伤，一处高地也被敌人攻破。

在这样的紧急关头，叶旅长拿出了秘密武器，只见战场上的士兵们拉出来几门山炮，用上了零线子母弹轰炸日军。这零线子母弹可不简单，一颗炮弹里面含有270粒小铅弹，带着火光的炮弹射出炮口，在30米开外打出宽30米、长300米的爆破面。这一招吓坏了对面的小鬼子，直到抗战结束之后，日本人对这一回见识到的武器仍然记忆犹新，日本报纸曾在战后提到："两军相距甚近，华军尚发炮用此弹射击，实属罕闻。"

虽说这秘密武器很是奏效，可是前线的战况依然不容乐观，在这千钧一发之际，战局究竟会如何转变呢？

正当战斗到了最关键的时刻，叶启杰旅长在不得已之下请示小汤山五十九军指挥部紧急增援。傅作义当机立断，调配预备队跑步增援，并向前线发去铁的命令：即便剩下最后一人，也不能让阵地失陷。

这一场艰难的战役进行到黄昏时分，敌人终于像潮水一样退了去。就在这个时候，傅作义接到一通电话，电话线那头的北平军分会委员长何应钦通知他到北平商谈要事。傅作义回答说："正在激战，不能离开。"于是，就把手下的军参谋长派到了北平。五十九军参谋长见到何应钦，听到的居然是这样一个消息："我们与日军停战，已于昨晚达成协议，你们可马上撤到既定阵地。"

将士们在前线拼杀了整整15个小时，谁能想得到，就在他们拼上性命打鬼子的时候，国民政府已经跟日寇签订了丧权辱国的《塘沽协定》，把冀东22县拱手让给敌人，同意"华北特殊化"。

日本人嘴上说着要和平，拳脚却一直都没停，傅作义的军队不可能等着挨打，就没有执行停战撤退的命令。何应钦为这事往前线指挥部打了三回电话，还派人拿着自己的手令要求傅作义立即停止战斗。面对这样的形势，傅将军又将做出怎样的举动呢？

傅作义慷慨陈词："这样的撤退是军人最大的耻辱！这样的战斗丝毫没有价值，这么多官兵的生命换来的是妥协停战，牺牲的将士怎么可以瞑目呢？"有部下劝他说："别人都停战不打了，就凭咱们这点儿部队也打不走小日本，既然上司命令停战，当下属的也只有服从。"

别人这样讲，傅作义却不这么想，他态度坚决，日军不撤，我军绝不先撤。敌我双方经过交涉，最终达成协议——双方同时撤退。五十九军的将士们恋恋不舍地离开了洒满鲜血的战场，长城抗日的最后一场恶战就此宣告结束。

这次战役是九一八事变以来中国军队对日军最为有力的一次回击，刹住了日本鬼子的嚣张气焰，阻止了日军向北平进攻的步伐。战争结束之后，战场上的消息成了中国各大报纸的头条，媒体都把这一战称之为"长城抗战之最后有力的光荣一战"。大公报评论说："以血肉当敌利器，傅部空前大牺牲；肉搏千多次，使敌失所长；沙场战士血，死也重泰山。"国内外各阶层代表纷纷到北平慰劳五十九军，称赞他们的"气吞山河之壮举"，还送来了"为国干城"、"战史流芳"的锦旗。

这一战给中国人打足了气，也让日本人惊掉了下巴。日本《朝日新闻》发出评论："战地离北平城只有60余华里，如不是傅作义部的精锐部队阻击我军，日军早已进入北平城了。"

6月28日，傅作义奉北平军分会的命令率领部队返回绥远，路上经过了张家口，当地的市民设茶摆点，夹道欢迎。冯玉祥还特地赶到车站欢迎欢送这一支"抗日胜利的英雄部队"。

军人的荣誉来之不易，五十九军在怀柔一战中牺牲官兵367人。傅作义作为一军之长，对阵亡的将士更是惋惜，他特地派人把殉国官兵的遗体装殓并护送回归绥，一一安葬在大青山下，还在这里建立起"抗日阵亡将士公墓"，又为这些抗日救亡的烈士竖起一座丰碑。

君子之交，文人武将为何惺惺相惜流传一段佳话？
救国之志，字里行间如何抒写情怀留存一座丰碑？

1934年的春天，大青山下的"抗日阵亡将士公墓"即将竣工，傅作义给当时的北大文学院院长胡适写了一封信，邀请他为公墓纪念碑撰写碑文。虽说傅作义是纵横疆场的武将，可是他的心里特别向往文化，特别敬重文化人，当时的文坛大人物胡适更成了傅作义心中的文化偶像。他在这封信中写道："我以最虔诚的敬意和悲痛的情怀请先生为牺牲在抗日战役中的壮士们作一篇纪念碑文。"

那位清高的胡适先生历来不愿意与军政高官打交道，从来不用自己的文字换那些政客的钱花，尤其对那些阴谋卖国的家伙更是正眼都不瞧。不过，对于拼杀在抗日战场上的傅作义，胡适可是打心眼里敬佩得很。有一回，胡适跟朋友提起："傅作义和战士们一起吃少油缺盐的糠菜团子，坚持不开小灶。他为阵亡士兵写悼词、送葬，声泪俱下。将士用命，众志成城，无不以一当十，死战不退……这真是很了不起，傅作义着实有大将风范。"字字句句都显出胡适对傅将军的赞赏，这二位之间的惺惺相惜也着实算得上一段佳话。

胡适接到傅作义的来信，他既为保家卫国的烈士事迹所震撼，也为爱兵如子的傅将军的一片赤诚之心所感动。胡适将满腔的激情化作一篇白话体碑文，并请来书法大家钱玄同赋予笔墨。

碑文中包含了傅作义的一番陈述："五月二十三日晨四时，当我国代表接受了一个城下之盟的早晨，离当时的北平六十来里的怀柔县城附近正开始一场最壮烈的血战。这一战从上午四时直打到下午七时，一千多中国健儿用他们的血洗去了那天城下之盟一部分的耻辱。"

在碑文末尾，胡适做出这样的评述：

这里长眠的是三百六十七个中国好男子！
他们把他们的生命献给了他们的祖国，
我们和我们的子孙来这里凭吊敬礼的，
要想想我们应该用什么报答他们的血！

烈士以身报国，生者继续奋战。面对着嚣张的小日本，傅作义将军以"一寸山河一寸血"的决心出生入死，转战各地。从1933年长城抗战，到1945年日本投降，他在13年里打了大大小小295场战斗，行程有18000多里，基本上保持了不败的战绩。

抗战胜利之时，日军一名少将在绥远地区的受降仪式上感慨万分："中国有句古话，撼山易，撼岳家军难，我们深感撼傅家军更难，如果中国的将军和部队都像傅作义和他的部队那样，日本军早就被打出中国了。"

深明大义的傅作义在抗日战场上立下了不朽的功勋，也为新中国的诞生做出了杰出的贡献。1949年1月，他响应中国共产党"停止内战，和平统一"的主张，率部起义，终于使得他在长城抗战时保卫过的文化古都北平得以和平解放。

这正是：

牛栏山下气干云，不叫京师染胡尘。
饮恨长城莫悲切，强虏难撼傅家军。

第九十三回 血肉筑新城 颂歌融魂灵

上一回说到，傅作义部血战怀柔退敌兵，城下之盟丧权辱国留遗恨。长城抗战留下了一个个催人泪下的故事，更谱写了一曲曲慷慨悲壮的战歌，其中就有我们最为熟悉的《义勇军进行曲》。这曲激励我们在危难时刻一次次奋勇向前的雄壮旋律是怎样诞生的？又如何成为新中国的国歌呢？

很多人都知道《中华人民共和国国歌》是《义勇军进行曲》，知道它最初是电影《风云儿女》的主题歌，由田汉作词，聂耳谱曲，却不知道国歌的诞生源于1933年的长城抗战。

笔者在多年前编写《安娥与田汉》一书时，曾采访过《国歌》之父田汉的许多亲友和学生，听他们讲述了这支不朽战歌背后的感人故事。

1933年春天，二十九军在喜峰口长城与日军作战，战士们用大刀片、手榴弹对抗日本的飞机大炮，血溅雄关，重创日寇。他们以血肉之躯唤醒了中华民族抗日的信念。

1933年3月，田汉曾随上海慰问团亲赴长城抗战前线体验生活和采访。轰轰烈烈的长城抗战让田汉铭刻于心，总想找个机会把那些战地英雄的故事写出来，让全中国的人民都能知晓。

机会终于来了。1934年春，上海影坛新成立了一个电通影片公司，这是一个由中国共产党直接领导的左翼电影公司。这年冬天，田汉为电通公司创作了一部反映长城抗战的文学剧本《凤凰的再生》，交给了电通公司的孙师毅。

不幸的是，1935年2月，田汉被国民党逮捕入狱了。电通公司为了尽快开拍，决定请孙师毅把田汉的文学剧本改编成电影剧本，征得田汉同意后，影片改名为《风云儿

《义勇军进行曲》作者田汉与聂耳

女》,主题歌改为《义勇军进行曲》。

这部影片描写了20世纪30年代初期,以诗人辛白华为代表的中国知识分子,为拯救祖国,投笔从戎,奔赴抗日前线的故事。电影中的抗日战场不在东北白山黑水之间,而是在长城两侧,燕山脚下。

当日寇入侵山海关,挑起长城战争之际,主人公辛白华奋笔疾书,写出了《万里长城》的诗篇:"起来,不愿做奴隶的人们,把我们的血肉筑成新的长城……"

主人公辛白华要投入抗日前线时,眼前的画面是万里长城巍然耸立,长城内外战马奔驰,枪炮声声,战火弥漫,展现了长城抗战壮怀激烈的场面。影片的主题歌,更唱出了中华民族发自内心的呐喊,体现了中华儿女视死如归、保家卫国的精神。这种精神正是当时长城抗战的体现。

电影《风云儿女》主题歌来自主人公写的《万里长城》一诗的最后一段。其实,《义勇军进行曲》的歌词,很多都来源于长城抗战将士的铿锵誓言。

当日军占领东三省、攻陷热河,疯狂进攻长城时,宋哲元将军亲笔写下"宁为战死鬼,不当亡国奴"的气吞河山的誓言。这不正是主题歌发出"起来!不愿做奴隶的人们"的呐喊吗?

在长城抗战中,面对敌人的坦克装甲车和飞机大炮,二十九军将士手握大刀,身背毛瑟枪,发出悲壮的呼喊:"敌有枪炮,我有血肉,不惜以血肉之躯与强敌至惨极毒之武器抗衡。"

日军用重炮在古北口长城撕开了一道20多米宽的豁口。就在这危急关头，数千名中国官兵向长城豁口推进，经过一次又一次的反复冲锋，全部牺牲在长城豁口内外，用自己的尸体填平了被日军炮火撕开的长城豁口。面对这一惊人的战斗场面，所有日本军人都惊呆了。这是中国军人用自己的血肉筑起的足让日军望而却步的钢铁长城。

抗战将士为了民族生死存亡，义无反顾、英勇抗敌的伟大壮举，激发了作者写出"把我们的血肉，筑成我们新的长城"那一声时代的最强音。

还有主题歌中"冒着敌人的炮火，前进！前进！前进！"正是长城抗战情景的再现。在山海关、喜峰口、罗文裕、古北口、冷口，多少将士在敌人飞机大炮的狂轰滥炸下，手提大刀，怀揣手榴弹，不就是这样高喊"冲啊！""杀！"在前进的呐喊声中，冲向敌人的阵地……

《义勇军进行曲》每一个字，每一个音符，都闪现着长城抗战的身影。这不仅仅是音乐，不仅仅是歌唱，这是中华民族的最后吼声，是中华民族的呐喊，是民族精神的爆发，是民族生死的较量，是英雄的再现，是战场上牺牲的勇士的复活。

相得益彰，田汉聂耳如何珠联璧合谱写华章？
如雷贯耳，雄壮战歌如何传遍华夏唱响五洲？

就在田汉写完电影《风云儿女》的故事梗概和主题歌被捕之后，作曲家聂耳也因创作《梅娘曲》《慰劳歌》等抗日救亡歌曲，上了国民党反动派的黑名单，党组织决定让他出国避难。

就在那个紧要关头，聂耳听说了好友田汉被抓的消息，也得知电影《风云儿女》主题曲还没有谱曲，就抓紧出国前短暂的时间，主动找到编剧夏衍，第一句话就是："《风云儿女》谁来作曲？"还没等夏衍回答，聂耳紧接着又说："作曲交给我，我干！田先生一定会同意的。"

狱中的田汉果然同意了聂耳的请求。聂耳拿到歌词后，就在上海霞飞路寓所内进行创作,那激昂奔放的歌词让他心潮澎湃,在房子里手舞足蹈,一会儿在桌子上打拍子,一会儿坐在钢琴面前弹琴,一会儿在楼板上不停走动,一会儿又高声地唱起来,一遍又一遍地呼喊着"起来,起来"。直搅得楼下的房东太太一次又一次走上三楼,斥责聂耳:"你是不是疯了,从早到晚一个劲的起来,起来,起来什么?以后我们就都叫你起来吧!"

聂耳很快就写出了歌谱初稿,之后就跟电影导演见面,把这首歌唱了一遍。导演听完后立刻问他:"你是不是受了《国际歌》和《马赛曲》的影响?"聂耳很坦率地说:"对啊,是受它们的一些影响,不过它比《国际歌》更明快,比《马赛曲》更激昂。"

由于时间紧促,歌曲还有不完善的地方,聂耳不是很满意。1935年4月,聂耳乘船到达日本后,又对歌曲进一步修改完善,很快把定稿寄回了国内。

当聂耳从日本寄回歌谱之后,几位业内人士发现,田汉写的歌词名为《军歌》,聂耳谱的曲子名为《进行曲》,歌词与歌谱珠联璧合,无可挑剔,但是歌名无论是《军歌》还是《进行曲》都不足以突出主题。正在大家一筹莫展的时候,时任东北抗日义勇军总司令的朱庆澜将军在"进行曲"前面加上了"义勇军"三个字,大家一致同意,连声叫好。这就是我们今天看到的《义勇军进行曲》。

《义勇军进行曲》诞生后,就像插上了翅膀,随着《风云儿女》的公演,唱遍大江南北、长城内外。中国远征军二〇〇师师长戴安澜将军将这首歌定为该师的军歌,高唱着入缅抗击日寇。

后来,这首革命歌曲享誉海外,在全世界传播。1940年美国黑人歌王保罗·罗伯逊在纽约演唱了这首歌,接着又灌制了名为《起来》的中国革命歌曲唱片,宋庆龄亲自为这套唱片撰写了序言。在当时的反法西斯战线上,《义勇军进行曲》代表了中国人民最强音。第二次世界大战即将结束之际,《义勇军进行曲》名列在《盟军胜利凯旋之歌》的曲目中。

每当五星红旗伴随着《义勇军进行曲》威武雄壮的旋律冉冉升起,所有华人内心总会涌起无比骄傲的民族自豪感。原本是电影主题曲,为何被定为《中华人民共和国国歌》,这其中又有怎样的故事呢?

1949年春天,在捷克斯洛伐克首都布拉格召开"保卫世界和平大会",中国代表团应邀出席，得知大会有个规定：开幕式那天各国代表团进入会场时，都要奏唱本国国歌。

中国代表团有些为难，因为当时新中国还没有成立，没有代表新中国的国歌，大家一起研究后决定用《义勇军进行曲》来代替。

但是，大家对歌曲里"中华民族到了最危险的时候"这句歌词有争议。有人说，现在北平已经解放，新中国即将成立，怎么能这样唱呢？大家你一言我一句，最后，郭沫若决定把这句词改成"中国民族到了大翻身的时候"。代表团回国之后汇报了这一情况，引起了有关方面的重视，新中国国歌的制定已经迫在眉睫。

1949年6月，第一届政协筹备会在筹备新中国成立的一些事项时，把制定国歌的任务交给了由马叙伦任组长，叶剑英、茅盾任副组长的政协筹备会第六小组，并设立"国歌初选委员会"。《人民日报》还连续刊登了"国旗、国徽、国歌征集启事"，反响十分强烈，仅国歌一项应征稿就收到632件，但都不够理想。第六小组的同志们苦思冥想，究竟哪首歌能够代表国家的民族精神，成为当之无愧的国歌呢？

字斟句酌，国歌诞生经历几番反复思量？

慨当以慷，字字珠玑展露几多民族豪情？

最早建议用《义勇军进行曲》作为国歌的是画家徐悲鸿。9月2日，政协筹备组第六小组就制定国歌问题再次举行会议，毛泽东、周恩来出席会议，聆听代表们的意见，不少委员都同意徐悲鸿的建议，用《义勇军进行曲》作为《中华人民共和国国歌》。

刘良模委员说："国歌代表一个国家，代表一个国家的民族精神。因此，它应当在民族解放斗争中产生，在斗争中得到人民大众的承认，远非大诗人、大音乐家的人工急就章所能代替。依我看，《义勇军进行曲》经受了斗争的考验，足以与法国国歌《马赛曲》媲美，完全可以选作新中国国歌。"李立三和郭沫若则对歌词中"中华民族到了最危险的时候"这句词有看法，认为需要改词。

田汉也发表了自己的意见,说:"该曲好是好,我写的词在过去有它的历史意义,但现在应该让位给新的歌词。"张奚若、梁思成则认为该曲是历史性的产物,原词含义深刻,为保持它的完整性,不必改。

周恩来最后发言,他说:"我们前面还有着帝国主义敌人,我们建设越进展,帝国主义将越加嫉恨我们、破坏我们、进攻我们,你能说我们就不危险了吗?还不如留下这句话,经常保持警惕的好!"

这一席话说完,毛泽东也表示赞同。

1949年9月27日,中国人民政治协商会议全体代表一次通过,在中华人民共和国国歌示正式判定前,以《义勇军进行曲》为代国歌。直到1978年,第五届全国人民代表大会第一次会议最终把《义勇军进行曲》确定为《中华人民共和国国歌》。

现在,当人们回首80多年前那场爆发于河北长城沿线的英勇抗战时,就会更加深刻地感悟到长城抗战精神就是《义勇军进行曲》的精髓,是中华人民共和国国歌的灵魂。

因此,我们可以无比自豪地说,没有当年的河北长城抗战,就没有今天的《中华人民共和国国歌》。"把我们的血肉筑成我们新的长城"——长城抗战表现出的中华民族英勇不屈的斗争精神,已经被永远定格在国歌里,一直到今天!

这正是:

当年血肉筑长城,燕赵风雷做吼声。
誓死杀敌向前进,风云儿女唱国魂。

第九十四回 抗日同盟军 浴血国土红

上一回说到，长城抗战多豪杰，一曲国歌仍绕梁。在《义勇军进行曲》的雄壮旋律中，又有一支军队在长城大境门内的张家口举起了抗日的大旗。这是怎样一支神勇之师？他们如何从日寇手中收复失地，取得了哪些辉煌战果呢？

长城抗战结束后，日军进逼察哈尔边境，威胁张家口。张家口是河北北部的军事重镇，更是北平、天津的西大门，自古便是兵家必夺的战略要地。

历史的车轮驶进1933年初夏，在这座长城防御的军事重镇，又上演了一幕波澜壮阔、威武雄壮的抗战大戏——国民党爱国将领冯玉祥重新出山，带领西北军旧部成立察哈尔抗日同盟军，竖起了抗日大旗。

冯玉祥将军一生中做了许多轰轰烈烈的大事：反对帝制的滦州起义；推翻贿选总统、驱逐溥仪的北京政变；响应北伐的五原誓师……但是冯玉祥人生中最光彩夺目的一页，就是1933年在张家口竖起抗日大旗的英雄壮举。

中原大战失败后，西北军领袖冯玉祥通电下野，先隐居山西汾阳，后移居泰山，最终来到了抗战前线张家口。冯玉祥跟张家口的感情，是非常深厚的。早在大革命时期，冯玉祥出任西北边防督办的时候，就买下了如今张家口市桥东区德胜街45号的宅子。

这处宅子分前后两院，有数十间房屋。主建筑是一座西式带地下室的两接顶小楼，冯玉祥亲自题写匾额"冯记图书馆"悬挂屋前。他把这里安排成读书和学习的地方，有时也在这里接待身份特殊的客人，或举行人数很少但极为重要的会谈。

冯玉祥和夫人李德全还有几个孩子住在"冯记图书馆"后院。后宅院落很大，原有几棵果树，李德全和孩子们辟地松土，种下了一畦畦的蔬菜，过着恬淡平静的生活。但是好景不长，一生戎马的冯玉祥不久又离开张家口，去征战四方。

直到1932年10月，冯玉祥重返张家口，这一次，他给"冯记图书馆"重新起了个名字，叫"爱吾庐"。这个名字是从《三国演义》的一首诗中选的。原诗是这样的："凤翱翔于千仞兮，非吾不栖；士伏处于一方兮，非主不依。乐躬耕于陇亩兮，吾爱吾庐；聊寄傲于琴书兮，以待天时。"

冯玉祥给自己的住所取这样一个名字，分明是在借诗言志，表达了自己身处逆境却不忘国家社稷和百姓安危，等待时机东山再起。现如今，冯玉祥故居"爱吾庐"已经成为重点文物保护单位，见证着当年的历史沧桑。

日寇侵占东三省以后，又继续南犯，山海关失守，举国震惊。许多著名爱国人士、热血青年及抗日团体，都把目光投向了冯玉祥，敦请他出山领导抗日的函电，雪片似的飞到张家口的"爱吾庐"。

作为一个爱国军人，冯玉祥的西北军历来就以爱国为教育宗旨。在国家存亡之际，他岂能坐视而不问？正当他忧心忡忡的时候，家里来了一位从南方来的客人，这个人曾经是冯玉祥的部下，而且还是个共产党人。想当年，冯玉祥的西北军曾一度任用了大量的共产党人，如刘志坚、浦化人、邓小平等。

察哈尔抗日同盟军召开第一次军代表大会

这个昔日的部下来见冯玉祥就是劝他出山，组织部队抗日。以冯玉祥在军界的威望与影响，只要他登高一呼，自有千百人群起响应。

大敌当前，爱国将军如何组建军队东山再起？
摩拳擦掌，抗日同盟怎样浴血奋战收复失地？

国家兴亡，匹夫有责，冯玉祥激于民族大义，决定和共产党地下组织合作，重新召集西北军旧部，组建一支抗日义勇军。

当时从东北和热河一带辗转退入察哈尔的义勇军，大多疲惫不堪，尚未进行训练。因此，冯玉祥决定把这些部队轮流召集到张家口来，亲自加以整训。所谓整训，按照冯将军的说法，就是洗洗澡、剃剃头、吃一顿肉、讲几次话。讲的话主要是抗日救国的道理，以及维护纪律、爱护百姓的重要性等。

历史的关键时刻是需要思想的，尤其是需要智者的思想，冯玉祥将军的思想就是启蒙的明灯。冯将军的讲话通俗易懂，大道理摆出来，字字句句说到人的心坎上，士兵们听了以后，都受到很大的教育和感化。当这些部队返回驻地时，军容焕然一新，老百姓都觉得他们变了样子。

虽然部队的士气高昂，但因南方的募捐款迟迟不能抵达。这天寒地冻的，前方官兵在冰天雪地中没有皮衣，怎么能御寒呢？冯玉祥心中焦急万分，为解决面临的军需困难，竟然抵押了自己最为心爱的房产"爱吾庐"，换来贷款制作了10000件皮坎肩，送上了前线，为抗日将士御寒。

难怪周恩来曾在一篇文章中对冯玉祥高度评价说："先生最喜接近大兵和老百姓，故能深知士兵生活、民间疾苦……冯玉祥先生能始终献身于民族国家事业，奋斗不懈，屹然成为抗战的中流砥柱……"

1933年5月24日，冯玉祥主持召开各方军事首领和中共代表参加的会议，决定组建察哈尔民众抗日同盟军。大家公推冯玉祥任同盟军总司令，方振武任前敌总司令，吉鸿昌任前敌总指挥。吉鸿昌发出豪言壮志："愿捐头颅，换民族生存；挥我热血，收复大好河山！"铮铮誓言，掷地有声。然而，一代抗日名将吉鸿昌将军最终没有牺牲在杀敌战场，却倒在国民党特务的罪恶枪口之下。

两天后，冯玉祥联合各派爱国力量，在张家口举行民众御辱救亡大会，正式成立察哈尔民众抗日同盟军，向全国发出通电，揭露国民政府的妥协政策，宣布将独立与日本侵略者作战。

冯玉祥气壮山河的抗战檄文是这样写的："玉祥深念御侮救国，为每一民众所共有之自由，及应尽之神圣义务。自审才短力微，不敢避死偷生。谨依各地民众之责望，于民国二十二年五月二十六日，以民众一分子之资格，在察省前线，出任民众抗日同盟军总司令。率领志同道合之战士及民众，结成抗日战线，武装保卫察省，进而收复失地，争取中国之独立自由。有一分力量，尽一分力量；有十分力量，尽十分力量；大义所在，死而后已。凡真正抗日者，国民之友，亦吾之友；凡不抗日或假抗日者，国民之敌，亦吾之敌。所望全国民众，一致奋起，共驱强寇，保障民族生存，恢复领土完整。"

80多年之后，我们重读当年冯玉祥将军的通电，依然让人热血沸腾，从中可以看到这位抗日将军赤胆忠心的爱国情怀。

察哈尔抗日同盟军的成立，得到中国各界人民的拥护和支持。中国共产党发动北平、天津和太原等地大批学生和青年，到张家口去参加抗日同盟军。从东北、热河到察哈尔，愿意抗日的部队都云集于同盟军的旗帜之下，同盟军迅速发展到十余万人。

1933年5月，蒋介石政府与日方签订卖国的《塘沽协定》墨迹未干，日伪军就出兵进犯察哈尔。国民党其他军队根本不做抵抗，沽源、康保等地接连失陷，张家口岌岌可危。

国民党其他军队不抵抗，可冯玉祥率领的抗日同盟军摩拳擦掌，早已经做好了应战的准备。

6月20日，冯玉祥任命吉鸿昌为北路前敌总指挥、方振武为北路前敌总司令，兵分三路，向察北打击日伪军。这支经过整编和短期训练的抗日队伍，尽管武器装备低劣，却士气高昂、同仇敌忾，一开赴战场就旗开得胜。

6月22日，同盟军仅用三个小时就收复了康保。7月1日，经过激战收复宝昌，同一天又顺利收复沽源。这样，张北三县又重新回到我军手中。

7月7日，同盟军分三路进攻多伦。多伦是察哈尔的商业重镇，日本侵略者把它作为占领察绥的战略据点，城防十分坚固，经过三天三夜的激战，仍攻不下。

7月10日晚，吉鸿昌亲自率领敢死队，赤膊上阵，挥刀前进，连续三次指挥登城。敌人用机枪扫射，抛掷手榴弹，头顶上还有日军的飞机轰炸，同盟军死伤惨重，包括团长在内的240多人壮烈牺牲。冯玉祥悲愤交加，向前线抗日将士发出"决战多伦，以死报国"的电令，鼓舞了浴血攻城的将士。

7月12日，吉鸿昌调派精兵40多人扮作伪军，潜入城内，跟外面的部队里应外合，攻破多伦城，打得日伪军抱头鼠窜，仓皇由东门逃遁。至此，同盟军经历五个昼夜的浴血奋战之后，终于将沦陷72天的多伦收复。同盟军乘胜追击，将日伪军全部赶出察哈尔，共击毙日伪军1000多人。

收复多伦，这是九一八事变以来，甚至是甲午战争以来，中国军队破天荒地从日寇手中夺回失地。全国军民全都兴高采烈，欢欣鼓舞。各界同胞、抗日爱国团体有的发函祝贺，有的捐款捐物表示慰问。

收复张北三县和多伦之后，冯玉祥成立了一个"收复东北四省计划委员会"，由他自己担任主任。在这个委员会的成立大会上，冯玉祥郑重表示，要继续收复东北四省，把日本侵略军从中国领土上赶出去，不达目的，决不罢休。

与会者深受鼓舞，有人就说："我们现在计划收复东北四省，有人或者认为是'放大炮'、是'吹牛皮'。我们都知道，孙中山先生当初发动革命，提出推翻清政府的时候，有人曾叫他'孙大炮'，结果他终于领导人民把清朝推翻了。现在我们的总司令，也可能被人叫作'冯大炮'，但'有志者事竟成'，我相信东北四省一定会完全收复回来。"

然而，抗日同盟军的辉煌胜利，却引起了南京政府的极大恐慌和嫉恨，他们极力打压冯玉祥的抗日同盟军。

倒行逆施，国民党为何极力打压抗日同盟？
以退为进，冯玉祥怎样改制收编保存实力？

南京政府诬蔑冯玉祥宣传"赤化"。北平的何应钦奉命调动了十三个师的兵力，节节向抗日同盟军进逼，还派出许多特务人员，到抗日同盟军各部进行拉拢收买，分化瓦解。

南京政府的倒行逆施着实气坏了冯玉祥，他召集总司令部全体官员讲话说："汪精卫说我们收复察东四县没有打仗，这能欺骗了全国人民吗？如果没有打仗，我们送到北平、天津的大批伤兵是哪里来的？还有人说我们是'赤化'，我认为'赤化'就是革命化，就是流血化，这有什么不好！如果我不是年龄较大了，得失之见较深了，不用他们臭奉承，老子一定要'赤化到底'。"

8月初，蒋介石调动大军完成对抗日同盟军的军事部署，抗日同盟军处在日伪军和国民党军的四面包围之中。冯玉祥为避免引起内战，使侵略者坐收渔利，再加上抗日同盟军内部产生了分歧，军费供给断绝，为保存这支抗日力量，他将同盟军交给自己的老部下二十九军的宋哲元收编。

8月14日，冯玉祥依依不舍地离开了张家口，返回泰山。临行前，他召集抗日同盟军将领话别，并用鲜血在中国地图上的被日本侵略者侵占的东北四省和察哈尔省处，写下"还我河山"四个大字，作为分别后的共同奋斗目标。就这样，令全国人民振奋不已的抗日同盟军就此结束了短暂而光荣的历史。

1948年，冯玉祥拒绝了美帝国主义的引诱，毅然乘船奔赴中国解放区。然而，就在他接受中共邀请，回国参加新政治协商会议的途中，因轮船起火而不幸遇难，为迎接中国革命的胜利流尽了最后一滴血。

80多年前，在河北长城要塞张家口成立察哈尔民众抗日同盟军，是各党各派联合抗日的一次伟大尝试，留下了气壮山河的光辉一页。当年由冯玉祥将军修建的"民众抗日同盟军收复察东失地阵亡将士纪念塔"至今屹立在塞上明珠张家口，它将永远向世人诉说那段悲壮的抗战历史，昭示我们中华民族伟大的爱国精神。

这正是：

爱国名将冯玉祥，振臂张垣复北疆。

巍然耸立将士塔，英魂不朽诉兴亡。

第九十五回 孙永勤起义 民众齐唤醒

上一回说到冯玉祥身先士卒浴血奋战，壮志报国收复故土。可惜的是这来之不易的胜利果实在不抵抗政策之下毁于一旦，但中华儿女保家卫国的志愿从未改变。在燕赵热土，在长城脚下，又有一支英雄的抗日部队挺身而出。这又是怎样一群热血男儿？这又是怎样一段传奇故事？

对于中国人来说，杨靖宇、赵尚志、赵一曼这些民族英雄的大名个个都是响当当。在七七事变之前，河北也出了一位抗日英雄，他坚决抗击外敌，不惜为国牺牲。他就是在 20 世纪 30 年代初期，战斗在长城内外的燕赵英烈孙永勤。

孙永勤生在承德兴隆的一家农户中，虽说家里也是靠着庄稼过日子，不过日子过得还挺不错，孙永勤刚满七岁就进入私塾开始读书。他爱读《水浒》、《岳飞》，平日里最敬重英雄好汉，最喜欢拳脚武术。小伙子脸皮黑，腰身壮，2 米高的大个子，看着就像是铁塔一座。因为孙永勤为人仗义，讲究公道，所以老乡们就送了他一个"黑脸门神"的外号，远近的年轻人都把他当成了主心骨。

"黑脸门神"孙永勤，这个外号真不是虚名。民国初年，他领着民团打跑了土匪，保住了十里八乡的平安。九一八事变枪声一响，中华民族到了危难关头，在这个节骨眼上，孙永勤又将做出怎样的举动呢？

1933 年 3 月，二十九军官兵在长城喜峰口、罗文峪与小鬼子打响了白刃战，消息传来孙永勤这儿，他激动地讲了八个字："只有抵抗，才有出路。"孙永勤不只这么说，更把这句话落在自己的行动上。他打马上路，一晚上走了上百里，把日军调动的情况报告给喜峰口上的二十九军，就连那些久经沙场的军官也直夸这个年轻人是爱国英雄。

后来，日本人占了热河，逼着农民交出手里的武器弹药，拒不执行者就按强盗土匪论处，一律都要下大狱。当时，孙永勤的民团也有50多杆枪，这事好多人都知道，想瞒也瞒不住。日伪警察队找到孙永勤，要求他把武器交出来，可他们没有拿到枪，只得了这么几句话，孙永勤说："人是中国人，枪是中国枪，要我当汉奸，只能是妄想！"

这一年12月，孙永勤领着16个兄弟到了村边一座大庙里，他们歃血为盟，发下誓愿："敌不灭，怒不息，头可断，志不屈！见贼就杀，毫不留情；有死无降，向前拼命；爱护百姓，不害好人；精忠报国，永无二心！"仪式结束，孙永勤站在一座碾盘上，向村民们公开宣布——自今日起成立抗日救国的"民众军"，当场定下了"不贪财、不扰民、不奸淫、不投降"的四大军规。新生的民众军在村里竖起一面大旗，上面绣着十个大字——"天下第一军，均富又济贫"。

孙永勤被兄弟们推举为民众军军长，把领队打仗的任务担在肩上。旗号虽然竖起来了，可是这"天下第一军"加上军长总共才有17个人，连一个排都够不上，怎么去对付小日本呢？摆在眼前的第一个难题就是扩充队伍，补充武器。这个问题说来容易，做起来难，孙永勤又会想出什么样的法子呢？

想方设法，孙永勤如何打造钢铁部队？
杀富济贫，民众军如何成就仁义之师？

孙永勤作为民众军的领头人，为扩充部队的问题动起了脑筋，想出了办法。他先把地主老财的家产分给贫苦百姓，一下子就赢得了人心。也就是几天的工夫，周边村庄里150多位乡亲都加入了孙永勤的民众军，队伍一下扩大了十倍。

队伍扩大了，下一个问题就是枪支弹药。起初，孙永勤用的是"募枪"和"押枪"的办法。募枪，就是劝说财主赞助枪支，鼓动出几个人来参加队伍；押枪，就是来硬的，要么逼着他们把枪支拿出来，要么就干脆从地主家里劫个人质，要他们拿枪换人。

据说，孙永勤还把押枪的法子用在了自己的亲妹妹身上，真算得上是大义灭亲。那时候，他妹妹嫁了一个财主，亲哥哥上门来问，妹妹却一口咬定家里没枪也没人。孙永勤一听就急眼了,软的硬的都用了,还是没什么效果。他一气之下就冲着外甥开了刀,当舅舅的义正词严发话说:"抗日救亡,人人有责。非亲非故的还给我枪打日本呢。你越是亲戚越拆墙,有枪不给我,留着给鬼子?"孙永勤越说越来气,手里的枪杆子一下子对准了外甥,这可把他妹妹吓坏了,赶紧交出来六杆大枪、一把匣子枪,另外还安排七个人跟进了民众军的队伍。

民众军四处出击,袭击日伪,沉重地打击了鬼子的嚣张气焰。伪热河省政府把孙永勤的部队当成了眼中钉,一怒之下撤了原来的兴隆办事处主任,调来一个铁杆汉奸吕俊福专门对付孙永勤。这个汉奸一上任就派人联系上孙永勤,说是要跟他面谈。他表面上说是要谈话,暗地里却调来了1000多日伪军,打算一举灭了民众军。孙永勤怎么能看不明白汉奸的鬼心眼?他将计就计,给敌人设下了十面埋伏,一场瓮中捉鳖的好戏拿下了敌人五成的人马。

民众军节节胜利,敌人大为震惊。经过这几个回合的你来我往,伪政府明白了一件事——在孙永勤面前,斗智斗勇都占不了上风。于是,他们只好来了一手软的,派出两个所谓的"特使"到孙永勤那里去"劝降",还把伪热河省讨伐大队队长的委任状当面呈送给孙永勤。

孙永勤自然不吃这一套,他把委任状撕得粉毁,大声痛骂汉奸:"你们不要脸,别人也不知耻吗?我是堂堂的中国人,岂能做日本人的狗下之狗!"

1934年5月,民众军已经发展成为有5000多人的大部队,这一支抗日救国的部队也受到了中国共产党的关注。中共遵化县委派出军事干部同孙永勤见了面。随后,中共京东特委委员王平路也找到孙永勤,向他介绍关内各地的抗日形势,介绍了中国共产党的抗日主张和政策,建议孙永勤从"均富济贫"发展为团结一切力量抗日救国,同时加强军队纪律,密切联系群众,争取广大群众的支持。

孙永勤从心里敬重中共的军队,可是真要把自己的队伍跟人家合到一块,这事究竟该怎么办呢?

中共遵化县委书记骆凤亭了解孙永勤的情况,知道他的部队不缺本事,不缺勇气,缺的就是武器和医药。骆凤亭变卖了自家十几亩地,换来十支大枪、一箱药品,派自己的亲弟弟赶着毛驴,驮着席卷,把枪藏在席子里面,一连走了三天三夜，终于把东西送到孙永勤的手中。这事让有情有义的孙永勤很是感动，对共产党人更多了一份敬佩。

孙永勤终于做出决定，接受中共地下党人的建议，把民众军改名为"抗日救国军"，还把联系群众、抗日到底的思想在自己的队伍中贯彻开来。更名之后的抗日救国军士气高涨，面貌一新，他们杀富济贫，开仓放粮，成了苦难之地的"及时雨"，百姓心中的"仁义之师"。

孙永勤的名声越来越响，战场上的形势却是越来越难。日本人为了打垮这支抗日救国军，出了一条阴险的毒计，他们打算兵分三路，把孙永勤的队伍逼进茅山，最后来个一锅端。

日本人这招实在狠毒，一是茅山是一座荒凉的石头山，山上连棵树都没有，一旦上了山，没处躲也没处藏；二是日本关东军中的好战分子贪得无厌，早就不满足只占了《塘沽协定》中规定的长城以北地区，一直惦记着更大的地盘。而茅山就位于长城以南的"非武装地带"，日本人故意把战场推进到这里，为的就是试探国民政府的反应，为扩张侵略区域寻找借口。

1935年5月初，日本关东军开始对孙永勤部队实施疯狂围堵，抗日救国军在战场上耗光了给养，孙永勤的腿部还受了重伤。这时候，鬼子的狐狸尾巴露了出来，孙永勤看懂了日军的小算盘，他为了不给侵略者留下侵占华北的机会，决定伺机突围，重返长城以北。为了更好地抗击外敌，也是因为崇敬中共的部队，孙永勤又做出了一个重要的决定，他接受了中国共产党"华北抗日第一军军长"的委任。

孙永勤加入了共产党的队伍，更增强了抗日到底的决心，可是，敌人为了达到目的，也加紧了进攻的步调。没等孙永勤冲出鬼子的包围圈，日本关东军司令部就调集长城各口和天津驻军，联合国民党军警、民团，攒了上万人的大部队，把救国军围在茅山一带，还用飞机、大炮轮番轰炸，就连山边的村子都给炸成了灰。狠毒的敌人一心要赶尽杀绝，惨无人道地把毒气弹用上战场。

就在这一时刻，孙永勤的部队里有人提出："我们掩护军长率领全军向南突围，也许能从保安队那里打开一条出路。"孙永勤当机立断："不，不能向南走。一往南去，小日本就有借口进行追击，没准就要危害华北。我们一定得打回热河去，引着敌人出关，保护冀东父老。"

孙永勤最后留下一句话：要求军参谋长、中共地下党员关元有带着大伙一路突围，自己坚守阵地，牵制敌人。关元有含着热泪回答说："中国人理应为中国死，只是我没能给您当好参谋长！我与军长在此一同报国，请派别人率队突围。"

孙永勤和关元有并肩上阵，杀了日军田边少尉，舍生忘死战斗在前线。1935年5月24日，两人在炮火中以身殉国，满腔的热血洒在燕赵故土。烈士情怀震撼了日本兵，敌人在孙永勤、关元有的遗体前列队致哀，之后马上露出残忍的本性，举起刺刀把二人的头颅割下，带往承德悬挂示众。

在此后的战斗之中，抗日救国军官兵大多战死沙场，只有一小部分得以突围。幸存于难的将士们怀念他们的老军长，时时刻刻惦着国仇家恨，有人重新拉起部队抗击日寇，有人参加了八路军。

孙永勤的抗日救国军虽然成了历史，但是他们的精神永存中华。1935年8月1日，中华苏维埃、中共中央在巴黎《救国报》发表了《为抗日救国告全体同胞书》，也就是著名的"八一宣言"，其中高度赞扬了孙永勤和吉鸿昌、瞿秋白、方志敏等11位为国捐躯的民族英雄，称他们表现了中华民族救亡图存的伟大精神，坚信中华民族抗日救国最终必然胜利。

时光辗转，抗日烈士如何名垂青史？
世事变迁，英勇将士如何名扬百年？

当年，日军杀害了孙永勤，又对他的家人展开了疯狂剿杀。只要听说有姓孙的，小鬼子不分青红皂白，一律格杀勿论。孙永勤的媳妇雷永兰为了保住孙家的骨肉，只好离开家乡，开始逃亡。直到日本战败之后，雷永兰才重新回到兴隆老家，可怜这个女人30多岁就守了寡。她这一辈子再没改嫁，一心一意守着孙永勤的灵牌。

更让人想不到的事情还在后面，新中国成立之后，壮烈牺牲的孙永勤被误认为土匪，遭受了不公正的待遇。这事传到从前的抗日救国军第二总队队长年焕兴那里,他托人把话捎到孙永勤的家里,表示一定要为老战友讨个说法。

好在几十年后,在以李运昌将军为首的老一辈革命家的呼吁下,孙永勤终于平了反,被授予"革命烈士"称号,享受军长级荣誉。如今,烈士的家乡兴隆已经做出决定,建立孙永勤及千里无人区纪念馆作为爱国主义教育基地,河北电视台、省政府参事室也联合省内外党史专家制作了一部详尽介绍孙永勤生平的纪录片,鼓舞中华民族的奋斗精神,告慰爱国烈士的在天之灵。

我们应当永远铭记,在20世纪30年代初,在长城一带的深山老林,在国民政府军大举溃败的局面下,在工农红军辗转在南方之时,燕赵之地曾经站出了一位名叫孙永勤的抗战英雄,曾经出现了一支名叫"抗日救国军"的农民武装。他们誓死抵抗侵略者,兵锋直达长城外,为保家卫国献出了生命。孙永勤是河北人民的骄傲,更是中国人民的骄傲。

这正是:

抗日英雄起草莽,唤起民众齐救亡。
长城内外洒热血,宣言传世美名扬。

第九十六回 阜平龙泉关 晋冀马嘶鸣

上一回说到，孙永勤农民武装真英雄，抗日救国展雄风。七七事变爆发之后，太行山古老的长城脚下，又来了一支抗日兵团，他们在山沟沟里游击作战，敌后抗日风生水起。这又是怎样一段长城战歌？

革命老区阜平县是当年晋察冀边区的首府，县城西侧就是著名的万里长城龙泉关。明长城在阜平境内蜿蜒长达120公里，为万历年间修建。长城岭东山脚下的龙泉关，为"太行八陉"之一，与唐县倒马关、易县紫荆关并称为长城"内三关"。

从龙泉关沿着崎岖的山路东行，在沙河边上，高入云天的大小太白山之间，有一座山城，这就是阜平县城。河北乡间流传一句话："平山不平，阜平不富。"说的是平山山地多，而阜平则是一个穷地方。可谁都没有想到，这个穷山沟竟然成了敌后抗日根据地。

原来，平型关大战胜利结束后，一一五师六八五团政治处开赴阜平，毕业于北京师范大学的高才生张苏随军参加开辟敌后抗日根据地的工作。一天，一一五师政治部主任罗荣桓从县城打来电话，要张苏立即赶到阜平当县长。他二话没说，立刻拎上仅有的一只小皮箱，匆忙赶到县城。

张苏当了华北敌后根据地第一个县长，做的第一件事就是颁发布告。张苏的书法造诣很高。他找来一张大红纸，按照罗荣桓的指示，用文言写了一个官样告示：奉八路军总司令部电令，委任张苏为阜平县县长，于某月某日就职视事。

张苏写好之后，盖上自己的桦木印章，亲自把布告贴在县政府大门口，立即轰动了全城。有文化的人，看字看文，赞赏不已。不识字的人，听到别人议论后，添枝加叶地说：

"咱八路军里有能人,把国民党的县长比下去了。"一位国民党时期县政府的老司法科长竖起大拇指说:"贵县长年轻有为,写作俱佳,堪称吾地方父母官也!"

张苏上任没多久,聂荣臻率领八路军部队进驻阜平城,在这里建立了晋察冀军区。从此,阜平成为晋察冀边区的红都。聂荣臻为什么要舍弃原来选定的佛教名山五台山,转而选择这样一个名不见经传的小县城?

虽说晋察冀军区成立时选中了五台山,可是五台山地形所限,活动余地并不大。

聂荣臻曾说:"五台山群众太少,兵员和粮食都不易补充,不能光靠和尚、喇嘛抗日。平汉铁路两侧,特别是冀中平原地区,人口稠密、土地肥沃。所以我们的领导机关得往前靠。我看阜平这个地方不错,距平汉线比五台山近一半的路程。阜平山势险峻,敌人的机械化部队不便展开,骑兵也很难活动。"

阜平处于冀西山地的腹心地区,西离五台山不远,东距冀中平原又近,对领导整个晋察冀地区的抗日战争,是非常不错的根据地。于是,聂荣臻把部队活动的范围扩展到河北,后来选中阜平作为晋察冀军区的落脚点。

而那位抗日县长张苏对晋察冀军区机关迁往阜平更是十分欢迎。他对聂荣臻说:"冀西地形好,群众基础也好,供应部队没问题。"就这样,1937年11月,军区机关抵达阜平,这个过去毫不起眼的长城边的小山城,摇身一变为华北新的政治军事中心,城镇顿时繁盛起来,抗战的歌声在沙河两岸沸腾。

阜平龙泉关晋察冀边区抗日师生

从此，聂荣臻便在这个小山城里，运筹帷幄，导演出一幕幕威武雄壮的抗日史诗。他写的晋察冀情况报告，让毛泽东赞不绝口，还把这个报告单独成书出版，亲自为它题写了书名"抗日模范根据地——晋察冀边区"。毛泽东还在这本书的序言中赞扬道："晋察冀边区是华北抗战的堡垒。"

晋察冀根据地的八路军正规部队与新建立起来的游击队、民兵活跃在崇山峻岭、长城内外，像一把把尖刀插入敌人的心脏。日军所谓的"名将之花"阿部规秀也最终凋谢在太行山下。

史无前例，中将毙命留下哪般惊世之谈？
弥足珍贵，战地照片记录哪些历史瞬间？

1939年11月，日军"蒙疆驻屯军"最高司令号称运用新战术的"俊才"、"山地战专家"中将阿部规秀率领第二混成旅团从张家口进至涞源，深入抗日根据地腹心地区，妄图攻破长城白石口、黄土岭口防线。

这里是一片连绵险峻的大山，明长城就横在涞源县城南面的崇山峻岭之上。出涞源县城，经过长城上的白石口，再往南才能到雁宿崖和银坊，中间只有一条山路可走，两面都是光秃秃的险峻山石，是个打伏击的好地方。聂荣臻指挥的晋察冀部队决定在这里打一次伏击战。

11月3日清晨，战斗打响了。600多名日军被游击队顺利地诱入伏击圈，处于我军的严密包围中。下午4点，我军发起总攻，一团和二团突入雁宿崖村，经过短兵相接的搏斗，把村里的敌人全部歼灭，只剩下一些日军炮兵固守在雁宿崖的一个小高地上负隅顽抗。三团部队冲上高地与敌展开肉搏战，最终，13名日军被活捉，600多日军被歼灭，只有少数敌军成为漏网之鱼。

雁宿崖的歼灭战，日军损兵折将，阿部规秀大怒，第二天亲自率1500多名日军，进行报复性"扫荡"，企图消灭我军主力，以挽回"皇军的体面"。而我军这次的战斗布置是：以小部队在白石口一带迎击日军，诱敌东进。等敌人进至黄土岭口有利地形后，集中主力将其包围歼灭。

11月6日晚，阿部规秀率部进入黄土岭口一线，我军开始了对敌包围的行动。第二天，日军主力从黄土岭口出发，顺山沟向东运动，下午进入我军伏击圈。

一声令下之后，我军发起猛烈攻击，首先击毁日军电台。敌人受到突然袭击，阵势大乱，急忙抢占几个山头，企图突围。我军及时缩小包围圈，与敌人展开山头争夺战。战斗中，我军一分区炮兵营发现日军在黄土岭口与上庄子之间有个指挥部，就用迫击炮进行轰击。当时阿部规秀就在这个指挥部，在炮击中毙命。

击毙日军中将以上指挥官，这在华北战场是第一次，在中国人民的抗战史上也是第一次。日军对此十分震惊。日本的《朝日新闻》，连续三天的通栏标题都是"名将之花凋谢在太行山上"。这家报纸还说："自从皇军成立以来，中将级将官的牺牲，是没有这样的例子的"。

如果有人想找出当年最能代表晋察冀八路军抗战形象的画面，那就一定要属沙飞拍摄的"战斗在古长城上"那组经典照片。

1937年10月，沙飞奔赴晋察冀抗日根据地，成为抗日边区的第一位摄影记者，他要把摄影作为一种抗战武器，拍摄八路军在前线的战斗生活。"古长城"是解放区摄影中的象征符号，在沙飞的镜头下被赋予强烈的爱国主义精神。

1942年7月7日，《晋察冀画报》创刊号以沙飞拍摄的《塞上风云》为封面。这幅作品是沙飞到杨成武部队随军采访时拍摄的，当时杨成武指挥部就设在保定涞源县的浮图峪孟良城长城上。1937年10月至12月，沙飞还在这里拍摄了大量带有报道摄影特征的作品，如《战斗在古长城》《不到长城非好汉》《八路军在长城上行进》《八路军收复插箭岭》《八路军在古长城欢呼胜利》等。

在晋察冀摄影战士的镜头下，长城与八路军成为一对鲜明的图像主体。沙飞在《战后总结会》一幅所附的照片说明中写道："1938年浮屠峪战斗中，我边区八路军在长城岭上开战后检讨会。浮屠峪是万里长城一隘口，位于涞源、易县交界之处，相传为宋代杨家将练兵御番之地。"照片上还赫然印着"收复失地"的标语，强调浮屠峪长城的地理位置及其作为军事要塞的历史。

1943年第三期《晋察冀画报》登载了以大幅长城照片配图的《冀东是我们的》这篇文章。巍峨雄伟的古长城是中国历史文明的象征，更是八路军与日军展开军事对峙的战场。沙飞和他的战友们以照相机为武器，把长城作为晋察冀八路军的抗日象征，为后人留下了永恒的历史瞬间。

晋察冀的长城不仅刊登在《晋察冀画报》上，还被印在了晋察冀银行所印发的钞票上。

在笔者珍藏的各种解放区银行纸币中，晋察冀边区银行发行的钞票设计丰富多彩，装饰花纹精美，图案既有宝塔亭台、清河桥、帆船、村庄等自然风光，也有耕地、牧羊、牧马、收割、运肥等劳动景象。在文化古迹的图案中，最吸引人的就是万里长城了。

笔者至今还保存着晋察冀边区银行三枚有长城图案的"抗日票"，一张是面值五元的晋察冀边区银行币：正面中央是红色伍元图纹，两侧是绿色长城，印于1939年。另外两张都是印于抗战即将胜利的1945年，面值十元的那张正面中央是长城图案，红棕色；而面值百元的更是非常大气，钞票正面全幅都是长城图案，气势磅礴，象征了抗战必胜的民族精神。

披荆斩棘，边区银行如何诞生抗日货币？
前赴后继，革命老区怎样迎来几代领袖？

晋察冀边区银行是抗日战争期间，中国共产党为了巩固敌后抗日根据地，保护根据地人民的利益和军需供给、经济建设而决定成立的。

1938年初，边区银行紧张地开展筹备工作。不久，第一张红色一元券钞票的票样送到了军区，聂荣臻亲自审批，并高兴地说："好，赶快印吧！"于是，印刷工人就前往阜平城西的法华村，在一个小学校的几间平房里，安上七八台小石印机，正式开始印刷晋察冀边区银行的钞票。从此，这支初具规模的印刷队伍，就正式称为"晋察冀边区银行印刷部"。虽然，这里的机器、工房都很简陋，但工人的热情很高，干得热火朝天，不到20天，就印出了第一批钞票。在法华村印好裁切后，用骡子驮着，护送到阜平城里的银行，经过加印签字、盖章、打号码、封包等工序，最后印制出那一张张带有古老长城的抗日票。

晋察冀边区银行是抗日战争期间在敌人后方建立的第一个银行，并被誉为"战斗银行"，它所发行的货币，也就成为敌后各抗日根据地最早发行的钞票。

1948年4月，毛泽东和中共中央机关来到晋察冀军区。他们的行程与十年前聂荣臻率部挺进敌后的路线完全一样,都是从五台山过长城龙泉关进入阜平。

当年,毛泽东对刚刚进入晋察冀时的印象十分深刻,他对聂荣臻说:"一过龙泉关,就觉得群众很热情,就好像当年在江西到了兴国一样,群众都笑逐颜开的。"的确是像毛主席所说的那样,晋察冀的人民太好了,难怪从河北走出了一个光芒四射的新中国。

如今,中央领导同志对老区干部群众依然十分挂念。2013年元旦前夕,习近平总书记顶风踏雪来到位于太行山长城深处的阜平县,到当年晋察冀边区政府所在地龙泉关镇的两个行政村,专门了解当地的真实贫困状态,鼓励乡亲们坚定信心,尽早脱贫致富奔小康。

总书记表示说,革命老区和老区人民为中国革命胜利做出了重要贡献,党和人民永远不会忘记。他还强调,要千方百计帮助他们排忧解难,把群众的安危冷暖时刻放在心上,把党和政府的温暖送到千家万户。古老长城脚下的革命老区群众,好像又看到了从抗战烽火硝烟中走来的党的好干部。

这正是:

太行山上古长城,抗日将士进阜平。
边区建设称模范,几代领袖寄深情。

第九十七回 世界遗产地 中国梦振兴

前面说到长城脚下烽烟四起，中华儿女保家卫国。一篇篇可歌可泣的英雄史诗，一幕幕惊心动魄的沙场拼搏，一个个光辉灿烂的名字镌刻在长城之上，铭记在历史之中，烈士英魂护佑着燕赵故土，守卫着万里长城。正是因为这一腔热血铸就的诗篇，巍巍长城的不朽精神才得以留存到今天。从前，先人在长城下守望着家国江山；如今，后人在山川上守护着古老的长城。长城万里，精魂一脉，纵横古今的传承与延续中流淌着民族的血脉。当和平熄灭了战火，当平静取代了纷争，长城又是如何成为中国的代名词，成为人类的文化遗产呢？

任何一个民族在历史发展的过程中都会为世界留下一些代表性的建筑，比如，埃及的金字塔、印度的泰姬陵、希腊的帕特农神庙、罗马的竞技场……在中国，长城就是这一类建筑中最杰出的代表。

在当今世界，长城已经成为中国的代名词，成为世界语境的中国符号。当长城作为中国的名片呈现在世界面前，来自全球的每一双眼睛都能看到长城展现出的中国文化。

长城是中国人的骄傲，也是人类文明的象征。1986年，中国向世界遗产委员会提交了一份报告，申报了中国第一批六项世界遗产，长城的名字就排在名单中的第一位。在1987年的第11届世界遗产大会上，长城正式成为世界文化遗产，长城被写入《世界遗产名录》。

当时，世界遗产委员会对长城给出了这样的评价："约公元前220年，一统天下的秦始皇将前人修建的防御工事连接成一体，打造了一个完整的防御体系，用来抵御北方民族的入侵。在明代（1368-1644），长城成为世界上最长的军事设施。它在文化艺术上的价值，足以与其历史地位和战略意义相媲美。"

联合国教科文组织提出一个观点：认识长城这项世界遗产的时候，需要强调国际价值和民族价值的辩证关系。世界遗产的研究强调跨越现代国家疆界的文明。

中国长城承载着人类的文明，展示着历史的魅力。千百年前，长城曾经是抵御外敌的坚强屏障；时至今日，它已经化身成为中国与世界的文化桥梁。

历史是人类文明交流融合的过程，长城也在长久的岁月中融入世界。在古代中国，随着茶叶、瓷器、丝绸等一起漂洋过海的，还有中国的东方文化，其中就包括很多有关长城的历史信息。

13 世纪，年轻的冒险家马可·波罗来到中国，把古老东方的神奇故事写成了一部《马可·波罗行记》。这部新奇的著作激起了欧洲人对中国的好奇、对东方的向往，甚至对新航路的开辟产生了巨大影响。

马可·波罗描述的中国引起了西方人的兴趣，也在西方引发了质疑。17 世纪，意大利作家提出了一个关于长城的问题，他认为，一部《马可·波罗行记》之中居然没有提到长城，这事实在难以理解。其实，马可·波罗在中国的那段时间正是元朝时期，朝廷并没有大规模修筑长城。元朝时期，长城内外成为大一统的政权，没有南北防御的需要了。元朝以前建筑的长城遗址在阴山、大青山，那个地区马可·波罗没有到过，所以马可·波罗没有看到过长城是很正常的。

西方人不仅对马可·波罗的经历提出疑问，很多人还想办法到中国一探究竟。即便是没有来过中国的一些史学家和文学家，也在他们的著作中根据一些文献记录了长城。16 世纪初期，葡萄牙人费尔南·门德斯·平托在他的著作中留下了中国国王把犯人送去修筑长城的记录。1585 年，西班牙人门多萨在《大中华帝国志》中专门介绍了长 500 里格的中国的长城，这其中的"里格"是古老的计量单位，1 里格相当于今天 5 公里的长度。

有关长城的信息就这样不断地传向西方，长城的地位也在西方人的心目中逐渐高大起来，甚至远远超过了历史的实际情况。

名扬海外，古老长城如何现身《寰宇全图》？

声传万里，中华古迹如何吸引八方来客？

15世纪、16世纪是欧洲文艺复兴和"探索发现"的时代，也是人类地理知识突飞猛进的时期。1584年，亚伯拉罕·奥尔特留斯出版了全球第一部地图集《寰宇全图》，其中的中国地图里第一次出现了长城的身影。在地图的底部还附有这样一段文字："这道长400里格的城墙在群山中蜿蜒前行，它的使命在于阻止鞑靼人入侵。"

时隔六年，科尼列斯·德·宏德制作了第一部完整的世界地图，叫作《世界新图》。当时，中国正处于明朝的万历年间，欧洲各国也处于君王分制时期。在这个时代出现的《世界新图》首次把世界显示为真实的椭圆形，一个东西相连的球体。其中标出了大西洋的长度、印度洋的宽度、太平洋的广度，还标出了中国的长城。在这张世界地图上，有山、有海、有长城，却没有埃及的金字塔、罗马的斗兽场等其他文化遗产。由此可见，科尼列斯·德·宏德在绘制了这幅地图的时候，一定是意识到了长城这个重要的文化遗产与全人类的关系。

长城的一些绘画、一些照片和关于长城的一些历史介绍，更多的是通过传教士传向西方的。康熙年间，耶稣会士中的杰出人物南怀仁来到中国，见到长城，雄伟壮观的建筑给了他前所未有的震撼。当时，南怀仁发出这样的感慨："世界七大奇迹加在一起也比不上中国的长城，欧洲所有出版物中关于长城的描述都不足以形容我所见到的长城之壮观。"

关于长城的信息不断传入西方，长城的雄伟形象也在西方人心中形成很深的印象。"法兰西思想之父"伏尔泰曾经在《哲学辞典》中将长城和金字塔一同提及："万里长城是一座由恐惧不安而产生的巨大建筑，金字塔是虚荣和迷信的遗迹。长城和金字塔都证明人民的巨大耐心，却并不说明任何高等的建筑技术。"1756年，他又在《风俗论》中称长城"就其用途与规模来说"，都是"超过埃及金字塔的伟大建筑"。

随着时间推进、技术发展，海陆交通更加便利，中西交流更加频繁。特别是照相技术发明之后，八达岭、居庸关、古北口这些离北京近的长城就成为西方人记录长城和表现长城的重要内容。有大量的画册、明信片、图书、绘画等形式创作的作品，把中国长城的真实风貌介绍给了世界各国。这样一来，在全球范围之内，长城这个名词的认知度越来越高，对于那些从来没有亲眼见过长城的人来说，这座古老而神奇的东方建筑越来越具有迷人的魅力，甚至成为一些人前往中国的重要原因。

有句话说："一千个人的眼中有一千个哈姆雷特。"同样，在每个人的眼中，长城也具有不同的含义，在西方人的心目之中，长城又有着怎样的价值与意义呢？

英国作家笛福的作品《鲁滨孙漂流记》中就有一段关于在长城冒险的经历，故事里提到："我们走过中国的长城，这是一种用来防御鞑靼人的伟大工程。"

对于小朋友来说，更熟悉的应该是丹麦童话作家安徒生。提到他的作品，大多数人最先想到的也许是《国王的新衣》《丑小鸭》。但是，人们可能不知道，安徒生在1861年发表的《新世纪的女神》中也出现了长城，他说："这个时代会在什么时候成熟起来？对于我们这些落后的人来说，还需要等待一段时间。对于已经冲在前面的人来说，新的时代就在眼前。中国的万里长城立即就会消失，欧洲的火车就要打开亚洲的大门——两种文化即将融合起来！"在安徒生歌颂现代文明的豪言壮语之中，中国长城成了东方保守主义的象征符号。在这里，长城已经超越了它本身的含义，安徒生要表达的意思是，先进的现代的西方文明要打开东方的大门。

西方人通过长城看中国，中国文化也通过长城向西方传递，在东西文化充斥着隔阂与不解的时代，西方人眼里的长城也多少带上了一些负面的含义。长城，这项不朽的工程、伟大的奇迹，它又是如何向世界展示出其深厚的底蕴和博大的胸襟呢？

现代中国长城研究界和社会各界看到的、接触最多的一本外国人写中国长城的书是美国的威廉·埃德加·盖洛写的《中国长城》。威廉·埃德加·盖洛是一位美国传教士，也是一名旅行家。威廉游历过欧洲和南太平洋，但在他心目当中，长期以来特别渴望到中国来。他曾经说过，中国才是他最神往的国家。他说："中国那么大，我们对中国的无知几乎同样大。为什么不去亲近中国人？只有通过他们，我们才能知道可以从这个'天国'获得些什么。"

1903年，威廉第一次到中国来，他沿着长江逆流而上，把旅行中的所见所闻写成了一本《扬子江上的美国人》。1908年，威廉再一次来中国，这次他的目的十分明确，就是沿着长城全线旅行。他在长城上考察、拍照、做记录。第二年，他的考察成果《中国长城》就在纽约和伦敦同时出版，很快就在美国和英国成为非常有影响的一部畅销书。在这部西方第一本专门考察和记录长城的著作当中，威廉做出了这样的结论，他认为："2000多年来，长城为保卫国家和平和消除紧张局势做出了贡献，了不起的长城！"

再开新篇，美景美名如何漂洋过海？
相见恨晚，名流名胜如何惺惺相惜？

中华人民共和国成立之后，长城成为中国政府接待世界各国领导人和各国友好人士的重要的参观地。1952年，八达岭长城经过修复，开始接待国内外的参观者。在新中国成立之初，各国政要到中国来，都希望能抽时间登上长城。

从1954年10月长城接待第一位外国政要到现在，八达岭长城已经接待了500余位各国元首。各国元首和政要参观长城以后，很多人都留下了他们的感慨，在长城上题了词，留了言。这些题词各具特色，概括起来大致有这么几种：

第一种是抒发个人对长城的印象。比如，1986年，英国女王伊丽莎白二世在长城上说："我到过许多地方，长城最为美丽。"俄罗斯总统叶利钦也在1992年参

五星红旗飘扬在八达岭长城

观长城之后写下:"这是世界上最伟大的工程,我从未见到过与其类似的杰作。"

第二种是由长城想到中国,想到中华民族和中国的历史。比如,1972年美国总统尼克松参观完长城以后写道:"只有一个伟大的民族才能建造出这样一座伟大的长城。"2002年的时候,俄罗斯总统普京也在八达岭题词:"我为中华民族之勤劳、风景之秀美、历史之伟大而感到惊讶!"

第三种是借长城的和平意义表达对世界和平的美好愿望。2002年,美国总统乔治·布什去八达岭参观的时候是笔者陪同的。当时在长城上笔者就跟他讲了长城的和平意义,中国人修长城是一种不想打仗的愿望的表达。下来之后,他准备题词的时候,笔者就对他说:"请总统在长城上为和平写一句话。"他就写了:"祝愿我们的人民永享和平。"

第四种是由长城联想到中国和世界的未来。1999年,卡塔尔总统埃米尔·哈马德表示:"我只能表达对这一独特墙体的敬佩之情。长城是中国古代文明成就的见证,现在又为中国的进步发挥着巨大的推动作用,将来整个人类必将受益于它。"2000年,伊朗伊斯兰共和国总统赛义德·穆罕默德·哈塔米在长城上留下这样一番话:"古老的长城标志着中国人民在漫长的历史中创造的文明史,中国人民能够依靠这样的建设来创造繁荣的文明。"

近些年来,长城吸引了越来越多的国外朋友,他们当中很多人已经不再满足于仅仅去参观长城的旅游景区了,而是希望能更多地接触长城,更多地感受长城,甚至拿出比较长的时间徒步长城。

英国的布莱顿夫妇2006年5月31日从明代长城的西端嘉峪关出发,2007年7月7日到达山海关。布莱顿夫妇把一路搜集到的长城的影像资料和他们写的一些文字发布在互联网上,最后又把这些文字和图片编辑成书,还在澳大利亚墨尔本举办了关于长城的专题展览。现在像布莱顿夫妇这样喜欢长城、感受长城的人越来越多。

这正是:

万里长城万里长,世界遗产美名扬。

八方游客览胜景,国际友谊架桥梁。

第九十八回　长城留大义　精忠报国情

上一回说到，长城作为中国的象征、世界的遗产，绵延万里，穿越千年，记录着历史变迁，延续着民族的血脉。巍巍长城，在穿越古今的行走中，凝聚成一种文化，传承着一种精神。长城对中国人，有着怎样不同的意义？中国人对长城，有着怎样特殊的情感？

中国人对长城有着一种独特的感情，这种感情不但在中年人、老年人当中有，在青年人当中也非常强烈。2014年暑假期间，长城基金管理委员会组织了全国93所高校的近千名大学生，在整个明代的长城进行了一次徒步宣传长城保护的活动。我们把山海关到嘉峪关的长城分成了八个段落，然后将这些大学生分成八支队伍，请他们把法律出版社出版的《长城保护条例》的招贴画宣传到长城沿线的村庄。在与这些大学生交流的过程中，我曾经问过这些年轻人这样一个问题："说到长城，你们马上会想到的一句话是什么？"

很多人异口同声地说："起来！不愿做奴隶的人们！把我们的血肉，筑成我们新的长城！"没错，这是《义勇军进行曲》当中的一句歌词，表现了中华儿女在民族存亡的危急关头，万众一心，团结一致，用自己的鲜血和生命抗击日本侵略者，捍卫祖国的坚强决心。

还有一些人说到"不到长城非好汉"。"不到长城非好汉，屈指行程二万"是毛泽东《清平乐·六盘山》当中的诗句。这首诗写于长征途中，当时红军历经艰险翻越了六盘山，其中有三天的时间是沿着秦始皇时期修建的长城行进的。毛泽东在他的诗句中用"不到长城非好汉"表达了长征胜利在即的喜悦与豪迈。

同学们说的第三句话就是"万里长城永不倒"。这是20世纪80年代的热播电视剧《大侠霍元甲》的主题曲。

当然，答案还有很多，比如"长江，长城，黄山，黄河，在我心中重千斤，无论何时，无论何地，心中一样亲"，这是歌曲《我的中国心》当中的歌词。

这些年轻人的回答，表达出了他们对长城的一种情感，也反映了长城在中国人心中的分量。长城就是中华民族的图腾，长城凝结了华夏儿女对祖国的热爱。

古老的长城，传承着爱的力量，这种爱，有家国大义，也有人间温情。2010年冬天，一位年近五旬的河南人背着年迈多病的老母亲登上长城，这看似普通的举动，打动了千万人的心，也为一脉相承的长城精神增添了更为丰富的内涵。

2010年，很多媒体都报道了河南孝子背着母亲登长城的事，感动了社会各界。这位孝子就是河南安阳县白璧镇东北务村的马家祥。

2002年初，马家祥的母亲突然中风，生命垂危。经过紧急抢救，母亲活了过来，但已经不能走路了，说话也非常困难。马家祥就一边干活，一边照料母亲。祸不单行，2008年5月，马家祥的左腿长了恶性肿瘤，这给母子二人的生活增加了更大的困难。但是在马家祥的心中一直想着老母亲的心愿，就是想去北京看看天安门、登登长城。

在母亲88岁生日的时候，46岁的马家祥带着母亲出发了，他们娘俩儿一路坎坷，终于克服种种困难，来到北京，登上了长城。在长城上，他背着母亲的场景使无数中外游客动容。当时，北京一所学校的中学生正在长城上搞爱国主义教育，看到此情此景，大家非常感动，学生们就举着写着"坚韧"两个字的旗帜，跟在他们母子身后。

中国有句老话，叫"百善孝为先"。孝，是中华民族的传统美德，更是爱国的基础。如果一个人连父母都不爱的话，心里又怎么会有对国家的爱呢？从人间的小暖到世间的大爱，这种爱的情感，汇聚人心，凝结着中华民族精神的核心，支撑着中国人和衷共济、攻坚克难。从对家的爱到对国家的爱，是一脉相承的。古往今来，在长城上又镌刻着哪些大爱的篇章呢？

精忠报国，骁勇战将如何赢得长城美誉？

凤凰涅槃，古老长城怎样实现浴火重生？

第九十八回 长城留大义 精忠报国情

在中国古代，很多王朝都把那些对国家有贡献的人比作万里长城。1000多年前，南朝的名将檀道济就将自己所率领的北伐军队比作国家的"万里之长城"。从那个时候开始，万里长城就已经成为军事、国防的象征与标志，融入了强烈的爱国主义情感。

唐代修建和使用长城很少，唐太宗曾经说过："秦筑城以备虏，未若选将为长城；汉设策以御戎，吾知得人为上策。"意思就是说，秦始皇修建长城防御匈奴，不如选择能征善战的将领作为长城。在这里，长城已经成了边疆防御的代名词。

唐代诗人韩栩，曾写诗赞扬突厥族将官哥舒仆射是"万里长城家，一生唯报国"。在这里，汉族诗人将身为突厥人的唐朝将领比喻成长城，说明长城在人们心中有着非常重的爱国情感。

到了明代，长城象征意义的使用就更为广泛。明朝的开国大将徐达，也是明朝最早修建长城的将领。山海关、八达岭这些地方的长城，最早都是由徐达修建的，他就曾经被朱元璋赞誉为"万里长城"。

明嘉靖十八年（1539年），杨守礼出任宁夏巡抚。他到任后整肃边防，修筑贺兰山赤木口等处的长城，并决心恢复北路的镇远关。第二年冬天，就被提拔为右都御史总督陕西三边军务。杨守礼在宁夏任巡抚的时间虽然很短，也就是一年多的时间，却干出了不小的成就。他收复了已经被蒙古族占领的北部长城地区，同时又修建了长城，加强了这个地区的防御，所以当时他在当地得到了非常好的赞誉。当时，明朝的一位高级官员就曾经赞扬杨守礼说："若假以久任，俾得究竟其设施，必能以身为西北长城，销北虏之患于未形。"就是说，如果能多给他点儿时间，让他在宁夏多待上一段时间的话，杨守礼就会成为西北的长城，有他在，就能防患于来自北方的威胁。

明朝嘉靖时期被人称为"长城"的还有一位，就是宁夏的总兵官潘浩。《嘉靖宁夏新志》中对总兵官潘浩修建长城和戍守长城的功绩做评述的时候这样写道："总兵官潘浩，能谨烽堠，迄今人以'潘长城'称之。"

到了中国的近代，鸦片战争爆发后，欧洲列强入侵者从海上用坚船利炮打开了中国的大门，中国成为欧洲扩张影响的主要地区。面对外国列强的侵略，本来已经完成了历史使命的长城浴火重生。

在中国历史上，长城作为农牧交错地带防御来自草原游牧民族侵扰的军事防御设施，对来自海上的入侵，长城防御体系就没有任何实质性的军事意义了。但是长城保卫中原文明，保家卫国的这种爱国情感却一直激励着中国人。

特别是第二次世界大战的时候，日本发动了侵华战争，无数爱国志士以长城为号召，鼓励国人勇敢地站起来，跟敌人英勇作战。万里长城成为抗战的精神鼓舞，成为激励华夏儿女保家卫国、奋勇杀敌的号角长城。

在1933年进行的长城抗战过程中，中国军人发出了"誓与长城共存亡"的誓言。《义勇军进行曲》当中也有"起来，不愿做奴隶的人们，把我们的血肉筑成我们新的长城！"这些警言绝句唤起了数亿国人支持抗战、投身抗战的高涨热情。在抗战期间，有多少中华儿女就是高唱着这样的歌曲奔赴到了抗战的前线！

在民族危亡的时刻，长城成为全民抗战的象征，凝聚着中华民族这种英勇的抗敌精神。在长城脚下也有很多的中国军人献出了自己的生命。1984年，我们徒步考察长城到古北口的时候，跟老乡了解情况，当时一位80多岁的老大爷就跟我们讲："长城抗战的时候，中国军队撤了，日本军队过去了，乡亲们就把散落在各个山沟里的长城脚下的牺牲了的烈士们的遗体搜集起来，然后在村头挖了一个大坑，摆上一层烈士的尸体，然后敷上一层土，再摆上一层烈士的尸体，再敷上一层土。就这样，连夜把散落在各条山沟里的能搜集到的烈士的遗体都埋葬在这一个大坑里。"现在每年清明，都有学校组织学生到这里来纪念这些不知道名字的为国捐躯的英烈。这些英烈已经和长城融为一体，成为保家卫国的代名词。今天社会各界依然将中国人民解放军称为"钢铁长城"。

在中国人的心里，长城不仅仅是一个古迹，还是中国历史的缩影，更是中华民族的一个代表物。长城的内涵早已超出了历史上军事防御功能的本来意义，成为中华民族记忆和情感的一部分。

在抗战的洪流中，长城就像是一条结实的纽带，把人心紧紧拧在一起，汇成一种巨大的精神力量。半个多世纪以来，长城与救国、长城与爱国的表达，早已经成为亿万中国人心中的重要精神力量。烽火硝烟已成过去，在和平时期，更多的当代人用独特的表达,来延续着长城精神,传递着长城文化。

爱长城和爱国应该是一致的。河北抚宁县就有这样一位农民叫张鹤珊,有人称他为长城的"活地图",也有人称他为"长城的专家"。他自己说:"我就是一个农民。"张鹤珊从20岁小伙子的时候就开始看护长城,不允许人们去破坏他们村子里的长城,一直到现在,已经快60岁了。近40年来,他常说的一句话就是:"长城不是我家的,但是谁要动它一块砖也不成!"

从2001年开始,抚宁县在长城边上设了18个长城保护员,把像张鹤珊这样热爱长城的人组建成一支长城保护队,然后由政府每年给出一些经费支持他们的工作。30多年来,张鹤珊就这样手里拿着一把镰刀,口袋里装着一小瓶二锅头,手里拎着一只盛化肥用的编织袋,到长城上去随手捡拾长城上的垃圾。看什么地方的长城有危险了,需要修复了,就赶快向文物部门反映。长城有蝎子,一个蝎子能卖几块钱,有收购药材的会收购这些蝎子,一些孩子就去长城上把长城的砖和石头翻过来捉蝎子。老张就去劝阻这些孩子,也到一些学校跟老师、跟学校一起教育孩子们要热爱长城,不能去做这种破坏长城的事情。

风雨无阻,一个农民怎样考察长城数十载?
苦尽甘来,种菜大王如何守得云开见月明?

秦皇岛还有一个长城保护员叫李亚忠。李亚忠多年来也一直在长城上巡视保护长城,而他对长城的热爱更重要的一种表现是他去研究长城和考察长城。

李亚忠学习成绩非常好,由于"文化大革命"没有上大学。但他聪明、能干,在别人还都是很粗放地种一些庄稼的时候,他就把自己分的地做成大棚,种细菜。在20世纪90年代,李亚忠的菜曾经在秦皇岛的很多饭店供不应求。如果他一直这样做下去的话,他就会有很好的收入,会过很富裕的生活。可是他在一边种着这些菜的时候,一边考察长城、研究长城,为保护长城去奔波。由于他就是个农民,在考察长城的过程中很难得到更多的社会帮助,特别是起步阶段,他就是骑着自行车自己去跑,自己去查资料、去读书。后来,李亚忠成为中国长城学会发展的第一个农民会员。

在整个长城沿线，像李亚忠、张鹤珊这样有社会责任感、热爱长城、保护长城的人还有很多。我们经常说："长城之所以伟大，不是哪一块砖伟大，也不是哪一块石头伟大，这些砖和石头都是很普通的砖、很普通的石头。但正是由无数这样的普通的石头和砖构建起来的长城就是伟大的长城。其实长城事业、长城保护、长城研究也是这样，每一个长城保护志愿者都没有什么了不起的，都很平常。但是就这样平凡的、一个个像李亚忠、张鹤珊这样的热爱长城、保护长城的人构建起来的保护长城的'长城'，一定就是一支伟大的力量。"

长城的精神曾经激励无数的仁人志士为国家挺身而出，义无反顾。在今天，长城依然是精神的力量，作为民族的象征，激励着中华儿女从善如流，奋勇向前！

这正是：

血肉筑就长城长，忠孝节义万古扬。

生生不息爱国情，民族象征永不忘。

第九十九回 长城理家底 文物保长青

上一回说到饱经沧桑的长城化身为爱国精神的象征，历经千古的城墙撑起中华民族的脊梁。中国人说的故事里有长城的名字，中国人唱的歌曲有长城的韵律，长城到底有多长？

2010年，国家文物局和国家测绘局首次联合公布了明长城的"家底"，明长城总长度为8851.8公里，这个长度比历史文献当中记载的明长城12600里的长度要长得多。这是因为在这次长城调查当中，把山险墙也列为长城防御体系的一部分。明长城东起辽宁虎山，西至甘肃嘉峪关，从东向西经过了辽宁、河北、天津、北京、山西、内蒙古、陕西、宁夏、甘肃、青海十个省、自治区、直辖市的156个县。其中，河北境内的明长城超过1300公里。

这次明长城资源调查是在国家文物局和国家测绘局的统一安排部署下，整个长城沿线各省的文物部门和测绘部门联合作业，对明长城进行的全面调查，完全掌握了明长城的现存状况、具体分布、走向、墙体和长城防御设施建筑的特点，以及长城与自然、与人文环境的关系，长城的保护和管理的现状。这些信息目前正在陆续整理，有些省已经出版了，有些省即将出版。

长城穿越古今，跨越东西。千百年间，见证了诸多风霜雪雨，记录了诸多历史沧桑。长城是不变的东方传奇，是永恒的中国记忆。

这次大规模的调查之前，国家对长城保存的整体状况并不清楚，很多保护工作都很难实施。通过这次调查，按照《长城资源保存程度评价标准》来衡量，在总长度8851.8公里的明长城中，保存一般的有1104.4公里，保存较差的有1494.7公里，保存差的有1185.4公里，1961.6公里已经完全消失。这一系列数字听着是非常枯燥,但它揭示出来的问题却相当严峻——长城保护的总体情况是令人担忧的,也就是说,今天历史上修建最好、距现在时间最近的明长城保存较好的长城城墙的比例只有不到百分之十了。

造成这一结果的原因有多种,主要有自然和人为两种因素。自然因素主要是地震、山体滑坡、洪灾、流沙、风雨侵蚀、植物生长、啮齿动物破坏等。人为因素也很复杂,20世纪五六十年代人们拆毁长城的建筑去做别的用途,现在也依然有些人为的行为会对长城构成破坏,比如说修建公路,把长城扒开豁口,还有其他的工程建设等在穿越长城的时候还会有人随意破坏长城。长城现在作为旅游资源越来越被人们所认识,但是在旅游开发的过程当中,有些错误的做法也对长城构成了破坏,像山东章丘齐长城,是距今2500多年的历史古长城。当地的领导认为,这个长城有什么看头?就让人把石头垒砌的已经非常残损的长城给拆了,然后用钢筋水泥照着八达岭的样子建了一段长城,认为这样的长城才好看。其实这种错误的认识和行为都对长城造成了破坏。

为了加强长城的保护力度,规范与长城相关的各种社会行为,2006年9月20日,国务院颁布了《长城保护条例》,这一条例在当年12月1日正式开始实施了。国务院为一个单体的文化遗产发布专门的行政法规,《长城保护条例》是第一个,到目前为止也是唯一的一个。

《长城保护条例》颁布之后,经常有记者问:国家已经有了《文物保护法》,为什么还要专门制定出台一个《长城保护条例》?这个问题之所以被很多人问了很多次,说明我们对于《长城保护条例》的宣传还很不够。长城作为大地性的文物,与其他的文物有很大区别,客观上对长城的保护也有很多与其他单体文物保护不一样的问题,《长城保护条例》就是针对这些问题,补充和完善国家有关对长城保护的制度和措施。比如,《长城保护条例》中明确规定,国家对长城实行整体保护、分段管理的政策。因为长城非常大,过去很多的人也提出过,长城保护一些比较好的就行了。然而,中国的长城之所以在全世界有这么大的影响,一个重要的原因就是它体量的大,如果这个体量的大不存在了,仅仅有几个点,那么万里长城的价值和意义就都大打折扣了。所以,国家明确提出要对长城进行整体保护。《长城保护条例》还第一次明确了长城保护的主要责任是各级政府,同时也明确了要充分地调动、鼓励各种社会力量参与到长城保护中来。对各级政府,明确地规定了对政府的要求,比如说,长城保护规划要纳入各级政府的社会经济发展的总体规划中,长城保护的经费要列入各级政府的财政预算中。

《长城保护条例》颁布之后,确实对规范长城保护的行为起到了很重要的作用。过去在修公路的时候,很多国家级公路、省级公路,甚至乡镇的公路都可以随意地穿越长城,或在长城上扒一个口子穿越过去。但是有了《长城保护条例》,明确地规定了不允许这样做之后,像新建的巴新铁路项目就通过地下打通道的形式改变了原来从长城扒豁口穿越的方式。就这样的一个改变,地面上的金代长城遗址得到了保护,但这个工程项目为此增加了工程投资 5000 多万元。如果没有《长城保护条例》这样一个硬性的规定,人们一定不会这样做的。

社会中的工程项目是这样,对于生活在长城边上的人们来说,《长城保护条例》又起到了什么样的作用呢?

时光荏苒,桃林口上如何惊现最贵民房?
岁月沧桑,华夏子孙如何守护古老城墙?

河北秦皇岛市卢龙县有个桃林口村。桃林口是明代长城当中一个非常重要的城。明代蓟镇长城是明长城九镇当中最重要的一镇,桃林口就曾经是明初设置的蓟镇长城的总兵所在地,可见其战略地位的重要。这个村子的长城在 1976 年以前,整体保存还是比较完好。唐山大地震发生之后,很多村子的民房都倒塌了。当地的村民最初是先从倒塌的城墙捡一些砖盖房子,后来发展成拆长城的砖盖房子。桃林口村很多的民房都是长城砖垒砌的,有些人家的院墙上面还有滚木礌石。滚木礌石就是石头中间打上孔,放上炸药,如果有敌人进攻长城,就从长城上把礌石滚下去,利用爆炸杀伤敌人。当地的文物部门做过统计,这个村子有 397 户人家,其中有七成房屋、院墙都是长城砖垒砌的。那些非长城砖垒砌的房屋,原来也是长城砖垒砌的,只是近几年翻盖时不再使用过去的老城砖了。

2006 年,中国长城学会与新华社、中央电视台、《人民日报》等单位联合开展了一次"长城新闻采访万里行"活动。记者到了桃林口，看到这些由长城砖垒砌的民房，写了一篇稿子，叫"世上最昂贵的民房"。新华社发的这个稿子，使得这个小村子很快就成了闻名全国的"长城村"。但是村民们知道，这回出的这个名并不是什么好名，他们也知道这是过去对长城保护没有认识的情况下犯的一个错误。村民自发地在村里立起了一块石碑，给这块碑起了一个名字叫"知耻碑"，在碑的上面写着"知耻"两个大字。碑文是这样写的："过去我们错了，因为不知，拆长城砖盖房盘院，国宝未被珍视，取之方便，弃之随意。现在我们知错了，因为觉醒，把长城民宅保留下来，刻上心中的痛，明耻辱，警后世。"这块由村民自发地立起来的知耻碑在全国引起了很大的震动，从过去村民拆长城到现在自发地保护长城，这就是社会的进步。

《长城保护条例》实施之后，在长城沿线还有很多很好的行为。比如说，宁夏盐池县制定了《长城保护实施方案》，使得盐池对于长城保护工作更加规范、更加具体、更加具有可操作性。

《长城保护条例》颁布实施之后，虽然起到了很好的作用，但今天看来也还有一些问题没有得到充分解决，现在社会方方面面对长城保护的重视程度比原来高得多得多，形势也比原来好得多得多，但还远远地满足不了长城保护的客观需要。

《长城保护条例》颁布之后，最首要的问题就是执法的问题。一个法规的颁布，不可能直接地发挥作用，要通过对于这部法规的宣传和执行，使得它成为一个社会广泛认知的社会自觉行为，这部法规才能真正地发挥作用。《长城保护条例》已经颁布八年，但是长城沿线的基层文物部门作为《长城保护条例》执法的主体部门，他们的力量并没有随着《长城保护条例》的颁布和实施得到足够的加强，基层的长城保护工作从人员到经费都还满足不了长城保护的客观需要。作为执法的主体，如果没有足够的能力去执法的话，这部法规的作用就会受影响。作为这部法规所规定的应该遵守法规的那些主体如果也没有树立起来守法意识的话，《长城保护条例》的作用就会打更大的折扣。比如说，《长城保护条例》规定，长城保护的规划要纳入到各级政府的社会经济发展总体规划中。我们发现，绝大多数的县并没有制定这个县的长城保护规划，更不用说把它纳入到县社会经济发展总体规划中。作为长城沿线的政府部门都没有严格地遵守《长城保护条例》，社会的其他方面遵守《长城保护条例》的情况就可想而知了。

第二个问题，《长城保护条例》的清晰度还不能满足长城保护的客观需要。《长城保护条例》规定，国家对长城实行总体保护规划制度，也就是国家要颁布长城保护的总体规划。《长城保护条例》的很多规定，下面在执行的过程当中是不是违反了《长城保护条例》，要看是不是违反了长城保护的总体规划。可是《长城保护条例》颁布八年至今，这部长城保护总体规划还没有出台，也就是说是否违反了《长城保护条例》的法律依据还没有出台，这就是《长城保护条例》的清晰度还不能满足长城保护的客观需要。

第三个问题是有法不依、执法不严的现象依然严重。比如，旅游开发的过程当中，《长城保护条例》明确规定，对长城的旅游开发提出了必须要具备的条件，在满足这些长城保护和利用的条件的前提下，实行向国家备案制度。可是现在长城沿线的一些地方在做旅游开发时随意性非常强，以致一些村镇想对自己家门口的长城进行旅游开发，就可以随意地去做。在长城旅游开发的过程当中，如果没有制定出保护和利用的规划，就随意地去进行开发，非常容易造成破坏。长城保护、长城旅游、利用长城，我们肯定是支持的，但这种利用的前提是要实行很好地保护长城。

刨根问底，专家如何解析长城保护难题？
追本溯源，后人如何树立特色管理机制？

第四个问题是守法成本高、违法成本低。这个问题是一个老大难问题，至今还没有得到很好地解决。任何一部法律的制定，如果守法的成本过高，而违法的成本又过低的话，它就使得趋利的人们为了自己的利益着想，也去朝着违法的方向去做。

以前就发生过类似的事情，修公路拆毁长城，长城推倒了以后，公路就穿越过去。对于这样拆毁长城的事件，规定是罚款50万，但是对于公路的设计和施工部门来说，如果按照《长城保护条例》的规定去做，打隧道穿越长城，把长城保留下来了,可能要增加投资是 5000 万。这样一来,决策者就选择了交罚款,我把长城拆了,然后我把 50 万罚款给你。其实这样的行为客观上来说,不但没有惩处破坏,反而变相地起到了鼓励破坏的作用。要想彻底遏制住对长城的这种破坏行为,一定要加大破坏长城应该承担的违法成本。

长城是中国的象征,对长城的保护也应该形成具有中国特色的管理机制。符合中国特色的管理机制,一个重要的方面就是要更充分地、更好地调动社会公众力量参与到长城保护中来。可以说公众参与程度的高低,应该作为衡量长城保护工作是否成功的一个非常重要的标志,否则仅仅靠政府的力量是远远做不好长城保护工作的。

这正是:

万里长城万里长,穿山越岭跨北方。

国家制定保护法,执法力度待加强。

第一百回 壮我长城业 爱我中华情

上一回说到亘古长城历沧桑，雄关万里染霜华。古老的长城饱经千年风霜，已经伤痕累累。30 年前，一场"爱我中华，修我长城"的活动在神州大地展开，感召了海内外千万赤子；30 年后，秦皇岛山海关寻找当年的捐款人，启动了一场抚今追昔的感恩寻访之旅。旧事、新说，这是一段怎样动人的长城故事？

1984 年，对笔者来说是不同寻常的一年。那一年的 5 月 4 日，笔者和好友吴德玉一起，从山海关老龙头出发，开始长城的徒步考察。我们到北京之后，长春的一个青年张元华加入到我们的行列中，从此我们三个人历时 500 多天，最终到达嘉峪关，完成了中国人在万里长城上留下的第一次完整的"行走"。

1984 年，对长城而言，也是不同寻常的一年。这一年国家地质矿产部地质遥感中心开始做长城的航空遥感调查。我们在考察长城的路上，多次与地矿部航空遥感调查的工作人员相遇。6 月 27 日，地矿部航空遥感调查中心向社会发布了他们的调查报告：北京境内的长城全长 629 公

1984 年，董耀会及吴德玉、张元华踏上了行走长城的漫长之路

里，这个长度比原来人们估算的北京境内的长城长度超出了近一倍。同时这个报告还公布了北京境内的长城保存较为完好的地段不足20%。

这样的一个调查结果一经公布，在海内外引起了巨大的反响。

八天之后，也就是1984年的7月5日，《北京晚报》和八达岭特区办事处等单位，联合发起了"爱国中华，修我长城"的活动，要发动社会力量参与赞助抢修已经倒塌或是濒危的长城。

这个活动发起的第二天，当时担任中共中央政治局委员的习仲勋同志为这个活动题写了"爱我中华，修我长城"八个大字。

活动发起之后，引起了广泛关注，海内外各界人士纷纷解囊，长城保护以前所未有的姿态进入了公众视野。《北京晚报》的几个年轻人想趁热打铁，进一步扩大活动的影响力，他们把情况写成文字报告汇给了当时的中央军委主席邓小平同志，请小平同志为活动题词。报告发出去了，大家心里却没底，小平同志日理万机，能不能关注到这份报告呢？

《北京晚报》和八达岭特区请小平同志题词的报告送上去之后，很快就从中南海传来了佳音，小平同志的题词已经写好了，让报社马上去取，听到这个消息，报社的同志们欣喜若狂。当时报社负责这个项目的苏文洋立即骑着自行车就向中南海跑去。

两位国家领导人的题词把"爱我中华，修我长城"这项活动推向了一个新高潮，把爱护长城、维修长城上升到热爱民族这样一个高度。活动发动起之后，全国参加赞助维修长城的单位很快就达650多个。其中，贵州省3000万人参与了赞助。在国内的赞助者中，有中央领导和各部委的领导，有知识分子，有著名的书法家、艺术家，也有普通干部、群众和农民，还有美国、日本、法国、加拿大、瑞典等30多个国家和地区的友好人士和爱国侨胞。希腊船王拉第希斯自己就捐款100万美元。

除了直接赞助修建长城的资金外，各单位还开展了各种宣传长城的义演、义卖、义诊、义献等活动，社会各界对长城的认识进一步增强。

当时很多人给维修长城、修建长城捐款都没留下自己的姓名。北京市文物局的同志介绍说，收到捐助的钱之后，要给汇款的人开具收据，可是很多汇款人都没有留下自己的姓名,像"湖南一工人"、"北京一学生"、"中国人民解放军一战士"等这样的落款非常多,所以很多收据开不出去。办公室当时收到一个15岁中学生写来的一封信,这个学生说:"从今天晚上开始,我一天存1角钱,到年底还有179天,可以存起17.9元。到时候,我一定凑齐20元钱,给我们的'巨龙'治病,好吗?"北京第一针织厂的退休老工人刘开鑫临终时把自己攒了一辈子的钱,还包括落实政策政府给的钱,总共3410元交给了单位的工会,让工会把这个钱捐上,修复长城。

昼夜轮作,长城修复如何争分夺秒?
水乳交融,巨龙之首何以情牵南北?

1984年的7月27日,八达岭长城第一期修复工程举行了开工典礼。从7月5日开展"爱我中华,修我长城"活动到7月27日举行第一项工程的开工典礼,这期间总共才20多天。在这20多天里,工程技术人员顶着烈日,冒着酷暑,爬山涉险,进行长城维修的勘测和设计。他们用四天的时间完成了长城建筑的实测工作,又用12天的时间加班加点拿出了全部的设计图纸和方案。

在八达岭长城上,1000多名施工人员每天从清晨6点就开始工作,一直奋战到夜色降临。后来为了赶工期,干脆在长城上架起了照明灯三班倒,昼夜不停地施工。特别是往长城上运送各种砖石料和灰、沙等建筑材料,工作量非常大,也非常的艰苦。八达岭长城第一期和第二期修复工程,从7月27日开工,原来计划是到11月中旬完工,可是在施工人员的辛勤努力之下,仅用了一个月的时间就顺利竣工了。

据有关方面的不完全统计,1984年到1994年这十年间,曾参与到"爱我中华,修我长城"活动中来的个人捐款者就有数百万人,单位捐款者也有几十万个,国内外各界人士的捐款捐物折合人民币2800多万元。

在北京的影响下,天津、西安、河北秦皇岛等地也相继举行了"爱我中华,修我长城"的社会赞助活动,对长城进行了修缮。在这样的活动过程中,"修复长城巨龙之首老龙头"成为全国众多活动当中的亮点之一。

为什么万里长城老龙头的修复能引起社会各界这么大的关注呢？首先，老龙头是明长城唯一一处与大海交汇的地方。其次，老龙头也是八国联军入侵中国的时候毁于侵略者之手的，当时的澄海楼就是被八国联军给烧毁的。最后，抗日战争时期，山海关是长城上打响抗战第一枪的地方，就是著名的榆关抗战，榆关就是山海关的旧称。

1932年12月8日，日军第八师团炮击山海关城，并集中陆海空三军，向关城发起猛烈进攻。我军守卫山海关的是五十九军六二六团的一个营，中国军人与敌人在力量非常悬殊的情况下血战了三昼夜。最后，在关城被攻破之后又展开了巷战，最终山海关守军400多位官兵全部壮烈殉国。

就是这样一个见证了近代以来中华民族多灾多难历程的一段长城，就是这样一个长城拥抱大海的地方，自然也就成为长城复建工程中最引人瞩目的焦点。

现在的档案资料记载，从1984年9月起，秦皇岛市山海关区陆续收到来自全国24个省、市、自治区以及世界各地的捐款。其中，以上海市的捐款额和捐助人最多。当时，上海市成立了上海市"爱我中华，修我长城"捐款委员会，还与河北省签订了《关于沪冀两地联合修复山海关长城的协议》。上海86万市民在短短七个月内捐款70多万元，这部分钱全部用于修复山海关老龙头长城。上海人民捐款占修复老龙头捐款总数第一期工程总费用的73%。

今天，在老龙头景区立有"爱我中华，修我长城"的捐款纪念碑上还写着："上海市山海关山海情深，爱中华修长城友谊长存。"纪念碑上刻着当时捐款100元以上的个人和捐款1000元以上的企业单位的名称，其中包括著名的艺术家秦怡、俞振飞、严顺开等170多人，还有上海闸北区政府、上海卷烟厂、上海长城电梯厂等50余家企业。

一座碑，两地情，秦皇岛和上海，一南一北，相距千里，是怎样的一份机缘让两座城市牵手这样一段长城情缘呢？

落其实者思其树，饮其流者怀其源。一段长城情牵南北，记录下一段难忘的情义。30年前，善良的上海人慷慨解囊，30年后，念旧的秦皇岛人，发起了一系列的感恩活动，寻访当年捐款人。一场抚今追昔的寻访之旅，带我们重回那段感人岁月。

第一百回　壮我长城业　爱我中华情

2014年是邓小平、习仲勋题词"爱我中华、修我长城"30周年，全国搞了一系列的纪念活动，秦皇岛也搞了一系列的纪念活动——"纪念'爱我中华、修我长城'30周年系列感恩活动"。就感恩于30年前为修建山海关、老龙头捐款的北京、上海、天津、大庆、本溪的这些捐款人和捐款单位。由于修复老龙头的钱仅上海的这70多万就占73%的比例，所以说"感恩上海，携手长城"是这个感恩系列中非常重要的环节。

在这个活动中，秦皇岛明确发出：所有当年为山海关长城维修捐款的人及他们的家庭，将终生享受到山海关参观长城的免票待遇，所有的上海市民同秦皇岛和山海关人一样，享受参观长城的门票优惠待遇。

秦皇岛市委市政府和山海关区委区政府与上海市委宣传部联合起来，在上海发起了大规模寻找30年前捐款人的活动，引起了很大的社会反响。

30年前"爱我中华，修我长城"这一捐款活动，还见证了中国社会发展的这种变化。30年前，南京路上最著名的上海第一百货安装了一部自动扶梯，这是全国百货商店中第一部自动扶梯。安装了之后，很多人到第一百货来买东西，坐这个扶梯就成为一个观光项目。坐扶梯的人每天都排很长的队。如果当时随意去坐这个扶梯，就会非常拥挤，那怎么办呢？就定了个办法：乘坐一次这个扶梯，需要花1角钱购买扶梯的乘坐票，用卖票这种方式来控制人流。卖票得来的钱干什么呢？捐款修长城！在这个电梯券上，正面印着"爱我中华，修我长城"，背面印着"为修长城，捐款留念"。短短一段时间里，上海第一百货用这样出售乘坐扶梯的票就收到了近万元的捐款。

爱心无限，珍贵展品留下哪般温暖记忆？

任重道远，古老长城展开何种持久保护？

现在在山海关长城博物馆，有很多与长城相关的文物都非常珍贵。其中有两件特殊的展品。

一件是一张照片。这张照片中的人物是广东东莞退休工人张海山。在他知道老龙头复建的消息之后说："我没有太多的钱可以捐出来，但我是一个技术工人，我有技术，要在施工过程中贡献出我的能力和技术。"所以他来到山海关，在山海关老龙头的修建工地义务参与工程施工，干了一个月。这张照片记录了张海山在山海关长城修复工地的工作情景。

另一件是一条红领巾。吉林长春平阳街小学五一中队全体同学在"爱我中华，修我长城"倡议下，捐款之后，特意把家乡的泥土和这条绣满全体同学名字的红领巾寄到山海关，请工作人员把他们家乡的泥土撒在老龙头的工地上……

这些人和事，今天说起来依然非常感人。

30年前，长城的保护和维修，引起了社会广泛关注。30年后的今天，长城的保护和维修依然是备受瞩目的社会话题。2014年9月1日，邓小平、习仲勋"爱我中华，修我长城"题词发表30周年纪念大会在人民大会堂举行。会上成立了"中国文物保护基金会长城保护专项基金管理委员会"，文化部副部长、国家文物局局长励小捷为"长城保护专项基金管理委员会"揭牌。在人民大会堂活动的当天，中国文物保护基金会就接受了首批捐款，捐款额达1819万元人民币。

这正是：

爱我中华千秋魂，修我长城万古存。

中华儿女献真情，长城基金昭民心。

后记

长城绵延万里，横亘河北，连缀京津。河北的长城，拥抱大海，穿越燕山，见证了中国2600多年的历史。

《长城文化》一经推出，就引发强烈反响。电台直播间几部电话几乎成为长城热线，不少听众连连感慨"听得见的长城比以往所见更加震撼"。一些听众甚至辗转找到各位主讲人，与他们就具体问题展开探讨。

100个长城故事犹如一幅有声长卷，让听众流连其中。长卷的创作者是三位河北籍学者。著名长城专家、中国长城学会副会长董耀会担任前50回和97回至100回的撰稿、主讲；第51回至85回由河北省著名社科专家梁勇主创；第86回至96回"长城抗战"部分则由青年学者王律接续。

感谢三位专家的精彩讲述，让更多的人对长城产生具体的认知和情感。特别感谢"长城之子"董耀会老师，30年前，他徒步长城，完成中国人在万里长城上第一次完整的"行走"。30年来，他常年奔走在长城沿线，为长城研究和保护奉献全部心力。在节目中，他把对长城多年的体验和情感融入了讲述，呼吁更多的人加入到"保护长城的长城中"，感染了万千听众。

燕赵之地凝聚了万里长城的精华，万里长城收藏着燕赵之地的传奇。谨以《长城文化》一书献给所有爱长城的人！